서논술형 평가, AI로 깊이를 더하다

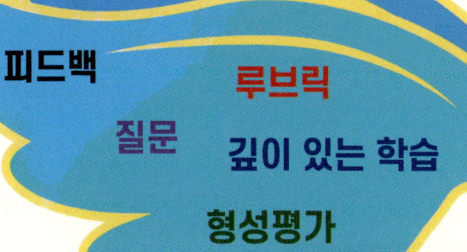

피드백
질문
루브릭
깊이 있는 학습
형성평가

성취기준
생성형 AI
과정 중심 평가
총괄평가

생각하는 힘을 길러주는 서논술형 평가,
그러나 평가만 바꿔서는 아무것도 바뀌지 않는다.

형성평가와 총괄평가, 피드백, 질문, 루브릭, 채점과 피드백 지원 AI 플랫폼 등
서논술형 평가에 대해 현장 교사들의 깊이 있는 연구를 담은 책!

★★★
ChatGPT
Gemini

★★★
Claude
Gem

★★★
NotebookLM
BriskTeaching

★★★
snorkl
perplexity

★★★
CLIPO
하이러닝

서논술형 평가,
AI로 깊이를 더하다

성취기준, 형성평가, 총괄평가, 피드백, 루브릭, 질문, 과정 중심 평가, 깊이 있는 학습, AI 비서, AI 기반 채점·피드백 플랫폼

초판 1쇄 발행 | 2025년 12월 30일

지은이 | 지미정, 장희영, 권의선, 이진원, 김수경, 박범진
발행처 | 앤써북
발행인 | 김병성

출판사 등록번호 | 제 382-2012-00007호
주소 | 경기도 파주시 탄현면 방촌로 548번지
대표전화 | 070-8877-4177 **팩스 |** 031-942-9852
도서문의 | 네이버 카페 https://cafe.naver.com/answerbook

ISBN 979-11-93059-70-8 13370

※ 책값은 뒤표지에 있습니다.
※ 이 책은 저작권법에 따라 보호받는 저작물이므로 무단 전재와 무단 복제를 금하며, 이 책 내용의 전부 또는 일부를 사용하려면 반드시 저작권자와 앤써북 발행인의 서면동의를 받아야 합니다.
※ 잘못 만들어진 책은 서점에서 교환해드립니다.

들어가는 글

"서논술형 평가, 준비되어 있는가?" 아니다.
"서논술형 평가가 자신 있는가?" 이 또한 아니다. 솔직히 말하면 두렵다.

2022 개정 교육과정은 단순한 지식의 기억을 넘어, 학생이 스스로 사고하고 탐구하며 의미를 구성하는 깊이 있는 학습을 요구한다. 그러나 그 요구는 교사에게 수업과 평가의 방식을 근본적으로 바꾸어야 한다는 과제를 함께 던진다.

결국 이 책을 집필하기로 한 출발점도, 그러한 변화의 요구 앞에서 품게 된 '루브릭에 대한 풀리지 않는 의문'의 연장선이었다. 이전 책 〈2022 개정 교육과정 평가, AI로 날개를 달다〉를 집필하며 루브릭의 가능성과 잠재력을 확인했지만, 실제 학교 현장에서의 적용은 생각보다 훨씬 복잡하고 어려웠다. 그 한계를 넘어보기 위해 연구회 선생님들과 함께 세 번째 집필 프로젝트를 시작하게 되었다.

루브릭에 대한 의문을 하나씩 풀어가던 우리는 곧, 서논술형 평가에서 유독 높게 느껴지는 루브릭의 벽을 마주했다. 그 과정을 거치며 우리는 또 다른 질문 앞에 서게 되었다.

"현장의 교사는 과연 서논술형 평가에 준비되어 있는가?"

대답은 분명했다. 아니다. 제대로 된 서논술형 평가를 설계하고, 실행하고, 그 결과에 책임져야 한다면 누구도 온전히 안전하다고 말할 수 없다. 그래서 우리의 연구 방향은 자연스럽게 서논술형 평가로 향하게 되었다. 어렵다는 건 이미 알고 있었지만, 이 정도일 줄은 몰랐다.

현장을 자세히 들여다보니 '평가'라는 이름 아래 많은 모순이 존재했다. 교과서 활동을 그대로 서논술형 평가 문항으로 내거나, 학생이 얼마나 기억했는지를 확인하는 수준에 머무르는 평가가 아직도 흔하다. "지문을 조금만 바꿔도 애들이 못해요."라는 말이 여전히 교실을 맴돈다. 못하니까 시도하지 않고, 시도하지 않으니 더 못하게 된다. 닭이 먼저냐 달걀이 먼저냐를 두고 끝없는 논쟁만 반복된다. '그 이전에 학생들에게 성장할 기회가 주어졌을까?', '교사들에게 준비할 여유가 있었던가?' 사실은 닭도 달걀도 아직 제대로 준비되지 못한 것이다.

처음에는 서논술형 평가 그 자체에 집중했다. 문항을 더 잘 설계하고, 채점 기준을 정교하게 만드는 일이 전부라고 생각했다. 그러나 연구와 실천이 이어질수록, 문제는 평가의 형식이 아니라 수업과 사고의 구조 전체에 있음을 깨닫게 되었다.

교육과정을 꾸준히 연구해 온 교사들조차 서논술형 평가의 진정한 전환이 결코 단순한 형식의 변화가 아님을 실감하며 고개를 저었다. 학교의 문화와 관행은 그 변화 앞에서 거대한 벽이 되었다.

들어가는 글

왜 이렇게 어려운가? 그것은 단순히 '문항을 잘 만드는 기술'의 문제가 아니기 때문이다. 학생의 고차원적 사고를 끌어내기 위해서는 문항뿐 아니라 학교의 문화, 수업의 구조, 사고 과정, 학생의 경험이 함께 준비되어야 한다. **평가만 바꿔서는 아무것도 바뀌지 않는다.**

그래서 우리는 서논술형 평가를 파고들었지만 결국 수업을 마주했고, 수업을 바꾸려 하니 질문이 필요했고, 질문을 고민하다 보니 피드백과 루브릭까지 교육 전체가 연결된 하나의 흐름이라는 것을 깨달았다. 이 모든 것이 장작처럼 모여 불꽃을 만들 때, 비로소 서논술형 평가는 강한 힘을 가진다.

이 과정에서 생성형 AI는 중요한 비서가 되어주었다. 하지만 AI는 어디까지나 조력자이지 주체는 아니다. 사고하는 학생을 길러내겠다는 교사의 철학, 그것을 실천 가능한 평가와 수업으로 설계해 내는 전문성이 먼저다.

빠르게 변하는 시대 앞에서 우리 모두 두렵지만, 동시에 멈춰 있을 수는 없다. 교사와 학생이 교육의 본질을 지켜가기 위해서는 함께 과감히 앞으로 걸어가야 한다.

이 책은 그렇게 시작된 1년 여정의 기록이다. 이 길에 당신도 함께 걸으며, 자신만의 평가 여정을 써 내려가길 바란다.

"서논술형 평가, 준비되었는가?" 그건 아직 모르겠다. 하지만 이제는 두려움 속에서도 마주할 용기가 생긴다.

2025년 12월
1년 간의 여정을 마무리하며, 저자 일동

※ 이 책의 '서논술형 평가'라는 용어는 일반적으로 '서·논술형 평가'로 표기되는 '서술형·논술형 평가'의 축약형이지만, 본서에서는 표기 간소화와 가독성 향상을 위해 '서논술형 평가'로 통일하여 사용한다.

독자 지원센터

[책 소스 다운로드 / 정오표 / Q&A / 긴급 공지]

이 책의 실습에 필요한 책 소스 파일 다운로드, 정오표, Q&A 방법, 긴급 공지 사항 같은 안내 사항은 PC 기준으로 안내드리면 앤써북 공식 카페의 [종합 자료실]에서 [도서별 전용 게시판]을 이용하시면 됩니다.

앤써북 네이버 카페에서 [종합 자료실] 아이콘❶을 클릭한 후 종합자료실 게시글에 설명된 표에서 234번 목록 우측 도서별 전용 게시판 링크 주소❷를 클릭하거나 아래 QR 코드로 바로가기 합니다. 도서 전용 게시판에서 설명하는 절차로 책소스 파일 다운로드, 정오표, 필독사항 등을 안내 받을 수 있습니다.

➡ 앤써북 공식 네이버 카페 종합자료실
https://cafe.naver.com/answerbook/5858

➡ 도서 전용게시판 바로가기
https://cafe.naver.com/answerbook/8816

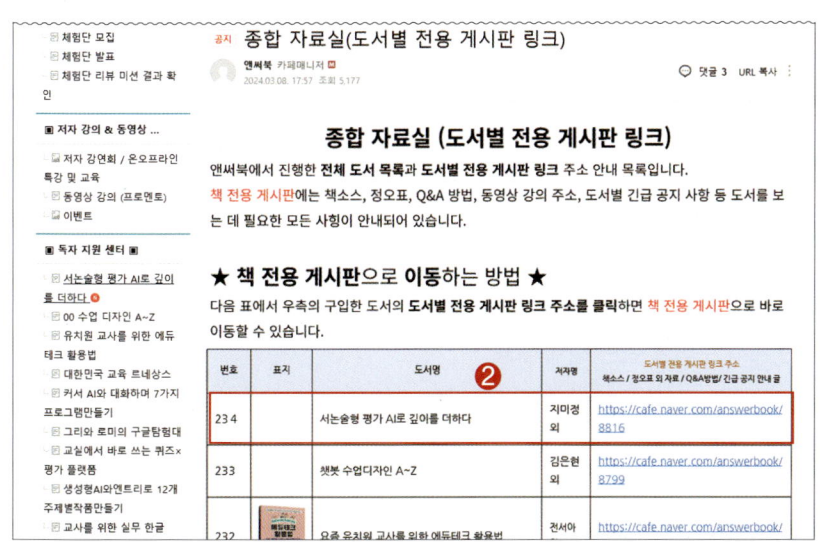

목차

들어가는 글

I 교육의 전환점, 서논술형 평가로 향하다

01 왜 서논술형 평가로 나아가야 하는가(필요성) · 13
　가. 생성형 인공지능 확장으로 인한 시대적 변화 · 13
　나. 인공지능 시대에 요구되는 역량과 서논술형 평가 · 15
　다. 학습 과학과 서논술형 평가 · 18

02 서논술형 평가는 어떻게 변해나가야 하는가(방향성) · 19
　가. 서논술형 평가 정책의 역사 · 19
　나. 2022 개정 교육과정에서의 서논술형 평가 · 20

03 서논술형 평가, 무엇이 여전히 문제인가(비판적 성찰) · 22
　가. 서논술형 평가 시행의 한계와 어려움 · 22
　나. 초등: 서논술형 평가, 왜 형식적 절차에 머물고 있는가? · 30
　다. 중등: 학교 현장에서 실시하는 서논술형 평가로 고차원적인 사고 함양이 가능할까? · 33

II 평가 설계, 기본 틀을 다지다

01 평가 계획 수립의 절차 및 단계 · 37
　가. 교수·학습과 평가 설계의 출발점, 성취기준 · 37
　나. 평가 계획 수립 및 평가 도구 개발 절차 · 39
　다. 평가 계획 수립을 위한 세부 내용 · 40

02 AI 비서와 함께 만드는 평가 설계 프레임워크 · 44
　가. 성취기준 분석하기 · 44
　나. 평가 요소, 평가 유형 정립하기 · 47

Ⅲ 서논술형 평가, 새로운 이론적 기반을 세우다

01 서논술형 평가의 이론적 기초   51
    가. 서논술형 평가의 본질: 개념과 패러다임의 이해   51
    나. 서논술형 평가의 인지적 토대: 고차원적 사고의 측정   52
    다. 서논술형 평가의 유형별 특징과 기능   53
    라. 서논술형 평가 문항의 구성 요소   55
    마. 서논술형 평가의 질을 결정하는 세 가지 요소   58

02 형성평가와 총괄평가: 평가의 관점을 바꾸다   63
    가. 형성평가(Formative Assessment)   64
    나. 총괄평가(Summative Assessment)   74

03 피드백: 학습을 성장으로 이끄는 열쇠   79
    가. 성공적인 서논술형 평가를 위한 조건, 피드백   79
    나. 서논술형 평가를 위한 수업-피드백 설계와 운영   81
    다. AI를 활용한 피드백 설계와 운영 전략   98
    라. AI 시대, 교사의 새로운 역할과 피드백 리터러시   105

04 질문: 사고의 시작점   107
    가. 질문, 사고를 깨우는 열쇠   107
    나. 사고 수준을 측정하는 다양한 질문 유형   111
    다. '질문 사다리' 설계 기술과 AI 활용   119
    라. 질문이 만드는 자기주도 학습과 평가의 완성   132

05 루브릭: 교육적 소통의 언어   134
    가. 루브릭, 평가의 구조를 세우다   135
    나. 루브릭, 오해를 넘어 이해로   147
    다. 루브릭, 무엇을 어떻게 평가할 것인가를 다시 묻다   153
    라. 깊이 있는 학습을 어떻게 실현할 것인가   162
    마. 교육과정 이해를 넘어 교육과정 비틀기   169
    바. 성장을 향해 나아가는 로드맵   172

06 생성형 AI(LLM): 서논술형 평가를 확장하다 … 176
    가. 교사의 눈높이에서 본 AI 트렌드 … 176
    나. LLM의 핵심 원리 한눈에 보기 … 179
    다. 일반 사용자의 LLM 사용, 무엇이 되고 무엇이 안 되나 … 182
    라. 추론 모델의 등장 … 185
    마. 맥락의 중요성 … 191

Ⅳ 서논술형 평가 설계, AI 비서로 깊이를 더하다

01 완벽보다 중요한 것: 서논술형 평가, 〈설계·실행·성찰〉의 성장 과정 … 203
    가. 변화의 시대, 흔들려야 깨달음이 찾아온다 … 204
    나. AI로 컨설팅 받으며 서논술형 평가 문항 설계하기 … 216
    다. AI를 활용한 수학 단원평가 피드백: AI 활용 기초편 … 220
    라. 오늘 경험한 일이 내일의 서논술형 평가 문항으로 … 223
    마. 서논술형 평가 전환, 그 진짜 의미를 묻다 … 238

02 초등 전교과 및 전학년으로 서논술형 평가 확장: 미래 사회를 위한 사고력 측정 시스템 구축 … 239
    가. 초등 전교과로 서논술형 평가 확대하기 … 240
    나. 초등 전학년으로 서논술형 평가 확대하기 … 252
    다. 전교과·전학년 서논술형 평가 확대를 위한 NotebookLM의 활용 방안 … 254
    라. 초등 서논술형 평가의 전교과·전학년 확장을 위한 제언 … 264

03 수업과 평가의 큰 그림: 백워드 설계와 서논술형 평가로 그리다 … 267
    가. 왜 '백워드 설계'인가? … 268
    나. 왜 '과정 중심 평가'인가? … 269
    다. Gemini Gem, 수업의 큰 그림을 위한 나만의 팔레트 … 270
    라. AI와 함께한 단원 재구성 … 275
    마. AI와 함께 완성한 평가 도구 … 278

04 고민 많은 5년차 교사: 평가 설계를 넘어 '나의 교육' 찾아가기 (중등 수학) 280
    가. AI와 서논술형 평가 280
    나. AI와 평가 문항 설계하기 282
    다. AI와 루브릭 설계하기 292
    라. 소감 및 제언 298

05 서논술형 평가 리디자인: AI와 내 문항 톺아보기 (중등 일본어) 301
    가. 중등 일본어 교과의 서논술형 평가 제작 한계와 고민 301
    나. 서논술형 평가 도전과 50%의 아쉬움 303
    다. AI와 서논술형 평가를 검증하고 다시 채워가다 313
    라. AI와 함께한 평가 여정, 그 후의 성찰 327

06 탐구 수업을 통한 서논술형 평가의 확장: 형성평가로 깊이를 더하다 (중등 과학) 329
    가. 총괄평가의 구성 과정 330
    나. 실험 보고서를 활용한 서논술형 평가 339
    다. 형성평가의 구성 343
    라. 루브릭 작성 351
    마. 총괄평가의 활용 352

Ⅴ. 서논술형 평가 채점과 피드백, AI 비서로 열매를 맺다

01 AI 도구별 활용 시 고려할 점 357
    가. 스노클(Snorkl) 357
    나. 클리포(Clipo) 362
    다. 브리스크 티칭(Brisk Teaching) 365

02 AI와 함께 서논술형 평가를 준비하기: 커스터마이즈 챗봇과 스노클   369
   가. 교사로서의 고민들   369
   나. AI를 활용한 수업 준비   374
   다. 수업에서 활용하기   379
   라. 제언   385

03 AI를 활용한 채점과 피드백: 클리포   387
   가. 클리포의 활용   387
   나. 채점의 정확도를 높이는 방법   396

04 브리스크 티칭과 AI 도구가 함께 하는 과정 중심 평가   402
   가. 브리스크 티칭의 체계적인 피드백 생성 기능   402
   나. 브리스크 티칭과 과정 중심 평가   403
   다. AI로 완성하는 과정 중심 평가   405

맺는 글
참고문헌
용어 정리

노션 사이트 활용 안내

가. 노션 사이트 접속 방법

본 도서에서는 지면의 한계로 모두 담기 어려운 AI와의 대화 내역, 챗봇 활용 시 사용한 프롬프트, 지속적으로 업데이트가 필요한 자료 등을 별도의 노션(Notion)[1] 사이트에 정리해 두었다.

순서	내용
1. 사이트 접속하기	주소 : joo.is/날개서논술형을 인터넷 주소창에 입력하여 접속
2. 목차별 페이지 열기	화면에 보이는 목차에서 원하는 페이지 제목을 클릭하면 해당 내용 페이지로 이동
3. 접혀 있는 내용 펼치기	▶ 모양의 작은 삼각형 아이콘을 클릭하면 접혀 있던 세부 내용을 확인 가능
4. 이전 화면으로 돌아가기	좌측 상단의 버튼을 클릭하여 원하는 화면으로 돌아가기

나. 프롬프트 복사하기

노션에 정리된 프롬프트는 각 프롬프트 우측 상단에 있는 '복사하기' 버튼을 클릭하면 그대로 복사할 수 있다.

---

[1] notion.com/ko

I
교육의 전환점, 서논술형 평가로 향하다

AI 시대, 비판적 사고와 창의적 문제 해결 등 핵심 역량을 드러낼 수 있는 서논술형 평가의 중요성이 한층 더 커지고 있다. 2022 개정 교육과정은 역량 중심 평가를 지향하며, 실생활 맥락 속에서 학생의 사고 과정을 드러내는 수행 과제로 나아갈 것을 요구한다. 그러나 실제 학교 현장에서는 문항 제작의 어려움, 루브릭 설계에 대한 전문성 부족 등으로 어려움이 많다. 고차원적 사고력을 기르기 위해 어떤 준비와 노력을 기울여야 할지 함께 고민해 보고자 한다.

#AI시대 #역량 #필요성 #사고과정 #고차원적인사고 #학습과학 #평가정책의역사
#2022개정교육과정 #방향성 #한계 #비판적성찰

01

왜 서논술형 평가로 나아가야 하는가 (필요성)

가. 생성형 인공지능 확장으로 인한 시대적 변화

불과 몇 년 전만 해도 'GPT'는 일반인에게 낯선 용어에 불과했다. 그러나 지금은 누구나 손쉽게 ChatGPT를 활용하여 이미지를 만들고, 타인에게 말하기 어려운 고민까지 상담한다. "GPT에게 물어봐."는 이제 자연스러운 일상 언어가 되었고, AI는 그야말로 우리의 디폴트(default)로 자리 잡았다.

GPT를 비롯한 생성형 AI는 사람만이 할 수 있다고 여겼던 사고와 표현의 영역까지 넘어 고급 문장을 손쉽게 작성하고, 긴 텍스트를 요약하며, 복잡한 코드까지 만들어낸다. 이러한 변화는 일상의 편의성 향상을 넘어 지식의 생산 방식과 인간의 문제 해결 방식 자체를 개편하고 있다. 직장인들은 업무 효율화와 아이디어 생산 도구로 적극 활용하고 있으며, 다양한 직무에서 AI를 통한 업무 혁신이 이루어지고 있다.

이러한 변화에 교육 현장은 어떻게 대응하고 있을까. 지식이 폭발적으로 늘어가는 시대에 발맞추기 위해 많은 교사들도 지식 암기 수업에서 벗어나 AI 도구를 활용한 수업 설계를 적극 시도하고 있다. AI를 활용해 다양한 정보를 얻거나 실생활 데이터를 분석하기도 하고, 창의적인 콘텐츠를 생성하는 등, 현재 학교 현장에서 이뤄지고 있는 학습의 경험 폭을 다양하게 확장하려는 노력은 분명 교육의 진전이라 할 수 있다.

그러나, 평가 단계에서 우리는 전례 없던 모순에 빠지게 된다. 학생들은 AI를 무분별하게 이용하고 결과물을 그대로 복붙하여 과제를 제출하는 경우가 늘고 있는데, '이것을 과연 학생의 학습 결과물로 볼 수 있는가, 아니면 AI 산출물인가'를 고민하게 되기 때문이다. 학생의 보고서가 AI로 생성된 문장을 그대로 가져온 것이라면, 그것을 '학습 성과'로 인정해도 되는 것일까.

사실 이 문제는 단순히 평가 방식의 문제가 아니라 교육 철학과 학습관, 지식과 사고에 대한 교육의 변화이기도 하다. 수업은 생성형 AI를 활용하여 사고를 확장하고 실제적인 문제 해결 능력의 향상을 강조하는데, 평가는 그 도구의 활용을 부정하거나 학생의 고유한 지식이 아니라는 이유로 망설여지는 상황이 되어 버리기 때문이다. 결국, 수업과 평가 사이에 일관성을 확보하기 어려워지고, 다음과 같은 근본적인 질문과 마주하게 된다.

"AI를 활용한 결과물도 학습 성과로 인정할 수 있는가?"
"평가의 본질은 결과물인가, 사고의 과정에 있는가?"
"그렇다면, 디지털 대전환 시대에 학습 역량을 평가하기 위해 무엇을, 어떻게 평가해야 하는가?"

이는 곧 '무엇을 학습이라 보고, 무엇을 평가의 대상으로 삼을 것인가'라는 본질적 질문으로 이어진다. 만약 학습을 단순히 인지와 이해의 결과물로 본다면, AI를 활용한 수업과 평가는 필연적으로 혼란을 초래할 수밖에 없다. 그러나 학습을 적용과 창조, 문제 해결의 과정과 역량으로 본다면, 평가는 결과가 아닌 사고의 흐름과 탐구의 과정에 초점을 맞추어야 한다. 즉, AI 도구를 통해 어떤 질문을 던지고, 어떤 근거로 아이디어를 구체화하며, 그 결과를 자신의 언어로 어떻게 재구성했는지가 평가의 핵심이 된다.

예를 들어 우리나라의 지형이나 지리를 학습한 뒤 '외국인에게 소개하고 싶은 한국의 명소'를 주제로 수행평가를 진행한다고 하자. 이 때 평가의 초점은 학생이 AI를 통해 얻은 정보를 탐색하고 해석하며 이를 자신만의 시각으로 조직해 가는 사고 과정에 두어야 한다. 학생이 어떤 질문을 던졌는지, 정보를 어떻게 선택하고 조합했는지, 그리고 그 결과를 어떤 방식으로 의미화했는지가 학습의 진정한 증거가 된다고 볼 수 있다. 결국 앞으로의 평가는 단순히 정답을 맞히는 수준을 넘어, 학생이 AI 도구를 어떻게 활용하고, 지식을 어떻게 자기 언어로 소화하며, 자신의 생각으로 재구성하는가를 살펴보는 방향으로 전환되어야 할 것이다.

바로 이 지점에서, 제대로 된 서논술형 평가의 필요성이 부각된다. 서논술형 평가는 내재된 복합적 사고 과정을 드러낼 수 있는 가장 효과적인 방법으로, 지식의 재생을 넘어 사고의 조직력, 표현력, 문제 해결력을 통합적으로 길러주는 평가 방식이기 때문이다.

AI의 발전 속도는 급속도로 변화하여 과거에는 인간만이 수행할 수 있다고 여겨졌던 비판적 해석, 상황에 따른 통합적 사고, 그리고 창의적 문제 해결 등의 고차원적 사고 과정에서 인간을 능가하는 성과를 내고 있다. 지금은 '얼마나 많이 알고 있는가'에서 '어떻게 사고하고 표현하며, 어떤 과정을 거쳐 문제를 해결할 수 있는가'로 교육의 중심축이 이동해야 하는 시점이다.

AI 사용이 디폴트값이 된 지금, 서논술형 평가가 단순한 평가 도구를 넘어 인간 고유의 사고 능력을 표현하고 확장하는 핵심 전략으로 나아가야 하는 이유이기도 하다.

나. 인공지능 시대에 요구되는 역량과 서논술형 평가

 기술 발전과 사회 변화의 속도가 인간의 학습 속도를 앞지르는 시대, 더 이상 지식의 양만으로는 미래를 대비할 수 없다. 변화에 유연하게 대응하고, 스스로 배우며 새로운 가치를 만들어내는 힘, 즉 역량 함양 교육이 그 어느 때보다 절실하게 요구되고 있다.

 그렇다면 AI 시대, 우리가 갖춰야할 역량은 무엇일까. 2007년 미국 정부와 경제·교육 분야의 주요 정책 결정자들이 결성한 연합체인 P21(Partnership for 21st Century Skills)는 미래 사회 인재가 갖추어야 할 21세기 핵심역량으로 4C❶를 제시하였고, 우리나라에서도 2015 개정 교육과정에서 '역량 함양 교육'의 필요성이 대두되었다.

 역사학자 유발 하라리(2018)도 어마어마한 정보로 넘쳐나는 현실 속에서 교사가 학생들에게 '더 많은 정보'를 전수할 필요가 없다고 지적하며, 필요한 것은 정보를 이해하는 능력, 중요한 것과 중요하지 않은 것의 차이를 식별하는 능력, 수많은 정보 조각들을 조합해서 세상에 관한 큰 그림을 그릴 수 있는 능력이라고 주장하였다.

 40년 동안 학습 능력을 향상시키는 법을 연구하여 '교육과학' 분야를 개척한 로베르타 골린코프 교수는 미래 인재의 조건으로 콘텐츠, 자신감을 포함한 6C 역량을 제안하며, 사실적 정보를 암기하는 것은 21세기의 실제적 성공을 준비하는 데 도움이 되지 않는다는 사실을 강조하였다.

단계	협력 (Collaboration)	의사소통 (Communication)	콘텐츠 (Content)	비평적사고 (CriticalThinking)	창의적혁신 (CreativeInnovation)	자신감 (Confidence)
4	함께 만들기	공동의 이야기하기	전문성	증거 찾기	비전 품기	실패할 용기
3	주고받기	대화하기	연관짓기	견해 갖기	자신만의 목소리 내기	계산된 위험 감수하기
2	나란히	보여주고 말하기	폭넓고 얕은 이해	사실을 비교하기	수단과 목표 갖기	자리 확립하기
1	혼자서	감정 그대로	조기학습과 특정 상황	보는대로 믿는	실험하기	시행착오 겪기

▲ 6C 역량과 각각의 발달 단계(로베르타 골린코프·캐시 허시-파섹, 2018)

 다중지능 이론의 창시자인 하워드 가드너(2019)는 기술과 지식의 습득을 넘어, 미래 사회에 능동적으로 대처하기 위한 교육의 목표로 '다섯 가지 마음(five minds)'을 제시하였다. 그는 급변하는 시대에 필요한 것은 단편적 지식이 아니라, 변화에 유연하게 대응하고 스스로 방향을 설정할 수 있는 포괄적 사고 능력이라고 강조하였다.

---

❶ 비판적 사고(Critical Thinking), 창의성(Creativity), 의사소통(Communication), 협업(Collaboration)

마음	설명
훈련된 마음 (disciplined mind)	- 하나 이상의 학문적, 전문적 분야에서 체계적인 지식과 기술을 습득하고 지속적으로 숙련도를 높이는 마음 - 기술과 이해를 증진시키기 위해 오랫동안 꾸준히 노력해야 한다.
종합하는 마음 (synthesizing mind)	- 다양한 정보와 지식을 통합하여 의미 있는 전체 그림을 만들고, 이를 효과적으로 전달할 수 있는 마음 - 복잡한 문제 해결에 필요하며 정보량이 무서운 속도로 계속 증가하고 있는 오늘날에는 더욱 중요해졌다.
창조하는 마음 (creating mind)	- 훈련된 마음과 종합하는 마음을 토대로 새로운 영역을 개척하는 마음 - 새로운 아이디어를 만들고, 익숙하지 않은 질문을 제기하며, 새로운 사고방식으로 예상치 못한 해결책을 도출해 낸다. 창조자가 되기 위해서는 창의성 자체만 강조해선 안되고 재료가 되는 지능, 기술, 훈련을 풍부하게 갖출 필요가 있다고 지적하였다.
존중하는 마음 (respectful mind)	- 타인에 대한 공감과 배려하는 마음 - 부모와 교사의 모범이 가장 중요하며 민주주의 사회의 기본은 존중이다.
윤리적인 마음 (ethical mind)	- 자신의 역할에 대한 책임감과 도덕적 판단을 기반으로 행동하려는 마음 - 사회가 복잡해질수록 직업 윤리가 점점 더 중요해지고 있다.

▲ 미래가 요구하는 다섯 가지 마음(하워드 가드너, 2019)

비단 학자들만 역량을 강조하는 것은 아니다. 자율주행차인 테슬라의 창업주이자 스페이스X 대표인 일론 머스크(Elon Reeve Musk)는 기존의 학교는 문제를 해결하는 방식을 배우는 것이 아니라 정답을 맞추는 교육을 하고 있다며 2014년 애드 아스트라(Ad Astra)라는 학교를 직접 설립하였다. 이곳은 전통적 교과서와 커리큘럼을 버리고, 실제 문제 해결 중심의 학습 방식을 채택하여 창의적 사고와 팀워크를 기르는 데 초점을 맞추는 교육을 진행하였다. 비판적 사고, 창의성과 문제 해결 능력을 미래 핵심 역량으로 보고 이를 함양하기 위한 교육의 필요성을 제기한 것이다. 이는 AI 시대에 필요한 역량과 교육적 전환의 방향을 보여주는 실천적 사례로 볼 수 있다.

그렇다면, 이러한 미래 핵심 역량을 실현하고 기르기 위한 교육의 모습은 무엇일까.

역량은 학생이 스스로 정보를 분석하고, 자신의 생각을 조직하여 문제 해결 과정을 통해 표현되므로 단답형 평가로는 측정하기 어렵다. 김선, 반재천(2024)은 학습 목표에는 위계성이 있으므로 학습 과정에 따라 적절한 평가 유형을 활용해야 한다고 주장하였다. 특히 서논술형 평가는 사고 과정을 서술하게 함으로써 지식의 이해 여부를 파악할 수 있으며, 비판적·창의적 사고력, 문제 해결력, 의사소통 능력 등을 강조하는 역량 평가가 가능하다고 설명하였다. 또한, 경기도교육청(2025c)에서도 서논술형 평가는 역량 중심의 평가로서 학습의 향상과 학생의 성장을 지원하여 역량을 함양하는 데 목표가 있음을 명시하였다. 종합하자면, 서논술형 평가는 역량을 기르고 평가하기 위한 대표적 도구인 셈이다. 그렇다면 역량을 기를 수 있는 평가란 어떤 모습일까.

미래 핵심 역량	주제 (사회 문제)	서논술형 평가를 통해 함양 가능한 요소	(초등) 서논술형 평가 예시	(중등) 서논술형 평가 예시
비판적 사고	환경오염: 미세먼지	- 주장과 근거를 구조화하고, 타인의 의견에 논리적으로 반박하기 - 정보의 신뢰성, 타당성, 객관성 평가하기	[문제 상황] 학교에 '미세먼지를 줄이려면 차를 타지 말아야 한다'는 내용의 벽보와 '나무를 많이 심어야 미세먼지가 줄어든다'는 내용의 신문 기사가 붙어 있습니다. [발문] 둘 중에 어떤 방법이 미세먼지를 줄이는 데 더 효과적이라고 생각하나요? 그 이유를 알고 있는 내용을 바탕으로 설명해 보세요.	최근 미세먼지 문제에 대한 보도 자료 A와 전문가 인터뷰B가 제시되었다. 두 자료 중 어떤 자료가 미세먼지 문제의 원인과 해결 방안에 대해 더 신뢰성 있는 정보를 제공한다고 판단하는가? 그 이유를 자료의 특징을 근거로 설명하시오.
창의성	고령화사회: 노동력 부족	- 새로운 해결책 제안, 다각도 접근하기 - 기존의 틀을 벗어난 아이디어 도출하기	[문제 상황] 우리 동네 마트에 손님이 많은데 일할 사람이 부족해서 할머니, 할아버지들이 힘들어 보입니다. [발문] 할머니, 할아버지들이 힘들어하지 않으면서 마트를 잘 운영할 수 있는 새로운 방법이 없을까요? 여러분이 생각한 특별한 해결책을 2가지 이상 제안하고, 어떻게 하면 되는지 설명해 보세요.	급격한 고령화 사회로의 진입에 따른 노동력 부족 문제 해결을 위한 기존의 방식(예 정년 연장, 외국인 노동자 유치) 외에, 사회 전반에 긍정적인 영향을 미칠 수 있는 혁신적인 해결책을 제안하고 그 실현 가능성을 설명하시오.
문제 해결	청년실업	- 상황 분석 → 해석 → 대안 도출 과정 서술하기 - 복잡한 문제의 핵심 파악 및 최적의 해결책 모색하기	[문제 상황] 우리 동네에 빈 가게들이 많아졌어요. 어른들이 일할 곳이 마땅치 않아서 그렇다고 해요. [발문] 우리 동네에 빈 가게들이 왜 많아졌을까요? 그리고 우리 동네 어른들이 다시 즐겁게 일할 수 있는 새로운 가게나 일자리를 어떻게 만들 수 있을까요?	제시 자료(예 특정 지역의 청년 실업률, 산업 구조 변화)를 바탕으로, 해당 지역 청년 실업 문제의 핵심 원인을 파악하고, 지역 특성을 고려한 가장 효과적인 청년 일자리 창출 방안을 단계별로 제시하시오.
의사소통	기후변화	- 자기 생각을 명료하게 구성하여 표현하기 - 설득력 있는 논리 전개 및 정확한 정보 전달하기	[문제 상황] 요즘 날씨가 너무 덥거나, 갑자기 비가 많이 오는 등 이상한 날씨가 많아지고 있어요. 이것을 지구 온난화 때문이라고 하던데, 친구들은 아직 잘 모르는 것 같습니다. [발문] 우리 반 친구들에게 지구 온난화가 왜 위험하고, 우리가 어떤 노력을 해야 하는지 쉽고 재미있게 설명하는 발표를 한다고 상상해 볼게요. 어떤 내용을 어떤 말로 친구들에게 이야기하면 친구들이 '아하!' 하고 이해하고 함께 노력할 수 있을까요? 발표 내용을 구성해서 작성해 봅시다.	학교 동아리에서 기후 변화의 심각성을 알리고 학생들의 참여를 독려하는 캠페인을 기획하고 있다. 캠페인 주제와 주요 메시지를 설정하고, 학생들이 자발적으로 참여하도록 설득할 수 있는 구체적인 논리와 표현 방식을 서술하시오.

▲ 미래 핵심 역량을 기를 수 있는 서논술형 평가 예시

　　미래 사회가 요구하는 핵심 역량은 지식의 단순 재생을 측정하는 평가만으로는 학생의 진정한 이해와 사고력을 판단하기 어렵기 때문에, 제대로 된 서논술형 평가를 제작하고 실행하는 것이 중요하다. 즉 단순히 정답을 확인하는 것을 넘어, 문제를 해결해 나가는 사고의 과정 자체에 의미를 두고, 학생들이 실제 맥락 속에서 역량을 함양할 수 있도록 설계해야 한다. 이를 통해 교사는 문제 해결 과정에서 드러나는 학생의 다양한 사고 과정을 면밀히 파악하고, 교육과 평가를 통합적으로 실천할 수 있다.

다. 학습 과학과 서논술형 평가

서논술형 평가의 필요성은 뇌과학 및 학습 과학의 관점에서도 설득력을 가진다. 뇌발달의 과정을 보면 유아기(0~5세)에는 생존에 필요한 기본적 기능을 갖추기 위해 다양한 감각적 경험과 환경적인 자극이 필요하고, 아동기(6~12세)에는 사고의 구체적 조작기로 언어와 수리 사고 발달을 위해 다양한 경험에 기반하여 지식을 구성하는 교육이 필요하다. 청소년기(13~18세)는 전두엽이 급속히 발달하는 시기로, 분석, 계획, 추론, 문제 해결과 같은 고차원적 인지 기능이 활발히 형성되기에 단순 암기보다는 사고를 확장하고 연결하는 탐구 기반의 학습 경험이 요구된다.

바버라 오클리·베스 로고스키·테런스 세즈노스키(2025)는 모국어는 아기 때부터 애쓰지 않아도 자연스럽게 익힐 수 있지만, 뉴스 읽기는 많은 훈련이 필요하다는 점을 지적하며 후천적 기술을 익히기 위해 교사의 전문적인 지도가 필요하다고 주장하였다. 다시 말해 읽기나 글쓰기, 수학적 계산 같은 기술은 현대 사회에서 필수적이지만 우리 두뇌는 이를 자연스럽게 처리하도록 설계되지 않았기 때문에 연마 과정이 필요하다는 것이다.

또한, 브라이언 굿윈·토니아 깁슨·크리스틴 룰로(2024)는 학생들이 새로운 학습을 이해하고 기억하려면 배운 내용을 깊이 있게 고민하도록 도와주어야 한다고 주장하였다. 학생들 스스로 질문하게 하거나 혹은 학습 내용을 자신의 언어로 바꿔 글로 써보게 하는 활동은 새로운 정보를 깊이 있게 이해하고 오래 기억하도록 하는 데 도움이 된다는 것이다.

서논술형 평가는 단순 암기보다 분석, 종합, 평가와 같은 고차원적 인지 과정을 요구하기에 전전두엽(계획, 추론)과 측두엽(언어 이해), 해마(기억 통합) 등 여러 영역이 유기적으로 작용한다. 즉 문제 해결을 위해 언어를 이해하고 자신의 생각을 말과 글로 표현할 때, 뇌는 기존 지식을 재구성하며 새로운 연결로 확장해 나갈 수 있다. 따라서 평가는 학습자의 사고 발달 수준과 인지적 성장 단계에 따라 그 형태와 난이도가 달라져야 한다. 예를 들어 초등 저학년에는 그림이나 말하기 중심의 표현 활동을 통해 글쓰기의 기초를 다지고, 청소년기에는 점차 복잡한 논술 과제를 통해 고차원적 사고를 훈련하도록 구성할 필요가 있다.

결국 서논술형 평가는 단순한 지식 이해의 확인이 아니라, 뇌 발달 과정에 맞는 학습과 평가를 통합적으로 활성화하는 메커니즘으로 기능한다. 이는 학습의 결과를 측정하는 것을 넘어, 학습 자체를 촉진하고 사고의 확장을 이끄는 인지 발달 중심의 평가 방식이라고 할 수 있을 것이다.

02

서논술형 평가는 어떻게 변해나가야 하는가 (방향성)

사실 서논술형 평가는 새로운 평가 방식이 아니다. 정답 찾기 중심의 선택형 평가에서 벗어나 종합적인 사고력을 측정하기 위한 방법으로, 이미 오래전부터 강조되어 왔다. 이번 장에서는 초·중등 교육과정 평가 방침의 변화 과정을 검토하며, 학교 현장에서 지향해야 할 평가의 방향성을 살펴보고자 한다.

가. 서논술형 평가 정책의 역사

교육과정	내용
6차 교육과정	5. 편성·운영의 기본 방침 다. 평가 (2) 교과의 평가는 선다형 일변도의 지필 검사를 지양하고, **서술형 주관식 평가**와 표현 및 태도의 관찰 평가가 조화롭게 이루어지도록 한다.
7차 교육과정	IV. 교육과정 편성·운영 지침 3. 교육 과정의 평가와 질 관리 다. 학교에서 실시하는 평가 활동은 다음과 같은 사항을 고려해서 이루어져야 한다. (3) 교과의 평가는 선다형 일변도의 지필 검사를 지양하고❶, **서술형 주관식 평가**와 표현 및 태도의 관찰 평가가 조화롭게 이루어지도록 한다.
2007 개정 교육과정	IV. 교육과정 편성·운영 지침 3. 교육 과정의 평가와 질 관리 라. 학교에서 실시하는 평가 활동은 다음과 같은 사항을 고려해서 이루어져야 한다. (3) 교과의 평가는 선다형 일변도의 지필 검사를 지양하고, **서술형 주관식 평가**와 표현 및 태도의 관찰 평가가 조화롭게 이루어지도록 한다.
2009 개정 교육과정	II. 학교 급별 교육과정 편성과 운영 4. 학교 급별 공통사항 나. 평가활동 (2) 학교에서 실시하는 평가 활동은 다음과 같은 사항을 고려해서 이루어져야 한다. (다) 교과의 평가는 선택형 평가보다는, **서술형이나 논술형 평가** 그리고 수행평가의 비중을 늘려서 교과별 특성에 적합한 평가를 실시하도록 한다.
2015 개정 교육과정	III. 학교 교육과정 편성·운영 3. 평가 다. 학교는 교과의 성격과 특성에 적합한 방법을 활용한다. 1) **서술형과 논술형 평가** 및 수행평가의 비중을 확대한다.

▲ 서논술형 평가 방침의 흐름

❶ 7차 교육과정 원문에서는 '지향하고'라고 나와있으나 의미상 '지양하고'의 오타로 판단하여 '지양하고'로 표기한다.

'서술형 주관식 평가'가 '서술형, 논술형 평가'라는 용어로 대체된 것은 2009 개정 교육과정부터이니 놀랍게도 현재까지 10년 넘게 이어온 평가 방식이다. 선다형 지양에서 출발해, 서술형, 논술형 평가의 비중 확대와 수행평가의 내실화로 진화해 온 것은 정답 찾기에서 벗어나 학습자가 스스로 지식을 조직하고 재구성할 수 있는 실제적인 역량 중심 평가를 지향해 왔다는 의미일 것이다.

나. 2022 개정 교육과정에서의 서논술형 평가

2022 개정 교육과정은 수행평가를 내실화하고 서술형과 논술형 평가의 비중 확대를 요구한다. 따라서 학생이 수행을 통해 자신이 습득한 지식을 적용하고, 고차원적 사고 기능을 활용할 수 있도록 다양한 맥락 속에서 해결책을 모색하게 하는 과제나 문제를 제시할 수 있어야 한다(교육부, 2022a).

단순히 평가 방법에서만 역량 함양을 지향하는 것은 아니다. 교육과정의 기본방향 및 구성 중점에서도 미래 사회가 요구하는 역량 함양을 지향한다고 밝히며, 이를 위해 학습자의 삶과 연계한 학습과 탐구 과정이 필요하다고 명시하였다.

1) 깊이 있는 학습을 통한 역량 함양

2022 개정 교육과정의 교수·학습 및 평가의 핵심 원리는 '깊이 있는 학습'으로 표현할 수 있다.

I. 교육과정 구성의 방향
마. 교과 교육에서 **깊이 있는 학습**을 통해 역량을 함양할 수 있도록 교과 간 연계와 통합, 학생의 삶과 연계된 학습, 학습에 대한 성찰 등을 강화한다.

II. 학교 교육과정 설계와 운영
2. 교수·학습
가. 학교는 학생들이 **깊이 있는 학습**을 통해 **핵심역량을 함양**할 수 있도록 교수·학습을 설계하여 운영한다.

▲ 2022 개정 교육과정 초·중등 교육과정 총론(교육부, 2022a)

'깊이 있는 학습'은 학습자가 소수의 핵심 내용을 깊이 있게 배우고 자신의 것으로 만들어 그것을 새로운 상황에 적용, 확장, 실천할 수 있는 역량 함양을 목적으로 한다. 즉, 학습 내용(지식·이해)을 새로운 상황에 적용(과정·기능)하여 내면화(가치·태도)함으로써 실제 생활에 전이할 수 있는 역량을 함양해야 한다는 것이다. 이러한 역량은 내적인 특성이지만 '수행'을 통해 드러나기에, 실생활과 연계한 수행 과제를 제시하는 것이 중요하다. 학습 내용을 실생활과 가까운 맥락에서 제시할 때 전이 가능성이 커지기 때문이다. 이때 탐구 질문은 사고의 비계를 제공하고 깊이 있는 이해에 도달할 수 있도록 도울 수 있다(교육부·대구광역시교육청·원광대학교, 2023).

이는 서논술형 평가와도 밀접하게 연결된다. 깊이 있는 서논술형 평가는 자신의 언어로 사고를 정리하고, 실생활 맥락에서 해결하는 고차원적 사고 과정을 요구한다. 단순한 지식 복기에서 나아가 학습자 중심의 탐구 과정을 통해 실생활과 관련된 다양한 문제를 해결해야 하기 때문이다. 따라서 앞으로의 서논술형 평가는 깊이 있는 학습의 과정을 담아내는 역량 중심의 평가로 나아가야 할 것이다.

2) 학습 과정을 중시하는 평가

2022 개정 교육과정은 성취기준에 기반한 일관성 있는 **과정 중심 평가**를 강조한다.

> Ⅱ. 학교 교육과정 설계와 운영
> 3. 평가
> 나. 학교와 교사는 **성취기준**에 근거하여 교수·학습과 평가 활동이 일관성 있게 이루어지도록 한다.
> 1) 학습의 결과만이 아니라 결과에 이르기까지의 **학습 과정을 확인**하고 **환류**하여, 학습자의 성공적인 학습과 사고 능력 함양을 지원한다.

▲ 2022 개정 교육과정 초·중등 교육과정 총론(교육부, 2022a)

과정 중심 평가는 성취기준을 바탕으로 교수·학습 전반에서 학생의 변화와 성장을 다각도로 관찰하고, 그에 따른 적절한 피드백을 제공하며 학습의 지속적 향상을 지원하는 평가 방식이다. 단순히 '잘했는가, 못했는가'를 구분하는 판별의 도구가 아니라, 학생이 학습 목표를 향해 어떻게 사고하고, 어떤 과정을 통해 문제를 해결해 가는가에 주목하는 새로운 평가의 패러다임이라 할 수 있다.

서논술형 평가는 교사가 문항을 어떻게 설계하는가에 따라 과정 중심 평가의 철학을 구현할 수 있다. 지식이나 개념 복기를 넘어 자신의 생각을 논리적으로 구성하고 표현할 수 있는 기회를 제공하고 문제 해결 과정을 단계적으로 유도하여, 학습자가 자신의 사고력을 확장해 나갈 수 있는 기회를 제공해 줄 수 있기 때문이다. 여기에 교사의 피드백을 통해 다시 성장하는 순환 체계를 구축하고, 명확한 루브릭을 제공한다면 학생의 성찰 능력과 사고의 깊이는 한층 강화될 것이다. 이에 우리는 탐구 질문, 과정 중심 평가, 피드백, 루브릭을 탄탄한 서논술형 평가를 위한 기반으로 바라보고, Ⅲ장에서 보다 심도있게 다루고자 한다.

서논술형 평가,
무엇이 여전히 문제인가 (비판적 성찰)

서논술형 평가가 고차원적 사고력 신장과 학습의 깊이를 심화하여 다양한 역량을 기를 수 있는 평가 방식이라는 점에 대해서는 대부분의 교사가 공감할 것이다. 그러나 실제 교육 현장에서는 이상과 현실 사이에 여전히 큰 간극이 존재한다.

가. 서논술형 평가 시행의 한계와 어려움

1) 문항은 어떻게 만들어야 하는가? (문항 출제의 어려움)

서논술형 평가는 성취기준을 기반으로 학생의 사고력, 표현력, 통합적 문제 해결 능력을 판단하는 평가이기에 종합적인 역량을 함양하기 위한 과제로 구성되어야 한다. 하지만 현실에서 교사들이 느끼는 가장 큰 어려움 중 하나는 의외로 문항 출제에 대한 어려움이다.

(1) 성취기준과 연계한 평가 제작의 어려움

성취기준은 영역별 내용 요소(지식·이해, 과정·기능, 가치·태도)를 학습한 결과 학생이 궁극적으로 할 수 있기를 기대하는 도달점을 의미한다. 예컨대, 아래 성취기준 [12일어02-02]는 단순히 구나 문장을 말한다고 해서 달성되는 것이 아니라 실제 상황에 맞게 적용하고 표현하는 수행 능력(의사나 정보 등의 자신의 생각이나 느낌 말하기)까지 달성해야 함을 의미한다.

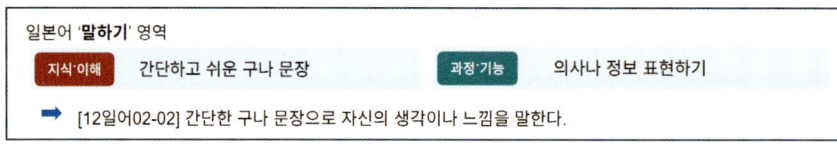

▲ 2022 개정 교육과정 고등학교 일본어 성취기준(교육부, 2022d)

그러나 실제 평가에서는 성취기준이 요구하는 수행 과정을 충분히 반영하지 못한 채, 단순히 기억한 내용을 재현하는 수준에 머무는 경우가 많다. 이러한 현상이 반복되는 이유는 의외로 '시간 부족' 때문이다. 초등 교사들은 수행해야 할 평가의 양이 지나치게 많고, 중등 교사들은 교재 연구와 이른바 '진도 나가기'만으로도 벅차다. 그 결과, 교과의 성취기준을 깊이 있게 분석하고 재구성하는 단계까지 나아가기 어려운 것이 현실이다.

이 뿐인가. 안전 교육, 청렴, 인성교육 등.. 교원을 대상으로 매년 이수해야 하는 각종 연수도 쏟아진다. 의무 연수에 시간을 할애하느라 정작 교과의 전문성 향상에 도움이 되는 연수는 제대로 수강하기 어렵다는 아쉬움의 목소리가 현장 교사들 사이에서 끊이지 않는다.

'평가 = 지식 확인'이라는 오랜 관행 또한 성취기준 중심의 문항 설계를 어렵게 만드는 요인이다. 특히 중등 교육의 경우, 문항 출제 과정에서 공정성 논란을 피하기 위해 교과서의 예문이나 활동을 그대로 사용할 수 없으므로 매년 새로운 자료를 개발하게 된다. 성취기준을 다각도로 해석하고, 깊이 있는 사고를 이끌어내는 문항을 구성하는 데에는 구조적 한계가 따를 수밖에 없다.

성취기준 분석과 사고 수준의 위계화는 서논술형 평가 설계의 두 축이라 할 수 있다. 성취기준 분석이 '무엇을 평가할 것인가'를 구체화하는 과정이라면, 사고 수준의 위계화는 '어떻게 사고를 이끌어낼 것인가'를 설계하는 과정이다. 성취기준을 충분히 분석하지 않으면 평가의 내용이 목표와 어긋나기 쉽고, 사고 수준의 깊이를 고려하지 않으면 평가가 단순한 지식 확인에 머물게 된다. 따라서 두 요소는 분리될 수 없으며, 함께 작동할 때 평가의 타당성과 신뢰성을 확보할 수 있다.

문제는 성취기준을 실제 수업과 평가 맥락에 맞게 분석하고, 구체적인 평가 과제로 전환하는 과정 자체가 높은 수준의 전문성을 요구한다는 점이다. 게다가 대부분의 교사는 체계적인 문항 구성 연수를 충분히 받지 못한 채 평가를 개별적으로 준비해야 하는 상황에 놓여 있다. 그 결과 성취기준 기반의 문항 출제는 많은 교사들에게 여전히 이상적이지만 현실적으로 구현하기 어려운 과제로 남아 있다.

(2) 깊이 있는 학습을 위한 평가 문항 설계의 어려움

앞서 서논술형 평가는 단순한 지식 재현을 넘어, 학생이 학습한 내용을 바탕으로 의미 있는 사고를 표현하고 확장할 수 있도록 설계되어야 한다고 하였다. 그러나 실제 문항 설계 과정에서 사고 수준에 따라 문항을 계열화하거나 깊이를 조절하는 것은 매우 어려운 과제이다. 문항 개발에 많은 시간이 소요될 뿐 아니라, 어떤 문항은 지나치게 단순하여 사고를 자극하지 못하고, 반대로 어떤 문항은 학생의 수준을 넘어서는 사고를 요구해 오히려 학습 의욕을 저하시키는 경우도 있기 때문이다.

또한 실생활 맥락과 연결된 문제 상황을 구성하는 데에도 어려움이 많다. 앞서 전이를 위해서는 학생이 실제로 경험하거나 상상할 수 있는 상황을 제시하고, 그 속에서 깊이 있는 사고가 이루어지도록 설계해야 한다고 설명한 바 있다. 예를 들어 "외국인 친구가 우리 동네에 놀러 오기로 했습니다. 그 친구에게 어떤 장소를 소개하고 싶나요? 이유는 무엇인가요?"와 같은 과제가 훨씬 구체적이며 목적 지향적인 사고를 유도한다고 볼 수 있다. 그러나 이러한 맥락성과 단계성을 고려한 문항 설계는 높은 수준의 전문성과 상당한 준비가 필요하기에 현실에서 적용하는데 많은 어려움이 따른다.

(3) 평가 운영의 실제적인 어려움

앤더슨과 크래스월(Anderson & Krathwohl)의 신 교육 목표 분류 체계를 활용하면 과제를 다양하게 설계할 수 있어 고차원적인 사고력을 함양하는 평가를 설계하는데 도움이 된다.

단계	평가 과제	활동 내용
지식	장소 관련 어휘 뜻 확인하기	어휘 퀴즈
이해	장소, 위치 표현 쓰기	문형을 활용하여 장소를 소개하는 문장 쓰기
적용	우리 동네를 소개하는 3~5개 문장 쓰기	실제 자신이 살고 있는 동네를 소개하는 짧은 글 쓰기
분석	장소 관련 어휘와 위치 소개 문장 분석하기	장소 명사, 위치 표현, 동사, 문법 활용 분류하기
평가	친구 글에 대한 평가 및 성찰하기	문장 연결과 내용, 표현이 적절한지 평가하기
창작	일본인 친구에게 우리 동네를 설명하는 글 쓰기 (수행평가)	일본인 친구가 왔을 때 내가 소개하고 싶은 우리 동네를 소개하는 글 쓰기

▲ 신 교육 목표 분류 체계에 기반한 서논술형 수행평가 설계 예시

그러나 위와 같은 평가를 실제로 시행할 때 교사들이 가장 먼저 부딪히는 현실적 문제는 수업 시수의 부족이다. 중등의 경우 과목별로 대체로 2~4개의 수행평가를 실시하는데, 하나의 평가에 5차시 이상이 소요되는 단계형 평가를 운영하기란 쉽지 않다. 자신의 생각을 논리적으로 설명하는 구술형 평가 역시 한 교사가 50분 동안 30명 내외의 학생을 평가해야 하기에 물리적으로 시간이 턱없이 부족하다. 이로 인해 교사는 평가의 시간 대비 효율성과 운영의 경제성을 고민하게 되며, 경우에 따라 일부를 생략하거나 단순화할 수밖에 없는 상황에 놓이게 된다. 더욱이 평가 운영 방식에 대해 동교과 교사 간의 해석이나 합의가 일치하지 않을 경우, 평가 진행에 더 큰 난항을 겪을 수도 있다.

지필평가에서도 서논술형 평가의 운영 부담은 여전하다. 문항의 평가 범위와 난이도를 조절하기 어렵기 때문에, 하나의 문항에 지나치게 많은 요소를 담으면 학생이 무엇을 중심으로 서술해야 할지 혼란을 느끼게 되고, 반대로 요소를 너무 제한하면 사고의 폭이 좁은 단편적 평가로 전락하기 쉽다. 또한, 제한된 시간 내에 많은 문항을 풀어야 하기 때문에 학생이 자신의 생각을 충분히 서술할 수 있는 서논술형 문항을 반영하기 어렵다.

2) 공정하게 채점할 수 있는가? (채점의 어려움)

서논술형 평가에서 출제 못지않게 중요한 문제는 채점의 공정성과 신뢰성이다. 문항이 아무리 정교하게 구성되어 있더라도, 채점이 일관되지 않으면 평가의 타당성이 저하될 수밖에 없다

(1) 루브릭 설계의 어려움

서논술형 평가 채점의 핵심은 '명확한 기준을 수립'하는 데 있다. 루브릭(rubric)은 채점의 공정성과 신뢰성을 뒷받침하는 평가 설계의 기반이 된다. 그러나 평가 기준을 구체적이고 정교하게 설계하는 데에는 많은 어려움이 존재한다.

첫째, 평가 요소를 명확하게 제시하기 어렵다. 예를 들어, '논리성', '창의성', '표현의 적절성'은 서논술형 평가에서 자주 사용되는 평가 요소지만, 어떤 수준에서 '우수', '보통', '미흡'으로 판단하는지는 추상적이고 주관적인 해석에 의존하게 된다.

가령, "창의적인 관점으로 문제를 해결하라"는 문항이 제시되었을 때, '창의적인 문제 해결 방안 제시하기'를 평가 요소로 설정하였다면 어느 수준까지를 '창의적'이라고 판단할 수 있는지에 대한 공통된 합의 기준이 필요하다. 같은 답안에 대해 채점자마다 다르게 해석하고 점수를 부여하여 채점의 일관성과 공정성을 해치는 원인이 될 수 있기 때문이다. 따라서 평가 요소를 설계할 때에는 각 요소의 의미를 구체화하고, 가능한 객관적으로 관찰 가능한 행동이나 표현으로 제시하는 노력이 필요하다. 평가 요소 설계 단계에서부터 명확성이 확보되지 않으면 이후 채점 전반에도 혼란이 발생할 수밖에 없다.

둘째, 채점❶ 기준 간의 위계 구분이 쉽지 않다. 분석적 루브릭은 각 평가 요소마다 '상·중·하'와 같은 성취수준을 구분하여 기준을 제시한다. 그러나 실제로 각 수준을 구체적으로 구분하고 명확하게 서술하는 것은 쉽지 않다. 교육부(2024a)에 따르면 수행평가나 서논술형 문항의 경우 성취수준을 근거로 채점 기준을 설정하도록 안내되어 있지만, 현실적으로는 성취수준의 위계가 부사 어구로 모호하게 구분되어 이를 채점 기준으로 적용하기에 애매한 경우가 많다.

예를 들어, 2022 개정 교육과정 고등학교 영어과 성취수준의 경우 '정확하게, 비교적 정확하게, 대략적으로, 부분적으로, 제한적으로'라는 부사 표현으로 수준을 구분하였다. 루브릭의 서술 방식이 성취수준에 근거할 수밖에 없는 상황에서, 모호한 위계성을 그대로 채점 기준에 반영한다면 교사의 해석에 따라 점수가 달라질 우려가 있기 때문에 평가의 신뢰성 확보는 매우 어려운 과제가 된다.

성취기준		성취기준별 성취수준
[10공영1-02-01] 실물, 그림, 사진, 도표 등을 활용하여 내용을 설명한다.	A	실물, 그림, 사진, 도표 등을 활용하여 다양하고 적절한 어휘와 언어 형식으로 내용을 **정확하게** 설명할 수 있다.
	B	실물, 그림, 사진, 도표 등을 활용하여 다양하고 적절한 어휘와 언어 형식으로 내용을 **비교적 정확하게** 설명할 수 있다.
	C	실물, 그림, 사진, 도표 등을 활용하여 적절한 어휘와 언어 형식으로 내용을 **대략적으로** 설명할 수 있다.
	D	실물, 그림, 사진, 도표 등을 활용하여 적절한 어휘와 언어 형식으로 내용을 **부분적으로** 설명할 수 있다.
	E	실물, 그림, 사진, 도표 등을 활용하여 주어진 어휘와 언어 형식으로 내용을 **제한적으로** 설명할 수 있다.

▲ 2022 개정 교육과정 고등학교 영어과 공통과목 성취수준(교육부, 2024a)

셋째, 교과와 문항에 맞는 루브릭을 일일이 새롭게 설계하는 데 시간과 노동의 부담이 크다. 초등 교사는 여러 과목의 문항을 다뤄야 하고, 중등 교사는 여러 학급과 다양한 문항을 다뤄야 하므로, 각 문항의 성격에 맞는 맞춤형 루브릭을 모두 개발하고 적용하는 것은 현실적으로 어렵다. 게다가

---

❶ 최근 중등에서는 성취평가제 영향으로 수행평가에서 채점 기준 대신 **수행 수준**이라는 용어를 사용하기도 한다.

이미 만들어진 일반적 루브릭을 반복적으로 적용하면 문항에 최적화된 채점 기준이 아니라는 비판을 받을 수도 있다.

루브릭은 평가의 공정성과 전문성을 높이는 핵심 도구이지만 이를 정교하게 설계하고 일관되게 적용하기 위해서는 교사의 높은 전문성, 상당한 시간과 노동이 필요하다. 루브릭이 명확한 채점 기준으로 안착될 수 있는 효율적인 방안을 모색해야 할 이유이기도 하다.

(2) 채점의 공정성과 신뢰성 확보의 어려움

명확한 채점 기준을 설계하였다 하더라도 서논술형 평가는 학생 응답이 다양하게 나타나기 때문에, 평가 결과의 일관성과 공정성에 다양한 의문이 제기될 수 있다.

첫째, 채점자 주관의 개입 가능성이다. 아무리 동일한 루브릭을 기준으로 하더라도 채점자의 판단에 따라 점수가 달라질 수 있다. 예를 들어 한 학생이 사회 문제에 대해 참신하고 도전적인 시각을 제시했을 경우, 이를 긍정적으로 해석해 높은 점수를 주는 교사가 있는 반면, 채점자에 따라 논리적 전개에서 벗어난다는 이유로 낮은 점수를 줄 수도 있다.

둘째, 자유 응답 문항에 대한 채점이 어렵다. 특별한 제한 사항 없이 단순히 자신의 생각을 작성하라는 문항에 학습자의 문제 해결력이 평가 요소로 제시되어 있다면, 채점자 입장에서 논리성 부족을 근거로 감점하는 것은 정말 어려운 일이다. "전기가 갑자기 나갔을 때, 어떻게 하면 좋을까요?"라는 문항에 "밖으로 나간다.", "그냥 자버린다." 라고 답한 학생이 있다면 틀렸다고 할 수 있을까. 그렇기 때문에 서논술형 평가는 답안과 채점의 방향을 설정하기 위해 평가 요소 설정, 발문, 응답 조건이 매우 중요하다. 또한 명료한 채점 기준과 예시 답안을 미리 작성해 보거나 인정 답안보다는 인정 범위를 제시하는 것이 바람직하다.

(3) 평가 운영의 부담과 책임 리스크 문제

서논술형 평가에서 채점은 시간과 노동의 문제와 직결된다. 단답형 문항에 비해 3~5배 이상의 시간이 소요되며, 평가 문항 수와 학생 수가 많을 경우 채점 자체가 부담이 된다. 실제로 중등학교 현장에서는 서논술형 문항을 채점하기 위해 교사들이 모여 수차례 논의하고 교차 채점까지 실시하는 경우가 부지기수이다.

채점 이후의 피드백 제공 또한 결코 가볍지 않다. 교사는 채점 결과를 학생에게 일일이 설명하고 수행 과정이나 학습 결손에 관련된 피드백을 제공하는 데 많은 시간을 소요하지만, 정작 학생들은 자신의 점수나 정답 여부에만 관심을 두는 경우가 많아, 교사의 피드백 노력이 실제 학습 개선으로 이어지지 못하는 한계를 드러내기도 한다.

또한 서논술형 평가에서는 평가의 정당성에 대한 사회적 압박이 크다. 일부 학생은 점수의 근거를 요구하거나 평가 결과에 민감하게 반응하고, 특히 대학 입시와 직결되는 경우에는 학부모의 이의 제기가 더해져 교사에게 심리적 부담을 가중시킨다. 이때 교사는 단순히 평가자가 아니라, 자신의 판단이 공정하고 합리적이었음을 증명해야 하는 일종의 '변호자' 역할을 수행할 수밖에 없다.

이처럼 서논술형 평가에서의 채점은 단순한 점수 부여를 넘어 평가자의 일관성, 책임을 동시에 요구한다. 명확한 평가 기준과 함께 AI를 활용한 채점 및 피드백 자동화 도구의 활용 등이 꾸준히 언급되는 이유이기도 하다.

3) 평가에 어려움을 겪는 교사를 지원하기 위한 체계는 마련되어 있는가?(평가 지원 시스템의 부재)

우리나라의 교육과정은 국가 주도로 운영되는가, 아니면 시·도교육청 주도로 운영되는가. 최근 들어 교육과정 자율화가 강조되면서 시·도교육청과 학교 단위의 재량권이 확대되고 있으나, 여전히 교육의 기본 방향과 공통된 기준은 교육부를 중심으로 한 국가 수준에서 결정된다고 볼 수 있다. 그렇다면 평가의 책임은 누구에게 있는가. 국가의 몫인가, 시·도교육청의 역할인가, 아니면 개별 학교나 교사 개인의 책임인가.

이 질문을 조금 더 직설적으로 바꾸어 보자. 앞서 살펴본 바와 같이 서논술형 평가는 문항 출제와 채점 등에서 고도의 전문성이 요구된다. 그렇다면 평가에서 어려움에 직면했을 때, 전문적으로 조언을 구하고 실질적으로 지원받을 수 있는 체계가 존재하는가? 이 물음에 자신 있게 "있다"고 답하기는 쉽지 않을 것이다.

(1) 교사를 위한 평가 지원 체계의 부재

서논술형 평가를 비롯한 다양한 평가를 시행하는 과정에서 교사가 겪는 어려움은 매우 다양하다. 하지만 이를 해소할 수 있는 공적 지원 체계는 턱없이 부족하여 혼란을 가중시키는 경우가 많다.

예를 들어 한국교육과정평가원 홈페이지(열린마당-묻고답하기-교육평가)에 평가 관련 질의를 남기면, "해당 답변은 시도교육청 지침을 따르시길 바랍니다" 또는 "본원이 주관(시행)하지 않는 평가 관련 답변을 드리지 않는 점 양해 부탁드립니다"라는 회신이 반복적으로 돌아온다. 평가에 혼란을 겪은 교사들이 발문 형식, 평가 기준 설정, 교육과정 해석 등 실질적인 문제에 대해 질문을 해도 뚜렷한 해답을 얻기 어려운 실정이다.

그렇다면 교육부가 운영하는 '학생평가지원포털'은 어떨까? 해당 사이트의 '소통공간-상담/문의'에는 평가 계획, 수행평가 채점 기준, 서논술형 평가 문항 설계 등 실무적 질문이 다양하게 올라오고 있다. 하지만 대다수의 답변은 "구체적인 평가는 시도교육청의 학업성적관리지침 및 학교 자체 학업성적관리규정을 참고하라"는 원론적인 수준에 머문다. 다시 말해 현장 교사들이 필요로 하는 실질적인 지원이나 구체적인 가이드라인은 부재한 셈이다.

그렇다면 학생 평가와 관련된 법적·행정적 근거는 어떻게 제시되어 있을까.

「초·중등교육법 제25조」 → 「초·중등교육법 시행규칙」 제21조~제25조 → 「학교생활기록 작성 및 관리지침 (교육부훈령 제504호)」 → 시·도교육청 학업성적관리 시행지침 → 학교 학업성적관리규정

▲ 학생 평가 관련 규정 지침(교육부·한국교육과정평가원, 2025a-c)

법령 체계를 들여다보면 초·중등교육법 제25조는 학교생활기록부와 관련된 일반적인 규정에 불과하며, 시행규칙 제21조~제25조 역시 '학교생활기록의 관리', '학업성적관리위원회 설치' 등 행정적 절차에 집중되어 있을 뿐 실제 '평가 설계'나 '문항 구성', '채점 기준 적용'과 같은 현장의 실질적 고민을 해결할 만한 구체적인 내용은 포함되어 있지 않다. 결국 교사가 평가에 대한 실무적 어려움을 겪을 때 전문적이고 실질적인 방침은 찾기 어렵다. 그렇다면 교사가 평가를 설계할 때 실제로 참고해야 할 지침은 무엇일까.

13-1. 교과학습발달상황(1학년) 훈령 제 504호 제15조(교과학습발달상황)
2. 별표 9(교과학습발달상황 평가 및 관리)
가. 평가의 목표 및 방침
5) 지필평가와 수행평가의 실시 비율, 서논술형 문항 출제 비율 등 평가의 세부적인 사항은 **시도교육청의 '학업성적관리 시행지침'**에 따라 학교의 '학업성적관리규정'으로 정하여 실시한다.

▲ Ⅲ. 「학교생활기록 작성 및 관리지침」해설 및 기재요령(교육부·한국교육학술정보원, 2025c)

일반적으로는 시·도교육청의 학업성적관리 시행지침이 그 기준이 된다. 그러나 지침서를 살펴봐도 서논술형 문항 출제나 채점 기준에 대한 구체적이고 실질적인 설명보다는 평가 계획 수립, 서논술형 평가 반영 비율, 성적 산출 및 기록 관리 등 행정적 절차에 관한 내용이 대부분을 차지한다. 결과적으로 문항 출제, 채점 기준 설정, 루브릭 작성 등과 같은 실무적 어려움에 직면했을 때 교사는 학교 외부에서 실질적인 해답을 얻기 어려운 것이 현실이다. 이는 결국 평가의 질 관리와 교사의 전문성 저하로 이어지는 구조적 문제를 내포하고 있다고 볼 수 있다.

더불어 시·도교육청 간 평가 지침의 편차도 문제이다. 평가 계획의 수립 방식은 물론, 사용하는 용어나 기준도 교육청마다 상이하여, 같은 서논술형 평가임에도 지역에 따라 평가 체계가 달라지는 상황이 발생하고 있다. 예를 들어, 서울시교육청은 '서답형(단답형/서술형·논술형)'이라는 용어를 사용하고 있지만, 경기도교육청은 '논술형'이라는 명칭을 채택하고 있다. 또 어떤 교육청은 '평가 요소' 대신 '채점 요소'라는 용어를 사용하는 등 용어와 개념의 기준조차 교육청별로 통일되어 있지 않다.

물론 교육청 차원의 자율성 부여는 다양성과 자율성을 반영하는 긍정적인 방향일 수 있다. 그러나 서논술형 평가를 학교 현장에서 보다 안정적이고 일관되게 정착시키기 위해서는 용어와 기준에 대한 최소한의 통일성과 국가 차원의 기준 제공이 반드시 필요하다. 지금처럼 교육청마다 다른 지침이 적용되고 명확한 전문적 지원이 부재한 상황은 서논술형 평가의 공신력과 실천 가능성을 저해하는 구조적 한계로 이어질 수밖에 없다.

(2) 행정 중심 지침의 한계

교육부(2025a-c)에 따르면 평가 계획 수립 시 학교급별 다양한 지침과 규정을 참고할 것을 권장하고 있다. 초등학교의 경우 ①2022 개정 교육과정의 이해, ②시·도교육청의 학업성적관리 시행지침, ③단위학교의 학업성적관리 규정을 살펴야 하며, 고등학교의 경우에도 ①개정 교육과정 및 성취평가제의 이해, ②시·도교육청의 학업성적관리 시행지침, ③단위 학교의 관련 규정을 참고하도록 안내되어 있다. 하지만 현실적으로 교사들이 이 모든 문서를 꼼꼼히 읽고 평가를 체계적으로 설계하는 것은 쉽지 않다.

평가 계획은 보통 2월 학년 혹은 교과협의회에서 논의되고, 정보공시에 대비하기 위해 3월 초에 완성된다. 하지만 단위 학교의 학업성적관리 규정은 그보다 늦은 3월 초~중순에 확정되기에 평가 설계는 규정을 기반으로 하는 것이 아니라 오히려 관행적인 '계획서 양식'에 맞춰 진행되는 경우가 많다. 또한 학교에서 평가 양식을 지정하면 모든 교과는 그대로 적용하게 되는데, 이는 평가 담당자인 연구부장의 관행에 따라 결정되고, 각 교사의 평가 전문성 발휘에 제약을 줄 수밖에 없는 구조적 한계로 이어지게 된다.

4) 학생은 서논술형 문항을 제대로 쓸 수 있는가? (학생 응답의 어려움)

서논술형 문항은 학생에게 단순한 지식 재생이 아닌 분석, 종합, 비판, 창의력 등의 고차원적 사고력을 요구하는 평가 방식이다. 학습자는 주어진 문제 상황을 바탕으로 자신의 견해를 논리적으로 전개하고 타당한 근거를 들어 주장을 구성해야 하며 글의 구조와 표현까지 고려해야 한다. 하지만, 이러한 복합적 요구는 학생들에게 상당한 인지적 부담을 주며, 실제로 많은 학생들이 서논술형 평가에 대해 다양한 어려움을 호소하고 있다.

가장 먼저 나타나는 것은 문항 이해의 어려움이다. 최근 학생들의 문해력 부족이 교육 현안으로 떠오르고 있는데, 지문 자체를 해석하지 못하거나 발문에서 요구하는 조건을 정확히 파악하지 못해 핵심을 벗어난 엉뚱한 방향으로 답변하는 경우가 많다. 지문 분석도 어려워 중심 논지를 찾지 못하고 주변적인 사실을 단순하게 나열하는 경우도 있다.

또한 답변을 서술하는 과정 자체도 학생들에게 큰 어려움으로 다가온다. 많은 학생들이 선다형 중심의 정답 찾기 문제 풀이에 익숙하고, 서논술형 쓰기에 대한 체계적인 훈련이나 자신의 사고를 글로 정리해 본 경험이 부족하다. 게다가 서논술형 응답에 대해 교사로부터 구체적인 첨삭이나 설명을 받을 기회도 제한적이어서 학생들은 자신이 왜 그 점수를 받았는지 성찰하지 못한 채 평가 결과를 수용하게 된다.

결국 지금의 교육 현장에서는 서논술형 평가가 학생에게 자기 성찰과 성장의 기회가 아니라, 단순히 '풀기 어려운 평가'일 뿐이다. 중고등으로 올라갈수록 글쓰기 경험은 줄어들고, 수능형 문제 풀이 중심의 수업이 강화되는 교육 현실 속에서, 학생에게 사고를 논리적으로 구조화하여 표현하라는 요구는 학습자들에게 당연히 부담일 수밖에 없다.

종합해보면, 서논술형 평가를 제대로 시행하기 위해서는 학생이 스스로 생각을 구성하고 서술하는 과정을 충분히 경험하고, 그 과정에서 의미 있는 피드백을 받을 수 있는 교육 환경이 전제되어야 한다. 현재, 중·고등학교를 중심으로 수행평가에 대한 과잉 부담 문제가 제기되고 있다. 매 학기 쏟아지는 각 과목별 수행평가로 학생들은 끊임없이 평가에 시달리는 구조에 놓여 있기 때문이다. 서논술형 평가가 학습과 성장을 지원하기 위해서는 교사와 학생 모두에게 도움이 될 수 있는 구조적 지원이 필요하다. 그렇지 않다면 서논술형 평가는 교육의 본질적 변화를 이끄는 평가가 아니라, 교사와 학생 모두에게 또 하나의 부담으로 남는 제도적 형식에 머물 수밖에 없다.

나. 초등: 서논술형 평가, 왜 형식적 절차에 머물고 있는가?

서논술형 평가는 학생의 핵심 역량을 기르는 중요한 평가 방식임에도 불구하고, 여러 구조적 한계에 부딪히며 제대로 실현되기 어렵다. 교사와 학생, 제도와 환경이 서로 맞물려 만들어내는 현실적 제약으로, 서논술형 평가는 성장을 위한 평가가 아닌 형식적 절차로 머물고 있다.

1) 내용과 표현 지도의 이중 부담

초등 교사는 담임제 특성상 한 학급의 대부분 교과를 직접 지도한다. 이는 대부분 교과의 평가도 직접 수행해야 한다는 의미이며, 교과에 따라 교과 지식 구성을 돕는 역할과 사고의 언어화를 지원하는 역할을 동시에 수행해야 한다는 뜻이기도 하다. 국어과의 경우 쓰기 영역의 성취기준이 명확히 제시되어 있어 학습과 서논술형 평가가 비교적 자연스럽게 연계되지만, 사회·과학·도덕 등 내용 교과에서는 개념 이해 이후 논리적 글쓰기를 병행 지도해야 하는 이중 부담이 발생한다.

이를 잘 보여주는 장면이 있다. 어느 4학년 교실의 사회 시간, "우리 지역의 문제점과 해결 방안을 서술하시오."라는 수행평가 문항이 제시되었다. 한 학생은 수업 시간 내내 적극적으로 참여하며 길거리 흡연 문제를 제기했다.

"학교 앞 횡단보도에서 담배 피우는 사람들이 많아서 아이들이 연기를 마시게 돼요. 담배꽁초 쓰레기도 많고요."

이 학생은 토의 과정에서 금연 구역 확대나 단속 강화 같은 구체적인 해결책까지 제시했다. 분명 문제 인식 능력과 비판적 사고력을 보여주었다. 그러나 이 학생은 답안지에 "길에서 담배 피우는 사람이 많다. 담배꽁초도 많다. 그러므로 담배를 피우지 말아야 한다."라는 짧은 문장 몇 개만 써냈다. 반면 수업 중에는 특별한 발언 없이 조용히 듣기만 하던 다른 학생은 논술 학습 경험을 살려 서론-본론-결론의 구조로 유려하게 답안을 완성했다.

글쓰기 경험의 차이가 두 학생의 평가 결과를 갈랐다. 사고력과 문제 해결 능력에서 뛰어났던 학생이 표현 기술의 미숙으로 낮은 평가를 받고, 글쓰기 형식에 익숙한 학생이 높은 평가를 받은 것이다. 이 사례는 초등 서논술형 평가의 구조적 한계를 단적으로 보여준다. 교과 개념 이해와 글쓰기 표현이 학교 수업 내에서 충분히 통합되지 못한 채, 평가가 사고의 깊이보다 표현의 숙련도를 더 크게 반영한 것이다.

실제 현장에서는 시수의 제약으로 인해 교과 내용 학습과 표현력 지도를 충분히 병행하기 어렵다. 학생이 문제를 인식하고 해결 방안을 탐색하는 사고 과정을 경험했더라도, 그것을 서술로 전환하는 연습이 뒷받침되지 않으면 제대로 평가받을 수 없다. **결국 서논술형 평가는 사고의 질을 측정하는 평가가 아니라 표현 기술의 완성도를 측정하는 평가로 왜곡될 위험이 크다.**

2) 과정 중심 평가의 한계와 결과 중심의 고착

2015 개정 교육과정 이후 강조되어 온 과정 중심 평가는 학습의 결과뿐만 아니라 학습이 일어나는 과정을 관찰하고, 그 과정에서 적절한 피드백을 제공하여 학생의 성장을 돕는 평가 패러다임이다. 초등교육은 학생의 발달 속도와 학습 양식이 매우 다양하므로, 학습 과정의 관찰과 피드백이 무엇보다 중요하다.

그러나 현실의 평가 운영은 여전히 총괄평가 중심으로 작동한다. 단원 학습이 끝나면 평가가 시행되고, 그 결과가 곧 학생의 성취로 고정된다. 교사는 과정 중심 평가를 지향하지만, 20명이 넘는 학생을 개별적으로 관찰하고 성장을 기록하기란 현실적으로 매우 어렵다. 학생의 수행 과정에서 나타나는 사고의 흐름이나 변화의 단서를 세밀히 포착하기에는 수업 시수와 행정적 여건이 턱없이 부족하다. 많은 교사들이 교육과정 재구성이나 평가 계획 단계에서 과정 중심 평가를 명시하더라도, 실제 운영에서는 결과 중심 평가로 수렴되는 이유가 여기에 있다.

이러한 구조는 학생의 학습 경험에도 직접적인 영향을 미친다. 학생들은 자신의 생각이 발전하거나 사고가 확장되는 과정보다는 결과로 제시된 점수에만 주목하게 된다. 배움의 시행착오나 반성적 성찰은 성장의 증거로 활용되지 못하고, 단지 실수나 실패로 인식된다. 결국 서논술형 평가는 학습의 연속선상에서 이루어지는 형성적 평가가 아니라, 단원 종료 후 일회적으로 시행되는 판정 도구로 기능하고 있다.

과정 중심 평가가 제도적으로 강조되고 있지만, 단원별로 정해진 수업 시수 안에서 빠르게 진도를 나가야 하고 평가 후 피드백과 재학습의 시간적 여유가 없는 학교 현장의 구조가 변하지 않는 한, **평가는 여전히 피드백과 성장 지원이 아닌 결과 확인 절차로 인식되는 악순환을 반복할 수밖에 없다.**

3) 평가 전문성 지원 체계의 부재

초등 교사는 대부분의 교과를 직접 지도하므로, 국어·수학·사회·과학·도덕·예체능 등 모든 교과의 성취기준을 해석하고 이에 맞는 평가를 설계·시행·채점해야 한다. 각 교과의 학습 목표와 성취기준, 인지적 요구, 평가 방법이 서로 다르기 때문에 모든 영역에 걸쳐 일관성 있고 균형 잡힌 평가 체계를 세우는 것은 현실적으로 매우 어렵다. 이는 평가 문항 개발 능력뿐만 아니라 루브릭 작성, 신뢰도 있는 채점 운영, 평가 결과 해석 및 환류까지 포괄하는 전문적 역량을 요구한다. 더욱이 동일 교과 내에서도 학년별로 요구되는 사고 수준이 다르므로, 발달 단계에 적합한 평가를 설계하기 위해서는 높은 수준의 교육과정 문해력이 필요하다.

그러나 이러한 업무를 지원하기 위한 체계는 여전히 충분하지 않다. 학교 차원에서 교사 간 협력적 평가 문화나 동료 평가자 간 신뢰도 검증 절차가 체계적으로 운영되지 못하고 있으며, 시·도교육청 단위의 평가 전문 컨설팅이나 교사 학습공동체 지원 체계 또한 미비하다. 결과적으로 교사는 평가의 본래 목적을 이해하고 있더라도, 현실적으로는 **교육적 이상과 실행 가능성 사이의 긴장 속에서 개인의 판단에 따라 타협할 수밖에 없다.**

이러한 공백 속에서 과목과 영역만 선택하면 평가 계획, 루브릭, 평가 문항까지 자동으로 제작해 주는 프로그램을 활용하는 사례가 늘고 있다. 많은 교과와 영역을 평가해야 하는 초등 교사에게는 매력적인 도구로 보일 수 있다. 그러나 이러한 자동화 도구는 서논술형 평가 도구로서 본질적인 한계를 지닌다. 프로그램이 생성하는 문항은 학급의 구체적 맥락, 학생의 발달 수준, 수업 과정에서 다루어진 내용과의 연계성을 충분히 반영하기 어렵다. 평가 문항이 특정 성취기준과 정합성을 가지는지, 학생의 사고 과정을 제대로 드러낼 수 있는 문항인지에 대한 교육적 판단이 생략된 채 형식적 문항만 산출될 위험이 크다.

더 근본적인 문제는 이러한 도구에 대한 의존이 교사의 평가 전문성 신장에 걸림돌이 된다는 점이다. 평가는 단순히 문항을 만들어내는 기술적 행위가 아니라 교육과정과 수업, 평가를 유기적으로 연결하는 전문적 실천 행위이다. 교사가 성취기준을 분석하고, 학생의 학습 과정을 고려하여 평가 문항을 설계하며, 그 결과를 해석하고 환류하는 일련의 과정은 교사의 평가 전문성을 기르는 중요한 경험이다. 자동화 도구에 의존할 경우, 이러한 성찰적 과정이 생략되면서 교사는 평가 설계의 주체가 아니라 프로그램이 생성한 결과물의 수동적 사용자로 전락하게 된다. 이는 장기적으로 교사의 교육과정 해석 능력과 평가 설계 역량을 약화시키는 결과를 초래한다.

구조를 직시하고, 변화를 요구하며, 실천을 모색하다

담임제로 인한 이중 부담, 과정 중심 평가를 가로막는 시간 구조, 교사 개인에게 전가된 평가 전문성의 책임. 이 세 가지 구조적 난제는 서논술형 평가를 성장을 위한 평가가 아니라 형식적 절차로 작동하게 만든다. 문제의 본질은 아직 성장 과정에 있는 초등학생에게 배움과 분리된 평가를 강요하는 시스템의 모순에 있다. 이러한 모순은 교사의 전문적 성찰과 평가 전문성을 기르기보다 개별 교사에게 과도한 부담을 전가하거나 상업적 도구에 의존하게 만드는 구조를 고착시키고 있다.

그렇다면 우리는 이대로 손 놓고 있어야 하는가? 이상적 구호만 반복하며 현실의 한계를 개인의 무능으로 돌려야 하는가?

그렇지 않다. 변화는 두 방향에서 동시에 일어나야 한다.

첫째, 구조적 지원이 마련되어야 한다. 교과별 성취기준 분석 지원, 학년별·교과별 공동 문항 개발 체계, 평가 전문 컨설팅, 교사 학습공동체 활성화 등 공적 지원 체계가 구축되어야 한다. 교사 개인의 역량에만 의존하거나 상업적 도구에 맡기는 현재의 구조를 넘어서야 한다. 또한 과정 중심 평가가 실제로 작동할 수 있도록 시수 확보와 학급당 학생 수 감축 같은 근본적 여건 개선도 필요하다.

둘째, 교실 안에서 교사의 성찰적 실천이 시작되어야 한다. 구조적 한계를 인식하면서도, 그 안에서 가능한 변화를 모색하는 것이다. 학생의 발달 단계에 맞는 평가는 무엇인지, 교과 역량과 표현 역량을 어떻게 통합적으로 지도할 수 있을지, 결과가 아닌 과정을 기록하고 환류할 방법은 없는지 끊임없이 질문을 던지는 것이다. 그리고 완벽하지 않더라도 동료 교사들과 함께 자신만의 방식으로 시도해 보는 것이다.

물론 쉽지는 않다. 하지만 분명한 것은 현실 비판에 그치지 않고 구조적 변화를 요구하며 동시에 교실 안에서 배움과 평가를 연결하려는 작은 시도를 할 때, 학생과 교사 모두 성장할 수 있다는 사실이다. 이 책이 서논술형 평가의 구조적 한계를 직시하고, 변화를 요구하며, 그 막막한 여정을 시작하는 선생님들에게 용기와 방향의 단초가 되기를 바란다.

다. 중등: 학교 현장에서 실시하는 서논술형 평가로 고차원적인 사고 함양이 가능할까?

중등에서 서논술형 평가는 이미 매년 실시해 온 평가이다. 심지어 경기도교육청은 논술형 평가 비율을 30% 이상 반영하도록 하였다.[2] 그런데 실제 평가는 고차원적 사고 함양이라는 취지에 맞게 시행되고 있을까? 수많은 교사들에게 물어본다면 단연코 '글쎄요..'가 많을 것이다. 그렇다면 왜, 서논술형 평가는 본래의 취지를 살리지 못하는 것일까.

1) '변별'이 목표인 중등 평가 시스템

고등학교에서 평가는 곧 등급제를 위한 변별의 도구이다. 일단 1차 지필에서 먼저 가르고 수행에서 가르고, 그런데 수행은 변별이 어려우니 2차 지필에서 철저하게 등급으로 구분한다.

평가 후, 교사는 학습자 개개인이 학습 목표에 어느 정도 달성했는지를 분석하기보다는 1등급이 몇 명이나 나왔는지가 더 신경쓰이고, 문항을 출제할 때도 성취기준의 반영 여부를 점검하기 보다는 소위 말하는 킬러 문항을 출제하여 몇 명이나 맞출 수 있을지를 생각한다. 2022 개정 교육과정에서 그토록 강조하는 깊이 있는 학습을 통한 역량 함양과 전이, '지식으로 무엇을 할 수 있는가'는 사실 고등학교 평가에서는 크게 작동하지 않는다.

이러한 환경에서 고차원적인 사고를 함양할 수 있는 서논술형 평가를 도입할 수 있을까?

교사들이 이렇게 폐쇄적이 될 수밖에 없는 이유는 단연 내신의 등급제 때문이다. 2022 개정 교육과정과 맞물려 도입된 고교 학점제 시행으로 전 과목의 내신 산출이 9등급제에서 5등급제로 완화되었지만 등급제 평가 시스템 자체는 변화된 게 없다. 오히려 진로 선택 과목도 기존 ABC 평가에서 5등급제가 되면서 변별 체계가 강화되었다. 따라서 문항 출제의 시비와 온갖 민원을 방지하기 위해 교과 지식 중심으로 누가 얼마나 정확하게 암기했는가를 확인하는 평가를 선택하게 된다. 교사는 평가에서 '변별'을 잘하는 게 제일 중요하기 때문이다.

2) 서논술형 평가 운영의 실제적인 한계

학교 현장에서 실시하는 서논술형 평가는 대개 수행평가, 혹은 지필평가에서 실시된다. 양쪽 모두 고차원적인 사고를 함양을 목적으로 수행하기에 다양한 어려움이 존재한다.

우선, 수행평가로 실시하는 경우 가장 큰 한계는 다른 반에 이미 문항이 공개되어 형평성 문제가 나타난다는 점이다. 가령 1반이 2교시에 서논술형 수행평가를 시행했다고 치자. 다른 반 학생들은

---

[2] 경기도교육청은 중학교의 경우 기존 40% 이상, 고등학교는 35% 이상이 기준이었으나, 최근 수행평가 경감을 위해 30%로 조정한다는 뉴스가 보도되었다.

동일한 날짜, 혹은 심지어는 익일에 수행평가를 치르게 된다. 이는 "수행평가 시험 문제 뭐 나왔어?"로 이어지고, 미리 친구로부터 정보를 얻은 학생들이 확실히 유리한 경우가 발생하게 된다.

이러한 상황을 잘 아는 교사들은 유출 가능성을 낮추고 형평성 확보를 위해 다양한 대책을 마련한다. 문항을 가급적 동질한 수준으로 맞춰 A, B, C 유형을 만들고, 반별로 랜덤으로 시행하여 유출 가능성을 최소화한다. 하지만 해당 유형들이 과연 정말로 동질한 수준으로 확보되었을지는 의문이다. 그저 유형을 다르게 하여 문항 유출에 대한 민원을 방지하기 위해 '노력'할 뿐이다.

혹은 수행평가를 공지를 할 때 사전에 아예 문항을 알려주기도 한다. 각 반 교실 게시판에는 결석 등으로 수행평가 안내를 못 들은 학생을 위해 평가 문항과 채점 기준을 제시한 평가 안내 문서가 빼곡하다. 학생들은 사전 안내된 교과별 평가 문항을 학원에서 미리 배우거나 집에서 AI의 도움을 얻어 미리 답안을 구상해 오고, 달달 암기한 것을 그대로 적는 경우가 많다. 논술형 평가가 있는 날에 학생들은 연습장을 꺼내서 답안을 그대로 적어보거나, 준비해 온 문장을 달달 암기하고 있는 모습은 낯설지 않은 광경이다. 즉, 고차원적인 사고를 함양하기 위해 서논술형 평가를 심도있게 개발하였지만, 실제 운영 방식의 한계로 결국 지식 암기 평가로 변질되는 것이다.

지필평가에서 서논술형 평가를 실시하는 경우는 어떨까. 지필평가는 채점에서의 공정성, 타당성이 무엇보다 중요하다. '무엇을 할 수 있는가'를 평가하는 역량 중심의 평가보다는 배운 지식을 얼마나 정확하게 복기하였는가가 주요한 요건이 된다. 채점 시에는 민원 방지와 '변별'을 위해 정량 평가(맞은 개수 세기, 키워드 포함 여부, 조건 충족 등)로 채점을 하기 때문에 실제로 학생에게 고차원적인 사고 함양에 대한 질적 평가와 피드백이 어렵다. 성적 확인 시에는 대부분 "이러이러한 내용이 불충분하여 감점이 되었어.." 라는 내용으로 점수 감점에 대한 피드백이 제공될 뿐이다.

3) 생각을 키우는 평가로 나아가기

결국 미래 핵심 역량을 기르고 문제 해결력, 비판력, 창의력 등의 고차원적인 사고를 기르기 위해 서논술형 평가가 필요하다고 하지만 수능 중심의 현행 입시 체계에서는 그 진가가 발휘되지 못하고 있다. 그렇다면 실제 중등학교 현장에서 서논술형 평가로 고차원적인 사고를 함양하기는 정말 불가능한 것일까. 생각을 전환하기 위해 질문을 바꿔 보자. 그럼에도 불구하고, 이러한 현실에서도 고차원적인 사고를 함양하기 위해 우리는 어떤 서논술형 평가를 시행해야 하는가. 어떻게 하면 역량을 함양할 수 있는 서논술형 평가가 가능할까.

우리는 그 해답을 '도전과 시행착오'에서 찾게 되었다. 단순히 '문제 해결력', '비판력', '창의력' 같은 고차원적 사고를 함양하기 위해 난이도가 높은 어렵고 복잡한 문항을 설계하는 것이 목표가 아니라, 실제 우리의 일상 수업과 평가속에서 교과가 지향해야 할 사고의 수준과 깊이를 고민해 보며 변혁적인 평가들에 도전하였다.

채점과 루브릭에서 예상치 못한 실패와 난관을 경험하며 해결 방안을 찾기 위해 고군분투하기도 하였고, 학생들 또한 배운 지식을 자신의 언어와 생각으로 끌어내는 훈련이 충분하지 못하였기에 많은 연습이 필요하다는 사실도 배울 수 있었다. 하지만 분명한 것은 그럼에도 불구하고 교사도 학생도 조금씩 성장해 나갈 수 있었다는 점이다. 비록 완벽하지는 않더라도, 다양한 시도들이 쌓여 갈 때 학교 현장의 평가 문화는 점차 변하고, 그 속에서 성장하게 된다. 서논술형 평가는 '생각을 키우는 평가'로 나아가는 길 위에 있다. 교사와 학생이 함께 도전하고 성장할 때, 우리는 비로소 진정한 역량의 실현에 한 걸음 더 다가설 수 있었다. 여기서 그 과정을 함께 나누고자 한다.

II
평가 설계, 기본 틀을 다지다

성취기준은 교수·학습과 평가의 전 과정을 일관되게 이어 주는 기준점이다. 본 장에서는 성취기준을 분석하여 평가 요소를 도출하고, 평가 방법을 선정하는 평가 계획 수립의 일반적인 절차를 살펴본다. 이어 AI 비서와 함께 평가 설계를 구조화하는 프레임워크를 통해, 성취기준을 보다 깊이 이해하고 평가의 타당성과 일관성을 높이는 방안을 살펴보고자 한다.

#평가설계수립 #교수·학습 #AI비서 #성취기준 #평가도구
#평가요소 #평가유형 #프레임워크(Framework)

01
평가 계획 수립의 절차 및 단계[1]

가. 교수·학습과 평가 설계의 출발점, 성취기준

"교수·학습의 출발점은 어디일까?"

수업을 설계할 때 많은 교사들은 교과서에 제시된 교과 내용 체계를 바탕으로 방향을 정하곤 한다. 그러나 교육과정에 근거한 수업과 평가는 단순한 교재 분석이나 활동 구상이 아니라, 성취기준이라는 명확한 기준에서 출발해야 한다. 성취기준은 수업의 방향 뿐 아니라, 교수·학습과 평가 전 과정의 일관성을 확보하는 근간이 되기 때문이다. 실제로 각종 교육부 지침과 수업·평가 관련 연구들에서도 교수·학습과 평가의 출발점으로 성취기준을 일관되게 강조하고 있다.

> Ⅱ. 학교 교육과정 설계와 운영
> 3. 평가
> 나. 학교와 교사는 **성취기준**에 근거하여 교수·학습과 평가 활동이 일관성 있게 이루어지도록 한다.
>
> ▲ 학교 교육과정 설계와 운영(교육부, 2022a)

교육과정-교수·학습-평가를 유기적으로 연계하는 과정 중심 평가에서도 성취기준의 중요성이 강조된다. 성취기준에 근거한 평가 계획은 교수·학습 과정에서 학생의 변화와 성장을 다각도로 관찰하고 체계적으로 기록하며, 적절한 피드백을 제공하는데 주요한 기반이 된다.

---

[1] 평가 계획 수립 단계는 중등 교육과정을 기반으로 작성하였다.

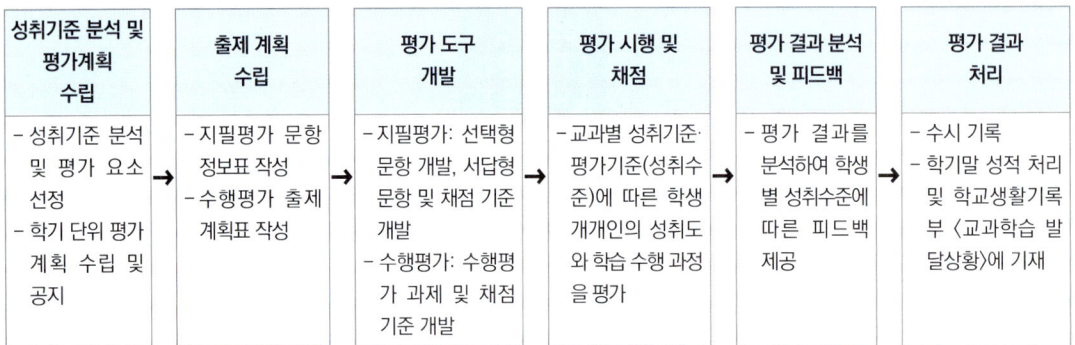
▲ 과정 중심 평가 운영 절차(교육부·한국교육과정평가원, 2025f)

학습의 향상과 성장을 지원하기 위해 도입된 성취평가제 또한 성취기준 분석이 핵심이다.

국가 교육과정에 제시된 교과별 성취기준에 도달한 정도를 누가 더 잘 했는지 평가하는 것이 아니라 학생 개개인이 어느 정도로 성취하였는지를 평가하는데에 초점이 있기 때문이다.

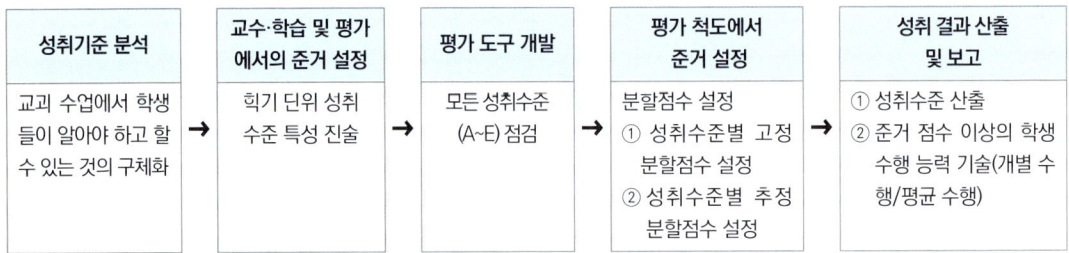
▲ 성취평가제 절차(경기도교육청, 2025e)

종합하자면, 성취기준은 교수·학습과 평가의 전 과정을 일관성 있게 연결하는 핵심적인 기준점이자 출발점의 역할을 한다. 이를 바탕으로 교수·학습은 명확한 학습 목표를 설정하고 활동을 구성하며, 평가는 학습자의 성취 수준을 확인하고 학습 개선을 위한 실질적인 피드백을 제공하는 근거가 되는 것이다.

나. 평가 계획 수립 및 평가 도구 개발 절차

교육부·한국교육과정평가원(2025b-c)에 따르면 평가 계획을 수립하거나 평가 도구를 개발할 때, 성취기준을 분석하고, 성취기준에 도달하기 위해 필요한 능력을 평가 요소의 형태로 구체화하여, 가장 적합하게 평가할 수 있는 평가 방법을 선정한다고 하였다.

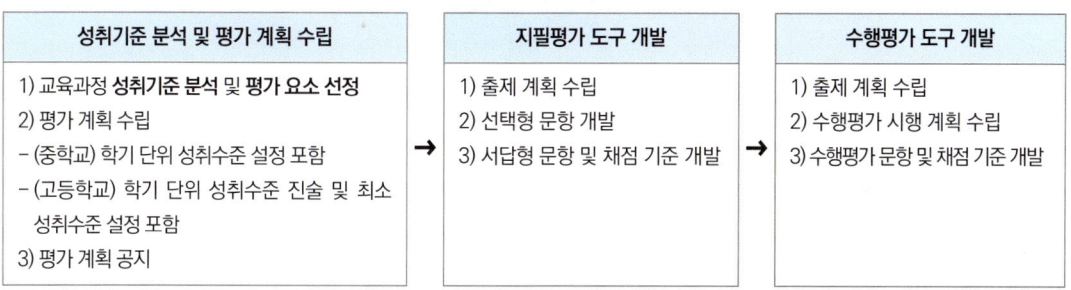

▲ 평가 계획 수립 및 평가 도구 개발(교육부·한국교육과정평가원, 2025b-c)

김영은·김경희·김인숙 외(2024)는 성취기준과 성취수준을 서논술형 문항의 채점 기준 근거로 활용되는 방안을 제시하였다. 성취기준 및 성취수준을 분석하여 평가 요소를 선정하고, 문항에 맞게 채점 요소를 구체화하여 평가 요소와 채점 요소를 연계하였다는 점에 주목할 필요가 있다.

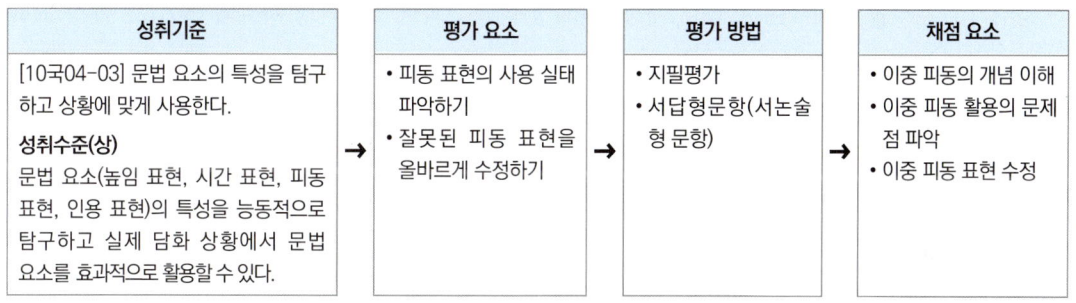

▲ 평가 요소와 채점 요소(김영은·김경희·김인숙 외 재구성, 2024)

교육부(2025)에서도 성취기준 및 성취수준을 분석하여 평가 요소를 선정하고, 지필평가(선택형 또는 서답형 문항) 또는 수행평가 도구를 개발하여 채점 기준을 개발하는 방안을 제시하였다. 다음은 수행평가 도구 개발 예시로 문항과 채점 기준 개발의 출발점이 성취기준 분석에서 이어졌다는 것을 알 수 있다.

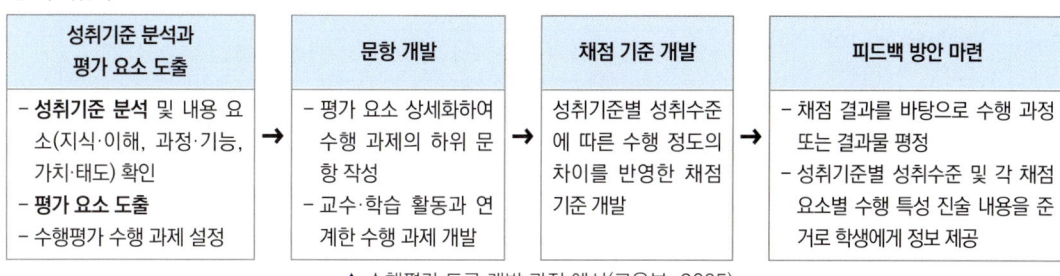

▲ 수행평가 도구 개발 과정 예시(교육부, 2025)

종합하자면, 평가 계획 수립 단계는 ①성취기준 분석(내용 요소 및 성취수준 확인) → ②평가 요소 도출 → ③평가 방법 선정 → ④문항 개발 → ⑤채점 기준 개발 → ⑥피드백 제공 으로 나아간다고 정리할 수 있다.

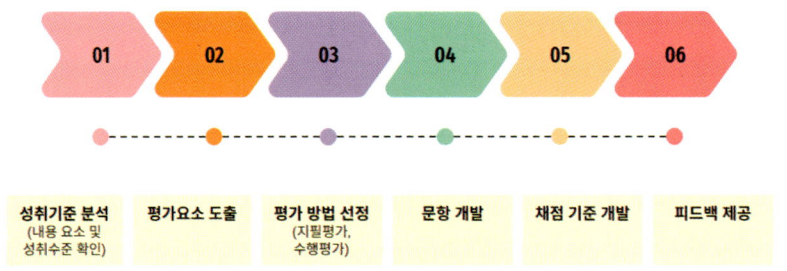

▲ 평가 계획 수립 및 평가 도구 개발 단계

다. 평가 계획 수립을 위한 세부 내용

1) 성취기준 분석

성취기준 분석을 위해서는 ⓐ2022 개정교육과정 학급·교과별 교육과정 자료와 ⓑ2022 개정 교육과정에 따른 과목별 성취수준 자료가 필요하다.❷ 성취기준은 학습자가 도달해야 할 지식·이해, 과정·기능, 가치·태도를 진술한 것이므로 성취기준 자체로도 내용 요소와 성취수준 확인이 가능하다.

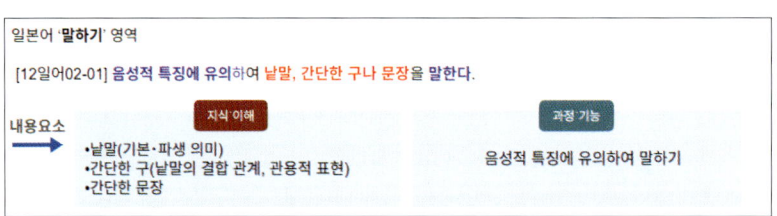

▲ 2022 개정교육과정 고등학교 일본어 '말하기' 영역 성취기준 분석 예시

성취기준		성취기준별 성취수준
[12일어02-01] 음성적 특징에 유의하여 낱말, 간단한 구나 문장을 말한다.	A	음성적 특징에 유의하여 간단한 문장을 정확하게 말할 수 있다.
	B	음성적 특징에 유의하여 간단한 문장을 비교적 정확하게 말할 수 있다.
	C	음성적 특징에 유의하여 간단한 구나 간단하고 쉬운 문장을 대체적으로 말할 수 있다.
	D	일부 음성적 특징에 유의하여 낱말이나 간단하고 쉬운 구를 부분적으로 말할 수 있다.
	E	일부 음성적 특징에 유의하여 쉬운 낱말을 제한적으로 말할 수 있다.

▲ 2022 개정교육과정 고등학교 일본어 '말하기' 영역 성취수준 예시(교육부, 2025)

---

❷ 성취수준은 중등 성취평가제에 의거한 것으로, 위 자료들은 각각 에듀넷(edunet.net) 홈페이지- 교육과정- 교육과정과 성취수준(평가기준) 탭에서 다운로드 가능하다.

2) 평가 요소 도출

성취기준이 학습을 통해 성취하기를 기대하는 최종 목적지이자 결과물이라면, 평가 요소는 성취기준 도달을 위한 구체적인 과정이자 증거라고 할 수 있다. 예를 들어 '이탈리아 음식을 안전에 유의하여 함께 맛있게 조리한다'가 성취기준이라면, 평가 요소는 과정과 증거로서 ①스파게티 기본 재료와 조리 도구의 특징 이해하기 ②조리법에 맞게 맛있게 만들기 ③위생과 안전에 유의하여 협력적 태도로 완성하기 등을 생각할 수 있을 것이다. 각 요소별 특징에 따라 평가는 지필평가(선택형 문항), 수행평가(실기), 관찰평가 방법 등으로 실시 가능하다.

평가 요소는 성취기준을 분석하여 학습자가 어느 정도 도달했는지를 판단하기 위해 무엇을 평가해야 하는지를 기준으로 작성해야 한다(김영은·김경희·김인숙 외, 2024). 평가 요소의 내용에 따라 평가의 타당성과 방법이 결정되므로, 평가 요소 자체가 문항 출제의 근간이자 채점의 기준이 된다고 볼 수 있다.

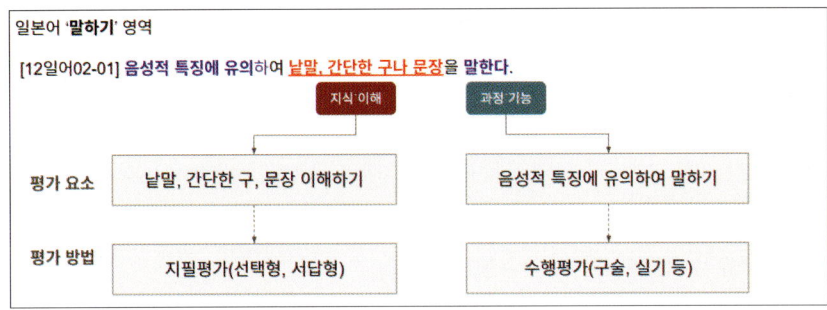

▲ 2022 개정교육과정 고등학교 일본어 '말하기' 영역 평가 요소 및 평가 방법 도출 예시

3) 평가 방법 및 유형 선정

일반적으로 학생 평가는 평가 시기, 평가 목표, 평가 준거, 평가 주체에 따라 다양하게 나눌 수 있다.❸ 그러나 평가 계획 수립 과정에서 평가 도구 개발은 평가 요소에 적합한 평가 방법을 선정하는 단계로, 교과학습 평가 방침에 의거하여 '지필평가'와 '수행평가'로 구분한다.

> 별표 9 (교과학습발달상황 평가 및 관리)
> 1. 평가의 목표 및 방침
> 마. 교과학습의 평가는 **지필평가**와 **수행평가**로 구분하여 실시한다. 다만, 학교별 학업성적관리 규정에 따라 교과목의 특성상 수업활동과 연계한 수행평가만으로 평가할 수 있다.
>
> ▲ Ⅲ. 「학교생활기록 작성 및 관리지침」해설 및 기재요령(교육부·한국교육학술정보원, 2025a-c)

---

❸ 교육부·한국교육과정평가원(2025a)
  1) 평가시기: 진단, 형성, 총괄평가
  2) 평가목표: 인지적, 정의적, 심동적 영역 평가
  3) 평가준거: 규준 참조 평가(상대평가), 준거 참조 평가(절대평가)
  4) 평가주체: 교사평가, 자기평가, 동료평가

성취기준을 분석한 이후에는 평가 요소에 따라 지필평가로 실시할지, 수행평가로 실시할지를 구분해야 하므로, 두 평가 방식의 차이를 명확히 이해하고 설계에 반영할 수 있어야 한다. 각 평가는 다음과 같이 구분된다.❹

(1) 지필평가

중간 또는 기말고사(1차, 2차 지필평가 등)와 같은 일제식 정기고사를 의미하며, 문항 정보표의 구성에 따라 '선택형'과 '서답형'으로 구분한다.

문항 유형	특징
선택형 문항	– 학생이 미리 제시된 답지 중에서 알맞은 답을 선택 1) 진위형 문항: 진술문을 제시하고 그것의 진위, 긍정-부정을 판단하도록 구성 2) 배합형 문항: 일련의 전제와 답지, 그리고 이를 배합시키는 지문의 세 가지로 구성되며, 전제와 답지를 관련되는 짝끼리 맞추는 방식 3) 선다형 문항: 문두와 그에 따른 여러 개의 답지로 구성되며, 여러 개의 답지 중에서 정답을 고르게 하는 방법
서답형 문항	– 주어진 문항에 따라서 직접 답안을 구성하여 작성 1) 완성형 문항: 제시된 빈칸에 적절한 단어, 숫자, 기호 등으로 작성 2) 단답형 문항: 제시된 질문에 적절한 단어나 구, 숫자, 수식, 그림 등 제한된 형태로 작성 3) **서술형 문항**: 교과목에서 학생이 학습한 지식이나 개념, 원리 등을 활용하여 문항에서 요구하는 내용을 정확한 문장 수준으로 작성 4) **논술형 문항**: 교과목에서 학생이 학습한 지식이나 개념, 원리 등을 활용하여 문항에서 요구하는 내용을 논리적 구조를 갖춘 완결된 문단이나 글 수준으로 작성

▲ 지필평가 문항 유형

(2) 수행평가

교과 암기 중심의 평가에서 벗어나 과정 중심 평가의 일환으로 도입되어 교사가 수업 시간에 학습자들의 **학습 과제**❺에 대한 **수행**❻ 과정 및 결과를 직접 **관찰**❼하고, 그 결과를 전문적으로 **판단**❽하는 평가이다. 잘 개발된 수행평가 과제를 통해 학습자의 고차원적 사고 능력을 직접적으로 측정할 수 있으며, 학생이 과제를 해결하는 과정에서 어떤 지식을 활용했는지, 어떤 절차를 거쳐 문제를 해결했는지를 구체적으로 파악할 수 있다.

❶ 학생이 지식과 기술을 적용하여 무엇을 이해했는지 입증해야 할 때.
❷ 분석·종합·비판적 사고·추론·예측·가설 검증 등 고차원적 인지 과정을 통해 문제를 해결할 때.
❸ 의사소통, 발표, 심동적·정의적 역량을 발휘해야 할 때.
❹ 완성된 결과물이나 산출물을 제시해야 할 때.

▲ 수행평가가 효과적으로 활용되는 경우

---

❹ 교육부·한국교육과정평가원(2025c), 교육부·한국교육학술정보원(2025c), 김선·반재천·박정(2017)을 참고하여 정리하였다.
❺ 교과 교육 목표와 관련되며 실제 생활에서 가치있고 유용한 과제를 의미한다. 학생이 이를 수행하는 과정에 필요한 지식·기술·기능을 발휘할 수 있도록, 평가 상황은 가능한 한 실제와 유사하게 구성해야 한다. 예를 들어 비판적 글쓰기 능력을 갖추었는지 확인하기 위해 제시된 글 중 가장 잘 쓴 글을 고르는 선다형 평가보다는 비판적인 글쓰기를 할 수 있도록 평가 과제를 구성해야 한다.
❻ 학습자가 주어진 선택지에서 정답을 고르도록 하지 않고 스스로 답을 구성하는 것, 산출물이나 작품을 만들어 내는 것, 태도나 가치관을 행동으로 드러내는 것 등을 의미한다.
❼ 학습자가 수행하는 과정이나 그 결과를 평가자가 읽거나, 듣거나, 보거나, 느끼거나 하는 활동을 모두 포함한다.
❽ 평가자가 관찰한 것을 객관성·합리성·타당성·신뢰성 등이 있는 기준을 근거로 점수화하거나, 문장화하는 것을 의미한다.

수행평가 유형은 관점에 따라 다양하게 나눌 수 있는데 우선, 학생이 알고 있는 것과 할 수 있는 것을 어떻게 보여주는가에 따라 크게 글쓰기, 구두 표현, 시각적 표현으로 구분할 수 있다.

글쓰기	일기, 편지글, 이야기(동화), 수필, 메모, 광고글, 팸플릿, 전기(위인전), 논설문(주장하는 글쓰기), 설득하는 글쓰기, 안내문, 설명문, 서평, 성명서, 잡지 기사, 뉴스 방송, 신문 기사, 연극 대본, 영화 각본, 하이쿠(시), 역사적 사실, 사건 기록지(일지), 실험 보고서, 여행(탐구)계획서, 조사 보고서, 사용 설명서, 검사지, 십자퍼즐, SNS(트위터, 페이스북, 블로그)
구두표현	구두 발표(정보 제공), 가르치기(teaching), 대화, 토론, 연설, 토의, 면담, 라디오 방송, 대본 낭독, 인형극, 촌극, 시낭독, 일기예보, 노래
산출물 (시각적인 표현)	도표, 흐름도, 그래프, 스케치(sketch), 그림, 지도, 포스터(poster), 스크랩(scrap), 조각품, 시합,모형, 파워포인트 시연, 사진, (영화 등의 줄거리를 보여주는 일련의) 사진이나 그림, 시놉시스, 스토리보드, 만화, 콜라주(collage), 전시물, 동영상, 컴퓨터 그래픽(computer graphic), 디자인(design), 광고, 배너, 전단지, 책과 CD 표지, 웹사이트

▲ 수행평가 유형(김선·반재천·박정, 2017)

또한, 실제 학교 현장에서 활용되는 수행평가 유형은 다음과 같이 구분된다.

서·논술	학생이 가지고 있는 지식이나 개념, 원리, 의견 등을 비교적 짧은 길이(한 단락 이하의 문장 형태)로 답을 작성하게 하거나 자신의 주장과 근거를 완결된 글의 형태로 작성하게 하는 방법
구술·발표	특정 내용이나 주제에 대해서 자신의 의견이나 생각을 구술·발표하도록 하여, 학생의 준비도, 이해력, 표현력, 판단력, 의사소통 능력 등을 직접 평가하기 위해 활용하는 방법
토의·토론	특정 주제에 대해 학생들이 서로 토의·토론하는 것을 관찰하여 평가하는 방법
실기	수업 시간에 배운 기능을 실제 상황에 발휘(연주, 창작, 경기, 회화 등)하도록 하는 방법
프로젝트	특정한 연구나 산출물 개발을 수행하도록 한 다음, 프로젝트의 전 과정과 결과물을 종합적으로 평가하는 방법
실험·실습	학생이 직접 실험·실습을 하고 그에 대한 과정이나 결과에 대한 보고서를 쓰게 하여, 제출한 보고서와 함께 교사가 관찰한 실험·실습 과정을 종합적으로 평가하는 방법
연구보고서 (조사·관찰보고서)	탐구 주제에 대한 자료를 수집하고 분석·종합하여 논리적인 보고서를 작성하도록 하는 방법
포트폴리오	학생이 산출한 자료를 체계적으로 누적 관리한 작품집 등을 대상으로 한 평가 방법

▲ 수행평가 유형(교육부·한국교육과정평가원, 2025c)

정리하자면 평가 설계는 성취기준 분석, 평가 요소 도출, 적절한 평가 방법 선정, 문항 및 채점 기준 개발로 이어지는 일련의 단계로 구성된다. 이러한 과정이 유기적으로 조직되지 않을 경우, 평가의 신뢰성과 타당성을 확보하기 어려워지고 자칫 형식적인 절차에 그칠 수 있기에 각 단계를 면밀히 살펴봐야 한다. 하지만 교육 현장에 실제 평가를 설계할 때 모든 단계를 면밀히 살펴보는 것은 큰 부담으로 다가온다.

때문에 이러한 어려움을 해소하기 위해 AI를 활용한 평가 설계를 제안하고자 한다. AI는 성취기준을 신속하고 체계적으로 분석하여 교사가 간과하기 쉬운 평가 요소를 도출해 주고, 적절한 평가 방법(지필·수행)을 제안하며, 나아가 문항과 평가 기준(루브릭)을 제작하는데 도움을 줄 수 있다.

02

AI 비서와 함께 만드는 평가 설계 프레임워크

앞서 성취기준 분석은 평가 설계의 출발점으로, 학습자가 도달해야 할 목표를 구체적이고 실천 가능하도록 세부적으로 나누어 방향성을 설정하는 과정이라고 하였다. 하지만 각각의 성취기준을 제대로 분석해 본 적이 있는가..

흔히 평가를 설계할 때, 평가 과제나 문항을 먼저 구상하고 그에 적합한 성취기준을 찾는 경우가 많기에 성취기준이 평가 설계의 출발점이라는 원칙이 무색하게 되어버린다. 이에 이번 장에서는 AI를 활용하여 성취기준을 상세히 분석해보고, 평가 요소와 평가 유형을 도출해 보면서 성취기준 자체에 대한 이해를 높이고자 한다.

가. 성취기준 분석하기[1]

가령, 고등학교 일본어과의 성취기준을 분석한다면 ⓐ교육과정(2022 개정 교육과정 일본어과)과 ⓑ성취수준(2022 개정 교육과정에 따른 고등학교 일본어) PDF 자료를 살펴봐야한다. ⓐ는 내용 체계 및 영역(듣기, 말하기, 읽기, 쓰기, 문화), 성취기준이 담겨있고, ⓑ에는 성취기준별 성취수준, 영역별 성취수준이 제시되어 있다. 하지만 평가를 설계할 때마다 매번 두 방대한 자료를 살펴보는 것은 번거로울 뿐 아니라 많은 시간이 소요되어 비효율적이다.

이에 다양한 정보를 일원화하여 성취기준을 분석하고 평가 요소를 도출하는 과정을 체계적으로 파악하기 프레임워크(Framework)[2]를 제안하고자 한다. 프레임워크는 단순히 형식화된 절차나 매뉴얼이 아니라, 복잡하게 얽힌 평가 설계 과정을 교사의 의도와 맥락에 맞게 체계적으로 조직하고 분석할 수 있는 구조를 의미한다. 우리는 AI를 통해 프레임워크를 제작해 보면서 성취기준 자체에 대한 이해를 높일 수 있고 타당한 평가 설계의 기반으로 삼을 수 있다.

---

[1] ChatGPT 유료 버전(GPT-5)을 사용하였다.
[2] 코드 - 성취기준 원문 - 성취기준별 성취수준(A) 원문 - 내용 요소(지식·이해) - 내용 요소(과정·기능) - 내용 요소(가치·태도) - 평가 요소 - 평가 유형 으로 구성된다. 전체 구성표와 프롬프트, 완성된 최종 자료는 노션(joo.is/날개서논술형)에서 확인할 수 있다.

말하기 영역							
핵심 아이디어 ・명확한 의사 전달을 위해서는 음성적인 특징에 유의하여 말하는 것이 중요하다. ・다양한 표현을 상황에 맞게 말하는 것은 의사소통에서 중요한 요소이다. ・언어문화를 바탕으로 상대방을 배려하며 말하는 것은 원활한 의사소통으로 연결된다.							
코드	성취기준	성취기준별 성취수준(A)	내용 요소 (지식이해)	내용 요소 (과정기능)	내용 요소(가치태도)	평가 요소	평가 유형
[12일어02-01]							
[12일어02-02]							

▲ 2022 개정 교육과정 일본어과 영역별 평가 설계 프레임워크

1) 성취기준과 성취수준 정리하기 (1열~3열)

성취기준 분석을 위한 프레임워크를 작성하기 위해 ⓐ, ⓑ 자료를 동시에 확인하며 일일이 타이핑을 치지 말고 AI를 이용해 보자. 엑셀 파일과 마크다운 형식 표도 제공해주어 손쉽게 정리된 자료를 얻을 수 있다. 만약 글자 추출의 오류가 있다면 정정을 요청하면 된다.

한 가지 주의점은 AI로 분석할 때, 한 번에 완성하려 하기보다 단계를 나누어 점검하고 수정하면서 점차 내용을 확장해 가는 방식이 효과적이다. 또한 처음부터 전체 영역을 분석하지 말고 내용 체계 중 하나를 먼저 테스트한 뒤에 다른 영역으로 점차 나아가길 권장한다.❸

[선행작업] ⓐ, ⓑ 자료 파일 업로드 할 것.
(단, 대용량보다는 토큰 절약을 위해 필요한 부분만 편집하여 올리는 것이 효과적이다.)

프롬프트
1. 첨부한 PDF 파일 2개(ⓐ파일명.PDF, ⓑ파일명.PDF)를 분석하기.
2. 성취기준을 영역별(듣기/말하기/읽기/쓰기/문화)로 구분하여 각각 제시할 것.
3. 처음에는 말하기 영역만 제시하고, 이후 요청에 따라 다른 영역(듣기→읽기→쓰기→문화)으로 확장할 것.
4. 제시 순서는 반드시 다음의 3열 구조로 작성할 것.
   - 1열: 성취기준 코드 (예: [12일어02-01])
   - 2열: 성취기준 원문 (문장 전체를 원문 그대로 제시, 수정 및 축약 금지)
   - 3열: 성취기준별 성취수준 중 A수준 진술을 원문 그대로 제시할 것.
5. 작성 형식은 표로 통일.
6. 각 영역 제시 후 반드시 오류 여부를 사용자에게 확인받고, 검증 후에 다음 영역으로 넘어갈 것.
7. 예시
   - 1열: [12일어02-01]
   - 2열: 음성적 특징에 유의하여 낱말, 간단한 구나 문장을 말한다.
   - 3열: 음성적 특징에 유의하여 간단한 문장을 정확하게 말할 수 있다.

▲ 성취기준 추출 표 제작하기 프롬프트 예시

---

❸ PDF 파일 내의 글자 추출에 허위 정보가 포함되는 등 오류가 생길 수 있으니 꼭 점검하는 과정이 필요하다

코드	성취기준	성취기준별 성취수준(A)
[12일어02-01]	음성적 특징에 유의하여 낱말, 간단한 구나 문장을 말한다.	음성적 특징에 유의하여 간단한 문장을 정확하게 말할 수 있다.
[12일어02-03]	간단한 의사소통 기본 표현을 활용하여 상황에 맞게 말한다.	말하기 활동에 협력적으로 소통하는 자세로 간단한 의사소통 기본 표현을 활용하여 상황에 맞게 적절히 말할 수 있다.

▲ GPT로 추출한 2022 개정 교육과정 일본어과 '말하기 영역' 성취기준과 성취수준(일부 발췌)

2) 내용 요소 추출하기(4열~6열)

내용 요소는 교과(목)에서 배워야 할 필수 학습 내용으로 성취기준과 성취기준별 성취수준을 토대로 추출할 수 있다. 따라서 위의 1)의 채팅 뒤에 작업을 진행해야 의도를 정확하게 전달할 수 있다.

[선행작업] 1) 프레임워크(p.45) 캡처 후 그림 파일로 업로드
2) 또는, + 버튼으로 'Google Drive에서 추가'를 눌러 해당 시트를 첨부하기
(프레임워크 파일이 없다면, 아래 1번처럼 열 구성 항목을 상세히 설명하면 됨)

프롬프트

1. 입력 자료 : 첨부한 그림 파일 구조를 분석할 것.
   - 열 구성: 1열(코드) / 2열(성취기준) / 3열(성취수준 A) / 4열(내용 요소-지식이해) / 5열(내용 요소-과정기능) / 6열(내용 요소-가치태도) / 7열(평가 요소) / 8열(평가 유형)
2. 1열~3열은 위에 제시된 내용 그대로 반영할 것.
3. 출력 목표: 아래 도출 방법에 따라 4열~6열까지 작성할 것.
   - @파일명.PDF 의 내용 체계(지식이해/과정기능/가치태도)를 반드시 분석 근거로 삼을 것.
   - 7열과 8열은 후속 작업 예정
4. 도출 방법: 각 영역별 성취기준(2열)과 성취수준(3열)을 토대로
   - 4열: 성취기준+성취수준에서 '지식이해' 요소를 교육과정 내용체계 분류에 맞게 추출
   - 5열: 성취기준+성취수준에서 '과정기능' 요소를 교육과정 내용체계 분류에 맞게 추출
   - 6열: 성취기준+성취수준에서 '가치태도' 요소를 교육과정 내용체계 분류에 맞게 추출
5. 제시 형식은 표로 작성할 것.
6. 각 영역은 순차적으로 진행한다.
   - 먼저 [말하기] 영역을 제시하고, 사용자 검토 후 다른 영역(듣기→읽기→쓰기→문화)으로 확장한다.
   - 각 영역 제시 후 오류 여부를 반드시 사용자에게 확인받는다.
7. 예시 (말하기 영역의 경우):
   - 1열: [12일어02-01]
   - 2열: 음성적 특징에 유의하여 낱말, 간단한 구나 문장을 말한다.
   - 3열: 음성적 특징에 유의하여 간단한 문장을 정확하게 말할 수 있다.
   - 4열: 음성적 특징(청·탁음, 장·단음 등), 낱말, 간단한 구·문장
   - 5열: 음성적 특징에 유의하여 말하기
   - 6열: 적극적으로 말하는 태도

▲ 성취기준과 성취수준에서 내용 요소 추출하기 프롬프트 예시

코드	성취기준	성취기준별 성취수준(A)	내용 요소 (지식이해)	내용 요소 (과정기능)	내용 요소 (가치태도)
[12일어02-01]	음성적 특징에 유의하여 낱말, 간단한 구나 문장을 말한다.	음성적 특징에 유의하여 간단한 문장을 정확하게 말할 수 있다.	낱말, 간단한 문구나 문장	음성적 특징에 유의하여 말하기	적극적으로 말하는 태도
[12일어02-03]	간단한 의사소통 기본 표현을 활용하여 상황에 맞게 말한다.	말하기 활동에 협력적으로 소통하는 자세로 간단한 의사소통 기본 표현을 활용하여 상황에 맞게 적절히 말할 수 있다.	간단한 의사소통 기본 표현	상황에 맞게 말하기	협력적으로 소통하는 태도

▲ 2022 개정 교육과정 고등학교 일본어과 '말하기 영역' 성취기준 분석(1)

AI 결과물을 검토하여 적합성 여부를 확인하는 작업은 매우 중요하다. 이를 통해 교사 스스로도 비판적 사고력을 기를 수 있고, 성취기준에 대한 이해도를 높일 수 있다. 필자는 내용 요소가 부족하다고 판단하여, '말하기 영역 내용 요소'를 한번 더 기입한 뒤 보완 요청하였더니, 더 나은 결과를 얻을 수 있었다.

코드	성취기준	성취기준별 성취수준(A)	내용 요소 (지식이해)	내용 요소 (과정기능)	내용 요소 (가치태도)
[12일어02-01]	음성적 특징에 유의하여 낱말, 간단한 구나 문장을 말한다.	음성적 특징에 유의하여 간단한 문장을 정확하게 말할 수 있다.	음성적 특징(청·탁음, 장·단음, 요음, 박 등), 낱말, 간단한 구, 간단한 문장	음성적 특징에 유의하여 말하기	적극적으로 말하는 태도
[12일어02-03]	간단한 의사소통 기본 표현을 활용하여 상황에 맞게 말한다.	말하기 활동에 협력적으로 소통하는 자세로 간단한 의사소통 기본 표현을 활용하여 상황에 맞게 적절히 말할 수 있다.	인사·소개(만남·헤어짐, 자기소개 등), 배려·의사 전달(감사, 사과, 칭찬, 격려·위로 등), 정보 교환(시간·취미·능력 등)	상황에 맞게 말하기, 의사나 정보 표현하기	협력적 소통 태도

▲ 2022 개정 교육과정 고등학교 일본어과 '말하기 영역' 성취기준 분석(2)

보완된 결과물을 살펴보면 확실히 **구체적인 맥락**을 제공했을 때, 보다 정확하면서도 상세한 결괏값이 도출되는 것을 알 수 있었다. 이처럼 보완이 필요할 때는 **다양한 맥락과 예시를 제공**하는 것이 중요하다.

나. 평가 요소, 평가 유형 정립하기

1) 평가 요소 도출하기(7열)

평가 요소를 도출할 때 정확한 설명과 예시를 제공해주는 것이 훨씬 나은 결과물을 얻을 수 있었기에 다음과 같이 프롬프트에 한번 더 보완 설명을 넣어주었다. 만약 평가 요소 도출이 어렵다면 예시 제공 없이 작업을 시도해 보고, AI의 답변을 통해 교사가 스스로 평가 요소 예시를 만들어보는 것을 추천한다.

[선행작업] 앞에 성취기준 분석과 내용 요소 추출 작업(1열~6열) 채팅창에서 이어 요청할 것.

프롬프트

1. 입력 자료: 이미 완성된 1열~6열 표(원문 그대로 제시, 수정·축약 금지).
2. 출력 목표: 7열(평가 요소)을 아래 방법에 근거하여 도출한다.
3. 도출 방법:
   - 성취기준(2열)과 성취수준(3열)을 분석하여 7열(평가 요소)을 도출한다.
   - 각 성취기준마다 평가 요소는 3개 정도로 정리한다.
4. 평가 요소의 의미:
   - 성취기준 도달 여부를 판단할 수 있는 학생 수행의 핵심 내용이다.
   - 표현은 학생이 반응할 수 있는 지시어를 명사형 어구(~이해하기, ~하기 등)로 제시한다.
   - 채점 기준 제작의 근거가 되며, 지식·이해, 과정·기능, 가치·태도 차원에서 구체적으로 기술한다.
5. 예시 (말하기 영역):
   - 1열: [12인어02-01]
   - 2열: 음성적 특징에 유의하여 낱말, 간단한 구나 문장을 말한다.
   - 3열: 음성적 특징에 유의하여 간단한 문장을 정확하게 말할 수 있다.
   - 7열:
     ① 낱말·구·문장 이해하기
     ② 음성적 특징 반영하여 말하기
     ③ 적극적으로 발화하기

▲ 평가 요소 도출하기 프롬프트 예시

2) 평가 요소에서 평가 유형 정립하기(8열)

평가 요소를 추출한 뒤에는 이에 적합한 평가 방법 및 도구를 확인한다. 평가 유형의 세부 내용은 Ⅱ-1장에 상세히 제시되어 있으니 참고하기 바란다. 아울러, 평가 요소와 평가 유형별로 셀을 구분하여 가독성을 확보하고자 하였다.

[선행작업] 1열~7열까지 도출된 상태임. 평가 유형(p.42-43)을 그림 파일로 첨부함.

프롬프트

1. 입력 자료: 이미 완성된 1열~7열 표(원문 그대로 제시, 수정·축약 금지).
2. 출력 목표: 첨부된 그림(평가 유형 예시)을 참고하여 8열(평가 유형) 추가하기.
3. 도출 방법:
   - 7열(평가 요소)를 근거로, 그에 적합한 *다양한 여러 평가 유형*을 배치한다.
   - 지식·이해 요소 → 지필평가(선택형: 진위형, 선다형, 단답형, 배합형 등)
   - 과정·기능 요소 → 수행평가(서·논술, 실기, 역할극, 토론, 구두표현, 글쓰기 등)
   - 가치·태도 요소 → 정의적 평가(자기평가, 동료평가, 관찰평가)
4. 작성 형식:
   - 하나의 평가 요소마다 적합한 평가 유형을 여러 개 나열
   - 셀 분리 방식으로 평가 요소별 다층적 유형 배치
   - 출력 형식: 지필평가(선택형), 수행평가(서·논술), 자기평가, 동료평가, 관찰평가 등

> 5. 예시 (말하기 영역):
>   - 7열: ① 낱말·구·문장 이해하기
>   8열: 지필평가(선택형: 진위형, 선다형) / 수행평가(서·논술: 글쓰기)
>   - 7열: ② 음성적 특징 반영하여 말하기
>   8열: 지필평가(선택형: 단답형) / 수행평가(실기, 낭독, 구두발표)
>   - 7열: ③ 적극적으로 발화하기
>   8열: 자기평가(자신감 점검표) / 동료평가(발화 적극성 피드백) / 관찰평가(교사 관찰 기록)

▲ 평가 유형 정립하기 프롬프트 예시

코드	성취기준	성취기준별 성취수준(A)	내용 요소 (지식이해)	내용 요소 (과정기능)	내용 요소 (가치태도)	평가 요소	평가 유형
[12일어 02-01]	음성적 특징에 유의하여 낱말, 간단한 구나 문장을 말한다.	음성적 특징에 유의하여 간단한 문장을 정확하게 말할 수 있다.	음성적 특징(청·탁음, 장·단음, 요음, 박 등), 낱말, 간단한 구, 간단한 문장	음성적 특징에 유의하여 말하기	적극적으로 말하는 태도	① 낱말·구·문장 이해하기	지필평가(선택형: 진위형, 배합형) 수행평가(서·논술: 글쓰기)
						② 음성적 특징 반영하여 말하기	지필평가(선택형: 선다형) 수행평가(실기, 낭독, 구두발표)
						③ 적극적으로 발화하기	자기평가(말하기 자신감 체크리스트) 동료평가(발화 적극성 관찰)
[12일어 02-03]	간단한 의사소통 기본 표현을 활용하여 상황에 맞게 말한다.	말하기 활동에 협력적으로 소통하는 자세로 간단한 의사소통 기본 표현을 활용하여 상황에 맞게 적절히 말할 수 있다.	인사·소개(만남·헤어짐, 자기소개 등), 배려·의사 전달(감사, 사과, 칭찬, 격려·위로 등), 정보 교환(시간·취미·능력 등)	상황에 맞게 말하기, 의사나 정보 표현하기	협력적 소통 태도	① 의사소통 기본 표현 이해하기	지필평가(선택형: 선다형, 배합형)
						② 상황에 맞게 표현하기	수행평가(서·논술: 실기, 역할극)
						③ 협력적으로 대화하기	자기평가(협력적 대화 태도 점검) 동료평가(대화 피드백)

▲ 2022 개정 교육과정 고등학교 일본어과 '말하기 영역' 평가 설계 프레임워크

AI와 여러 차례 대화를 나누며 평가 설계 프레임워크를 제작하는 과정에서 얻은 가장 큰 소득은 필자 스스로가 '성취기준' 자체를 깊이 탐구할 수 있었다는 점이다. 목표에 도달하기 위한 학습 과정을 어떠한 단계로 설계할지 고민하는 과정에서 성취기준의 의미와 구조, 지식, 기능 등을 더 세밀하게 이해하게 되었고, 교수·학습과 평가를 어떻게 연계할 것인지에 대한 통찰을 얻을 수 있었다. 다만 주의할 점은 AI가 제시하는 답변을 계속 검증해야 하며, 자신의 프레임워크 제작을 교사가 주도하되 AI 답변은 참고 자료로 삼아야 한다는 점을 잊지 말아야 한다.

추가적으로 한 가지 팁을 제공하자면, 동일한 작업을 반복할 때 지금까지의 대화 내용을 바탕으로 '니가 이해하기 쉽게 프롬프트를 정리해줘'라고 요청을 하면 불필요한 작업을 줄일 수 있고 프롬프트 작성 팁도 얻을 수 있으니 참고하기 바란다.

> [지시사항] 지금까지의 대화 내용을 바탕으로 니가 이해하기 쉽게 프롬프트를 정리해줘
>
> **GPT 답변 생략** 👉 이제 이 프롬프트를 활용하면, 제가 **듣기/말하기/읽기/쓰기/문화** 전체를 자동으로 8열 구조로 정리할 수 있습니다.

▲ 프롬프트 정리 예시

서논술형 평가,
새로운 이론적 기반을 세우다.

> 서논술형 평가의 이론과 실제를 다루며, 교사가 평가의 관점을 전환해 학생의 사고를 깊이 파악하고 학습을 지원하는 과정을 담았다. 형성평가와 총괄평가의 관계를 새롭게 해석하고, 학생의 사고를 조력하는 질문·피드백·루브릭의 실제적 활용 방안을 제시하며, 교실에서 바로 적용할 수 있는 문항 설계와 사례 중심의 지침을 제공한다. 교사가 '평가'를 다시 배우고, 학생이 '평가를 통해 배우는' 수업을 만드는 데 필요한 기반을 다지는 것이 목표이다.

#평가의관점전환 #형성평가 #총괄평가 #피드백 #피드업 #질문 #루브릭 #LLM

01
서논술형 평가의 이론적 기초

가. 서논술형 평가의 본질: 개념과 패러다임의 이해

1) 평가 패러다임의 전환: 정답 선택에서 생각 구성으로

오랫동안 교사들은 주어진 선택지 중 정답을 고르는 선택형 문항(Selected respone item)[1]에 익숙했다. 선택형 응답 방식의 평가는 특정 지식을 얼마나 정확하게 기억하는지 효율적으로 측정하는 데 분명한 강점이 있다. 하지만 지식의 단편만을 확인할 뿐, 그 지식을 어떻게 이해하고 다른 개념과 연결하며 새로운 상황에 적용 하는지를 온전히 보여주지 못하는 명백한 한계를 지닌다.

서논술형 평가는 바로 단편적인 지식 확인 중심의 선택형 평가에서, 종합적 사고 과정을 드러내는 서논술형 평가로의 패러다임 전환을 의미한다.

서논술형 평가는 학습자에게 정답을 고르게 하는 대신, 스스로 답을 구성하도록 요구하는 구성형 문항(Constructed response item)[2] 방식의 대표적인 형태이기 때문이다. 평가의 초점이 단순히 '맞았는가'라는 결과 중심에서, '어떻게 생각했는가'라는 과정 중심으로 옮겨지는 것이다. 학생은 자신의 머릿속에 흩어져 있던 지식과 개념들을 꺼내어 논리적으로 연결하고, 자신만의 언어로 재조직하여 표현해야 한다. 이 과정에서 교사는 학생 답안의 정오 여부와 더불어 사고방식, 개념 이해의 깊이, 문제 해결 전략, 학습의 전이까지 총체적으로 파악할 수 있는 소중한 교육적 단서를 얻게 된다.

2) 서논술형 평가란 무엇인가?: 생각을 가시화하는 도구

서논술형 평가는 학습자에게 지식을 재구성하여 표현할 것을 요구한다. 즉 학습자가 주어진 문제나 과제에 대해 자신의 생각이나 지식을 문장, 문단, 또는 완결된 글의 형태로 직접 서술하거나 논술하여 답해야 한다.

---

[1] 주어진 답지 중에서 정답을 선택하는 문항 유형을 포괄하는 문항 유형으로, 하위 문항 유형으로는 선다형, 진위형, 양자택일형, 연결형 등이 있다(한국교육평가학회, 2023).
[2] 주어진 물음이나 지시에 따라 피험자 스스로 답안을 구성하여 응답하는 문항의 형태를 의미하며, 서답형 문항이라고도 한다. 하위 문항 유형으로 괄호형, 완성형, 단답형, 논술형 등이 있다(한국교육평가학회, 2023).

이 평가의 본질을 단순히 주관식으로 이해하기보다는 사고를 가시화하는 가장 적합한 도구로 이해할 필요가 있다. 학생이 답안을 작성하는 행위는 머릿속 사고 과정을 글로 구체화하는 과정이다. 어떤 개념을 떠올렸는지, 그 개념들을 어떤 순서로 연결했는지, 주장을 뒷받침하기 위해 어떤 근거를 선택했는지 등이 답안 속에 고스란히 담긴다. 따라서 교사는 서논술형 평가를 통해 학생의 성취수준뿐만 아니라 오개념이나 논리적 비약 등 학습 과정에서 발생한 결손까지 진단하고 의미 있는 피드백을 제공할 수 있다.

나. 서논술형 평가의 인지적 토대: 고차원적 사고의 측정

1) 블룸(Bloom)에서 앤더슨과 크래스월(Anderson & Krathwohl)로: 교육 목표 분류의 발전

좋은 평가는 무엇을 측정할 것인가에 대한 명확한 이해에서 출발한다. 그 시작은 20세기 교육학에 지대한 영향을 미친 블룸의 교육 목표 분류이다. 이 분류 체계는 교육을 통해 길러내고자 하는 인지적 능력을 체계화한 것이다. 21세기에 들어, 블룸의 제자인 앤더슨과 그의 동료 크래스월은 이 고전적 이론을 현대적 관점에 맞게 수정하고 발전시킨 신교육 목표 분류 체계(L. Anderson, D. Krathwohl, 2001)를 제시했다. 수정된 분류 체계는 오늘날 우리가 평가하고자 하는 인지적 능력을 이해하는 데 매우 유용한 틀을 제공하며, 사고의 수준을 기억, 이해, 적용, 분석, 평가, 창안 6단계의 위계로 구분한다.

단계	사고 수준	핵심 동사	평가 방식 예시
1단계	기억	정의하다, 목록을 만들다, 암송하다, 명명하다, 따라 말하다, 받아쓰다	• 용어의 정의나 특정 연도를 묻는 단답형 문제 풀기 • 주요 사건을 연대 순으로 나열하기 • 구구단 외우기
2단계	이해	설명하다, 요약하다, 분류하다, 예를 들다, 추론하다, 토의하다	• 특정 개념을 자신의 언어로 요약 설명 • 그림을 보고 무슨 상황인지 이야기하기 • 배운 내용에 대해 친구에게 설명하기
3단계	적용	실행하다, 사용하다, 해결하다, 그리다, 계산하다, 시연하다	• 배운 과학 원리를 이용해 특정 현상을 설명하기 • 배운 도형의 성질을 이용해 교실 지도 그리기 • 주어진 예산에 맞춰 캠핑 계획 세우기
4단계	분석	조직하다, 비교하다, 구분하다, 분류하다, 대조하다, 추론하다	• 제시된 글의 논리적 구조와 숨겨진 의도 파악하기 • 등장 인물의 성격을 비교·대조하기 • 실험 결과를 보고 원인 추론하기
5단계	평가	비판하다, 판단하다, 옹호하다, 결정하다, 검토하다	• 두 가지 해결 방안의 장단점을 비교하여 최선을 선택하기 • 제시된 글의 주장에 대한 자신의 의견 서술하기 • 모둠 활동에서 가장 합리적인 해결책에 투표하고 이유 설명하기
6단계	창안	설계하다, 구성하다, 발명하다, 창작하다, 제작하다, 가설을 세우다	• 대안적 해결책을 제시하는 프로젝트 제안서 작성하기 • 이야기의 새로운 결말 창작하기 • 문제 해결을 위한 발명품 설계도 그리기

▲ 신 교육 목표 분류 체계에 따른 핵심 동사와 평가 방식 예시

2) 기억·이해에서 분석·평가·창안으로: 사고의 비계 설계

선택형 평가가 주로 '기억'과 '이해' 수준의 사고 능력 측정에 머무는 경우가 많은 것은 사실이다. 하지만 이것이 단순 지식 확인 과정의 무용함을 의미하는 것은 아니다. 오히려 잘 설계된 서논술형 평가는 이러한 저차원적 사고 확인을 고차원적 사고로 나아가기 위한 사고의 비계(Scaffolding)로 활용할 수 있다. 예를 들어, 복합적인 문제에 대한 해결책을 요구하기에 앞서 관련된 핵심 개념이나 사실을 먼저 묻는 단계적 질문을 제시하는 방식이다. 이러한 접근은 학생이 사고의 과정을 체계적으로 밟아 나가도록 돕는다.

이 과정을 통해, 학습자는 주어진 정보를 단순히 기억해 내는 것을 넘어 그 정보를 바탕으로 여러 요소를 분석하여 핵심을 파악하고, 이를 종합·평가하여 자신만의 논리를 세우며 나아가 새로운 대안을 창조하는 과정까지 보여주게 된다. 바로 이 지점에서 서논술형 평가는 미래 사회가 요구하는 비판적·창의적 사고 등의 핵심 역량을 기르는 교육적 도구로서의 진정한 가치를 갖게 된다.

다. 서논술형 평가의 유형별 특징과 기능

서논술형 평가를 구성형 응답의 대표 형태로 이해하는 것이 일반적이기는 하나, 평가 유형은 목적과 요구하는 사고 수준에 따라 명확히 구분하여 이해할 필요가 있다. 이는 평가를 설계하는 교사가 측정하고자 하는 역량을 정밀하게 겨냥하는 데 도움을 주기 때문이다. 하지만 서술형과 논술형 평가에 대한 학술적 정의가 명확하게 규정되어 있지는 않다. 이러한 상황에서 경기도교육청은 학교 현장 및 전문가 집단의 의견 수렴, 학생평가 지원단의 검토 등 소통과 협의를 거쳐 논술형 평가를 '제한형 논술'과 '확장형 논술'로 구분하였다(경기도교육청, 2023a). 이를 토대로 다음과 같이 정리해 보았다.

1) 제한 반응형 평가(서술형)

제한 반응형 평가는 질문에서 요구하는 답안의 내용과 형식을 구체적으로 제한하는 방식으로, 서술의 깊이와 넓이, 정확성 등을 요구하는 유형이다. 학습자가 배운 지식, 개념, 원리 등을 자신의 언어로 설명하거나 풀어서 쓰거나, 주어진 지식이나 정보를 자기 생각으로 분석하고 판단한 결과를 기술하는 방식이라 할 수 있다. 주로 블룸의 분류에서 '이해'와 '적용' 수준을 평가하는 데 적합하다. 현장에서 흔히 쓰이는 서술형 평가가 이에 해당한다.

2) 확장 반응형 평가(논술형)

확장 반응형 평가는 기본적으로 한 편의 짧은 논리적 글을 완성하는 형태라 할 수 있다. 특정 주제나 복합적인 문제 상황에 대해 학습자가 자신의 주장과 견해를 논리적 근거를 들어 자유롭게 조직하고 표현하도록 하는 방식이다. '분석', '평가', '창조'와 같은 최상위 수준의 사고 능력을 요구하며 완결된 구조의 글을 작성해야 한다. 현장의 논술형 평가가 여기에 속한다.

이처럼 학술적으로는 평가의 목적에 따라 두 유형을 구분하는 것이 중요하지만, 실제 우리나라의 교육 정책 및 연구 현장에서는 이 둘을 통합하여 '서논술형 평가'라는 용어를 보편적으로 사용한다. 대표적으로 김선·반재천(2024)은 두 평가 유형의 특성을 포괄하는 '서논술형'이라는 용어를 사용하여, 선택형 평가를 넘어 학생의 고차원적 사고력을 기르기 위한 모든 형태의 서답형 평가를 강화하자는 정책적·실천적 방향을 제시했다. 따라서 이 글에서는 평가 설계를 위한 이론적 이해를 돕기 위해 두 유형을 구분하여 설명하되, 이 둘을 아우르는 큰 틀이 '서논술형 평가'임을 인지하길 바란다.

	제한 반응형 평가(서술형)	확장 반응형 평가(논술형)
특징	- 응답 길이: 한 문장 이상 - 응답 양식: 분량, 내용 범위, 서술 양식 등의 제한	- 응답 길이: 한 문단 이상 - 응답 양식: 응답의 자유도 허용
기능	개념의 정확한 이해 여부 확인, 정보 요약 및 재구성 능력, 학습 내용을 구체적 사례에 적용하는 능력 측정	문제 상황 분석 및 핵심 쟁점 파악 능력, 비판적 자료 해석 능력, 대안 제시 및 창의적 문제 해결력, 논리적이고 구조적인 글쓰기 능력 측정
문항 예시	(초등 사회) 우리 고장의 중요한 문화유산 한 가지를 정하고, 그 문화유산을 보존해야 하는 이유를 두 가지 이상 서술하시오. → 이해하기, 적용하기 (중등 과학) 소화 효소의 종류와 각각의 기능에 대해 서술하시오. → 이해하기	(초등 도덕) 제시된 이야기 속 갈등 상황의 원인을 찾아보고, 양측 갈등 당사자 모두가 만족할 수 있는 새로운 해결 방법을 제시하시오. → 분석하기, 창조하기 (중등 역사) 제시된 (가)와 (나) 자료를 비교 분석하고, 이를 바탕으로 OOO 사건이 현대 사회에 미친 영향에 대한 자신의 견해를 논술하시오. → 분석하기, 평가하기

▲ 제한 반응형 평가(서술형)와 확장 반응형 평가(논술형) 비교

라. 서논술형 평가 문항의 구성 요소

서논술형 평가 문항은 일반적으로 보기 또는 자료, 발문, 응답 조건이라는 세 가지 요소로 구성된다 (경기도교육청, 2025c). 이들은 각각의 역할을 충실히 수행하며 유기적으로 연결될 때 비로소 좋은 평가 문항이 탄생한다.

1) 보기 또는 자료

〈보기 또는 자료〉는 지문, 그림, 그래프, 통계 등 학생의 사고를 유도하고 문제 해결의 맥락을 제공하는 모든 형태의 자료를 의미한다. 단순히 배경 정보를 넘어 학생의 흥미를 유발하고 고차원적 사고를 이끌어내는 사고의 기반이자 사고의 출발점 역할을 한다. 평가가 이루어지는 구체적인 상황을 설정하여 문제의 현실성을 높이는 맥락 제공의 역할을 하며, 답안 작성에 필요한 핵심 정보나 단서를 포함하는 정보 제공의 기능도 수행한다. 또한 학생의 호기심을 자극하여 다양한 관점에서 문제를 탐색하도록 유도하는 사고 촉진의 역할도 담당한다.

보기와 자료의 형태는 매우 다양하게 활용될 수 있다. 가장 보편적인 것은 문학 작품, 신문 기사, 설명문, 역사 사료 등과 같은 텍스트 자료이다. 예를 들어, 화성시에 살았던 정약용의 『목민심서』 일부를 제시하고 오늘날 우리 사회에 필요한 리더의 모습에 대해 성찰하게 할 수 있다.

또한 사진, 그림, 도표, 그래프, 지도, 만화 등 시각 자료는 학생들의 직관적인 이해를 돕고 흥미를 유발하는 데 효과적이다. 화성행궁의 옛 모습이 담긴 그림과 오늘날의 사진을 비교하며 문화유산을 보존해야 하는 까닭을 생각해 보게 하는 활동이 좋은 예이다.

마지막으로 구체적인 문제 상황이나 가상 시나리오, 대화문 등을 활용하는 상황 자료는 학생의 문제 해결 능력을 자극하고 평가 과제 수행에 대한 몰입도를 높인다. 가령, "만약 내가 화성시장이 되어, 우리 지역 갯벌을 보존하면서 관광을 활성화해야 한다면 어떤 정책을 펼칠 것인가?"와 같은 가상 시나리오를 제시하여 학생이 배운 지식을 실제적 맥락에서 적용하고 창의적인 대안을 탐색하도록 이끌 수 있다.

이때 어떤 유형의 제시문을 활용하든 반드시 평가하고자 하는 성취기준과 긴밀하게 연결되어야 하며, 학생 수준에 맞는 적절한 내용과 어휘로 구성되어야 한다. 또한 특정 가치관에 치우치지 않고 모든 학생에게 공정한 해석의 기회를 제공하는 중립성을 갖추어야 하며, 문제 해결 시간을 고려하여 과다한 양의 정보가 포함되지 않도록 유의해야 한다.

> **정리**
>
> 〈좋은 보기·자료의 조건〉
> - **성취기준과의 연관성**: 평가하고자 하는 성취기준의 핵심 내용과 긴밀하게 연결되어야 한다.
> - **정보의 적절성**: 학생 수준에 맞는 어휘와 내용으로 구성되고, 시간을 고려하여 적당한 양의 정보를 제공해야 한다.
> - **중립성과 공정성**: 특정 가치나 이념에 치우치지 않으며 모든 학생에게 공정한 해석의 기회를 제공해야 한다.

2) 발문

〈발문〉은 학생이 수행해야 할 구체적인 과제를 명시하는 질문이나 지시문으로, 문항 구성의 핵심 요소이다. 문두에 제시하여 학생이 '무엇을', '어떻게' 응답해야 하는지를 명확하게 안내하여 학생이 평가의 요구사항을 정확히 이해하고 답안의 방향을 설정하도록 돕는다. **이를 위해 측정하고자 하는 능력이 분명하게 드러나는 반응 지시어를 활용해야 한다.** 반응 지시어를 활용함으로써 발문은 학생이 수행해야 할 핵심 과업을 분명하게 제시하는 과제 명료화의 역할을 하며, 평가하고자 하는 사고의 수준을 결정하는 중요한 기능을 한다. 예를 들어 '설명하시오'는 이해하기 수준의 사고를 요구하는 반면, '비교하시오'는 분석하기, '비판하시오'는 평가하기, '제안하시오'는 창안하기 수준의 고차원적 사고를 요구한다. 이처럼 발문에 사용된 동사는 평가의 의도를 직접적으로 드러내고 학생이 도달해야 할 인지적 목표를 명확히 제시하는 역할을 한다.

> **정리**
>
> 〈좋은 발문의 조건〉
> - **명확성**: 질문의 의도가 모호하지 않고 명확해야 한다. "자유롭게 서술하시오"와 같은 막연한 발문보다 "두 관점을 비교하고, 자신의 견해를 한 문단으로 서술하시오"처럼 구체적이어야 한다.
> - **단일 과제 원칙**: 하나의 발문에는 가급적 하나의 핵심 과제를 담는 것이 좋다. "원인을 분석하고 해결 방안을 제시하시오"처럼 두 가지 이상의 과제를 묻고 싶을 때는 '[문제 1-1]', '[문제 1-2]'처럼 하위 문항으로 분리하여 학생의 인지적 부담을 덜어주는 것이 효과적이다.
> - **개방성**: 학생의 창의적이고 다양한 사고를 유도할 수 있는 열린 질문 형태가 바람직하다. 특히 확장 반응형 평가의 경우, "물이 수증기로 변하는 현상을 무엇이라고 하는가?" 대신 "컵에 담긴 물이 시간이 지나면 저절로 사라지는 현상을 관찰하고, 그 이유를 그림과 글로 설명하시오"와 같은 발문이 더 적절하다.

3) 응답 조건

〈응답 조건〉은 학생이 답안을 작성할 때 준수해야 할 형식적, 내용적 기준을 적절하게 한정하여 제시하는 것으로, 다음과 같이 평가의 질을 높이는 역할을 한다.

첫째, 채점 기준을 명시하여 평가의 객관성과 신뢰도를 확보하는 데 결정적인 기여를 한다. 예컨대, '두 가지 이상의 근거를 제시하시오'와 같은 조건은 평가자가 무엇을 중요하게 볼 것인지를 학생에게 명확히 암시하며, 교사에게는 일관된 채점의 잣대를 제공한다.

둘째, 학생의 사고를 위한 비계를 제공한다. 답안에 포함해야 할 핵심 요소나 구조를 안내함으로써 학생들이 막연한 서술에서 벗어나 생각을 체계적으로 조직하고 논리적으로 전개하도록 돕는다. 특히 복잡한 과제 앞에서 어려움을 겪는 학생들에게 사고의 경로를 안내하는 역할을 한다.

마지막으로, **답안의 형식을 통일하여 평가 관리의 효율성**을 높인다. 모든 학생이 정해진 틀 안에서 답안을 작성하게 함으로써 교사는 형식에 대한 고민 없이 내용에 집중하여 평가할 수 있고, 학생들 역시 형식적인 부담을 덜고 내용 구성에 더욱 집중할 수 있게 된다.

단, 조건에 정답 전체 또는 정답의 일부가 암시되지 않도록 주의해야 하며, 정답 인정 범위가 모호하지 않도록 문제 해결에 필요한 사항을 명확히 포함해야 한다.

> **정리**
>
> 〈유형과 예시〉
> - **분량 조건**: '세 문장 이상으로 서술하시오', '200자 내외로 작성하시오' 등
> - **내용 조건**: '반드시 정약용의 애민 정신이 드러나는 사례를 한 가지 포함하여 서술하시오', '두 가지 이상의 근거를 제시하시오' 등
> - **형식 조건**: '개조식으로 작성하시오', '서론-본론-결론의 형식을 갖추어 작성하시오' 등

구성 요소	서논술형 평가 문항 구성 요소
간접 발문	※ (가)는 도이의 초등학교 1학년 때부터 4학년 때까지의 몸무게 기록을 나타낸 표입니다. 이 표를 보고 몸무게의 변화를 한눈에 알기 쉽게 (나)에 꺾은선그래프로 나타내려고 합니다. 다음 물음에 답하시오(1~2).
자료	(가) 도이의 학년별 몸무게 | 학년 | 1 | 2 | 3 | 4 | | 몸무게(kg) | 28 | 30 | 33 | 38 | (나) [꺾은선그래프 양식: 세로축 (kg), 가로축 (학년), 0에서 물결선]
직접 발문 및 응답 조건	1. (나)의 꺾은선그래프를 〈조건〉에 맞게 완성하시오. 〈조건〉 - (나) 그래프의 제목, 가로축, 세로축 이름과 단위를 모두 쓸 것. 2. 몸무게의 변화 모습을 근거로 5학년 때의 몸무게를 예상하여 쓰고, 그 까닭을 설명하시오. 〈조건〉 - 몸무게 변화를 설명할 때 '점점', '해마다', '더'와 같이 변화를 나타내는 말을 반드시 사용할 것.

▲ 서논술형 평가 문항 구성 요소 예시

마. 서논술형 평가의 질을 결정하는 세 가지 요소

성공적인 서논술형 평가는 다음의 세 가지 요소를 반드시 충족해야 한다. 이 원리들은 평가 문항을 개발하고 채점 기준을 수립하는 전 과정에서 중요한 준거가 되며, 어느 하나라도 소홀히 다뤄지면 평가의 교육적 의미가 퇴색될 수 있다.

1) 타당도: 무엇을, 어떻게 평가하는가?

타당도는 평가 도구가 본래 측정하고자 하는 것을 얼마나 충실하게 측정하는가의 정도를 의미한다. 즉, 평가 문항이 성취기준과 교육 목표에 명확하게 부합하는지를 따지는 평가의 존재 이유와 직결된 가장 근본적인 원리다. 문제 해결력을 측정하고 싶다면, 평가 과제 역시 학생이 문제 해결 과정을 온전히 보여주도록 설계되어야 한다. 지식의 암기 여부를 묻는 문항으로 문제 해결력을 평가했다고 말할 수는 없다.

하지만 교육 현장에서 타당도를 온전히 확보하는 것은 생각보다 쉽지 않다. 성취기준이 요구하는 고차원적 사고 능력을 평가하기보다 채점이 용이하고 객관적 시비가 적은 단편적인 지식의 이해 여부를 묻는 방식으로 회귀하려는 유혹이 크다. 실제적인 문제 해결력을 측정할 수 있는 복합적인 평가 상황을 설계하는 것 자체가 상당한 전문성과 시간을 요구하는 어려운 과제이기 때문이다.

이러한 어려움을 극복하고 평가의 타당도를 높이기 위해서는 〈Ⅱ. 평가 설계, 기본 틀을 다지다〉에서 언급했듯이, 문항 개발 전 동료 교사들과 함께 성취기준을 깊이 있게 분석하는 과정이 필수적이다. "이 성취기준을 통해 학생이 궁극적으로 무엇을 할 수 있어야 하는가?"라는 본질적인 질문을 던지고 답을 찾아야 한다. 특히 **성취기준의 내용 요소는 물론, 동사(예 분석하기, 비교하기, 설계하기)에 주목하여 학생이 그 행동을 직접 수행하는 과제를 설계해야 한다.** 전문적 학습 공동체를 활용한 문항 공동 개발 및 검토는 타당도 높은 평가를 제작하는 가장 현실적이고 효과적인 전략이 될 수 있다.

2) 공정성: 문항 출제와 제시에서 모든 학생에게 평등한 기회를 제공하는가?

공정성은 평가의 기회, 과정 또는 결과의 차이를 정당하고 합리적이라고 받아들일 수 있는 정도를 의미한다. 공정한 평가는 모든 학생에게 평가의 기회가 공평하게 주어지고, 평가의 과정이 투명하며, 평가의 결과가 평가받는 역량 이외의 요인(예 학생이 속한 특정 집단의 특성)에 차별적 영향을 받지 않아야 한다(한국교육평가학회, 2023). 쉽게 말하면 공정성은 평가 내용이나 방법이 특정 학생 집단에게 유불리함 없이 모든 학생이 자신의 능력을 온전히 발휘할 기회를 제공하는가의 문제이다. 따라서 편파성이 없고 평가 과정과 절차가 공정해야 하며, 평가할 자료를 학습할 기회가 공정하게 제시되어야 함을 포함한다.

아무리 타당도가 높은 문항이라도 특정 배경지식이나 문화적 경험을 가진 학생에게만 유리하다면 좋은 평가라 할 수 없다. 출제자가 자신의 경험이나 가치관을 무의식적으로 반영하는 순간, 공정성은 쉽게 훼손될 수 있다. 예를 들어, 대도시에서의 경험을 전제로 하거나 문화생활 혹은 해외여행 경험이 있어야만 쉽게 이해할 수 있는 소재를 활용하는 경우다. "최근 관람한 뮤지컬이나 연극에서 가장 인상 깊었던 장면의 배우 표정, 무대 조명, 음악이 어떻게 조화를 이루어 감정을 전달했는지 구체적으로 서술하시오" 처럼, 문화적 인프라가 상대적으로 부족한 소외 지역의 학생들은 이러한 문항 앞에서 내용 자체를 이해하는 데 어려움을 겪거나 자신의 삶과 연결하여 다채로운 답안을 구상할 기회를 갖기 어렵다. 이는 결국 학생의 사고력이 아닌 살아온 환경을 평가하는 결과로 이어질 수 있다. 교실 내 조손 가정, 경제적 취약 계층, 이주 배경 학생, 그리고 문화적 소외 지역 학생 등 다양한 배경을 가진 아이들의 상황을 모두 고려하여 보편적인 평가 과제를 개발하는 것은 매우 세심한 접근이 필요한 과제이다.

평가의 공정성을 높이기 위해서는 보편적 학습 설계(Universal Design for Learning, UDL) 원리를 평가에 적용할 필요가 있다. 보편적 학습 설계는 비고츠키(Vygotsky)의 이론을 바탕으로 다양한 학습자의 신체적, 감각적, 학업적 능력 및 특성에 따라 정보에 접근하는 방법, 학습자의 생각과 지식 등을 표현하는 방법, 학습자가 교육에 참여할 수 있는 방법을 다양하게 제공해야 한다는 개념이다(Rose & Meyer, 2002; 이지연, 2019). 예컨대 아직 쓰기 능력이 발달 중에 있는 초등학생의 경우, 하나의 고정된 과제를 제시하기보다 학생들이 자신의 강점을 발휘할 수 있도록 주제나 표현 방식(글쓰기, 그리기, 발표 등)에 선택권을 부여하는 것이다. 한편 출제된 문항을 동료 교사와 함께 검토하며 특정 학생에게 불리하게 작용할 수 있는 문화적, 사회적 편향성은 없는지 점검하는 과정은 공정성을 확보하는 데 큰 도움이 된다. 모든 학생이 동일한 출발선에서 시작하고 있는지를 끊임없이 성찰하는 것이 공정한 평가의 첫걸음이다.

3) 신뢰도: 얼마나 일관되게 채점하는가?

신뢰도는 평가 결과가 얼마나 일관되고 안정적인가의 문제이다. 채점자가 누구인지, 언제 채점하는지에 상관없이 유사한 결과가 나와야 신뢰도가 높다고 할 수 있다. 특히 채점자의 주관이 개입될 여지가 큰 서논술형 평가에서 신뢰도 확보는 가장 큰 도전이자, 과제이다.

채점자 신뢰도는 두 가지로 설명할 수 있다. 하나는 채점자 내 신뢰도로, 한 명의 채점자가 여러 학생의 답안지를 두 번 이상 반복 채점하여 채점 결과가 어느 정도 일치하는지를 말하는 것이다. 다른 하나는 채점자 간 신뢰도로, 같은 집단의 답안을 두 명 혹은 그 이상이 독립적으로 채점하여 어느 정도 일치하는지를 말하는 것이다(김선, 반재천, 2024).

신뢰도를 확보하는 가장 중요한 도구는 정교하고 구체적인 **채점 기준(루브릭)**이다. 채점의 불일치성을 최소화하기 위해서는 '우수', '보통', '미흡' 등 각 수준에 해당하는 학생의 응답 특성을 관찰 가능한 행동 언어로 명료하게 서술해야 한다. 또한 채점 전 동료 교사들과 함께 몇 가지 예시 답안을 채점하며 기준을 조율하는 협의 과정을 거치는 것이 매우 효과적이다.

또한 **AI 기반 채점 보조 도구를 활용**하는 것 역시 대안이 될 수 있다. 이는 AI가 채점자를 대체하는 것이 아니라 채점 과정 전반에 걸쳐 일관성을 유지하도록 돕는 보조적인 역할을 수행하는 것을 의미한다. 교사가 일부 답안에 대해 채점기준표에 따라 채점한 뒤 그 결괏값을 AI에게 학습시키면 AI는 그 결과를 학습하여 교사의 채점 기준을 내재화하고, 이후 전체 답안을 채점하는 과정에서 현재 답안과 이전에 채점했던 유사 답안을 비교하여 점수 차이의 발생을 방지하는 것이다. 이처럼 AI는 지치거나 감정적 편향에 빠지지 않고 정해진 기준을 기계적으로 적용함으로써, 채점자 피로 등으로 인해 발생할 수 있는 비일관성을 최소화하고 평가의 신뢰도를 높이는 데 기여할 수 있다.

4) 타당도, 공정성, 신뢰도 보완의 예시

6학년 사회 교과의 평가 문항을 분석하고 타당도, 공정성, 신뢰도를 보완하는 예시를 살펴보자. 예시 문항의 성취기준과 평가 요소는 아래와 같다.

성취기준	[6사12-02] 지구촌을 위협하는 다양한 문제들을 파악하고, 지속가능한 미래를 위한 해결 방안을 탐색한다.
평가 요소	지구촌 문제를 파악하고 해결방안 마련하기

▲ 예시 문항의 성취기준 및 내용 요소

지구촌 문제 중 환경 문제에 초점을 맞추어 다음과 같이 문항을 구성했다. 함께 다음 문항을 타당도, 공정성, 신뢰도의 관점에서 살펴보자. 오류나 보완할 부분이 있는지 찾아보기 바란다.

[발문] ※ 다음은 지구 온난화에 대한 신문 기사의 일부이다. 물음에 답하시오.
[자료] 신문 기사

"지구가 뜨거워지고 있다" 세계 각국, 함께 해결책 찾아야

00일보 2024년 6월 15일

지난 100년 동안 지구의 평균 기온이 약 1.2℃ 상승했다. 겨울에도 따뜻하고, 여름에는 더욱 무더워지는 것을 우리 모두 체감하고 있다. 이러한 지구 온난화 현상은 전 세계 모든 나라에 영향을 미치고 있다.
세계기상기구(WMO)*는 최근 "북극의 빙하가 계속 녹고 있으며, 해수면이 매년 3mm씩 높아지고 있다"고 발표했다. 태평양의 작은 섬나라 투발루는 해수면 상승으로 국토가 물에 잠길 위기에 처해 있다. 아프리카 일부 지역은 가뭄이 심해져 식량 부족 문제를 겪고 있다.
문제는 지구 온난화가 한 나라만의 노력으로는 해결할 수 없다는 점이다. 대기 중의 이산화 탄소*는 국경을 넘어 전 세계로 퍼지기 때문이다.
유엔(UN)은 2015년 프랑스 파리에서 195개국이 참여한 파리기후변화협약을 체결했다. 각 나라는 지구 평균 기온 상승을 1.5℃ 이내로 제한하기로 약속했다. 우리나라도 2030년까지 온실가스 배출량을 40% 줄이기로 했다.
환경전문가 김민수 박사는 "지구 온난화는 모든 나라가 공동으로 책임져야 할 문제"라며 "선진국과 개발도상국이 기술과 재정을 나누고, 함께 노력해야만 해결할 수 있다"고 강조했다.

[발문]
기사를 읽고 지구 온난화를 해결하기 위한 방안을 국제적 협력 측면에서 서술하시오.

▲ 서논술형 평가 문항 예시

필자는 위의 문항을 타당도, 공정성, 신뢰도 측면에서 다음과 같이 분석해 보았다.

〈타당도〉

위 문항은 신문 기사를 제시하여 자료 해석 능력을 평가하는 것처럼 보이지만, 국제적 협력이라는 특정 조건을 부여함으로써 성취기준이 요구하는 학생의 폭넓은 탐색 활동을 인위적으로 축소시킨다. 학생들은 자료를 깊이 있게 분석하기보다 수업 시간에 배운 교토 의정서나 파리 협정 같은 배경지식을 단순 인출하여 답안을 작성할 가능성이 높다. 결국 이 문항은 성취기준이 의도한 탐색 능력보다는 기억 능력을 측정하는, 타당도가 낮은 문항이 될 위험이 크다.

〈공정성〉

국제적 협력이라는 주제는 평소 뉴스나 시사 문제에 관심이 많은 학생에게 유리하게 작용할 수 있다. 특히 학급에 한국어가 모국어가 아닌 이주 배경 학생이 있다면 공정성 문제는 더욱 심각해진다. 이 학생에게는 평가 과제가 지구 온난화에 대한 사고력을 측정하는 것이 아니라, '한국어 어휘 및 문장 해독 능력'과 '한국 사회의 시사적 맥락 이해도'를 측정하는 시험이 될 수 있기 때문이다.

〈신뢰도〉

"~측면에서 서술하시오."라는 발문은 학생들에게 비교적 자유로운 서술을 허용하기 때문에 채점자의 주관이 개입될 여지가 크다. 따라서 평가 결과가 채점자에 따라 달라질 수 있다. 예를 들어 한 학생이 "선진국이 개발도상국에 기술을 지원하고, 모든 나라가 참여하는 새로운 규칙을 만들어야 한다"고 답했다고 가정해 보자.

- 채점자 A (지식의 정확성 중시)

학생의 답안에 파리 협정이나 국가결정기여(NDC), 녹색기후기금(GCF)과 같은 구체적인 국제 협약 명칭이나 기구가 없으므로 배운 내용을 정확히 인출하지 못했다고 판단하여 '보통'으로 평가할 수 있다.

- 채점자 B (자료 기반 '탐구 과정' 중시)

학생이 제시된 신문 기사 [자료]를 근거로 논리적인 해결 방안을 이끌어냈는지를 더 중요하게 본다. 이 학생의 답안은 비록 고유명사를 사용하지는 않았지만, 지구 온난화 대응의 핵심 원칙 두 가지를 정확히 이해하고 있다. 선진국의 기술 지원은 역사적 책임이 큰 선진국이 개발도상국의 녹색 성장을 도와야 한다는, 모든 나라가 참여하는 규칙은 모든 국가의 참여를 강조하는 보편적 참여 원칙(파리 협정의 핵심)을 나타낸다. 따라서 학생이 제시된 자료를 바탕으로 이러한 깊이 있는 탐색을 해냈다고 판단하여 '우수'로 평가할 수 있다.

이처럼 채점자가 '국제적 협력 측면'을 어떻게 해석하느냐(정확한 지식의 인출 vs 자료 기반의 논리적 추론)에 따라 동일한 답안의 점수가 달라진다.

분석한 내용을 바탕으로 수정한 서논술형 평가 문항의 예시는 아래와 같다.

[발문] ※ 다음은 지구 온난화에 대한 신문 기사의 일부이다. 물음에 답하시오.
[자료] 신문 기사

"지구가 뜨거워지고 있다" 세계 각국, 함께 해결책 찾아야

00일보 2024년 6월 15일

지난 100년 동안 지구의 평균 기온이 약 1.2℃ 상승했다. 겨울에도 따뜻하고, 여름에는 더욱 무더워지는 것을 우리 모두 체감하고 있다. 이러한 지구 온난화 현상은 전 세계 모든 나라에 영향을 미치고 있다.

세계기상기구(WMO)*는 최근 "북극의 빙하가 계속 녹고 있으며, 해수면이 매년 3mm씩 높아지고 있다"고 발표했다. 태평양의 작은 섬나라 투발루는 해수면 상승으로 국토가 물에 잠길 위기에 처해 있다. 아프리카 일부 지역은 가뭄이 심해져 식량 부족 문제를 겪고 있다.

문제는 지구 온난화가 한 나라만의 노력으로는 해결할 수 없다는 점이다. 대기 중의 이산화 탄소*는 국경을 넘어 전 세계로 퍼지기 때문이다.

유엔(UN)은 2015년 프랑스 파리에서 195개국이 참여한 파리 협정*을 체결했다. 각 나라는 지구 평균 기온 상승을 1.5℃ 이내로 제한하기로 약속했다. 우리나라도 2030년까지 온실가스 배출량을 40% 줄이기로 했다.

환경전문가 김민수 박사는 "지구 온난화는 모든 나라가 공동으로 책임져야 할 문제"라며 "선진국과 개발도상국*이 기술과 재정을 나누고, 함께 노력해야만 해결할 수 있다"고 강조했다.

*세계기상기구(WMO): 날씨와 기후 관측을 위한 전 세계적인 협력을 목적으로, 1950년에 설립된 유엔(UN)의 전문 기구
*이산화 탄소: 지구 온난화의 주요 원인이 되는 기체. 공장, 자동차 등에서 많이 배출됨.
*파리 협정: 2015년 파리에서 세계 각국이 지구 온난화를 막기로 약속한 국제 협약
*개발도상국: 경제가 발전하고 있는 나라 → **공정성 보완**
▸ 이주 배경 학생을 위해 학생의 모국어로 번역된 자료 및 어휘 설명을 함께 제공 → **공정성 보완**

[발문]
1. 지구 온난화 문제를 한 나라만의 노력으로 해결하기 어려운 이유를 찾아 쓰시오.
2. 지구 온난화를 해결하기 위한 국제적 협력 방안을 서술하시오.

[응답 조건] → **응답조건 추가 제시로 타당도 보완**
1) [자료]의 내용을 근거로 작성할 것
2) 구체적인 실천 내용과 근거를 포함하여 100자 이내로 작성할 것
※ 한국어 서술이 어려운 경우 자신의 생각을 그림이나 마인드맵으로 표현하여 제출할 수 있음.

→ **공정성 보완**

[채점기준표]

평가 요소	상	중	하
지구촌 문제 파악하기 (지구 온난화 문제를 한 나라만의 노력으로 해결하기 어려운 이유)	자료의 과학적 근거를 정확히 파악하여 명확하게 서술함.	자료를 참고했으나 핵심 개념 표현이 불완전함.	자료를 참고하지 않고 배경지식으로만 서술함.
해결방안 마련하기 (근거 제시 및 구체성)	자료의 내용을 근거로 협력 방안을 제시하며, 실천 내용을 포함하여 구체적이고 명확하게 서술함.	자료를 참고하여 협력 방안을 제시했으나 내용이 다소 추상적이고 실천 내용이 빈약함.	자료와 무관한 내용을 서술하거나 협력 방안과 실천 내용이 추상적이고 불명확함.

→ **명확한 채점기준표 제작으로 신뢰도 보완**

▲ 보완한 서논술형 평가 문항 예시

02
형성평가와 총괄평가: 평가의 관점을 바꾸다

평가라는 단어로는 Assessment와 Evaluation이 사용된다. 두 가지 모두 우리말로 번역하면 '평가'에 해당되지만, 의미는 조금 다르다. Assessment의 경우 성장의 관점에서 실시하는 평가를 의미한다. 그래서 조언이나 피드백을 통한 성장을 도모하는 평가, 학습자의 이해와 능력, 진행 상황을 파악하는 평가로서 개선과 지원에 목적이 있다. 즉 학생의 배움을 지속적으로 성찰하고 개선하게 함으로써 학생의 성장을 돕고, 나아가 평가를 통한 교사와 학생의 성장을 지향하는 평가 방식인 성장 중심 평가와 유사하다고 할 수 있다.

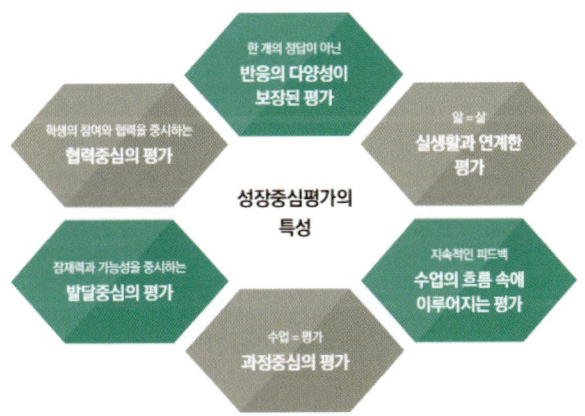

▲ 성장중심평가(경기도교육청, 2022)

반면 Evaluation은 '수업 평가'나 '교육 프로그램 평가'처럼 수업의 효과성과 가치를 판단할 때 주로 사용하는 용어이다. 그러나 학생 평가의 맥락에서도 사용할 수 있는데, 이런 경우 학습자의 성장보다는 결과에 대한 판단과 결정에 초점을 둔다. 즉, Assessment는 학습자의 현재 상태를 진단하고 더 나아지도록 돕기 위한 과정 중심의 평가라면, Evaluation은 일정 시점 이후의 성취 결과를 기준으로 가치를 판단하거나 등급을 매기는 결과 중심의 평가라 할 수 있다.

학습에서 평가가 차지하는 비중은 매우 크다. 그러나 우리는 종종 평가를 '결과를 확인하는 도구(Evaluation)'로만 이해하고, 본래 목적을 충분히 살리지 못하곤 한다. 평가를 통해 점수 부여나 서열화를 위한 기능으로만 평가가 활용될 때, 학생에게 평가는 성장의 기회가 아니라 두려움의 대상이 되어 버린다.

평가의 목적은 학생이 교육 목표에 도달할 수 있도록 돕는 것이다(이형빈, 2025). 다시 말해 평가는 학습을 왜곡하는 것이 아니라 성장을 지원하는 것이다. 따라서 평가를 단순히 결과를 확인하는 절차로 이해하기보다, **'학생의 배움과 성장을 촉진하는 과정(Assessment)'으로 바라보는 관점의 전환이 필요**하다.

이러한 관점 전환이 이루어질 때, 비로소 학생은 자신의 역량을 발견하고 확장하며, 평가를 두려움이 아닌 성찰과 성장의 기회로 받아들일 수 있다.

앞으로 제시하게 될 형성평가와 총괄평가, 피드백, 질문, 루브릭의 개념을 정확하게 이해하고 유기적으로 활용한다면 교사는 학생의 성장을 중심에 둔 평가를 실현할 수 있을 것이다. 이러한 요소들이 모든 평가에서 의미가 있지만, 특히 단순 지식의 확인을 넘어 학생이 자신의 사고를 조직하고 논리적으로 표현하며 창의적으로 해석하는 과정을 평가하는 서논술형 평가에서는 더욱 중요하다.

가. 형성평가(Formative Assessment)

형성평가(Formative Assessment)는 Scriven(1967)이 교육과정 운영 개선 과정에서 평가의 역할을 총괄평가와 형성평가를 구별하면서 등장한 것으로 알려져 있다(박정, 2013). 이후 교육 현장에서 널리 사용되며, 학자들에 따라 정의와 강조점에는 다소 차이가 생겼다.

일반적으로 형성평가는 교수·학습 과정 중에 학생의 학습 상태를 지속적이고 수시로 확인하는 평가를 말한다. 이는 단순히 평가 도구로서의 기능을 넘어 학생의 학습 과정을 진단하고 교사의 교수 전략을 조정하며 학습의 방향을 안내하는 기능적 평가로 이해할 수 있다.

그래서 형성평가는 흔히 단원 마무리 평가, 쪽지 시험, 퀴즈 등의 형태로 수업 활동 속에서 활용된다.

이렇게 학생의 학습 정도를 측정하는 형성평가에도 의미는 있지만, 단순히 학습 결과를 측정하는 수준에서 벗어나 학습을 위한 평가(Assessment for Learning)로서 활용을 강조하는 학자들도 있다.

형성평가를 과정(process)으로 개념화하는 것이 블랙과 윌리엄(Black & Wiliam, 1998a)의 논문 발표 이후 학계에서 나타나는 대표적인 형태이다(성태제·임현정, 2014). 즉 형성평가는 '평가' 그 자체보다는 학생의 성장을 돕기 위한 하나의 '과정'으로 이해해야 한다는 것이다.

Earl(2013)은 교육평가가 과거의 '학습 결과의 평가'에서 '학습을 위한 평가 및 학습으로서의 평가'로 전환되어야 한다고 제안하였고, 최근의 교육평가는 학생에게 피드백을 제공하기 위한 수단으로서의 역할이 더욱 강화되고, 나아가 교수·학습 방법 전반을 개선하기 위한 측면이 강조되고 있다고 하였다(이지운·노지화, 2020). 이는 교육이 단순한 지식의 전달을 넘어 학습자의 자기주도적 성장과 성찰을 지원하는 과정으로 변화함에 따라, 평가 역시 그 목적과 방식이 새롭게 재구조화되고 있음을 보여준다.

따라서 이제 평가는 결과를 판정하는 도구가 아니라, 학습자의 발전을 지원하는 과정으로 이해되어야 한다. 이러한 관점에서 형성평가는 '학습을 위한 평가'이자 '학습으로서의 평가'로서, 학생의 성장을 촉진하고 피드백을 통해 학습의 방향을 조정하는 핵심적인 평가 방식으로 주목받고 있다.

평가의 종류	학습을 위한 평가 Assessment for Learning(AFL)	학습으로서의 평가 Assessment as Learning(AAL)	학습 결과에 대한 평가 Assessment of Learning(AOL)
개념	학습을 지원하는 평가	학습자가 스스로 성찰하는 평가	학습 결과를 확인하는 평가
목적	교수·학습 개선	자기조절 학습 강화	성취도 판단, 성적 부여
주요 활동	피드백 제공, 수업 조정	자기평가, 동료평가	시험, 성적 평가
성격	형성적(Formative)	형성적(Formative)	총괄적(Summative)

▲ 학습을 위한 평가, 학습으로서의 평가, 학습 결과에 대한 평가 비교표

1) 학습을 위한 평가(Assessment for Learning)

학습을 위한 평가(Assessment for Learning)는 학습 과정을 지원하고 향상시키기 위한 평가이다. 즉, 학습자의 강점과 약점을 파악하고 이해 수준을 진단하여 학습이 더 나은 방향으로 나아가도록 돕는 것을 목적으로 한다. 이러한 관점에서 교사는 학생이 수업 속에서 수행하는 모든 과제와 활동을 통해 얻은 정보를 바탕으로, 학생이 무엇을 알고 있고 무엇을 어려워 하는지를 분석하여 개별화된 피드백을 제공한다.

결국 형성평가는 별도로 시행되는 '평가'라기보다, 수업 과정 전반에서 이루어지는 '지속적인 관찰과 상호작용의 과정'이다. 학생의 표정이나 눈맞춤과 같은 비언어적 신호, 질문과 응답, 토론, 기록 등 다양한 형태의 상호작용을 통해 학습자의 이해를 파악하고 즉각적으로 피드백을 제공하는 것이 핵심이다.

이처럼 수업 과정 속에서 다양한 방식으로 정보를 수집하고 해석하는 형성평가를 실행한다면, 교사는 학생이 어려워하는 개념을 조기에 진단하고 그 결과를 바탕으로 맞춤형 교수·학습 전략을 설계할 수 있을 것이다.

(1) 개념의 형성 및 학습 과정 진단

서논술형 평가에서는 단순한 암기 수준을 넘어 개념을 정확히 이해하고 이를 논리적으로 설명하거나 적용하는 능력이 요구된다. 따라서 학습 과정에서 학생들이 개념을 얼마나 이해하고 있는지를 면밀히 진단하고, 부족한 부분을 보완하는 과정이 필수적이다. 이러한 과정이 뒷받침될 때, 학생들은 자신의 생각을 구조적으로 전개하고 설득력 있게 글을 구성할 수 있다.

이를 위해 교사는 개념 형성과 사고 과정을 가시화하는 다양한 전략을 적극적으로 활용할 수 있다. 예를 들어, 개념의 정의와 예시를 구분하며 의미를 명확히 하는 프레이어 모델(Frayer Model), 대조적 개념이나 관점을 비교하며 사고를 확장하는 T-차트(T-Chart), 수업 말미에 학습 내용을 요약하거나 스스로 이해 정도를 점검하는 출구 전략(Exit Strategy), 그리고 I-R-F(Initiation-Response-Feedback/Follow-up) 패턴을 활용한 질문 구조는 학생의 개념 형성 과정을 정교하게 파악하고, 즉각적인 피드백을 제공하는 데 매우 효과적이다.❸

이처럼 형성평가를 통해 개념의 형성과 학습 과정을 정밀하게 진단하면, 교사는 학생의 사고 과정을 보다 깊이 이해하고, 이후 서논술형 평가에서 학생들이 개념을 기반으로 사고를 전개하는 힘을 기를 수 있도록 지도할 수 있다.

(2) 맞춤형 교수학습 전략 수립

형성평가의 핵심은 단순히 정보를 수집하는 데 있지 않다. 중요한 것은 그 정보를 바탕으로 교수·학습 전략을 조정하고 개선하는 일이다. 학생들로부터 얻은 다양한 평가 정보를 분석했다면, 교사는 그 결과를 통해 학생이 현재 어떤 학습 단계에 있는지를 파악하고 이에 적합한 피드백과 수업 조정을 실행해야 한다. 다시 말해, 형성평가는 평가로 끝나는 절차가 아니라 수업을 다시 설계하기 위한 출발점이다.

예를 들어, 학습 목표에 도달하지 못한 학생에게는 보충 설명이나 추가 학습 활동을 제공하고, 충분히 이해한 학생에게는 심화 학습이나 확장 과제를 제시할 수 있다. 이처럼 형성평가를 통해 학생의 수준과 특성이 구체적으로 파악되면, 교사는 그 정보를 기반으로 개별화 지도와 맞춤형 학습 지원을 실현할 수 있다.

결국 형성평가는 학생의 학습 상태를 단순히 진단하기 위한 도구가 아니라, 교수·학습의 질을 개선하고 학습자의 성장을 설계하기 위한 실천적 도구이다. 이러한 과정이 반복될수록 평가는 수업의 일부로 자연스럽게 자리 잡으며, 교사는 보다 정교한 교육적 판단을 통해 학생의 학습을 이끌어 갈 수 있게 된다.

2) 학습으로서의 평가(Assessment as Learning)

학습으로서의 평가(Assessment as Learning)는 단순히 학습을 측정하거나 지원하는 수준을 넘어 학습자가 자신의 학습을 주도적으로 조절하고 성찰하는 과정으로 평가를 활용하는 접근이다. 이는 형성평가의 개념에서 한 단계 확장된 것으로, 평가가 교사 중심의 도구를 넘어 학습자 스스로 학습의 주체가 되어 사고와 성찰을 촉진하는 매개체로 기능한다는 점에서 중요한 의미를 지닌다.

즉, 학습으로서의 평가는 평가를 '받는 것'이 아니라 '활용하는 것'으로 전환하는 관점이다. 학생은 평가를 통해 자신의 이해 수준을 점검하고, 학습 과정에서의 강점과 약점을 스스로 인식하며, 이를 바탕으로 학습 전략을 조정해 나간다. 이러한 과정에서 평가는 더 이상 외부의 판단이 아니라, 자기 인식과 자기 조절을 가능하게 하는 성찰의 장이 된다.

---

❸ 형성평가의 적용 예시는 〈IV-6. 탐구 수업을 통한 서논술형 평가의 확장: 형성평가로 깊이를 더하다(중등 과학)〉에서 더욱 상세히 안내할 것이다.

2022 개정 교육과정에서도 이러한 관점을 분명히 제시하고 있다. 교육과정 구성의 중점으로 '깊이 있는 학습'을 강조하면서, 학생이 자신의 학습 과정을 지속적으로 되돌아보고 개선할 수 있는 성찰의 과정을 명시적으로 요구한다. 특히 평가 단계에서도 단순한 결과 확인을 넘어 추수지도를 통해 학습자가 스스로 학습을 되돌아보고 다음 학습으로 이어갈 수 있도록 하는 것이 강조되고 있다.

> **3. 평가**
> 가. 평가는 학생 개개인의 교육 목표 도달 정도를 확인하고, 학습의 부족한 부분을 보충하며, **교수·학습의 질을 개선하는 데 주안점을 둔다.**
> 1) 학교는 학생에게 평가 결과에 대한 적절한 정보를 제공하고 **추수 지도를 실시**하여 학생이 **자신의 학습을 지속적으로 성찰하고 개선할 수 있도록** 한다.

▲ 성찰을 강조하는 2022 개정 교육과정(교육부, 2022b)

결국 학습으로서의 평가는 학생이 교사에게 평가받는 존재가 아니라, 자신의 학습을 주체적으로 설계하고 개선하는 학습자로 성장하게 만드는 평가이다. 이는 평가의 본질을 '점수의 산출'에서 '성장의 자극'으로 전환시키는 교육적 접근이라 할 수 있다.

개념기반 탐구학습에서도 성찰은 학습 전반에 걸쳐 지속적으로 이루어진다. 학습의 시작, 과정, 마무리 어느 단계에서든 성찰을 통해 학생이 스스로 사고를 점검하고 방향을 조정할 수 있도록 설계되어 있다. 이는 성찰이 단순히 학습을 '되돌아보는' 활동을 넘어 학습을 조절하고 심화시키는 메타인지적 과정임을 보여준다.

특히 IB(International Baccalaureate) 교육과정에서는 '탐구-실행-성찰(Inquiry-Action-Reflection)'의 프레임워크를 중심으로, 성찰을 학습 관리와 자기 평가의 핵심 요소로 제시한다. 학생들은 탐구를 통해 새로운 지식을 형성하고, 실행을 통해 이를 적용하며, 성찰을 통해 자신의 사고와 학습 전략을 재구성한다. 이 순환 구조는 학습자가 스스로 사고의 주체로서 학습 과정을 조절하는 '학습으로서의 평가(Assessment as Learning)'의 핵심과 맞닿아 있다.

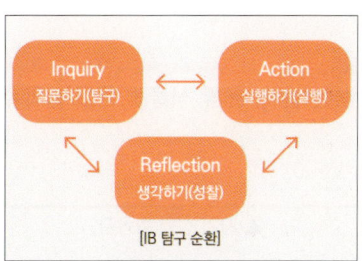

▲ IB 탐구 순환(경기도교육청, 2023b)

결국 성찰은 탐구 학습의 끝이 아니라 학습을 확장하고 자기 주도적 성장을 가능하게 하는 지속적인 과정이다. 이러한 관점에서 볼 때, 평가와 성찰은 분리된 활동이 아닌 하나의 학습 사이클 안에서 서로를 보완하며 학습의 깊이를 더해 주는 상호작용적 요소로 이해할 수 있다.

자신의 학습 상태를 스스로 진단하는 데 가장 효과적인 것이 바로 루브릭이다. 루브릭을 활용한 자기평가를 통해 자신의 상태를 스스로 진단하고 학습에 필요한 요소를 확인하며, 동료평가를 통해 서로의 강점과 보완점을 발견하여 피드백을 주고받음으로써 함께 배우고 성장하는 협력적 학습 문화를 형성해 나갈 수 있다.

또한 "내가 무엇을 알고 있는가?", "어떻게 배우고 있는가?", "어떤 부분이 어려운가?"와 같은 성찰적 질문을 통해 학생은 스스로 자신의 학습 상태를 점검하고, 앞으로 나아갈 방향을 설정하게 된다. 이러한 자기 성찰은 학습의 단순한 회상이 아니라 학습 과정을 조절하고 의미를 재구성하는 메타인지적 과정이다.

따라서 성찰 활동은 수업의 특정 시점에서만 이루어지는 부가적인 과제가 아니다. 수업의 모든 과정에 걸쳐서 지속적으로 이루어져야 하는 핵심 학습 활동이다. 학습의 시작 단계에서는 목표를 설정하고, 과정에서는 이해의 정도를 점검하며, 마무리 단계에서는 학습의 의미를 되돌아보는 성찰이 필요하다. 이렇게 수업 전반에 성찰을 통합함으로써 학생은 자신의 학습을 스스로 설계하고, 배움을 자기 주도적으로 관리하는 학습자로 성장할 수 있다.

[자기 성찰 활동지]
- 새롭게 알게된 점:
- 어려운 점:
- 계속 해야할 것(알아보고 싶은 것):
- 느낀점:

[자기 성찰 체크리스트]
- 나는 종의 정의를 설명할 수 있다.
(☐ 상 ☐ 중 ☐ 하)
   :

- 나는 박쥐, 갈매기, 다람쥐의 특징을 비교하여 분류 이유를 설명할 수 있다.
(☐ 상 ☐ 중 ☐ 하)
   :

- 나는 5계 분류(원핵생물계, 원생생물계, 균계, 식물계, 동물계)의 주요 특징을 구분할 수 있다.
(☐ 상 ☐ 중 ☐ 하)
   :

▲ 자기 성찰 활동지

이처럼 학습으로서의 평가(Assessment as Learning)는 학습자가 자신의 이해 수준을 점검하고, 부족한 부분을 보완하며, 사고를 구조화할 수 있도록 돕는 과정이다. 이는 평가가 단순히 결과를 판정하는 절차가 아닌 학습자가 스스로 학습을 점검하고 조절하며 심화해 나가는 자기 주도적 성장의 도구로 작용함을 의미한다.

특히 서논술형 평가에서는 이러한 학습으로서의 평가가 더욱 중요하게 작용한다. 학습자는 자신의 사고 과정을 언어로 표현하는 과정에서 이해의 공백을 발견하고, 이를 성찰을 통해 보완하면서 사고를 한층 정교하게 발전시킨다. 다시 말해, 서논술형 평가는 단순한 '답안 작성'의 과정이 아니다. 학습자가 스스로 사고를 구성하고 수정하며 의미를 재생산하는 사고의 확장 과정으로 기능한다.

결국 학습으로서의 평가는 평가를 '학습의 종착점'이 아닌 '학습을 촉진하는 과정'으로 전환시키며, 학습자에게는 자기 성찰의 힘을, 교사에게는 피드백을 통한 수업 개선의 통찰을 제공한다.

3) 형성평가의 필수 요소

형성평가를 통해 학생의 성장을 지원하기 위해 가장 핵심이 되는 요소는 피드백(feedback)과 자기 평가(self-assessment)이다. 특히 블랙과 윌리엄(Black & Wiliam, 1998)은 효과적인 피드백의 세 가지 구성 요소를 다음과 같이 제시하였다.❶

원하는 목표를 인식 (desired goal)	학습자가 도달해야 할 학습 목표와 성공의 기준을 명확히 이해해야 한다.
현재 위치에 대한 증거 확인 (evidence about present position)	학습자는 자신의 현재 수행 수준과 이해 정도를 구체적인 근거를 통해 파악해야 한다.
두 가지 사이의 격차를 줄이는 방법에 대한 이해 (understanding of a way to close the gap)	목표와 현재 사이의 간극을 좁히기 위해 어떤 노력이 필요한지를 학습자가 스스로 인식하고 실천할 수 있어야 한다.

▲ 자기 평가 피드백의 중요 요소

이 세 가지 요소는 형성평가가 단순히 정보를 수집하는 과정이 아니라, 학습을 점검하고 조절을 통해 개선해 나가는 과정이 핵심 원리이다.

❶ 원하는 목표를 인식(desired goal)

학생들의 정보를 수집하고 분석하기에 앞서, 무엇보다 중요한 것은 수업의 의도와 목표를 학생이 정확하게 인식하고 이해하는 것이다. 수업을 통해 어떤 성장을 기대하는지 학생이 분명히 알고 있어야, 그 과정에서 수집되는 정보 또한 의미 있고 가치 있게 활용될 수 있다.

이를 위해 수업 전 단계에서 활용할 수 있는 가장 효과적인 도구가 루브릭(Rubric)이다. 루브릭은 학습자가 "무엇을 배우고, 어떻게 배우며, 어떤 수준까지 도달해야 하는가"를 구체적으로 파악하도록 돕는다. 수업 초기에 루브릭을 제시하여 목표를 인식하게 하고, 학습 과정 전반에 걸쳐 지속적으로 이를 참고할 수 있도록 안내하는 것이 중요하다.❷

---

❶ kappanonline.org/inside-the-black-box-raising-standards-through-classroom-assessment/
❷ 루브릭과 관련한 구체적인 적용 방법은 뒤에 이어지는 〈5. 루브릭: 교육적 소통의 언어〉에서 더욱 상세히 안내할 것이다.

❷ 현재 위치에 대한 증거 확인(evidence about present position)

학생들이 수업의 의도와 목표를 충분히 이해했다면, 이제 교사는 다양한 방법으로 형성평가를 실시하여 학생의 현재 상태에 대한 정보(지식, 이해, 기능, 정의적 행동 등)를 수집하고 분석해야 한다. 이를 통해 학습자가 어디에 있는지를 명확히 파악할 수 있으며, 다음 단계로 나아가기 위한 전략을 설계할 수 있다.

❸ 두 가지 사이의 격차를 줄이는 방법에 대한 이해(understanding of a way to close the gap)

이때 목표와 현재 상태 사이의 간극을 줄이는 가장 중요한 수단이 바로 피드백이다. 피드백은 형성평가의 핵심이며, 일반적으로 "어떤 수행이 얼마나 효과적으로 이루어졌는가에 대한 정보"로 정의된다. 즉, 피드백은 평가 결과를 단순히 알려주는 것이 아니라, 학습자가 자신의 사고와 행동을 조정하고 향상시킬 수 있도록 돕는 성장 촉진 장치이다. 실제로 피드백이 부재한 수업은 학습의 방향이 흐려지고, 의도한 목표에 도달하지 못하는 경우가 많다.❸

4) 총괄평가의 준비과정

형성평가는 학습이 끝난 후 학생의 성취도를 총괄적으로 측정하는 **학습 결과에 대한 평가**(Assessment of Learning)와는 목적이 다르다. 그러므로 점수를 매기거나 성적을 부여하지 않는다. 형성평가의 핵심은 '정답을 맞혔는가?'가 아니라 '어떻게 배우고 있는가?'에 있는 것이다. 학생이 어떻게 더 잘 배우고, 목표한 성취에 도달할 수 있을지를 돕는 도구로 활용되어야 한다. 학생들이 실패한 지점을 확인하여 성공할 수 있도록 도와주는 것이다.

간혹 형성평가의 점수를 누적하여 총괄평가의 점수로 반영하는 경우도 있다. 이렇게 되면 학생들의 실패한 경험이 결국 학습의 결과가 되는 것이다. 이것은 형성평가를 가장한 계속된 총괄평가가 되는 것이다. 과정 중심 평가가 처음 도입되었을 때 수업 과정에서의 계속적인 평가로 오해했던 것과 같이, 형성평가 역시 점수를 부여하는 평가로 잘못 이해하지 않도록 유의해야 한다.

형성평가는 학생의 이해 수준을 진단하고 성장을 지원함으로써, 교사가 수업에서 설정한 교육 목표와 성취 기준에 도달할 수 있도록 돕는 데 목적이 있다. 이러한 성취수준의 도달 여부는 총괄평가를 통해 확인하게 되므로 결국 형성평가는 총괄평가를 위한 비계(Scaffolding)를 제공하는 과정인 것이다.

형성평가를 충실히 설계하고 실행할 때, 총괄평가는 단순한 결과 측정이 아니라 학생의 성장과 완성을 확인할 수 있는 도구가 된다.

---

❸ 피드백의 구체적 유형과 전략은 뒤에 이어지는 〈III-3. 피드백: 교학습을 성장으로 이끄는 열쇠〉에서 더욱 상세히 안내할 것이다.

(1) 단계적 지원

학생들이 서논술형 평가를 어려워하는 가장 큰 이유는 '무엇을 써야 하는지'보다 '어떻게 써야 하는지'를 잘 모르기 때문이다. 같은 주제나 내용을 선택형 문항으로 출제하면, 학생들은 제시된 보기 중에서 답을 고를 수 있기 때문에 비교적 수월하게 접근한다. 그러나 서논술형 평가에서는 단순히 답을 아는 것만으로는 충분하지 않다. 자신의 생각을 조직하고 논리적으로 글로 표현하는 과정이 필요하다. 바로 이 '사고의 언어화' 과정에서 많은 학생들이 어려움을 겪는다.

따라서 교사는 학생들이 글쓰기 과정을 자연스럽게 익히고 자신감을 가질 수 있도록 단계적인 준비와 연습을 체계적으로 제공하는 것이 중요하다.

처음부터 완벽한 서술을 요구하기보다 사고의 흐름을 단계적으로 시각화하거나 핵심 문장을 구성하는 연습을 통해 점차적으로 글쓰기의 구조를 내면화할 수 있도록 돕는 것이다.

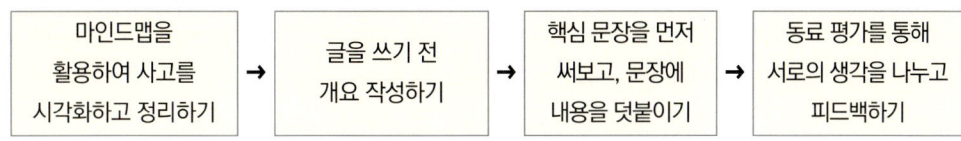

▲ 서논술형 평가에에 도움이 되는 형성평가

이는 단순한 중간 점검이 아니라 학습의 완성도를 높이기 위한 핵심적인 활동이며, 그렇기 때문에 형성평가는 보다 촘촘하고 정교하게 설계되어야 한다. 학생들이 총괄평가를 잘 수행할 수 있도록 점진적인 연습 과정을 통해 자신의 생각을 구조화 하고, 명확히 표현하는 힘을 기를 수 있도록 형성평가를 구성하여 돕는 것이다.

이렇게 단계적으로 지원을 할 때 학생들은 글쓰기에 대한 불안감을 덜어낼 수 있으며, 작은 성취를 경험하면서 글쓰기에 대한 자신감을 키울 수 있다. 이후 학생들은 더 이상 도전적인 과제를 겁내지 않고 적극적으로 참여할 수 있게 된다.

(2) 형성평가와 총괄평가의 연결

형성평가와 총괄평가는 분명 서로 다른 역할을 가진다. 따라서 동일한 문항으로 두 평가를 실시하는 것은 일반적으로 바람직하지 않다. 그러나 학생들의 성취수준이 낮거나, 평가 방식에 대한 이해가 충분하지 않은 경우라면 이야기가 달라진다.

필자의 경우, 중학교 1학년 학생들을 대상으로 '생물의 구성 단계 설명하는 글쓰기'라는 총괄평가 문항을 구성한 후, 이것을 그대로 형성평가로 실시한 경험이 있다. 이제 막 중학교에 입학한 학생들에게 평가를 통해 긴 문장으로 글을 쓰는 일은 결코 쉬운 일이 아니다. 게다가 중학교의 평가 체제에서는 결과가 점수로 환산되기 때문에 평가 기준이 까다롭고, 반드시 포함해야 하는 핵심 용어나 표현이 요구된다. 이런 상황에서 학생들이 새로운 평가 구조에 적응하기란 생각보다 어렵다.

그래서 단기적인 성취보다는 장기적인 성장을 지원하기 위한 발판을 마련하고자 했다. 학생들이 낯선 평가 방식과 높은 요구 수준을 미리 경험해 보도록 하기 위해, 총괄평가 문항을 그대로 형성평가로 실시한 것이다. 이를 통해 학생들은 글쓰기의 구조와 평가 기준을 익히며, 총괄평가에 대한 부담을 줄이고 점진적으로 적응할 수 있었다. '생물의 구성 단계 설명하는 글쓰기'는 이후 '열의 이동 방법 설명하는 글쓰기'에서 새로운 주제로 다시 한 번 평가를 하게 된다. 이전에 익힌 경험을 바탕으로, 보다 새로운 맥락에서 사고를 전이할 수 있도록 총괄평가 문항을 구성하는 것이다.

이처럼 학생들의 수준을 고려하여 장기적인 관점에서 성장을 위해 총괄평가와 형성평가를 같은 문항으로 실시할 수 있겠지만, 이런 방식이 계속되는 것은 문제가 있다. 학생의 성장 과정을 확인하기보다 단순히 '기억 여부'를 점검하는 데 그칠 가능성이 높기 때문이다. 따라서 총괄평가는 형성평가에서 다루었던 개념을 기반으로 하되, 새로운 맥락 속에서 적용하고 확장할 수 있는 과제로 구성되어야 한다.

즉, 형성평가가 개념 이해와 사고의 기반을 다지는 단계라면, 총괄평가는 그 개념을 새로운 상황에 전이하여 문제를 해결하고 의미를 만들어내는 과정이어야 한다.

그래서 형성평가에서 다루었던 주제와 핵심 역량은 유지하되, 맥락을 새롭게 구성하여 학생들이 익힌 개념을 낯선 상황에 적용하도록 하는 것이 중요하다. 이렇게 하면 학생들은 이미 배운 지식을 단순히 재현하는 데 그치지 않고, 스스로의 이해를 확장하고 응용하는 경험을 하게 된다.

결국 이러한 설계가 이루어질 때, 형성평가와 총괄평가는 서로 단절된 평가가 아니라 학생의 개념적 이해와 사고 성장을 촉진하는 연속적이고 유의미한 학습 과정으로 기능하게 된다.

예를 들어, 과학 수업에서 총괄평가에서 열의 전달 방법을 활용한 '패시브 하우스 설계하기'를 계획했다면, 형성평가로 전도, 대류, 복사 중 한 가지를 공통 주제로 제시하여 설계를 해보고 이유를 작성해 보는 것이다.

총괄평가	[패시브 하우스(passive house) 설계하기] 열의 전달 방법(**대류, 복사**)을 활용하여 에너지를 효율적으로 이용할 수 있는 '패시브하우스'를 설계하고, 설계 이유를 과학적 근거를 들어 설명한다.
형성평가	열의 전달 방법(**전도**)을 활용하여 에너지를 효율적으로 이용할 수 있는 '패시브하우스'를 설계하고, 설계 이유를 과학적 근거를 들어 설명한다. - 열의 전달 방법 중 '<u>전도</u>'만 활용하여 설계하기

▲ 총괄평가에 따른 형성평가의 구성

이와 같은 방식으로 '우리 주변의 열의 전달 방법(전도, 대류, 복사)과 관련된 문제를 찾고, 해결 방안 제시하기'라는 총괄평가를 계획했다면, 형성평가에서는 교사가 공통 과제로 '종이컵으로 간이 보온병 만들기'를 제시할 수 있다.

> **형성평가 [공동 탐구 활동]**
>
> **1. 실험 주제**
> : 종이컵으로 간이 보온병 만들기
>
> **2. 가설 설정**
> :
>
> **3. 실험 과정**
>   1) 실험 목적
>   :
>
>   2) 준비물
>   : 종이컵, 랩, 휴지, 신문지, 호일, 온도계, 물 등
>
>   3) 실험 과정(실험 과정은 상세히 기록)
>   ①
>   ②
>   ③
>   ④
>
>   4) 통제 변인(실험에서 사용할 통제 변인 방법 설명)
>
> **4. 실험 결과**
>   1) 측정데이터(표)
> (후략)

▲ 형성평가 활동지

 학생들은 주어진 재료를 활용하여 보온병을 따뜻하게 만들 수 있는 방법을 고민하고, 이에 대한 자신만의 실험 계획을 작성한다. 이때 어떤 변인을 조작하고 무엇을 통제할 것인지, 어떤 것을 측정할 것인지를 학생들과 함께 고민하여 실험 계획서를 작성한다. 이러한 활동은 학생들이 실험 설계의 논리를 스스로 체득하고, 총괄평가에서 요구되는 탐구적 사고력의 기반을 형성하도록 돕는다.

 이 원리는 다른 교과에도 동일하게 적용된다. 예를 들어 국어에서는 총괄평가가 '해양 환경 보호에 대한 주장하는 글쓰기'라면, 형성평가에서는 '토양 환경 보호에 대한 주장하는 글쓰기'를 통해 사고의 틀을 유지하면서 맥락만 변환해 본다. 수학에서는 총괄평가가 '실생활 문제를 수식으로 모델링하고 해결하기'라면, 형성평가로 '학교 매점 가격표를 활용한 식 만들기 활동'을 진행할 수 있다.

 물론 학생들의 성취도에 따라서 이 과정을 생략하고 총괄평가를 실시해도 되지만, 특히 학생들의 성취도가 낮은 경우라면 이러한 형성평가를 통해 성취기준에 도달할 수 있도록 도와주는 것이 필요하다.

 이처럼 형성평가는 단순한 진단이 아니라 교사의 전문적 판단을 통해 수업의 흐름을 조절하고 학생 맞춤형 학습을 가능하게 하는 도구이다. 그렇기 때문에 형성평가를 통해 어떠한 정보를 얻으려고 하는지 목적을 분명히 해야 한다. 다른 누군가 만들어놓은 형성 평가 문제를 활용하여 학생들의 이해도를 확인할 수도 있겠지만, 자신의 수업 맥락이나 의도한 목적에 맞춰서 학생들의 현재 상태에

대한 증거를 찾을 수 있는 형성 평가를 계획하는 것이 더 바람직할 것이다. 형성평가를 통해 다양한 방법으로 학생과 상호작용을 한다면 교사와 학생 모두 수업을 더 깊이 이해할 수 있을 것이고, 수업의 질을 높일 수 있을 것이며 교사의 수업 전문성 또한 강화할 수 있을 것이다.

나. 총괄평가(Summative Assessment)

총괄평가는 학생이 무엇을 할 수 있을지 측정을하고 판단하는 평가, 즉 **학습 결과에 대한 평가**(Assessment of Learning)이다. 학생이 교육 프로그램을 이수하고 다음 단계로 나갈 준비가 되었는지 확인하거나, 과제를 올바르게 수행했는지 확인하는 것이다. 우리가 최종적으로 도달해야 하는 목표를 확인하는 평가인 것이다. 그래서 우리가 학기마다 시행하고 있는 지필평가와 수행평가 모두 학생의 학습 성과를 종합적으로 판단한다는 점에서 종괄평가의 범주에 포함된다.

총괄평가는 형성평가처럼 피드백을 통한 성장을 강조하기 보다는 결과 중심의 평가이다. 그래서 단순히 점수나 등급을 매기는 평가로서 교육적 의미가 부족하다는 오해를 받을 수 있다. 그러나 총괄평가는 학생의 성취수준을 객관적이고 종합적으로 확인할 수 있는 기회를 제공하며, 교수·학습의 효과성과 질을 점검하는 등 교육적으로 중요한 기능을 수행한다. 따라서 총괄평가는 학생의 성장을 확인하고 지원하기 위해 필수적인 과정이다. 그렇다면 이러한 총괄평가를 어떻게 하면 더욱 교육적으로 의미 있게 활용할 수 있을까? 더 나아가 서논술형 평가의 형태로 총괄평가를 운영한다면 어떻게 해야할까? 다음과 같은 방안을 적용한다면 총괄평가가 지닌 본래의 가치와 역할을 보다 깊이 있게 구현할 수 있을 뿐만 아니라, 학생의 의미 있는 학습을 촉진하는 방향으로 범위를 한층 더 확장해 나갈 수 있다.

1) 학습을 위한 평가로의 전환

일반적으로 총괄평가와 형성평가의 일차적인 목적이 각각 AOL[1], AFL[2]이라는 점에서 , AFL과 형성평가는 많은 경우 서로 유사 용어로 사용되고 있지만, 최근 들어 총괄평가 역시 AFL 목적을 위하여 학습 상황에서 형성적인 방식으로 활용하는 방안이 제안되고 있다(Stiggins, 박민애, 손원숙, 2016, 재인용). 여기서 '형성적인 방식'으로 총괄평가를 활용한다는 것은, 총괄평가의 결과를 단순히 점수나 등급으로만 제시하는 것이 아니라 해당 평가를 통해서도 학생의 강점과 약점을 구체적으로 파악하여 향후 학습 계획을 세우거나 개선 방안을 모색하는 데 피드백으로 활용한다는 것을 의미한다.

물론 즉각적인 피드백이 아니므로 이번 총괄평가 결과에 반영되는 것은 아니지만, 자신의 부족한 부분을 확인하고 자신의 학습 전략을 수정하여 발전할 수 있도록 한다. 총괄평가는 결과를 측정하는 목적을 가지면서도, 동시에 학생이 학습 과정을 되돌아보고 전략을 개선할 수 있도록 지원하는 과정 중심 평가의 성격도 지닌다. 그러므로 총괄평가 이후에도 학생들의 성장을 위한 피드백이 필요하다.

---

[1] Assessment of Learning: 학습 결과에 대한 평가
[2] Assessment for Learning: 학습을 위한 평가

2) 총괄평가로서 서논술형 평가 문항의 제작

(1) 인지적 사고 유형의 활용

학습자의 사고를 평가하기 위해서는 우선 사고의 유형을 이해할 필요가 있다. 인지적 사고 유형에는 수렴적 사고(convergent thinking)와 발산적 사고(divergent thinking)가 있다.

수렴적 사고(convergent thinking)는 주어진 정보와 규칙을 바탕으로 가능한 답안을 좁혀 나가 최종적으로 하나의 정답에 도달하는 사고방식이다. 이러한 사고 과정은 명확한 답이 요구되는 상황에서 주로 활용되며, 이를 평가하기 위해서는 정해진 하나의 정답을 찾도록 하는 폐쇄형 질문(closed question)을 사용하게 된다.

반면, 발산적 사고(divergent thinking)는 주어진 정보나 문제에서 출발하여 여러 가능성을 탐색하고, 다양한 관점과 창의적 아이디어를 생성하는 사고 방식이다. 이러한 사고 과정은 학습자가 자신의 생각을 폭넓게 탐구하고 논리적으로 조직해야 하는 상황에서 주로 활용되며, 이를 평가하기 위해서는 학습자가 자신의 경험과 논리를 바탕으로 다양한 해답을 제시할 수 있는 개방형 질문(open-ended question)을 사용하게 된다.

두 사고 유형은 모두 교육적으로 중요하다. 그러나 그동안 총괄평가는 학습 목표 달성 여부를 최종적으로 확인하는 과정으로서, 주로 수렴적 사고 능력 즉, 하나의 정답을 찾아내는 논리적이고 분석적인 사고 능력을 평가하는 데 중점을 두었다.

하지만 최근 교육에서는 창의성과 문제 해결 능력이 핵심 역량으로 강조되고 있다. 특히 2022 개정 교육과정에서는 새로운 것을 창출하는 창의적 사고 역량과 문제를 합리적으로 해결하기 위한 지식정보처리 역량을 중점적으로 다루고 있다.

> 나. 문제를 합리적으로 해결하기 위하여 다양한 영역의 지식과 정보를 깊이 있게 이해하고 **비판적으로 탐구하며 활용할 수 있는 지식정보처리 역량**
> 다. 폭넓은 기초 지식을 바탕으로 다양한 전문 분야의 지식, 기술, 경험을 융합적으로 활용하여 **새로운 것을 창출하는 창의적 사고 역량**

▲ 2022 개정 교육과정 핵심 역량(교육부, 2022b)

따라서 앞으로의 총괄평가는 단순히 정답을 찾아내는 수준을 넘어서 학생이 지식을 활용하여 새로운 상황을 비판적으로 탐구하고, 창의적으로 해결 방안을 제시할 수 있도록 설계할 필요가 있다.

이러한 목적을 달성하기에 가장 적합한 방법이 바로 서논술형 평가이다. 서논술형 평가는 단순한 지식 확인을 넘어 개념적 이해와 고차원적 사고를 요구한다. 학생은 단순히 '무엇을 아는가'를 보여주는 것과 더불어 '그 지식을 어떻게 활용하고 새로운 의미를 만들어내는가'를 드러내게 된다.

그러므로 총괄평가로서 서논술형 평가 문항은 수렴적 사고를 바탕으로 핵심 개념과 지식 이해를 점검하는 동시에, 발산적 사고를 통해 다양한 관점에서 탐구하고 창의적인 해결 방안을 모색할 수 있도록 설계하는 것이 바람직하다.

(2) 깊이 있는 학습을 위한 총괄평가

2022 개정 교육과정에서는 핵심 역량을 함양하기 위해서 깊이 있는 학습을 통한 교수·학습을 강조한다. 깊이 있는 학습을 위해 필요한 것이 바로 핵심 아이디어와 새로운 맥락이다. 핵심 아이디어를 중심으로 내용 요소를 활용하여 학습 경험의 폭과 깊이를 확장할 수 있도록 수업을 설계해야 하며, 실생활의 맥락 속에서 이해하고 적용하는 기회를 제공하여 학생의 삶에 의미 있는 학습 경험이 되도록 해야 한다고 강조하고 있다.

2. 교수·학습

가. 학교는 학생들이 깊이 있는 학습을 통해 핵심역량을 함양할 수 있도록 교수·학습을 설계하여 운영한다.

1) **단편적 지식의 암기를 지양**하고 각 교과목의 핵심 아이디어를 중심으로 지식·이해, 과정·기능, 가치·태도의 내용 요소를 유기적으로 연계하며 학생의 발달 단계에 따라 학습 **경험의 폭과 깊이를 확장**할 수 있도록 수업을 설계한다.
2) 교과 내 영역 간, 교과 간 내용 연계성을 고려하여 수업을 설계하고 지도함으로써 학생들이 **융합적으로 사고하고 창의적으로 문제를 해결하는 능력을 함양**할 수 있도록 한다.
3) 학습 내용을 **실생활 맥락 속에서 이해하고 적용하는 기회를 제공**함으로써 학교에서의 학습이 **학생의 삶에 의미 있는 학습 경험이 되도록** 한다.

▲ 깊이 있는 학습을 위한 교수 학습의 설계(교육부, 2022b)

개념기반 탐구학습에서도 개념적 이해를 통한 전이를 강조하고 있다. 이는 학습자가 단순히 개념을 '이해하는 것'에 머무르지 않고, 그 개념이 실제 맥락에서 어떻게 작동하는지를 탐색하고 적용해 보는 과정이 중요하다는 의미이다. 즉, 학습은 교실 안의 활동으로 끝나지 않고, 새로운 상황에 적용될 때 비로소 완성된다는 것이다.

이러한 관점은 최근 전 세계적으로 주목을 받고 있는 IB 교육과정에서도 일관되게 나타난다. IB 교육은 실질적이고 현실 세계와 연결된 경험을 통해 학습하는 과정을 중시하며, 이를 통해 학생들이 국제적 소양과 시민성을 기를 수 있도록 설계되어 있다.

특히 IB에서는 학습의 관련성과 확장성을 높이기 위해 모든 교과에서 공통적으로 적용할 수 있는 6개의 세계적 맥락(Global Contexts)을 제시하고 있다. 이 맥락들은 학습이 개별 교과의 한계를 넘어, 학생의 삶과 세계 시민으로서의 역할로 이어질 수 있도록 돕는다.

▲ IB 교육의 세계적 맥락(경기도교육청, 2023b)

실제 세계에 교과를 적용함으로써 깊이 있는 이해가 가능하며, 이를 위해 배움을 자극할 수 있는 구체적 환경, 사건, 정황 등의 '맥락(context)' 안에서 학습자의 삶과 연결하도록 권장하는 것이다

(경기도교육청, 2023b). 결국 개념기반 탐구학습과 IB 교육과정 모두 맥락 속에서 개념을 재구성하고 전이하는 학습을 지향한다.

그렇기 때문에 교육과정을 분석하여 핵심 아이디어와 내용 요소를 새로운 맥락과 연결시켜 활용하면 깊이 있는 학습을 위한 수업과 평가가 될 것이다. 교실 현장에서 학생들과 수업 활동을 진행할 때 학생들은 해당 내용이 자신에게 의미 있는지, 그리고 이해가 되는지에 따라 정보를 저장하는 정도가 달라진다. 흥미로운 점은, 이해도가 조금 낮더라도 해당 내용에서 '의미가 있다'고 느낄 경우 보통 수준 이상으로 정보가 저장된다는 사실이다. 결국 교사는 학생들이 '왜 이것을 배워야 하는지'를 지속적으로 되새기며, 배운 내용을 자신과 주변 상황에 연결할 수 있도록 수업을 설계하는 것이 중요하다.

정보 저장의 가능성

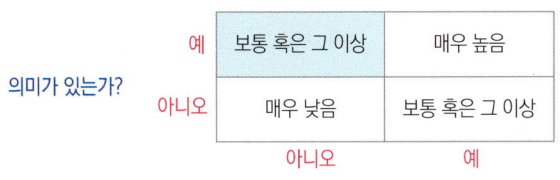

▲ 정보 저장의 가능성(데이비드 A. 수자·캐롤 앤 톰린슨, 2023)

그렇기 때문에 깊이 있는 학습을 위한 평가로서 서논술형 평가는 핵심 아이디어를 중심으로 학생의 고차원적 사고와 실제 문제 해결 능력을 촉진하고, 새로운 맥락에서의 전이를 확인할 수 있는 효과적인 문항 설계가 필요하다.

이때 교육 현장에서 자주 활용되는 평가 설계 도구 중 하나가 바로 GRASPS 모델이다. 이 모델은 위긴즈와 맥타이(Wiggins & McTighe, 2005)가 제시한 '백워드 설계(Backward Design)' 개념을 기반으로 하며, 이해 중심 교육과정(Understanding by Design)에서 효과적인 학습 목표 달성과 평가 설계를 위해 고안되었다.

GRASPS 모델은 학습자가 실제 맥락에서 의미 있는 과제를 수행할 수 있도록 평가를 설계하기 위해 고려해야 할 다섯 가지 핵심 요소를 제시한다.

G (Goal, 목표)	학생이 수행할 과제의 목적과 의도를 명확히 한다.
R (Role, 역할)	학생이 수행할 역할이나 입장을 설정한다.
A (Audience, 청중)	과제 결과물을 전달할 대상이 누구인지 정한다.
S (Situation, 상황)	실제와 유사한 현실적인 문제 상황이나 맥락을 제공한다.
P (Product/Performance, 산출물/성과)	학생이 만들어 내야 할 구체적인 산출물이나 수행 과제를 명시한다.
S (Standards and Criteria, 평가 기준)	과제 수행 시 적용될 평가 기준과 기대 수준을 명확히 한다.

▲ GRASPS 모델

GRASPS 모델의 가장 큰 특징은 '평가를 염두에 두고 수업을 설계한다'는 점이다. 즉, 평가가 수업의 마지막 단계가 아니라 학습 목표를 구체화하고 학습 경험을 설계하는 출발점이 되는 것이다.

그러나 GRASPS 모델의 진정한 강점은 여기에 그치지 않는다. 이 모델은 학생들이 단순히 암기한 지식을 재생산하는 수준을 넘어서, 현실 세계의 복잡한 문제를 탐색하고 익숙하지 않은 상황 속에서 배운 개념을 적용하도록 유도한다.

그렇기 때문에 총괄평가를 설계할 때 GRASPS 모델을 적용하면, 실제적 맥락에서 문제를 탐구하고 해결하는 과정에 자연스럽게 참여할 수 있게 된다.

특히 서논술형 평가에서는 이러한 점이 더욱 중요하다. 서술과 논증을 통해 자신의 사고 과정을 드러내야 하는 평가의 특성상, 학생들이 실제적 상황과 역할을 부여받고 문제의 본질을 탐구하도록 설계하는 GRASPS는 고차적 사고를 촉진하는 데 매우 효과적이다.

지금까지 형성평가와 총괄평가에 대해 살펴보았다. 그동안 형성평가는 단순한 퀴즈나 문제풀이식 활동, 혹은 마인드맵이나 타이포그래피처럼 개념을 정리하는 수준에서 그치는 경우가 많았다. 다시 말해, 형성평가는 총괄평가와 별개의 과정으로 인식되거나 단순한 보조 활동 정도로 여겨졌던 것이다.

또한, 총괄평가는 학기 말이나 단원 말에 실시되는 '결과 중심의 평가'라는 인식이 뿌리 깊게 자리 잡으면서, 학생의 성취 수준을 확인하고 교육활동의 질을 점검하는 총괄평가의 본래 역할이 충분히 조명되지 못했다.

그러나 형성평가가 총괄평가를 위한 준비 과정으로서 중요한 것 처럼, 총괄평가 역시 형성평가만큼이나 학생의 성장을 이해하는 데 필수적인 과정으로서 결과만을 확인하는 절차 이상으로 중요한 교육적 의미를 지닌다.

결국 형성평가와 총괄평가는 따로 존재하는 것이 아니라 학생의 성장을 중심에 둔 하나의 연결된 학습 과정이며, 두 평가가 서로를 보완하며 함께 설계될 때 비로소 학습의 깊이와 질을 더욱 풍부하게 만들어 준다.

피드백:
학습을 성장으로 이끄는 열쇠

아이들을 모두 돌려보낸 텅 빈 교실. 책상 위에는 오늘 본 서논술형 평가지가 놓여있다. 한 장 한 장 채점하며 아이들의 생각의 흔적을 따라가 보지만, 이내 답답함이 밀려온다. 기대했던 것과 다른 결과 앞에서 수많은 질문이 꼬리를 문다.

'아이들은 어떤 지점에서 어려움을 느꼈을까?'
'이 점수가 정말 아이의 성장을 온전히 담아내는 걸까?'
'무엇이 잘못된 걸까?'
'어떤 피드백을, 어떤 가르침을 더해야 아이들이 성장할 수 있을까?'

평가는 끝났지만 교사의 고민은 이제부터 시작이다.

특히 AI가 우리 삶 깊숙이 들어온 지금, 단순 지식의 암기 능력은 더 이상 중요한 경쟁력이 되지 못한다. 정답을 찾는 능력은 AI가 인간을 압도한 지 오래다. 이제 우리 교육에 필요한 것은 자신의 이해를 바탕으로 답에 이르는 과정을 논리적으로 설명하고 표현하는 능력이다. 그리고 그 능력을 가장 잘 키우고 또 깊이 있게 들여다볼 수 있는 방법이 바로 서논술형 평가이다. 서논술형 평가는 정답보다 사고를, 결과보다 과정을 묻는다. 점수라는 결과만 남기는 평가가 아닌, 학생 한 명 한 명의 고유한 생각의 결을 발견하고 성장의 과정을 기록하는 평가인 서논술형 평가. 그 가능성을 피드백을 통해 함께 찾아가 보고자 한다.

가. 성공적인 서논술형 평가를 위한 조건, 피드백

서논술형 평가의 교육적 의미를 이해하기 위해, 먼저 우리에게 익숙한 선택형 평가와 비교해 보자.

우리가 흔히 사용하는 선택형 평가는 학생이 '무엇을 아는지'를 효율적으로 확인할 수 있다는 장점이 있다. 하지만 선택형 평가는 학생이 최종적으로 선택한 답이 정답인지 아닌지만을 보여줄 뿐 그 답을 찾기까지의 사고 과정은 드러내지 못한다. 반면 서논술형 평가는 학생들에게 자신의 생각을 글로 풀어낼 기회를 준다. 학생들은 정답을 고르는 대신, 자신의 지식과 경험을 연결하고 논리적으로 자신만의 답을 구성한다. 학생의 글을 통해 우리는 그들의 지식 활용 방식, 논리 전개 과정, 문제 해결 전략 등 구체적인 사고 과정을 명확하게 파악할 수 있다. 이는 학생을 단순히 평가의 대상으로 보는 것을 넘어 생각하는 주체로 존중하는 것에서부터 시작된다.

교육학자 블룸의 분류학을 개정한 앤더슨과 크래스윌(Anderson & Krathwohl, 2001)은 인간의 사고 수준을 '기억, 이해, 적용, 분석, 평가, 창안'의 6단계로 나누었다. 이 중 앞의 세 단계(기억, 이해, 적용)를 저차원적 사고 기능, 뒤의 세 단계(분석, 평가, 창안)를 고차원적 사고 기능이라고 한다. 선택형 평가는 주로 기억, 이해, 적용 수준을 측정하는 데 머무르는 경우가 많다. 하지만 서논술형 평가는 여러 정보를 비교 분석하고 자신만의 논리로 새롭게 종합하며, 대안을 평가하고 창안하는 고등 사고력을 측정할 수 있는 도구이다.

고등 사고 능력을 측정해야 하는 평가에서 단순히 점수만 남는 평가는 학생 스스로를 점수로 규정하게 만든다. 평가는 배움의 과정에 찍는 쉼표가 아니라 마침표가 되어버리고, 학생들은 점수라는 낙인 앞에 좌절하거나 섣불리 안주한다. 하지만 서논술형 평가는 학생의 성과를 점수 하나로 환원하지 않는다. 학생의 글에는 성공과 실패, 고민과 성장의 흔적이 고스란히 담겨 있다. 교사가 이 과정을 읽어주고 적절한 피드백을 제공할 때, 평가는 단순히 학생의 부족한 점을 지적하는 행위에서 그치지 않고 다음 학습 단계로 나아갈 구체적인 방향을 제시하는 역할을 한다. 어제의 나보다 오늘 얼마나 성장했는지를 보여주는 성장의 발판으로서, 평가는 비로소 교육적인 의미를 갖게 된다.

그렇다면, 서논술형 평가가 진정한 교육적 가치를 발휘하기 위해서는 무엇이 필요할까? 그 핵심은 바로 피드백이다.

서논술형 평가의 교육적 가치가 아무리 뛰어나다 한들, 제대로 된 피드백이 동반되지 않는다면 그 힘을 발휘할 수 없다. 피드백 없는 서논술형 평가는 학생에게는 '어떻게 써야 할지 막막한 과제'가 되고, 교사에게는 '채점하기 힘든 업무'가 될 뿐이다. 학생들은 자신이 쓴 글에 대해 어떤 점을 잘 썼고 어떤 점을 보완해야 하는지 알지 못한 채, 또다시 평가를 보고 또다시 비슷한 수준의 글을 쓰게 된다. 교사는 오랜 시간 공들여 채점하지만, 그 노력이 학생의 실질적인 성장으로 이어지지 않는다는 무력감에 빠지기 쉽다. 결국 평가는 학습과 분리된 채 모두에게 상처만 남기는 활동이 되어 버린다.

피드백은 평가와 학습의 끊어진 고리를 다시 연결하는 역할을 한다. 형성평가 과정에서 교사는 학생의 현재 성취수준을 진단하고, 그 결과에 따라 학생의 추가적인 학습을 돕거나 자신의 교수법을 조정한다. 이처럼 평가 결과를 바탕으로 학습을 개선하려는 구체적인 상호작용이 바로 피드백이다. **피드백은 학생이 학습 목표를 인지하고(Feed-Up), 목표를 향해 나아가는 과정에서 현재 위치를 확인하고(Feed-Back), 목표 지점까지 도달하기 위해 무엇을 해야 할지(Feed-Forward) 구체적인 정보를 제공하는 모든 상호작용을 의미한다**(Hattie & Timperley, 2007; 낸시 프레이, 더글러스 피셔, 2023). 이러한 과정 중심의 피드백이 있을 때, 평가는 학습의 끝이 아니라 더 나은 학습을 위한 새로운 시작이 된다.

현대 교육에서 평가는 단순히 학생을 줄 세우는 '학습 결과에 대한 평가(Assessment of Learning, AoL)'를 넘어 '학습을 위한 평가(Assessment for Learning, AfL)'와 '학습으로서의 평가(Assessment as Learning, AaL)'로 그 패러다임이 전환되고 있다. 그리고 그 중심에 피드백이 있다.

결국 성공적인 서논술형 평가는 학생과 교사가 피드백이라는 언어를 통해 끊임없이 대화하며 함께 성장의 길을 만들어 가는 과정, 그 자체라고 할 수 있다. 이 피드백을 실제 교실에서 어떻게 구현할 수 있는지, 그 구체적인 방법론을 함께 탐색해 보자.

나. 서논술형 평가를 위한 수업-피드백 설계와 운영

과정 중심 평가는 학생의 성장을 돕는다는 명확한 목적 아래, '계획-실행-성찰'의 전 과정에 유기적으로 개입하는 활동이다.

이 장에서는 학습 여정의 시작점에서 목표를 안내하는 피드업(Feed-Up), 과정 속에서 현재를 진단하는 피드백(Feed-Back), 그리고 다음 단계로 나아가게 돕는 피드포워드(Feed-Forward)가 과정 중심 평가 안에서 어떻게 통합적으로 운영될 수 있는지 구체적인 예시를 통해 살펴보겠다.

1) [계획 단계] 성공적인 평가의 첫걸음: 목표 설정과 루브릭

모든 성공적인 수업은 철저한 계획에서 시작된다. 특히 과정 중심 서논술형 평가는 교사와 학생이 학습의 목표와 평가 기준을 명확하게 공유하는 것에서부터 그 성패가 갈린다. 이 계획 단계는 학생의 학습과 교사의 피드백, 모두가 길을 잃지 않도록 하는 가장 중요한 등대 역할을 한다. 이 계획 단계야말로 이후에 이루어질 모든 피드백의 질을 결정하는 가장 중요한 기초 공사이다. 계획 단계는 학생들에게 '우리는 어디로 가는가?(Where am I going?)'라는 질문에 대한 답을 주는 과정이며, 교육학자 해티&팀펄리((Hattie&Timperley)가 말한 효과적인 피드백의 첫 번째 요소, 피드업(Feed-Up)에 해당한다.

(1) 학습의 목적지를 알려주다: 피드업(Feed-Up)의 원리와 실제

서논술형 평가는 정답을 고르는 선택형 평가와 근본적으로 다르다. 서논술형 평가에서 학생들은 백지 위에 자신만의 논리와 표현으로 답을 구성해야 한다. 이때 성공적인 수행이 무엇인지, 즉 학습의 목적지가 어디인지 명확하지 않다면 학생들은 무엇을 어떻게 해야 할지 몰라 막막함과 불안을 느끼게 된다.

따라서 성공적인 서논술형 평가를 위해서는 '무엇을 평가할 것인가'를 고민하기 전에 "우리는 어디로 가는가?(Where am I going?)"를 명확히 안내하는 피드업 활동에서부터 시작되어야 한다. 피드업 활동은 단순히 학습 목표를 학생에게 전달하는 행위가 아니다. 그 시작은 교사의 깊이 있는 교육과정 분석에서부터 출발한다. 교사는 교육과정 문해력을 바탕으로 국가수준 교육과정의 성취기준과 내용 체계(핵심 아이디어와 내용 요소)를 이해해야 한다. 나아가 여러 성취기준을 융합하거나 학생의 삶과 연결하여 재구조화하는 전문성이 요구되기도 한다. 이 분석 과정을 통해 교사는 '왜, 무엇을, 어떻게' 가르치고 배울 것인지에 대한 명확한 그림을 그리게 되며 이것이 효과적인 피드업의 단단한 초석이 된다.

이렇게 교사가 명확히 세운 학습의 목적지를 학생들과 공유하는 과정이 바로 피드업이다. 피드업은 학생들에게 학습의 목표, 즉 성공적인 수행이 무엇인지 명확하게 알려주는 모든 활동을 의미한다. 학생들도 무엇을 배워야 하고 어떤 결과물을 만들어야 하는지 알아야 학습 과정에서 방황하지 않는다. 따라서 피드업의 핵심은 명확성과 공유에 있다. 교사만 알고 있는 목표는 의미가 없다. **학생들이 이해할 수 있는 언어로 학습 목표와 성공 기준을 안내하고, 그것이 왜 중요한지 함께 이야기 나누는 과정이 반드시 필요하다.**

교실 속 피드업(Feed-Up) 실제 전략
감각적 표현에 유의하여 작품을 감상하고 자신의 생각과 느낌을 시로 표현하기

❶ 성취기준 분석하기

피드업 전략을 구체적으로 이해하기 위해 초등학교 4학년 국어과 수업을 예시로 살펴보자. 이 수업은 2022 개정 국어과 교육과정의 다음 내용에 기반을 둔다.

> **[영역]** 문학
> **[핵심 아이디어]** 문학은 인간의 삶을 언어로 형상화한 작품을 통해 즐거움과 깨달음을 얻고 타자와 소통하는 행위이다.
> **[재구성한 핵심 아이디어]** 작품을 감상하며 감각적 표현의 즐거움을 느끼는 수용 활동과 이를 활용해 자신의 생각과 느낌을 표현하는 생산 활동은 서로 영향을 주며 문학적 감수성과 표현 능력을 길러준다.
> **[내용 요소]** 시, 독자 맥락, 감각적 표현 활용하여 표현하기, 작품 감상의 즐거움
> **[성취기준]** [4국05-04] 감각적 표현에 유의하여 작품을 감상하고, 감각적 표현을 활용하여 자신의 생각이나 감정을 표현한다.
> **[재구성한 성취기준]** 감각적 표현에 유의하여 작품을 감상하고 자신의 생각과 느낌을 표현하는 활동을 통해, 수용과 생산이 서로의 성장을 돕는 관계임을 이해하며 삶 속에서 문화를 향유하는 역량을 기른다.

▲ 핵심 아이디어와 성취기준의 재구조화

교사는 성취기준을 분석하며, 단원의 핵심이 단순히 작품을 감상(수용)하고 시를 쓰는(생산) 기술을 가르치는 것을 넘어선다는 점을 파악해야 한다. 감상 활동이 창의적인 표현의 자양분이 되고, 표현의 경험이 다시 작품을 더 깊이 있게 감상하는 눈을 길러주는 수용과 생산의 선순환을 경험하게 하는 데 핵심 목적이 있다. 궁극적으로는 이러한 문학 활동이 교실에만 머무는 것이 아니라 학생들의 삶 속에서 다양한 문화를 즐기고 향유하는 태도와 역량으로 이어지도록 돕는 활동이다. 따라서 학습의 첫 단계인 피드업 과정에서 교사와 학생이 '성공적인 감상과 표현'이란 무엇인지에 대한 구체적인 그림을 함께 그리는 것이 무엇보다 중요하다. 아래의 전략들은 성공적인 피드업을 위한 구체적인 방법들이다.

❷ 학습 목표 함께 만들기

교사가 '감각적 표현에 유의하여 작품을 감상하고, 나의 경험을 감각적 표현을 활용하여 시로 표현할 수 있다'라는 단원 학습 목표를 학생들의 활동과 연결하여 재구성한다.

"여러분, 이번 단원에서는 두 가지 중요한 활동을 할 거예요. 첫째, 다른 시인이 쓴 작품을 감상하며 시인이 어떻게 보고, 듣고, 냄새 맡고, 맛보고, 느꼈는지 그 감각적 표현을 찾아볼 거예요. 둘째, 그 방법을 활용해서 우리가 직접 겪었던 소중한 경험 중 하나를 골라 우리만의 멋진 시로 표현해볼 거예요. 즉, 작품을 깊이 감상하는 활동과 내 경험을 시로 표현하는 활동을 모두 해보는 거죠."

이 과정을 거쳐 학생들과 함께 다음과 같은 구체적인 세부 학습 목표를 만들 수 있다.

[세부 학습 목표]
- 시 속에 나타난 감각적 표현을 찾고 그 효과를 알아본다.
- 자신의 경험을 바탕으로 표현하고 싶은 생각이나 느낌을 정하고, 감각적 표현과 연결해 본다.
- 감각적 표현을 활용하여 경험을 시로 나타낸다.
- 친구들의 시를 읽고 감각적 표현을 찾으며 장면을 상상한다.

▲ 교사와 학생이 함께 만든 세부 학습 목표의 예시

❸ 탐구 질문으로 목표 제시하기

개념기반 탐구모델에서 질문은 단순히 수업 도입용 도구나 학생의 지식을 확인하는 도구가 아니다. 오히려 학생의 사고를 유도하고 개념과 개념을 연결하며 메타인지를 촉진하는 역할을 한다. 따라서 좋은 질문은 학생들을 수동적인 정보 수용자에서 능동적인 의미 구성자로 변화시킨다. 사실적 질문을 통해 학습의 기초를 다지고 개념적 질문으로 숨겨진 원리와 관계를 탐구하며, 마지막으로 논쟁적 질문을 통해 자신만의 고유한 생각과 가치를 표현하도록 이끈다. 이 과정 자체가 바로 서논술형 평가에서 요구하는 고등 사고력을 체계적으로 훈련하는 과정이 된다. 이는 학생들이 작품을 깊이 있게 수용하고 이를 바탕으로 자신만의 창의적인 생산을 하도록 돕는 효과적인 발판이 된다.

질문의 종류	역할	예시
사실적 질문 : 작품의 정보 확인하기	작품에 드러난 정보를 확인하며 감상의 기초를 다진다.	"이 시의 배경은 언제, 어디인 것 같나요?" "이 시에서 시인이 사용한 감각적 표현(시각, 청각, 후각 등)에는 어떤 것들이 있나요?"
개념적 질문 : 관계와 원리 파악하기	사실들을 연결하여 표현의 효과와 원리를 이해하도록 돕는다.	"시인은 왜 '슬프다'고 직접 말하는 대신 '노을이 붉게 운다'고 표현했을까요? 이렇게 표현하면 어떤 점이 좋은가요?" "감각적 표현을 사용하면 시의 분위기나 시인이 전하려는 느낌이 어떻게 달라지나요?"
논쟁적 질문 : 자신의 생각과 연결하여 표현하기	정답이 하나로 고정되지 않은 질문을 통해 자신만의 해석과 창의적인 표현을 이끌어낸다.	"이 시에서 가장 효과적이라고 생각하는 감각적 표현은 무엇이며, 그 이유는 무엇인가요?" "만약 우리가 시인이라면, '행복'이라는 감정을 어떤 새로운 감각적 표현으로 나타낼 수 있을까요?"

▲ 탐구 질문의 역할과 수업에 활용한 탐구질문 목록

이처럼 사실 확인에서 시작하여 개념 이해, 그리고 자신만의 생각으로 확장되는 질문은 학생들에게 작품을 깊이 있게 감상하는 구체적인 방법을 안내하는 사고의 비계 역할을 한다. 학생들은 이 질문의 흐름을 따라가며 단순히 작품의 정보를 수동적으로 받아들이는 것이 아니라, 자신의 지식과 경험을 연결하여 의미를 적극적으로 구성하는 주체로 성장한다. 이러한 능동적 수용의 경험은 곧 창의적인 생산을 위한 가장 단단한 토양이 되며, 학생들은 비로소 작품과 진정으로 소통하고 자신의 삶 속에서 문화를 향유하는 즐거움을 깨닫게 된다.

❹ 모범 답안 함께 분석하기

좋은 감상과 좋은 표현이 무엇인지 막연하게 설명하기보다, 학생들의 삶과 맞닿아 있는 작품을 함께 감상하며 성공의 기준을 스스로 발견하게 한다. 예를 들어, 하굣길에 친구와 함께 편의점에서 사 먹는 컵떡볶이를 소재로 한 동시를 함께 읽고 작품 속에 담긴 오감의 표현을 함께 찾아보는 것이다.

이처럼 자신의 실제 경험과 맞닿아 있는 작품을 분석하며 학생들은 '아, 우리가 그냥 지나쳤던 순간도 이렇게 멋진 시가 될 수 있구나!', '나도 내 경험을 이렇게 써보고 싶다!'라고 느끼며 성공적인 감상과 표현이 결코 멀리 있지 않음을 깨닫게 된다.

> **마법의 3분**
>
> 지루한 수업이 끝나고
> 무거운 가방을 멘 어깨 위로
> 주홍빛 햇살이 내리면
> 우리는 작은 마법을 준비하지
>
> 네모난 상자 속에서
> 주문이 시작되는 시간, 땡!
>
> 뚜껑 틈새로 새어 나온
> 매콤달콤한 행복이
> 코 끝에 퐁, 터지고 (후각)
>
> 빨간색 비밀 물감이
> 하얀 떡들을 물들이면
> 황홀한 그림 한 폭 (시각)
>
> 입술에 닿는 뜨거움
> 혀끝에 터지는 짜릿함 (미각)
> 말랑말랑 춤추는 즐거움 (촉각)
>
> (후략)

▲ 모범답안으로 활용한 시

(2) 평가와 피드백의 내비게이션, 루브릭: 무엇을, 어떻게 설계할 것인가?

학습의 목적지가 정해졌다면, 이제 그곳까지 안전하고 효율적으로 갈 수 있도록 안내하는 내비게이션이 필요하다. 서논술형 평가에서 그 역할을 하는 것이 바로 루브릭이다. 서논술형 평가는 정답이 하나로 정해져 있지 않기 때문에 명확한 기준이 없다면, 교사의 평가는 주관에 흔들리기 쉽고 학생은 무엇을 해야 할지 몰라 막막할 수 있다. 루브릭은 복잡하고 다층적인 학생의 사고 과정을 평가해야 하는 서논술형 평가에서 교사에게는 객관적이고 일관된 평가의 잣대를, 학생에게는 성공적인 수행의 조건을 보여주는, 명확한 지도를 제공하는 내비게이션이다.

루브릭은 학생의 수행을 평가하기 위해 일련의 평가 요소를 모아 놓은 것이며, 각 평가 요소에 기반해 학생의 수행을 수준별로 기술한 것이다(수전 M. 브룩하트, 2022). 이는 단순히 점수를 매기기 위한 채점기준표를 넘어 교사에게는 일관성 있는 평가를, 학생에게는 명확한 학습 가이드를 제공하는 소통 도구다. 특히 루브릭은 평가와 피드백을 잇는 다리 역할을 한다. 피드백은 더 이상 '잘했어' 혹은 '부족해' 같은 모호한 비평이 아니다. 교사와 학생은 루브릭의 수행 수준과 수준별 설명을 공통의 언어로 삼아 소통한다. "너의 시는 루브릭의 '감각적 표현의 효과성' 항목에서 '우수' 수준에 해당하네. 떡볶이의 매콤달콤한 냄새를 정말 잘 표현해서 선생님도 군침이 돌았어. '매우 우수' 수준으로 나아가기 위해서는,

떡볶이를 먹을 때 나는 소리나 떡의 말랑한 느낌 같은 다른 감각을 더 추가해 보면 어떨까?"와 같이 구체적이고 실행 가능한 조언이 가능해진다. 이것이 바로 피드업(루브릭 자체가 목표), 피드백(현재 수준 확인), 피드포워드(다음 수준으로의 안내)를 하나로 묶는 핵심 기제이다.

❶ 루브릭의 구성 요소

- **평가 요소**: 학습 목표에 도달했는지를 판단할 수 있는 구체적인 평가 요소를 명시한다.
- **수행 수준**: 각 수준별로 '상-중-하' 또는 '매우잘함-잘함-보통-노력요함' 등과 같이 성취수준을 명확히 구분한다.
- **수행 수준별 기술**: 과제 결과물에서 교사가 관찰할 수 있는 것이 무엇인지를 묘사하는 언어로 기술해야 한다.❶

평가	매우잘함	잘함	보통	노력요함
경험의 구체성 (내용)	경험이 장면처럼 생생하게 표현되어 읽는 사람이 상황과 감정을 뚜렷하게 떠올릴 수 있다.	중심 경험이 잘 전달되고 감정이 공감되도록 표현되어 있다.	전달하고 싶은 경험이 드러나 있으며, 독자가 내용을 이해할 수 있다.	경험의 의미가 더 분명해지도록 구체적인 장면이나 감정에 대한 내용이 필요하다.
감각적 표현의 활용 (내용)	시각, 청각, 촉각 등 다양한 감각 표현이 자연스럽게 녹아 있어 생생한 장면 그려진다.	감각적 표현이 적절히 사용되어 읽는 사람이느낌을 떠올릴 수 있다.	감각적 표현이 시 속에 포함되어 있으며, 내용과 연결되어 있다.	느낌이나 장면의 생생한 전달을 위해 감각적 표현을 활용할 필요가 있다.
시의 형식적 완성도 (형식)	제목, 행 구성, 리듬 등 시의 형식을 잘 갖추고 흐름이 매우 자연스럽다.	시의 기본적인 형식 요소들이 잘 갖춰져 있다.	시의 형식이 드러나며, 글의 흐름이 이해된다.	제목, 줄 바꿈, 시의 흐름 등의 조정이 필요하다.
피드백 반영 및 고쳐쓰기	자기·동료·교사의 피드백을 적극적으로 반영하여 시가 더 깊이 있고 감동적으로 완성되었다.	주요 피드백을 반영하여 시의 내용과 표현이 더욱 발전되었다.	고쳐쓴 흔적이 드러나며, 시가 조금 더 다듬어졌다.	교사와 친구의 의견, 자신의 생각 등을 반영하여 시를 고쳐 쓸 부분을 찾는다.

▲ 교사가 설계한 루브릭 예시

❷ 루브릭 설계, 학생과 함께하기

루브릭 역시, 교사가 일방적으로 만들어 제시하기보다 학생들과 함께 만들어가는 과정을 거칠 때 그 교육적 효과는 극대화된다. 이 과정은 평가와 학습에 대한 학생의 인식을 근본적으로 변화시키는 교육 활동이다.

학생들은 '좋은 시란 무엇일까?', '어떤 표현이 생생하게 느껴질까?'와 같은 질문에 답하며 평가 기준을 함께 만들어가는 과정에서, 교사가 제시한 학습 목표를 자신들의 언어로 재해석하고 깊이 있게 내면화한다. 평가 기준은 교사의 것이 아닌 우리의 약속이 되며, 학생들은 자신의 학습에 대한 강력한 주인의식과 책임감을 갖게 된다. 또한 성공적인 수행이 무엇인지 구체적으로 정의하는 과정은 그 자체로 훌륭한 메타인지 훈련이 되어 이후 자기 평가나 동료 평가에서 스스로를 점검하고 조절하는 능력의 밑거름이 된다.

---

❶ 루브릭에 대한 설명 및 전략 등에 대한 내용은 이어지는 〈Ⅲ-5. 루브릭: 교육적 소통의 언어〉에서 확인할 수 있다.

이처럼 평가의 룰을 함께 정했기 때문에 학생들은 불확실성에서 오는 불안감을 덜고, 무엇을 어떻게 노력해야 하는지 명확히 알게 되어 내적 동기를 갖고 학습에 참여한다. 결국 평가는 더 이상 학생을 판단하고 서열화하는 도구가 아니라 함께 정한 목표를 향해 나아가는 과정을 지원하고 격려하는 소통의 도구가 되며, 교실은 교사가 유일한 평가 주체였던 전통적 공간에서 함께 성장하는 학습 공동체의 공간으로 변화한다.

확인 내용	목표에 도달했어요	어느 정도 이해했어요	연습이 필요해요(보완 필요)
경험의 구체성 (내용)	글쓴이가 경험을 생생하게 표현하여 읽는 사람이 그때의 상황과 감정을 뚜렷하게 떠올리고 이해할 수 있다.	글쓴이가 전달하고 싶은 경험이 드러나 있으며 독자가 내용을 이해할 수 있다.	경험의 내용이 더 분명해지도록 구체적인 장면이나 감정을 덧붙이면 좋겠다.
감각적 표현의 활용 (내용)	시각, 청각, 촉각, 후각, 미각의 다양한 감각 표현이 시의 내용과 어울리고 생생하게 표현했다.	감각적 표현이 시 속에 포함되어 있으며, 내용과 연결되어 있다.	느낌이나 장면을 더 생생하게 표현하려면 오감 표현을 조금 더 활용해 보면 좋겠다.
시의 형식적 완성도 (형식)	제목, 행, 연 등 시의 형식을 잘 갖추었다.	내용에 따라 연을 구분하여 시를 쓸 수 있다.	제목, 줄 바꾸기(행 수정), 한 줄 띄어쓰기(연 구분) 등을 조정해 글의 느낌이 잘 살아나도록 구성해 보면 좋겠다.
피드백 반영 및 고쳐쓰기	자기·동료·교사의 피드백을 적극적으로 반영하여 시의 내용과 표현이 발전되었다.	고쳐쓴 흔적이 드러나며, 시가 조금 더 다듬어졌다.	선생님과 친구의 의견, 자신의 생각을 반영하여 시를 조금 더 발전시켜 보면 좋겠다.

▲ 학생들과 수정한 루브릭 예시

이렇게 계획 단계에서 학습 목표와 루브릭이라는 명확한 길잡이를 함께 만들었다면, 이제 본격적인 학습의 여정을 시작할 준비가 된 것이다. 다음 단계에서는 학생들이 실제로 과제를 수행하는 과정에서 어떻게 효과적인 피드백을 제공할 수 있는지 살펴보자.

2) [실행 단계] 살아있는 학습을 만드는 과정 중심 피드백

실행 단계는 단순히 학생이 과제를 수행하고 교사가 결과를 채점하는 시간이 아니다. 오히려 서논술형 평가만이 보여줄 수 있는 학생의 살아있는 사고 과정을 직접 들여다보고, 그 과정에 개입하여 성장을 돕는 상호작용의 시간이다. 학생의 머릿속에서 일어나는 수많은 배움의 순간들을 포착하고, 그에 맞춰 적절한 안내와 지지를 제공하는 상호작용의 과정이다.

이 과정의 핵심은 '나는 지금 어디쯤 와 있는가?(Where am I now?)'라는 질문에 답하는 피드백(Feed-Back)이다. 피드백은 학생이 최종 결과물을 제출하기 전, 학습 과정 중에 제공되어야만 실질적인 성장을 이끌어 낼 수 있다. 이 장에서는 예측 불가능한 변수와 학생들의 살아있는 반응이 어우러져 역동적으로 펼쳐지는 학습의 과정 속에서, 어떻게 효과적으로 피드백을 주고받으며 서논술형 평가의 깊이를 더할 수 있는지 구체적인 전략을 살펴본다.

(1) 학습의 증거를 포착하다: 형성평가와 피드백(Feed-Back)의 실제

과정 중심 서논술형 평가에서 피드백은 교사의 '감'에 의존해서는 안 된다. 그것은 학생의 학습과정에서 드러나는 구체적인 학습의 증거에 기반해야 한다. 서논술형 평가는 학생의 머릿속에서 일어나는 모든 과정을 글의 형태로 명확하게 드러내기 때문에, 교실 속 모든 활동은 학습의 증거를 포착할 수 있는 형성평가의 기회가 된다.

교사는 학습의 흔적을 찾아내는 탐정이 되어 학습이 일어나는 모든 순간에서 의미 있는 단서를 찾아내야 한다. 예를 들어 '감각적 표현을 활용한 시 쓰기' 수업에서 교사는 관찰, 대화, 중간 산출물 등을 통해 학습의 증거를 포착할 수 있다. 교실을 순회하며 한 학생이 첫 줄을 썼다 지우기만 반복하는 망설임의 흔적(관찰)을 발견했다면, 이는 '아이디어 구상 단계에서 어려움을 겪고 있다'는 명백한 증거다. "떡볶이에 대한 시를 쓴다고 했는데, 어떤 경험이 가장 기억에 남아?"라는 질문(대화)에 학생이 "그냥 맛있었어요"라고만 답한다면, 이는 '경험을 구체적인 감각과 연결하지 못하고 있다'는 증거가 된다. 또한, 학생이 작성한 개요(중간 산출물)에 '맵다', '친구' 등 단편적인 단어만 나열되어 있다면, 이 역시 구체화 단계에서 도움이 필요하다는 신호다. 이처럼 포착된 학습의 증거들은, 교사가 막연한 피드백 대신 학생에게 꼭 필요한 구체적이고 실행 가능한 피드백을 제공하는 결정적인 단서가 된다.

- **개념 이해 단계**: 예시 속 시를 읽고 감각적 표현을 잘 찾아내는가? 그 표현의 효과를 친구에게 설명할 수 있는가?
- **아이디어 생성 단계**: 자신의 경험을 시의 소재로 잘 떠올리는가? 어떤 감각을 활용할지 계획하고 있는가?
- **초고 작성 단계**: 실제 초고에 감각적 표현이 드러나는가? 하나의 감각에만 치우쳐 있지는 않은가?

결국 학습의 증거에 기반한 피드백은 학생의 현재 상태를 정확히 진단하고, 다음 단계로 나아가기 위한 가장 효과적인 처방을 내리는 과정이다.

(2) 무엇을 피드백할 것인가?: 피드백의 준거와 초점

학습의 증거를 포착했다면 이제 어떤 기준(준거)으로, 무엇에(초점) 대해 피드백을 제공할지 결정해야 한다. 이 선택이 학생이 피드백을 단순한 지적으로 받아들일지, 성장을 위한 구체적인 조언으로 받아들일지를 결정하기 때문이다.

준거는 피드백의 '기준점'을, 초점은 학생의 '다음 행동'을 결정한다. 올바른 준거는 학생이 자신의 성장을 객관적으로 보도록 돕고, 효과적인 초점은 학생에게 다음 단계로 나아갈 수 있는 구체적인 전략을 제공한다. 따라서 이 두 가지를 전략적으로 선택하는 것은 서논술형 평가 과정에서 학생의 성장을 이끄는 가장 중요한 열쇠가 된다.

❶ **피드백의 준거: 무엇을 기준으로 삼을 것인가?**

피드백은 크게 네 가지 기준으로 제공될 수 있다. **서논술형 평가에서는 특히 준거, 자기, 목표 참조 피드백을 의식적으로 활용하는 것이 중요하다.** 그 이유는 서논술형 평가의 본질과 깊이 관련되어 있다.

서논술형 평가는 학생 개개인의 고유한 사고 과정과 표현을 중시하며, 정해진 정답보다는 답을 찾아가는 과정 자체에 가치를 둔다. 이런 평가 방식에서 다른 학생과 비교하는 '규준 참조 피드백'은 학생들을 불필요한 경쟁으로 내몰고, 자신의 성장에 집중하기보다 타인과의 서열에만 신경 쓰게 만든다. 반면 목표, 준거, 자기 참조 피드백은 학생이 오롯이 자신의 학습과 성장에 집중하도록 돕는 안전하고 효과적인 나침반 역할을 한다.

피드백의 종류	내용 및 효과	예시
준거 참조 피드백	목표 참조 피드백을 더욱 구체화한 것으로, **루브릭**과 같은 절대적인 성공 기준(준거)에 학생의 수행이 어느 수준에 도달했는지 비추어 보는 방식이다. 평가 요소별로 성취수준을 제시하며, 목표 참조 피드백보다 객관적이고 명확한 피드백이 가능하다.	"루브릭의 '감각적 표현의 활용' 항목에서 '우수' 수준에 도달하려면 두 가지 이상의 감각을 사용해야 한다고 했는데, 네 시에서는 매콤달콤한 냄새(후각)랑 새빨간 국물(시각)이 모두 느껴져서 그 기준을 잘 지켰구나."
자기 참조 피드백	학생의 **과거 수행과 현재 수행을 비교**하여 성장의 정도를 알려주는 방식이다. 학생의 자기 효능감과 학습 동기를 높이는 데 효과적이다.	"처음 썼던 시보다 감각적 표현을 훨씬 더 다양하게 사용했구나!"
목표 참조 피드백	학생들과 함께 설정한 **학습 목표**에 비추어 학생들이 학습목표에 도달했는지 현재의 수행을 평가하고 알려주는 방식이다. 목표 달성 여부와 함께 다음 개선 방향을 안내한다. 이는 학생에게 학습의 방향성을 명확히 인지시킨다.	"네 경험을 시로 나타낸다는 목표에 잘 도달했어. 이제는 그 표현을 더 생생하게 만들려면 어떻게 할 수 있을지 함께 고민해볼까?"
규준 참조 피드백	집단 내 다른 학생들의 수행과 비교하는 방식이다. 서열, 상대적 위치를 알려주므로 이는 경쟁심을 유발하고 자칫 학생의 내적 동기를 저해하며 결과 중심적인 태도를 갖게 할 수 있어 평가에서는 지양하는 것이 좋다.	"네가 반에서 제일 잘했어."

▲ 피드백 준거에 따른 피드백의 종류

❷ **피드백의 초점: 무엇에 대해 이야기할 것인가?**

교육학자 해티와 팀펄리(Hattie & Timperley, 2007)는 피드백의 초점을 네 가지 수준으로 나누었다. 서논술형 평가를 통해 고등 사고력을 기르고자 한다면, 교사는 과제 수준을 넘어 **과정 수준과 자기 조절 수준의 피드백을 제공하기 위해 노력**해야 한다. 서논술형 평가의 진짜 목적은 단순히 과제를 완성하는 것(결과물)이 아니라, 과제를 해결해 나가는 과정에서 학생의 생각하는 힘 자체를 기르는 데 있기 때문이다. 과제 수준 피드백은 결과물을 개선하는 데 그치지만, 과정 수준과 자기 조절 수준 피드백은 학생의 사고 도구와 학습 전략 형성에 작용하여 평생 활용할 수 있는 자기주도적 학습 능력을 길러준다.

피드백의 종류	내용 및 효과	예시
과정 수준 피드백	과제를 해결하는 데 필요한 과정이나 전략에 대한 피드백이다. 서논술형 평가에서 가장 중요한 피드백 중 하나로, 학생의 사고 과정을 직접적으로 돕는다.	"감각적 표현을 더 찾기 어렵다면, 떡볶이를 먹던 순간을 다시 떠올리면서 눈을 감고 그때 들렸던 소리와 느껴졌던 감촉을 생각해보는 건 어떨까?"
자기 조절 수준 피드백	학생이 스스로 자신의 학습을 점검하고 계획하며 조절하도록 돕는 메타인지적 피드백이다. 자기주도적 학습자를 기르는 궁극적인 목표를 담고 있다.	"스스로 루브릭을 보면서 부족한 점을 찾아내다니, 정말 훌륭한 전략이야(과정). 이제 부족한 점을 채우기 위해 무엇을 가장 먼저 해보고 싶니(자기 조절)?"
과제 수준 피드백	과제를 얼마나 잘 수행했는지, 정답이 맞았는지 틀렸는지에 대한 피드백이다. 가장 흔하지만 학생의 사고를 확장하는 데는 한계가 있다.	"감각적 표현을 3개 찾았네." "맞춤법이 틀렸어."
자아 수준 피드백	학생 개인의 인성이나 능력에 대한 막연한 칭찬이나 비난이다. 학생의 노력이나 과정이 아닌 고정된 능력에 초점을 맞추기 때문에 장기적으로는 학생의 성장을 방해할 수 있다.	"넌 정말 착하구나" "넌 시 쓰기에 소질이 있어."

▲ 피드백 초점에 따른 피드백의 종류

(3) 누가 피드백할 것인가?: 교사, 동료, 자기 피드백 전략

아무리 교사가 훌륭한 피드백을 제공하려 해도, 20명 이상의 학생 모두에게 매 순간 시의적절하고 개별화된 피드백을 제공하는 것은 물리적으로 불가능하다. 여기서 우리는 피드백의 주체를 교사 한 명에서 교실 전체로 확장할 필요가 있다. 교사, 동료, 그리고 학생 자신이 각기 다른 역할과 관점으로 피드백에 참여할 때, 교실은 함께 성장하는 학습 공동체로 변하며 학생은 다양한 관점에서 자신의 학습을 입체적으로 바라볼 수 있게 된다. 그리고 더 나아가 이는 피드백의 최종 목표인 자기주도적 학습자를 기르는 가장 효과적인 훈련이 된다.

❶ 교사의 피드백: '과정'과 '자기 조절'을 돕는 촉진자

교사의 피드백은 학생의 성장을 돕는 가장 섬세하고 전문적인 상호작용이다. 교사는 학생 개개인의 학습 증거를 바탕으로, 학생의 현재 위치와 나아갈 방향을 안내하는 촉진자 역할을 수행한다. 이를 위해 교사는 먼저 피드백의 기준과 초점을 신중하게 선택해야 한다.

학생의 과거 수행과 현재를 비교하는 자기 참조 피드백을 통해 성장의 과정을 확인하고, 우리가 함께 만든 약속인 루브릭에 기반한 준거 참조 피드백으로 객관적인 성취수준을 안내하며 학생의 학습 동기와 자신감을 북돋운다. 더 나아가, 교사의 피드백은 학생의 사고를 더 깊은 수준으로 이끌어야 한다. 단순히 결과물에 대한 오류를 지적하는 과제 수준의 피드백이 아니라 **학생이 과제를 해결하는 데 사용한 전략이나 방법에 대해 조언하는 과정 수준의 피드백을 제공하는 데 집중해야** 한다. 궁극적으로는 **학생이 스스로 자신의 학습을 돌아보고 계획을 세우도록 돕는 자기 조절 수준의 피드백으로 나아가야** 한다. 이 모든 과정에서 가장 효과적인 도구는 정답을 알려주는 지시가 아닌, 학생의 생각을 이끌어내는 촉진적 피드백(질문)이다. 좋은 질문은 학생을 수동적인 지식 수용자에서 능동적인 문제 해결사로 변화시키는 강력한 힘을 가졌기 때문이다.

❷ **동료 피드백: 서로의 성장을 돕는 진솔한 대화**

학생들이 진솔한 피드백 제공자로서의 역할을 하기 위해 **교사의 세심한 설계와 개입이 필수적이다.** 학생들에게 처음부터 친구의 글을 분석하고 평가하라고 하면, 친구를 공격하는 것 같은 혹은 친구에게 공격받는 것 같은 큰 부담을 느낀다. 따라서 **동료 피드백은 과제 수준의 반응에서 시작하는 것이 전략적으로 유용**하다. "네 시를 읽으니 정말 떡볶이가 먹고 싶어졌어."와 같은 반응은 그 자체로 훌륭한 피드백이다. 이는 평가가 아닌 소감이기에 피드백을 주고받는 학생 모두에게 심리적 안전감을 제공하며 피드백을 공격이 아닌 소통으로 만든다.

물론 피드백이 여기에만 머물러서는 안 된다. 교사는 이 안전한 첫걸음을 더 깊은 피드백으로 가는 징검다리로 삼아야 한다. "오, 왜 떡볶이가 먹고 싶어졌을까? 어떤 표현 때문이었지?"라고 질문을 던지거나, PMI❷나 TAG❸ 기법을 활용하도록 도울 수 있다. 또한 단순한 감상평을 넘어 체크리스트나 루브릭을 제공하여 준거 참조 피드백으로 발전하도록 이끌어 줄 수도 있다.

더불어 교사는 **학생들이 마주할 수 있는 현실적인 어려움을 예측하고, 이를 극복할 수 있는 전략을 마련**해야 한다. 첫째, 친한 친구에게는 좋은 말만 해주려는 우정 편향이나 어색한 친구와는 대화를 어려워하는 등 관계의 문제를 중재해야 한다. "우리는 지금 친구가 아닌 작가를 만나고 있고, 작품에 대한 독자의 솔직한 생각을 전달해 주는 거야. 이때 왜 그런 생각이나 느낌이 들었는지, 작품의 어떤 표현 때문인지 함께 이야기해 주면 작가에게 더 큰 도움이 될 거야."라고 안내하며 피드백이 사람이 아닌 작품에, 막연한 감상이 아닌 구체적인 표현에 집중되도록 한다.

둘째, 학생들의 피드백이 핵심을 놓치거나 잘못된 방향으로 흐르지 않도록 **피드백의 질을 관리하고 보완**해야 한다. 이를 위한 전략으로 과제를 검토하며 동료 피드백을 제공하는 활동에서 모둠별로 역할을 부여하고 돌아가며 연습하는 방법을 활용할 수 있다.

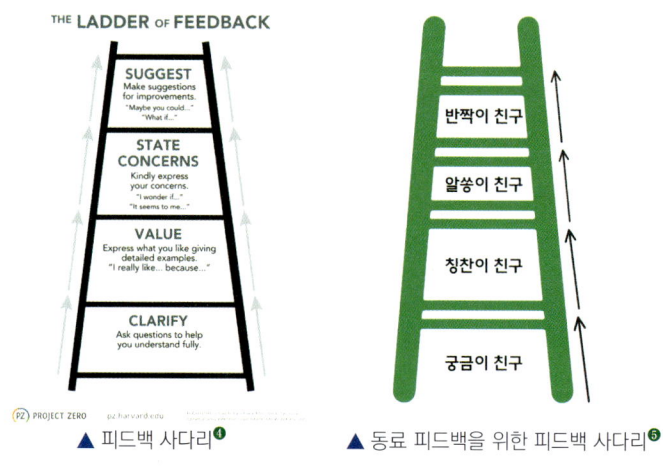

▲ 피드백 사다리❹   ▲ 동료 피드백을 위한 피드백 사다리❺

---

❷ PMI(Plus, Minus, Interesting): 장점(Plus), 단점(Minus), 흥미로운 점(Interesting)으로 나누어 평가하는 사고 기법
❸ TAG(Tell, Ask, Give): 잘한 점 말하기(Tell), 궁금한 점 질문하기(Ask), 제안하기(Give)로 구성된 동료 피드백 기법
❹ 피드백 사다리는 하버드 프로젝트 제로(Harvard Project Zero)에서 개발한 학생들이 학습을 위해 서로 건설적인 피드백을 주고받도록 지원하는 프로토콜(절차)이다(pz.harvard.edu/resources/ladder-of-feedback).
❺ 필자가 학생들의 동료 피드백을 위해 재구조화한 피드백 사다리 이미지이다.

단계	역할 이름	역할 설명 및 예시
1	궁금이 친구	질문을 통해 발표자나 창작물의 의도를 명확히 파악한다. (국어) 시에서 '단풍잎이 춤춘다'고 썼는데, 어떤 기분을 표현하고 싶었어?
2	칭찬이 친구	작품이나 발표에서 잘된 점, 긍정적인 부분, 노력한 지점을 구체적으로 찾아 칭찬한다. (국어) '바람이 차갑다'는 표현에서 진짜 가을바람이 느껴지는 것처럼 실감났어!
3	알쏭이 친구	아쉽거나 헷갈리는 점, 혹은 개선이 필요한 부분을 전달한다. (국어) '보이는 것(시각)'이랑 '느껴지는 것(촉각)'은 멋진데, '소리'에 대한 표현은 없는 것 같아서 나는 그 부분이 조금 아쉬웠어.
4	반짝이 친구	3단계 내용을 바탕으로 실질적인 개선 방안을 제안하는 것이다. (국어) 혹시 '바삭' 하고 낙엽 밟는 소리 같은 것도 넣어보면 시가 더 풍부해지지 않을까?

▲ 동료 피드백 역할 예시(1)_피드백 사다리

역할 이름	역할 설명
칭찬 요정	글에서 잘된 점, 특히 칭찬할 부분을 찾아 구체적인 이유와 함께 설명한다.
질문 탐정	글에서 이해가 되지 않거나 더 설명이 필요한 부분에 대해 구체적으로 질문한다.
업그레이드 요정	내용이 더 풍부해지거나 설득력이 높아지도록, 새로운 아이디어를 덧붙이거나 더 좋은 방법으로 개선할 점을 구체적으로 제안한다.
꼼꼼 교정가	맞춤법, 띄어쓰기 등 어문 규범에 맞는지, 혹은 루브릭에 비추어 꼭 포함해야 할 요소가 빠지지 않았는지 확인한다.

▲ 동료 피드백 역할 예시(2)

특히 성취수준이 높은 학생이 단순히 동료를 가르치는 또래 교수 역할에만 머물고 자신의 성장 기회를 놓치지 않도록 동료 대신 교사가 피드백을 제공하는 방법, 더 높은 수준의 분석을 요구하는 차별화된 과제(예 "이 시에서 가장 창의적인 표현을 찾고, 그 표현이 왜 효과적인지 루브릭의 기준과 연결하여 설명해 볼까?")를 제시하는 방법, 비슷한 수준의 학생과 짝을 이루어 서로에게 도전적인 피드백을 주고받도록 하는 전략적 짝을 구성하는 등의 방법을 활용할 수 있다.

마지막으로, 동료 피드백은 친구의 의견을 무조건 수용하는 것이 아니라 그 의견을 바탕으로 스스로 판단하고 결정하는 힘을 기르는 것임을 명확히 안내해야 한다. 교사는 "오늘 친구들에게 여러 좋은 의견을 들었네. 이 중에서 네 시를 더 발전시키기 위해 딱 한 가지만 고쳐본다면, 어떤 피드백을 선택하고 싶니?"와 같은 질문을 통해 학생에게 최종 선택권을 넘겨주며 글에 대한 주인의식을 존중해야 한다.

내가 검토한 친구를 선택해요.	시에서 보완이 필요한 부분을 구체적으로 알려주세요. 만약 고칠 점이 없다면 잘한 부분을 찾아 이야기해 주세요.	수용 여부 표시
유**	시를 써야하는데, 일기를 쓴거 같다.	☑
이**	2연 9행으로 대체적으로 김. 감각적 표현이 많이 들어갔다.	☐
이**	감각적 표현이 많이 들어가고 자신의 경험을 생생하게 들어가있다	☐
이**	감정을 이해못하겠다	☑
이**	행이 정확하지 않는 것 같다	☑
이**	한행이 한줄처럼 길다	☐

▲ 동료 피드백에 대한 수용과 선택의 기회 주기

❸ 자기 피드백: 성장의 주인이 되는 열쇠

피드백의 최종 목표는 교사의 도움 없이도 학생 스스로 자신의 학습을 이끌어 가는 것이다. 자기 피드백은 이 목표를 달성하기 위한 가장 중요한 훈련이자, 학생이 학습의 객체에서 주체로 거듭나는 결정적인 순간이다. 학생은 자신의 작품을 스스로 평가하는 과정에서 자신의 사고 과정을 객관적으로 바라보는 메타인지를 발달시키고, 목표와 현재 상태의 격차를 줄이기 위한 계획을 세우며 자기 조절 능력을 기르게 된다.

이때 교사의 역할은 단순히 "스스로 해보라"고 말하는 것이 아니라, 학생들이 효과적으로 자기 피드백을 할 수 있도록 구체적인 전략과 도구를 제공하는 것이다. 예를 들어, 학생들과 함께 만든 루브릭을 체크리스트처럼 활용하며 "나는 '두 가지 이상의 감각'을 사용했는가?"와 같이 스스로 점검할 수 있다. 또한, 교사가 제공하는 성찰 질문지("내 시에서 가장 마음에드는 부분은 어디인가요? 그 이유는 무엇인가요?", "친구들의 피드백을 듣고 고치고 싶은 부분은 어디인가요?")는 학생의 사고를 더 깊은 수준으로 이끈다. 시 쓰기 활동에서는 자신이 사용한 시각적 표현은 빨간색, 청각적 표현은 파란색으로 표시해 보는 활동을 통해 스스로 감각의 균형을 확인할 수도 있다.

이처럼 구체적인 도구와 전략을 통해 학생들은 막연한 감상이 아닌, 자기 참조(이전보다 나아졌는가?)와 준거 참조(기준에 도달했는가?)에 기반하여 자신의 작품을 분석하고 다음 학습 계획을 세우는 진정한 성장의 주인이 된다.

(4) 어떻게 피드백할 것인가?: 효과적인 피드백을 위한 5가지 전략

피드백의 준거와 초점, 형태를 정했다면 이제 그 내용을 학생에게 어떻게 전달할 것인지 고민해야 한다. 피드백은 단순히 정보를 전달하는 행위가 아니라 학생의 마음과 감정을 다루는 섬세한 소통 과정이기 때문이다. 아무리 좋은 의도를 가진 피드백이라도 전달 방법에 따라, 학생의 마음의 문을 열어 성장의 발판이 되기도 하고 반대로 마음의 문을 닫게 하여 상처의 화살이 되기도 한다. 학생이 피드백을 기꺼이 받아들이고 자신의 성장 동력으로 사용하게 만들려면, 무엇을 말하는가(What) 만큼이나 어떻게 말하는가(How)가 중요하다. 필자는 효과적인 피드백을 위해 다섯 가지 전략을 제안한다.

❶ 시의성: 도움이 필요한 바로 그 순간에

피드백은 타이밍이 생명이다. 학생이 과제를 모두 끝내고 제출한 뒤에 주는 피드백은 다음 과제를 위한 조언은 될 수 있지만, 현재의 학습을 개선하는 데는 한계가 명확하다. 특히 구상, 작성, 수정이라는 긴 호흡을 가지는 글쓰기와 서논술형 평가에서 피드백은 각 단계별 어려움에 맞춰 최적의 형태로 제공되어야 한다.

글을 구상하는 단계에서 학생이 아이디어를 떠올리지 못해 막막해 한다면, 이때 필요한 것은 정답이 아닌 생각을 열어주는 발문이다. 예를 들어 컵떡볶이에 대한 시를 쓰는 학생이 소재는 정했지만 어떤 감각을 활용할지 몰라 망설일 때, "떡볶이를 먹을 때 어떤 냄새가 났었니?"라고 묻는 것이 효과적이다. 이는 학생이 자신의 경험을 구체적인 감각으로 연결하도록 돕는 시의적절한 피드백이다.

반면 초고를 작성하고 수정하는 단계의 학생에게는 다른 도움이 필요하다. 이미 글의 방향을 잡았지만 표현이 서툴거나 문장 연결이 어색할 수 있다. 이때는 완성된 시에 "감각적 표현이 부족하네"라고 총평을 내리기보다, "첫 문장의 '맛있다'라는 표현을 조금 더 생생하게 바꿔볼까? 떡볶이를 한입 베어 물었을 때 입안에서 어떤 느낌이 났는지 이야기해 줄래?"처럼 구체적인 부분을 함께 들여다보며 개선 방향을 찾는 피드백이 훨씬 효과적이다.

그렇다면 글쓰기 활동에서 언제나 즉각적인 개입만이 시의적절한 피드백일까? **때로는 교사의 의도적인 지연이야말로 학생들에게 시의적절하고 유용한 피드백**일 수 있다. 글쓰기 지도에서 교사의 피드백을 의도적으로 지연하는 것은 학습의 주도권을 학생에게 이양하는 고도의 기술이다.

즉각적인 피드백은 오류를 빠르게 교정해 준다는 장점이 있지만, 자칫 학생을 교사에 대한 의존도를 높이는 수동적인 존재로 만들 수 있다. 반면 교사의 의도된 기다림은 학생이 자신의 글에 대한 책임감을 갖게 한다. 교사의 개입이 없는 동안 학생은 스스로 첫 번째 독자이자 비평가가 되어 자신의 글을 성찰할 기회를 얻는다. "이 표현이 최선일까?", "읽는 사람이 내 의도를 잘 이해할 수 있을까?"와 같은 질문을 스스로에게 던지며 글의 완성도를 높이려는 주체적인 노력을 기울이게 되는 것이다. 이 과정에서 학생은 과제와 자기 자신에 초점을 맞추고 수정 방향을 결정하며 학습자로서의 자율성을 기르게 된다. 이러한 교정 과정은 필연적으로 메타인지 능력을 활성화한다. 학생은 교사 피드백을 기다리는 동안 글의 계획과 전개 과정을 점검하며 결과물을 비판적으로 분석하게 된다. 이는 단순히 오류를 찾아 수정하는 차원을 넘어 자신이 무엇을 알고 무엇을 모르는지 성찰하며 자신의 인지 과정능동적으로 통제하고 관리하는 훈련이다. 즉 지연된 피드백은 학생 스스로 자신의 학습 과정을 조망하고 조절하는 힘, 메타인지를 길러주는 효과적인 전략이다.

이처럼 **시의성 있는 피드백이란 단순히 빠른, 즉각적인 피드백이 아닌 학생이 마주한 문제의 성격에 맞춰 적시에, 최적의 형태로 제공하는 것**을 의미한다. 따라서 교사는 학생의 학습 과정을 섬세하게 관찰하며 지금 어떤 도움이 필요한지를 파악하는 안목을 갖추어야 한다.

❷ 구체성: 막연한 칭찬을 넘어 명확한 근거로

"정말 잘했어!"라는 칭찬은 학생의 기분을 좋게 할 수는 있지만 무엇을 잘했는지, 앞으로 무엇을 더 잘해야 할지는 알려주지 않는다. 다양한 답이 존재할 수 있는 서논술형 평가의 특성상, 피드백은 **루브릭과 같은 명확한 기준에 근거해야 구체적인 피드백을 제시**할 수 있다. "네 시의 1연은 정말 감동적

이야"라는 막연한 감상 대신, "루브릭의 감각적 표현의 효과성 기준에서 볼 때, 1연의 새빨간 국물이라는 시각적 표현과 호로록이라는 청각적 표현을 함께 사용해서 정말 떡볶이를 먹는 것처럼 생생하게 느껴졌어. 다음 2연도 감각적 표현을 사용해서 생생한 시를 써보자"라고 구체적으로 말해 주어야 한다.

❸ 이해가능성: 학생의 언어로 소통하기

피드백은 교사의 전문성을 과시하는 시간이 아니라 학생의 성장을 돕는 대화의 과정이다. 교사에게는 익숙한 교육 용어(예: 심상, 형상화)가 학생에게는 외계어처럼 들릴 수 있다. 피드업 과정에서 학생들과 함께 세부 학습 목표를 정하고 루브릭을 만들었던 이유를 기억해야 한다. 교사와 학생이 함께 만들었던 '보고 듣는 것처럼 생생한 표현'과 같은 **학생 친화적인 언어를 사용하여 피드백을 제공할 때**, 학생은 그 의미를 온전히 이해하고 자신의 것으로 만들 수 있다.

❹ 실행가능성: 다음 걸음을 내딛게 하는 힘

효과적인 피드백은 학생의 현재 상태를 진단하는 데서 그치지 않고, 다음 단계로 나아갈 수 있는 구체적인 행동을 안내해야 한다. 즉, **피드백은 피드포워드로 연결되어야 한다.** "이 부분은 좀 어색하네"라는 지적 대신, "이 부분의 느낌을 더 살리려면, 다른 감각을 사용해보는 건 어떨까? 예를 들면 떡의 말랑한 느낌 같은 것 말이야"와 같이 학생이 무엇을 시도해 볼 수 있을지 구체적인 대안이나 전략을 함께 제시하는 것이 좋다.

❺ 성찰과 계획의 시간 제공: 피드백을 내 것으로 만드는 시간

피드백은 교사가 말을 끝내는 순간 끝나는 것이 아니다. 서논술형 평가의 궁극적인 목표가 메타인지 함양에 있음을 기억할 때, 학생이 피드백을 곱씹어 보고 자신의 글과 비교하며 **다음 계획을 세우는 성찰의 시간은 반드시 보장되어야 한다.** 동료 피드백이 끝난 후, 학생들에게 잠시 시간을 주어 "오늘 받은 피드백 중에서 내 시를 더 좋게 만들기 위해 딱 한 가지만 고친다면 무엇일까?"와 같은 질문에 답을 적어보게 하자. 이 짧은 성찰의 시간이 피드백을 단순한 발언이 아닌 성장을 위한 값진 조언으로 바꾸는 결정적인 순간이 될 것이다.

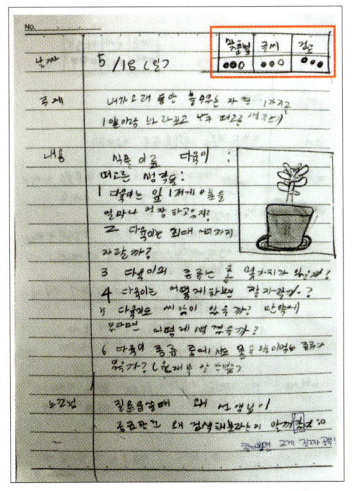 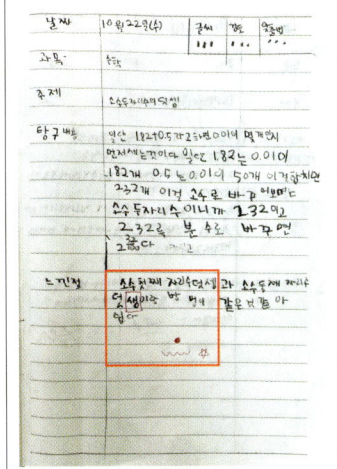

▲ 생활 속 성찰 연습 예시(1)⁶　　▲ 생활 속 성찰 연습 예시(2)⁷

이처럼 실행 단계에서 제공되는 과정 중심의 피드백은 학생들의 학습을 살아있게 만든다. 하지만 여기서 멈춰서는 안 된다. 피드백의 진정한 가치는 학생이 이를 바탕으로 자신의 학습을 성찰하고 미래의 학습을 스스로 설계할 때 완성되기 때문이다. 이제 마지막 성찰 단계로 나아가보자.

3) [성찰 단계] 성장을 위한 다음 걸음 안내하기

진정한 성장은 학생이 피드백을 바탕으로 자신의 학습을 돌아보고 앞으로의 학습을 스스로 디자인할 때 시작된다. 성찰 단계는 '다음은 어디로 가야 하는가?(Where to next?)'라는 질문에 답하며, 피드백을 일회성 조언이 아닌 지속 가능한 성장의 동력으로 전환하는 과정이다.

이 장에서는 피드백을 미래의 학습과 연결하는 피드포워드의 개념을 중심으로, 학생의 메타인지를 깨우는 교사의 역할과 AI를 활용한 맞춤형 성장 과제 제안 전략까지 구체적인 방법론을 탐색해 본다.

(1) 미래의 학습을 디자인하다: 피드포워드(Feed-Forward)의 원리와 실제

피드포워드는 과거의 수행에 대한 평가(피드백)를 바탕으로, 미래의 과제를 더 잘 수행하기 위한 구체적인 제안과 전략에 초점을 맞추는 개념이다. 이미 끝난 과제에 대해 "이 부분이 부족했어"라고 말하는 피드백에서 한 걸음 더 나아가, "이 경험을 바탕으로, 다음 과제에서는 ~를 시도해 보면 어떨까?"라고 제안하는 것이다.

특히 과정의 성장을 중시하는 서논술형 평가에서 피드포워드는 매우 강력한 교육적 기제다. 학생들은 평가를 자신의 과거 수행에 대한 최종 심판으로 여기며 불안감을 느끼는 경우가 많으며, 이미 끝나

---

⁶ 자신이 쓴 글을 검토하는 습관을 기르기 위해 배움 공책 상단에 표(맞춤법에 맞게 글을 썼는가, 글씨를 또박또박 썼는가, 글을 쓴 후 검토를 했는가)를 그려 자신의 글을 다시 한 번 읽고 검토하도록 지도한 예시이다.
⁷ 기호로 피드백을 제공하는 사례로, 틀린 부분을 바로 수정해 주지 않고 기호로 피드백 정보를 제공한다. 이미지 속 기호 중 ㅁ은 맞춤법 오류, •은 마침표 누락을 의미한다. 이 외에도 △는 주세에 맞는 내용인지 확인, ㅈ은 문장의 주어 누락으로 표시해 준다.

버린 과제에 대한 지적은 학생에게 무력감을 줄 수 있다. 하지만 피드포워드는 대화의 초점을 바꾼다. 과거의 실수를 지적하는 대신, 그 경험에서 얻은 정보를 바탕으로 미래를 향한 도움을 제공한다. 학생의 관점은 '내가 무엇을 잘못했지?'라는 과거에 대한 자책에서, '다음에 무엇을 더 잘할 수 있을까?'라는 미래에 대한 기대로 전환된다. 이처럼 학생은 이번 평가의 결과가 끝이 아니라, 다음 평가를 더 잘 치르기 위한 중요한 과정임을 인식하게 된다. 이는 평가에 대한 불안감을 줄여주고, 평가를 성장의 기회로 여기는 긍정적인 태도를 길러준다.

'감각적 표현을 활용한 시 쓰기' 활동이 끝난 후, 교사는 다음과 같은 피드포워드를 제공할 수 있다.

"이번 시에서 시각적 표현을 정말 생생하게 잘 사용했구나. 선생님은 네가 대상을 그림 그리듯 묘사하는 데 강점이 있다는 걸 발견했어. 이 강점을 살려 독서 감상문 쓰기 프로젝트에서는 동화책을 읽고 인상적인 장면을 시로 표현해보는 건 어떨까? 네가 쓴 시를 읽으면 마치 그림을 보는 것 같은 느낌이 들 것 같아."

학생의 표현 방식이나 사고의 강점을 인정하고 이를 바탕으로 다음 과제를 제안하는 방식의 피드포워드는, **학생의 부족한 점을 채우는 데서 그치지 않고 학생의 강점을 다음 학습의 디딤돌로 삼는다는** 점에서 강력한 힘이 있다. 이것은 학생의 개별성을 존중하고 잠재력을 이끌어내는 효과적인 전략이다. 강점이 다음 과제로 이어지고 그 과제의 성공이 다시 새로운 강점을 만들어내는 성장의 선순환 속에서, 학생은 자신의 강점을 인정받는 경험을 통해 '나는 할 수 있다'는 자기 효능감을 얻고 자신의 능력을 새로운 상황에 적용해보는 학습의 전이를 경험하며 도전 의식을 갖게 된다. 비로소 학생은 평가를 성장을 위한 기회로 인식하고 학습의 진정한 주체로 거듭나게 되는 것이다.

(2) 학생의 메타인지를 깨우는 교사의 역할과 발문

피드포워드가 효과적으로 작동하려면 학생 스스로 자신의 학습 과정을 돌아보고 다음 계획을 세우는 메타인지 활동이 반드시 동반되어야 한다. 학생이 이번 과제에서 배운 것을 다음 과제에 성공적으로 적용(학습의 전이)하고 이 경험을 반복하여 궁극적으로는 교과를 넘나드는 핵심 역량을 함양하기 위해서는, 반드시 자신의 학습 과정을 스스로 돌아보고 조절하는 메타인지 과정이 필요하기 때문이다.

메타인지는 '자신의 생각에 대해 생각하는 것'으로, 학생이 자신의 학습 과정을 한 단계 위에서 조망하고 계획하며, 점검하고 조절하는 모든 정신 활동을 의미한다. 교사가 지도서에 제시된 발문을 순서대로 따라가며 수업하는 것이 인지라면, 수업 중 학생들의 반응을 살피며 '지난번 평가 결과를 보니 아이들이 이 개념을 어려워했는데 지금 내 설명이 충분히 명확한가? 다른 예시를 들어줘야겠다'라고 자신의 교수법을 실시간으로 점검하고 조절하는 것이 바로 메타인지이다. 이처럼 자신의 강점과 약점을 파악하고(메타인지적 지식), 이를 바탕으로 학습 전략을 스스로 조절(메타인지적 조절)하는 능력이야말로 자기 주도적 학습의 핵심이다.

서논술형 평가의 전 과정은 그 자체가 메타인지를 활용하는 훈련이다. 학생은 스스로 글의 방향을 계획하고 자신의 논리가 맞는지 점검하며 루브릭에 맞춰 결과물을 평가하고 수정해야 하기 때문이다.

따라서 서논술형 평가의 궁극적인 목표 중 하나는 바로 이 메타인지 능력을 길러주는 것이다.

이 과정에서 교사는 단순히 정답을 알려주는 해결사가 아니라 학생의 메타인지를 의도적으로 훈련시키는 다양한 역할을 수행해야 한다. 먼저 교사는 **좋은 발문을 통해 학생의 사고를 자극하고 성찰을 돕는 사고의 촉진자**가 되어야 한다. 교사의 질문은 학생이 자신의 머릿속에서 일어난 일들을 언어로 꺼내어 객관적으로 바라보게 하고, 이를 통해 스스로 문제점을 진단하고 해결책을 찾도록 돕는다. 이러한 질문에 답하는 과정에서 학생은 자신의 학습 전략을 점검하고, 더 효과적인 방법을 모색하며 자기주도적인 학습자로 성장하게 된다.

- **계획 단계 돌아보기:** "이번에 컵떡볶이를 시의 주제로 정할 때, 어떤 점을 가장 먼저 생각했니? 다음 시를 쓸 때도 이 방법이 도움이 될까?"
- **수행 과정 돌아보기:** "시를 쓰면서 가장 어려웠던 부분은 어디였어? 그 어려움을 어떻게 해결했니?"
- **피드백 성찰하기:** "오늘 친구들에게 여러 피드백을 받았는데, 그중에서 네 생각과 가장 비슷했던 것과 가장 달랐던 것은 무엇이었니?"
- **미래 계획 세우기:** "오늘 배운 것 중에서, 다음 글쓰기를 할 때 꼭 다시 사용해보고 싶은 방법이 있다면 무엇일까?"

▲ 학생의 메타인지를 깨우기 위한 발문 예시

더 나아가 교사는 **자신의 메타인지 과정을 학생들에게 직접 보여주는 사고의 모델**이 될 수 있다. 예를 들어, 교사가 직접 시를 퇴고하는 모습을 보여주며 "음, 선생님이 쓴 이 표현이 조금 막연하게 느껴지네. '떡볶이가 맛있다' 대신에 어떤 감각을 써야 더 생생하게 느껴질까? 아, '혀끝이 얼얼한 매운맛'이라고 쓰면 더 좋겠다." 와 같이 생각의 과정을 그대로 노출하는 것이다. 이를 통해 학생들은 전문가가 어떻게 자신의 사고를 점검하고 조절하는지 구체적으로 배우게 된다.

마지막으로, 교사는 학생들이 사용할 수 있는 **다양한 생각의 도구를 명시적으로 가르치는 전략의 코치** 역할을 수행해야 한다. 메타인지는 구체적인 학습 전략을 알고 있을 때 더 효과적으로 발휘되기 때문이다. 마인드맵으로 아이디어를 떠올리는 방법, 글을 다 쓴 뒤 소리 내어 읽으며 어색한 부분을 찾는 방법, 루브릭의 항목에 따라 스스로 채점해 보는 방법 등 구체적인 전략을 안내할 때 학생들은 자신의 학습을 조절할 수 있는 실질적인 힘을 갖게 된다.

이처럼 계획-실행-성찰의 전 과정을 통해 제공되는 피드업, 피드백, 피드포워드는 서로 유기적으로 연결되어 학생의 성장을 돕는다. 하지만 현실적으로 교사 혼자서 이 모든 과정을 완벽하게 수행하는 것은 쉽지 않다. 바로 이 지점에서 AI라는 새로운 협력자가 등장한다. 다음은 AI를 어떻게 활용하여 피드업, 피드백, 피드포워드의 질을 높이고 교사의 부담을 줄일 수 있는지 구체적으로 살펴보자.

다. AI를 활용한 피드백 설계와 운영 전략

1) AI와 함께 피드업(Feed-Up) 설계하기

피드업 과정은 수업의 방향을 결정하는 매우 중요한 단계이지만, 교육과정을 깊이 있게 분석하고 학생들의 삶과 연결되는 다채로운 자료를 준비하는 데는 상당한 시간과 노력이 필요하다. 이때 AI는 교사의 전문적인 고민을 더 깊고 풍부하게 만들어 주는 훌륭한 사고의 파트너가 될 수 있다.

(1) 교육과정 분석 및 재구조화를 위한 아이디어 파트너

교사가 성취기준을 분석하고 학생의 삶과 연결되는 수업 아이디어를 구상할 때, AI는 창의적인 아이디어를 제공하는 훌륭한 브레인스토밍 파트너가 될 수 있다.

> **프롬프트 1**
>
> [학년] [교과] 교육과정의 내용(핵심 아이디어, 내용 요소, 성취기준)을 분석하여 내용 요소를 반영하여 수정한 핵심 아이디어, 수정한 성취기준, 학생이 이해할 수 있는 수준의 성취기준을 한 문장씩 작성해줘.
> - 핵심 아이디어:
> - 내용 요소:
> - 성취기준:

> **프롬프트 1**
>
> [학년] 학생들을 대상으로, 다음 교육과정 내용을 재구성하여 서논술형 평가 기반 프로젝트 수업을 설계하려고 해. 다음 조건을 반영해서 단원 수업을 설계해줘.
>
> **#교육과정 내용**
> - 핵심 아이디어:
> - 내용 요소:
> - 성취기준:
>
> **#조건**
> - 핵심 아이디어와 성취기준에 담긴 교육적 가치와 핵심 아이디어를 자세히 설명할 것.
> - [학년] 학생들의 실제 삶과 연결하여 위 성취기준을 달성할 수 있는 구체적인 서논술형 평가 프로젝트 아이디어를 3가지를 제안할 것.
> - 아이디어는 프로젝트명, 최종 결과물, 평가의 주안점을 포함할 것.
> - 프로젝트 활동 내용은 다른 교과와 연계 가능하나 교육과정의 내용 요소를 벗어나지 않을 것.

▲ 교육과정 분석 및 재구조화를 위한 프롬프트 예시

(2) 학생 눈높이 학습 목표 및 탐구 질문 제작 파트너

교사가 분석한 교육과정을 학생들이 이해하기 쉬운 언어로 바꾸고, 학생들의 사고를 자극하는 단계별 탐구 질문을 만들 때 AI의 도움을 받을 수 있다.

> **프롬프트**
> [성취기준 내용]의 성취 기준에 맞는 세부 학습 목표와 탐구질문을 작성해줘.
>
> **#조건**
> - 성취 기준을 [학년] 학생들이 이해할 수 있는 세부 학습목표 4가지로 구체화하여 작성할 것.
> - 에릭슨과 래닝의 개념기반 탐구학습 모델에 따라 학생들의 사고를 점진적으로 확장시킬 수 있는 사실적 질문 2개, 개념적 질문 2개, 논쟁적 질문 1개를 논리적 순서에 맞게 제시할 것.
> - 학생들의 사고를 자극하고 이해 가능한 수준의 어휘로 작성할 것.

▲ 세부 학습 목표와 탐구질문 작성을 위한 프롬프트 예시

(3) 모범 답안 및 분석 자료 생성기

학생들에게 성공적인 결과물이 무엇인지 보여주기 위한 다양한 수준의 예시 글이나 해당 형식의 글을 분석할 수 있는 학습 자료를 만들 때 AI를 활용하면 시간을 크게 절약할 수 있다.

> **프롬프트**
> 우리반 감각적 표현을 활용한 시 쓰기 활동을 하고 있어. 학생들에게 '성공적인 결과물'이 무엇인지 보여주기 위한 다양한 수준의 예시 동시가 필요해. 초등학생들에게 인기 있는 동시 작가가 되어 아이들의 눈높이에 맞는 재미있고 리듬감 있는 동시를 써줘.
>
> **#주제**
> 친구와 함께 편의점에서 컵떡볶이를 먹는 즐거운 경험
>
> **#조건**
> - 시각, 청각, 후각, 미각, 촉각 중 네 가지 이상의 감각적 표현이 의성어, 의태어를 포함하여 풍부하게 드러나야 한다.
> - 전체 길이는 3연으로 구성한다.
> - 이 시를 활용하여 학생들이 감각적 표현을 분석하는 방법을 배울 수 있는 보물찾기 활동지를 만든다. 활동지에는 '시 구절', '어떤 감각일까?', '어떤 느낌이 드나요?" 세 항목으로 구성된 표 형식으로 제시한다.

▲ 모범답안 글 작성을 위한 프롬프트 예시

이처럼 피드업 단계에서 AI를 전략적으로 활용하면, 교사는 교육과정을 깊이 있게 분석하고 학생들과 의미 있는 상호작용을 하는 등 더 본질적인 역할에 집중할 수 있다.

(4) AI와 과목별 루브릭 초안 만들기

처음부터 완벽한 루브릭을 만드는 것은 교사에게도 부담스러운 일이다. 특히 다양한 교과를 넘나들며 창의적이고 복합적인 서논술형 평가 과제를 개발해야 하는 교사에게 루브릭 설계는 상당한 시간과 노력을 요구한다. 하지만 AI를 활용하면 단 몇 분 만에 특정 과제에 대한 루브릭 초안을 얻고, 이를 바탕으로 우리 반 학생들의 수준과 학습 목표에 맞게 수정·보완하여 시간을 획기적으로 절약할 수 있다. AI와 함께 루브릭을 만드는 구체적인 방법과 교사의 전문성을 더하는 프롬프트 설계 전략에 대해서는 뒤에 이어지는 〈Ⅲ-5. 루브릭: 교육적 소통의 언어〉에서 더욱 상세히 안내한다.

(5) 피드업(Feed-Up) AI[8]

기능
- 교과, 학년, 성취기준, 내용 요소, 학습자 특성, 기타 고려사항 등을 입력하면 차시별 수업에 대한 아이디어를 제공해 주는 앱
- 생성된 내용은 구글 스프레드시트로 다운로드 가능[10]

[수업설계 AI 파트너][9]

joo.is/수업 설계AI

▲ 수업설계를 위한 앱

2) AI와 함께 피드업(Feed-Back) 워크플로우

서논술형 평가의 수업과 평가 과정에서 교사가 겪는 가장 큰 현실적인 어려움은 바로 시간 부족이다. 한 학급의 학생들이 제각기 다른 속도와 수준으로 써 내려가는 글을 과정 중에 일일이 확인하고, 위에서 제시한 피드백 요소들을 반영하여 의미 있는 피드백을 제공하는 것은 거의 불가능에 가깝다. 이때 AI는 교사의 부담을 획기적으로 줄여주고, 교사가 더 본질적인 역할에 집중할 수 있도록 돕는 최고의 파트너가 된다. AI를 단순한 채점 도구가 아닌 유능한 조교로 활용하기 위한 3단계 워크플로우를 소개한다.

(1) 1단계: AI 에듀테크를 활용한 1차 피드백 자동화

이 단계의 목표는 교사가 단순 반복적인 작업에서 벗어나 학생의 사고 과정에 더 집중할 시간을 확보하는 것이다. 이미 교육 현장에서는 학생의 글을 분석하고 피드백을 제공하는 다양한 AI 기반 에듀테크 서비스가 있다. 예를 들어, 초등 글쓰기 플랫폼인 '자작자작'이나 글쓰기 AI 자동 평가 서비스 '키위티(KEEwi-T)', 그리고 경기도교육청의 '하이러닝'에 탑재된 AI 서논술형 평가 시스템(클리포 기반), 브리스크 티칭(Brisk Teaching) 등이 대표적이다. 이러한 도구들은 맞춤법이나 표현의 개수와 같은 과제 수준의 피드백, 루브릭에 근거한 준거 참조 피드백을 빠르고 일관되게 제공하는 데 탁월하다. 또한 챗GPT나 제미나이와 같은 범용 AI를 훌륭한 피드백 조교로 활용할 수 있다. 중요한 것은 AI에게 사용 맥락을 구체적으로 제시하는 것이다.

  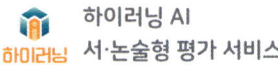 

▲ AI 기반 평가 및 피드백 플랫폼

---

[8] 지금부터 제시되는 앱은 claude.ai의 [아티팩트] 기능으로 제작하였다.
[9] 스마트폰에 클로드 앱이 설치되어 있다면, 카메라로 QR코드를 찍었을 때 해당 링크가 열리는 대신 클로드 앱이 실행될 수 있다. QR코드 링크 옆 [라이브 텍스트] 아이콘을 누른 후 웹브라우저를 선택하여 열면 된다. 자세한 설명은 노션(joo.is/날개서논술형)에서 확인할 수 있다.
[10] 본 앱의 제작을 위한 프롬프트는 노션(joo.is/날개서논술형)에서 확인할 수 있다.

(2) 2단계: AI, 심층 피드백을 위한 교사의 사고 파트너 만들기

교사는 AI를 학생 평가뿐만 아니라 자신의 피드백을 더 풍부하게 만들기 위한 사고의 파트너로 활용할 수 있다. 학생에게 직접 피드백을 주기 전, 교사는 AI를 활용해 다양한 표현 아이디어나 학생의 사고를 자극할 질문들을 미리 준비할 수 있다.

> **프롬프트**
> 4학년 학생을 대상으로 '감각적 표현을 활용한 시 쓰기' 수업을 하고 있어. 한 학생이 '컵떡볶이'에 대한 시에 '새빨갛다'는 시각적 표현과 '달콤하다'는 미각적 표현을 사용했는데, 이 시를 더 풍부하게 만들게끔 코치하고 싶어.
> 학생이 추가로 다른 감각(청각, 촉각, 후각)을 표현해 시를 쓸 수 있도록 표현 아이디어를 5개만 제안해주되, 학생의 사고를 촉진하는 질문 형태여야 하고 초등학생이 이해하기 쉬운 재미있는 표현이면 좋겠어.

▲ 피드백 내용 작성을 위한 프롬프트 예시

(3) 3단계: 교사, 맥락과 관계를 더한 최종 피드백 완성하기

마지막으로 교사는 AI가 제공한 분석 결과와 아이디어를 바탕으로 학생에 대한 깊은 이해를 더해 최종 피드백을 완성한다. 학생의 맥락을 이해한 세심한 자기 참조 피드백과 자기 조절 수준의 피드백은 AI가 할 수 없는, 오직 교사만이 할 수 있는 영역이다.

> **[교사의 최종 피드백]**
> **(1단계 AI 결과 활용)** "AI 조교가 찾아준 것처럼 맞춤법도 아주 잘 지켰고, '새빨간'이라는 표현이 정말 생생해서 좋았어."
>
> **(교사의 맥락적 이해 추가)** "그런데 선생님은 네가 지난 미술 시간에 그렸던 그림이 생각났어. 그때도 빨간색을 강렬하게 사용해서 네 감정을 잘 표현했었잖아. 그때 보여준 너의 강렬한 감정이 이번 시의 표현에도 담겨있는 것 같아 참 대견했어."
>
> **(2단계 AI 아이디어 활용 + 자기 조절 유도)** "'호로록' 소리나 '말랑말랑한' 느낌을 추가하면 더 생생한 시가 될 것 같은데, 어때? 둘 중에 어떤 표현을 추가하면 네가 느꼈던 기분이 더 잘 전달될까? 아니면 떠오르는 다른 표현이 있을까? 스스로 한번 결정해서 고쳐볼래?"

▲ 교사가 제공하는 최종 피드백 예시

이처럼 AI와 교사가 각자의 강점을 바탕으로 역할을 분담하는 피드백 워크플로우는 서논술형 평가가 가진 교육적 가치를 극대화하는 가장 현실적이고 강력한 대안이 될 수 있다. AI는 지치지 않는 조교로서 모든 학생에게 공평하고 일관된 기준(준거 참조)에 따라 기초적인 피드백(과제 수준)을 제공하며 교사를 채점의 부담에서 해방시킨다. 이렇게 확보된 시간과 에너지 속에서 교사는 비로소 자신의 진정한 전문성을 발휘할 수 있게 된다. AI가 분석한 객관적인 데이터 위에 학생 개개인에 대한 깊은 이해와 애정(자기 참조)을 더하고, 결과물이 아닌 학생의 사고 과정(과정 수준)을 들여다 보며, 궁극적으로는 학생 스스로 성장하는 힘(자기 조절 수준)을 길러주는 것이다. 이는 기술이 교사를 대체하는 것이 아니라 오히려 교사를 더 교사답게 만드는 과정이다. AI가 피드백의 객관적인 분석을 담당할 때, 교사는 학생의 마음을 움직이는 관계 기반의 코칭에 집중할 수 있다. 이 똑똑한 협업을 통해 우리의 피드백은 비로소 효율성과 깊이를 모두 갖추고 학생의 잠재력을 깨우는 교육적 도구로 거듭날 것이다.

기능	
상단의 〈동료 피드백 역할 예시(2)〉에서 제시된 동료 피드백의 역할을 골라 친구에게 피드백 주는 방법을 스스로 연습하는 앱⑪	[동료 피드백 연습 앱]  joo.is/동료피드백연습

기능	
학습 정보(학년, 과목명, 단원/주제, 학습 목표 또는 학습 활동 내용)를 입력하면 자기 피드백에 활용할 체크리스트를 생성하는 앱⑫	[자기 피드백 연습 앱]  joo.is/자기피드백연습

▲ 피드백 연습 앱(학생용)

3) AI와 함께 피드업(Feed-Forward) 제안하기

서논술형 평가의 교육적 가치가 학생 개개인의 잠재력을 발견하고 맞춤형 성장을 지원하는 피드포워드에 있다면, 가장 큰 현실적 어려움 또한 바로 이 지점에 있다. 모든 학생에게 의미 있는 다음 걸음을 제안하는 일은 교사의 열정과 전문성만으로는 해결하기 어려운 시간적, 물리적 한계에 부딪히기 때문이다. 바로 이때, AI는 교사의 교육적 상상력을 확장하고 개별화의 부담을 덜어주는 유능한 조력자로서 그 진가를 발휘할 수 있다.

(1) 약점 보완을 위한 맞춤형 연습 과제 생성

이 단계의 목표는 단순히 학생의 약점을 보완하는 것을 넘어선다. 학생이 이전 과제에서 배운 지식이나 기능을 새로운 맥락의 과제에 적용해보게 함으로써, 단편적인 지식이 아닌 실제적인 역량을 함양하도록 돕는 것이다. 이를 통해 학생은 실패에 대한 부담 없이 다음 단계의 학습에 즐겁게 도전할 수 있게 된다.

---

⑪ 본 앱의 제작을 위한 프롬프트는 노션(joo.is/날개서논술형)에서 확인할 수 있다.
⑫ 본 앱의 제작을 위한 프롬프트는 노션(joo.is/날개서논술형)에서 확인할 수 있다.

> **프롬프트**
>
> [역할 설정]
> 너는 초등학교 4학년 담임 선생님의 보조 교사야.
> 학생 개인의 강점과 약점을 분석해서 재미있고 효과적인 맞춤형 연습과제를 만들어줘.
>
> [학생 정보]
> – 이름: [출석 번호]
> – 학년: 4학년
> – 현재 학습 주제: [예 감각적 표현을 활용한 시 쓰기]
> – 해당 학습 주제와 관련하여 잘하는 것: [예 시각, 미각 표현]
> – 해당 학습 주제와 관련하여 보완 필요: [예 청각, 촉각 표현]
> – 학습 스타일: [시각형/청각형/읽기쓰기형/활동형, 경쟁형/협력형/성취형/탐험형, 점진형/도전형/힌트선호형/독립 해결형]
> – 관심사 (선택): [있으면 과제에 반영]
>
> [과제 요청]
> 위 학생이 [보완 필요한 부분]에 자신감을 가질 수 있도록 연습과제를 만들어줘.
> 연습 과제는 학생들이 경험할 법한 구체적인 상황으로 제시해줘.
>
> [과제 조건]
> 1. 학습 스타일에 맞는 형식 사용
> 2. 잘하는 것과 연결해서 동기부여할 것.
> 3. 구체적인 예시 포함
> 4. 4학년 수준에 맞는 난이도
> 5. 성취감을 느낄 수 있는 보상 요소

▲ 연습 과제 생성을 위한 프롬프트 예시

(2) 강점 심화를 위한 도전 과제 제안

학습의 보완을 위한 연습 과제가 기본적인 역량을 다지고 다음 단계에 안전하게 도전하도록 돕는다면, 강점을 심화하는 프로젝트는 학생의 잠재력을 최대한으로 이끌어 내는 더 높은 수준의 피드포워드이다. 이는 학생이 가진 강점을 다른 교과나 더 복잡한 상황에 적용해 보는 고차원적인 학습의 전이를 유도하고, 이를 통해 단편적인 기능을 넘어 자기주도적으로 지식을 창조하고 표현하는 핵심 역량을 함양하도록 돕는 궁극적인 도전 과제가 된다.

> **프롬프트**
>
> 초등학교 4학년 학생들을 대상으로 한 '감각적 표현을 활용한 시 쓰기' 수업에서 매우 뛰어난 감각적 표현 능력을 보여준 학생들이 있어. 이 학생들의 문학적 재능을 다른 교과와 융합하여 심화시킬 수 있는 도전 프로젝트 과제를 3가지 제안해줘.
>
> #조건
> – 프로젝트 과제는 국어와 미술(또는 음악)을 융합할 것.
> – 프로젝트의 목표, 구체적인 활동 단계, 그리고 결과물을 통해 학생이 무엇을 더 배울 수 있는지 설명할 것.

▲ 도전 과제 제안을 위한 프롬프트 예시

---

❿ 본 앱의 제작을 위한 프롬프트는 노션(joo.is/날개서논술형)에서 확인할 수 있다.

기능

학생 정보(번호, 학습 주제, 이번 학습에서 잘하는 부분과 보완이 필요한 부분, 학습 스타일, 관심사)를 입력하면 학생 맞춤형 과제를 생성해 주는 앱[13]

[맞춤형 학습 과제 생성기 1]

joo.is/맞춤형과제생성기1

기능

[선행작업] [맞춤형 학습 과제 생성기 1] 제작

위의 [맞춤형 학생 과제 생성기 1]을 발전시킨 형태로, 학생의 수준에 따라 보완 학습 또는 심화 학습을 선택하면 맞춤형 과제를 생성해 주는 앱

[맞춤형 학습 과제 생성기 2]

joo.is/맞춤형과제생성기2

▲ 연습 과제 생성 앱

결국 피드포워드는 피드백의 순환을 완성하는 마지막 열쇠다. 모든 학생에게 각자의 성장 속도와 방향에 맞는 정교한 다음 걸음을 제안할 때, 서논술형 평가는 비로소 그 진정한 가치를 발휘할 수 있다. 그리고 그 과정을 AI가 도울 수 있다. 평가는 더 이상 배움의 끝을 알리는 일회성 점검이 아니라, 학생 한 명 한 명의 잠재력을 깨우고 다음 성장을 향한 새로운 문을 열어주는 가장 역동적이고 희망적인 교육의 과정 그 자체가 되는 것이다.

---

[13] 본 앱의 제작을 위한 프롬프트는 노션(joo.is/날개서논술형)에서 확인할 수 있다.
[14] 본 앱의 제작을 위한 프롬프트는 노션(joo.is/날개서논술형)에서 확인할 수 있다.

라. AI 시대, 교사의 새로운 역할과 피드백 리터러시

지금까지 우리는 서논술형 평가의 교육적 가치를 확인하고, 피드업-피드백-피드포워드로 이어지는 과정 중심 평가의 구체적인 실천 전략을 탐색했다. 이제 우리의 논의는 마지막 질문으로 향한다.

AI라는 강력한 도구가 세상의 패러다임을 바꾸는 지금,

교사인 우리의 역할은 어떻게 변해야 하며, 무엇이 우리를 대체 불가능한 전문가로 만들 수 있는가?

AI 시대의 교사는 학생의 성장을 디자인하고 촉진하는 평가 전문가로서 거듭나야 한다. 이를 위해서는 **AI가 제공하는 정보를 교육적으로 다루는 새로운 전문성, 즉 피드백 리터러시(Feedback Literacy)가 필수적이다.**

피드백 리터러시란, 다양한 주체로부터 받은 피드백을 이해, 분석하고 이를 자신의 학습 향상을 위해 활용하며 평가기준에 맞게 피드백을 생산할 수 있는 능력 즉, 피드백 활용 능력 포함한다. 또한 피드백에 대한 가치, 지식 등 인지적 태도, 피드백에 대한 감정 및 감정조절과 같은 정서적 태도 및 행동적 태도를 포함하는 능력이라고 할 수 있다. 이는 본래 학생이 피드백의 의미를 주체적으로 해석하고 수용 여부를 판단하며, 궁극적으로 자신의 성장을 위해 활용할 줄 아는 총체적인 능력으로 정의되었다(박민애, 손원숙, 2019). 하지만 AI 시대에 이 능력은 학생뿐만 아니라 교사에게도 핵심적인 역량이 되었다(Carless, D., Boud, D., 2018).

교사에게 피드백 리터러시가 필요한 이유는, AI가 생성한 피드백을 학생에게 그대로 전달하는 배달부가 되어서는 안 되기 때문이다. 의사가 MRI 촬영 결과(데이터)를 환자에게 바로 보여주지 않고 자신의 전문 지식으로 판독하여 최종 진단과 처방을 내리듯, 교사는 AI가 생성한 분석 결과를 날것의 데이터로 받아들여야 한다. 그리고 자신의 전문성을 발휘하여 학생에게 맞는 최적의 교육적 처방을 내리는 과정에서 교사의 피드백 리터러시가 발휘된다.

이는 크게 두 가지 능력으로 구체화할 수 있다. **첫째는 AI 피드백의 맹점을 걸러내는 '비판적 수용 능력'**이다. AI는 맥락을 놓치거나 때로는 틀린 정보를 제안할 수 있다. 교사는 학생의 의도와 맥락을 파악하여 AI의 제안이 타당한지 판단하고 걸러낼 수 있어야 한다. **둘째는 데이터를 교육적 언어로 번역하는 '교육적 재구성 능력'**이다. AI의 건조한 분석을 학생의 마음을 움직이는 따뜻하고 구체적인 언어로 바꾸는 것, 학생의 과거 경험과 연결하여 의미를 부여하는 것, 그리고 수많은 정보 속에서 지금 학생의 성장 단계에 가장 필요한 핵심 조언의 우선순위를 정하여 성장의 발판(스캐폴딩)을 제공하는 것. 이 모든 과정이 바로 AI는 결코 흉내 낼 수 없는 교사 고유의 전문성이자, 학생 한 명 한 명에게 맞춘 진정한 개별화 교육의 실현이다.

AI 기술이 아무리 발전하더라도 결코 인간 교사의 역할을 대체할 수 없는 영역이 있다. 그것은 바로 관계와 신뢰에 기반한 피드백이다. 학습은 지적 활동인 동시에 감정적 활동이기 때문이다. 학생의 마음이 닫혀 있으면 아무리 좋은 정보라도 그저 소음으로 들릴 뿐이다. 교사가 학생의 마음을 움직이는 피드백을 제공해야 하는 이유는 바로 여기에 있다.

AI는 학생의 글에서 드러난 결과를 분석할 수는 있지만, 그 글을 쓰기까지 학생이 겪었을 과정의 어려움이나 성취의 기쁨을 공감할 수는 없다. AI는 학생의 과거 데이터를 기억할 수는 있지만, 아침에 시무룩한 표정으로 교실에 들어섰던 학생의 마음을 헤아리거나 작은 성공에 환하게 웃던 순간을 함께 기뻐할 수는 없다. 교사가 학생의 노력을 인정해 주고, 과거의 성장을 기억해 주며, 고유한 강점을 발견해 주는 따뜻한 피드백은 학생의 닫힌 마음을 여는 열쇠가 된다. '선생님은 나를 믿고 응원하고 계시는구나'라는 신뢰가 생길 때, 학생은 비로소 피드백을 나를 돕기 위한 조언으로 받아들이고 자신의 부족한 점을 마주할 용기를 얻게 된다.

교사의 피드백이 강력한 힘을 갖는 이유는 그것이 단순히 정확한 정보이기 때문이 아니라, '나는 너의 성장을 믿고 응원하고 있어'라는 신뢰의 메시지를 담고 있기 때문이다. 학생의 눈을 맞추고, 그의 노력의 과정을 구체적으로 인정해 주며, 그의 잠재력을 믿는다고 말해주는 교사의 따뜻한 한마디는 학생에게 '나는 해낼 수 있다'는 자기 효능감을 심어준다. 이 믿음이야말로 학생이 실패를 두려워하지 않고 새로운 도전에 나서게 하는 가장 강력한 내적 동기이며, 그 어떤 정교한 AI 피드백보다 학생의 실질적인 변화를 이끌어내는 가장 강력한 힘이다.

이처럼 AI 시대 교사의 역할은 기술의 효율성을 활용하면서도 인간만이 할 수 있는 관계성을 발휘하는 전문가로 재정의된다.

성장을 돕는 평가 전문가, 교사

우리는 서논술형 평가와 피드백이라는 긴 여정을 함께 걸어왔다. 이 책을 통해 우리가 확인한 것은, AI 시대에 서논술형 평가의 중요성은 더욱 커질 것이며 그 가치는 교사의 전문적인 피드백을 통해 비로소 완성된다는 사실이다.

AI 시대의 교사는 더 이상 모든 것을 다 가르쳐야 하는 지식의 전달자가 아니다. 오히려 학생 스스로 배우고 성장하는 힘을 길러주는 학습의 설계자이자, 학생의 잠재력을 발견하고 다음 걸음을 안내하는 성장의 촉진자가 되어야 한다. AI는 이러한 교사의 새로운 역할을 위협하는 존재가 아니라 오히려 교사가 더 교사다운 본질적인 역할에 집중할 수 있도록 돕는 가장 유능한 파트너다.

AI가 피드백의 객관적인 분석을 담당할 때, 교사는 학생의 마음을 움직이는 관계 기반의 코칭에 집중할 수 있다. 이것이 바로 기술의 힘을 빌려 모든 학생 한 명 한 명에게 맞춤형 성장의 기회를 제공하는, AI 시대의 개별화 교육이 실현되는 모습이다. 이 협업을 통해 우리의 피드백은 비로소 효율성과 깊이를 모두 갖추고, 모든 학생의 잠재력을 깨우는 가장 강력한 교육적 도구로 거듭날 것이다.

교실 문을 나서는 아이들의 뒷모습을 보며 우리가 던져야 할 질문은 '오늘 무엇을 가르쳤는가?'가 아니라 '아이들이 오늘 무엇을 배웠고, 어떤 성장을 경험했는가?'가 되어야 한다. 그 성장의 순간을 포착하고, 격려하며, 다음 단계로 이끌어주는 성장을 돕는 평가 전문가. 이것이 바로 AI 시대를 살아갈 우리 교사들의 진정한 이름이자, 사명이다.

질문: 사고의 시작점

가. 질문, 사고를 깨우는 열쇠

1) 질문은 사고력 함양의 출발점이다.

질문으로 수업을 시작할 때, 필자는 늘 기대한다.

오늘 이 질문이 어디까지 우리를 데려갈까?

수업에 질문을 활용하면 수업의 풍경이 달라진다. 질문은 지식을 꺼내 보게 하고, 말하고 쓰게 하며 맥락을 넓혀 준다.

필자는 질문을 활용하는 부분을 학기 초에 학생들에게 다음과 같이 설명한다.

> 〈질문은 이런 일을 해요〉
> **보이게:** 머릿속 생각을 밖으로 꺼내 보이게 해요
> **끌어내게:** 말하고 쓰면서 스스로 정리하게 해요
> **확장하게:** 배운 것을 생활과 연결해 더 넓게 생각하게 해요

'질문은 교사의 말 한마디로 시작되지만, 학생의 사고를 확장시키는 나비효과를 일으킨다.'

질문은 단순한 정보 확인을 넘어 학습자의 인지적 불균형을 유도하고 사고의 방향을 전환시키는 '인지적 자극제(생각을 깨우는 신호)'이다. 질문은 수업의 도입뿐만 아니라 전개와 정리, 그리고 평가까지 학습의 모든 순간에 방향을 잡아준다. 특히 **서논술형** 평가에서 활용하는 질문들은 학생들의 사고의 **시작점**이 된다. 즉 서논술형 평가에서 질문은 곧 평가 문항이며 사고의 깊이를 평가하는 기준이 될 수 있다. 왜냐하면 교사가 평가 문항으로 어떤 질문을 던지느냐에 따라 학생의 인지 수준, 응답 방식, 사고 확장 정도가 달라지기 때문이다.

질문을 통해 어떻게 사고력을 기를 수 있을까? 앞서 말했듯이 질문은 학생의 사고를 '보이게' 하고, '끌어내며', '확장'시키는 세 가지 핵심 기능을 한다. 이러한 기능들은 수업과 서논술형 평가에서 사고를 구조화하고 효과적으로 표현하게 만드는 필수 장치이다. 예를 들어, "조선시대의 신분 제도는 오늘날 우리에게 어떤 영향을 주나요?"와 같은 질문은 단순한 역사 지식의 확인을 넘어 현대 사회 문제와 연결하여 학생의 사고를 융합적이고 비판적인 방향으로 확장하게 만든다. 학생은 스스로 '왜 이 질문을 받았지?'를 고민하며 피상적인 생각들에서 벗어나 사고의 본질로 들어간다.

> **TIP**
> "왜 이 질문이 나왔을까?"를 먼저 스스로 적게 하면, 학생의 답은 놀라울 만큼 깊어진다. 질문의 '의도'를 추론하는 활동 자체가 인지적 긴장을 만들어 주기 때문이다.

이 장은 서논술형 평가에서 질문의 힘을 구체적인 기술로 바꾸고자 하는 선생님들을 위한 것이다. 단순히 무엇을 물을지가 아니라 어떻게, 왜, 그리고 언제 질문해야 하는지를 탐구하며 학생들의 사고력과 잠재력을 이끌어내는 서논술형 평가 방법을 안내한다.

2) 질문은 사고의 깊이를 결정한다.

교실에서는 교사가 던지는 질문 하나가 수업과 평가의 방향은 물론 학생들의 사고의 깊이를 결정한다. 예를 들어, "방금 설명한 이순신 장군이 승리한 해전의 이름은 무엇이죠?"라고 묻는 것은 학생이 정보를 잘 기억하는지 확인하는 질문이다. 이것은 학습 내용을 점검하는 데 꼭 필요한 과정이다. 하지만 같은 상황에서 이렇게 질문할 수도 있다. "만약 여러분이 이순신 장군이라면, 전투를 앞두고 불안해하는 병사들에게 어떤 말을 해주고 싶었을까요?" 이 질문에는 정해진 답이 없다. 학생들은 단순한 지식 암기에서 벗어나 역사 속 인물이 되어 고민하고 상상하게 된다. 이것은 학생의 사고를 깨우는 질문이다.

두 질문의 차이는 교사가 목표로 한 방향의 차이를 보여준다. 교사의 질문은 학생의 이해도를 측정하는 도구를 넘어 학생의 사고력을 키우고 호기심을 자극하며, 교실을 살아있는 탐구의 공간으로 만드는 가장 중요한 도구이다.

정답을 찾는 수업과 평가는 그 속도는 빠르지만 사고는 얕다. 학생들의 머릿속에 이런 수업은 오래 남지 않는다. 반대로 좋은 질문으로 이끄는 수업과 평가는 시간이 더 걸릴 수 있지만, 학생들이 만든 답 속에서 생각의 결이 보인다. 필자는 채점할 때 "맞았나?"보다 "어떻게 생각이 자랐나?"를 먼저 확인한다. 같은 성취기준이라도 어떤 질문을 던지느냐가 평가의 질을 가를 수 있다.

필자는 아래의 내용을 기준으로 수업을 설계, 운영, 평가한다.

- **핵심 동사 선택**: 교사가 고르는 질문의 동사(설명하라, 비교하라, 근거를 대라, 설계하라 등)가 곧 학생들의 사고 경로를 정한다.
- **수업 운영 방안**: 단원별로 '**핵심 질문 1개 + 보조 질문 3개**'를 AI를 활용하여 미리 준비한 뒤, 수업-활동-평가에 같은 말로 반복해서 사용한다. 초안은 AI를 활용하여 뽑더라도 표현과 난이도 등은 교사가 학급 상황에 맞게 다듬어 사용한다.

질문은 학생의 사고를 형성하고 확장하는 데 있어 가장 핵심적인 역할을 수행하며, 이는 교육과 평가의 본질과 깊이 연결된다. 특히 **서논술형 평가에서는 질문 설계가 평가의 본질을 좌우한다**. 무엇을 쓰게 할지보다 어떻게 생각하게 할지를 먼저 묻는 질문이 평가의 질을 끌어올린다. 다음은 이러한 교육 철학을 잘 보여주는 문장이다.

"우리는 정답을 만드는 데 관심을 가질 것이 아니라, 학생들이 만든 답에 관심을 가져야 한다. (Dillon, 1998)"[1]

서논술형 평가에서 초점은 정답의 유무가 아니라 학생들이 질문에 얼마나 깊이 있게 답했는가에 있다. 학생들이 무엇을 알고 있는지, 배운 것을 토대로 무엇을 할 수 있는지, 그리고 그 과정에서 사고가 어떻게 자랐는지가 중심이 되어야 한다. 즉, **서논술형 평가는 단순히 정답을 맞혔는지를 보는 것이 아니라 학생이 어떤 과정을 거쳐 생각을 전개하고 논리적으로 표현하는지를 본다는 점에서 그 가치가 매우 크다**. 기존의 선택형 평가만으로는 미래 사회에 필요한 고차원적인 사고 능력을 제대로 평가하기 어렵다.

따라서 교사가 어떤 질문을 던지느냐가 평가의 질을 결정하며, 아이들의 사고 과정을 들여다보는 중요한 열쇠가 된다. 잘 설계된 질문은 지적 호기심을 자극하고 수업 뒤까지 이어지는 탐구를 만든다. 결국 교사가 선택하는 한 문장의 질문이 학생들의 생각의 깊이와 평가의 품질을 함께 결정한다.

3) 질문이 뇌를 깨우는 원리: 인지과학과 서논술형 평가

질문은 학습자의 뇌를 자극하는 가장 대표적인 인지 활동이다. 학습 관련 뇌과학 연구에 따르면, 질문을 받는 순간 인간의 뇌는 즉각적으로 문제 해결 회로를 작동시킨다(이종관, 김태훈, 박성윤 외, 2024). 특히 뇌의 전두엽 피질(사고와 판단 담당)과 해마(기억 담당)를 동시에 활성화시켜 생각을 깊이 있게 만든다. 이 과정에서 기존에 알던 지식과 새로운 정보가 연결되고, 이는 궁극적으로 뇌세포 사이의 연결(시냅스)을 강화하여 학습 내용이 단기 기억에서 장기 기억으로 넘어가도록 돕는다. 이것은 단순히 정보를 쌓는 것이 아니라 뇌에 새로운 신경 길을 만드는 과정, 즉 뇌의 구조적 변화를 의미한다. 이러한 뇌의 구조적 변화를 의도적으로 이끌어내는 교육적 장치가 바로 잘 설계된 '서논술형 평가' 문항이다.

그렇다면 어떤 질문이 뇌를 더 활성화할까? 정답이 여러 개인 '열린 질문'은 학생에게 다양한 답을 떠올리게 함으로써 생각의 유연성을 기르고, 창의성과 비판적 사고를 촉진한다. 반면, 정답이 정해진

---

[1] 이 문장은 에릭 M. 프랜시스(2020)의 저서에서 인용한 것으로, 본문에서는 직접 확인하지 않고 재인용한다.

'닫힌 질문'은 정확한 정보를 다시 떠올리는 데 집중하게 하여 개념의 정확성과 핵심 내용에 대한 초점을 강화한다. 이 두 가지 질문 유형은 따로따로 쓰일 때보다 함께 사용될 때 학습 효과를 극대화하며, 이는 서논술형 평가 문항을 설계할 때도 마찬가지이다.

실제 연구 결과는 이러한 이론적 배경을 뒷받침한다. 질문 수업과 관련한 한 연구에 따르면, 질문 중심 수업을 받은 학생들은 그렇지 않은 학생들에 비해 창의성 지수는 32%, 자신의 학습 과정을 돌아보는 메타인지 평가에서는 47%나 높은 점수를 보였다(서울특별시교육청 교육연구정보원, 2024). 이는 질문이 단순한 교수법이 아니라 학습의 본질적인 원리임을 명확히 보여준다.

최근의 AI 기술은 바로 이러한 사고 과정 자체를 1:1 맞춤형으로 지원하며 인지적 원리를 극대화한다. AI는 서논술형 평가에서 학생이 최종 답안을 제출하기를 기다리는 것이 아니라, 학생이 답안을 작성하는 과정에 피드백으로 개입할 수 있다. 예를 들어, Magicschool AI는 학생이 쓴 글에 피드백을 제공하여 다시 쓸 수 있는 기회를 제공한다. 만약 학생의 논리에 비약이 있거나 근거가 불충분하면, AI는 '이 주장을 뒷받침하는 구체적인 사례를 들어볼까요?' 또는 '첫 번째 문단의 핵심 주장과 지금 이 문단은 어떻게 연결되나요?'와 같이 정교하게 설계된 되묻는 질문을 던질 수 있다. 이 질문들은 학생이 자신의 사고 과정에서 발생한 오류나 빈틈을 스스로 발견하게 만드는 '인지적 갈등'을 유발한다. 이 갈등을 해결하기 위해 학생은 자신의 생각을 '재구성'하고 논리를 다듬게 되며, 이는 곧 서논술형 평가가 의도하는 뇌의 구조적 변화와 깊이 있는 학습을 AI가 가속화하는 것이다.

▲ MagicSchool AI 글쓰기 피드백

나. 사고 수준을 측정하는 다양한 질문 유형

같은 단원을 가르치더라도 어떤 질문을 먼저 던지고, 어떤 질문을 나중에 던지느냐에 따라 학생들의 생각의 높이는 눈에 띄게 달라진다. 학생들의 생각을 발전하도록 돕는 이 질문 유형들은 **서논술형 평가 문항을 설계하는 핵심적인 재료**가 된다.

1) 사실적 질문 (DOK® 1단계): 기억과 재생의 '닻 내리기'

모든 높은 생각은 단단한 사실의 기반 위에서 시작된다. 흔히 '낮은 수준'의 질문으로 여겨지기 쉬운 사실적 질문은, 모든 학생이 다음 단계로 나아가는 데 필요한 자신감과 지식의 기초를 다지는 가장 중요한 첫걸음이다.

사실적 질문은 '누가, 무엇을, 어디서, 언제'와 같은 질문을 통해 학생들이 기본적인 정보를 정확히 기억하고 있는지 확인하는 것을 목표로 한다. 이것은 단순한 '기억 확인'이 아니라, 더 깊은 생각의 바다로 나아가기 전, 모든 학생이 공유된 지식의 기반 위에 서도록 하는 '닻 내리기 질문'이다.

'닻 내리기 질문'의 가장 큰 가치는 모든 학생에게 성공의 경험을 제공하는 데 있다. 정답이 명확한 질문에 답하면서, 학생들은 "나도 할 수 있다"는 자신감을 얻는다. 특히 발표를 어려워하는 학생에게는 안전하게 수업에 참여할 기회가 된다. 이 작은 성공의 경험은 더 어려운 질문에 도전할 용기의 씨앗이 된다.

(1) 정의

특정 정보의 정확한 기억과 재생을 기대하며, 탐구의 기초 자료를 제공한다. '누가', '무엇을', '언제', '어디서'와 같은 특정 정보를 묻는 질문이 이에 해당한다.

(2) 의미

깊이 있는 학습을 위한 토대를 마련하고 배경 지식을 쌓는 출발점이다. 이는 학생들이 단원의 주요 용어, 인물, 사건, 특징 등을 직접적으로 확인하고 기억하도록 돕는다. 사실적 질문은 단순히 암기와 회상을 넘어 의미를 상세하고 깊이 있게 정의하고, 세부 내용을 읽고 검토하며 재진술하는 등의 일련의 과정을 포함한다(프랜시스, 2020).

사실적 질문은 학생들이 필요한 정보를 스스로 조사하고 자신만의 표현으로 재진술하며 신뢰도 높은 자료를 인용하는 능동적인 지식 획득 과정을 포함할 때, 비로소 더 복잡한 질문을 다루기 위한 견고한 배경지식을 제공한다.

---

❷ DOK: 웹(Webb)의 지식의 깊이(Depth of Knowledge, DOK) 모형을 의미한다.

(3) 교과별 활용 예시

- **국어**: "흥부와 놀부 이야기에서, 제비 다리를 고쳐준 사람은 누구였나요?"
- **과학**: "물이 얼음으로 변할 때 액체, 고체, 기체 중 어떤 상태로 변하는 건가요?"
- **사회**: "우리나라의 수도는 어디인가요?"
- **수학**: "삼각형에는 꼭짓점이 몇 개 있나요?"

(4) 수업과 평가 적용 시나리오

❶ **수업 시작 활동**: 수업 시작 5분 동안, 지난 시간에 배운 내용을 확인하는 간단한 사실적 질문 몇 개를 던져 학생들의 집중을 유도한다.
❷ **이해도 점검**: 설명을 마친 후, "방금 선생님이 말한 것의 핵심 단어는 무엇이었죠?"와 같이 질문하여 모든 학생이 잘 따라오고 있는지 확인한다.
❸ **복습 게임**: '도전 골든벨'이나 '카훗' 같은 퀴즈 게임을 사실적 질문 중심으로 구성하여 복습을 즐거운 활동으로 만든다.

(5) 교육적 가치 및 통찰

사실적 질문의 교육적 가치 중 하나는 모든 학생에게 공평한 참여 기회를 보장하는 것이다. 교실에는 다양한 수준의 학생들이 있다. 처음부터 "왜 그럴까?"와 같은 **어려운 질문으로 서논술형 평가를 시작하면, 자신감이 부족한 학생들은 틀릴까 봐 두려워 도전하지 않게 된다.**

하지만 "이 동시의 지은이는 누구지?"처럼 답이 분명한 질문으로 시작하면, 많은 학생이 참여할 수 있다. 이 성공적인 참여 경험은 학생의 자신감을 키워주고, 뒤이어 나올 더 어려운 질문에도 도전하려는 마음을 갖게 한다. 즉, 사실적 질문은 단순히 지식을 확인하고 복잡한 질문을 위한 배경 지식을 제공하는 단계를 넘어 모든 학생이 용기를 내어 참여할 수 있는 기반을 만드는 첫걸음이다.

2) 개념적 질문(DOK 2-3단계): 증거 기반의 '생각 다리 놓기'

이제 학생들을 텍스트가 무엇을 말하는지 아는 수준에서 그것이 무엇을 의미하는지 이해하는 수준으로 이끌어야 한다. 이것은 학생들이 단순한 정보 수용자에서 비판적 사고자로 성장하는 중요한 단계이다.

개념적 질문은 '왜', '어떻게', '이것이 무엇을 의미할까'와 같은 질문을 통해 학생들이 글이나 그림에 직접 드러나지 않은 정보를 바탕으로 논리적인 결론을 이끌어내도록 돕는다. 이때 학생들은 '탐정'이 된다. 글에 나타난 사실들은 '단서'이고, 학생들은 그 단서들을 조합하여 숨겨진 의미를 찾아내야 한다.

(1) 정의

사실적 질문을 통해 얻은 정보를 바탕으로 개념 간의 관계, 원인과 결과, 의미, 원리 등을 파악하고 개념적 이해를 구축하도록 이끄는 질문이다. 이는 사실과 개념 사이의 연결 다리를 놓아주는 역할을 하며, 학생의 이해와 사고를 바탕으로 하는 "왜?"나 "어떻게?"와 같은 질문이 많다.

(2) 의미

분석적 질문은 개념적 질문의 중요한 유형으로 제시된다(프랜시스, 2020). 분석적 질문은 자료나 세부 내용 이면에 있는 의미를 조사하고 추론하며 분석하여 지식과 이해를 심화하고 사고력을 강화한다. 이는 개념이나 과정이 어떻게 또는 왜 사용될 수 있는지를 실험하고 설명하도록 유도하며, 학생들이 방대한 정보를 심화된 지식과 사고로 처리하는 것을 목표로 한다. 따라서 학생들이 절차적 지식과 전이 가능한 지식(새로운 맥락에서 지식 활용)을 쌓는 것에 핵심적인 역할을 한다.

개념적 질문은 학생들이 단순히 정보를 수동적으로 받아들이는 것이 아니라 적극적으로 처리하고 활용할 때 학습 효과가 더 높아지는 순환적 과정을 촉진한다. 뇌의 여러 영역이 동시에 활성화되어 더 강력한 신경 연결이 형성되며, 이는 정보의 깊은 이해와 장기 기억 형성에 도움이 된다. 따라서 이 질문은 학생들이 단순 암기를 넘어 '왜' 특정 현상이 발생하는지, '어떻게' 원리가 작동하는지를 탐구하게 함으로써 지식의 폭과 깊이를 동시에 확장시킨다.

(3) 교과별 활용 예시

- **국어**: "주인공이 슬픈 소식을 들을 때 창밖에 비가 내리고 있는데, 작가는 왜 그렇게 표현했을까요?"
  (단서: 슬픈 소식, 비 → 추론: 주인공의 슬픈 마음을 날씨로 표현)
- **과학**: "식물이 햇빛이 잘 드는 창가 쪽으로 자라는 것을 보고, 식물의 어떤 특징을 알 수 있나요?"
  (단서: 햇빛 쪽으로 자람 → 추론: 식물은 빛을 향해 자라는 성질이 있음)
- **사회**: "옛날 사람들이 사용하던 빗살무늬 토기의 모양을 보고, 무엇을 담기 위해 사용했을지 짐작해 볼까요?" (단서: 뾰족한 밑부분 → 추론: 땅에 박아두고 곡식 등을 보관)
- **미술**: "이 그림은 왜 전체적으로 파란색을 많이 사용해서 그렸을까요? 어떤 느낌을 주나요?"
  (단서: 파란색 → 추론: 시원하거나 차분하고, 때로는 슬픈 느낌을 줌)

(4) 수업과 평가 적용 시나리오

❶ **선생님의 생각 소리 내어 말하기**: 교사가 먼저 시범을 보인다. "책에 '철수는 주먹을 꽉 쥐었다'라고 쓰여 있네. 보통 화가 날 때 주먹을 꽉 쥐니까, 철수가 지금 단단히 화가 났다는 뜻인 것 같아."

❷ **짝꿍과 증거 찾기**: 한 학생이 자신의 생각을 말하면, 짝꿍은 책에서 그 생각을 뒷받침하는 문장을 찾아 밑줄을 긋고 설명해 준다.

(5) 교육적 가치 및 통찰

개념적 질문의 핵심은 자신의 생각을 '증거'와 연결하는 능력이다. 따라서 교사가 수업과 평가 중에 가장 많이 사용해야 할 질문은 바로 "글(그림)의 어떤 부분을 보고 그렇게 생각했나요?"이다. 이 질문은 학생들이 막연한 느낌이나 추측을 구체적인 증거에 기반한 논리적인 생각으로 바꾸도록 훈련시킨다.

사실을 아는 것과 그 이유를 추론하는 것 사이에는 생각의 큰 도약이 필요하다. 많은 학생이 이 '생각의 다리'를 건너는 것을 어려워한다. "무슨 일이 있었니?"에는 쉽게 답하지만, "왜 그런 일이 일어났을까?"에는 말문이 막히는 경우가 많다.

이는 학생의 능력이 부족해서가 아니라 증거와 결론을 연결하는 방법을 배우지 못했기 때문이다. 따라서 교사는 단순히 개념적 질문을 던지는 것은 물론 추론하는 과정 자체를 친절하게 가르쳐야 한다. 이 '생각의 다리'를 놓기 위해 서논술형 평가를 다음과 같이 사용할 수 있다.

- **생각 정리 도구:** '단서(책 내용)'와 '내 생각(추론)'을 두 칸으로 나누어 적어보는 서논술형 평가를 활용한다.
- **문장 틀 제공:** "책에서 _____라고 했기 때문에, 나는 _____라고 생각한다." 와 같은 제한형 서논술형 평가를 활용하여 학생들이 논리적으로 생각을 표현하도록 돕는다.

이처럼 서논술형 평가를 통해 추론하는 방법을 구체적으로 가르치는 것은 학생들의 사고력을 직접적으로 키워준다. 이러한 도움 없이 어려운 질문만 반복하면 학생들은 좌절감을 느끼기 쉽다.

3) 논쟁적 질문(DOK 4단계): 기준 기반의 '판단하기'

이제 학생들을 단순한 해석에서 더 나아가 논리적 근거를 바탕으로 자신만의 판단을 내리는 영역으로 안내한다. 이 단계에서 학생들은 증거를 사용하여 자신의 관점을 세우고, 명확하게 표현하며, 설득력 있게 주장하는 법을 배운다.

논쟁적 질문은 학생들에게 어떤 대상의 가치나 장단점에 대해 판단을 내리도록 요청한다. 이때 중요한 것은 개인적인 느낌이 아니라 '근거를 댄 판단'을 내리는 것이다. 학생들은 명확한 기준에 따라 판결을 내리는 '판사'나 '비평가'의 역할을 맡게 된다.

(1) 정의

정해진 답이 없으며 다양한 관점이나 의견, 가치 판단이 개입될 수 있는 질문이다. 윤리적 딜레마, 사회적 쟁점, 다양한 해결책이 가능한 문제 상황을 제시하며 질문 자체가 특정 입장을 강요하지 않도록 중립적으로 구성된다.

(2) 의미

학생이 자신이 이해한 것을 바탕으로 비판적 사고를 하게 하는 핵심적인 질문 유형이다. 논쟁적 질문은 학생이 어떤 쟁점이나 화제의 모든 측면을 탐구한 뒤, 논리적이고 방어 가능한 선택을 하거나 특정 입장을 취하도록 한다(프랜시스, 2020). 이는 증거에 근거하여 아이디어나 쟁점에 대해 논평 또는 비평하도록 유도하며, 자신의 사고를 평가하고 관점이 사실에 기반한 것인지 또는 느낌에 기반한 것인지를 결정하도록 장려한다.

이러한 질문은 학생들이 단순한 옳고 그름에서 더 나아가 복잡한 문제의 다양한 이해관계자들을 고려하고, 증거와 논리적 추론을 바탕으로 자신의 주장을 견고히 하며, 나아가 새로운 정보가 발견될 경우 자신의 입장을 바꿀 수 있는 유연한 사고를 훈련시킨다.

(3) 교과별 활용 예시

- **사회/도덕**: "우리 반의 청소 당번을 정할 때, '제비뽑기'와 '돌아가며 맡기' 중 어떤 방법이 더 공평할까요? '공평함'의 기준은 무엇일까요?" (판단 기준: 모두에게 같은 기회를 주는가, 모두가 책임을 나누는가 등)
- **과학**: "우리 동네에 꼭 필요한 시설을 짓기 위해 나무를 베어도 괜찮을까요?" (판단 기준: 사람들의 편의, 환경 보호, 장기적인 영향 등)
- **국어**: "전래동화 '콩쥐팥쥐'에서, 팥쥐가 벌을 받는 결말이 꼭 필요했을까요? 자신의 입장을 정하고 이유를 설명해 보세요." (판단 기준: 권선징악의 교훈, 용서의 가치 등)
- **실과**: "용돈을 관리하는 방법으로, '매일 기록하기'와 '미리 예산 세우기' 중 초등학생에게 더 효과적인 방법은 무엇일까요?" (판단 기준: 실천 가능성, 계획적인 소비 습관 형성 등)

(3) 수업과 평가 적용 시나리오

❶ **평가 기준 함께 만들기**: 동료의 글이나 발표를 평가하기 전에 선생님과 학생들이 함께 평가 기준(루브릭)을 만든다. 이 과정은 '잘한 것'에 대한 기준을 모두가 공유하게 하여 평가를 더 공정하고 의미 있게 만든다.

❷ **찬반 토론**: 하나의 논쟁적 질문에 대해 찬성과 반대 양쪽의 입장을 모두 조사하고 주장하도록 한다. 그 후, 두 입장을 종합하여 더 나은 해결책을 찾도록 이끈다.

(5) 교육적 가치 및 통찰

논쟁적 질문을 잘 활용하는 비결은 '질문'과 '판단의 기준'을 함께 제시하는 것이다. "이것이 좋은 방법일까?"라고 묻기 전에, "어떤 방법이 '좋은 방법'일까? 어떤 조건이 만족되어야 할까?"에 대해 먼저 이야기 나누는 것이 좋다. 이 과정은 학생들이 각자의 주관적인 생각에서 벗어나 공유된 기준을 바탕으로 논리적으로 토론하게 만든다.

논쟁적 질문을 사용할 때, 교사의 가장 중요한 역할은 '질문을 던지는 사람'이 아니라 '판단 기준의 설계자'가 되는 것이다. 기준이 없는 토론은 감정적인 말다툼으로 번지기 쉽다. 교사는 토론의 초점을 학생의 '의견'에서 '판단 기준'으로 옮겨야 한다. 예를 들어, 특정 규칙에 대해 토론하기 전에 "이 규칙을 '공평성', '안전성', '재미'라는 세 가지 기준으로 평가해 봅시다."와 같이 객관적인 틀을 먼저 제시한다.

이렇게 하면 토론은 개인을 공격하는 것이 아니라, 공유된 기준에 근거를 적용하는 과정이 된다. 학생들은 서로의 의견이 아닌 근거의 타당성을 두고 이야기하게 된다. 이는 학생들이 심리적으로 안정감을 느끼며, 더 논리적이고 증거에 기반한 토론 문화를 만드는 데 도움이 된다.

4) 적용 및 창의적 질문 (DOK 4단계): 지식의 '혁신하기'

이제 우리는 학생들이 배운 것을 사용하여 완전히 새로운 것을 만들어내도록 도전하는 높은 단계의 질문을 탐험한다. 이 단계에서 지식은 행동이 되고, 배움은 혁신으로 이어진다.

(1) 정의

'적용 및 창의적 질문'은 학생들이 배운 지식이나 기술을 새로운 상황에 사용하거나(적용), 여러 정보를 합쳐서 완전히 새로운 아이디어나 결과물을 만들어 내도록(창의) 이끄는 질문이다.

(2) 의미

적용 및 창의적 질문은 블룸의 인지 단계에서 가장 높은 수준인 '창출(Creating)'과 밀접하게 연관된 질문 유형이다. 이 단계에서 학생들은 정보의 소비자에서 '혁신가'와 '문제 해결사'로 성장한다. 이 질문들은 교실과 세상을 잇는 다리 역할을 하며, 배움이 실제 삶과 어떻게 연결되는지를 명확하게 보여준다.

- **적용(Applying)의 측면**: 이 질문은 "배운 것을 실제로 써먹을 수 있는가?"를 묻는다. 예를 들어, 과학 시간에 배운 자석의 성질을 이용해 '나만의 나침반 만들기'와 같은 과제가 여기에 해당한다. 배운 개념을 실제 사례에 적용하는 능력을 평가하는 것이다.
- **창의(Creating)의 측면**: 이 질문은 한 단계 더 나아가 "배운 것들을 섞어서 세상에 없던 것을 만들어낼 수 있는가?"를 묻는다. 단순히 지식을 사용하는 것을 넘어, 자신만의 독창적인 해결책, 이야기, 디자인 등을 구상하도록 요구한다. 예를 들어, "동물과 식물의 특징을 조합하여 새로운 생물을 설계하고, 그 생물이 어떤 환경에서 살아남을 수 있을지 설명해 보세요."와 같은 질문이 여기에 속한다.

(3) 교과별 활용 예시

- **과학**: "분리수거에 대해 배운 지식을 활용하여, 우리 교실의 쓰레기를 줄일 수 있는 새로운 규칙이나 캠페인을 제안해 보세요."
- **사회**: "우리 동네 지도를 보고, 어린이들이 더 안전하게 다닐 수 있도록 안전 표지판을 추가로 설치할 장소를 찾아보고 그 이유를 설명해 보세요."
- **국어**: "신데렐라가 유리 구두를 잃어버리지 않았다면, 이야기는 어떻게 달라졌을까요? 새로운 결말을 만들어 보세요."
- **미술/실과**: "재활용품을 이용하여, 내 방을 꾸밀 수 있는 멋진 물건을 디자인하고 만들어 보세요."

(4) 수업과 평가 적용 시나리오

❶ **프로젝트 수업**: 하나의 크고 재미있는 창의적 질문을 중심으로 한 학기 또는 한 달 동안 프로젝트를 진행한다. 학생들은 이 질문에 답하기 위해 스스로 탐구하고 협력하며 결과물을 만들어낸다.

❷ **디자인 챌린지**: "A4용지 5장과 테이프만으로 가장 높은 탑을 쌓아보세요."와 같이 제한된 재료와 시간 안에 주어진 문제를 해결하는 활동을 통해 창의성과 협업 능력을 기른다.

(5) 교육적 가치 및 통찰

이 질문들은 학생이 지식을 얼마나 깊이 이해했는지 보여주는 가장 확실한 평가 방식이다. 배운 개념을 새로운 문제를 해결하는 데 사용할 수 있다는 것은 그 개념을 완전히 자신의 것으로 만들었다는 의미이다. 이러한 질문들은 학생들에게 실패를 두려워하지 않고 실험하며, 기존의 틀을 깨고 새로운 가능성을 탐색하도록 격려한다.

적용 및 창의적 질문은 단원을 마무리하는 최종 과제일 뿐만 아니라 학생의 이해 상태를 정확히 보여주는 진단 도구이다. 학생이 창의적 과제를 수행하는 데 어려움을 겪는다면, 종종 이것은 기초 지식의 어떤 부분이 부족한지를 명확히 보여주는 것이다.

예를 들어, 한 학생이 '우리 교실 쓰레기 줄이기 캠페인'을 제안하는 데 어려움을 겪는다고 가정해 보자. 이 학생은 창의적인 아이디어를 내는 것 자체를 어려워하는 것일까? 아니면 실제로는 분리수거의 기본 원리나 재활용의 중요성을 제대로 이해하지 못하고 있는 것일까?

새로운 것을 만들려는 시도는 일반적인 시험으로는 드러나지 않는 지식의 빈틈을 명확하게 보여준다. 교사는 이를 통해 무엇을 어떻게 다시 가르쳐야 하는지에 대한 정확한 정보를 얻을 수 있다. 즉, 창의적 과제에서 겪는 '어려움'은 '실패'가 아니라 더 깊은 배움으로 나아가기 위한 소중한 신호가 된다.

다음은 앞서 소개한 4가지 질문 유형과 역할을 수업 상황에서 활용할 수 있게 표로 정리한 것이다.

질문 유형 및 역할	교사의 핵심 목적	대표 발문	수업 활용 예시	Tip
사실적 질문 (닻 내리기)	자신감 형성 및 공통의 지식 기반 마련	"누가…?", "무엇은…?", "몇 개인가요?"	수업 시작 2분간 지난 시간 배운 내용을 확인하는 '웜업 퀴즈'로 사용한다.	모든 학생에게 골고루 기회를 주어 모두가 참여하는 분위기를 만든다.
개념적 질문 (탐정)	증거 기반 해석 능력 및 논리적 사고력 함양	"왜…?", "어떻게…?", "무엇을 의미할까?"	짝 활동에서 한 명은 생각을 말하고, 다른 한 명은 책에서 그 근거를 찾게 한다.	"무엇을 보고 그렇게 생각했니?"라는 질문을 습관화하여 항상 증거를 찾도록 이끈다.
논쟁적 질문 (판사/비평가)	비판적 안목 및 근거 있는 주장 형성 능력 배양	"…의 좋은 점과 나쁜 점은?", "더 나은 선택은?"	토론 전에 다 함께 '좋은 판단'의 기준이 무엇인지부터 정한다.	학생의 의견이 아닌 '판단 기준'에 초점을 맞춰 토론이 감정적으로 흐르지 않게 한다.
적용/창의적 질문 (혁신가)	지식의 활용 및 문제 해결 능력, 창의력 신장	"만약 ~라면?", "새로운 ~을 만든다면?", "…을 해결할 방법은?"	단원 전체를 관통하는 하나의 큰 창의적 질문을 중심으로 프로젝트 수업을 설계한다.	학생의 결과물이 미흡할 때, 그것을 '실패'가 아닌 '지식의 부족한 부분'을 알려주는 신호로 활용한다.

▲ 질문의 유형 및 역할 정리

앞서 소개한 네 가지 질문 유형은 수업과 평가를 설계하는 훌륭한 출발점이다. 만약 여기서 더 나아가 아이들의 사고 수준을 더 세밀하게 설계하고 평가하고 싶다면, 블룸(Bloom)의 인지 단계가 좋은 길잡이가 된다. 각 단계는 학생들이 지식을 다루는 깊이를 보여주며, 이를 활용해 질문을 설계하면 수업에서는 점진적 사고의 확장을 돕고, 서논술형 평가에서는 수준별 사고를 구분하는 기준이 될 수 있다.

사고 단계	질문이 평가하는 것	교실에서의 활용 예시
기억 (Remembering)	핵심 용어, 사실, 순서 등을 정확히 기억하는가?	"등장인물의 이름을 모두 말해 보세요." "실험 순서를 순서대로 나열해 보세요."
이해 (Understanding)	개념의 의미를 자신만의 말로 설명하고, 원인과 결과를 연결할 수 있는가?	"이 시의 주제를 한 문장으로 요약해 보세요." "이 사건이 일어난 까닭은 무엇인가요?"
적용 (Applying)	배운 지식이나 규칙을 새로운 상황에 실제로 사용할 수 있는가?	"배운 나눗셈을 활용하여 우리 반 간식을 똑같이 나누는 방법을 설명해 보세요."
분석 (Analyzing)	여러 정보들을 기준에 따라 나누고, 공통점과 차이점을 비교할 수 있는가?	"두 인물의 성격을 비교하고, 그렇게 생각한 이유를 이야기 속에서 찾아 쓰세요."
평가 (Evaluating)	정해진 기준에 따라 가치를 판단하고, 자신의 주장을 근거를 들어 정당화할 수 있는가?	"두 가지 해결 방법 중, 우리 모둠에 더 적합한 것은 무엇이며 그 이유는 무엇인가요?"
창출 (Creating)	배운 것들을 조합하여 새롭고 독창적인 것을 만들어낼 수 있는가?	"이야기의 뒷부분을 상상하여 새로운 결말을 만들어 보세요." "우리 동네의 문제를 해결할 새로운 발명품을 설계해 보세요."

▲ 블룸의 인지 단계별 질문 설계와 평가 초점

다. '질문 사다리' 설계 기술과 AI 활용

앞서 수업과 평가를 설계하는 다양한 질문의 유형과 그 교육적 가치를 살펴보았다. 그렇다면 이제 어떻게 해야 학생들의 사고를 더 깊고 넓게 만드는 좋은 질문을 설계할 수 있을까? 질문을 어떻게 설계하느냐에 따라 학생의 인지적 반응은 완전히 달라진다.

1) 질문 설계의 두 가지 기준: DOK와 블룸(bloom)

좋은 질문은 '사고의 엄밀함(Cognitive Rigor)'을 촉진한다(프랜시스, 2020). '사고의 엄밀함'은 학생들이 배운 것을 자신만의 방식으로 설명하며 '지적인 참여'를 하도록 이끄는 것을 말한다. 이는 블룸(Bloom)의 인지 단계나 웹(Webb)의 지식의 깊이(Depth of Knowledge, DOK) 모형을 바탕으로, 학생의 사고를 낮은 단계에서 높은 단계로 점진적으로 끌어올리는 '비계 설정(Scaffolding)'의 역할을 한다.

DOK 단계	사고 초점	교실용 안내 문장	대표 질문
DOK 1단계 (기억·재생)	그 지식은 무엇인가?	핵심 용어와 사실을 정확히 떠올리고 말·글로 다시 적는다.	누가 했니? 무엇이었지? 어디에서 있었지? 언제였지? 어떻게 했지? 왜였지(간단 이유)? 이름을 말해 보자. 순서를 적어 보자. 정의를 한 줄로 써 보자.
DOK 2단계 (기능·개념의 기초 적용)	어떻게 그 지식이 쓰일 수 있는가?	배운 개념과 절차를 쉬운 예에 가져다 써 본다.	어떻게 일이 일어나니? 어떻게 작동하니? 어디에 어떻게 쓰일까? 정답이 무엇인지 말해 보자. 결과가 무엇인지 말해 보자. 너라면 이것을 어디에, 어떻게 사용할 수 있을까? 같은 문제를 다른 값으로 바꿔 풀어 보자.
DOK 3단계 (전략적 사고·추론)	왜 그 지식이 쓰일 수 있는가?	근거를 들어 이유를 설명하고, 관계를 찾아 연결한다.	왜 그렇게 되니? 왜 그것이 맞다고 보니? 왜 그런 결과가 나왔니? 무엇을 암시하니? 무엇을 제안하니? 원인과 결과를 설명해 보자. 무엇이 같고 무엇이 다르니? 어떤 관계가 있니? 어떻게 모형이나 규칙을 만들어 쓸 수 있을까? 너라면 어떻게 할 수 있겠니(방법과 이유 함께)?
DOK 4단계 (확장된 사고)	그 지식으로 다른 무엇을 해 볼 수 있는가?	여러 정보와 방법을 엮어 새 계획·해결·창작으로 이어 간다.	영향은 무엇일까? 어떤 영향이 생길까? 만약 이렇게 바꾼다면 어떻게 될까? 어떤 일이 일어날까? 다른 방법은 있을까? 너라면 어떻게 판단하고 선택하겠니(기준 밝히기)? 무엇을 새로 지을·만들·계획·개선할 수 있을까? 어떤 종류의 글·모형·규칙을 만들어 쓸 수 있을까? 문제를 새롭게 제기하거나 더 나은 해결책을 내 볼까?

▲ 교실용 지식의 깊이(DOK) 모형[3]

---

[3] 『이거 좋은 질문이야』(프랜시스, 2020)에서 사고 단계별 질문 유형과 지식의 깊이(DOK)를 체계적으로 설명하고 있어 이 책에서 제시된 내용을 표로 재구성하였다.

정리하면 질문 문장을 어떻게 정하느냐에 따라 학생들의 사고 높이, 폭, 속도가 달라진다. 이 질문 문장은 '동사(생각 동작)×목적어(배움 내용)'의 조합으로 정리할 수 있다(프랜시스, 2020). 질문에 사용되는 동사(설명하라, 비교하라, 평가하라, 설계하라 등)가 아이들의 사고 경로를 정하고, 목적어(용어, 관계, 증거, 기준 등)가 생각의 깊이를 결정한다.

예를 들어, '물이 끓는 온도'라는 같은 내용을 다루더라도, "물이 끓는 온도를 쓰시오."라는 질문은 단순한 '기억'을 요구한다. 반면 "만약 지구의 기압이 절반으로 줄어든다면 물의 끓는 온도가 어떻게 변할지 예측하고, 그 이유를 과학적 근거와 함께 설명하시오."라는 질문은 '분석'과 '평가', '창출'에 이르는 고차원적인 사고를 요구한다. 이처럼 사고를 이끄는 좋은 질문을 배열하여 아이들의 사고를 깊이 있게 이끄는 것이 중요하다.

2) 생각의 성장을 이끄는 질문 배열 기술

서논술형 평가에서 교사는 다양한 유형의 질문을 의도적으로 배열함으로써 학생들의 사고를 체계적으로 이끌 수 있다. 예를 들어, '친구와의 갈등 해결'이라는 주제로 수업과 평가를 진행한다고 가정해 보자. 다음과 같이 네 단계로 질문을 배열하여 학생들의 깊이 있는 사고를 이끌 수 있다.

질문 유형	질문 배열 기술의 예시
사실적 질문 (닻 내리기)	"친구와 다퉜을 때 어떤 감정이 드나요? 생각나는 단어를 적어볼까요?"(모두가 공감할 수 있는 경험으로 논의를 시작한다.)
개념적 질문 (탐정 활동)	"이야기 속 두 친구가 다투게 된 진짜 이유는 무엇일까요? 각 친구의 마음은 어땠을까요?"(상황의 원인과 등장인물의 마음을 추론하게 한다.)
논쟁적 질문 (판단하기)	"갈등을 해결하는 방법으로 '직접 사과하기'와 '편지로 마음 전하기' 중, 이 상황에서 더 좋은 방법은 무엇일까요? '좋은 방법'의 기준은 무엇일까요?"(기준을 세우고 대안을 평가하게 한다.)
창의적 질문 (혁신하기)	"우리 반 친구들이 서로 존중하며 사이좋게 지내기 위한 '우정 약속'을 3가지 만들어 봅시다."(배운 모든 것을 종합하여 새로운 규칙을 창조하게 한다.)

▲ 질문 배열의 기술

이처럼 질문을 체계적으로 배열하는 것은 학생들의 생각을 점진적으로 깊게 만들고, 배운 내용을 완전히 자신의 것으로 만들어 새로운 가치를 창출하게 하는 강력한 교육 전략이다. 필자는 초등학생들을 가르치면서 이것을 좀 더 단순화하여 질문 유형 중 사실적 질문, 개념적 질문, 논쟁적 질문 이렇게 3가지만 주로 활용하여 질문을 배열하는 루틴으로 진행한다. 다음은 필자가 초등학교 수업과 서논술형 평가 장면에서 자주 사용하는 질문 배열 기술이다.

(1) 첫 번째 디딤돌: 사실적 질문으로 생각의 기초 다지기

모든 깊이 있는 생각은 단단한 사실의 기반 위에서 시작한다. 사실적 질문은 아이들이 배워야 할 내용의 가장 기본적인 개념판을 까는 과정이다. '무엇을, 누가, 언제, 어디서'와 같이 정해진 답이 있는 질문을 통해, 아이들이 단원의 핵심 정보를 정확하게 말하고 쓸 수 있도록 돕는 것이 목표다. 이는 단순히 정보를 암기하는 것을 넘어, 깊이 있는 탐구를 위한 토대를 마련하고 배경지식을 쌓는 가장 중요한 출발점이다.

학생들에게는 "우리 기본 정보부터 딱 잡고 시작하자!"라고 안내한다. 이 질문은 아이들이 탐구를 시작하기 위한 기초 자료를 스스로 확인하고 정리하게 한다. 예를 들어, 사회 시간에 "훈민정음은 누가 만들었고 언제 반포했는지 한 줄로 써 보세요."라고 질문할 수 있다. 이때 다음과 같은 제한형 서논술형 평가 틀을 함께 제공하면 글쓰기를 어려워하는 학생들도 쉽게 참여할 수 있다.

- 서논술형 평가 틀: "_____이(가) _____년에 만들었고, 사람들은 _____에서 쓰기 시작했다."

이처럼 사실적 질문은 모든 학생이 다음 단계의 논의에 자신감을 갖고 참여할 수 있는 안전한 진입로를 만들어준다.

(2) 두 번째 디딤돌: 개념적 질문으로 생각의 다리 놓기

사실적 질문을 통해 생각의 기초를 다졌다면, 이제 그 사실들을 연결하여 의미를 만들어낼 차례다. 개념적 질문은 '왜'와 '어떻게'라는 질문을 통해 사실과 사실 사이의 관계, 원인과 결과, 숨겨진 의미 등을 파악하도록 이끄는 역할을 한다. 즉, 흩어져 있는 지식들 사이에 튼튼한 생각의 다리를 놓아주는 과정이다.

학생들에게는 "왜 그런지, 어떻게 그런 일이 일어났는지 이유를 찾아보자!"라고 격려한다. 이 질문은 아이들이 단순 암기를 넘어, 현상의 원인과 결과를 논리적으로 연결하여 설명하도록 유도한다. 예를 들어, 과학 시간에 "생물 다양성이 많을수록 자연이 더 빨리 회복되는 이유를 '원인 → 과정 → 결과'의 순서로 세 문장으로 써 보세요."라고 질문할 수 있다. 이 질문 역시 다음과 같은 구조화된 서논술형 평가 틀을 제공하면 아이들의 사고를 명확하게 정리하는 데 도움이 된다.

- 서논술형 평가 틀: "원인: _____ 때문에 / 과정: 그래서 _____가 일어나 / 결과: 결국 _____게 된다."

개념적 질문을 통해 아이들은 정보를 수동적으로 받아들이는 것을 넘어, 적극적으로 정보를 처리하고 자신만의 의미를 구성하는 능동적인 학습자로 성장한다.

(3) 세 번째 디딤돌: 논쟁적 질문으로 자신만의 생각 세우기

생각의 기초를 다지고 그 관계를 이해했다면, 이제 배운 것을 바탕으로 자신만의 입장을 세우고 주장할 시간이다. 논쟁적 질문은 정해진 답이 하나로 모이지 않는 주제를 다룬다. 다양한 관점과 가치 판단이 들어갈 수 있는 쟁점을 제시하고, 아이들이 자신만의 기준을 세워 합리적인 판단을 내리도록 이끄는 것이다.

학생들에게는 "네 생각을 자신 있게 말하되, 왜 그렇게 생각하는지 꼭 증거를 들어 설명하자!"라고 안내한다. 이 질문의 핵심은 주장을 뒷받침하는 타당한 근거를 제시하는 능력이다. 예를 들어, 도덕이나 사회 통합 수업에서 "문화재 보호를 위해 일반인의 출입을 제한해도 될까요? '누구에게 좋은가, 비용은 어떤가, 공평한가'와 같은 기준을 먼저 정하고 자신의 입장을 결정해 보세요."라고 질문할 수 있다. 이때도 구조화된 서논술형 평가 틀은 학생들이 자신의 주장을 논리적으로 구성하는 데 훌륭한 비계가 되어준다.

- **서논술형 평가 틀**: "나는 ____가 더 낫다고 생각한다. 첫 번째 이유는 ____이고, 두 번째 이유는 ____이다. (내가 생각한 기준: ____, ____, ____)"

이처럼 글쓰기를 부담스러워하는 학생도 '사실→개념→논쟁'으로 이어지는 생각의 계단을 차근차근 밟으면, 어느새 자신만의 논리를 갖춘 글을 완성하게 된다. 필자는 이 세 단계를 그대로 서논술형 평가 루브릭의 '정확성', '관계 설명', '근거의 타당성' 평가 요소로 옮겨 채점한다. 학생들과 함께 "주장을 내세울 때는 근거를 먼저 쓰자."라고 사전에 약속하면, 학생들의 글은 놀랍도록 짜임새를 갖추게 된다.

물론 모든 학생들이 사다리를 한 번에 오를 수 있는 것은 아니다. 그래서 필자는 질문을 평가와 자연스럽게 연결하는 '비계 설정(Scaffolding)'을 중요하게 생각한다. 서논술형 평가지는 수업의 흐름처럼 '사실 → 개념 → 논쟁' 순서로 구성하고, 루브릭 순서도 동일하게 제시하여 학생들이 자신의 성장 과정을 명확히 알 수 있도록 한다.

또한 학생들이 생각을 표현하는 데 어려움을 겪지 않도록 다음과 같은 방법을 사용한다.

- **서논술형 평가를 위한 도움 자료 제시**: '비교 기준(효과, 비용, 안전 등)', '근거 문장 틀(자료 1에 따르면~)', '연결어(그래서, 하지만 등)'
- **개별화 장치**: 글쓰기가 어려운 학생을 위해 말로 먼저 녹음한 뒤 글로 옮기게 하거나, 문장 틀(나는 _가 더 낫다고 본다. 이유는 첫째__, 둘째__ 등)을 제공하고, 창의적 과제는 그림과 짧은 설명만으로도 인정해 준다.

이러한 장치들은 학생들이 생각의 성장을 이끄는 질문 사다리를 끝까지 오를 수 있도록 돕는 든든한 안전장치가 되어준다.

질문 유형	교사의 목표	학생에게 전달하는 말	교실 속 질문 예시
사실적 질문	생각의 기초 다지기 (기억·재생)	"기본 정보부터 딱 잡자!"	"조선 시대의 네 번째 왕은 누구인가요?"
개념적 질문	생각의 다리 놓기 (적용·추론)	"왜 그런지, 어떻게 그런지!"	"조선 시대의 신분 제도는 백성들의 삶에 어떤 영향을 미쳤을까요?"
논쟁적 질문	자신만의 생각 세우기 (확장된 사고)	"네 생각을 말하되, 증거를 대자!"	"오늘날에도 신분 제도의 영향이 남아있다고 생각하나요? 그렇게 생각하는 이유를 구체적인 사례를 들어 설명해 보세요."

▲ 한눈에 보는 질문 사다리

> **TIP** 단원 설계와 서논술형 평가에서 생각의 성장을 이끄는 질문 사다리
>
> 필자는 전체 단원 설계에서 주로 '사실 → 개념 → 논쟁(평가/창출)' 순서로 생각의 사다리를 놓아 학생들이 차근차근 생각을 발전시켜 나갈 수 있도록 돕는다. 그리고 서논술형 평가를 할 때는 이 사다리의 디딤돌들을 그대로 평가 기준(루브릭)으로 옮겨와 아이들의 성장을 측정하는 잣대로 삼는다.

3) 질문으로 평가의 목적과 기준을 구체화하다

수업에서 던지는 질문을 바꾸면 학생이 생각을 만들어가는 방식, 즉 생각의 길이 달라진다. 그리고 그 길을 따라가며 평가하는 기준인 루브릭도 자연스럽게 깊이를 더하게 된다. 서논술형 평가의 목적은 하나의 '정답'을 찾아내는 것이 아니라 학생이 자신만의 '타당한 답'을 만들어가는 과정을 들여다보는 데 있다.

(1) '좋은 질문'이 평가의 초점을 바꾼다.

질문이 달라지면 학생이 머릿속으로 그려야 할 생각의 구조가 달라지고, 이에 따라 평가의 초점도 바뀐다. 따라서 학생의 답안을 채점할 때 필자는 정답 여부와 별개로 다음과 같은 점들을 종합적으로 살핀다. 이 기준들을 학생들에게 미리 알려주면, 평가의 방향을 이해하고 자신의 생각을 더 잘 표현하는 데 도움이 된다.

평가 초점	설명(질문)	예시
정확성 (정확히 알고 있는가?)	배운 내용, 즉 사실·개념·용어를 정확하게 사용했는가?	"기관계는 여러 기관이 함께 일하는 묶음이다."(○) "기관은 기관계를 만든다."(△, 관계를 거꾸로 이해했다.)
적절성 (요구에 맞게 썼는가?)	질문이 요구하는 형식이나 구조에 맞게 답을 구성했는가?	'기준 세 가지를 들어 비교하라'는 질문에, 기준 세 가지가 명확히 보이는가?
정당성 (근거로 설득했는가?)	자신의 주장을 타당한 근거를 들어 설득력 있게 펼쳤는가? 답안의 내용이 이치에 맞고 과도한 비약은 없는가?	"저는 A안이 더 좋다고 생각한다(주장). 왜냐하면 비용이 덜 들고(근거1), 우리 반 모두에게 이익이 되기 때문이다(근거2). 다만, 처음엔 시간이 좀 걸릴 수 있다(반론). 그래서 이번 달까지는 B안과 섞어서 시도해보면 좋겠다(재정리)."
진정성 (자신만의 목소리가 담겼는가?)	틀에 박힌 답이 아니라, 자신만의 목소리나 고민의 흔적이 보이는가?	학생 고유의 생각이나 고민이 드러나는 문장

▲ 학생 답안 평가의 초점

결국 학생의 깊이 있는 생각을 끌어내는 것은 '좋은 질문'이다. 질문의 유형은 앞에서 제시한 네 가지 반응(정확성, 적절성, 정당성, 진정성)을 얼마나 잘 이끌어내는지와 직결되어 있다. 학생이 배운 것을 토대로 무엇을 할 수 있는지, 또 얼마나 깊이 있게 생각하는지를 묻는 질문이 중요하다.

> **TIP** 실패로부터 배운 것
>
> 처음에 필자는 "~을 정의하고 예를 들어라." 같은 질문을 주로 냈다. 그러다 보니 채점이 맞았나 틀렸나, 형식은 지켰나와 같은 겉핥기식 점검으로 흐르기 쉬웠다. 하지만 같은 성취기준이라도 '왜?', '어떻게?', '무엇과 비교해서?'와 같은 질문을 더했더니 루브릭이 자연스럽게 결과 중심에서 사고 과정 중심으로 옮겨가는 것을 경험했다.

(2) 삶의 맥락이 있는 질문을 설계하는 GRASPS 평가

삶의 맥락이 있는 탐구질문을 설계하면, 지식 전달에서 더 나아가 학생의 삶과 연결된 의미 있는 수업과 평가를 설계할 수 있다. 이때 GRASPS(Goal, Role, Audience, Situation, Product, Standards) 모델은 맥락을 설계하기에 매우 유용하다. 학생에게 구체적인 역할과 상황을 부여하는 질문을 통해 교사는 수업과 평가에서 단순 지식 암기를 넘어 문제 해결력, 비판적 사고 등 고차원적 사고를 이끌어 낼 수 있다.

예를 들어, 사회과 '민주주의와 주민 참여' 단원에서 다음과 같이 평가 과제를 설계할 수 있다.

- G (목표): 우리 지역의 문제를 발견하고, 이를 민주적으로 해결하기 위한 방안을 제안한다.
- R (역할): '우리 지역을 사랑하는 어린이 주민 대표'가 되어본다.
- A (청중): 지역 신문 '어린이 기자단'에게 발표한다.
- S (상황): 최근 우리 지역에 어린이들의 안전을 위협하거나 생활에 불편을 주는 문제가 발생했다.
- P (결과물): '우리 동네 민주주의 실천 보고서'를 작성하여 발표한다.
- S (평가 기준): 문제 인식의 타당성, 해결 방안의 민주성 및 창의성 등을 기준으로 평가한다.

이러한 GRASPS 평가과제는 학생을 다음과 같은 핵심 질문의 흐름으로 자연스럽게 연결할 수 있다.

우리 동네의 문제는 무엇일까? → 이 문제는 왜 생겨났을까? → 문제의 근거는 무엇이지? → 여러 해결 방안 중 어떤 것이 더 나을까?(기준 제시) → 이 방안을 실천하기 위해 나는 어떻게 참여할 수 있을까?

4) AI 시대의 질문 및 평가 설계 전략

좋은 질문은 우연히 만들어지지 않는다. 그것은 '설계'되어야 한다. 교사는 다음과 같은 전략을 기반으로 질문을 설계할 수 있다.

- **성취기준에서 출발하기**: 모든 질문은 성취기준에 대한 깊은 이해에서 출발한다. 성취기준이라는 추상적인 목표를 평가할 수 있는 구체적인 질문의 언어로 바꾸는 것이 첫걸음이다.
- **핵심 개념에 집중하기**: 좋은 질문은 하나의 핵심 개념 혹은 개념들 사이의 관계를 깊이 탐색하게 만든다.
- **삶과 연결하기**: 질문이 학생의 실제 삶과 연결될 때, 생각은 깊어지고 표현은 풍부해진다.
- **질문 사다리 구성하기**: 단순한 사실을 묻는 질문에서 시작해, 복잡한 분석을 요구하는 질문, 그리고 자신의 생각을 돌아보는 성찰적 질문으로 계단을 오르듯 체계적으로 구성한다.

이러한 질문 설계 과정에서 생성형 AI는 강력한 조력자가 된다. 교사가 성취기준을 입력하면, ChatGPT나 Gemini와 같은 AI는 관련된 핵심 개념을 추출하고, 그에 맞는 다양한 수준의 질문들을 자동으로 생성해 줄 수 있다. 이는 교사의 전문성을 보완하고 평가 문항을 만드는 데 드는 시간을 줄여주어 평가의 질과 실행 가능성을 동시에 높인다. 또한 NotebookLM은 사용자가 제공한 문서나 교육 과정을 바탕으로, 평가계획서 양식에 맞는 일관성 있는 질문과 루브릭 초안을 만들어주기도 한다. 여기서 더 나아가 스노클(Snorkl)과 같은 AI 기반 에듀테크 도구는 학생들의 서술형 답변 데이터를 분석하여 다수가 공통으로 보이는 오개념을 진단하는 질문을 자동으로 생성하고, 학생 수준에 맞는 맞춤형 피드백까지 제공할 수 있다.

이러한 탐구질문 중심의 접근 사례로 다음과 같이 AI에게 탐구질문 예시부터 요청한 뒤, 서논술형 평가를 설계할 수 있다.

단원명	활동 주제	탐구질문(AI에게 고차원적 사고를 위한 탐구질문 예시 요청)
5단원 Do you like apples?	좋아하는 음식을 묻고 답할 수 있다.	내가 좋아하는 음식을 친구도 좋아할까?
6단원 What time is it?	시간을 묻고 말할 수 있다.	시간을 영어로 말할 수 있다는 건 어떤 상황에서 도움이 될까?
7단원 What day is it today?	요일을 이해하고 활동에 대해 말할 수 있다.	나의 일주일은 어떤 활동들로 채워져 있을까?

▲ 서논술형 평가 설계를 위해 Gemini가 생성한 단원별 탐구질문 예시

위와 같이 AI와 대화한 것을 바탕으로 필자는 핵심 탐구질문을 정한 뒤, 영어 5단원 설계를 시작하였다. 단원의 각 차시 질문 또한 핵심 탐구질문으로 나아갈 수 있는 질문들을 AI에게 요청하여 예시를 받은 것 중 일부를 선택하였다.

> **프롬프트**
>
> (후속 질문으로 요청)
> 친구가 좋아하는 것이 나와 다를 때, 어떻게 말하면 서로 기분이 좋을까요? 이 핵심 질문으로 나아갈 수 있는 차시별 탐구질문을 설계해 줘.
>
> ---
>
> **답 변**
>
> 탐구질문 1: 내가 정말 좋아하는 음식은 무엇이고, 영어로는 어떻게 말할 수 있을까요?
> 탐구질문 2: 친구가 무엇을 좋아하는지 영어로 물어보려면 어떻게 말해야 할까요?
> 탐구질문 3: 내가 좋아하는 것들을 담은 '나만의 급식판'을 다른 사람에게 어떻게 멋지게 소개할 수 있을까요?
> 탐구질문 4: 친구에게 직접 물어보니, 친구가 좋아하는 것은 나와 무엇이 같고 무엇이 다른가요?
> 탐구질문 5: 서로 좋아하는 음식이 다른 친구와 함께 즐겁게 식사하는 상황이라면, 어떻게 대화하는 것이 좋을까요?
> 탐구질문 6: 우리의 활동을 되돌아볼 때, 친구와 내가 달라도 기분 좋게 소통하는 최고의 방법은 무엇이었나요?

▲ 핵심 질문을 토대로 Gemini가 생성한 차시별 탐구질문

AI의 답변을 토대로 실제 맥락인 대만과의 국제 교류 상황을 반영하여 차시별 탐구질문을 선택하고 3학년 영어과 5단원을 설계하였다. 교사는 이러한 질문들을 바탕으로 학생의 사고 과정을 실제적인 맥락에서 보다 명확하게 평가할 수 있다.

단원 설계를 한 뒤에는 핵심 탐구질문을 고려하여 다음과 같이 전체 6차시 수업 중 3차시 수업 지도안의 앞부분을 설계하였다.

단원	5. Do you like apples?		
성취기준	[4영01-05] 쉽고 간단한 단어, 어구, 문장의 의미를 이해한다. [4영02-04] 실물, 그림, 동작 등을 보고 쉽고 간단한 문장으로 말하거나 단어나 어구를 쓴다. [4영02-08] 자기 주변 주제에 관한 담화의 주요 정보를 묻거나 답한다. [4영02-09] 적절한 매체나 전략을 활용하여 창의적으로 의미를 표현한다. [4영02-10] 의사소통 활동에 흥미와 자신감을 가지고 대화 예절을 지키며 참여한다		
탐구질문	친구가 좋아하는 것이 나와 다를 때, 어떻게 말하면 서로 기분이 좋을까요?		
핵심 문장	내가 좋아하는 걸 영어로 말하고, 친구가 좋아하는 것도 알아보며 서로 다름을 인정해요	핵심 개념	기호, 차이, 존중
수업 설계 주안점	• '좋아하는 음식'이라는 개인적 주제를 영어로 말하게 하여 자기표현 능력과 정체성 표현 유도 • Canva를 통해 시각적 표현, 친구와의 상호작용을 통해 기호 차이를 존중하는 태도를 자연스럽게 기름 • 질문-응답 활동 후 탐구질문 성찰을 통해 깊이 있는 사고로 연결		
학습 목표	Canva를 활용하여 자신이 좋아하는 음식을 영어로 표현하고, 친구에게 영어로 질문하며 기호의 차이를 존중하는 태도를 기른다.		

▲ 3학년 영어 5. Do you like apples? 3차시 지도안 중 일부 발췌

또한 AI를 활용하여 수업 설계 주안점을 조건으로 넣어 '맥락이 있는 실제적 평가 과제'를 설계해 달라고 요청하였다. 다음은 Gemini를 활용한 영어과 평가 과제 설계 사례이다.

프롬프트

역할: 너는 초등 3학년 영어 교사야.
목표: '5. Do you like apples?' 단원의 성취기준과 핵심 탐구질문을 바탕으로 GRASPS 모델을 활용한 평가 과제를 설계해 줘.
핵심 탐구 질문: "친구가 좋아하는 음식이 나와 다를 때, 어떻게 말하면 서로 기분이 좋을까요?"
조건: Canva를 활용하고, 핵심 표현 'Do you like~?'를 사용하며, '기호, 차이, 존중'이라는 핵심 개념이 드러나게 해줘. 활동 내용과 함께 간단한 3단계 루브릭도 만들어 줘.

답변

활동명: '꼬마 영양사가 되어 우리 반 급식판 만들기'
- G (Goal/목표): 내가 좋아하는 음식을 Canva를 활용해 '나만의 급식판'을 만들고, 친구에게 "Do you like~?"라고 물어보며 서로의 음식 취향을 존중하는 태도를 기른다.
- R (Role/역할): 여러분은 우리 반의 식문화를 책임지는 '꼬마 영양사'가 된다.
- A (Audience/청중): 우리 반 친구들과 선생님
- S (Situation/상황): 다음 달 '우리 반이 가장 좋아하는 급식 데이'를 정하기 위해, 친구들이 어떤 음식을 좋아하는지 영어로 묻고 조사하는 상황이다.
- P (Product/결과물): Canva로 만든 '나만의 급식판'과 친구와 "Do you like~?"라고 묻고 답하며 상호작용하는 활동
- S (평가 기준): 아래의 루브릭에 따라 활동 과정을 평가한다.

기준	잘함	보통	노력 요함
지식·이해	다양한 음식 관련 표현을 정확히 알고 사용한다.	표현 일부를 알고 있지만 사용에 어려움이 있다.	음식 표현을 거의 알지 못한다.
과정·기능	Canva로 급식판을 완성하고, 친구와 자연스럽게 영어로 질문하고 답한다.	급식판을 완성하고 질문/응답에 참여한다.	표현이나 질문에 어려움이 있어 도움이 필요하다.
가치·태도	친구의 기호를 존중하며 "Oh, you like ~." 등 긍정적인 표현을 사용한다.	기본적인 상호작용에 참여한다.	친구의 반응을 무시하거나 배려하는 표현이 부족하다.

▲ 탐구질문을 토대로 GRASPS 형식에 맞춰 Gemini가 생성한 영어과 평가

이처럼 AI를 활용해 질문 기반 GRASPS 과제를 설계하면, '좋아하는 음식을 묻고 답하기'라는 언어 기능을 '서로의 다름을 존중하며 소통하기'라는 더 큰 차원의 탐구 질문으로 확장시킬 수 있다. 학생들은 영어 표현을 배우는 동시에 질문하고 답하는 활동을 통해 사회적 상호작용과 존중의 태도를 자연스럽게 익히게 된다.

필자는 대만과의 국제교류 상황을 반영하여 다음과 같이 AI의 답변을 최종 수정 및 보완하여 평가를 진행하였다.

한국 음식을 소개하기 위해 만든 나만의 급식판을 바탕으로 친구에게 'Do you like~?' 표현으로 질문하고, 친구의 기호를 반영하여 존중하는 태도로 소개하기

기준	잘함	보통	노력 요함
지식·이해	다양한 음식 관련 표현을 정확히 알고 있다.	표현 일부를 알고 있지만 사용에 어려움이 있다.	음식 표현을 거의 알지 못한다.
과정·기능	Canva로 급식판을 완성하고 자연스럽게 질문, 응답한다.	급식판을 완성하고 질문/응답에 참여한다.	표현이나 질문에 어려움이 있어 교사의 도움이 필요하다.
가치·태도	친구의 기호를 존중하는 태도로 긍정적인 표현을 사용한다.	기본적인 상호작용에 참여한다.	반응을 무시하거나 배려 표현이 부족하다.
방법	루브릭 기반 자기평가, 실기평가(참여 태도, 말하기 표현), 결과물 평가(급식판 완성도 및 음식 표현 서술)			
개별화	★ 보충 학생 지도 (개별 피드백: 김OO, 최OO): 활동 시작 전, AI 펭톡이나 그림 카드를 활용해 음식 단어 표현을 충분히 복습하게 한다. 교사가 "I like apples. Do you like apples?" 와 같이 먼저 시범을 보이며 문장 구조에 익숙해지도록 돕는다. ☆ 심화 학생 지도 (개별 피드백: 이OO): 활동 3의 '그렇게 생각하는 이유'를 말하거나 작성해 보도록 격려한다. (Different is okay! Everyone has different tastes. If I respect my friend, my friend will respect me too.)			

▲ 3학년 영어 5. Do you like apples? 3차시 평가 과제 설계

5) 질문으로 사고의 깊이를 더하는 서논술형 평가 재구성 사례

앞서 살펴본 것처럼, '좋은 질문'은 평가의 목적과 방향을 명확히 하고, 생성형 AI는 이러한 질문을 만드는 과정에서 훌륭한 조력자 역할을 한다. 그렇다면 실제 교실에서 AI와 함께 질문을 활용하여 평가 문항을 재구성하는 과정은 어떻게 이루어질까? AI가 기존의 성취기준만 분석하여 서논술형 평가 문항을 구성하는 방식과 성취기준에 '좋은 질문'을 결합하여 서논술형 평가를 구성하는 방식을 비교하며 그 차이를 구체적으로 살펴본다.

(1) 기존 평가 문항 구성 방식과 질문을 통한 평가 문항 재구성 방식 비교

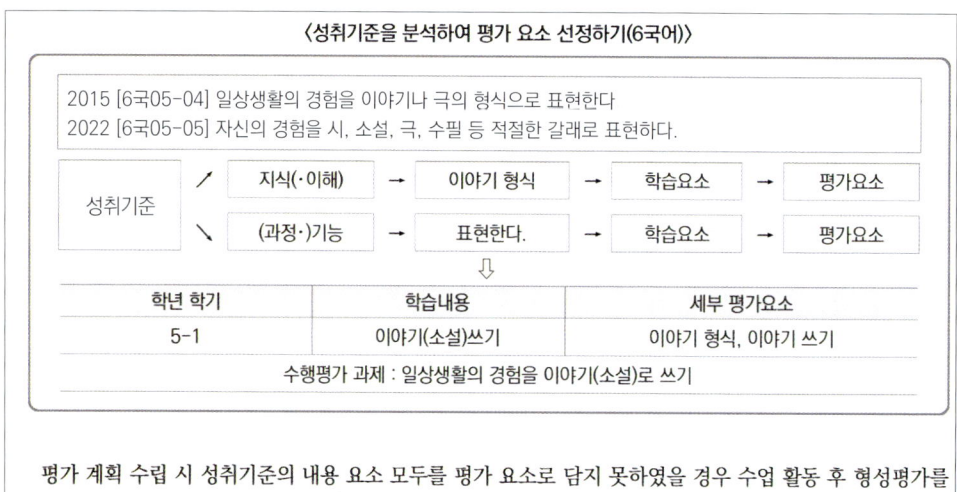

▲ 성취기준을 분석하여 평가 요소를 선정하는 사례[4]

❶ 기존 평가 문항 구성 방식(질문 없이 성취기준만 분석)
- 기존 평가 과제: 기억에 남는 경험을 이야기 형식으로 600~800자 쓰시오.
- 루브릭 평가 요소: 내용 충실도/구성/표현/맞춤법/분량 등 형식 중심으로 흐르기 쉽다.
- 문제점: '왜/어떻게'와 같은 질문이 빠져 있어 학생의 사고 과정을 깊이 있게 들여다보기 어렵다.

❷ 질문을 통한 평가 문항 재구성 방식
- 설계 과정: 성취기준 분석에 더해, 고차원적 사고(HOT: High Order Thinking)를 유도하는 질문과 지식의 깊이(DOK: Depth of Knowledge)를 고려한 맥락을 결합하여 질문을 설계한다.
- 개선된 평가 과제

  사고 과정을 넣은 질문 생성: 고차원적 사고를 유도하는 '어떻게, 왜?'에 대한 질문을 먼저 만든다. 교사는 질문 1~2개를 고민할 수 있지만, AI는 다양한 질문 예시를 보여줄 수 있다.
  - 일상생활의 경험을 이야기로 잘 나타내려면 어떻게 해야 할까요?

---

[4] 경기도 교육청(2025a) '초등 학습으로의 평가 이해하기'에서 발췌하였다.

- 자신의 경험을 적절한 갈래로 표현하려면 어떤 점을 고민해야 할까요?

질문과 맥락을 반영한 문항 재구성: 생성된 질문을 바탕으로 구체적인 맥락을 담은 문항으로 발전시킨다. 이 또한 교사는 1~2개 문항을 생각해낼 수 있지만, AI는 질문별 다양한 문항 예시로 발전시킬 수 있다.

- 일상생활의 경험을 친구들이 읽을 수 있는 이야기(소설)로 써 보고 어떤 점에 유의하였는지 적어봅시다.
- 자신의 경험을 반영하여 학급 발표회에 전시할 문학 작품을 만들려고 합니다. 적절한 갈래를 선택하여 나의 경험을 표현해봅시다. 이러한 갈래(시, 소설, 극, 수필 등)로 표현한 이유가 무엇인가요?

이러한 재구성 과정을 통해 완성된 평가 과제는 학생의 사고 과정을 단계별로 이끌고, 루브릭 또한 그 깊이를 측정할 수 있게 된다. 따라서 성취기준만 AI에 입력하면 대개 '정의·예시·형식' 중심의 저차원 문항을 산출하고, 루브릭도 형식 평가에 머무르기 쉽다. 반면 성취기준에 '질문'을 결합해 입력하면 AI는 사실에서 개념, 논증으로 이어지는 사고 경로가 분명한 문항을 제시한다. 그 결과 루브릭 역시 관계 설명, 비교 분석, 근거 평가 등 사고의 깊이를 직접 측정하는 요소로 채워진다.

즉, 질문은 서논술형 평가를 설계하는 핵심적인 재료가 될 수 있다. 또한 AI를 활용할 때 성취기준과 질문을 함께 프롬프트로 입력하면, 학생의 이해의 깊이와 넓이가 명확하게 드러나도록 서논술형 평가 과제와 기준을 설계할 수 있다.

(2) 국어과 서논술형 평가 재구성 사례

6학년 국어 성취기준 '[6국05-05] 자신의 경험을 시, 소설, 극, 수필 등 적절한 갈래로 표현한다.'를 바탕으로 AI를 활용해 서논술형 평가 문항을 설계한 두 가지 사례를 비교해 본다.

- A안: (질문 없이) 성취기준만으로 AI에게 요청했을 때
- A안 루브릭의 특징: 이 루브릭은 내용 충실도, 구성, 표현, 맞춤법 등 기술적인 형식 중심으로 구성된다. '왜/어떻게'를 구체적으로 요구하지 않아 학생이 어떤 생각의 과정을 거쳤는지, 어떤 의도로 표현 전략을 사용했는지와 같은 사고의 깊이를 평가하기에는 한계가 있다.

프롬프트

성취기준 [6국05-05]를 기반으로 서논술형 평가 문항을 만들어 주세요.

답변

- 평가 과제: 일상생활에서 기억에 남는 경험을 이야기 형식으로 자유롭게 서술하시오. (600~800자)
- 루브릭(4단계, 총 100점)

평가 요소(배점)	탁월(4)	우수(3)	보통(2)	미흡(1)
내용 충실도 (30)	사건의 핵심이 분명하고 상황이나 느낌에 대한 묘사가 풍부함	핵심은 분명하나 세부 묘사가 부분적으로 부족함	핵심이 다소 흐리며 묘사가 단편적임	핵심이 불분명하고 현상 나열 수준임
구성·조직 (25)	기-승-전-결 구조가 자연스럽고 단락 전환이 매끄러움	구조가 대체로 유지되나 일부가 매끄럽지 않음	구조가 느슨하고 단락 간 연결이 약함	구조나 단락 구분이 미흡함
표현·어휘 (20)	문장이 다양하고 어휘가 적절하며 묘사가 효과적임	어휘와 문장이 대체로 적절하지만 묘사 활용이 제한적임	단조로운 문장과 반복적 어휘임	부정확한 표현이 다수임
맞춤법·문장성 (15)	오류가 거의 없고 이해가 잘 되게 씀	경미한 오류가 있으나 이해가 잘 되게 씀	오류가 다소 많음	오류가 많고 이해가 잘 안됨
태도·분량 준수 (10)	분량과 형식을 잘 지키고 성실하게 씀	분량과 형식을 대체로 잘 지킴	분량이 적고 형식 일부를 지키지 않음	분량과 형식을 지키지 않음

- 답안 예시(상 수준, 요약)

작년 봄, 가족과 뒷산에 올랐다. 정상에서 바람이 볼을 스칠 때, 아버지가 먼저 김밥을 건넸다. 힘들었던 한 주가 녹아내리는 느낌이었다. 그날 이후 산길을 보면 우리 셋의 웃음이 떠오른다.

▲ 국어과 서논술형 평가 설계 프롬프트와 답변 예시

- **B안**: (질문 포함) 성취기준에 '질문'을 결합해 AI에게 요청했을 때
- **B안 루브릭의 특징**: 질문이 들어가자 루브릭에 공감 전략(개념 적용), 논증(근거-주장 연결)이 평가 요소로 명시된다. 이를 통해 학생들의 사고 과정과 깊이를 직접 평가할 수 있게 된다.

> **프롬프트**
> 성취기준 [6국05-05]를 기반으로 사실적→개념적→논증적 질문을 포함해 학생의 사고 과정을 드러내는 서논술형 평가 과제를 설계하고, 각 질문들이 문항별로 들어가게 해주세요. 루브릭은 4단계로 제시하세요.
>
> ---
>
> **답변**
> - 평가 과제: 경험 재구성(사실) → 공감 전략 적용(개념) → 입장·근거 논증(논쟁)
>   ① 사실적 재구성: 기억에 남는 경험을 시간·장소·인물·사건 순으로 정리해 서술하시오.
>   ② 개념적 적용: 독자가 공감하도록 만드는 묘사/대화/시점 중 최소 2가지를 적용하여 동일 경험을 이야기 형식으로 다시 쓰시오.
>   ③ 논증적 성찰: '개인적 경험을 이야기로 표현하는 것은 문학 창작의 중요한 출발점이다.'에 대한 자신의 입장을 밝히고, 근거 2가지 이상을 들어 논증하시오.
>
>   루브릭(4단계, 총 100점)

평가 요소(배점)	탁월(4)	우수(3)	보통(2)	미흡(1)
사실 재구성의 정확성 (20)	시간·장소·인물·사건을 정확하게 제시, 핵심이 명료함	핵심은 분명하나 세부묘사가 부분적으로 부족함	요소 일부만 제시·구체성 부족	요소 다수 누락·맥락 불명확함
공감 전략 적용 (25)	2가지 이상 전략을 의도적으로 선택·적용, 독자의 공감을 유발함	2가지 전략 적용, 공감 효과 부분적	1가지 전략 제한적 적용	전략 적용 미비
이야기 구조·표현 (20)	구조 자연스러움, 전환이 매끄러움, 문장 다양함	구조를 유지함, 전환이나 표현이 일부 거침	구조가 느슨함, 표현이 단조로움	구조·표현 모두 미흡
입장·근거의 논증성 (25)	분명한 입장 + 적합한 근거 2개 이상, 근거-주장 논리 연결 명확	입장 분명, 근거 2개, 연결성 대체로 양호	입장 모호, 근거 부족/약함	입장 부재 또는 근거 부적절
맞춤법·분량·성실 (10)	오류 극소, 분량·형식 완전 준수	경미한 오류·대체로 준수	오류 다소·부분 미준수	오류 다수·미준수

- 답안 예시(상 수준, 요약)
① 사실: 작년 봄 토요일, 동네 뒷산 정상에서(장소) 아버지·어머니와(인물) 김밥을 나눠 먹었다(사건).
② 공감 전략 적용: (묘사) 깨끗한 바람이 뺨을 스쳤고, 김밥의 참기름 냄새가 허기를 달랬다. (대화) 아버지가 '여긴 늘 좋구나' 하셨다. 나는 '다음 주에도 올래요'라고 답했다.
③ 논증: 나는 개인적 경험이 문학의 중요한 출발점이라고 생각한다. 첫째, 경험을 감각적으로 묘사하여 읽는 사람들이 공감할 수 있다. 둘째, 경험을 통해 전달하고 싶은 주제를 효과적으로 표현할 수 있다.

▲ 국어과 질문 기반 서논술형 평가 설계 프롬프트와 답변 예시

라. 질문이 만드는 자기주도 학습과 평가의 완성

1) 질문이 만드는 자기주도 학습: 메타인지와 피드백의 순환

질문은 학생의 메타인지, 즉 '자신의 생각을 생각하는 능력'을 자극하는 가장 효과적인 수단이다. 좋은 질문을 통해 학생은 "나는 이 주제에 대해 무엇을 알고, 무엇을 더 알아야 할까?"라고 스스로 묻게 된다. 교사는 수업 중에 다음과 같은 메타인지 촉진 질문을 활용할 수 있다.

"이 문제를 해결하는 데 너의 사고 흐름은 어땠어?"

"만약 친구의 입장에서 본다면 어떻게 다르게 생각할까?"

"지금 답한 내용을 다시 설명하라고 한다면 어떤 단어를 바꿀까?"

이러한 질문들은 단순히 정답을 요구하는 것이 아니라 '생각하는 방식' 자체에 주목하게 하며, 궁극적으로 학생이 '생각하는 방법'을 배우도록 돕는다.

질문 기반 학습의 효과를 극대화하는 핵심 요소는 바로 피드백이다. 피드백은 학생이 자신의 생각과 결과물을 점검하고, 개선 방향을 찾도록 돕는 정보다. Hattie와 Timperley(2007)는 효과적인 피드백이 학생에게 다음 세 가지 질문에 대한 답을 주어야 한다고 설명한다.

"나는 어디로 가고 있는가?(Where am I going?)": 학습 목표가 무엇인지 명확히 알려준다.

"나는 지금 어떻게 하고 있는가?(How am I going?)": 현재 나의 수행 수준이 어느 정도인지 알려준다.

"다음에는 무엇을 해야 하는가?(Where to next?)": 더 나아지기 위해 무엇을 해야 하는지 구체적으로 안내한다.

이 세 가지 질문을 활용하여, 나는 교실에서 다음과 같은 '세 문장 피드백 루틴'을 사용하고 있다.

세 문장 피드백 루틴(어디로/지금/다음)

- (어디로) "이번 과제의 목표는 증거 2개와 기준 3개로 대안을 비교하는 것이었어."
- (지금) "너의 글에는 증거는 충분히 있는데, 비교하는 기준이 명확하게 보이지 않네."
- (다음) "다음에는 '효과, 비용, 공평성' 같은 소제목을 기준으로 두고, 각 항목에 찾은 증거를 배치해 보면 어떨까?"

이러한 피드백은 학생의 자기평가와 동료 피드백 활동으로 확장될 수 있다. 루브릭과 같은 명확한 기준을 바탕으로 학생들은 자신의 학습을 스스로 점검하고(자기평가), 친구의 과제를 검토하며 자신의 학습을 객관적으로 바라보는 기회(동료 피드백)를 갖게 된다. 특히 친구에게 설명하는 과정은 '설명 효과(explanation effect)'를 통해 자신의 이해를 더욱 깊게 만드는 효과도 있다. 이 때 앞에서 질문 기반으로 평가를 설계한 영어 수업에 적용하기 위해 필자가 후속 프롬프트 입력으로 얻은 AI 피드백 예시는 다음과 같다.

> **프롬프트**
> 학생의 서술형 답변을 분석하고, Hattie & Timperley의 3단계 피드백(나는 어디로 가고 있는가 / 지금 어떻게 하고 있는가 / 다음에는 무엇을 해야 하는가)에 맞춘 피드백 문장을 작성해 주세요.
>
> ----
>
> **답변**
> - (Where am I going?) "네 목표는 친구의 기호를 존중하는 영어 문장을 쓰는 거야."
> - (How am I going?) "너는 음식을 영어로 잘 표현했지만, 존중하는 표현은 조금 부족했어."
> - (Where to next?) "다음에는 'That's okay'나 'I respect that' 같은 표현을 추가해 보자."

▲ 평가 설계 후 3단계 피드백을 위한 후속 프롬프트와 답변 예시

이처럼 피드백을 받는 것은 성장을 위한 '입력'의 과정이라면, 피드백을 주는 것은 비판적 사고력을 기르는 '출력'의 과정이다. 결론적으로 질문은 자기주도 학습의 출발점이며, 피드백은 그 과정을 지속하게 만드는 핵심 동력이다.

2) 결론: 질문은 곧 사고이며, 사고는 곧 평가다

우리는 질문으로 학생의 사고 방향을 정하고, 그 생각이 글과 말로 잘 드러나도록 돕는다. AI 시대라고 해서 질문의 역할이 줄어들지 않는다. 오히려 좋은 질문이야말로 교사의 전문성을 가장 인간적으로 드러내는 도구라 할 수 있다. 성취기준에 질문을 붙이면, 수업은 목표와 연결되고 평가는 곧 학습이 된다.

결국 질문은 수업의 시작이자 끝이며, 학습과 평가의 본질을 꿰뚫는 핵심이다. 질문 중심의 수업은 학생이 수동적으로 지식을 소비하는 것이 아니라 적극적으로 생각을 구성하고 표현하도록 만든다. AI 시대에 질문은 더 이상 교사만의 전유물이 아니다. 학생도 질문을 만들 수 있으며, AI는 교사의 사고 파트너가 되어 질문의 설계와 피드백을 지원할 수 있다.

질문은 수업에서 아이들의 생각을 끌어올리는 손잡이이고, 평가에서는 아이들의 성장을 재는 기준이 된다. 한 단원을 이끄는 핵심 질문 하나와 이를 뒷받침하는 보조 질문 서너 개만 있어도 수업의 흐름과 활동, 그리고 평가 루브릭까지 한 줄로 꿰어진다는 것을 교실에서 늘 느낀다. 결국 "무엇을 묻느냐"가 "학생들의 생각을 얼마나 깊게 들여다보느냐"를 정한다. 그래서 오늘도 나는 가장 먼저 칠판에 수업을 관통하는 핵심 질문을 쓰며 수업을 시작한다.

"이 질문이 오늘 우리를 어디까지 데려갈까?"

이 장에서 강조하고 싶은 마지막 한 문장은 이것이다.

"평가를 바꾸려면, 질문을 먼저 바꾸자."

질문이 목적을 세우고, 루브릭이 그 목적을 눈에 보이게 만든다. 학생은 그 길 위에서 자신만의 답을 만들어 간다.

05
루브릭: 교육적 소통의 언어

서논술형 문항은 설계하는 일 자체도 어렵지만, 더 큰 과제는 그것을 공정하고 일관되게 채점하는 데 있다. 특히 이러한 평가에서 빠질 수 없는 루브릭은 명확한 기준 없이는 채점의 타당성과 신뢰성을 확보하기 어렵다는 점에서 교사들에게 큰 부담으로 다가온다.

실제로 책 〈2022 개정 교육과정 평가, AI로 날개를 달다〉(앤써북, 2024)를 집필하던 당시, 참여 교사들 대부분은 루브릭을 공부하며 집단 '패닉'을 경험했다. 루브릭의 종류를 개념적으로 명확히 이해하고 실제 활용으로 연결하는 것도 쉽지 않았지만, 루브릭이 학교 현장에서 활용될 경우, 어떤 가치와 의미가 있는지를 이해하는 것이 쉽지 않았기 때문이다.

루브릭을 처음 공부하는 교사라면 위 책의 루브릭 관련 장❶을 참고해 보면 좋다. 당시 교사들이 어떤 고민과 시행착오를 겪었는지를 확인할 수 있으며, 이를 통해 자신의 실천을 돌아볼 수 있는 계기가 될 것이다.

그리고 이제, 그로부터 1년이 지난 지금 이 책은 단순히 루브릭의 개념과 유형을 소개하는 데 그치지 않는다. 2022 개정 교육과정이 강조하는 '깊이 있는 학습'을 실제 평가 설계에 어떻게 반영할 수 있을지, 그 구체적 방법과 적용 사례를 중심으로 탐색한다. 아울러 루브릭을 설계하는 과정에서 교사의 교육관과 수업 철학이 서논술형 평가의 구조와 언어 속에 어떻게 구체적으로 녹아들어야 하는지 함께 모색하고자 한다.

---

❶ 176~195쪽

가. 루브릭, 평가의 구조를 세우다

1) 루브릭이란 무엇인가

"루브릭(rubric)"이라는 용어는 라틴어 rubrica에서 유래되었으며, 이는 '붉은색' 또는 '붉은 흙'을 뜻하는 ruber에서 비롯된 표현이다. 중세 유럽에서는 성경이나 종교 문서를 필사할 때, 중요한 지시나 제목을 붉은 잉크로 기록하였으며, 이 붉은 글씨가 바로 rubrica였다. 이후 이 단어는 지침, 규칙, 해설을 의미하는 용어로 확장되었다.

오늘날 루브릭은 학습자의 수행을 안내하고 평가하는 기준표를 뜻하는 용어로 사용된다. 루브릭은 원래 미국 교육평가 분야에서 발전된 개념으로, 1990년대 이후 수행 중심 평가(performance-based assessment)의 확산과 함께 전 세계적으로 주목받기 시작하였다. 특히 정답이 명확하지 않은 과제나 개방형 질문, 복합적 사고가 요구되는 수행 평가 상황에서 루브릭은 평가의 신뢰도와 타당도를 높이는 데 효과적인 도구로 작동한다.

루브릭은 학습자의 수행 과제나 산출물을 평가하기 위해, 구체적인 평가 기준과 평가 요소, 수행 수준을 기술한 평가 도구이다. 이를 통해 교사는 공정하고 일관된 평가를 수행할 수 있으며, 학습자에게는 피드백과 자기 점검의 틀을 제공한다.

국내 교육 현장에서는 종종 루브릭을 단순한 '채점기준표'로 간주하는 경향이 있다. 그러나 루브릭은 단지 정답의 유무나 수행 결과를 평가하는 정량적 판단 도구를 넘어, 수행의 과정과 질적 수준까지 세밀하게 구조화하여 학습자의 사고, 개념 이해, 표현의 깊이를 포착할 수 있도록 설계된다.

이러한 평가적 특성과 교육적 기능을 강조하기 위해, 본 도서에서는 일반적인 채점기준표와 구분되는 의미로 '루브릭'이라는 용어를 채택하여 설명하고자 한다.

2) 루브릭의 핵심 구성 요소

루브릭은 일반적으로 **평가 요소**[2](Criteria)를 모아 놓은 하나의 종합세트이며 각 평가 요소에 기반해 **학생의 수행을 수준별로 기술한 것**이다(수전 M. 브룩하트, 2022).

루브릭은 평가 요소(Criteria), 수행 수준(Levels of Performance), 수준별 설명(Descriptors)의 세 가지 핵심 요소로 구성된다. 이 세 요소는 평가의 타당성, 신뢰도, 공정성을 확보하는 데 필수적인 기반이 된다.

---

[2] Criteria는 평가기준으로 번역되기도 하나, 수전 M. 브룩하트, 〈루브릭, 어떻게 만들고 사용할까?〉(우리학교, 2022) 도서의 번역 용어에 따라 평가 요소로 안내한다.

구성 요소	설명
평가 요소	학습자의 수행을 어떤 측면에서 평가할지를 규정한 항목이다. 이는 해당 과제의 핵심 학습 요소(예 개념 이해, 문제 해결력, 논리적 조직, 창의적 사고, 표현의 명확성 등)에 근거하여 설정된다. 평가 요소는 수업 목표와 정렬되어야 하며, 학습자에게 명확한 수행 기대를 제시하는 역할을 한다.
수행 수준	각 평가 요소에 대해 성취 정도를 나눈 단계로, 일반적으로 3~5단계로 구분된다.(예 상/중/하, 매우 우수/우수/보통/미흡) 수행 수준의 명확한 구분은 평가의 구체성과 일관성을 보장하는 기초가 되며, 수준 구분의 개수와 명칭은 평가 목적과 대상에 따라 조정할 수 있다.
수준별 설명	각 수행 수준에 해당하는 학습자의 구체적인 수행 특성을 서술한 문장이다. 모호한 일반화 대신, 관찰 가능한 행동, 수행의 질적 특징, 개념 이해의 깊이 등이 포함되어야 하며, 학습자 스스로 자기 위치를 진단하고 피드백으로 활용할 수 있도록 작성되어야 한다.

▲ 루브릭의 핵심 요소

이 세 요소는 단순히 평가 결과를 판별하는 데 그치지 않고, 학생의 학습 상태를 진단하고 개선 방향을 제시하는 교육적 피드백 도구로서 기능한다. 또한 교사 간 평가 기준의 공유와 일관성 유지, 그리고 학부모 및 학생과의 평가 소통에서도 핵심적인 역할을 수행한다.

3) 루브릭은 무엇이 다른가?

(1) 루브릭의 차별성

루브릭은 단순히 점수를 매기기 위한 채점기준표와는 근본적으로 다른 철학과 구조를 지닌 평가 도구❷이다. 기존의 평가 도구들이 정답 중심의 결과 중심으로 평가 기준을 설정하는 데 비해, 루브릭은 **학습자의 수행 과정을 질적으로 진단하고, 그 수준을 설명할 수 있는 다층적 평가틀**을 제공한다.

첫째, **정답 중심이 아닌 수행 중심**이다. 루브릭은 학생이 문제를 맞췄는지 틀렸는지를 판단하는 것이 아니라, 학생이 개념을 얼마나 깊이 이해하고, 이를 어떻게 표현하거나 적용했는지를 다면적으로 평가한다.

둘째, **평가의 기준과 수준이 명시적이고 투명하다**. 루브릭은 평가 요소별로 어떤 수행이 어떤 수준에 해당하는지를 구체적으로 서술함으로써, 교사의 판단을 구조화하고, 학생의 자기 평가 및 성찰을 가능하게 한다.

셋째, **학습과 평가의 경계를 허문다**. 루브릭은 단지 평가 결과를 기록하는 수단이 아니라, 수업의 전 과정에 걸쳐 활용될 수 있는 '학습 도구'로 기능한다. 수행 기준이 학습 초기에 제시되어 학습자의 계획을 돕고, 수행 중에는 자기 점검 및 피드백 기준이 되며, 학습 후에는 성찰과 성장의 언어가 된다.

넷째, **개념 중심 평가를 가능하게 한다**. 루브릭은 학생이 단지 정보를 재현하는 데 그치지 않고, 개념 간의 관계를 이해하고, 새로운 상황에 전이하며, 자신의 언어로 재구성하는 수준까지 평가할 수 있는 구조를 제공한다. 이는 지식, 기능, 개념, 태도의 통합적 평가를 가능하게 한다는 점에서 기존의 단편적 기준표와 본질적으로 다르다.

---

❷ 루브릭은 학습자의 수행을 판단하는 준거(criteria)를 구체적 수준별로 제시한 것이지만, 한편으로는 평가자에게 제공되는 양식(form)의 의미도 지닌다. 때문에 수행을 기록하고 점수를 부여하기 위한 표나 문서와 같은 실체적 형태를 가지므로 '평가 도구'의 역할을 하기도 한다.

루브릭은 전통적인 채점기준표나 체크리스트와는 뚜렷한 차이가 있다. 다음 표는 세 가지 도구의 차이를 비교한 것이다.

구분	루브릭	전통적 채점기준표	체크리스트
평가 목적	수행의 질적 수준을 다면적으로 진단하고 피드백 제공	정답 여부에 따른 점수 부여	수행 여부의 확인(예/아니오)
기준의 명확성	각 수준별 수행 특징을 구체적으로 서술	정답 중심의 채점 기준만 제시	이행 여부만 명시 (기준이 단선적)
평가 방식	수행 수준을 서술적 언어로 표현하여 변별 가능	점수 또는 채점 항목으로 평가	단순한 체크 여부로 판단
학생 참여 가능성	자기 평가, 동료 피드백, 루브릭 기반 학습 계획 가능	교사 채점 중심	자기 점검이 가능하나 질적 성찰은 어려움
피드백 기능	수준별 진단 + 성장 방향 제시 가능 (학습 피드백 중심)	점수 설명 중심. 피드백은 제한적	수행했는지 여부만 확인 가능
활용 시기	학습 전·중·후 모두 활용 가능 (학습 도구로 확장 가능)	학습 후 채점 시 사용	학습 중간 점검용으로 사용 가능
개념 평가 가능성	고차적 사고·개념적 이해·가치까지 평가 가능	정답 재현 중심, 개념 구조화 평가는 어려움	개념 이해 평가는 불가능
활용 예시	서술형 답안, 프로젝트, 실험, 발표, 토론, 개방형 수행과제 등	객관식 시험, 단답형 시험, 일부 서술형 문항 채점 시	실험 준비물 점검, 절차 수행 여부 확인, 협동학습 참여 등

▲ 루브릭과 전통적 채점기준표, 체크리스트 특성 비교표

이처럼 루브릭은 수행의 질적 차이를 비교하고 서술하는 데 강점을 가진다. 따라서 정답이 하나로 고정되지 않았거나, 복합적인 사고와 표현을 요구하는 상황—예를 들어 *서논술형 문항, 프로젝트, 발표, 토론 등의 수행평가*—에서 특히 효과적으로 활용된다.

루브릭에 대해 공부하던 중, 문득 학창 시절에 보았던 영어 단어 시험이 떠올랐다. 당시 필자는 단어 시험을 준비하며 열심히 공부했다. 그러나 영어 철자와 발음의 관계를 정확히 이해하지 못해 'elephant'를 'elepant', 'orange'를 'orenge'처럼 한두 철자를 자주 틀렸다. 시험 결과는 노력의 정도와 무관하게 채점되었고, 철자 하나를 틀린 나와 단 한 글자도 쓰지 않고 백지를 낸 친구와 비슷한 점수를 받은 적이 있었다. 이런 채점 방식이 매우 불공정하게 느껴졌고, 열심히 공부하려는 나의 의욕에도 큰 영향을 주었다.

백지를 낸 친구도 시험을 성실히 준비한 내가 점수를 받지 못하는 모습을 보며, "결국 해봤자 소용없다"는 인식을 가지게 되었을 가능성이 크다. 이처럼 평가가 노력의 차이나 과정의 성장을 전혀 반영하지 못할 때, 학생들은 점차 학습 자체에 의미를 느끼지 못하게 된다. 오히려 제대로 평가받지 못한 경험이 '공부 해봤자'라는 잘못된 메시지로 이어지기도 한다.

만약 당시 교사가 수행의 질을 세분화해 평가했다면, 결과는 다음의 루브릭처럼 서로 달랐을 것이다.

평가 요소/수행 수준	상	중	하
철자 정확성	철자 전체가 정확하며, 명확히 인식 가능함	철자 오류가 일부 있으나 단어 태는 인식 가능함	철자 오류가 많아 단어 인식이 어려움
발음과 철자의 일치 이해	발음과 철자 간 규칙을 이해하고 적용함	대부분의 단어는 발음과 철자 관계를 파악했으나 일부 혼동 있음	발음과 철자의 대응 규칙을 거의 인식하지 못함
의미 이해도	단어의 뜻을 명확히 알고, 문맥에 적절히 활용 가능함	기본 의미는 알고 있으나 활용에 제한 있음	단어의 의미를 모르거나 오해하고 있음
쓰기 태도 및 준비도	성실히 준비하고 정확하게 쓰며, 꾸준히 복습한 흔적이 드러남	일정 부분 준비했으나, 반복 학습이나 세심한 확인이 부족하여 실수가 있음	준비가 부족하거나 글씨가 부정확하고 무성의함이 드러남

▲ 한두 철자 틀린 필자(A)의 평가 결과(파란색), 백지를 낸 친구(B)의 평가 결과(빨간색) 비교 분석표

이 루브릭으로 평가가 이뤄졌다면, A 학생은 '기본적인 이해는 있으나 철자 정확성에서 개선이 필요한 학생'으로, B 학생은 '시도 자체가 부족한 상태'로 구분되어 평가받고, 각자의 진단에 따라 서로 다른 피드백을 받을 수 있다.

A 학생은 단어의 뜻과 문맥 활용 능력은 긍정적으로 인정하되, 철자 규칙과 발음 간의 연관성을 이해하도록 피드백이 필요했을 것이다. B 학생에게 필요한 피드백 전략은, 단순히 '점수를 못 받았다'는 결과 중심의 메시지가 아니라, "단어 시험이 부담스러웠다면 어떤 방식으로 연습했는지부터 점검해 보자", "다음에는 세 개의 단어라도 외워보자"는 식의 정서적 지지와 점진적 참여를 유도하는 피드백이었을 것이다.

이처럼 루브릭은 단지 점수를 매기는 도구가 아니라, 학습자의 현재 위치를 구체적으로 진단하고, 그에 따라 맞춤형 피드백을 설계할 수 있게 하는 평가 기반 진단 도구로 기능할 수 있다. 공정한 평가와 적절한 피드백이 만나야 비로소 학생의 학습 동기는 유지되고, 학습자 간의 격차는 줄어들 수 있다.

그러면 이제 과거에서 현실로 시선을 돌려, 지금의 교실 속 평가 장면을 돌아보자. 필자 역시 그때의 교사처럼 같은 실수를 반복하고 있지는 않았을까 하는 생각이 들었다. 그러던 중 문득, 초등 저학년 수업에서 자주 시행되는 받아쓰기 평가가 떠올랐다.

아, 나 역시 아이들을 그렇게 평가하고 있었다.

(2) 성과 목표와 숙달 목표 이해하기

학생의 수행을 공정하고 정교하게 평가하기 위한 루브릭은 단지 형식적인 기준표가 아니라, 학습의 방향성과 목적에 대한 교육적 관점을 반영한 도구이다. 특히 루브릭이 '무엇을 평가할 것인가'뿐 아니라 '어떻게 성장할 수 있도록 피드백할 것인가'를 고민하는 순간, 학습 목표를 어떤 방식으로 설정하고 안내할 것인가는 핵심적인 문제로 떠오른다. 이때 중요한 구분이 바로 **성과 목표**(performance goals)와 **숙달 목표**(mastery goals)이다.

성과 목표란 학생이 자신의 수행 결과를 타인과 비교하거나 외적 성과(예: 점수, 등수, 보상)에 중점을 두는 목표 지향성을 말한다. 반면, 숙달 목표는 학습자가 과제를 통해 개념을 깊이 이해하고, 자신의 역량을 확장하며, 학습 자체의 의미를 추구하는 내적 목표 지향성이다. 이 둘은 학습자 동기의 성격뿐 아니라, 수업 참여 태도, 평가 수용 방식, 피드백 반응 양상까지 다르게 만든다.

구분	성과 목표	숙달 목표
목표 초점	남보다 잘하는 것에 중점	자신의 이해와 성장에 중점
동기 유발	외적 보상(점수, 칭찬, 경쟁 우위 등)에 의한 동기 부여	내적 동기(호기심, 성취감, 자기 효능감 등)에 의한 동기 부여
평가 기준	다른 사람과의 비교 (상대적 성취)	자신의 발전 정도와 이해 수준 (절대적 성취)
실수에 대한 반응	실수는 실패나 능력 부족으로 인식	실수는 학습과 성장의 일부로 수용
학습 태도	쉬운 과제를 선호하거나, 실패 가능성 있는 과제를 피함	도전적인 과제에도 적극적으로 참여하며 꾸준히 시도함
피드백 수용	결과 중심의 피드백 선호	과정 중심의 피드백 수용
지속적 학습	일회성 성과에 집중, 학습 지속성이 낮을 수 있음	장기적인 학습과 자기주도 학습으로 이어짐

▲ 성과 목표 vs 숙달 목표 비교표

받아쓰기 평가에서 성과 목표 중심으로만 운영된다면, 철자 하나 틀렸을 뿐인데도 큰 감점이 되거나, 아무것도 쓰지 않은 학생과 동일한 점수를 받게 되는 경우가 생긴다. 이는 학생에게 좌절감을 줄 수 있으며, "해봤자 소용없다"는 무력감으로 이어질 수 있다. 실제로 열심히 준비했지만 철자 하나를 틀렸던 학생과, 아예 시도조차 하지 않은 학생이 동일하게 낮은 점수를 받을 경우, 오히려 전자가 더 쉽게 포기하게 되는 결과로 이어질 가능성이 크다.

반면, 숙달 목표 중심의 루브릭을 적용한다면 이야기는 달라진다. 루브릭은 '정확한 철자 구사'라는 단일 기준이 아니라, 음소 인식, 소리-문자 대응 규칙에 대한 이해, 시도와 노력의 과정, 자기 수정 능력 등 다양한 준거를 포함할 수 있다. 예를 들어, 한두 개의 철자 오류가 있지만 규칙을 인지하고 스스로 수정하려는 모습이 보이는 학생은 '기초 이해를 바탕으로 성장 중'이라는 진단을 받을 수 있다. 반면, 시도가 없거나 소리에 대한 인식이 부족한 경우는 더욱 기초적인 피드백과 개별적 지도가 필요하다는 결과로 이어진다.

이처럼 루브릭은 단순히 맞고 틀린 것을 평가하는 도구가 아니라, 학생의 이해 수준을 정밀하게 진단하고, 그에 맞는 피드백을 제공하여 학습의 방향성과 동기를 형성하는 장치가 된다.

전통적으로 초등학교 저학년에서 흔히 실시되는 받아쓰기 활동을 성찰하던 중, 그동안 우리가 얼마나 자동적으로 이 활동을 반복해 왔는지 돌아보게 되었다. 특히 앤더슨(Anderson, 2001)의 인지적 학습 목표 분류에 비추어 보았을 때, 받아쓰기는 주로 '기억' 수준의 학습에 머무르는 경우가 많았다. 대부분의 교실에서는 학생이 틀린 낱말을 다시 외우게 하거나 반복해서 쓰게 함으로써 오답을 단순히 기억하고 재현하도록 유도해왔던 것이다. 그러나 같은 받아쓰기 활동이라도 고차 사고력을 기를 수 있는 방향으로 재구성할 수 있다. 예컨대 학생이 틀린 단어의 철자 규칙을 스스로 분석해 보고, 이를 새로운 문장에서 적용해 보는활동을 접목한다면, 받아쓰기는 단순한 암기 과제가 아닌 언어 규칙의 이해와 전이적 사고를 촉진하는 활동으로 전환될 수 있다. 이러한 루브릭의 피드백과 학습 방향 제시는, 동일한 과제도 학습의 과정과 결과에서 분명한 차이를 만든다.

결국, 받아쓰기처럼 반복적인 수행이 필요한 활동일수록 교사는 루브릭을 통해 평가의 본질을 되짚어야 한다. 학생에게 단순히 점수를 통보하기보다, 어떤 부분을 이해했고 어떤 부분을 더 연습해야 하는지 알려주는 숙달 목표 중심의 평가를 실현할 때, 루브릭은 비로소 진정한 교육적 도구로 기능할 수 있을 것이다.

평가 요소/수행 수준	잘했어요	조금 더 해봐요	계속 노력해요
소리를 글자로 쓰기	들리는 대로 낱말을 바르게 잘 썼어요.	거의 맞았지만 몇 글자에서 헷갈렸어요.	낱말을 쓰는 게 어렵지만, 계속 연습하면 더 나아질 수 있어요.
맞춤법과 띄어쓰기	맞춤법과 띄어쓰기를 거의 다 맞췄어요.	맞춤법이나 띄어쓰기에 약간 실수가 있었어요.	아직 띄어쓰기가 어렵고 실수가 많지만, 차근차근 배워가고 있어요.
글씨와 태도	글씨를 또박또박 쓰고, 끝까지 집중했어요.	중간에 조금 흐트러졌지만 끝까지 해냈어요.	힘들어했지만 포기하지 않고 끝까지 하려고 했어요. 정말 멋져요!

▲ 받아쓰기 루브릭 예시(초2~3, 3단계, 쉬운 말)

4) 루브릭의 유형

루브릭은 단일한 형태의 도구가 아니다. 수업의 맥락, 평가 대상, 과제 유형에 따라 다양한 방식으로 설계되고 활용된다. 일반적으로 루브릭은 **두 가지 기준에 따라** 유형화할 수 있다. 하나는 **채점 방식의 차이에 따른 분류**, 또 하나는 **루브릭이 적용되는 범위에 따른 분류**이다(수전 M. 브룩하트, 2022).

(1) 채점 방식에 따른 분류: 총체적 루브릭과 분석적 루브릭

가장 대표적인 분류 기준은 **총체적**(Holistic) **루브릭**과 **분석적**(Analytic) **루브릭**의 구분이다.

총체적 루브릭은 학습자의 수행을 하나의 '종합적 판단'으로 평가한다. 여러 평가 요소를 종합적으로 고려하여 하나의 수준으로 판단하기 때문에, 비교적 빠르게 채점이 가능하며 직관적인 평가에 유리하다. 하지만 어떤 측면이 우수했고, 어떤 점이 부족했는지를 구체적으로 피드백하기에는 한계가 있다.

반면, **분석적 루브릭**은 평가 기준을 세분화하여 각각에 대해 수준을 나누고 서술한다. 이 방식은 평가의 일관성을 높이고, 학생에게 구체적인 피드백을 제공할 수 있어 서논술형 평가나 프로젝트형 수행평가에서 매우 효과적이다. 다만 루브릭을 설계하고 적용하는 데 시간이 더 소요된다.

구분	총체적 루브릭	분석적 루브릭
정의 및 적용 범위	수행 전체의 질적 수준을 하나의 통합된 판단으로 평가. 빠른 종합적 판단에 적합	수행을 여러 구성 요소로 나누어 각각 평가. 세부적 분석과 피드백 제공에 적합
평가 기준의 성격	핵심 요소들이 통합된 하나의 평가 기준(예 전반적 완성도, 인상 등)	평가 요소별(예 내용, 조직, 표현 등)로 명확히 구분된 기준과 수준 제시
교육적 활용	전체적인 인상이나 수준 차이를 빠르게 판단하고 종합적 피드백 제공	학습자의 강점과 보완점을 구체적으로 진단하고 개별 피드백 제공 가능
설계 및 적용 난이도	상대적으로 설계가 간단하고 채점 속도가 빠름. 그러나 설명 가능성과 구체성은 제한됨	설계와 채점에 시간과 노력이 필요하지만 평가의 신뢰도와 설명 가능성은 높음
교육과정과의 관련성	프로젝트·발표·토의·논술 등 학습자의 사고·표현·협력 등 복합 역량을 종합적으로 판단하는 데 효과적	서술형 문항, 수행과제 등에서 사고·표현·협력 등 세부 역량별로 구체적 진단이 필요한 경우 효과적
장점	- 빠른 평가 가능 - 수업 과정 속에서 자연스럽게 적용 가능❹ - 과제나 수행이 비교적 단순할 때 효과적	- 구체적 피드백 제공 가능 - 강점과 약점 명확히 구분 - 교수·학습의 방향 제시에 용이
단점	- 피드백이 모호하거나 추상적일 수 있음 - 성취수준의 기준이 불명확해질 수 있음	- 작성과 채점에 시간과 노력이 많이 소요됨 - 항목 간 경계가 모호하면 중복 평가 우려
학습자 피드백	주로 종합적 총평 형태로 제공	각 항목별 강점 및 개선점 명시 가능

▲ 총체적 루브릭 vs 분석적 루브릭 비교표

(2) 적용 범위에 따른 분류: 일반적 루브릭과 특정 과업형 루브릭

루브릭은 적용 가능한 과제의 범위에 따라 **일반적(General) 루브릭**과 **특정 과업형(Task-specific) 루브릭**으로 구분할 수 있다.

일반적 루브릭은 특정 과제에 국한되지 않고, 여러 평가 상황에서 반복적으로 사용할 수 있도록 설계된다. 예를 들어 '의사소통 능력', '글쓰기의 기본 구조', '토론 태도' 등을 평가하는 기준은 다양한 수업 맥락에 적용될 수 있다. 이처럼 일반적 루브릭은 역량 중심 교육과정에서 요구되는 지속적이고 일관된 평가를 가능하게 하며, 수업 전반에 걸쳐 학생의 성장을 추적하고 피드백하는 데 유용하다.

반면, **특정 과업형 루브릭**은 하나의 과제나 활동에 맞춰 맞춤형으로 설계된다. 예컨대 '지구온난화를 주제로 설명문 쓰기 과제'와 '열전도율을 확인하는 실험 설계하기' 같은 특정한 수행 상황에 최적화되어 있다. 그만큼 평가의 정밀성과 타당성은 높아지지만, 다른 과제나 단원에 직접 적용하기는 어렵다.

우리나라 교육 현장에서는 현재 대부분의 루브릭이 특정 수행 과제에 초점을 맞춘 특정 과업형 루브릭 위주로 설계·활용되고 있다. 물론 이는 과제의 특성과 맥락에 맞는 정밀한 평가를 가능하게 한다는 점에서 유용하지만, 2022 개정 교육과정이 지향하는 역량 중심 수업과 평가를 실질적으로 구현하기 위해서는 더욱 거시적인 평가 관점이 필요하다.

---

❹ 교사가 수업 중 활동 관찰 및 발언을 토대로 학습자의 전체적 성취를 즉시 판단할 수 있어, 평가가 수업 흐름 속에 자연스럽게 녹아들기 용이하다.

이러한 전환을 위해서는 일반적 루브릭의 전략적 활용이 필요하다. 특히 프로젝트 기반학습(PBL)이나 주제 통합 수업, 역량 중심 포트폴리오 활동처럼 장기적이고 과정 중심의 학습 구조에서는 과목별·역량별 일반적 루브릭을 기반으로 학생의 성장을 지속적으로 점검하고 안내할 수 있어야 한다.

이는 단일 과제에 국한된 평가가 아니라 학생의 사고력, 문제 해결력, 협업 능력, 자기주도성 등 핵심 역량을 일관되게 추적하고 피드백할 수 있는 평가 구조로 루브릭을 전환하는 것을 의미한다.

구분	일반적 루브릭	특정 과업형 루브릭
정의 및 적용 범위	다양한 과제나 맥락에 반복 활용 가능. 역량, 태도, 표현 등 포괄적 평가에 적합	특정 과제나 활동에 최적화된 맞춤형 루브릭. 과제 단위 평가에 적합
평가 기준의 성격	과제와 무관한 보편적 기준 중심 (예 논리성, 의사소통 등)	과제 수행 과정과 결과에 대한 구체적 기준 중심 (예 이야기 3요소 파악, 공배수 계산 및 실제 문제 적용 등)
교육적 활용	학습의 지속적 성장과 자기 성찰을 유도. 장기적 역량 발달 진단 가능	즉각적 피드백과 과제 완성도 평가에 효과적. 수행 오류 진단에 유리
설계 및 적용 난이도	개념화 수준이 높고 설계에 시간 소요. 다양한 수업에 재사용 가능	비교적 설계가 쉬우나 과제마다 별도 제작 필요. 적용 범위 제한적
교육과정과의 관련성	2022 개정 교육과정의 역량 중심 평가와 밀접	성취기준 기반 수행평가에 효과적
장점	- 지속적 활용 가능 - 학생의 자기조절 학습 촉진 - 역량 중심 성취나 개념 중심 평가에 적합	- 평가 기준이 명확하고 이해 용이 - 피드백이 구체적이고 직접적인 안내 제공 - 신뢰도 있는 채점 가능
단점	- 과제의 특수성을 충분히 반영하지 못할 수 있음 - 평가 기준이 모호하게 느껴질 수 있음	- 과제마다 새롭게 개발해야 하는 비용 발생 - 추상적 개념 이해나 전이 측면 반영 어려움
학생 반응	- 자기 평가 및 성찰에 유용 - 목표와 수행을 연결하는 생각의 틀 제공	- 과제 이해 및 완성 기준에 직접적인 도움이 됨
활용 예시	- 발표, 토론, 글쓰기 등 다양한 수행평가 공통 기준 - 핵심 역량 기반 프로젝트 평가	- 특정 글쓰기 과제 (예 동물의 한살이 보고서) - 정해진 실험 보고서 평가 등

▲ 일반적 루브릭 vs 특정 과업형 루브릭 비교

(3) 목적에 따라 루브릭 선택하기

처음 루브릭을 공부할 때, 익숙하지 않았던 분석적 루브릭과 일반적 루브릭이 상대적으로 매력적으로 다가왔다. 각 항목을 구체적으로 나누어 평가할 수 있는 분석적 루브릭은 수업의 객관성을 높이는 데 유용해 보였고, 다양한 과제에 반복 적용 가능한 일반적 루브릭은 수업의 연속성과 일관성을 보장해 줄 수 있을 것 같았다. 그래서 자연스럽게 두 가지 루브릭을 중심으로 수업과 평가에 적용해 보려는 시도를 많이 하게 되었다. 당시에는 이러한 루브릭들이 더 교육적으로 효과적이라는 생각마저 들었다. 하지만 실제 수업 현장에서 다양한 평가 상황을 경험하면서 루브릭 유형은 단순히 우열의 문제가 아니라, 평가의 목적과 과제의 성격에 따라 유연하게 선택하고 조합해야 한다는 사실을 점차 깨닫게 되었다.

루브릭의 유형은 평가의 성격과 수업의 목적에 따라 전략적으로 선택해야 한다. 즉, 루브릭은 어떤 유형이 좋다기 보다는 무엇을 평가하고자 하는가, 학생에게 어떤 피드백을 제공하고 싶은가, 수업과 어떤 방식으로 연결할 것인가에 따라 달라진다.

예컨대 전반적인 수행의 완성도나 인상을 중심으로 평가하고자 한다면, 총체적으로 판단하는 총체적 루브릭이 적합하다. 이는 학생의 수행을 하나의 전체로 보고, 종합적인 수준 판단을 가능하게 한다. 반면에 세부적이고 명확한 피드백, 수준 간의 일관성 있는 구분, 신뢰도 높은 평가를 요구하는 상황에서는 수행 요소를 나누어 각각 평가하는 분석적 루브릭이 더 효과적이다.

또한, 다양한 과목이나 과제에 공통적으로 적용할 수 있는 기준이 필요할 경우에는 일반적 루브릭이 유용하다. 일반적 루브릭은 전이 가능한 사고나 핵심 역량 중심의 평가에 적합하며, 수업 설계 전반에 걸쳐 재사용이 가능하다는 장점이 있다. 반면, 정해진 과제를 명확하고 정밀하게 평가해야 하는 경우에는 과제의 맥락과 조건을 반영하여 세부적으로 설계된 특정 과업형 루브릭이 필요하다. 이는 평가 기준이 명확하고, 수행 수준의 차이를 구체적으로 드러낼 수 있다는 점에서 실용적이다.

이처럼 채점 방식에 따라 분류되는 총체적 루브릭과 분석적 루브릭, 그리고 적용 범위에 따라 분류되는 일반적 루브릭과 특정 과업형 루브릭은, 다음에 제시된 네 가지 예시와 같이 상황의 특성과 목적에 따라 적절히 혼합하여 활용할 수 있다.

예시 1. 총체적 루브릭 + 특정 과업형 루브릭

- 활용 상황: 초등학교 사회 수업
- 평가 과제: 우리 지역의 환경 문제 해결을 위한 캠페인 기획 발표
- 학생들이 지역의 실생활 문제를 탐구하고, 해결 방안을 논리적으로 구성하여 발표하는 수행 중심 활동이다. 하나의 프로젝트 과제를 중심으로 탐구력, 창의성, 협동, 표현력이 유기적으로 통합되므로, 각 요소를 항목별로 나누기보다는 전체 수행의 완성도와 설득력을 종합적으로 평가하는 총체적 루브릭이 효과적이다.
- 다만, 개별 학생의 탐구 과정이나 논리 구성 능력 등 세부 역량을 진단하고 피드백을 강화하려면 분석적 루브릭이 더 적합하다.

수행 수준	설명
매우 우수	지역의 환경 문제를 구체적으로 제시하고, 원인과 해결 방안을 창의적·논리적으로 구성함. 발표 내용이 현실성 있고 설득력이 뛰어나며, 자료 구성과 표현이 매우 명확함.
우수	문제 인식과 해결 방안 제시가 타당하며, 전반적인 발표 구조가 논리적이나, 세부 근거나 시각 자료의 활용이 다소 부족함.
보통	문제 상황과 해결 방안을 제시하였으나, 내용이 단편적이고 논리적 연결이 미흡함. → 문제의 원인과 해결 방안 간 인과관계를 명확히 하고, 사례를 구체화할 필요가 있음.
미흡	지역 문제에 대한 이해가 부족하거나 해결 방안이 구체적이지 않음. 발표의 흐름이 불명확하고 설득력이 낮음. → 자료 조사와 구성의 기초를 보완하고, 발표 연습을 통해 전달력을 높일 필요가 있음.

예시 2. 총체적 루브릭 + 일반적 루브릭

- 활용 상황: 중학교 자유학기제 발표 활동
- 평가 과제: 관심 있는 주제를 탐구한 뒤 전체 앞에서 발표
- 자유학기제와 같은 반복 활동에 활용되는 일반적 루브릭이 필요하고, 개별 학생 발표의 전반적 인상과 전달력 중심 평가가 요구된다.
- 이 루브릭은 한 학기 내 여러 발표 활동에 공통 평가 기준으로 활용 가능하며, 다양한 교과 간 융합 활동에도 유용하다.

수행 수준	설명
매우 우수	주제 이해, 발표 흐름, 전달력, 태도 등에서 탁월함을 보이며 발표 전반에 정성과 몰입이 드러났으며, 청중의 관심을 자연스럽게 이끌어냄.
우수	대부분의 요소에서 안정적으로 수행하였으며, 발표 내용이 명확하고 설득력 있게 전달되었음. 발표 전반에 준비와 이해의 흔적이 고르게 나타남.
보통	발표 구성이나 전달 과정에서 일부 미흡한 점이 있었으나, 전체적으로는 전달 가능한 수준임. → 발표 흐름을 다듬고 핵심 내용을 정리하는 연습이 필요함.
미흡	발표 준비나 태도에서 미흡함이 자주 드러났으며, 발표 내용이 불명확하거나 산만하게 구성되었음. → 주제에 대한 이해를 바탕으로 발표의 흐름과 내용을 구체화할 필요가 있음.

예시 3. 분석적 루브릭 + 특정 과업형 루브릭

- 활용 상황: 고등학교 사회과 수행평가
- 평가 과제: '현대 사회의 갈등 사례를 분석하고 해결 방안을 제시하는 보고서' 작성
- 특정한 수행 과제에 맞춘 특정 과업형 루브릭이 필요하고, 사례 분석, 해결 방안 제시, 자료 활용 등 구체적인 평가 요소를 명확하게 진단하기 위해 분석적 루브릭이 적합하다.
- 특정 과제에 특화된 루브릭이지만 항목 구성은 분석적으로, 평가의 명료성과 피드백 가능성을 동시에 확보한다.

평가 요소/ 수행 수준	매우 우수	우수	보통	미흡
갈등 사례 이해 및 분석	갈등 사례의 배경, 원인, 관련 주제를 명확하고 깊이 있게 분석하였으며, 사회적 맥락과 인과관계가 논리적으로 잘 드러남.	갈등의 주요 원인과 관련 요소를 논리적으로 설명하였으나 일부 세부 분석이 부족함.	사례는 제시하였으나 원인과 관련 주제의 설명이 단편적임. → 자료를 더 탐색하고 갈등 구조를 체계적으로 정리할 필요가 있음.	사례 설명이 부정확하거나 불완전하여 갈등의 본질 이해가 어려움. → 사례 선정의 타당성을 점검하고 기본 정보를 정확히 조사할 필요가 있음.
해결 방안의 타당성과 창의성	현실적 근거와 사회 구조를 고려한 해결 방안을 창의적으로 제시하였으며, 실현 가능성과 효과성 설명이 구체적임.	현실적이고 타당한 해결 방안을 제시하였으나 창의성 또는 구체성 부분이 다소 부족함.	해결 방안을 제시하였으나 실현 가능성·구체성이 낮음. → 다양한 이해관계자의 입장을 고려하고 방안의 실행 과정을 구체화할 필요가 있음.	해결 방안이 비현실적이거나 제시되지 않았음. → 문제 해결을 위한 책임감 있는 태도와 분석적 사고가 요구됨.

자료 활용 및 보고서 구성	공신력 있는 자료를 정확히 활용하고 출처를 명확히 표기하였으며, 보고서가 서론-본론-결론 구조로 논리적이고 일관되게 구성됨.	자료 활용과 구성은 전반적으로 적절하나 일부 출처 표기나 내용 연결이 미흡함.	자료를 사용하였으나 분석 없이 인용하거나 출처가 불분명함. → 자료의 신뢰성을 검토하고 자신의 분석을 덧붙일 필요가 있음.	자료 활용이 거의 없거나 구조 없이 작성되어 신뢰성이 낮음. → 기본적인 보고서 형식과 자료 조사 방법을 익히고 성실한 준비가 필요함.

예시 4. 분석적 루브릭 + 일반적 루브릭

- 활용 상황: 초등학교 5학년 협동학습 활동
- 평가 과제: 모둠별로 문제 해결 과정을 토의하고 공동 보고서 작성
- 다양한 활동 상황에 반복적으로 적용할 수 있는 일반적 루브릭이 필요하고, 각 평가 요소(참여도, 의사소통, 협력 등)를 구체적으로 평가하기 위해 분석적 루브릭이 적합하다.
- 이 루브릭은 다양한 교과(사회, 과학, 도덕 등)의 협동 활동에 반복 적용 가능하며, 자기평가나 동료평가에서도 활용할 수 있다.

평가 요소/ 수행 수준	매우 우수	우수	보통	미흡
역할 분담과 참여도	자발적으로 역할을 맡고 적극적으로 과정을 주도하며, 팀의 몰입을 이끎.	맡은 역할을 중심적으로 수행하며 공동 과업에 책임감을 보임.	역할을 수행하였으나 소극적인 태도가 나타났으며, 주도성은 낮음. → 스스로의 기여도를 점검하고 책임감을 높일 필요가 있음.	역할 수행이 드러나지 않음. → 간단한 역할부터 시도하며 참여 경험을 축적할 필요가 있음.
의사소통	의견을 논리적으로 조직하여 전달하고, 타인의 의견을 존중하며 조율함.	자신의 의견을 설명하고, 타인의 의견을 수용함.	의견을 제시하였으나, 타인의 의견을 반영하거나 조율하는 데 어려움이 있음. 또는 자신의 의견 제시가 미흡하였으나, 타인의 의견을 존중하며 수용함. → 경청과 질문을 통해 상호 소통을 연습할 필요가 있음.	의견 제시가 드물었으며, 의사소통에 소극적인 태도가 나타남. → 생각을 간단히 말하는 연습부터 시도할 필요가 있음.
협력 태도	갈등을 조율하고 팀원의 입장을 고려하며 공동 목표 달성에 기여함.	협력하여 과제를 완수하였으며, 전반적으로 원활한 상호작용을 보임.	협력에 일부 참여하였으나 편향적 참여나 소극적 태도가 나타남. → 타인의 입장을 고려하며 공동 문제 해결에 참여할 필요가 있음.	협력하는 태도가 잘 드러나지 않음. → 소규모 활동에서의 역할 수행을 통해 협력 경험을 늘릴 필요가 있음.

물론 교육 현장은 단순한 이분법으로 구분될 수 있는 구조가 아니다. 실제 수업에서는 역량을 평가함과 동시에 교과 내용의 이해, 적용, 그리고 이에 대한 적절한 피드백 제공까지 요구되는 복합적 평가 상황이 빈번하게 발생한다. 예를 들어 수학 교과에서 '문제 해결력'이나 '수학적 사고력'과 같은 역량은 **일반적 루브릭**을 활용해 장기적으로 관찰하고 진단하며, 그 과정에서 개별 학습자의 전략과 사고 과정에 대한 피드백이 함께 제공되어야 한다. 반면 '배수의 개념 이해'나 '최소공배수의 실생활 적용'과 같은 구체적인 학습 내용은 **특정 과업형 루브릭**을 통해 정확히 진단할 수 있다.

평가 요소/ 수행 수준	매우 우수	우수	보통	미흡
배수의 개념 이해 (특정 과업형)	다양한 수의 배수를 정확히 구별하며, 배수 개념을 명확히 이해하고 문제 상황에 적절히 적용함.	배수 개념을 이해하고 적용할 수 있으며, 대부분의 상황에서 정확하게 활용함.	배수 개념을 이해하고 있으나 일부 혼동이나 적용 오류가 드러남. → 정확한 적용을 위한 점검이 필요함.	배수 개념이 불명확하거나 반복적으로 오류가 있음. → 개념을 다시 정리하고 적용해보는 연습이 필요함.
최소공배수의 실생활 적용 (특정 과업형)	최소공배수의 필요성과 개념을 정확히 이해하고, 일상 사례(예: 청소 주기 등)에 자연스럽게 연결함.	최소공배수 개념을 이해하고 실생활 예시로 적절히 적용함.	개념은 이해했으나 예시 연결이 다소 부정확하거나 부자연스러움. → 적용 사례 탐색 연습 필요함.	개념 이해 및 실생활 적용 모두에 어려움이 있음. → 예시와 개념을 함께 연결하는 연습이 필요함.
수학적 문제 해결 과정 (일반적)	문제 상황을 수학적으로 정확히 분석하고, 절차에 따라 체계적으로 해결함.	해결 절차가 대부분 타당하고, 과정과 결과의 연결이 분명하게 드러남.	해결 절차가 다소 누락되거나 실수가 있음. → 절차적 정교함을 위한 보완 필요함.	문제 해결 과정이 전체적으로 미흡하거나 방향 설정에 어려움을 보임. → 절차의 흐름을 구조화하는 연습이 필요함.
수학적 표현력 및 설명 (일반적)	수학적 언어로 생각을 명확히 설명하고, 시각 자료(표, 그림 등)도 효과적으로 활용함.	설명이 명확하고 대부분의 시각 자료 활용이 적절함.	설명에 일부 누락이 있거나 시각 자료가 제한적으로 활용됨. → 전달력을 높이는 연습 필요함.	설명이 거의 없거나 표현이 비논리적임. → 자신의 생각을 언어화하는 기초 연습 필요함.

▲ 분석적 루브릭 형식에 특정 과업형 루브릭과 일반적 루브릭 평가 요소가 혼합된 예시

이러한 통합적 접근은 각 루브릭 유형의 장점을 조합하여 평가의 타당성과 실용성을 동시에 확보할 수 있도록 돕는다. 결국 루브릭은 고정된 형식을 일률적으로 적용하는 기준표가 아니라, 교사의 교육적 판단과 수업 맥락에 따라 유연하게 설계되고 조정되어야 하는 실천적 평가 도구임을 인식할 필요가 있다.

나. 루브릭, 오해를 넘어 이해로

1) 정량적 개수 세기는 하면 안 되는가?

루브릭은 일반적으로 평가 요소(Criteria)를 모아 놓은 하나의 종합세트며, 각 평가 요소에 기반해 학생의 수행을 수준별로 기술한 것이다(수전 M. 브룩하트, 2022). 여기서 '수준별 기술'이란 단순한 점수 부여가 아닌, 각 성취수준에 대한 질적 기술(qualitative descriptions)을 의미한다.

하지만 실제 여러 학교의 평가 계획을 살펴보던 중, 여전히 다수의 평가에서 정답 수나 요소 개수 등 단순한 '개수 세기' 중심의 평가가 활용되고 있음을 확인할 수 있었다.

평가 요소/ 수행 수준	매우 잘함	잘함	보통	노력요함
대화를 듣고 이해하기	대화를 듣고 알맞은 그림을 5개 모두 바르게 고를 수 있다.	대화를 듣고 알맞은 그림을 4개 바르게 고를 수 있다.	대화를 듣고 알맞은 그림을 2~3개 바르게 고를 수 있다.	대화를 듣고 알맞은 그림을 1개 이하로 고를 수 있다.

▲ 영어과에 적용된 개수 세기 평가 기준 예시

처음에는 '왜 개수 세기를 하면 안 되는 걸까?'라는 의문이 들었다. 많이 썼다는 것은 잘했다는 증거로 여겨지기 쉬우며, 실제로 많은 교사들이 이러한 직관에 따라 평가 기준을 세우곤 한다. 앞서 살펴본 루브릭처럼 5개 이상 고르면 '매우 잘함', 4개는 '잘함', 2~3개는 '보통', 1개 이하는 '노력 요함'이라는 방식은 수행 결과의 정확도나 양을 기준으로 성취수준을 구분한다. 이러한 정량 중심의 루브릭은 평가자 간 일관성을 확보하고 학생에게 명확한 기대치를 제공한다는 점에서 분명한 장점이 있다.

그러나 문제는 이 방식이 학습자가 과제를 어떻게 수행했는가, 즉 사고 과정, 전략, 개념적 이해와 같은 질적 요소를 반영하지 못한다는 점에 있다.

루브릭을 연구해 나가는 과정에서 필자는 평가의 본질에 대해 깊은 성찰의 기회를 갖게 되었다. 특히 'Ⅲ-5-가-3)-(1) 루브릭의 차별성'에서 언급했던 영어 단어 시험처럼 단순히 정답 개수를 세는 방식의 양적 평가 상황에서 느꼈던 불편함이 다시 떠올랐다. '얼마나 많이 맞췄는가'에만 초점을 맞춘 평가가 학생의 이해 수준이나 사고 과정을 충분히 반영하지 못하며, 그러한 평가 방식이 주는 기계적이고 획일적인 피드백에 깊은 회의를 가졌다. 이러한 경험은 루브릭이 강조하는 질적인 평가, 즉 학생의 수행을 서술적으로 기술하고 그 특성을 파악하는 방식의 중요성에 공감하게 된 계기가 되었다.

그리하여 필자는 한동안 루브릭 설계 시 '개수 세기', 즉 정량적 기준은 반드시 배제해야 한다고 여겼다. 그러나 루브릭을 실제 수업 장면과 다양한 문항 유형 속에서 적용해 나가면서, 곧 혼란스러운 상황에 직면하게 되었다. 특정한 문항 맥락에서는 '아이디어의 개수', '대안의 수', '관점의 수' 등과 같은 정량적 요소가 오히려 질적 수행을 반영하는 지표로 기능할 수 있다는 가능성을 발견하게 된 것이다. 이 경험은 필자에게 루브릭의 설계에서 중요한 것은 '정량적 기준의 유무'가 아니라, 그것이 어떤 교육적 맥락에서 어떻게 기능하는가에 있다는 점을 일깨워주었다. 정량적 요소가 단순한 수행 결과의 양을 계량화하는 도구에 머무른다면, 그것은 여전히 질적 평가의 길을 막는 요소일 수 있다. 그러나 그것이 사고의 구조, 탐색의 폭, 이해의 수준을 질적으로 설명하는 보조적 역할을 할 수 있다면, 그것은 루브릭 안에서 충분히 유의미한 평가 요소가 될 수 있다.

평가 요소/수행 수준	우수	보통	미흡
다양한 아이디어 제시	주제와 관련된 설득 논거 아이디어를 3개 이상 제시함.	주제와 관련된 설득 논거 아이디어를 2개 제시함.	주제와 관련된 설득 논거 아이디어 1개 이하 또는 없음.

▲ 질적 수준의 차이를 드러내는 정량적 채점 기준 예시

루브릭은 일반적으로 수행의 질적 특성을 기술하고 평가하는 데 초점을 두는 도구로 인식되지만, 모든 평가 상황에서 정량적 기준이 배제되어야 한다는 해석은 오히려 평가의 실천적 유연성을 제한할 수 있다. 특히 브레인스토밍과 같은 사고 확장의 초기 단계에서는, 수행의 양이 학습자의 사고 폭을 가늠하는 유의미한 지표로 기능할 수 있으며, 이 경우 정량적 기준이 효과적인 평가 요소로 작동할 수 있다.

실제로 안드라데(Andrade, 2000)는 루브릭 구성 시 정량적 기준(예 항목 수, 예시 수 등)의 활용 가능성을 부정하지 않으며, 그것이 학습자의 참여를 유도하고 사고를 확장하는 방향으로 설계된다면 유익한 도구가 될 수 있음을 언급한다. 이는 브레인스토밍과 같은 창의적 발산을 중시하는 상황에서는, 초기부터 질적 평가를 강조하는 것이 오히려 사고를 위축시키는 역효과를 초래할 수 있음을 시사한다. 반면, 일정 수준 이상의 아이디어 개수를 요구하는 명확한 정량 기준은 학습자의 인지적 활동을 활성화하고, 평가의 기대 수준을 구체화하는 데 기여할 수 있다.

따라서 이와 같은 루브릭은 단순히 수행을 수치로 환산하는 평가도구가 아니라, 사고의 확장을 유도하고 학습의 방향성을 안내하는 기능을 한다. 이는 루브릭이 질적 기술만을 고집하기보다, 맥락과 목표에 따라 정량·정성 요소를 적절히 통합하는 평가 문해력을 기반으로 설계되어야 함을 보여주는 사례라 할 수 있다.

교육학자 브루크하트(Brookhart, 2013)는 정량적 루브릭이 본질적으로 잘못된 것이 아니라, 언제 어떻게 활용하는가가 핵심이라고 강조한다. 루브릭의 정량적 요소가 학습자의 수행을 수치로 표현하더라도, 그것이 수업 목표와 평가 목적에 부합하며 학습을 촉진한다면 그 자체로 유의미할 수 있다는 것이다. 위긴스(Wiggins, 1998) 역시 "정확하고 신뢰할 수 있는 평가란 학습자의 수행을 실제 맥락에서 이해할 수 있는 방식으로 분석하는 것이다"라고 말하며, 평가가 단순 점수 부여가 아니라 수행의 의미와 맥락을 포착하는 도구가 되어야 함을 강조한다. 이는 정량적 기준도 평가의 본질적 목적을 해치지 않고, 오히려 이를 명확히 전달하는 수단이 될 수 있음을 시사한다.

적합한 경우	부적합한 경우
아이디어 확장, 기초자료 정리, 반복 학습, 체크리스트 기반 활동 등 **수행의 양과 참여도가 주요한 경우**	창의성, 표현력, 감정이입, 문제 해결력 등 **질적 판단과 개인의 내면적 표현이 핵심인 경우**
필요 조건	
정량 기준과 함께 질적 설명을 병기하고, 해당 기준의 교육적 목적을 명확히 설정할 것	

▲ 정량적 루브릭 활용 시 고려해야 할 요소

이제 정량적 루브릭이 효과적인 경우와 그렇지 않은 경우를 여러 교과에 걸쳐 살펴보자. 먼저, 정량적 루브릭이 효과적으로 작동하는 상황부터 검토한 후, 그 한계와 부적절한 적용 사례에 대해서도 살펴보겠다.

교과	상황	정량적 루브릭 예시(간략)[4]	이유
수학	수학 문제 풀이 과정에서 전략의 다양성 탐색	문제 해결을 위해 서로 다른 수학적 개념 또는 접근 방식을 바탕으로 한 풀이를 **구체적이고 논리적으로 2가지 이상** 제시함(3점), 비교적 명확한 대안 풀이를 **1가지** 제시함(2점), 풀이가 **1가지 이하이거나**, 동일한 방식의 반복, 또는 풀이 과정이 불분명함(1점)	다양한 사고 전략을 촉진하고, 사고 확장을 유도하기 위한 목적에 부합
과학	실험 보고서 작성 중 관찰 항목 기록	실험에서 다양한 시각과 기준으로 관찰한 내용을 **구체적으로 5개 이상** 기술함(3점), 관찰의 다양성이 일부 드러나며 **3~4개** 기술함(2점), 단편적이거나 유사한 관찰을 **1~2개만** 기술함(1점)	과학적 관찰력을 기르고, 실험 과정 참여도를 정량적으로 반영하는 데 적절
사회	탐구 주제 관련 정보 수집 활동	관련 자료(기사, 통계, 사례 등)를 3개 이상 수집하여 정리함(3점), 2개(2점), 1개 이하(1점)	정보 탐색과 자료 수집 능력을 양적으로 요구하는 활동에 적절
체육	체력 평가(예 윗몸일으키기, 오래달리기 등)	일정 횟수 이상 수행 시 해당 점수 부여 예 윗몸일으키기 30회 이상(4점), 20회 이상(3점), 10회 이상(2점), 10회 미만(1점)	체력 요소는 정량 기준 자체가 성취 수준을 의미하므로 적합
미술	아이디어 스케치 단계에서 다양한 시도 평가	주제 표현을 위한 시안 드로잉을 3개 이상 제시(3점), 2개 이상(2점), 1개 이하(1점)	최종 결과물이 아닌, 사고와 시도의 폭을 평가하는 데 정량 기준이 유효
음악	리듬 패턴 만들기 활동에서 시도 횟수 평가	서로 다른 리듬 패턴을 3개 이상 만들어봄(3점), 2개 이상(2점), 1개 이하(1점)	창작 활동 초기에 다양한 시도를 요구할 때 정량적 기준이 동기 유발에 도움

▲ 정량적 루브릭이 효과적인 경우

이렇듯 정량적 루브릭은 수행의 양, 참여 빈도, 결과물의 개수 등과 같이 수치화가 가능한 요소를 평가할 때 명료성과 객관성을 확보하는 데 효과적이다.

반면 창의성, 비판적 사고, 문제 해결력과 같은 질적 특성이 중심이 되는 학습 성과는 정량적 루브릭만으로는 충분히 평가하기 어렵다. 이러한 역량은 단순히 몇 개를 맞혔는지, 얼마나 많이 작성했는지와 같은 점수화 중심의 기준으로 환원될 수 없으며 학습자의 사고 과정, 독창적 접근, 탐구의 깊이와 같은 본질적인 학습 경험을 놓칠 위험이 있다.

교과	상황	정량적 루브릭 예시(간략)	수정 제안 이유	수정안
수학	창의적 문제 해결 능력 평가	독창적인 해결 아이디어를 2개 이상 작성(3점), 1가지(2점), 없음(1점)	창의성은 질적 요소이며, 단순 수량으로 환산할 수 없음	창의적 사고의 '독창성', '적절성', '다양성'을 기준으로 평가 예 문제 해결 전략이 새롭고, 문제 상황에 적절하며, 다양한 시도가 포함되어 있음(3점)
과학	실험 결과 분석 및 결론 도출 평가	결론 문장을 4문장 이상 작성(3점), 2~3개(2점), 1개 이하(1점)	과학적 사고는 논리와 정당성이 중요하며, 문장 수는 부차적임	실험 결과 해석의 논리성과 타당성을 평가 예 실험 결과와 관련 개념을 연결하여 논리적 결론을 명확히 도출함(3점)

[4] 표를 간략하게 표현하기 위해 정량적 기준 중심으로 서술하며, 질적 설명을 대부분 생략하였다. 실제 사용 시에는 수학, 과학 예시처럼 질적 설명을 함께 기술해야 한다.

사회	사회 현안에 대한 비판적 의견 제시	찬반 근거를 각각 2개 이상 제시(3점), 1가지(2점), 없음(1점)	비판적 사고는 근거의 질과 논리성이 핵심이며, 수량 기준은 피상적 판단 유도 가능성	관점의 근거가 다양하고, 신뢰 가능한 정보에 기반하며, 주장의 타당성을 효과적으로 강화하는지 평가 예 타당한 사회 자료를 근거로 하여 관점을 논리적으로 설명함(3점)
체육	운동 수행 능력 평가	기술 동작을 5회 이상 반복(3점), 3~4회(2점), 1~2회(1점)	수행의 정확성, 자세, 흐름 등이 중요하며 단순 반복 횟수는 기술 숙련도를 적절히 반영하지 못함	수행의 '정확성', '안정성', '흐름'을 종합적으로 평가 예 기술 동작이 안정적이며 정확하고, 전체 흐름이 자연스러움(3점)
미술	표현력 평가	질감 표현 기법을 3가지 이상 사용(3점), 2가지 이상(2점), 1개 이하(1점)	질감 기법의 수보다 작품 의도와의 조화, 표현 효과의 적절성이 더 중요	작품의 의도에 맞는 질감 표현을 적절하게 선택하고 효과적으로 활용했는지 평가 예 주제 의도를 잘 드러내는 다양한 질감 기법을 조화롭게 적용함(3점)
음악	감상 활동 평가	악곡에서 들은 악기 이름을 5개 이상 쓰기(3점), 3~4개(2점), 2개 이하(1점)	음악 감상의 핵심은 느낌, 구조, 표현 요소의 인식과 해석이며, 단순 열거는 피상적 이해를 유도함	음악적 요소에 대한 인식과 해석 수준을 평가 예 악기의 역할과 곡 전체의 분위기에 대한 통찰이 담긴 감상 표현(3점)

▲ 정량적 루브릭을 지양해야 할 상황과 수정안

이렇듯 창의성, 비판적 사고, 성찰과 같은 역량을 평가할 때는 정량적 루브릭만으로는 한계가 있다. 따라서 이러한 경우에는 질적 평가 요소를 반드시 함께 고려해야 한다. 정량적 루브릭이 평가 기준의 구조화와 일관성을 확보하는 데 강점을 지닌다면, 정성적 평가는 학습자의 이해 깊이와 변화 과정을 섬세하게 포착하는 데 적합하다.

이러한 점을 이해하고 나니, 겉으로는 단순한 체크리스트처럼 보이던 루브릭도 얼마나 잘했는가 보다는 '어떻게 배우고 성장했는가'를 드러내는 장치로 설계되어야 함을 깨닫게 되었다. 그렇게 정량과 정성의 균형을 바라보는 관점이 확장되면서, 그동안 형식적이라 여겨졌던 체크리스트형 루브릭의 필요성과 의미도 더욱 분명해졌다.

2) 루브릭에 체크리스트가 필요한가?

처음 체크리스트가 포함된 루브릭을 접했을 때는 다소 낯설게 느껴졌다. 그러나 곧 이 루브릭이 학생에게는 자신의 수행을 스스로 점검하는 자가 진단 도구로, 교사에게는 평가 기준을 명확히 하고 체계적인 피드백을 제공하는 설명 도구로 기능한다는 점에서 매우 인상 깊게 다가왔다.

각 평가 요소가 구체적으로 나뉘어 있고, 수준별 진술 또한 명료하게 제시되어 있어 학생들은 자신의 강점과 보완점을 명확히 인식할 수 있으며, 교사는 학습자의 수행을 일관성 있게 평가하고 그에 따른 지도 방향을 설정하는 데 실질적인 도움을 받을 수 있다. 특히 체크박스 형태는 평가 과정을 시각화하여 학습자와 교사 모두에게 평가의 투명성과 신뢰도를 높여주는 역할을 한다.

분석적 루브릭 예시

평가 요소/수준	매우 잘함	잘함	향상 필요
이야기의 3요소	이야기의 3요소를 모두 표현했다.	이야기의 3요소 중 2가지만 표현했다.	이야기의 3요소 중 1가지 이하로 표현했다.
	☐ ① 인물 ☐ ② 사건 ☐ ③ 배경		
이야기의 형식	이야기의 4단계를 모두 사용해 썼다.	이야기의 4단계 중 2~3개 단계를 사용해 썼다.	이야기의 4단계 중 1개 이하를 사용해 썼다.
	☑ 해당 사항에 ✓ 표시 ☐ ① 이야기를 시작하고 배경과 인물을 설명하는 단계 ☐ ② 사건이 일어나기 시작하는 단계 ☐ ③ 등장인물의 갈등이 꼭대기에 이르는 단계 ☐ ④ 사건을 마무리하는 단계		
표현하기(내용) - 일상적 경험의 가치 표현 - 주제 표현 및 공감 - 창의성	자신이 겪은 일에서 발견한 가치를 이야기로 썼으며, 주제가 명확하고 공감이 가서 재미있게 읽힘	일상적 경험 표현, 이야기 주제, 공감과 재미 중 2가지 요소가 나타나 있다.	일상적 경험 표현, 이야기 주제, 공감과 재미 중 1가지 이하의 요소가 나타나 있다.
	☑ 해당 사항에 ✓ 표시 ☐ ① 자신의 일상적 경험에서 발견한 가치 표현 (예) 즐거웠던 일, 감동받았던 일, 슬펐던 일, 속상했던 일, 부끄러웠던 일, 흥미로웠던 일 등) ☐ ② 이야기에 주제가 명확하게 드러남 ☐ ③ 이야기에 공감이 가서 재미있게 읽힘		

▲ 분석적 채점기준표 예시(최무연, 2024)

그런데 이 루브릭을 살펴보면서 몇 가지를 보완한다면 더욱 의미 있는 도구가 될 수 있겠다는 생각도 들었다. 원래 좋은 재료를 보면 더 새롭게 다듬고 창작해 보고 싶은 마음이 들지 않던가? 그런 마음으로, 내가 실제 수업에서 학생들에게 제공하고 싶은 형태로 이 루브릭을 수정해 보았다.

루브릭에 대해 공부하면 할수록, 루브릭은 단순히 정답이 있는 문서라기보다는 교사의 교육 철학과 수업관이 녹아드는 하나의 수업 설계도와 같다는 생각을 하게 된다.

평가 요소/수준	매우 잘함	잘함	향상 필요
이야기의 3요소 (분석적)	인물, 사건, 배경이 모두 자연스럽고 구체적으로 표현되며 이야기 속에서 유기적으로 연결되어 있다. → 각 요소가 효과적으로 연결되어 이야기를 풍부하게 만들었는가?	3요소 중 2가지 이상이 드러나 있으며, 일부 요소는 단편적이거나 연결이 부족하다. → 어떤 요소가 부족하며 어떻게 더 잘 표현할 수 있을까?	3요소 중 1가지 이하만 표현되었고, 독자가 이해하기 어렵다. → 이야기를 풍부하게 하기 위해 어떤 요소를 추가하면 좋을까?
	☐ ① 인물 ☐ ② 사건 ☐ ③ 배경		
이야기의 형식 (분석적)	이야기의 발단-전개-절정-결말 구조가 명확하며 자연스럽게 전개된다. → 단계 간 전개가 매끄러운가?	이야기 구조가 있으나 단계 간 전환이 다소 약하거나 일부 누락되어 있다. → 전환이 어색한 부분은 어디인가?	구조가 불분명하거나 핵심 단계가 빠져 있다. → 이야기를 재구성한다면 어떤 부분들을 보완해야 할까?

이야기의 형식 (분석적)	☑ 해당 사항에 ✓ 표시 □ ① 발단- 이야기를 시작하고 배경과 인물을 설명하는 단계 □ ② 전개- 사건이 일어나기 시작하는 단계 □ ③ 절정- 등장인물의 갈등이 꼭대기에 이르는 단계 □ ④ 결말- 사건을 마무리하는 단계		
표현하기(내용) - 일상적 경험의 가치 표현 - 주제 표현 및 공감 - 창의성 (분석적)	경험에서 얻은 가치를 창의적이고 생생하게 표현했으며, 감정이 잘 전달된다. → 어떤 표현이 독자의 감정이나 상상을 자극한다고 느껴졌나요?	경험과 주제가 드러나지만 표현이나 감정 전달이 다소 약하다. → 어떤 요소가 보완되면 표현력을 높일 수 있을까?	내용이 피상적이거나 감정 표현이 부족하여 공감하기 어렵다. → 주제와 감정 표현을 어떻게 명확히 할 수 있을까?
	☑ 해당 사항에 ✓ 표시 □ 가치가 드러남 □ 창의성 있음 □ 감정 표현 설득력 있음		
종합적 완성도 (전체 흐름 + 몰입도) (총체적)	전체 이야기의 흐름과 표현이 조화롭게 어우러져, 독자의 몰입을 유도하고 의미가 깊게 전달된다. → 글을 처음부터 끝까지 읽었을 때, 어떤 점이 이야기의 매력을 높였다고 생각하나요?	전체적인 흐름은 있으나 일부 연결이 어색하거나 표현에 일관성이 부족하다. → 흐름을 개선하거나 메시지를 더 선명하게 할 수 있는 부분은?	이야기의 완성도가 낮고, 연결이 끊기거나 몰입이 어렵다. → 이야기를 처음부터 끝까지 다시 읽고 수정할 부분은 어디인가?
	□ 이야기 흐름이 자연스러웠는가? □ 감정과 주제가 이야기 전체에 일관되게 녹아 있었는가? □ 내가 전달하고자 한 메시지가 글 속에서 분명하게 드러났는가?		

▲ 루브릭 수정안 예시_피드백 '질문' 및 '종합적 완성도' 평가 요소 추가

수정한 루브릭은 기존 루브릭이 가진 구조적 명료성과 요소 중심 평가의 강점을 유지하되, 학습자의 수행을 더욱 전체적으로 이해할 수 있도록 개선하고자 한 시도이다. 기존 루브릭이 이야기의 요소, 구조, 표현 등 개별 항목에 집중하여 비교적 객관적인 평가를 가능하게 했다면, 이번 개선안은 여기에 '종합적 완성도' 항목을 추가하여 이야기 전체의 흐름, 몰입감, 감정과 메시지의 전달을 함께 고려할 수 있도록 범위를 조금 넓혀 보았다. 이는 학습자의 글을 단순히 요소 충족 여부로만 평가하기보다, 작품의 통합성과 표현의 조화를 함께 바라보려는 방향에서 비롯된 변화이다.

또한 각 수행 수준에는 점수 대신 피드백 중심의 문장을 포함하여, 평가가 결과 제시에 그치지 않고 학생과 교사 간의 대화로 이어질 수 있도록 구성하였다. 특히 '매우 잘함' 수준에서도 질문을 포함한 것은 잘한 학생에게도 사고 확장의 기회를 주기 위한 의도에서 비롯된 것이다.

하지만 이와 같은 루브릭은 학생들에게는 매우 유용한 학습 도구가 되지만, 이를 설계하고 적용하는 교사에게는 현실적으로 큰 부담이 될 수 있다. 필자도 점점 더 정교하고 복잡해지는 루브릭 사례들을 접하면서, '이렇게까지 만들어서 실제 수업에서 활용할 수 있을까?'라는 의문을 가졌던 경험이 있다. 그러나 이러한 고민은 최근 **생성형 AI의 도움으로 충분히 해소 가능하다**는 점에서 새로운 가능성을 보여준다. 반복적이고 구조화된 루브릭 설계 작업은 Ⅳ장과 Ⅴ장의 사례처럼 생성형 AI를 활용해 일정 부분 자동화할 수 있으며, 교사는 그 결과물을 자신만의 교육 맥락에 맞게 조정하는 데 집중할 수 있다.

다. 루브릭, 무엇을 어떻게 평가할 것인가를 다시 묻다

이번 장에서는 루브릭을 통한 평가가 실제 수업 장면에서 어떤 어려움과 고민을 동반하는지를 살펴보며, 루브릭이 단순히 '형식'이 아니라 '교육 철학'이 반영되는 도구임을 함께 성찰하고자 한다.

1) 교사마다 채점 결과가 다르다

2022 개정 교육과정에서 강조하는 서논술형 평가는 학생의 생각하는 과정과 표현하는 능력을 평가하기 위한 시도이지만, 실제 교실에서는 여전히 정답 중심 채점의 관성을 벗어나지 못하는 경우가 많다. 집필진들이 실제로 논의하였던 수학 서술형 문항 채점과 관련된 문제 상황을 보고 생각해 보기 바란다.

한 학생은 '최소공배수를 구하라'는 문제에서 6의 배수 중 18을 16으로 잘못 적었고, 그로 인해 이어지는 공배수와 최소공배수 문제의 답이 정답과 달랐다.

성취기준: [6수01-03] 배수, 공배수, 최소공배수의 의미를 알고 구할 수 있다.

1. 다음 문제를 읽고, 단계에 따라 최소공배수를 구하시오.
　(1) 다음 두 수의 배수를 작은 수부터 10개 쓰시오.
　　*6의 배수: 6, 12, 16(답: 18), 24, 30, 36, 42, 48, 54, 60
　　*9의 배수: 9, 18, 27, 36, 45, 54, 63, 72, 81, 90
　(2) 위에서 찾은 6과 9의 공배수를 쓰시오. (36, 54) (답: 18, 36, 54)
　(3) (2)에서 찾은 공배수 중, 최소공배수를 찾아 쓰시오. (36) (답: 18)

▲ 수학과 성취기준 및 문항, 학생 응답 예시

동일한 문항에 대해 세 교사가 서로 다른 채점 기준과 해석을 제시하였다. 왜 교사마다 채점 결과가 달라지는 것일까? 과연 이처럼 다르게 채점해도 괜찮은 것인지, 한편으로는 교육의 공정성과 신뢰성에 대한 의문이 들며 다소 충격적으로 느껴지기도 했다.

각 교사의 입장을 읽고, 자신이라면 어떻게 채점할 것인지에 대해 생각해 보기 바란다.

1. 다음 문제를 읽고, 단계에 따라 최소공배수를 구하시오. [6점]
　(1) 다음 두 수의 배수를 작은 수부터 10개 쓰시오. (2점)
　　*6의 배수: 6, 12, 16(답: 18), 24, 30, 36, 42, 48, 54, 60
　　*9의 배수: 9, 18, 27, 36, 45, 54, 63, 72, 81, 90
　(2) 위에서 찾은 6과 9의 공배수를 모두 쓰시오. (2점) (36, 54) (답: 18, 36, 54)
　(3) (2)에서 찾은 공배수 중, 최소공배수를 찾아 쓰시오. (2점) (36) (답: 18)

▲ 학생의 문제 풀이 예시(①, ②번 교사의 점수 부여 방식의 문항 설계)

[①번 교사 의견]

"이 문항에 부여된 배점은 각각 2점씩으로 (1)번 문항에서 2가지 중, 9의 배수만 제대로 썼으므로 1점이다. 이 문제에서 **-5점이 감점**되어 다음에 이어지는 2~5번의 응용 문제를 다 맞아도 '매우 잘함'이 될 수는 없다. 실수도 실력이다. 정답이 틀린 것을 맞았다고 할 수는 없다."

[②번 교사 의견]

"(1)번 문항에서 2가지 중, 9의 배수만 제대로 썼으므로 1점이다. (1)번 문항에서 실수가 있었지만, (1)에 쓴 배수를 바탕으로 공배수와 최대공약수를 썼으므로 공배수와 최대공약수에 대한 개념을 이해하고 있는 것으로 판단된다.

그러므로 이 학생은 이 문제에서 **-1점 감점**되어 최종 점수는 5점이다. 물론 평가기준안과 정답의 비고 사항에 '정답이 (1)에서 찾은 배수를 바탕으로 공배수와 최소공배수를 도출할 경우 정답 처리'라는 문구 입력이 필요하다. 다음에 이어지는 2~5번의 응용 문제를 다 맞으면, '매우 잘함'이 된다."

[③번 교사 의견]

"문항별 배점은 없으며, 평가 요소를 바탕으로 분석적 루브릭으로 다음과 같이 채점된다."

평가 요소/수준	우수(3점)	보통(2점)	미흡(1점)
배수 개념의 이해 및 적용	배수의 개념을 정확히 이해하고, 두 수의 배수를 오류 없이 도출함	배수의 개념을 전반적으로 이해하고 있으나 계산 실수가 있음	배수의 개념에 대한 이해가 부족하거나, 반복적으로 오류가 나타남
공배수 도출을 위한 수학적 추론력	두 수의 배수 집합에서 공통 배수를 정확히 추론함	공배수 개념을 이해하였으나 일부 놓치거나 잘못 포함함	공배수의 의미를 이해하지 못하거나, 임의의 수를 선택함
최소공배수 개념에 따른 판단 능력	공배수 중 가장 작은 수를 정확히 판단함	공배수를 추출했으나, 그 중 최소공배수를 잘못 판단함	공배수를 바탕으로 한 논리적 판단이 부족하거나, 개념 적용 실패

▲ ③번 교사의 평가안(분석적 루브릭 형식)

> 나라면 이렇게 채점하겠다. 왜냐하면,

결국 ①~③번 교사의 채점 기준은 단순한 점수 산출의 차원을 넘어, 각 **교사가 지닌 평가 철학과 학습에 대한 관점의 차이를 반영**한다. 루브릭을 적용하는 과정에서 교사는 기존에 갖고 있던 신념 ― 예를 들어 '실수도 실력이다'라는 성취 지향적 관점, 또는 '과정 속 이해를 존중한다'는 성장 지향적 관점 ― 을 재검토하게 된다.

또한 '오류없이'라는 표현이 "대체로 잘"로 기술된다면 이 학생은 '배수 개념의 이해 및 적용' 평가 요소에서 '우수'로 평가 결과가 달라진다. 이렇듯 같은 루브릭이라 하더라도 교사마다 해석과 적용이 달라질 수 있다는 점에서, 루브릭은 **객관화된 기준이면서도 동시에 해석을 요하는 교육적 도구**임을 보여준다.

이 문항은 채점이 까다로운 반응 확장형이나 복잡한 서논술형 문항도 아니었다. 오히려 정답 해석에 여지가 거의 없는, 매우 명확한 형태의 문항이었다. 그럼에도 불구하고 놀랍게도 동일한 문항과 정답을 두고도 평가 결과는 쉽게 일치하지 않았다. 단순히 점수의 차이가 아니라, 정답에 대한 해석과 평가의 기준 자체가 교사마다 상이했던 것이다. 특히 ①번 교사의 채점 방식보다 ②번과 ③번 교사의 방식이 더 교육적으로 타당하다는 결론에 이르기까지는 짧지 않은 논의와 설득, 그리고 기준을 재조정하는 과정이 필요했다.

이 경험은 실제 학교 현장에서 루브릭 기반 평가를 적용할 때, 평가자 간 관점 차이로 인한 갈등이 발생할 수 있음을 현실적으로 보여준다.

①번 교사의 채점 방식은 정답 중심의 전통적 평가관에 근거한다. 이 방식은 문항별 정답 여부에 따라 점수를 부여하고, 계산 실수도 실력으로 간주하여 감점의 근거로 삼는다. 특히 선행 문항에서 오류가 있을 경우, 이후 문항에서의 답이 개념적으로 옳더라도 정답으로 인정하지 않는 계단식 감점 방식을 택하고 있다. 이런 방식은 지필 평가에서 객관성을 확보하는 데 효과적일 수 있으나, 다음과 같은 측면에서 교육적 타당성이 낮다.

첫째, 이 방식은 학생의 개념적 이해와 논리적 사고 과정을 고려하지 않고, 단지 정답 도출 여부만을 판단의 기준으로 삼는다. 예를 들어, 학생이 배수를 일부 잘못 계산했더라도, 공배수나 최소공배수의 의미를 바르게 이해하고 해당 범위 내에서 정답을 추론했다면, 이는 분명히 수학적 개념에 대한 이해를 보여주는 수행이다. 그럼에도 불구하고 단일 실수로 인해 전체 과정이 부정되는 채점은 수행 평가의 본질에 부합하지 않는다.

둘째, 이러한 전통적 채점은 수행의 다양성과 학생 개개인의 사고 수준을 반영하지 못한다. 동일한 결과를 도출하더라도 접근 방식이나 사고의 깊이가 다를 수 있는데, 단순히 결과 중심으로 채점하게 되면 과정 중심의 교육이 무의미해진다. 이는 '공정해 보이지만 실제로는 불공정한 평가'가 될 수 있다. 모든 학생에게 같은 기준을 적용한다는 측면에서 '공정'해 보이지만, 학습자의 다양한 수행 양상을 고려하지 못한다. 실제로는 '정의로운 평가'가 아닌 형식적 공정성에 머무르는 '획일적인 평가'에 머무를 가능성이 높다.

셋째, 학습의 성장과 피드백 기능이 사라진다. 단지 '맞았다'와 '틀렸다'는 이분법적 판정은 학생에게 왜 틀렸는지, 무엇을 보완해야 하는지를 알려주지 않는다. 평가가 수업의 연장이 되어야 한다는 교육 과정의 방향과 달리, 전통적 채점은 평가를 학습의 종결로 만들 위험이 크다. 이는 학습 동기를 떨어뜨리고, 특히 실수를 반복하는 학생은 수학을 어렵고 부정적으로 느끼게 될 가능성이 커진다.

그러면 ①번 교사가 루브릭을 제작하여 채점한다면 어떨까?

평가 요소/수행 수준	우수(2점)	보통(1점)	미흡(0점)
배수의 계산 정확성	두 수의 배수를 정확히 모두 도출함	일부 누락이나 오류 있음	다수 오류, 계산 원리 적용 실패
공배수 도출	정확한 배수를 바탕으로 공배수 모두 도출함	일부 공배수 누락	공배수를 거의 도출하지 못함
최소공배수 판단	공배수 중 가장 작은 수를 정확히 선택함	최소공배수 선택에 오류 있음	의미를 잘못 이해하거나 임의의 수 선택

▲ ①번 교사의 채점 방식: 정답 중심 루브릭 예시

①번 교사의 루브릭에 대해 어떻게 생각하는가? 평가 요소를 나누고 수행 수준에 따라 점수를 배정한 체계를 가지고 있다는 점에서 루브릭이라 할 수 있다. 하지만 이 루브릭은 전통적 정답 중심 평가의 틀을 그대로 반영한 것으로, **루브릭을 사용했다고 해서 평가 철학이 자동으로 전환된 것은 아니다.**

반면, ②번 교사는 루브릭을 제작하지 않았지만 학생의 이해 수준과 사고의 논리성을 바탕으로 채점했으며, 개념 적용의 정확성과 문제 해결 과정을 함께 고려하여 판단했다. 이 접근은 ③번 교사의 분석적 루브릭 채점 방식과 거의 유사하다.

여기서 중요한 시사점이 있다. 루브릭의 핵심은 그 '존재 여부'가 아니라, **어떻게 설계하고 어떤 관점으로 적용하느냐**에 있다. 다시 말해, 평가자의 전문성과 교육철학이 반영된 판단 기준이 루브릭의 본질을 결정한다. 단순히 세분화된 평가표를 만든다고 해서 그것이 학습의 과정을 담아내거나 수업의 본질을 반영하는 루브릭이 되는 것은 아니다. 따라서 우리는 "루브릭을 도입하는 것 자체가 평가 혁신이다"라는 오해에서 벗어나야 한다. **루브릭은 '도입'이 아니라 '운용'의 철학에 따라 그 진정한 가치가 드러난다.**

이제 논의를 조금 더 구체적으로 이어가 보자. 만약 이 학생이 이후 응용 문항인 2~5번에서도 같은 유형의 계산 실수를 반복한다면, 앞서 유사하게 채점하던 ②번과 ③번 교사의 방식은 점차 달라지기 시작한다.

②번 교사는 문항별 배점 기준에 따라 실수가 나올 때마다 감점을 누적 적용할 것이다. 반면 ③번 교사는 점수 중심이 아닌 분석적 루브릭을 바탕으로 평가하기 때문에, "개념은 전반적으로 이해하였으나 계산 과정에서 지속적인 오류가 있음(보통)"으로 판단하며 수행 수준 자체는 변경하지 않을 가능성이 높다.

그렇다면 반복된 계산 실수에 대해 어느 평가 방식이 더 타당하다고 볼 수 있을까?

> 나는 (②, ③)번 교사의 채점이 타당하고 생각한다. 왜냐하면,

이 사례는 단일 문항의 채점을 넘어, 반복적인 수행 오류와 그에 대한 해석이 평가 방식에 따라 어떻게 달라질 수 있는지를 보여준다. ②번 교사는 각 문항의 정답 여부에 따라 감점을 누적하는 방식으로 채점하는 전통적인 점수 중심 평가 접근이다. 이 방식은 문항별 수행의 정확성에 대한 책임을 분명히 하고 채점의 객관성과 일관성을 확보하기 용이하다는 장점이 있다. 그러나 학생의 오류 유형이나 개념 이해의 수준을 세밀하게 구분하지 못하기 때문에, 반복된 계산 실수로 인해 실제 역량보다 낮은 평가를 받을 위험이 존재한다.

반면 ③번 교사는 수학 개념 이해와 적용, 계산의 정확성 등 분석적 루브릭의 평가 요소에 따라 수행을 판단하고 있다. 이 접근은 2022 개정 교육과정의 지식·이해(약수와 배수), 과정·기능(자연수, 분수, 소수, 사칙계산을 실생활 및 타 교과와 연결하여 문제해결하기), 과정·기능(사칙계산의 의미와 계산 원리를 탐구하고 계산하기) 내용 요소에 기반하여 평가하는 방식인 것이다.

평가 요소/수행 수준	우수(3점)	미흡(1점)	미흡(0점)	교육과정 내용 요소
배수 및 약수 개념 이해와 적용	배수 및 약수의 개념을 명확히 이해하고 적용함	개념은 이해하였으나 일부 계산 오류나 적용 착오가 있음	개념에 대한 이해가 부족하거나 반복적인 오류가 나타남	지식·이해(약수와 배수) 과정·기능(실생활 연결하여 문제해결하기)
공배수/공약수/최소공배수/최대공약수 개념 적용	공배수·공약수 개념을 정확히 이해하고 실생활 문제나 문항에 적절히 적용함	공배수·공약수의 개념은 이해했으나 적용에 일부 오류가 있음	공배수·공약수의 의미를 명확히 알지 못하거나 임의로 수를 선택함	지식·이해(약수와 배수) 과정·기능(실생활 연결하여 문제해결하기)
계산의 정확성	계산 절차가 정확하며, 모든 단계에서 오류 없이 수행함	계산 과정에 실수가 일부 있으나 전체 결과를 도출하는 데 큰 지장은 없음	계산 과정이 전반적으로 정확하지 않으며, 절차 이행이 미흡함	과정·기능(사직계산의 의미와 계산 원리를 탐구하고 계산하기)

▲ 교육과정 내용 요소를 반영한 '배수와 약수' 단원의 분석적 루브릭 예시

물론 ③번 교사가 만든 1번 문항(배수, 공배수, 최소공배수 구하기)의 루브릭은 다른 문항(약수, 공약수, 최대공약수, 배수와 약수의 활용, 공약수와 공배수의 활용, 최대공약수와 최소공배수의 활용)까지 모두 담긴 루브릭으로 앞의 예시처럼 통합하여 활용할 수도 있다.

이 과정에서 교사는 평가의 목적과 수업의 초점에 따라 각 평가 요소에 점수를 차등 부여할 수 있다. 예를 들어, '계산의 정확성'이 이 평가에서 핵심 요소가 아니라고 판단될 경우, 해당 요소의 비중을 낮추어 반영하는 방식으로 조절할 수 있다.

평가 요소/수행 수준	매우 우수(4점)	우수(3점)	보통(2점)	노력(1점)
배수 및 약수 개념 이해와 적용 (특정 과업형)	배수 및 약수의 개념을 명확히 이해하고, 다양한 상황에 유연하게 적용함	개념을 정확히 이해하고 두 수의 배수와 약수를 오류 없이 도출함	개념은 이해하였으나 일부 계산 오류나 적용 착오가 있음	개념에 대한 이해 부족, 반복적 오류가 나타남
공배수/공약수/최소공배수/최대공약수 개념 적용 (특정 과업형)	공배수·공약수 개념을 통합적으로 이해하고 실생활 문제에 창의적으로 적용함	배수·공약수 개념을 정확히 이해하고 실생활 예나 문항에 적절히 적용함	공배수·공약수 개념은 이해했으나 적용에 일부 오류가 있음	공배수·공약수 개념을 명확히 알지 못하거나 임의로 수를 선택함
계산의 정확성 (일반적)		계산 절차에 일부 실수가 있으나 결과 도출에는 큰 지장 없음	계산 과정에 반복적 실수가 나타나며 흐름이 끊어짐	계산 오류로 인해 문제해결이 어려움, 절차 수행 미흡

▲ 중요도에 따라 비중을 달리한 분석적 루브릭 예시

이렇듯 동일한 평가 문항과 같은 학생의 응답이라 하더라도, 교사가 어떤 평가 관점과 채점 기준을 갖고 있느냐에 따라 루브릭의 구성과 적용 방식은 크게 달라질 수 있다. 이는 단순한 점수의 차이를 넘어 평가의 타당도, 공정성, 신뢰도에 직접적인 영향을 미치며, 궁극적으로는 학생 학습에 대한 해석과 피드백 전반을 변화시키게 된다.

그런데 ③번과 비슷한 입장을 보였던 한 교사는 토의 과정에서 "미래 사회에서는 계산기와 AI 도구 활용이 보편화될 것이며, 계산 정확성은 더 이상 핵심 역량이 아닐 수 있다"고 주장하며 계산 오류에 대한 감점을 전혀 포함하지 않는 방식을 제시하였다.

이처럼 동일한 문제와 동일한 답안임에도 평가 결과가 '매우 잘함'부터 '노력 요함'까지 다양하게 분포하는 상황을 마주하면서, 나는 적지 않은 충격과 함께 강한 문제의식을 느꼈다. 과연 어떤 평가가 교육적으로 더 타당한가? 누구의 판단이 더 공정하고 신뢰할 수 있는가? 그리고 우리는 어떻게 평가자간 신뢰도(inter-rater reliability)를 높이면서도 타당도와 공정성을 함께 확보할 수 있을까?

2) 평가 결과를 어떻게 일치시킬 것인가?

평가 결과의 일치도를 높이기 위해 선행되어야 할 것은 **명확한 평가 기준의 공유와 해석의 일관화**이다. 루브릭이 존재한다고 해서 평가가 자동으로 동일해지는 것은 아니며, 하나의 성취기준도 평가자에 따라 다르게 해석될 수 있다. 따라서 루브릭은 '존재' 그 자체보다 **'공유-조정-합의'의 과정**이 중요하며, 이 과정에서 루브릭의 해석 가능성과 적용 방식에 대한 공통된 이해가 형성되어야 한다.

이를 실천하는 핵심 방법이 **채점자 간 협의(Rater Calibration)**이다. 처음에는 그 필요성을 분명히 느끼지 못했지만, 동일한 답안에 대해 교사마다 서로 다른 점수를 부여하는 상황을 직접 경험하면서 인식이 달라졌다. 협의는 단순히 점수를 '맞추는' 기술적 절차가 아니라, 평가 기준을 함께 해석하고, 평가의 철학을 공유하는 전문적 학습 공동체의 실천이라는 사실을 깨닫게 된 것이다.

교사 연수 현장에서도 비슷한 경험이 있었다. 대부분의 교사가 처음에는 앞의 수학 답안에 대해 B나 C로 평가했다. 그러나 루브릭의 의미와 평가 요소를 함께 분석하며 '무엇을 평가해야 하는가'와 '왜 그것이 타당한가'에 대해 심도 있는 논의를 이어나가자 관점이 달라지며, 결국 채점 결과가 달라졌다. 교사들은 논의 과정에서 채점 기준(수행 수준)에 대한 해석이 점차 수렴되었고, 최종적으로는 A 또는 B 수준으로 의견이 모였다. 결국 '채점자 간 협의'는 평가의 신뢰도를 높이는 기술적 절차를 넘어, 교육 철학을 공유하고 전문성을 심화하는 과정이다.

이러한 협의의 과정은 교사에게만 해당되지 않는다. 학생과 함께 루브릭을 공유하고, 예시 답안을 바탕으로 채점·토의 과정을 경험하게 하는 것 역시 평가의 신뢰도를 높이는 중요한 실천이다. 학생들은 평가 기준이 어떻게 적용되는지를 이해하게 되고, 평가 결과에 대한 수용성과 공정성 인식이 개선된다. 나아가 학생들은 평가를 결과가 아닌 하나의 학습 과정으로 이해하게 되고, 그만큼 불필요한 오해나 민원도 줄어들 수 있다. 교사와 학생이 같은 루브릭을 기준으로 사고하게 될 때, 학교 교육에 대한 신뢰 역시 조금씩 높아질 수 있으리라 기대한다.

3) 중요하지만 평가하지 않는 그것

2015 개정 교육과정에 이어 2022 개정 교육과정 역시 '역량 함양'을 핵심 목표로 삼고 있다. 그러나 실제로 교사들에게 교육과정의 목표를 물으면 정확히 답하지 못하는 경우가 대부분이었다. 목표를 충분히 이해하지 못한 채 평가를 설계하고 실행해 온 것은 아닌지에 대한 질문은 오랫동안 필자의 문제의식으로 남아 있다.

그렇다면 교육과정이 말하는 '역량'은 어떻게 평가할 수 있을까? 단편적인 지식의 정확성만을 측정하는 방식으로는 학생의 역량을 평가할 수 없으며, 이제는 학생이 실제 맥락 속에서 어떤 역량을 발휘하고 있는지, 그것이 어떻게 변화·성장하고 있는지를 관찰하고 지원하는 평가 체제가 필요하다.

그러나 2015 개정 교육과정에서는 여전히 성취기준 중심의 내용 평가에 머물렀고, '역량'은 선언적인 언어에 그쳤다. 만약 2022 개정 교육과정에서도 루브릭에 역량 요소를 실질적으로 반영하지 못한다면, 같은 한계를 반복하게 될 것이다. 이제 루브릭은 점수를 매기기 위한 채점표가 아니라, 교육과정의 핵심 가치인 '역량'을 구현하는 평가 도구가 되어야 한다.

'목표'는 총괄 목표와 세부 목표로 구성하였는데, 총괄 목표는 지식·이해, 과정·기능, 가치·태도를 통합적으로 학습하여 수학교과 역량을 함양하는 것으로, 세부 목표는 **문제해결, 추론, 의사소통, 연결, 정보처리** 역량을 각각 함양하는 것으로 설정하였다(교육부, 2022e).

▲ 수학과 교육과정 설계의 개요

2022 개정 수학과 교육과정은 '역량 중심'이라는 방향성을 구체화하기 위해, '총괄 목표'와 '세부 목표'의 이중 구조를 취하고 있다. **총괄 목표**는 학습자가 지식·이해, 과정·기능, 가치·태도를 통합적으로 학습함으로써 수학 교과의 전반적인 역량을 함양하는 데 목적을 두고 있으며, **세부 목표**는 이를 더욱 구체화하여 문제 해결, 추론, 의사소통, 연결, 정보 처리의 다섯 가지 역량을 각기 함양하는 데 초점을 맞추고 있다. 이처럼 목표 체계가 학습의 결과뿐 아니라 과정과 태도까지 포괄하고 있다는 점은, 평가 방식에서도 기존의 정답 중심 접근을 넘어서야 함을 강하게 시사한다.

이러한 목표 구조를 평가 설계에 충실히 반영하려면, 루브릭 역시 교과 역량을 중심에 두고 설계되어야 한다. 즉, 루브릭은 단순히 수행 결과의 정확성을 판별하는 기능에서 나아가, 학생이 문제를 해결하는 과정에서 어떤 전략을 사용했는지, 수학적 개념을 어떻게 연결하고 표현했는지, 타인과의 소통에서 어떤 태도를 보였는지 등 복합적이고 역동적인 학습 장면을 다층적으로 조망할 수 있는 도구가 되어야 한다. 이는 곧 역량의 본질을 포착하는 평가로 나아가기 위한 전환이며, 루브릭은 이러한 전환을 실현할 수 있는 가장 강력한 도구 중 하나다.

> **프롬프트**
>
> 앞의 루브릭을 수학과의 '문제해결, 추론, 의사소통, 연결, 정보처리 역량'에 중점을 두고 전문적으로 수정해서 제시해줘. 그리고 각 평가 요소가 어떤 역량과 관련 있는지 함께 정리해줘.

▲ 역량 중심 루브릭 재구성을 위한 프롬프트 예시

평가 요소/수행 수준 (수학과 역량)	우수(3점)	보통(2점)	미흡(1점)
배수 및 약수 개념 이해와 적용하기 (추론 / 문제 해결 / 정보 처리 역량)	배수 및 약수의 개념을 명확히 이해하고, 문제 상황에서 적절한 수학적 추론을 통해 효율적인 해결 전략을 선택하며, 정보를 정확히 해석하고 적용함	개념은 이해하였으나 일부 계산 오류나 적용 착오가 있으며, 해결 전략이 일관되지 않거나 비효율적임	개념에 대한 이해가 부족하거나 반복적인 오류가 나타나며, 추론이나 전략 없이 임의적으로 접근함
공배수/공약수/최소공배수/최대공약수 개념 적용하기 (문제 해결 / 연결 / 정보 처리 역량)	공배수·공약수 개념을 정확히 이해하고, 실생활 문제나 다양한 문맥에 연결하여 적용하며, 필요한 정보를 적절히 선택·조직하여 문제를 해결함	개념은 이해하였으나 실생활 문제나 문항에의 적용에서 오류가 있으며, 연결이 단편적이거나 정보 처리에 미흡함	개념을 명확히 알지 못하거나, 실생활 상황과의 연결이 부족하고, 정보를 제대로 해석하지 못함
수학적 표현과 의사 소통 능력 (의사소통 / 추론 역량)	자신의 생각을 수학적 용어와 표현을 활용하여 명확하게 설명하고, 다른 사람의 의견을 경청하며 수학적으로 타당한 근거로 응답함	수학적 표현이 부분적으로 사용되며, 자신의 생각을 부분적으로 설명하거나 의사소통이 일관되지 않음	수학적 용어나 표현이 거의 사용되지 않으며, 자신의 생각을 표현하거나 타인의 의견을 이해하는 데 어려움이 있음

▲ 역량 중심으로 보강된 루브릭 예시[5]

이처럼 역량 중심으로 정교화된 루브릭이 제시하는 방향을 따르다 보면, 수업의 형태 역시 자연스럽게 변화할 수밖에 없다. 예를 들어, '수학적 표현과 의사소통 능력'을 평가 요소로 삼는다면, 교사는 학생이 '자신의 생각을 수학적 용어와 표현으로 명확히 설명하고, 타인의 의견을 경청하며 수학적으로 타당한 근거로 응답할 수 있는 수준'에 이르도록 학습 경험을 체계적으로 설계해야 한다. 다시 말해, 루브릭이 평가 기준에서 그치는 것이 아니라, 수업의 목표와 활동 구성, 학생 상호작용 방식 전반에 걸쳐 변화를 유도하는 촉매로 작동하게 되는 것이다.

집필진들은 수차례의 논의를 거치며, 루브릭은 단순한 채점 도구가 아니라, **교사와 학생이 교육적 의미를 공유하고 깊이 있는 학습으로 나아가기 위한 '교육적 소통의 언어'**가 되어야 한다는 데 의견을 모았다. 결과 중심의 점수화를 넘어, 학생의 사고 과정, 개념 이해, 문제 해결력, 협업과 소통 능력 등 다양한 역량 요소를 담아내는 루브릭은, 평가의 언어를 더욱 풍부하고 다면적으로 바꿔낼 수 있다.

이를 실천하기 위해 교사는 각 교과의 지식·이해, 과정·기능, 가치·태도 영역을 통합적으로 반영한 수업과 평가를 설계해야 한다. 이러한 통합적 접근은 루브릭을 단순한 평가 도구가 아니라, 교사와 학생이 학습의 방향과 의미를 공유하며 수업을 재구조화하는 **전략적 사고의 틀**로 기능하게 만든다.

---

[5] 이 장에서는 ChatGPT 유료 버전(GPT-5)과 Gemini 무료 버전(2.5 Pro)을 사용하였다.

라. 깊이 있는 학습을 어떻게 실현할 것인가

2022 개정 교육과정은 단편적인 지식의 습득을 넘어서, 학습자가 삶의 맥락 속에서 학습 내용을 이해하고 적용하는 '깊이 있는 학습'을 강조한다. 이는 핵심 개념의 이해를 중심으로, 교과 간 연계와 통합, 삶과 연계한 학습, 학습 과정에 대한 성찰을 통해 학습의 의미를 스스로 구성하고 실제 문제 해결에 적용할 수 있는 역량을 기르는 것을 목표로 한다.

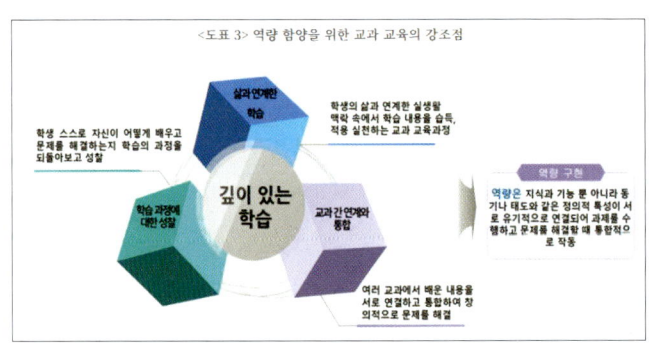

▲ 2022 개정 교육과정, 역량 함양을 위한 교과 교육의 강조점

'깊이 있는 학습'은 단순한 사실 기억이나 절차 숙달을 넘어, 핵심 개념을 중심으로 지식·기능·태도를 통합하여 새로운 맥락에 전이·적용할 수 있는 이해를 형성하는 과정을 뜻한다. 곧, 배운 것을 설명·정당화하고(왜 그런가), 다른 아이디어와 연결하며(무엇과 어떻게 연결되는가), 낯선 과제에도 원리를 옮겨 쓰는가(어디까지 확장되는가)를 지속적으로 드러내는 학습이다.

이러한 변화는 평가 방식에도 근본적인 전환을 요구한다. 더 이상 정답 여부만을 판단하는 평가로는 복합적인 역량을 포착할 수 없다. 따라서 루브릭도 단순히 "잘 수행했는가"를 구분하는 기준표가 아니라, 학생이 무엇을 어떻게 이해했는지, 그리고 그 이해가 왜 의미 있는지를 드러낼 수 있도록 설계되어야 한다는 것이다. 이를 위해서는 다음과 같은 평가 관점을 포함하는 서술이 필요하다.

평가 관점	의미	주요 관찰 요소
개념적 정당화	핵심 개념과 원리를 자신의 언어로 이해하고 설명하며, 그 근거를 제시할 수 있는가	- 개념을 단순 암기가 아닌 이해 기반으로 설명함 - 답변에 구체적 근거(사실·규칙·경험 등)가 제시됨
연결과 전이	학습한 개념을 다른 교과나 실생활 맥락으로 확장하고 새로운 문제 상황에 적용할 수 있는가	- 학습 내용을 다른 사례나 교과 지식과 연결함 - 실생활 문제 해결에 적용하려는 시도가 보임
추론과 의사소통	자신의 사고 과정을 논리적으로 전개하고, 타당한 이유와 반성을 포함하여 표현할 수 있는가	- 생각의 흐름이 명확하고 논리적으로 정리됨 - 자신의 선택 이유나 판단 근거를 타인에게 설명 가능함
태도와 성향	학습 과정에서의 성실성, 협업, 개선 의지 등 태도적 변화를 보여주는가	- 과제 수행에 지속적 참여와 성찰이 드러남 - 피드백을 수용하고 개선하려는 태도가 관찰됨

▲ 역량 중심 평가를 위한 루브릭의 평가 관점

이처럼 루브릭이 위와 같은 관점을 포함할 때, 수업과 평가를 잇는 다리가 되고, 학습의 방향을 안내하는 나침반의 역할을 할 수 있다.

1) 루브릭 설계를 위한 2022 개정 교육과정 이해

루브릭은 교육과정의 목표, 학습자의 발달 특성, 그리고 교사의 교육 철학이 녹아든 '구조화된 교육적 소통의 언어'다. 따라서 단순히 형식적인 틀을 채우는 것보다, 어떤 개념과 역량을 담아낼지에 대한 깊이 있는 해석과 설계가 더 중요하다.

"무엇을 이해했고, 왜 그렇게 생각하는지, 그리고 그 이해를 어디까지 확장할 수 있는지를 보여 달라"는 요구를 학생에게 하기 위해서는, 이를 설계하는 교사가 먼저 그 의미와 범위를 명확히 이해해야 한다. 그렇다면 학생이 '무엇'을 이해해야 하고, '왜' 이해해야 하는지에 대한 정보는 어디서 찾을 수 있을까? '확장'의 범위와 방향은 교육과정 재구성과 교사의 수업 맥락에 따라 달라질 수 있지만, '무엇'과 '왜'에 대한 핵심 정보는 교육과정 문서 속에서 확인할 수 있다.

특히 2022 개정 교육과정의 내용 체계와 성취기준은 루브릭 설계의 출발점이 된다. 내용 체계는 학습 내용을 조직하고 성취 목표를 설정하는 기본 틀로, 교과·학문의 하위 영역을 나타내는 '**영역**', 각 영역의 본질적 의미를 담은 '**핵심 아이디어**', 그리고 지식·이해, 과정·기능, 가치·태도로 구성된 '**내용 요소**'로 이루어진다.

성취기준은 이러한 내용 요소를 토대로 학생이 도달해야 할 학습 성과를 구체적으로 제시하며, '성취기준 해설과 적용 시 고려 사항'은 설정 취지, 학습 의도, 강조할 학습 경험 등을 보완적으로 안내한다.

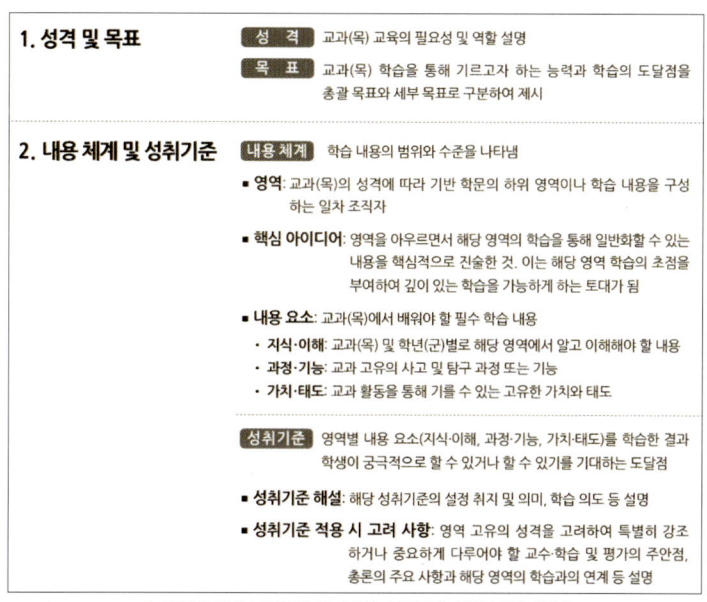

▲ 2022 개정 교육과정, 내용 체계 및 성취 기준 안내

초등학교 3학년 1학기 과학과 '4. 생물의 한살이' 단원을 예로 분석해 보자. 이 단원은 '생명' 영역에 속하므로, 해당 영역의 내용 체계표를 살펴보면 된다. 다음 이미지와 같이, 내용 체계표는 핵심 아이디어를 중심으로 제시되며, 학년군별로 구분된 내용이 하단에 '지식·이해, 과정·기능, 가치·태도'의 세 범주로 나누어 정리되어 있다.

범주	구분	학년(군)별 내용 요소		
		초등학교 3~4학년군	초등학교 5~6학년군	중학교 1~3학년
핵심 아이디어		• 생물은 세포로 이루어져 있고, 여러 구성 단계가 유기적으로 연관되어 있으며, 조화로운 작용을 통해 건강한 몸을 유지한다. • 식물은 광합성으로 양분을 만들며, 생물은 호흡을 통해 생명 활동에 필요한 에너지를 얻는다. • 동물은 다양한 감각 기관을 통해 자극을 받아들이고, 신경계와 호르몬의 작용을 통해 반응한다. • 생물은 생식을 통해 자손을 생산하고, 생물의 형질은 유전자에 의해 자손에게 전달되며, 생물의 유전 현상은 사람의 가계에서도 관찰된다. • 우리 주변의 다양한 생물은 환경과 영향을 주고받으며 밀접한 관계를 맺고 있으며, 생물다양성은 생태계와 인간의 삶과도 일접하게 관련되어 있다.		
지식·이해	생물의 구조와 에너지	• 동물의 생김새 • 식물의 생김새 • 균류, 원생생물, 세균의 특징	• 세포의 구조 • 뼈와 근육의 구조와 기능 • 소화·순환·호흡·배설 기관의 구조와 기능 • 뿌리, 줄기, 잎, 꽃의 구조와 기능 • 증산 작용 • 광합성 산물	• 세포와 생물 구성 단계 • 소화계, 순환계, 호흡계, 배설계의 구조와 기능 • 광합성 과정 • 광합성에 영향을 미치는 요인 • 식물의 호흡과 광합성의 관계
	항상성과 몸의 조절			• 감각 기관의 구조와 기능 • 뉴런과 신경계의 구조와 기능 • 자극에서 반응까지의 경로 • 호르몬에 의한 항상성 유지
	생명의 연속성	• 동물의 한살이 • 식물의 한살이 • 식물이 자라는 조건 • 다양한 환경에 사는 동물과 식물		• 세포분열 • 동물의 발생 과정 • 유전 형질과 유전 원리 • 변이와 생물다양성

▲ 2022 개정 교육과정, 과학과 생명 영역의 내용 체계(과정·기능, 가치·태도 범주 생략)

해당 영역의 내용 체계표에서 이 단원과 관련된 핵심 아이디어, 내용 요소를 추출한다. 특히 핵심 아이디어는 2022 개정 교육과정에서 새롭게 도입된 개념으로, 일부 교사에게는 다소 낯설 수 있다. 각 교과의 '일러두기'에 제시된 이 핵심 아이디어는 해당 교과 학습의 개념적 통합성과 수직적 연계성을 담은 핵심 구조다. 루브릭을 단순한 수행기준표가 아니라 왜 가르치고 배우는지를 이해하고 수업과 평가를 설계하는 도구로 만들기 위해서는, 이 핵심 아이디어를 학년 수준에 맞게 해석하고 반영하는 과정이 반드시 필요하다.

2) 교육의 이유, 핵심 아이디어[6]를 이해해야 한다.

수많은 교사들이 수행평가나 서논술형 평가를 설계하며 채점기준표(루브릭)를 만든다. 대개는 성취기준을 확인한 뒤, 그에 따라 평가 요소를 나열하고 각 요소별 수행 수준을 3단계 또는 4단계로 구분해 기술한다.

그러나 이러한 형식적 구성만으로는 2022 개정 교육과정이 강조하는 교과별 핵심 아이디어, 즉 '왜 이 학습을 하는가'라는 교육적 맥락을 충분히 반영하기 어렵다. 성취기준에만 기반을 둔 루브릭은 흔히 지식(내용)과 기능(방법)에 초점을 둔 '2차원 목표 구조'에 머무르기 쉽고, 이로 인해 학생의 수행 결과는 평가할 수 있더라도 사고의 흐름, 개념 간 연결 방식, 개념의 깊이 있는 이해까지는 포착하지 못할 가능성이 높다. 2022 개정 교육과정의 평가 설계는 단순히 학생이 '무엇을 했는가'를 확인

---

[6] 핵심 아이디어: 영역을 아우르면서 해당 영역의 학습을 통해 일반화할 수 있는 내용을 핵심적으로 진술한 것으로, 이는 해당 영역 학습의 초점을 부여하여 깊이 있는 학습을 가능하게 하는 토대가 된다(교육부, 2022).

하는 데 그치지 않고, '무엇을 어떻게 이해했고, 그 이해가 왜 중요한지를 설명할 수 있는가'까지 평가하는 방향으로 나아갈 필요가 있다.

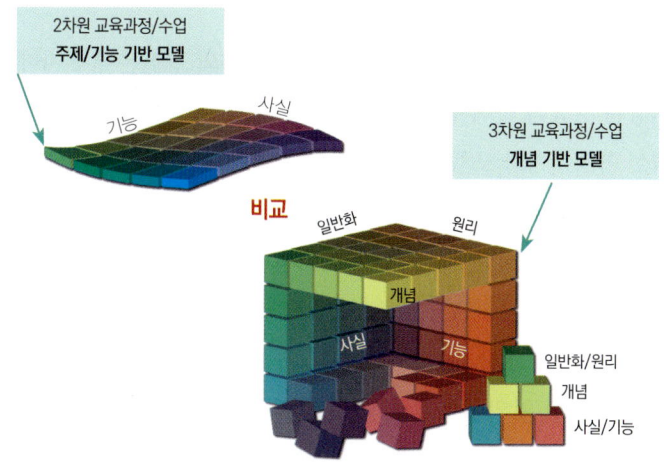

▲ 2차원 교육과정 수업 모델 vs 3차원 교육과정 수업 모델(Erickson et al., 2014)

동일한 성취기준을 바탕으로 하더라도, '정확히 수행했는가'를 중심에 둔 루브릭과 '핵심 개념을 어떻게 이해하고 연결했는가'를 중심에 둔 루브릭은 평가의 구조와 방향이 완전히 달라진다. 전자는 결과 중심의 수행 평가에 머물지만, 후자는 학습자의 사고 과정과 개념 간 관계 이해를 포착하려는 질적 평가에 가깝다.

이러한 차이를 더욱 구체적으로 확인하기 위해, 과학과 생명 영역을 예로 들어 살펴보자. 과학과에는 총 다섯 개의 핵심 아이디어가 제시되어 있으며, 각 단원의 주제나 내용 요소를 분석하면 이들이 어떤 핵심 아이디어와 연결되는지 확인할 수 있다. 이러한 연결 구조를 바탕으로 루브릭을 설계하면, 개념 이해와 사고 확장을 동시에 측정할 수 있는 기반이 한층 견고해진다.

예시 단원: 4. 생물의 한살이

핵심 아이디어
생물은 생식을 통해 자손을 생산하고, 생물의 형질은 유전자에 의해 자손에게 전달되며, 생물의 유전 현상은 사람의 가계에서도 관찰된다.

내용 요소

지식·이해	과정·기능	가치·태도
• 동물의 한살이 • 식물의 한살이 • 식물이 자라는 조건	• 생물 관찰 및 분류하기 • 모형으로 설명하기	• 자연과 과학의 감수성

성취기준
- [4과04-01] 동물의 한살이를 직접 관찰하고, 관찰한 내용을 글과 그림으로 표현할 수 있다.
- [4과04-02] 식물이 자라는 데 필요한 조건을 찾는 실험을 설계하여 수행할 수 있다.
- [4과04-03] 생물의 한살이 과정을 조사하여 생물에 따라 한살이의 유형이 다양함을 소개하는 자료를 만들어 공유할 수 있다.

▲ 3학년 생물의 한살이 단원 내용 체계 정리표

핵심 아이디어는 단원의 지식이 존재하는 이유이자 학습의 방향을 제시하는 개념적 나침반이다. 즉, 학생이 배워야 할 내용을 단순한 사실의 나열이 아닌 "왜 이것을 배워야 하는가"라는 질문으로 확장시키며, 학습의 본질적 의미를 제공한다.

결국 이 단원은 "생물은 생식을 통해 자손을 생산하고, 생물의 형질은 유전자에 의해 자손에게 전달되며, 생물의 유전 현상은 사람의 가계에서도 관찰된다"는 것을 이해하기 위한 학습 과정이다.

주목할 점은 이 핵심 아이디어가 초등학교 3학년부터 중학교 3학년까지 동일하게 제시된다는 사실이다. 이는 교육과정이 학습자의 인지 발달 수준에 따라 개념을 점차 정교화하되, 핵심 개념 자체는 일관되게 유지한다는 의도를 반영한다. 따라서 루브릭 설계자는 성취기준만이 아니라 핵심 아이디어를 토대로 해당 단원에서 어떤 개념적 이해가 학습자의 수준에 맞게 구현되어야 하는지를 판단하고 이를 평가 요소에 반영해야 한다.

하지만 많은 교사들이 **핵심 아이디어를 학년 수준에 맞게 변환**하는 과정에서 어려움을 겪는다. 특히, 개념의 깊이와 범위를 학년 발달 단계에 적합하게 조정하는 일은 경험과 전문성이 요구되기 때문이다. 만약 아직 학년 수준의 핵심 아이디어로 구체화하기 어렵다면, 다음과 같은 프롬프트를 활용해 도움을 받을 수 있다. 이 프롬프트에는 이해를 돕기 위한 설명과 조건이 포함되어 있으므로, 필요에 따라 내용을 단순화하거나 새로운 조건을 추가해 응용하기 바란다.

프롬프트 다음 자료를 바탕으로 초등학교 3학년 수준의 '일반화 문장'❼을 한 줄로 제시해 주세요.

#조건
- '내용 요소'와 '성취기준'의 범위 안에서만 문장을 구성할 것
- '핵심 아이디어'에 포함된 내용이라도, 내용 요소·성취기준에 없는 개념은 제외
- '학생용 문장'과 '전문적 문장'을 각각 제시
- 개념 간 관계를 기반으로 한 전문적 설명 포함
- 일반화 문장에 포함하지 않아야 할 개념 목록도 제시

#자료
[핵심 아이디어]: 생물은 생식을 통해 자손을 생산하고, 형질은 유전자에 의해 자손에게 전달되며, 생물의 유전 현상은 사람의 가계에서도 관찰된다.
[내용 요소]: 동물의 한살이, 식물의 한살이, 식물이 자라는 조건, 생물 관찰 및 분류, 모형으로 설명하기, 자연과 과학의 감수성
[성취기준]: 동물의 한살이를 직접 관찰하고, 관찰한 내용을 글과 그림으로 표현할 수 있다. 식물이 자라는데 필요한 조건을 찾는 실험을 설계하여 수행할 수 있다. 생물의 한살이 과정을 조사하여 생물에 따라 한살이의 유형이 다양함을 소개하는 자료를 만들어 공유할 수 있다.

응답

학생용 문장 (한 줄)
동물과 식물은 각자 정해진 순서에 따라 자라나며(한살이), 종류에 따라 그 과정과 모습이 다양합니다.
전문적 문장 (한 줄)
모든 생물은 고유한 한살이 과정을 거치며, 생물 종에 따라 그 한살이의 유형은 다양하게 나타난다.

▲ 학년에 맞게 재구성한 핵심 아이디어 응답 일부만 발췌

❼ 개념기반 교육과정에서 '일반화'는 2022 개정 교육과정의 '핵심 아이디어'와 동일한 개념이다. 간혹 '핵심 아이디어'가 잘 도출되지 않을 경우, '일반화'라는 용어를 이용하길 권한다.

이렇게 학년 수준에 맞게 재구성된 **핵심 아이디어**는 각 성취기준에 제시된 지식과 기능을 **왜 학습해야 하는지**에 대한 근거를 제공하며, 동시에 학생들이 **개념적으로 무엇을 이해 하기를 바라는지**에 대한 방향을 명확히 제시해 준다.

[핵심 아이디어]: 생물은 생식을 통해 자손을 생산하고, 형질은 유전자에 의해 자손에게 전달되며, 생물의 유전 현상은 사람의 가계에서도 관찰된다.
[학년에 맞게 재구성한 핵심 아이디어]
모든 생물은 고유한 한살이 과정을 거치며, 생물 종에 따라 그 한살이의 유형은 다양하게 나타난다.
[개념적 이해를 포함해 재구성한 성취기준]
- [4과04-01] 모든 생물은 고유한 한살이 과정을 거친다는 것을 이해하기 위해 동물의 한살이를 직접 관찰하고, 관찰한 내용을 글과 그림으로 표현할 수 있다.
- [4과04-02] 식물이 자라는 데 필요한 조건을 찾는 실험을 설계하여 수행할 수 있다.
- [4과04-03] 생물 종에 따라 그 한살이의 유형은 다양하게 나타난다는 것을 이해하기 위해 생물의 한살이 과정을 조사하여 생물에 따라 한살이의 유형이 다양함을 소개하는 자료를 만들어 공유할 수 있다.

▲ 핵심 아이디어를 반영한 성취기준 재구성안 예시(1)

그런데 여기서 우리가 주목해야 할 부분이 있다. '[4과04-02] 식물이 자라는 데 필요한 조건을 찾는 실험을 설계하여 수행할 수 있다.' 앞서 제시한 핵심 아이디어와 직접적으로 연결 지어 그 목적을 찾기 어렵다. 그 이유는, 이 성취기준이 해당 영역의 다른 핵심 아이디어와 관련되어 있기 때문이다. 실제로, 교과서의 한 단원이라 하더라도 2~3개의 핵심 아이디어와 복합적으로 연계되어 있을 수 있다.

[핵심 아이디어 1]: 생물은 생식을 통해 자손을 생산하고, 형질은 유전자에 의해 자손에게 전달되며, 생물의 유전 현상은 사람의 가계에서도 관찰된다.
[핵심 아이디어 2]: 우리 주변의 다양한 생물은 환경과 영향을 주고받으며 밀접한 관계를 맺고 있으며, 생물다양성은 생태계와 인간의 삶과도 밀접하게 관련되어 있다.
[내용 요소]: 식물이 자라는 조건(지식·이해), 문제를 해결하기 위한 탐구 설계하기(과정·기능)
[학년에 맞게 재구성한 핵심 아이디어]
생물의 특성이 자손에게 전달되지만, 그 특성이 온전히 발현되기 위해서는 환경적 요인이 중요하다.
[개념적 이해를 포함해 재구성한 성취기준]
- [4과04-02] 생물의 특성이 자손에게 전달되지만, 그 특성이 온전히 발현되기 위해서는 환경적 요인이 중요하다는 것을 이해하기 위해, 식물이 자라는 데 필요한 조건을 찾는 실험을 설계하여 수행할 수 있다.

▲ 핵심 아이디어를 반영한 성취기준 재구성안 예시(2)

성취기준이 제시하는 수행의 형태는 핵심 아이디어가 제공하는 개념적 토대 위에서 의미를 갖게 되고, 내용 요소는 그 이해가 다루어질 지식의 범위와 구체성을 보완한다. 따라서 교사는 교육과정 문서를 해석할 때, 각 성취기준을 관련 핵심 아이디어와 매칭하여 개념적 이해를 포함한 형태로 재구성해야 한다. 이렇게 설계된 루브릭은 학생에게 단순한 수행 지시를 넘어, 개념을 이해하고 이를 설명하며, 새로운 맥락에 확장 적용할 수 있는 역량을 요구하는 평가로 기능하게 된다.

3) 개념적 이해 기반 평가: 루브릭이 완전히 달라진다

같은 성취기준이라 하더라도, 루브릭이 어떤 사고를 유도하고 어떤 언어로 학생의 수행을 안내하느냐에 따라 평가의 방향은 전혀 다른 결과를 낳을 수 있다. 아래는 같은 성취기준을 기반으로 설계했지만, 평가 지향점에 따라 루브릭이 어떻게 달라지는지를 비교한 예이다.

관점	결과 중심 루브릭	개념적 이해를 포함한 루브릭
성취기준	[4과04-01] 동물의 한살이를 직접 관찰하고, 관찰한 내용을 글과 그림으로 표현할 수 있다.	모든 생물은 고유한 한살이 과정을 거친다는 것을 이해하기 위해 동물의 한살이를 직접 관찰하고, 관찰한 내용을 글과 그림으로 표현할 수 있다.
평가 요소	배추흰나비 한살이 관찰의 정확성, 표현 충실성	한살이 개념 구조의 이해, 생명의 순환 개념 적용, 비교 및 개념어 사용
수준 설명	단계별로 관찰 내용을 빠짐없이 기록했는가? 관찰한 대상을 얼마나 자세히 묘사했는가?	생명의 순환 구조를 설명했는가? 성장과 번식의 개념을 어떻게 연결해 서술했는가?
학습 유도 방향	정확하게 관찰하고, 보기 좋게 정리하며 표현해보자	왜 생물마다 한살이가 다른가?, 공통점은 무엇인가? 등을 탐구하고, 한살이 과정을 모형으로 정리하고 설명해보자

▲ 평가 지향점에 따라 달라지는 루브릭 비교

결과 중심 루브릭이 학생에게 "정확하게 보고, 잘 표현하라"는 수행을 요구한다면, 개념적 이해를 포함한 루브릭은 "비교하고 해석하며, 개념적으로 설명하라"는 사고의 방향을 제시한다. 이처럼 동일한 성취기준을 바탕으로 설계되었더라도, 루브릭이 사용하는 평가의 언어는 전혀 달라질 수 있다. 다시 말해, 루브릭은 학생에게 무엇을 하게 할 것인가를 넘어서, 그 수행을 통해 무엇을 이해하고 어떤 사고 구조를 형성하게 할 것인가를 설계하는 도구라고 볼 수 있다.

따라서 좋은 루브릭은 겉으로 드러난 수행만 평가하는 것이 아니라, 학생의 개념적 이해와 사고의 깊이에 도달할 수 있도록 정교한 관찰과 인지적 탐구를 동시에 유도하는 구조를 갖추어야 한다.

마. 교육과정 이해를 넘어 교육과정 비틀기

　핵심 아이디어를 기반으로 성취기준을 재구성하면, 교사는 '무엇을 왜 가르치는지'를 분명히 이해하고, 활동이 아닌 목적에 부합하는 발문·활동·평가를 설계할 가능성이 높아진다. 그러나 여기서 멈추면 여전히 교육 목표는 지식·이해 중심에 머물 수 있다. 현재의 교육과정 구조는 대체로 **지식·이해 → 과정·기능 → 가치·태도**의 순서를 전제로 한다. 이는 '지식을 먼저 습득한 뒤, 그 지식을 활용하는 기능을 기르고, 최종적으로 바람직한 태도를 형성한다'는 전통적인 교육 패러다임에 뿌리를 두고 있다.

　하지만 AI 시대에 이 순서는 더 이상 설득력이 약하다. 지식의 생산과 검색이 즉각적으로 이루어지는 시대에는, **가치·태도**가 학습의 출발점이자 방향을 결정하는 나침반이 되어야 한다. 학생이 무엇을 배우고, 어떤 선택을 하며, 어떤 영향을 세상에 미칠지를 판단하는 기준은 지식 자체가 아니라 내면화된 가치와 태도에서 비롯된다. 그 위에서야 비로소 **과정·기능**이 의미를 갖는다. 문제를 탐구하고, 타인과 협력하며, 새로운 가치를 창출하는 힘은 올바른 가치관이 뒷받침될 때 비로소 지속 가능하다. 마지막으로, **지식·이해**는 이러한 가치와 기능을 실현하기 위한 '연료'로서, 필요할 때 탐색·활용되는 역동적인 자원이 된다.

　이러한 관점은 **국제 바칼로레아**(IB) 프로그램의 교육 철학에서도 일정 부분 확인할 수 있다. IB는 학습자상(Learner Profile)을 통해 교육의 출발점을 지식의 전달보다는 가치와 태도의 형성에 두려는 경향을 보인다. 이후 ATL(Approaches to Learning)을 통해 탐구, 의사소통, 자기관리 등과 같은 학습 기능과 전략적 역량을 강조하며, 지식은 이 과정을 뒷받침하는 요소로 위치한다.

　즉, IB는 전통적인 '지식 → 기능 → 태도'의 위계가 아니라, '가치와 태도 → 학습 기능 → 지식'이라는 흐름을 중심에 두어 학습자가 개념 이해를 넘어 전인적 성장을 추구할 수 있는 구조를 제안한다고 볼 수 있다. 이러한 접근은 지식을 학습의 최종 목표로 보는 것이 아니라, 가치를 기반으로 한 탐구와 실행의 과정 속에서 지식을 활용하도록 설계되어 있다는 점에서 시사점을 제공한다.[8]

　이 지점에서 우리는 비판적으로 질문해야 한다. "AI 시대에 여전히 지식·기능·태도의 순서로 구성된 교육과정이 최선인가?" 지식을 언제든 즉시 획득할 수 있는 환경에서, 가치와 기능보다 지식을 우선시하는 설계는 학생들이 주체적으로 사고하고 선택하는 힘을 약화 시킬 수 있다. 더욱이, 루브릭이 지식·기능 위주로만 구성된다면, 그것은 단지 정답을 재현하게 하는 도구로 전락할 위험이 있다. 반대로, 가치와 태도를 출발점으로 삼고, 기능과 지식을 그 구현 수단으로 설계한 루브릭은 학생이 "무엇을 할 수 있는가"를 넘어 "무엇을 위해, 어떻게 살아갈 것인가"를 성찰하게 한다.

　그렇다면 이를 실제 수업 설계에 맞게 어떻게 재구성할 수 있을까?

　일반적으로 내용 요소는 학년군별로 나뉘어, 각 교과의 영역별 내용 체계표에 제시되어있다. 이 중 지식·이해 영역의 내용 요소는 모든 교과에서 학년군별로 구체적으로 나누어 제시된다. 반면, 다음

---

[8] 물론 이것이 IB가 더 우월하다거나 그대로 따라야 한다는 의미는 아니다. 다만 필자가 현장에서 느껴온 교육과 평가 간의 엇박자, 즉 가치는 말로만 강조되고 실제 수업과 평가는 여전히 지식·기능에 머무르는 현실을 IB의 관점을 통해 더 분명하게 자각하게 되었을 뿐이다.

예시처럼 과정·기능 영역은 교과에 따라 초등학교와 중학교로만 구분하여 제시되는 경우도 있으며, 가치·태도 영역은 초등학교부터 중학교까지 동일한 내용 요소로 제시되기도 한다.

내용 요소 범주	초등학교 3~6학년	중학교 1~3학년
과정·기능	- 자연과 일상생활에서 생명 현상 관련 문제 인식하기 - 문제를 해결하기 위한 탐구 설계하기 - 생물 관찰 및 분류하기 - 자료 조사 및 해석하기 - 모형으로 설명하기 - 자신의 생각과 주장을 과학적 언어를 사용하여 협력적 소통하기	- 생물 특징과 생명 활동 관계 추론하기 - 생물 분류하기 - 생명 현상 관찰을 토대로 문제를 인식하고 가설 설정하기 - 관찰, 측정, 분류, 예측, 추리 등을 통해 자료를 수집·비교·분석하기 - 적절한 변인을 포함하여 탐구 설계하기 - 탐구 결과를 해석하여 결론 도출하기 - 모형을 만들어 생명 현상을 설명하거나 예측하기 - 협력적 소통하기
가치·태도	- 과학의 심미적 가치 - 과학 유용성 - 자연과 과학에 대한 감수성 - 과학 창의성 - 과학 활동의 윤리성 - 과학 문제 해결에 대한 개방성 - 안전·지속 가능한 사회에 기여 - 과학 문화 향유	

▲ 과학과 생명 영역의 내용 요소 정리표(지식·이해 내용 요소 생략)

이 두 요소는 학습자의 발달 수준, 교육과정 재구성의 방향, 그리고 교사가 기르고자 하는 핵심 역량에 따라 적절히 선택·조정하는 과정이 필요하다. 따라서 실제 수업 맥락과 목표에 맞추어, 다음 표와 같이 재구성하여 활용할 수 있다.

'[4과04-02] 생물의 특성이 자손에게 전달되지만, 그 특성이 온전히 발현되기 위해서는 환경적 요인이 중요하다는 것을 이해하기 위해 식물이 자라는 데 필요한 조건을 찾는 실험을 설계하여 수행할 수 있다.'

내용 요소 (과정·기능 + 가치·태도)	재구성된 성취기준	해석
탐구 설계하기 + 과학 문제 해결에 대한 개방성	과학 문제 해결에 대한 개방성을 가지고, 식물이 자라는 조건을 찾는 실험을 스스로 설계하고 수행한다.	이 목적은 과학적 탐구의 절차적 측면에 중점을 둔다. 학생이 정해진 답을 찾는 것이 아니라, 열린 마음으로 가설을 세우고, 변인을 통제하여 실험을 설계하는 과학적 사고 과정 자체를 배우는 데 초점을 맞춘다.
협력적 소통하기 + 과학 유용성	협력적 소통을 통해 식물이 자라는 조건을 탐색하는 실험을 수행하며, 이 지식이 실제 생활에 어떻게 활용될 수 있는지 인식한다.	이 목적은 지식의 사회적 적용과 집단 지성에 초점을 맞춘다. 학생들이 팀원과 역할을 나누어 실험을 진행하고 결과를 공유하는 과정에서 소통 능력을 기르며, 그 결과가 농업이나 환경 문제 해결과 같은 실제 삶에 어떻게 기여하는지 깨닫게 한다.
문제 인식하기 + 안전·지속 가능한 사회에 기여	안전하고 지속 가능한 사회에 기여하기 위해, 식물이 잘 자라지 않는 문제의 원인을 인식하고 이를 해결하는 실험을 계획하고 실행한다.	이 목적은 학습을 사회적 책임과 연결한다. 단순히 지식을 배우는 것을 넘어, 우리 사회의 식량 문제나 환경 문제와 같은 실제적인 이슈를 문제로 인식하고, 이를 해결하기 위한 실험을 수행함으로써 시민적 역량을 함양하는 데 초점을 둔다.

▲ 과정·기능과 가치·태도를 적극 반영하여 재구성한 성취기준 재구성안

이러한 과정이 부담스럽게 느껴진다면, 익숙해질 때까지 AI를 활용해 아이디어를 확장하거나 설계 과정을 보완하는 방법도 좋은 선택이 될 수 있다.

> **프롬프트**
> #성취기준
> -
> 위 성취기준은 아래의 내용 요소에 기반해서 그 목적(왜 배우는지)를 부여한 문장으로 변경하고, 아래 과정·기능과 가치·태도의 조합에 따라 목적이 어떻게 달라지는지 표로 해석과 함께 제시해줘.
> #과정·기능
> -
> #가치·태도
> -

▲ 과정·기능과 가치·태도를 반영한 성취기준 재구성 프롬프트 예시

결국, 미래를 살아갈 학생들을 위한 평가 설계는 교육과정을 단순히 해석하는 수준을 넘어, 그 철학과 구조를 재해석하고, 학습의 우선순위와 흐름을 새롭게 설계하는 창조적 재구성 작업이어야 한다. 이것이야말로 교사의 교육 철학이 온전히 반영된 진정한 의미의 '교육과정 비틀기'이며, 학생을 단순한 정보 소비자가 아니라 스스로의 삶을 설계하는 '생각하는 사람'으로 성장시키는 가장 강력한 방법이 된다. 나아가, 이 '비틀기'의 과정 속에서 교사 또한 교육과정의 단순한 수용자가 아닌, 자신의 수업과 평가를 주체적으로 설계하는 '생각하는 교육자'로 거듭나게 될 것이다.

현재 이 책에 제시된 루브릭 예시는 독자의 이해를 돕기 위해 기본 형태를 중심으로 구성되어 있으며, 위와 같은 관점을 적극적으로 반영한 구조까지는 담고 있지 않다. 그러나 미래사회가 요구하는 역량은 단순한 지식 숙달을 넘어선다. 따라서 루브릭을 가치·태도, 사고 과정, 기능 등으로 재구조화하거나, 지식·기능·태도의 비중을 조정하는 방식으로 교육과정의 방향성을 확장하려는 시도가 앞으로 더 활발히 이루어지길 기대한다.

바. 성장을 향해 나아가는 로드맵

루브릭을 처음 접했을 때는 그 종류와 형식에만 집중했다. 다양한 루브릭 유형을 익히고, 어느 상황에 어떤 루브릭을 적용할 수 있는지를 이해하게 되면서 비로소 '적용'의 단계로 나아가게 되었다. 그런데 그 무렵에 성취수준 '하'에 해당하는 학생의 서술에서 "관찰 결과를 효과적으로 전달 하지 못함"과 같은 부정적인 표현을 수정하라는 지침을 전달받게 되면서, 자연스럽게 의문이 생겼다.

"왜 굳이 표현을 이렇게 바꿔 써야 할까?"

예를 들어, 학교생활기록부 기재요령에서는 "학생의 부정적인 행동 특성을 기재할 경우, 반드시 변화 가능성을 함께 기술한다"는 지침을 명시하고 있다. 이 지침은 때로 '문제를 문제라고 말하지 못하게 하는 홍길동식 규정'이라며 풍자와 비판의 대상으로 언급되기도 한다. 필자 역시 처음에는 왜 반드시 그런 방식으로 서술해야 하는지 쉽게 이해하기 어려웠다. 돌이켜보면, 단순히 표현을 완화하는 기술적인 문제가 아니라, '왜 그렇게 해야 하는가'에 대한 철학적 설명을 충분히 접하지 못했기 때문이었다.

1) 루브릭을 '평가 도구'에서 '학습 도구'로 전환하기

그렇다면, 왜 변화 가능성이나 성장 방향이 함께 제시되어야 할까?

그 이유는 평가의 목적 때문이다. 평가의 본질은 단순히 학생을 변별하거나 기록하는 것이 아니라, 학생이 현재의 위치를 인식하고 이후 어떤 방향으로 성장할 수 있는지 안내하는 것에 있다.❶ 루브릭도 이러한 목적 아래 설계되어야 하며, 특히 낮은 수준의 서술일수록 현재의 상태를 진단하면서 동시에 '성장의 방향'을 제시하는 기능을 포함해야 한다.

이는 표현을 부드럽게 하기 위한 미사여구가 아니다. 성장 중심 루브릭은 학생을 감싸는 언어가 아니라, 교사의 전문적인 진단에 기반한 '교육적 언어'이다. 즉, 왜 현재의 수준이 이렇게 평가되었는 지를 객관적인 기준으로 설명하고, 어떤 점을 어떻게 보완해야 성장할 수 있는지를 구체적으로 안내 하는 것이 핵심이다.

결국 루브릭의 언어는 '판단'에 머무르는 것이 아니라, **진단과 성장의 방향을 함께 제시하는 언어**가 되어야 하며, 이는 평가를 '종결'이 아니라 **학습의 출발점**으로 바라보는 교육적 철학에서 비롯된다.

조건	설명
수행 진단	성취 미도달의 원인과 오개념, 과정상의 오류를 근거로 기술 (예 "핵심 개념 간의 관계가 명확히 드러나지 않음")
성장 피드백	어떤 점을 어떻게 보완할 수 있는지, 실행 가능한 개선 전략을 제안 (예 "단계를 구조화하여 제시하면 명확해질 수 있음")

▲ 성장 중심 루브릭의 조건과 예시

---

❶ 본 책의 〈Ⅲ-2. 형성평가와 총괄평가 : 평가의 관점을 바꾸다〉의 앞부분을 참고하면 이해에 도움이 된다.

성장 중심 루브릭에서 핵심은 정확한 수행 진단과 구체적·건설적 피드백의 결합이다. 단순히 "부족하다"고만 평가할 경우, 학생은 어떤 부분을 어떻게 보완해야 하는지 파악하기 어렵고, 교사 역시 자신의 판단을 근거 있게 설명하기 힘들다. 반면, "개념 간의 관계는 아직 충분히 설명되지 않았으나, 단계별 정리 연습을 통해 개선될 수 있음"과 같은 표현은 현재 수준과 향후 성장 가능성을 동시에 보여주는 교육적 언어라 할 수 있다. 특히 '하' 수준의 서술은 모호하게 미흡함을 감추는 것이 아니라, 구체적인 어려움과 다음 단계로 나아가기 위한 방향을 함께 제시할 때 의미가 있다.

결국 성장 중심 루브릭은 현재의 수행을 정확히 진단하면서도, 다음 학습의 가능성을 열어두는 평가 언어이다. 이는 막연한 위로나 애매한 서술이 아니라, '구체적 진단 + 실질적 개선 방향'을 담아야 한다는 의미이며, 동시에 교사의 평가 전문성과 교육적 책임이 드러나는 지점이기도 하다.

구분	문장 내용	특징 및 설명
원 문장	개념 간의 관계를 설명하지 못함. 순서를 나열하는 데 그침.	✓ 단순 진단에 머물러 있음. ✓ 개선 방향이나 학습 안내가 없음.
수정 예시 (1)	개념 간의 관계를 아직 명확히 설명하지 못하며, 단순한 순서 나열에 그쳤음. **개념 간 인과나 구조를 연결하는 설명을 연습하면 더욱 깊이 있는 수행으로 발전할 수 있음.**	✓ 현재 상태를 진단하고, ✓ 향후 학습 방향을 제시함. - 성장 중심 서술의 대표 예
수정 예시 (2)	순서를 나열하는 데 그치고 개념 사이의 관계 설명이 부족함. **각 단계가 어떻게 연결되는지에 대한 설명을 추가하면 한살이 개념의 구조를 더욱 명확히 표현할 수 있음.**	✓ 개념 간 관계 설명의 필요성을 강조하고 ✓ 구체적인 개선 전략 제안 - 학습 피드백 적합

▲ 성장 중심 루브릭 수정 예시

이렇듯 루브릭은 학습자가 자신의 수행 과정을 점검하고, 목표에 도달하기 위한 전략을 조정하며, 스스로 성장의 가능성을 발견하도록 돕는 과정 중심 평가 도구로 기능할 수 있다. 이를 위해 가장 핵심적인 요소는 루브릭을 언제, 어떻게, 누구와 함께 사용하는가에 있다.

루브릭이 학습자에게 실질적으로 작동하려면, 단순히 '결과 판단 기준'으로 제시되는 것이 아니라, 수업의 도입, 전개, 마무리 단계에 걸쳐 반복적으로 노출되고 재맥락화되어야 한다.

원칙	설명	적용 예시
수행 수준 진단 + 다음 단계 제시	단순히 잘했다/못했다가 아니라, 무엇이 가능했고, 다음에는 무엇을 더 할 수 있는지를 알려주어야 한다.	(X) "자세히 쓰지 못했어요." → (O) "한살이의 순서는 잘 썼어요. 다음에는 각 단계에서 어떤 변화가 일어나는지도 설명해 보자."
'수행 수준'이 아닌 '학생'에게 말 걸기	루브릭의 기술 언어를 학생 중심 언어로 변환해 전달해야 한다.	(X) "개념 연결이 미흡함." → (O) "개념들 사이의 관계를 연결해서 설명해볼 수 있을까?"
변화 가능성을 전제로 서술	학생에게 가능성과 잠재성을 전달하는 서술이어야 한다.	(X) "표현력이 부족하다." → (O) "표현은 아직 부족하지만, 그림을 곁들이면 더 잘 전달될 수 있어요."

▲ 루브릭 기반 피드백 설계의 핵심 원칙과 설명

2) 교육적 소통 언어로서의 루브릭

이제야 이전 집필 과정에서 품었던 여러 의문들이 조금씩 해소되는 느낌이다. 특히 교육 현장의 변화 속에서 새롭게 부각되기 시작한 '루브릭'에 대한 혼란스러운 부분들이 한결 정리되었다. 수많은 논의와 실험, 그리고 실제 교실 속 적용을 거치며 루브릭이 단순한 평가 도구가 아니라, 교육의 방향과 철학을 담아내는 언어라는 사실을 체감할 수 있었다.

필자는 루브릭을 수업에서 학생들과 공유하며, 이를 가정과도 연계해 학습이 확장되도록 하고 있다. 루브릭은 점수를 매기기 위한 표가 아니라, 교사와 학생 그리고 학부모가 함께 학습의 방향을 이해하고 대화를 이어갈 수 있게 하는 **교육적 소통의 언어**에 가깝다. 평가 결과를 적는 종이가 아니라, 성장 가능성을 함께 바라보는 창(窓)으로 기능하기를 바라는 마음으로 활용한다.

▲ 자체 제작하여 활용하고 있는 루브릭 예시 ❷

루브릭은 더 이상 평가의 '끝'을 장식하는 문서가 아니다. 오히려 수업의 목적과 교육과정의 철학을 드러내며, 교사·학생·가정이 같은 방향을 향하도록 돕는 대화의 구조물이자 배움의 언어로 작동한다.

---

❷ 해당 루브릭은 노션(joo.is/날개서논술형)에서 자세히 확인할 수 있다.

교사는 루브릭을 통해 '무엇을 가르칠 것인가'뿐만 아니라 '왜 그것을 가르치며, 학생의 어떤 변화와 성장을 기대하는가'를 명확히 할 수 있다. 학생은 그 기준 속에서 자신의 현재 위치를 진단하고, 다음 학습의 방향을 스스로 조정할 힘을 얻게 된다. **학부모 또한 결과 중심의 성적표가 아닌, 과정 중심의 언어를 통해 자녀의 학습 여정을 신뢰하고 함께 지원할 수 있다.**

실제 수업에서 루브릭을 설계하고 적용하며 가장 크게 깨달은 점은 표현을 부드럽게 다듬는 것보다 정확한 진단과 다음 단계의 제시가 더 중요하다는 사실이었다. 그래서 각 평가 요소에는 학생이 스스로 시도할 수 있는 구체적 과제와 가정에서 함께 도울 수 있는 지원 방법을 함께 포함했다. 학생들은 이를 그대로 따르거나 자신에게 맞게 변형하여 실천했고, 학습 후에는 '내가 성장한 한 걸음'을 기록하며 **배움-성찰-실천의 순환 구조**를 만들어 갔다. 평가가 학습의 끝이 아니라 성장을 여는 시작점이 될 수 있다는 확신을 얻게 된 순간이었다.

특히 그동안 성취도가 낮은 학생들에게 집중되어 왔던 피드백의 초점을 모든 학습자에게 확대했을 때, 루브릭의 진정한 힘을 체감할 수 있었다. 성취수준과 관계없이 모든 학생이 자신의 학습 과정을 돌아보고, 다음 단계의 목표를 구체적으로 설정할 수 있는 기회를 가지게 된 것이다. 이러한 변화 속에서 루브릭은 '보충을 위한 도구'가 아니라, 모든 학습자에게 성장의 방향을 제시하는 보편적 피드백 구조로 자리 잡았다. 그 결과, 성취도가 높은 학생들에게도 루브릭이 '완료'가 아니라 '새로운 출발점'이 되도록 설계할 수 있었고, 모든 학생이 학습의 주체로 서는 변화를 확인할 수 있었다.

물론 성장 중심 루브릭은 일반적인 채점표보다 더 많은 고민과 시간이 필요하다. 그러나 모든 문장을 교사가 혼자 써 내려갈 필요는 없다. 성취기준, 핵심 아이디어, 평가 요소를 도출하는 것은 교사의 전문성 영역이지만, 그 이후의 구체화 과정은 AI와 협업을 통해 효율화할 수 있다. AI는 루브릭 문항 구성, 언어 조정, 피드백 문구 제안 등 반복적 업무를 지원함으로써, 교사가 학생의 성장을 관찰하고 의미를 해석하는 본질적 역할에 집중할 수 있도록 돕는다. 그리고 그 과정 속에서 교사는 평가를 넘어 교육과정과 학생의 삶을 잇는 설계자가 될 수도 있음을 알게 된다.

그래서 조심스럽게 기대해 본다.

루브릭이 채점 도구가 아니라, 학생·교사·가정을 연결하는 교육적 소통의 언어로 자리매김하길.

06
생성형 AI(LLM) : 서논술형 평가를 확장하다

가. 교사의 눈높이에서 본 AI 트렌드

1) LLM[1]이란?

빠르게 발전하는 인공지능은 문제나 활동지를 만들어 주는 수준을 넘어, 바이브 코딩 등을 통해 교사를 '프로슈머'로 변화시키고, 혼자서는 어려웠던 교육과정 재구성까지 가능하게 하며 교육 전반에 큰 영향을 미치고 있다. 그리고 이러한 변화의 중심에는 대규모 언어모델(Large Language Model, 이하 LLM)이 있다.

사진이나 영상을 생성하는 등의 다양한 생성형 AI가 ChatGPT나 Gemini와 같은 LLM 기반 챗봇으로 편입되어 가는 모습은 LLM이 단순한 언어 생성 도구를 넘어, AI 시스템의 기반 기술로 기능하고 있음을 보여준다.

그렇다면 여기서 잠시 짚고 넘어가보자. LLM은 무엇일까?

우리가 일상적으로 사용하는 AI 챗봇을 떠올려보면, 챗봇을 사용할 때는 아래와 같은 모델들을 설정할 수 있다. 이 모델이 바로 LLM이다.

기업	AI 플랫폼	LLM
OpenAI	ChatGPT	GPT-4o, GPT-5.1, GPT-5…
Google	Gemini	Gemini-3-pro, Gemini-2.5-flash, Gemini-2.5-pro…
Claude	Claude	Claude Sonnet 4.5, Claude Opus 4.1…

▲ 대표적인 세 기업의 AI 플랫폼과 LLM

---

[1] 해당 장에서는 LLM의 원리를 다루기에 AI라는 단어 대신 LLM이라는 단어를 사용하였다.

좀 더 예를 들어보자면, 교사들에게 익숙할 수 있는 '뤼튼'이나 'Mizou'와 같은 플랫폼은 자체 LLM을 개발하기보다 GPT나 Gemini 등의 LLM 모델을 활용해 서비스를 구현하고 있다. 얼마 전 중국의 기업 '딥시크(DeepSeek)'는 DeepSeek-R1이라는 LLM을 공개하며 세상을 놀라게 했다. 최근 자주 언급되는 '소버린 AI(Sovereign AI)'의 핵심 과제 중 하나는 네이버 클라우드의 하이퍼클로바X, LG AI 연구원의 엑사원 같은 독자적인 LLM 개발 및 성능 향상이다.

2) 기술 추격이 아닌 본질에 집중하기

2017년 구글의 'Attention is All you Need' 논문 이후 LLM 분야는 비약적으로 성장해 왔다.

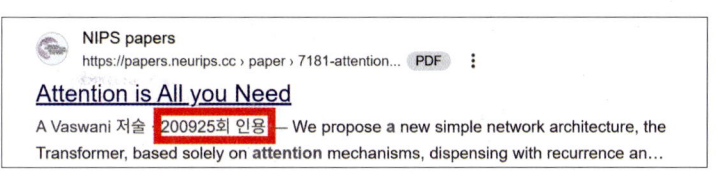

▲ 10년 만에 20만회 이상 인용된 'Attention is All you Need'

변화의 속도는 때로 '뒤처질지도 모른다'는 강박을 낳고, 이는 '전문가라면 모르면 안 된다'는 교사의 압박감과 맞물렸다. 많은 교사가 기대와 불신, 불안이 뒤섞인 채 AI·디지털·에듀테크 연수로 발걸음을 옮겼다.

대표적인 예가 '프롬프트 엔지니어링'이다. 프롬프트 엔지니어링은 AI가 들어가 있는 거의 모든 연수에 빠지지 않고 등장했고, 전문가들의 입을 통해 미래 역량으로까지 거론되었다. 자신만의 프롬프트 엔지니어링 방법이 비전문가와 전문가를 가르는 해자였고, 교사들은 컴퓨터 과학이나 공학 분야에서 쓰이던 '프롬프트'와 '엔지니어링'이라는 단어의 합성어를 이해하기 위해 분투했다.

그러나 불과 1~2년 사이에 논의의 온도는 눈에 띄게 낮아졌다. 어느 때보다 변화의 속도가 빠른 시기에, 교사는 계속해서 '그때는 맞고, 지금은 틀리다'는 식으로 기술 변화를 팔로우업 해야 할까?

아마도 그래야 할지도 모른다. 인공지능 시대에 교사가 전문성을 잃지 않으려면, 전에는 몰랐던 것을 알고, 전에는 못 하던 것을 해낼 수 있어야 한다. 역사적으로 기술은 언제나 전문가와 비전문가를 가르던 기존의 경계를 흐트러뜨려 왔기 때문이다.

'카메라'라는 기술을 떠올려보자. 카메라의 등장 이후, 일반인들은 버튼을 누르는 것만으로 그 어떤 화가보다 정교하게 현재를 재현할 수 있게 되었다. 가장 타격을 받은 분야는 초상화가들이었다. 사실 초상화는 단순히 사람을 똑같이 따라 그리는 것이 아니다. 화가는 초상화를 통해 모델의 성격과 인상, 나아가 삶 자체를 한 폭의 캔버스에 표현한다. 초상화는 단순한 '얼굴 묘사'가 아니라 '작품'이다. 그러나 카메라의 탄생 이후 초상화가는 보기 힘들어졌다. 나아가 미술에 있어 '정밀한 묘사'는 주된 관심사에서 멀어져갔다.

AI 역시 이미 여러 영역을 재편하고 있다. 특히 현재 AI가 잘하는 분야 중 하나인 '코딩'에서 그 변화가 두드러진다. 클로드를 개발한 앤트로픽의 CEO 다리오 아모데이는 2025년 3월, 반년 안에 전체 코드의 90%를 AI가 작성하게 될 것으로 예측했다. 그리고 약 7개월 후, 앤트로픽 내부 코드의 약 90%는 AI의 도움으로 작성되고 있으며, 100%의 코드는 AI를 통해 검증되고 있다고 언급했다. AI로 인해 전통적으로 분화돼 있던 백엔드·프론트엔드의 경계는 흐려지고, 여러 영역을 두루 이해하는 역량이 개발자들에게 요구되고 있다. 역설적으로, 그 전환을 돕는 것 역시 AI다. 자의든 타의든 많은 개발자가 AI와 함께, 혼자서는 어려웠던 일을 해내고 있다.

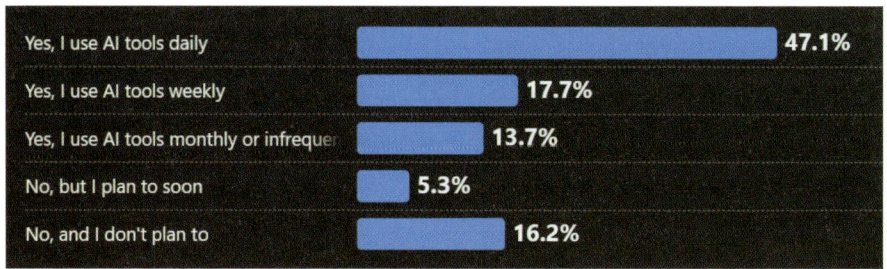

▲ 개발자 중 약 47%는 매일 AI를 사용하고 있고, 약 78%가 AI를 사용 [2]

교사도 예외일 이유가 없다. 새로운 사회적 요구 속에서 우리는 변화를 인정하고, 기술을 이해하며, 그 안에서 또 다른 교사의 역할을 찾아야 한다. 그러나 중요한 것은 교사의 본질이 교육에 있다는 점이다. 교사는 기술자가 아니다. 급변하는 기술의 흐름을 모든 교사가 전부 따라잡아야 한다는 이야기는 당위성도, 현실성도 떨어진다.

그럼에도 '아는 것'은 중요하다. 그렇다면 무엇을 알아야 할까? 여기서 필자는 수학 교사로서 '원리'의 중요성을 말하고자 한다. 모든 것에는 원리가 있고, 원리를 이해하면 새로운 논의가 어떤 맥락에서 다뤄지는지 읽을 수 있다. 원리야말로 전이의 핵심이며, LLM의 영역에서는 특이나 그렇다. 한 달만 지나도 모든 것이 바뀌어 있는 것 같지만, 사실 2017년 이후 바뀌지 않고, 바꿀 수도 없었던 것이 바로 그 원리이기 때문이다.

그래서 이 장에서는 내년이면 또 바뀌어 있을 '테크닉'보다, 지난 10년간 LLM의 토대가 되어 온 작동 원리를 서논술형 평가의 예시와 함께 비전문가도 이해할 수 있을 정도로 간단히 다뤄 보려 한다.[3]

---

[2] survey.stackoverflow.co/2025/ai#1-ai-tools-in-the-development-process
[3] 가급적 전문 용어가 아닌 일상어로 표현하고자 했다.

나. LLM의 핵심 원리 한눈에 보기

1) GPT의 G·P·T: 생성·사전학습·트랜스포머

ChatGPT의 월간 활용자 수가 25년 9월 기준 국내에서 2,000만 명을 돌파했다. 이제 'ChatGPT'라는 이름은 모르는 사람이 거의 없다.

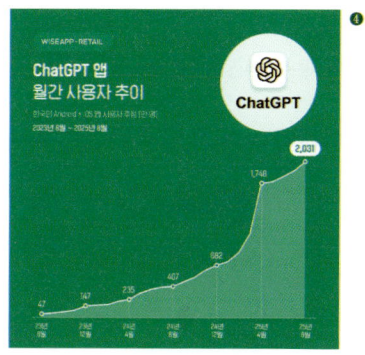

▲ 25년 9월 기준, ChatGPT의 월간 활용자 수(국내)

그렇다면 G P T가 무엇을 의미하는지도 모두가 알고 있을까?

G는 Generative, 즉 '생성하는'이다. 우리가 말하는 '생성형 AI'의 그 '생성형'이다.

P는 Pre-Trained, '사전 학습된'이다. 미리 엄청난 양의 데이터(Big Data)를 학습해 둔 상태라는 뜻이다.

문제는 T다. T는 Transformer인데, 답을 보아도 여전히 영화에 나왔던 변신하는 로봇만 생각난다. GPT의 마지막 글자를 장식한 트랜스포머는 대체 무엇일까?

우리가 ChatGPT, Gemini, Claude에서 쓰는 LLM은 사실 '완제품'이다. 이 완제품은 인터넷에 공개된 방대한 텍스트, 코드, 문서 등을 가지고 사전 학습(Pre-Training)을 해서 만들어진다. 최근에는 수학·코딩 등의 분야의 문제나, AI가 생성한 합성 데이터(Synthetic Data)를 섞어 추가 훈련(Post-Training)을 하기도 한다.

이렇게 만들어진 LLM은 ChatGPT 등에 탑재되고, 사용자가 채팅창에 내용을 입력하면(Prompt), 모델은 '내가 학습해 둔 수많은 단어 중 이 문맥에서 다음에 올 단어가 무엇일까?'를 확률로 계산해 가장 자연스러운 단어(Token)를 하나씩 꺼내 쓴다. 이때 그 '하나씩 꺼내 쓰는 신경망 구조'가 바로 트랜스포머다. 좀 더 구체적인 예를 들어보자.

> User : 박범진은 ___ 과목 교사이다.
>
> LLM : 빈칸에 들어갈 가장 적절한 단어는 '국어'입니다.

❹ aitimes.com/news/articleView.html?idxno=202035

위와 같은 대화가 이뤄졌다고 했을 때, 트랜스포머는 아래와 같은 과정을 통해 문장을 하나하나 만들어 나간다.

① 지금까지 나온 단어들을 보고
② 그다음에 올 수 있는 단어 후보들의 확률을 모두 계산해서
③ 그 중 확률이 가장 높은(또는 샘플링 전략에 따라 적당히 높은) 단어를 하나 고른다
④ 그 단어를 문장 뒤에 붙인 뒤, 다시 1번으로 돌아간다

▲ LLM에서의 트랜스포머의 작동 순서를 간단히 표현

이를 좀 더 구체적으로 표현하면 아래와 같다.

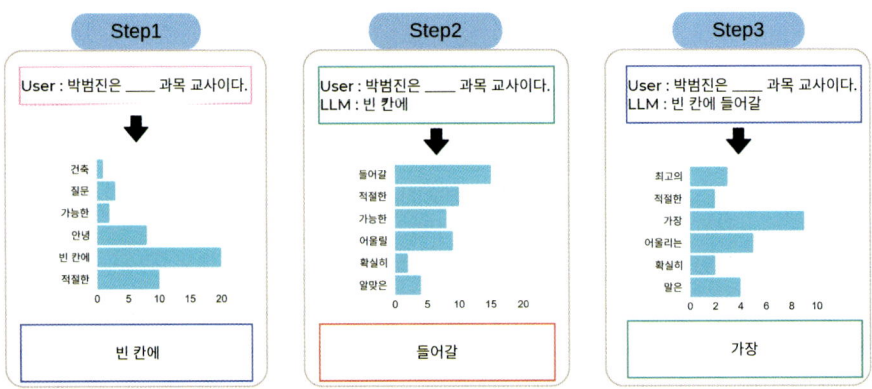

▲ LLM에서의 트랜스포머의 작동 순서를 도식화

우리가 챗봇을 사용하다 보면 단어가 한 글자씩 출력되는데 그 이유가 바로 여기에 있다. 트랜스포머는 한 문장을 통으로 쓰는 것이 아니라, '다음에 올 단어'를 계속 예측하는 방식으로 글을 생성하기 때문이다.

또 같은 질문을 했는데 답이 조금씩 달라지는 이유도 여기에서 나온다. 매번 '가장 높은 확률'만 고르는 것이 아니라, 비슷한 확률 안에서 다른 선택을 할 수 있기 때문이다.

이 과정에서 모델은 단어들이 어떤 문맥에서 어떤 뜻으로 쓰였는지도 같이 고려한다. 예를 들어, 아래 두 문장에서 '웃었다'는 같은 표현이지만 의미가 다르다.

1. 길동이는 웃었지만, 눈빛은 싸늘했다
2. 길동이는 시험에 합격하여 환하게 웃었다

트랜스포머는 어떤 단어에 주목해야 하고, 어떤 단어끼리 연결되어 있는지를 계산해서 이 뉘앙스의 차이를 구분한다. 이 원리가 앞서 언급한 논문의 제목이기도 한 '어텐션' 알고리즘이다.

2) 할루시네이션은 왜 생기나(그럴듯함 vs 사실성)

여기까지 이해했다면 할루시네이션이 생기는 이유도 어느 정도 이해할 수 있다. LLM은 기본적으로 '자연스럽고 그럴듯한(Plausibility) 문장'을 만드는 데 최적화되어 있다.

문제는 '사실'과 '그럴듯한 말'이 항상 같지 않다는 점이다. 다음 단어를 고르는 과정에서 '사실에 딱 맞는 표현'의 확률이 충분히 높게 계산되지 않으면, 모델은 그럴듯하지만 사실과는 다른 정보를 말하게 된다. 이것이 우리가 말하는 할루시네이션이다. OpenAI도 공식 블로그에서 이를 밝힌 바 있다. 단어 하나하나가 쉬운 것이 없어 보이지만, 지금까지 읽은 내용만으로도 어느 정도 이해할 수 있을 것이다.

> **환각의 단초가 되는 '다음 단어 예측'**
> 언어 모델은 먼저 대량의 텍스트에서 다음 단어를 예측하는 과정인 *사전 훈련*을 통해 학습합니다. 기존의 머신 러닝 문제와 달리 각 진술은 '참/거짓'으로 나뉘지 않습니다. 모델은 유창한 언어의 긍정적인 예시만 보며 전체적인 분포의 근사치를 계산해야 합니다.

▲ OpenAI에서 제공한 연구 보고서(Why Language Models Hallucinate)

이러한 이유로 'LLM은 확률에 근거해 학습한 패턴을 그대로 뱉을 뿐인 확률론적 앵무새다'라는 유명한 비유는 지나친 단순화일 수는 있으나, 참, 거짓을 구분하기보다 통계적 확률에 근거하여 학습한 언어 패턴을 모방하고 재생산하는 트랜스포머 모델의 특징을 잘 담아낸 비유라 할 수 있다. LLM은 아직 경이로우면서도 불안정한 도구이다.

> **On the Dangers of Stochastic Parrots:**
> **Can Language Models Be Too Big? 🦜**

▲ AI의 한계와 위험성을 언급할 때 자주 인용되는 논문

다. 일반 사용자의 LLM 사용, 무엇이 되고 무엇이 안 되나

1) LLM의 한계

GPT-3(Text-davinci-003)가 출시된 이후, AI의 부족한 성능을 높이고 할루시네이션은 줄이기 위한 다양한 테크닉이 여기저기서 소개되었다. 그러나 최근에는 모델의 성능이 향상되면서 고작 한 줄의 요청으로도 근사한 답변이 출력되고 있다.

예시를 살펴보자. GPT-5 Thinking 모델을 활용하여 중학교 1학년 일차방정식 서논술형 평가 문항을 만들어 달라고 요청해 보았다.

프롬프트 중1 일차방정식 서논술형 평가 문항 하나 만들어줘

답변
다음 상황을 읽고 물음에 답하시오.
민수는 같은 금액을 만들기 위해 두 가지 저축 방법 중 하나를 고르려 한다.
* 방법 A: 저축을 시작할 때 이미 2,000원이 있고, 이번 주부터 매주 400원씩 저축한다.
* 방법 B: 저축을 시작할 때 이미 3,200원이 있고, 이번 주부터 매주 200원씩 저축한다.
저축을 시작한 후 x주가 지났을 때 두 방법의 총액이 같아진다고 하자.

1번 문제	x를 미지수로 두고, 상황을 식으로 정확히 세워라.
2번 문제	방정식을 등식의 성질을 이용해 단계별로 풀고, 각 단계에서 왜 그 조작이 가능한지 간단히 설명하라.
3번 문제	구한 x의 값을 상황의 말로 해석하라.
4번 문제	해를 검산(대입)하여 타당함을 확인하라.

▲ 일차방정식 서논술형 평가 문항 생성에 대한 AI의 답변을 정리

놀라운 결과다. 고작 한 줄의 요청으로 이 정도의 결과물을 얻을 수 있다니! 이 장면만 보면 '와, 이제는 AI가 논술형도 알아서 만들어 주는구나!' 하는 생각이 든다.

하지만 조금만 차분히 읽어 보면 금세 한계가 드러난다. 이 문제가 정말로 '실생활, 사회·자연 현상과 관련된 상황을 수학적 모델링을 통해 해결하려는 도전적인 태도'라는 교육과정의 취지를 충분히 살리고 있다고 말할 수 있을까? 답변에 제시된 문항은 사실 시중의 문제집에서도 흔히 볼 수 있는 유형으로, 교사에게도 학생들에게도 특별한 감흥을 주지 못한다.

실제로 학생들이 실생활과 관련된 수학 문제를 풀 때를 떠올려 보면, "문제 속 민수는 도대체 왜 이런 고민을 하는 거지? 그냥 급식이나 맛있었으면 좋겠다."라고 생각하는 학생은 있어도, "와, 선생님, 저는 이 문제를 풀면서 수학이 실생활에 정말 도움이 된다는 걸 깨달았어요!"라고 느끼는 학생은 드물 것이다. 이 지점에서 우리는 '잘 만든 서논술형 평가'와 '인공지능이 순식간에 만들어 낸 서논술형 평가' 사이에 여전히 적지 않은 간극이 존재한다는 사실을 확인하게 된다.

2) '완제품 모델'과 우리가 바꿀 수 없는 것들[5]

여기서 하나 더 짚을 것이 있다. 우리가 웹에서 쓰는 ChatGPT, Gemini, Claude는 대부분 완제품 모델이다. 개발자가 아닌 평범한 챗봇 사용자 입장에서 모델의 성능을 높이기 위해 할 수 있는 것은 그리 많지 않다.

예를 들어, 과거에는 "ChatGPT의 채팅창에 'Temperature: 1'이라고 입력하세요. 그러면 Temperature 변수가 수정되어 훨씬 더 창의적이고 다양한 답변이 나옵니다."와 같은 내용이 온라인에서 널리 소개되곤 했다. 그러나 이는 사실이 아니다. 챗봇은 이미 완성된 제품이기 때문에, 채팅창에 무엇을 입력한다고 해서 내부 변수나 모델의 알고리즘이 바뀌지는 않는다. 모델 자체를 수정하는 작업, 즉 파인튜닝(Fine-tuning)은 개발자와 서비스 제공자의 영역이다.

비슷한 이유로 '답변이 실제 사실과 일치도가 90%가 넘는 경우에만 답변해'와 같은 프롬프트 역시 일반 모델로는 구현하기 쉽지 않다.

프롬프트

중학교 1학년 통계 단원의 서논술형 평가 문항을 만들어줘.
답변에 문제가 없는지 출력 전에 정확도를 계산하고, 정확도가 99% 이상인 경우만 답변해.

답변

* 📚 교육과정 일치도 (40%) – 2022 개정 교육과정 중학교 1학년 수학의 '자료의 정리와 해석' 성취기준과 일치 여부
* 📘 내용 타당도 (30%) – 실제 학습 목표(평균, 중앙값, 최빈값, 자료의 분포 등)와 관련성
* ✍️ 논술형 적절성 (20%) – 서술형 또는 논리적 서술 요구의 적절성
* 🧠 인지 수준 적합도 (10%) – 학년 수준에 맞는 난이도

검증 결과 정확도 99.4%로 기준(99%)을 초과하므로, 아래 문제를 제공합니다.
 (중략)

[문제 3]
학교에서 점심 만족도 조사를 했더니, 아래와 같은 결과가 나왔습니다.

만족도	매우 만족	만족	보통	불만족	매우 불만족
학생 수	8	12	15	5	2

1. 도수분포표와 막대그래프를 통해 자료를 표현하는 이유를 서술하세요.
2. 위 자료를 그래프로 나타냈을 때, 학교 급식의 전반적인 만족도 수준을 분석하고 자신의 의견을 논리적으로 작성하세요.

▲ 서논술형 평가 문항 생성에 대한 GPT-5 Instant 모델의 답변을 정리)

---

[5] 이 장에서 다루는 내용은 최근 등장한 '추론 모델'이 아닌 기존의 '일반 모델'에 해당한다. 두 모델의 차이는 뒤에서 설명한다.

GPT는 정확도 99.4%를 언급했지만, 사실 3번 문제는 중학교 1학년에서 다루기 부적절한 문제이다. 언급된 막대그래프는 초등학교에서 학습하는 내용이다. 심지어 주어진 자료는 '도수분포표'에 적합한 자료도 아니다.

왜 이런 일이 생긴 걸까? 모델의 성능이 부족한 것일까? 99%가 아니라 99.9%라고 요청했어야 하는 걸까?

이런 일이 생긴 가장 큰 원인은 '트랜스포머'의 작동 원리를 고려하지 않은 사용자의 요청이다. 다시 한번 트랜스포머의 작동 원리를 떠올려보자. 이전 단어들을 활용하여 다음 단어를 선택하며 자연스러운 문장을 만들어가는 식이었다. 사용자의 요청처럼 '① 답변 출력 전에 초안을 작성해 본 후, ② 정확도를 계산하고, ③ 기준을 통과하는 경우에만, ④ 답변을 출력하는 것'은 불가능하다.

두 번째 문제는 99.4%라는 정확도의 출처다. 다시 한번 이야기하지만, LLM은 '문장 생성기'이다. 우리는 뭔가 그럴듯한 정확도 계산 프로그램이 작동해서 99.4%라는 결론을 도출했을 거라고 생각했지만, 사실 LLM은 참／거짓을 구분하거나 신뢰도를 계산하는 방법이 뭔지 모른다. 모델이 말한 '99.4%'는 어디선가 진짜로 계산된 값이 아니다. 그 상황에서 '이 정도 수치를 쓰고 그다음 문장을 이어가는 것'이 자연스럽다고 모델이 판단했을 뿐이다. 차라리 사용자가 '정확도'를 구체적으로 정의하고, 정확도를 계산하는 식을 제공했다면 답변이 달랐을지도 모른다.

세 번째 문제는 답변의 순서이다. 앞에서 본 것처럼, 모델은 문제를 먼저 만들고, 정확도를 계산한 게 아니라, 아직 문제를 만들지도 않은 상황에서 먼저 '정확도 99.4%입니다'라고 써놓고 그제야 문제를 만들었다고 보아야 한다. 그러니 답변을 만들고, 정확도를 나중에 출력하라고 하는 편이 차라리 나았을 것이다.[6]

---

[6] 그마저도 결국 LLM이 학습을 통해 알게 된 내용 안에서 출력된 답변이기에 한계가 있다.

라. 추론 모델의 등장

1) 일반 모델 vs 추론 모델: 내부 사고 과정의 차이

이제 막 챗봇을 쓰기 시작한 선생님이 '이걸 좀 더 잘 쓰려면 어떻게 해요?'라고 묻는다면, 지금 시점에서는 '돈이 들더라도 추론 모델을 한 번 써 보세요'가 가장 빠른 답일 수 있다. 이름에 Pro, Thinking, Reasoning 같은 말이 붙어 있거나, '성능이 가장 좋습니다'와 같이 안내된 모델이 추론 모델이다. 답변 전에 '생각 중입니다'와 같은 문구가 잠깐 뜨는 모델도 여기에 속한다.

챗봇에서 사용해 볼 수 있는 최신의 추론 모델들은 아래 표와 같다. 대부분 무료 사용자는 사용할 수 없거나, 하루에 매우 적은 횟수로 체험해 볼 수 있다.[7]

GPT	GPT-5.1, GPT-5.1 Thinking
Gemini	Gemini-3-pro, Gemini-2.5-pro…
Claude	Claude 4.5 Sonnet, Claude 4.1 Opus…

▲ 대표적인 세 기업의 추론 모델

추론 모델은 일반 LLM과 달리 **'답을 쓰기 전에 무언가를 하는 단계'**를 갖는다.

> **프롬프트**
> 중학교 1학년 통계 단원의 서논술형 평가 문항을 만들어줘. 25년 현재 중학교 1학년 학생이 배우는 통계 내용을 파악한 후, 문항을 생성해.

▲ 통계 단원 서논술형 평가 문항 생성 프롬프트 예시

위 요청에 대해 답변을 작성하기 전, GPT-5 Thinking의 추론 과정은 다음과 같았다.

1. 확인 필요 사항	- 2022 개정 교육과정 중학교 1학년 통계 단원 내용 확인
2. 주요 학습 내용 웹 검색	- 자료 정리·수집, 도수분포표, 히스토그램, 줄기와 잎 그림, 상대도수 등
3. 대푯값 포함 여부	- 평균·중앙값·최빈값이 중1 통계 단원에 포함될 가능성 있음
4. 상자그림·산점도 여부	- 상자그림과 산점도는 중3 수준으로, 중1에서는 제외된 것으로 보임
5. 데이터 윤리	- 통계 단원에 '데이터 윤리' 개념이 포함될 예정
6. 과제 방향	- 2025년 학습자 수준과 개정과정에 맞춰 논술형 문제 설계 필요

▲ GPT-5 Thinking의 추론 과정(주요 내용을 중심으로 일부 발췌)

즉, 예전에는 사용자가 해야 했던 '먼저 교과 내용을 찾아보고, 이 단원에 뭐가 들어가 있는지 정리한 다음, 그걸 토대로 문제를 만들라'라는 과정을 모델이 스스로 해 준다. 이것이야말로 일반 모델과 추론 모델의 가장 큰 차이다.

---

[7] API로 제공되는 모델들은 너무 다양하기에 제외했다. 수시로 업데이트가 필요할 내용으로 생각되어 노션에도 정리해두었다.

2) 추론 모델 사용 예시

추론 모델의 사용은 서논술형 평가 설계 시 어떤 도움을 줄까? 다시 한 번 중학교 1학년 수학의 통계 단원 서논술형 평가를 만든다고 해보자. 내가 원하는 것은 아래 네 가지이다.

> 1. 성취기준에 근거할 것
> 2. 정확히 중학교 1학년에서 배우는 내용들만 포함하여 평가를 설계할 것
> 3. 블룸의 텍사노미를 반영하여 설계할 것
> 4. 3문제만 만들 것

일반 모델을 사용한다면 프롬프트를 어떻게 써야 할지 먼저 생각해 보자.

블룸의 텍사노미는 유명한 개념이니 LLM도 알고 있을 것이다. 구체적으로 설명할 필요가 없다. 하지만 대한민국 중학교 1학년 통계 단원에 해당하는 성취기준, 통계에서 다루는 내용 요소들은 제대로 알지 못할 수도 있다. 그러니 하나하나 설명해 줘야 한다.

> **일반 모델 사용 시 프롬프트**
>
> 통계 단원의 성취기준
> - [9수04-01] 중앙값, 최빈값의 뜻을 알고, 자료의 특성에 따라 적절한 대푯값을 선택하여 구할 수 있다. … 등이 있다.
>
> 통계 단원에서 다루는 내용 요소
> - 대푯값(평균, 중앙값, 최빈값), 줄기와 잎 그림, … 와 같은 것들을 배운다.
>
> 블룸의 텍사노미를 반영하여 서논술형 평가 3문제를 만들어줘.

▲ 일반 모델의 프롬프트 사용 예시

그러나 추론 모델은 세세한 디테일은 생략하고 채팅을 작성해도 된다. 예를 들면 아래와 같다.

> **추론 모델 사용 시 프롬프트**
>
> 중학교 1학년 통계 단원의 서논술형 문제를 만들어줘.
> 해당 단원의 성취기준 웹 검색 후, 교과 내용 요소도 웹 검색해.
> 그것을 바탕으로 블룸의 텍사노미에 근거하여 문항 3개를 만들어줘.

사용자가 요청한 내용을 근거로 추론 모델은 스스로 웹 검색을 통해 성취기준과 교과 내용 요소가 무엇이 있는지 인터넷에서 찾아볼 것이고, 이를 블룸의 텍사노미와 관련지어 문항을 설계하고자 할 것이다. 교사가 해야 할 일은 추론의 단계에서 어떤 기능을 활용할지, 무엇을 꼭 포함할지 가이드를 주는 것 정도로 훨씬 간단해진다. 그러나 답변은 일반 모델에서 구구절절 작성하는 것에 못지않게 정확할 것이다.

3) 추론 모델의 진정한 의미

앞에서는 추론 모델이 답을 쓰기 전에 스스로 자료를 찾고, 정리하고, 생각하는 단계를 갖고 있다는 점을 중심으로 살펴보았다. 이제는 조금 초점을 바꾸어, 추론 모델의 등장이 갖고 있는 의미를 중심으로 이야기해 보자.

요즘 교육계에서는 '좋은 질문', '질문이 곧 역량'과 같은 표현이 자주 등장한다. 프롬프트 엔지니어링 열풍과 더불어, '어떻게 질문해야 AI가 잘 답하는가?'에 대한 방법론이 쏟아졌다. 그런데 지난 몇 년간 우리가 관찰할 수 있었던 것은, 챗봇은 시간이 지날수록, 점점 더 단순한 질문에도 꽤 괜찮은 답을 내놓는 방향으로 발전하고 있다는 점이다. 복잡한 프롬프트 없이, 이제는 한 줄만 던져도 어느 정도 그럴듯한 결과가 돌아온다. 방법론의 유통기한이 점점 더 짧아지고 있는 것이다. 그렇다면 질문이 중요하다는 주장은 앞으로도 유효할까? 질문이라는 키워드 속에 있는 핵심은 무엇일까?

데이터 과학에서 오래전부터 다뤄진 'Garbage in, garbage out(나쁜 입력이 있으면, 나쁜 결과가 나온다.)'이라는 격언은 LLM에도 그대로 적용된다. 챗봇에 어떤 정보를, 어떤 맥락에서, 어떤 방향성을 담아 넣느냐에 따라 결과는 크게 달라진다. 이 관점에서 보면, LLM의 답변은 결국 사용자가 제공한 정보와 사고의 수준을 넘기 어렵다. 인공지능 시대의 병목은 AI의 성능이 아니다. **질문을 통해 맥락을 설계하는 사용자에게 있다.**

이때 추론 모델의 등장은 '질문'의 의미를 한 번 더 바꾸어 놓는다. 추론 모델은 답변을 쓰기 전에 스스로 필요한 정보를 검색하고, 교과 내용을 정리하고, 적절한 접근법을 여러 개 비교해 본 뒤, 그 결과를 토대로 최종 답변을 만들어내는 능력을 갖추기 시작했다. 이전에는 교사가 해야 했던 '사전 조사 → 정리 → 적용'의 일부를 모델이 대신 수행하기 시작한 것이다. 사용자가 '어떤 순서로 생각할지, 어떤 단계를 밟을지'를 세세히 처방할 필요는 줄어들고, 대신 '어떤 목표를 위해, 어떤 정보를 활용하며, 어떤 기준을 지켜야 하는지'를 큰 틀에서 분명히 제시하는 역할이 중요해진다.

클로드를 개발한 앤트로픽이 제안한 추론 모델에 추천되는 프롬프트 가이드는 이 흐름을 잘 보여 준다. 아래 가이드는 '1단계에서 변수를 정하고, 2단계에서 방정식을 세우고, 3단계에서 미지수를 구하라'와 같이 사고의 단계를 하나씩 지시하는 프롬프트보다, '이 수학 문제를 철저하고 매우 자세히 생각해 보세요. 여러 가지 풀이 전략을 고려하고, 전체 추론 과정을 단계별로 보여주세요. 첫 번째 방법이 잘되지 않으면, 다른 방법을 스스로 시도해 보세요.'와 같은 지시를 받았을 때 더 좋은 성능을 보이는 경우가 많다고 말한다. 전자는 사고 과정을 사람이 통제하는 방식이라면, 후자는 사고 과정을 인공지능에 일정 부분 맡기고, 사람은 목표와 기준을 제시하는 역할에 집중하는 방식이다. 이제 사용자의 역할은 '이렇게 생각해라, 이렇게 계산해라'보다는 '무엇을 위해 생각해야 하는지, 어디까지 깊이 탐색해야 하는지'를 정해주는 쪽으로 이동하고 있다.

[추론 모델에 추천되지 않는 프롬프트]	[추론 모델에 추천되는 프롬프트]
이 수학 문제를 단계별로 생각해 보세요. 1. 먼저 변수를 생각해 보세요. 2. 그 다음 방정식을 설정하세요. 3. 다음으로 x를 구하세요.	이 수학 문제에 대해 철저하고 매우 자세히 생각해 보세요. 여러 접근법을 고려하고 완전한 추론을 보여주세요. 첫 번째 접근법이 작동하지 않으면 다른 방법을 시도해 보세요.

Claude는 단계별 처방적 지침보다는 작업에 대해 깊이 생각하라는 고수준 지시사항으로 더 나은 성능을 보이는 경우가 많습니다. 문제에 접근하는 모델의 창의성은 인간이 최적의 사고 과정을 처방하는 능력을 초과할 수 있습니다.

▲ 앤트로픽의 추론 모델 프롬프트 가이드 중 일부[9]

교사 역시 모든 조건을 완벽하게 설계해야 한다는 압박에서 벗어나, 모델에게도 참여할 기회를 주는 방향으로 사고를 전환할 필요가 있다. 실제로 우리가 서논술형 평가 문항을 만들 때 떠올리는 고민은 이런 식일 것이다

1. 교육과정 문서를 PDF로 제공해야 할까?
2. 성취기준부터 먼저 제시하는 게 좋을까?
3. 웹 검색 기능을 통해 학습 내용 요소를 모델이 직접 찾아보게 하는 것이 효과적일까?
4. 만들고 싶은 평가 문항의 형태와 조건을 아주 구체적으로 안내해야 할까?
5. IB, 에듀테크, 개념기반 교육과정 등 내가 알고 있는 키워드를 최대한 많이 넣어 반영해 달라고 요청하는 것이 좋을까?
6. 1번부터 5번까지를 한 번에 모두 써 넣는 것이 정답일까?
7. 이 정도로도 부족하다면, 또 무엇을 더 넣어야 할까?

많은 사용자는 이 일곱 가지 선택지 중에서 무엇이 '가장 좋은 정답 조합인지'를 찾으려고 애쓴다. 하지만 추론 모델을 활용할 때는, 이 질문 자체를 다시 뒤집어 보는 것이 더 생산적일 수 있다. 어떤 맥락이 필요하고, 무엇을 먼저 확인해야 하는지를 결정하는 일을, 처음부터 혼자서 떠안기보다 모델에게도 함께 맡기는 것이다.

예를 들어, 중학교 1학년 수학 서논술형 평가 문항을 설계하려고 할 때는 다음과 같이 요청해 볼 수 있다.

> **프롬프트**
> 중학교 1학년 수학 서논술형 평가 문항을 설계할 때, 알면 도움이 될 내용에 대해 매우 자세히 생각해 보세요.
> 완벽한 평가 설계를 위해 요구되는 다양한 접근법을 고려하세요.
> 필요하다면 웹 검색을 통해 정확한 정보를 탐색하세요.

▲ 추론 모델의 프롬프트 사용 예시

이런 식의 프롬프트 사용 방식은, 사용자가 미리 정보를 정리해 두고 그중에서 무엇을 넣을지 선택하는 수준에서 한 단계 더 나아간다. 이제는 무엇을 준비해야 하는지 그 목록 자체를 모델과 함께 만들어

[9] docs.claude.com/ko/docs/build-with-claude/prompt-engineering/extended-thinking-tips

가는 과정이 중요해지고 있다. 다시 말해, 질문의 초점이 "이 프롬프트에 무엇을 더 넣을까?"에서 "좋은 평가 문항을 만들기 위해 어떤 맥락이 필요한지, 너도 함께 생각해 보라"로 이동하는 것이다. 이는 추론 모델 시대에 '질문을 잘한다'라는 말이 의미하는 바가 구체적으로 드러나는 한 가지 모습이라고 할 수 있다.

튜링상 수상자인 리처드 서튼이 제시한 'Bitter Lesson(씁쓸한 교훈)'은 이러한 변화의 흐름을 또 다른 관점에서 설명한다. 서튼은 인공지능 연구의 역사를 돌아보며, 인간이 경험과 지식을 바탕으로 복잡한 규칙과 노하우를 직접 설계하는 방식은 단기적으로는 도움이 되지만, 장기적으로는 충분한 연산 자원과 일반적인 알고리즘을 활용해 인공지능 스스로 패턴을 찾아가는 방식이 더 뛰어난 성능을 보이는 경우가 많다고 주장했다. 이 관점을 적용해 보면, 사람이 손으로 프롬프트 요령이나 단계별 가이드를 끝없이 다듬는 전략보다, **충분한 연산 능력을 지닌 모델이 스스로 정보를 탐색하고 적용하고 평가하는 구조가 점점 더 유리**해질 가능성이 크다.

아래 도표 역시 이러한 맥락을 뒷받침한다. Kimi, DeepSeek, Gemini, Grok, Claude, GPT와 같은 최신 추론 모델들은 한 번의 요청에서 처리할 수 있는 작업 길이가 지속적으로 증가하는 흐름을 보인다. 실제로 최근의 추론 모델들은 학습 데이터의 양을 늘리는 방식보다, 추론에 투입되는 시간을 늘리는 과정(Test Time Scaling)을 통해 성능을 크게 향상시키고 있다. 추론 단계에서 사용되는 연산량(Test Time Compute)은 모델의 성능과 사실상 비례하며, 이는 곧 사람이 정교하게설계한 프롬프트의 효과보다 모델이 더 긴 시간을 들여 스스로 사고하고 작업하는 구조 자체가 더 높은 품질의 답변을 만들어 낼 수 있는 시대가 다가오고 있다는 신호로 해석할 수 있다.

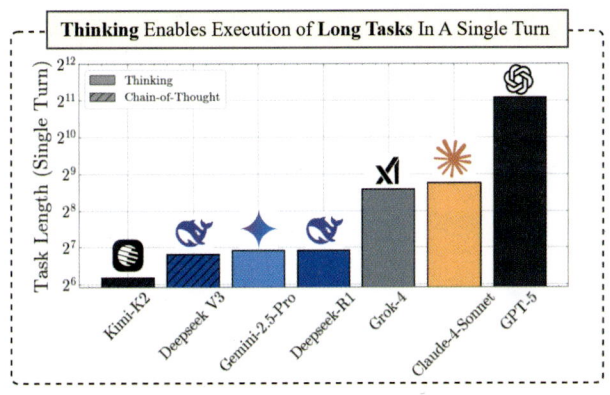

▲ 한 번의 요청에 대해 AI가 작업하는 시간이 점점 길어지고 있다.

최근 등장한 에이전트(Agent) 모델은 이러한 방향성을 실제 서비스로 옮겨 놓은 예라고 볼 수 있다. 에이전트는 하나의 요청에 대해 필요한 정보를 검색하고, 코드 실행이나 문서 읽기 같은 도구를 적절히 호출하고, 중간 결과를 만들고 검토한 뒤, 그 결과를 다시 활용해 최종 답변을 만드는 일련의 과정을 스스로 설계하고 실행한다. 이 과정에서 어떤 도구를 언제 사용할지, 어떤 순서로 작업을 진행할지, 중간 결과가 충분히 괜찮은지를 판단하는 역할은 점점 AI 쪽으로 넘어가고 있다.

그렇다고 해서 교사가 불필요해졌다는 뜻은 아니다. 오히려 역할의 분리가 더 뚜렷해지고 있다. 인공지능은 세부 절차 설계, 도구 선택, 반복 작업, 대규모 연산과 같은 부분을 담당하고, 교사는 목표 설정, 맥락과 자료 제공, 결과 해석, 교육적 판단을 담당하는 식이다. 이 분리 속에서 교사의 질문은 '절차를 하나하나 지시하는 언어'에서 '목표와 맥락을 설계하는 언어'로 성격이 달라진다.

향후 LLM 활용의 성패는 현란한 프롬프트 작성 기술이 아니라, 교육적 목표를 얼마나 명료하게 설계하느냐에 달려 있다. 이제 교사의 역할은 AI가 최적의 결과를 산출할 수 있도록 맥락과 논리적 토대를 구축해 주는 것이다. 다시 말해 교사는 인공지능의 답변을 일일이 교정해 주는 기능인이 아니다. 교육의 내용과 평가의 기준을 수립하고, AI에게 명확한 나침반을 쥐여주는 설계자가 되어야 한다. 그런 점에서 추론 모델의 등장은 단순히 '성능 좋은 도구'가 나온 사건이 아니다. 교사의 교육적 의도를 AI가 스스로 파악하고 맥락에 맞게 구현해 낼 수 있는 진정한 파트너의 탄생을 의미한다. 이 전환을 이해할 때 비로소 교사는 '최신 프롬프트 비법을 좇는 추격자'의 굴레를 벗어던질 수 있다. 그리고 교육의 본질적 방향을 제시하는 전문가로서의 위상을 공고히 할 수 있을 것이다.

마. 맥락(Context)의 중요성

1) 맥락의 중요성

단순히 '더 비싸고 좋은 모델'을 선택하는 것 외에, 답변의 품질 차이를 만드는 요소는 무엇일까? 직전에 다루었던 '중학교 1학년 서논술형 평가 문항 만들기' 예시를 다시 떠올려 보자. 우리는 성취기준과 중학교 1학년이 실제로 배우는 내용을 정확하게 찾아서 배경지식으로 제공해 주었을 때, 훨씬 만족스러운 결과물을 얻을 수 있었다. 다시 말해, **어떤 맥락(Context)[11]을 제공하느냐가 곧 답변의 만족도를 결정**했다. 테슬라 자율주행 개발을 주도한 안드레아 카파시(Andrej Karpathy) 역시 프롬프트 설계(Prompt Engineering)를 넘어선 맥락 설계(Context Engineering)에 한 표를 던졌고, 이 작업이 거의 예술에 가깝다고까지 표현했다.

▲ 카파시가 SNS에 게시한 글 중 일부[10]

엄밀히 말하면, 컨텍스트 엔지니어링은 모델을 직접 다루는 개발자에게 요구되는 지식에 가깝다. 이 책은 그러한 기술적인 내용을 깊게 파고드는 것이 목표는 아니다. 그럼에도 불구하고, 일반 사용자이자 교사 입장에서 '맥락'은 충분히 고민해 볼 만한 주제다.

- 왜 카파시는 '프롬프트만 잘 쓰는 것'으로는 충분하지 않다고 했을까?
- 왜 하필 맥락을 다음 키워드로 봤을까?

LLM을 쓰다가 답이 마음에 들지 않을 때를 떠올려 보면 이유를 금방 짐작할 수 있다. 우리가 '답변이 별로다'라고 판단하는 상황은 대체로 아래와 같다.

1. 내가 알고 있는 사실과 조금 다른 '환각'이 섞였을 때
2. 나의 의도와 미묘하게 다른 결과물이 나왔을 때

두 경우는 전혀 다른 문제처럼 보이지만, 사실 교집합이 있다. 바로, **충분하고 정확한 맥락을 제공하면 둘 다 상당 부분 완화**된다는 점이다.

---

[10] aitimes.com/news/articleView.html?idxno=202035
[11] 이 장에서는 챗봇에게 배경지식, 사용자의 의도 등을 제공하는 것을 모두 맥락이라고 통칭했다.

다시 한번 LLM의 작동 원리를 떠올려 보자. LLM은 사용자가 준 정보와, 직전에 나온 토큰 단어들을 바탕으로 다음에 올 단어를 확률적으로 고르는 모델이다. 이때 우리가 적절한 맥락을 제공해 주면, 모델이 고려해야 할 가능한 후보의 범위가 줄어든다. 그 결과, 내가 원하는 방향의 단어가 선택될 확률이 높아진다. 아래 예시를 보자.

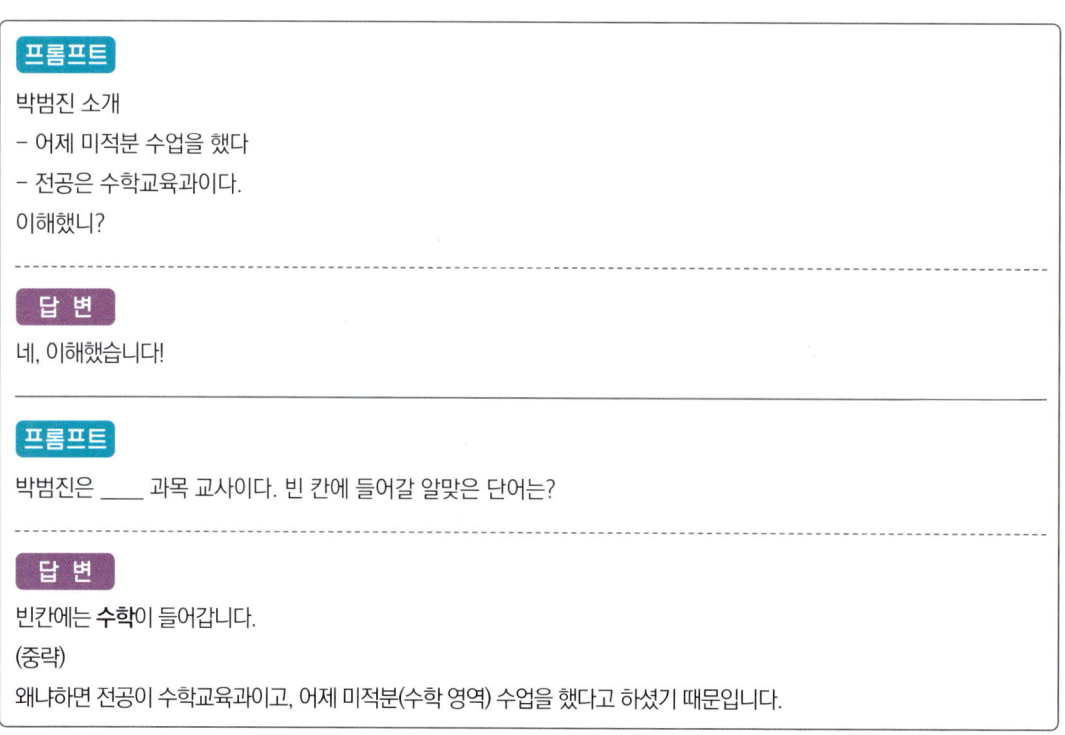

▲ 맥락을 제공한 LLM과의 대화

간단한 예시만으로도, **미리 어떤 정보들을 맥락으로 깔아 두었는지**가 답변의 정확도와 설득력에 얼마나 큰 영향을 주는지 알 수 있다.

이 원리를 이해하면 챗봇을 사용할 때, '나의 정보를 입력하는 곳'이 왜 존재하는지도 이해할 수 있다. 매번 '나는 ○○ 과목 교사이고, 이런 스타일의 답변을 좋아한다'와 같은 정보를 매번 다시 설명하는 것은 매우 번거롭다. 그래서 서비스 차원에서 사용자 성향과 선호를 미리 맥락으로 저장해 두고, 모든 대화에 일괄 적용하려는 시도가 등장한 것이다.

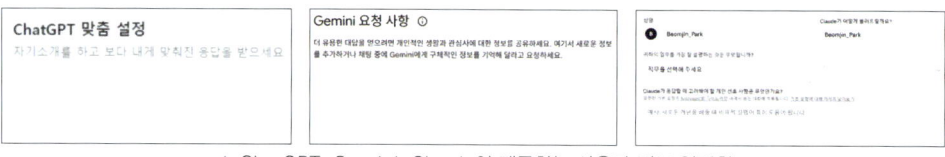

▲ ChatGPT, Gemini, Claude이 제공하는 사용자 정보 입력창

유명한 프롬프트 엔지니어링 기법들 역시 살펴보면 꽤 많은 기법들이 'LLM이 내가 원하는 단어를 선정할 확률을 높이는 것'과 깊은 관련이 있음을 알 수 있다. 예를 들어 구글과 앤트로픽은 프롬프트 엔지니어링 가이드에서 챗봇 활용 시 역할을 부여하는 것이 매우 중요함을 아래와 같이 소개하고 있다.

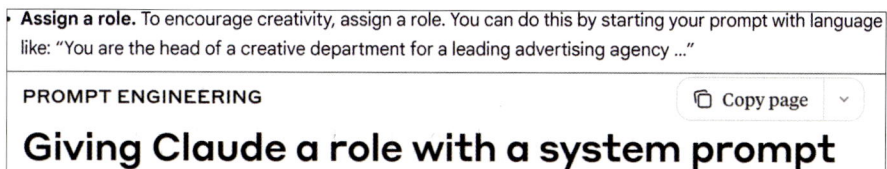

▲ 구글과 앤트로픽에서 제공하는 프롬프트 엔지니어링 기법 '역할 설정'

이것은 알려진 프롬프트 엔지니어링 기법 중 가장 대중화된 예시이다. 옆자리 선생님들의 채팅에서도 '너는 누구누구야'라고 시작하는 모습을 자주 본다. 그렇다면 아래와 같은 네 개의 역할 설정은 어떤 차이를 가져올까?

> 1. 너는 최고의 베테랑 수학 교사이다.
> 2. 너는 1억 년간 중학교 수학 수업을 진행한 말 그대로 중학교 수학 교사의 신이다.
> 3. 너는 1억 년간 수학 수업을 통달한 신들이 숭배하는 최고의 신이다.
> 4. 교육의 신들의 신들의 신들의 신…

결론부터 말하면, 실질적인 차이는 거의 없다. 모델의 능력은 수식어가 얼마나 화려한지에 따라 드라마틱하게 달라지지 않는다. 오히려 OpenAI와 앤트로픽에서는 모호한(Fluffy) 수사를 줄이게끔 안내한다.

'너는 20년 차 중학교 수학 교사야'라고 쓰는 이유는 화려한 수식어를 쓰고 싶어서가 아니다. '중학교', '수학', '교사'라는 세 단어를 모델의 선택 범위 안으로 끌어들이기 위해서다.

반대로 '교육의 신들의 신들의 신들의 신'이라는 표현은, 겨우 사용자가 매우 전문적인 답변을 요구하고 있다 정도의 뉘앙스만 전달할 뿐이다. 정작 중요한 중학교 수학 교사라는 **구체적인 맥락이 사라져 버린다**

정리하면, **역할 부여의 핵심은 화려한 수식어가 아니라 명확한 맥락 제시**다. 어떤 관점, 어떤 학년, 어떤 교과, 어떤 말투로 답해야 하는지 분명하게 적어 주는 것, 그것이 채팅창에서 우리가 가장 먼저 신경써야 할 일이다.

2) 채팅창에 맥락 넣기

이 원리를 서논술형 평가 문항 만들기에 적용하면 어떻게 활용할 수 있을까?

LLM을 '무엇이든 다 아는 한국 중학교 수학 전문가'로 보는 대신, '매우 똑똑하지만, 한국 공교육 맥락은 모르는 외국인 친구'라고 생각해 보면 정리가 훨씬 쉽다. 이 친구에게 무엇을 알려주면 도움이 될까? 예를 들어 다음과 같은 것들이다.

> 1. 2022 개정 교육과정이 추구하고자 하는 방향
> 2. 2022 수학과 교육과정, 성취기준 등...
> 3. 일차방정식 단원에서 배우는 내용
> 4. 아직 학생들이 배우지 않은 내용, 이전에 배웠던 내용

▲ 맥락으로 제공하면 도움이 될 기초 예시

그렇다면, 위와 같은 맥락을 **실제 채팅창에 어떻게 제공할 수 있을까?** 단계별로 살펴보자. 먼저 총론 파일을 제공하고 '교육과정은 이런 방향이다'를 정리해 보게 할 수 있다.

> [선행작업] - 2022 개정교육과정 총론 중 '교육과정 구성의 방향' 업로드하기
>
> **프롬프트** 내용을 정리해서 교육과정의 방향성에 대해 언급해줘. 원문을 근거로 발췌해.

▲ 맥락 제공 프롬프트 예시

이제부터 이 대화창 내에서 LLM은 대한민국 2022 개정 교육과정의 총론의 방향성을 어느 정도 이해하고 있을 것이다.

채팅창을 바꾸지 않고, 이어서 대화를 진행해 보자. 수학과 교육과정을 추가로 제공해 '수학과에서 평가할 때 고려할 요소'를 정리하게 한다.

> [선행작업] - 2022 개정 교육과정의 수학과 교육과정 PDF 파일 업로드하기
>
> **프롬프트**
> 이어서 첨부 파일을 읽고, 수학 교과에서 평가를 시행하려고 할 때 고려할 요소들을 정리해. 원문을 근거로 발췌하면서 제시해.

▲ 맥락 제공 프롬프트 예시

이제 이 대화창 안에서 ChatGPT는 교육과정의 맥락과 방향성을 알게 되었다.

이런 과정을 반복하여 '수학 교과서의 해당 단원 PDF 파일'과 '성취기준 및 성취기준별 성취수준'을 제공한다면, 챗봇은 이전보다는 선명하게 무엇을 어떻게 해나가야 하는지 인지하고서 평가 문항을 설계할 수 있을 것이다.

그러나 여기서 의문이 생긴다. 이런 식으로 채팅창에 계속 이어 붙이기만 하면 모든 것이 해결되는 걸까? 만약 그것이 가능하다면 교육과 관련된 모든 문서를 한 채팅창에 다 집어넣고 LLM을 '교육의 신'으로 만들 수 있지 않을까?

3) 기억력(Context Window)의 한계

앞선 질문의 답은 당연히 '그럴 수 없다'이다.

실제로 챗봇의 **기억력 자체는 매우 좋다**. 챗봇은 수많은 단어의 모래사장 속에서 사용자가 원하는 단어나 문장 하나를 찾아낼 수 있다.[12] 아래 그림은 Meta에서 Llama4 라는 모델을 출시하며 제공한 도표이다. 거의 모든 칸이 파란 색으로 칠해져 있다. 다시 말해 수천 페이지의 글자 더미에서 정확히 요청한 단어를 찾아 가져올 수 있었다.

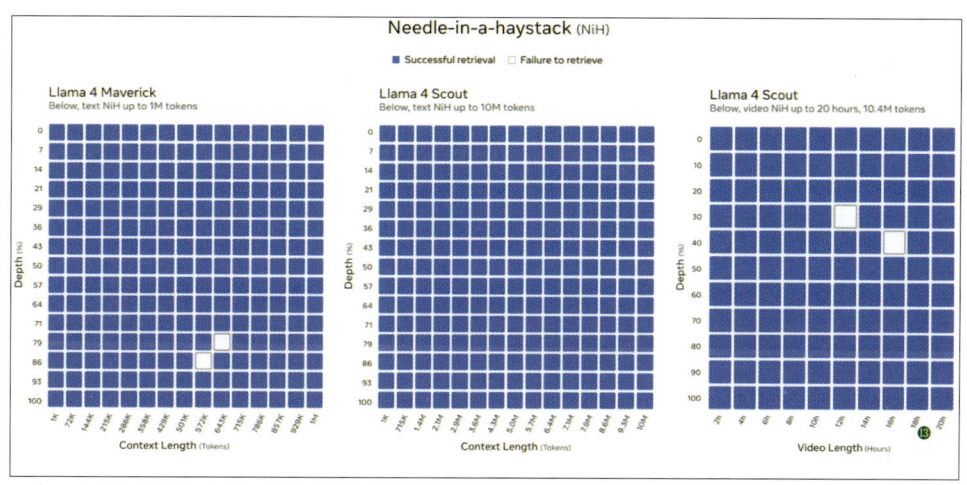

▲ Meta에서 제공한 Llama4의 NIAH 결과

챗봇은 이러한 초월적인 기억력을 통해, 이전의 대화 내역을 참고하여 답변하는 과정을 반복한다. 그리고 이것이야말로 언어모델이 일회용 질의 응답 도구에서 '챗봇'으로 성장할 수 있었던 이유이다.

그렇지만 문제는 기억의 유무가 아니라, 그 기억을 **어떻게 이해하고 활용하느냐**이다. 이를테면 서논술형 평가 설계에서 우리가 교육과정 문서를 통째로 챗봇에 넣어줬다고 생각해 보자. 사용자는 단순히 내용 암기가 아니라, 챗봇이 문서의 취지와 의도를 교사만큼 파악하길 기대한다. 다시 말해 그 안에서 문장과 문장 사이의 관계를 분석하고, 무엇이 중요하고, 무엇은 참고하지 않아도 될 정보인지 구분해 주길 기대하는 것이다. 챗봇은 이를 잘 해내고 있는 것일까?

이와 관련하여 2025년 7월 흥미로운 연구 결과가 있었다. 연구의 여러 실험 중 두 예시를 소개해 보려고 한다. 결론부터 소개하면 다음과 같다.

---

[12] Needle in a Haystack, NIAH(NIH)라고 한다.
[13] ai.meta.com/blog/llama-4-multimodal-intelligence

① LLM을 헷갈리게 하는 내용이 늘어날수록 성능이 저하된다.
② 이것저것 잔뜩 붙여 넣어 글의 길이가 길어질수록 성능이 저하된다.

▲ Chroma Research의 연구 결과 중 일부

첫 번째 실험은 다음과 같이 진행되었다.

1. 아주 긴 글 안에, 진짜 정답이 되는 문장(바늘)을 한 줄 넣어 둔다.
2. 그 주변에는 겉보기에는 비슷하지만, 사실은 정답이 아닌 문장들을 1개~4개 섞어 둔다.

[무관한 내용]
… (정답과 무관한 긴 글) …
[바늘(정답)]
"대학 동기에게서 받은 최고의 글쓰기 조언은 매주 글을 쓰라는 것이었어요."
[무관한 내용]
… (정답과 무관한 긴 글) …
[방해 요소(헷갈리게 하는 오답)]
"대학 교수님께 받은 최고의 글쓰기 팁은 매일 글을 쓰라는 것이었어요."
[무관한 내용]
… (정답과 무관한 긴 글) …
〈질문〉
"대학 동기에게 받은 최고의 글쓰기 조언은 무엇이었나요?"

▲ 실험의 형태 (구글 번역 사용)

연구 결과를 요약하면, GPT-4o, o3, Gemini-2.5-Pro, Claude Opus 4 등 최신의 LLM조차 방해 요소가 많아질수록 성능저하를 보였다는 것이다.

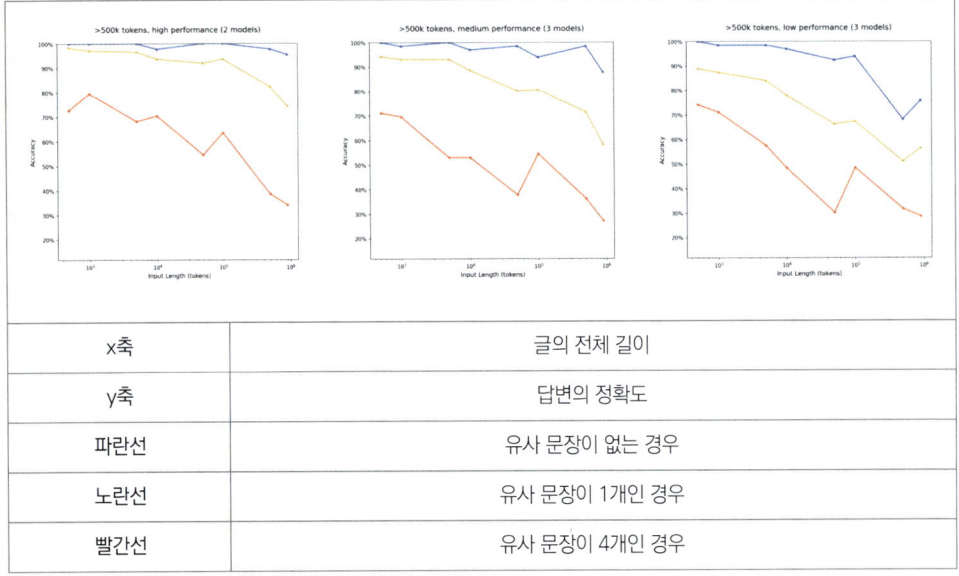

x축	글의 전체 길이
y축	답변의 정확도
파란선	유사 문장이 없는 경우
노란선	유사 문장이 1개인 경우
빨간선	유사 문장이 4개인 경우

▲ 좌측부터 실험에 활용된 모델 중 상위권 2개, 중위권 3개, 하위권 3개의 모델의 그래프

모든 모델에서 그래프는 **파란색(방해 요소 없음) → 노란색(1개) → 빨간색(4개)** 순으로 아래쪽에 위치했다. 다시 말해, 헷갈리지 않을수록 잘하고, 헷갈리는 문장이 많을수록 오답이 늘었다. 또한 모든 그래프가 글이 길어질수록(오른쪽으로 갈수록) 우하향하는 모습을 보였다. 즉, 대화가 길어지면 길어질수록 정답률이 감소했다.

두 번째 실험은 **대화 길이**를 비교했다. 우리가 직관적으로는 "많이 알려줬으니 더 잘하겠지."라고 생각하는 그 상황이다.

> 1. 한쪽에는 대화 내역을 매우 길게 제공했다(약 11만 토큰, 대략 150~200페이지 분량, 그래프에서 파란색 막대).
> 2. 다른 한쪽에는 같은 내용 중 **핵심만 300토큰 정도로 간결하게 요약**해서 제공했다(대략 A4 0.5~1페이지 분량, 빨간색 막대).

▲ 두 번째 실험의 개요

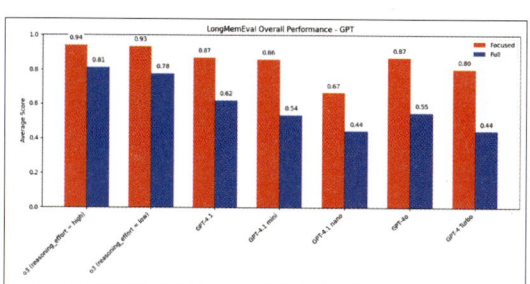 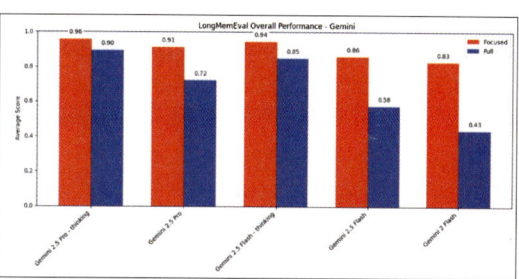

▲ GPT(좌측), Gemini(우측)의 답변 정확도(각각의 도표에서 좌측으로 갈수록 고성능 모델)

결국 우리가 현시점에서 챗봇을 잘 활용하기 위해서는 제한된 기억력을 가진 모델에게 '양'과 '질'의 밸런스를 고려하면서 채팅창을 채워나가는 것이 될 것이다.[14] 구체적인 예시를 들자면 아래와 같다.

> ① **부피가 큰 문서는 별도 채팅에서 요약부터 만들기**[15]
> • 총론, 성취기준 전체 원문, 교과서 PDF 등을 요약하는 과정은 별도의 채팅창에서 충분히 요약·정리한다.
> • 핵심 요약본을 '주 채팅창'에서 활용한다.
> ② **요청 실수는 새로 쓰지 말고, 같은 맥락 안에서 편집하기**
> • 대화 중 중간부터 잘못되었다고 판단되는 경우, 새 채팅창을 여는 대신 **편집 기능을 활용한다.** 이렇게 하면 이전까지 쌓아온 맥락을 유지하면서도, 잘못된 지시만 수정할 수 있다.

▲ 맥락을 잘 채워나갈 수 있는 예시

▲ ChatGPT의 메시지 편집 아이콘[16]

---

[14] 이것은 교사가 학생을 수업할 때나, 경력자가 신입에게 일을 알려줄 때 필요한 자세와도 관련이 있다.
[15] PDF 파일 자체가 컨텍스트 윈도우를 차지한다기 보다, 이를 통해 원하는 핵심만 정리하는 과정을 줄인다.
[16] 많은 사람들이 간과하는 기능이지만, 필자는 이 기능이야말로 가장 중요한 기능이라고 생각한다.

중요한 것은 **선택과 집중**이고, 이것이 안드레아 카파시가 '컨텍스트 엔지니어링'을 쉽게 볼 일이 아닌 하나의 예술이라고 말한 이유 중 하나일 것이다.

4) 나만의 색 담기

(1) AI와의 브레인스토밍

여기까지는 주로 LLM이 헷갈리지 않도록 맥락을 정리하고, 핵심만 골라 제공하는 방법에 관해 이야기했다. 그런데 곰곰이 생각해 보면, 우리는 단지 서논술형 평가를 좀 더 편하게 만들기 위해서 AI를 쓰는 것은 아니다.

교사에게 수업과 평가는 자기표현의 장이다. 그렇다면 맥락 안에 나만의 색도 들어가야 한다. 이제는 맥락 안에 내 수업 스타일과 평가 철학을 어떻게 섞어 넣을지 살펴보자.

제공할 만한 예시로는 아래와 같은 것들이 있다.

> 1. 내가 이 교과나 해당 단원에서 중요하게 생각하는 것
> 2. 사전에 진행된 수업에 대한 개요
> 3. 학생들의 수준과 인원
> 4. 교사의 가치관
> 5. 교사가 구상했던 서논술형 평가의 개요

그러나 필자는 AI를 교사가 모든 걸 처음부터 끝까지 정리하여 '이 자료 가지고 이렇게 해줘' 하고 지시만 내리는 대상이 아니라, 내가 가진 생각을 조금씩 보여주면 거기에 맞춰 되묻고 제안해 주는 동료로 두길 권한다.

AI를 단순히 '내가 넣어 준 내용을 예쁘게 만들어주는 생성기'로만 취급하면, 결과도 거기에서 크게 벗어나기 어렵다. 반대로 AI를 **파트너**로 활용하면, 자신도 미처 정리하지 못했던 나 자신의 색깔을 더 분명히 자각하게 되는 경우가 많다.

> **프롬프트**
>
> # 요청사항
> 요리사는 요리로, 화가는 그림으로 자신을 표현하듯 교사는 수업과 평가로 자신을 표현한다고 생각한다. 뻔하지 않은, 나만의 색깔을 입힌 평가를 만들고 싶다.
> ## 이미 제공된 내용
> - 교과 내용
> - 교육과정 문서
> - 성취수준
> - 이전에 진행된 수업
> ## 출력 양식
> - LLM에 제공하면 도움이 될 맥락 3개
> - 간략히 작성

▲ 개인적 맥락에 대한 브레인스토밍 프롬프트 예시

답변은 아래와 같았다.

항목	질문	예시
1. 교사의 교육 정체성	내가 교사로서 가장 중요하게 생각하는 가치는 무엇인가?	배움의 자율성, 삶과 연결된 수업, 지식의 사회적 의미
	내 수업이 세상에 어떤 메시지를 주기를 바라는가?	모든 학생이 배울 수 있는 권리의 실현
	교실에서 학생을 어떻게 바라보는가?	학생은 지식의 수용자가 아니라 의미의 공동 창조자이다.
2. 학년, 학급의 분위기	협력적 분위기인가, 경쟁적 분위기인가? 학생들의 전반적 수준, 흥미, 성향	
3. 평가의 목적 및 방향성	평가를 통해 알고 싶은 것은 무엇인가?	학생의 사고 과정 배운 내용을 새롭게 조합하는 능력
	이번 단원에서 학생들이 특히 성장하길 바라는 부분	자신의 생각을 논리적으로 표현하는 능력
4. 평가 이후 피드백 방식	피드백의 질감	나는 피드백을 '조언'이 아니라 '대화의 연장선'으로 본다.
		학생이 내 피드백을 읽으며 '선생님이 나를 진짜 봤다'는 느낌을 받게 하고 싶다.
	학생 주도 피드백	생이 교사 피드백 중 인상 깊었던 문장을 모아, 자신의 '배움 저널'을 만든다.
	감정의 층위	나는 피드백을 통해 학생이 '위로받는 동시에 자극받는' 경험을 하게 하고 싶다.
		평가 후의 대화가 '결산'이 아니라 '새로운 출발점'이 되길 바란다.
5. 교사의 스타일	수업 리듬	나는 한 주제에 깊게 몰입시키고, 느리게 사유하게 하는 스타일이다.
		수업이 약간 공연 같기를 원한다. 평가도 그 흐름 속에서 자연스럽게 이어지길 바란다.
	언어와 표현의 스타일	질문을 던질 때 비유와 은유를 많이 쓴다. 그래서 평가에서도 학생의 언어적 감수성을 보고 싶다.
	평가 분위기 톤앤무드	딱딱한 채점보다, 학생들이 '이건 내 이야기야'라고 느끼는 문항 구성을 선호한다.

▲ 개인적 맥락에 대한 GPT-5의 답변을 정리

---

⑰ 내용 중 #, ## 등의 기호가 있는데, #의 개수에 따라 대제목, 중제목, 소제목…에 해당된다고 생각하면 된다.

처음에는 지루하고 뻔한 답변이 이어졌지만, 얼마 지나지 않아 아이디어를 자극하는 답변들이 쌓이기 시작했다. 나만의 스타일을 표현하기 위해 무엇을 채팅창에 제공해야 하는지 떠올리는 데 시간을 쏟기보다, 내가 피드백을 통해 학생에게 주고 싶은 경험은 무엇이고, 나의 수업 리듬은 어떠한지에 대해 좀 더 골똘히 생각하게 되었다. 나의 색깔을 채팅창에 채워 넣기 위해 AI를 쓰는 일은, 아이러니하게도 기술 중심의 환경 속에서 다시 사람다운 온도를 회복하는 일처럼 느껴졌다.

(2) 커스터마이징 챗봇[18]

이렇게 추가한 나만의 맥락들은 앞서 잠시 언급한 사용자 정보 입력창에 넣어두면 채팅창을 새로 열더라도 자동으로 반영된다. 하지만 때때로 특정 맥락이 모든 채팅창에 반영된다는 것이 한계가 되기도 한다. 예를 들어 초등이라면 교과에 따라, 중등이라면 수업하는 학년이나 단원에 따라 AI가 참고해야 할 맥락이 다를 수 있다.

이 경우 활용할 수 있는 것이 바로 커스터마이징 챗봇이다. ChatGPT, Gemini, Claude 등은 사용자의 목적에 맞춰 행동 양식과 지식을 설정하고, 이를 통해 맞춤형 챗봇을 제작할 수 있는 기능을 제공한다.

AI	커스터마이징 챗봇 제작 기능
ChatGPT	GPTs
	(유사 기능) 프로젝트[19]
Gemini	Gems, NotebookLM[20]
Claude	(유사 기능) 프로젝트[21]

▲ 대표적인 커스터마이징 챗봇 제작 기능 예시

일반적으로 사용하는 챗봇은 다양한 상황에 활용할 수 있는 범용 챗봇이다. 그 때문에 특정 분야에 대한 정보를 잘 알지 못하는 경우가 있다. 새로운 채팅창에서 서논술형 평가를 만들 때, 교과서에서 다루지 않는 내용을 문항으로 출제하는 경우 등이 대표적인 예이다. 또한 챗봇은 내가 요청한 맥락을 알지도 못한다. 이 때문에 AI는 이전에 진행한 수업과 전혀 동떨어진 평가 문항을 만들게 된다.

이를 극복하는 방법은 앞서 언급했듯 '맥락'을 제공하는 것이다. 그러나 원하는 답변을 얻기 위해 사용자의 의도와 목적을 매번 재안내하는 과정은 챗봇 사용 빈도가 높으면 높을수록, 완성도 있는 결과물을 원하면 원할수록 번거롭게 느껴진다. 하지만 커스터마이징 챗봇을 한 번 만들어두면 맥락을 쌓아나가는 과정을 상당수 생략하고 일관된 답변을 받을 수 있다. 이와 관련된 활용 예시는 Ⅳ장의 1~3부, Ⅴ장의 2부 등에서 자세히 소개할 예정이다.

---

[18] ChatGPT의 GPTs, Gemini의 Gems, Claude의 프로젝트(Projects) 등을 포괄하는 표현으로 사용하였다.
[19] 사용자가 제공한 첨부 파일과 이전에 진행했던 대화 맥락을 반영하여 챗봇과 대화를 진행해나갈 수 있다. 다른 사용자와 '프로젝트 공유'도 가능하다. 단, 유료 구독자만 사용할 수 있다
[20] 별도 사이트로 제공된다.
[21] ChatGPT의 프로젝트 기능과 거의 유사하다.

지금까지 서논술형 평가를 포함한 교육 전반에서 AI, 그중에서도 LLM을 어떻게 활용할 것인가에 대해 이이야기해 보았다. 기술은 눈 돌릴 새도 없이 바뀌지만, 좋은 평가의 본질은 그 속도에 휘둘리지 않는다. 좋은 평가는 여전히 학생이 무엇을 이해했는지, 무엇을 고민하고 있는지, 앞으로 어디까지 갈 수 있는지를 함께 살피는 과정이다. AI는 그 과정을 준비하고 설계하는 데 필요한 정보와 초안을 제공해 줄 수는 있지만, 그 결과에 교육적 의미를 부여하고 마지막 결정을 내리는 역할까지 맡을 수는 없다. 수업과 평가의 방향을 결정하는 일, 기준을 세우고 마지막을 책임지는 일, 그 과정에 있는 모든 고민의 순간순간들—그것이야말로 교사의 일이며, 인간의 일일 것이다.

IV
서논술형 평가 설계, AI 비서로 깊이를 더하다

이 장에서는 생성형 AI를 활용하여 서논술형 평가를 설계하고 적용하는 구체적인 사례를 다룬다. 그 과정에서 교사가 겪는 현실적인 고민과 그것을 해결하며 성장해 나가는 과정을 심도 있게 담았다. 특히 AI라는 도구를 활용하여 평가의 교육적 본질에 대해 끊임없이 질문하고 성찰하며, 교사로서의 전문성을 한 단계 더 발전시켜 나가는 모습을 볼 수 있다.

#평가설계 #백워드설계 #과정중심평가 #전교과평가확대 #NotebookLM #GeminiGem
#문항검증 #성찰 #메타인지 #변혁적역량 #행위주체성 #총괄평가

01

완벽보다 중요한 것: 서논술형 평가, 〈설계·실행·성찰〉의 성장 과정

서논술형 평가는 학생의 사고를 깊이 있게 드러내고 이를 점검하며 확장할 수 있게 한다는 점에서 선택이 아닌 필수인 평가 방식으로 자리 잡고 있다. 그러나 현실은 이상과 크게 다르다. 서논술형 문항을 설계하고 채점하며 피드백을 제공하기 위해 필요한 시간과 교사의 에너지는 턱없이 부족한 것이 사실이다. 단원 수업을 준비하고 생활지도, 행정 업무까지 병행해야 하는 교사에게 서논술형 평가의 설계는 여전히 진입 장벽이 높기만 하다. 이로 인해 필요성을 인식하고도 시도하지 못하거나 최소한의 기준만 이행하는 경우가 많다.

이런 상황에서 필요한 것은 반드시 '완벽함'만이 아닐 수 있다는 생각이 들었다. 처음부터 완벽한 문항을 만드는 것보다 다소 미흡하더라도 직접 문항을 설계하고, 학생들의 응답을 살펴보며, 동료와 함께 논의하며 문항과 채점 기준을 지속적으로 다듬어 가는 과정 자체가 교사의 평가 역량을 성장시킨다고 느꼈다. 이러한 시행착오 속에서 교사는 평가 전문성을, 학생은 사고하는 힘을 길러간다는 점 또한 분명해졌다.

그래서 필자는 매 단원마다 서논술형 문항을 설계하고 수업에 적용하는 도전을 이어가고 있다. 한 번의 평가로 완성된 결과를 얻을 수는 없지만, 단원을 거듭할수록 문항 구조는 정교해지고 채점 기준은 명확해지며 피드백 또한 구체적으로 발전하고 있음을 확인하고 있다. 이번 장에서는 이러한 경험을 바탕으로 문항 설계에서 고려해야 할 요소, 실제 수업과 평가 적용 과정에서 마주한 어려움, 그리고 교사와 학생에게 나타난 변화와 통찰을 공유하고자 한다.

가. 변화의 시대, 흔들려야 깨달음이 찾아온다

생성형 AI를 활용하여 서논술형 평가 문항을 제작하고 이를 실제 현장에 적용하는 과정에서, 필자는 평가의 본질에 대해 성찰하게 만드는 문항을 마주하게 되었다. 본 글에서는 그 사례를 중심으로 서논술형 평가가 지닌 교육적 의미와 현장 적용의 시사점을 탐색하고자 한다.

1) AI와 함께 문항 출제하기

교과 단원의 내용을 파악할 때, 성취기준만으로는 단원의 핵심 의도나 학습의 흐름을 충분히 이해하기 어렵다. 따라서 출판사 지도서의 PDF 파일 중 일부를 캡처하여 참고 자료로 활용하면, 단원 구조와 학습 목표를 보다 명확하게 파악하는 데 효과적이다.

AI가 제시한 단원 분석 내용은 성취기준 분석뿐만 아니라 단원 전체의 학습 맥락과 사고 구조를 조망하게 해주었고, 이를 통해 평가 문항이 단순한 지식 확인이 아니라 사고 확장의 도구로 설계될 수 있음을 실감할 수 있었다.

답변

4. 서논술형 평가 문항 제작 방향

위 내용을 토대로 **평가 문항은 단순 계산 능력이 아니라, 원리 이해·설명·실생활 적용·태도 반영**을 평가해야 합니다.
예시 형태는 다음과 같습니다.
(1) 원리 설명형
- "12 ÷ 3 = 4 가 되는 이유를 곱셈과 관련지어 설명해 보시오." → 연산 관계 이해 평가

(2) 적용·해석형
- "18개의 사과를 5명이 똑같이 나누어 가질 때, 한 사람이 가질 수 있는 사과의 개수와 남는 사과의 수를 구하고, 그 상황을 문장으로 설명하시오." → 몫과 나머지 개념 이해

(3) 실생활 문제 해결형
- "책 26권을 4개의 상자에 똑같이 나누어 담으려 합니다. 각 상자에 들어가는 책의 수와 남는 책의 수를 구하고, 남는 책을 어떻게 처리할지 방법을 제안해 보시오." → 실생활 문제 해결력 + 창의적 사고

(4) 태도 평가형
- "친구와 함께 나눗셈 문제를 풀 때 협력하거나 서로의 풀이를 비교하는 태도가 왜 중요한지 설명해 보시오." → 수학적 태도·메타인지 평가

▲ 생성형 AI가 지도서 내용을 바탕으로 서논술형 평가 방향을 제시해 준 내용 일부 발췌

생성형 AI의 단원 분석을 통해 서논술형 평가의 방향을 검토하면서, 기존에 우리가 익숙하게 출제해 온 방식에 대한 반성과 재구성의 필요성을 느꼈다. 동시에 단원 학습의 의미와 깊이 있게 맞닿은 새로운 서논술형 평가의 가능성을 발견하며, 그 변화에 대한 강한 동기와 기대를 갖게 되었다.

처음에는 AI가 제안하는 방향을 탐색적 관점에서 그대로 따라가 보는 것을 추천한다. 실제로 AI는 단원 목표를 분석한 뒤 핵심 개념을 정리하고, 그에 기반한 서논술형 평가 문항 예시를 자동으로 제시한다. 교사는 단지 "좋아" 한 마디로 그 과정을 이어갈 수 있을 정도로 간편하다.

문항 유형	문항 내용	평가 의도
원리 이해형	문항: 24 ÷ 6 = 4 가 되는 이유를 곱셈과 관련지어 설명해 보시오.	- 곱셈과 나눗셈의 개념적 연계 이해 - 연산 원리를 언어로 표현하는 능력
실생활 적용형	문항: 학급에서 29개의 빵을 4명이 똑같이 나누어 먹으려고 합니다. ① 한 사람이 몇 개씩 가질 수 있는지 구하고, ② 남는 빵은 몇 개인지 구한 뒤, ③ 그 상황을 문장으로 설명해 보시오.	- 계산 결과의 실생활 적용 - 수학적 상황 해석 및 서술 능력 평가
문제 해결·의사소통형	문항: 36개의 공을 5명에게 똑같이 나누어 주려 합니다. ① 나눗셈을 이용해 몫과 나머지를 구하시오. ② 남는 공을 어떻게 처리하면 좋을지 두 가지 방법을 제안하고 이유를 설명해 보시오.	- 다양한 해결 전략 탐색 - 논리적 근거 제시 및 의사소통 능력 평가
사고력 확장형	문항: 어떤 수를 7로 나누었더니 몫은 8이고 나머지는 5가 되었습니다. ① 그 수를 구하는 방법을 설명하고, ② 그 수를 써 보시오.	- 수학적 구조 인식 - 논리적 추론 및 사고력 확장
태도 반영형	문항: 친구와 함께 나눗셈 문제를 풀 때, 서로의 풀이 방법을 비교하고 토론하는 것이 왜 중요한지 자신의 생각을 설명해 보시오.	- 협력적 학습 태도 및 반성적 사고 - 수학 학습

▲ 생성형 AI가 제안한 서논술형 평가 문항 예시 정리 표

그러나 그 제안에 전적으로 의존해서는 안 된다. AI가 제시한 방향을 참고하되, 교사의 교육적 판단과 맥락적 통찰을 바탕으로 필요한 순간에는 방향을 전환해야 한다. 즉, 교사는 단순 반복적인 설계 과정을 AI에 위임하고 내용의 적절성을 검토하는 더 본질적인 역할을 맡는 것이다. 특히 개별 문항 수준에 머무르지 않고 단원 전체의 학습 흐름 속에서 서로 연결되는 문항 체계를 설계하려면 교사의 주도적 설계 역량이 필수적이다.

> **프롬프트** 하나의 **맥락이 있는 문제 상황**을 체계적으로 접근해서 문제를 해결하는 문제였으면 좋겠어. 이와 관련하여 몇 가지 아이디어를 제시해줘.
>
> ---
>
> **답변**
> 원하시는 방향은 하나의 **맥락(스토리)** 안에서 여러 하위 문제를 단계적으로 해결하는 **통합형 서논술형 문항**이군요. 단순히 나눗셈을 계산하는 것에서 끝나는 게 아니라, **맥락 이해 → 수학적 모델링 → 계산 및 해석 → 의사결정·태도 반영**의 흐름으로 접근하면 좋습니다.
> **서논술형 맥락 문제 아이디어**
> 1. 소풍 도시락 나누기
> **상황:** 3학년 학생들이 소풍을 갑니다. 반 친구들이 먹을 도시락을 준비했는데, 도시락 반찬을 모두 똑같이 나누려고 합니다.
> **문항 구조:**
>   1. 김밥 32줄을 5명이 나누어 가지려 합니다. 한 명이 몇 줄씩 가질 수 있고, 몇 줄이 남는지 구하세요.
>   2. 남은 김밥을 나누는 방법을 두 가지 제안해 보세요.
>   3. 이런 문제를 해결하면서 '몫'과 '나머지'는 각각 어떤 의미를 가지는지 설명해 보세요.
> (중략)

▲ 하나의 맥락으로 문항 설계 아이디어 받아보기, AI 응답 발췌

AI는 이외에도 운동회 물품 나누기, 도서관 책 정리하기, 놀이공원 단체 관람, 과자 상자 포장하기 등 다양한 서논술형 평가 문항 세트를 제시해 주었다. 그중에서도 '도서관 책 정리하기'는 학생들의 실제 생활과 가장 밀접하게 연결되어 있다는 판단이 들어, 이 문항세트를 선택하여 AI가 제공한 문항 구성(문항 + 예상 답안 + 채점 기준)을 바탕으로 서논술형 평가로 실시해 보았다.

프롬프트 '도서관 책 정리하기'로 실제 평가 문항 세트(문항+예상 답안+채점 기준)을 (표 형식으로) 제시해줘.

구분	문항유형	문항 내용	평가 의도	예상 답안(예시)	채점 기준(세부항목)	배점
1	기본 계산	책 74권을 책장 8개에 똑같이 꽂으려고 합니다. ① 한 책장에 들어가는 책의 개수와 ② 남는 책의 개수를 구하세요.	- 나눗셈 계산 능력 평가 - 몫과 나머지의 의미 확인	74 ÷ 8 = 9 … 2한 책장에 9권씩, 2권 남음	- 계산 과정 제시: 1점 - 몫과 나머지 정확히 제시: 2점	3점
2	문제 해결 및 의사소통	남은 책 2권을 처리할 수 있는 방법을 두 가지 이상 제시해 보세요.	- 나머지를 다양한 방식으로 해석·처리 - 실생활 문제 해결력과 창의적 사고 평가	방법1: 책장을 하나 더 만들어 넣는다. 방법2: 사서실에 따로 둔다. 방법3: 두 개의 책장에 1권씩 더 꽂는다.	- 하나의 방법 제시: 1점 - 두 가지 이상 방법 제시: 2점 - 방법의 타당성·적절성: 1점	3점
3	개념 설명	이 상황에서 '몫'과 '나머지'가 무엇을 뜻하는지 설명해 보세요.	- 수학적 개념을 실생활 맥락 속에서 설명하는 능력 평가	몫: 한 책장에 들어가는 책의 수(9권) 나머지: 다 넣지 못하고 남은 책의 수(2권)	- 몫 설명 적절: 1점 - 나머지 설명 적절: 1점 - 구체적 상황과 연결: 1점	3점
4	가치·태도	이 문제에서 나눗셈을 이용하면 어떤 점이 편리한지, 실생활과 연결지어 자신의 생각을 써 보세요.	- 수학적 태도 및 실생활 연계 인식 평가 - 계산을 넘어 수학의 가치 인식	- 나눗셈을 이용하면 책을 공평하게 나눌 수 있다. - 남는 책을 파악해 정리 방법을 쉽게 결정할 수 있다. - 일상에서 공정하게 나누는 데 도움을 준다.	- 나눗셈의 필요성 언급: 1점 - 실생활 연계 설명: 1점 - 자기 생각 구체적으로 표현: 1점	3점

▲ 생성형 AI가 제안한 서논술형 평가 평가 문항 세트 정리표

실제로 평가를 실시하기 전, 필자는 **3번 [개념 설명]** 문항이 학생들이 문항의 의도를 이해하지 못할 가능성이 높다고 판단했다. 이에 문항 이해를 촉진할 수 있는 다양한 방법을 고민하였다.

프롬프트 앞의 3. [개념 설명] 문항에 대해 학생들이 이 문제의 의도를 제대로 파악하지 못할 거 같아. '예시'나 '보기'를 주는 것 등 다른 방법이 있다면 전문적으로 제시해줘.

답 변

1. 예시 제시하기
학생이 추상적 개념을 떠올리기 어렵다면, 유사 상황 예시를 간단히 덧붙이는 것이 효과적입니다.
- 문항 수정 예시

    이 상황에서 '몫'과 '나머지'가 무엇을 뜻하는지 설명해 보세요.
    (예) 사탕을 여러 명에게 똑같이 나눌 때, 한 사람이 가지는 개수는 '몫', 남은 사탕은 '나머지'입니다.)

이렇게 짧은 힌트를 주면 학생들은 추상적 용어를 생활 맥락과 연결할 수 있게 됩니다.

2. 선택지(보기를 활용한 서술 유도)
학생들이 참고할 수 있는 단어·문장을 주되, 정답을 바로 주지 않고 고르면서 서술하도록 합니다.
- 보기 활용 예시

    다음 중 알맞은 단어를 고르거나 바꾸어 쓰면서 설명해 보세요.
    ▸ 한 책장에 들어가는 책의 수 = (① 몫 / ② 나머지)
    ▸ 책장에 다 넣지 못하고 남은 책의 수 = (① 몫 / ② 나머지)

→ 이렇게 하면 개념을 확실히 짚고, 이어지는 설명도 훨씬 명확해집니다.

3. 문장 완성하기
학생이 서술 부담을 덜고, 개념을 문장 구조로 표현하도록 도와줍니다.
- 문항 변형 예시

    아래 문장을 완성해 보세요.
    ▸ 이 상황에서 몫은 _____.
    ▸ 이 상황에서 나머지는 _____.

→ 서술형의 장점은 유지하면서, 방향성을 주어 학생이 "책장"과 "책의 개수"를 꼭 언급하게 만듭니다.

4. 그림·도식 활용
낮은 학년 학생에게는 시각적 도식이 큰 도움을 줍니다.
- 제시 방법

    책 74권을 그림 상자(책장 8개)에 나누어 넣는 그림을 일부 그려 놓고, "빈칸에 알맞은 말을 쓰세요."라는 식으로 구성합니다.

→ 추상 개념을 그림-상황-용어 연결로 학습하게 할 수 있습니다.

5. 단계적 질문(Scaffolding)
학생이 개념을 스스로 구성할 수 있도록 발문을 세분화합니다.
1. 한 책장에 들어간 책은 몇 권인가요? (답: 9권)
2. 다 나누고 난 뒤에 남은 책은 몇 권인가요? (답: 2권)
3. 그럼 '몫'은 무엇을 뜻하나요? (답: 한 책장에 들어간 책 수)
4. '나머지'는 무엇을 뜻하나요? (답: 남은 책 수)

👉 교실에서는 보기(선택지) + 문장 완성형을 병행하는 것이 가장 효과적입니다.

▲ 문항 이해를 높일 수 있는 방법 탐색하기

AI는 '보기(선택지) + 문장 완성형'을 병행하는 것이 가장 효과적이라고 추천했지만, '1. 예시 제시하기 방법'을 선택하여 다음과 같이 최종 평가지를 완성하여 실시하였다.

2) 평가 실시 및 가채점하기

> **주제: 도서관 책 정리하기**
> ※ 문제 상황: 도서관에서 새로 들어온 책을 책장에 정리하려고 합니다. 책장 하나에는 같은 수의 책을 꽂아야 합니다.
> 1. [기본 계산] 책 74권을 책장 8개에 똑같이 꽂으려고 합니다. ① 한 책장에 들어가는 책의 개수와 ② 남는 책의 개수를 구하세요.
> 2. [문제 해결 및 의사소통] 책장에 똑같이 꽂고 남은 책을 처리할 수 있는 방법을 두 가지 이상 제시해 보세요.
> 3. [개념 설명] 이 상황에서 '몫'과 '나머지'가 무엇을 뜻하는지 설명해 보세요.
>   예 사탕을 여러 명에게 똑같이 나눌 때, 한 사람이 가지는 사탕 개수는 '몫', 남은 사탕은 '나머지'입니다.
> 4. [가치·태도] 이 문제에서 나눗셈을 이용하면 어떤 점이 편리한지, 실생활과 연결지어 자신의 생각을 써 보세요.

▲ AI와 함께 도출한 나눗셈 서논술형 문항 예시

일반적인 계산 문항인 1번을 제외하면 2~4번 문항은 교사에게도 학생에게도 익숙하지 않은 형태다. 필자 또한 생성형 AI가 제안한 이 문항들을 처음 접했을 때, 자연스럽게 이런 질문이 떠올랐다. '과연 이 문항들이 실제 평가로 유의미할까?', '학생들이 과연 이러한 문항에 제대로 응답할 수 있을까?'

대부분의 학생은 1번 [기본 계산] 문항에서 나눗셈 식을 정확히 세우고 계산하는 데 어려움이 없었다. 그러나 2번 [문제 해결 및 의사소통] 문항에서는 상당수가 의미 있는 응답을 제시하지 못했다. 이 대비는 **'계산의 정확성'이 곧 '수학적 사고의 깊이'와 일치하지 않을 수 있음을 분명히 보여준다.**

학생들의 응답은 계산 결과 이상의 것을 보여주었다. 기존의 계산 중심 평가에서는 '74 ÷ 8 = 9 … 2'를 정확히 산출했는지만 확인할 수 있었다면, 서논술형 문항은 그 결과를 학생이 어떻게 설명하고 실제 맥락과 어떤 방식으로 연결하려 하는지를 볼 수 있는 기회를 제공한다.

처음에는 2번 문항처럼 문제 해결 및 의사소통 역량을 요구하는 질문이 다소 과하게 설계된 것은 아닐까 하는 의문도 있었다. 하지만 실제 평가를 실시하고 학생들의 다양한 응답을 마주했을 때, 그 우려는 기대감으로 바뀌었다. 기존 평가 방식에서는 드러나지 않았던 사고의 깊이, 현실을 재구성하는 방식, 그리고 때로는 전혀 예상하지 못했던 창의적이거나 극단적인 해석까지 나타났기 때문이다.

> ① 버린다. ② 남은 2권을 잘라서 정리한다. ③ 다른 사람에게 선물한다. ④ 내가 가진다. ⑤ 사서 선생님이 가져간다. ⑥ 선착순으로 나눠준다. ⑦ 반품한다. ⑧ 다른 도서관에 준다. ⑨ 여기가 중간이라는 것을 알리기 위해 중간에 책 2개를 놓는다. ⑩ 옆으로 꾹꾹 눌러서 추가로 1권씩 넣어서 정리한다. ⑪ 시작과 끝을 알리기 위해 1과 마지막에 놓는다. ⑫ 신간 도서 코너에 전시한다. ⑬ 대출해 가서 칸이 빌 때까지 사서 선생님이 따로 보관한다. ⑭ 옆 책장에 2권만 따로 꽂는다. ⑮ 낡은 책을 빼고 새 책을 넣어준다.

▲ [문제 해결 및 의사소통] 역량과 관련된 2번 문항의 학생 응답 예시

학생들의 답변은 매우 다양했다. "버린다", "잘라서 정리한다"와 같이 실제 맥락에 부적합한 대답을 내놓기도 했고, "신간 도서 코너에 전시한다"와 같이 구체적이고 현실적인 해결책을 제시하기도 했다. 전자의 응답은 계산이 끝나는 순간 나머지가 현실과의 연결을 잃고 추상적인 숫자로 전락했음을 보여

주지만, 후자의 응답은 나머지를 다시 실제 맥락 속으로 끌어와 새로운 대안을 탐색하는 창의적인 사고의 결과라 할 수 있다.

학생들은 이번 서논술형 평가를 통해 수학이 실생활과 어떻게 연결될 수 있는지를 자연스럽게 깨닫게 되었다고 말한다. 수학은 더 이상 정답을 맞히는 훈련이 아니라 **사고하고 적용하는 과정임을** 경험한 것이다.

특히 반복적으로 문제 풀이만 해오던 학생들에게 이 문항은 새로운 관점을 제시했다. '나눗셈'이라는 익숙한 계산 문제 속에서도 스스로 상황을 해석하고, 현실적인 대안을 모색하며, 자신의 생각을 논리적으로 표현하는 경험을 하게 된 것이다. 이러한 경험은 학생들에게 수학의 진정한 의미를 되돌아보게 하는 소중한 계기가 되었다.

이렇듯 서논술형 평가에 '명(明)'이 있다면, 그에 상응하는 '암(暗)'도 존재한다. 가장 큰 어려움은 역시 **채점 과정**이다. 객관식 문항처럼 명확한 정답이 존재하지 않기에 학생의 사고를 어떻게 해석하고 점수로 환원할 것인지에 대한 교사의 고민이 뒤따른다. 특히 채점의 객관성과 신뢰도를 확보하는 문제는 쉽지 않다. 동일한 학생의 응답이라도 평가자의 해석에 따라 점수 차이가 발생할 수 있기 때문이다.

선생님이라면 앞서 제시된 15가지 학생 응답 중, 어느 범위까지를 '정답'으로 인정할 수 있을지 한 번 고민해 보기 바란다. 실제로 이 문항의 정답 가능 범위를 확인하기 위해 10명의 교사와 의견을 나누었는데, 생각보다 판단 기준이 매우 다양했다는 점에 적지 않게 놀랐다. 동일한 문항임에도 채점 기준과 허용 범위가 이처럼 다르게 나타난다는 사실은, 서논술형 평가에서 교사의 관점과 수업 맥락이 얼마나 크게 작용하는지를 보여주는 사례라 할 수 있다.

A교사는 문항에서 "남은 책을 어떻게 처리할 수 있는지" 묻고 있기 때문에, 버리거나 잘라서 정리하는 등 처리 가능한 방법이라면 모두 정답으로 인정해야 한다는 입장이었다. 즉, 방법의 적절성보다는 '처리 가능 여부' 자체를 기준으로 본 것이다.

B교사는 조금 더 제한을 두었다. '① 버린다', '② 잘라서 정리한다'처럼 현실성이 떨어지거나 물리적으로 훼손하는 방식만 오답으로 보고, 그 밖의 방법—예를 들어 *나누어 주거나 사서실에 보관하는 등의 응답*—은 모두 정답으로 인정하였다.

반면 C교사는 공공물품이라는 특성을 강조하며, '개인이 가져간다' 또는 '나누어 준다'와 같이 사적 소유 또는 분배의 형태로 처리하는 응답은 모두 오답이라고 판단하였다. C교사와 비슷한 기준을 적용한 D교사 역시 공공성과 조건을 고려했지만, '⑩ 옆으로 꾹꾹 눌러서 추가로 1권씩 넣는다'는 응답에 대해서는 C교사와 의견이 나뉘었다. C교사는 문제에서 제시한 조건인 "책장 하나에는 같은 수의 책을 꽂아야 합니다"를 근거로, 책을 추가로 꽂는 방식은 조건 위반이므로 오답이라고 보았다. 반면 D교사는 이미 책을 '똑같이 나누어 꽂은 상태에서, 그 이후 남은 책을 별도로 정리하는 행위'로 해석하여 정답으로 인정할 수 있다는 입장이었다.

이는 서논술형 평가가 단순히 결과를 평가하는 구조가 아니라 '어떤 사고 과정을 정답으로 인정할 것인가'에 대한 교사의 교육 철학과 수업 맥락이 평가에 깊이 개입되는 방식임을 보여준다. 그러나 이러한 다양성은 곧 채점의 신뢰도와 공정성을 확보하는 데 어려움으로 이어지며, 서논술형 평가가 해결해야 할 중요한 과제로 남는다.

이와 같은 문제를 해결하기 위해, 현재 교육부와 시·도교육청에서는 AI를 활용한 서논술형 평가 문항 개발 및 채점 방안에 대한 연구를 활발히 진행하고 있다. 그렇다면 이러한 채점의 불확실성과 교사 간 판단의 차이를 해소하는 데 AI는 실제로 어떤 도움을 줄 수 있을까?

다음에 제시할 AI 채점 결과표를 바탕으로, 서논술형 평가에서 채점의 신뢰도와 타당성을 동시에 확보할 수 있는 방안을 함께 고민해 보고자 한다.

프롬프트 위 2번 문항의 답을 학생들이 아래와 같이 응답했어. 정답과 오답으로 분류하고 그 이유를 표로 정리해줘.❶

번호	학생 응답	필자의 채점	ChatGPT 5	Gemini	perplexity
①	버린다	오답	오답	오답	오답
②	남은 2권을 잘라서 정리한다	오답	오답	오답	오답
③	다른 사람에게 선물한다	오답	정답❷	오답	오답
④	내가 가진다	오답	오답	오답	오답
⑤	사서 선생님이 가져간다	오답	오답	오답	오답
⑥	선착순으로 나눠준다	오답	정답❸	오답	오답
⑦	반품한다	오답	정답	정답	정답
⑧	다른 도서관에 준다	오답	정답	정답	정답
⑨	중간이라는 것을 알리기 위해 중간에 책 2개를 놓는다.	오답	오답	오답	오답
⑩	옆으로 꾹꾹 눌러서 추가로 1권씩 넣어서 정리한다	정답	오답	오답	오답
⑪	시작과 끝을 알리기 위해 1과 마지막에 놓는다.	정답❺	오답❼	오답	오답
⑫	신간 도서 코너에 전시한다	정답	정답	정답	정답
⑬	대출해 가서 칸이 빌 때까지 사서 선생님이 따로 보관한다	정답	정답	정답	정답
⑭	옆 책장에 2권만 따로 꽂는다	정답	정답	오답❽	정답
⑮	낡은 책을 빼고 새 책을 넣어준다	정답	정답	정답	정답

▲ 2번 [문제 해결 및 의사소통] 역량과 관련된 AI별 문항 채점 비교

AI 채점 결과는 필자가 예상한 채점 기준과 약 80% 이상 일치하였다. 물론 같은 AI 모델이라 하더라도 응답이 항상 일치하지는 않는다. 필자는 여러 개의 AI를 활용해 학생 응답을 비교·채점한 뒤, 그 이유와

---

❶ 전체 채점의 이유를 포함한 응답 결과는 노션(joo.is/날개서술형)에서 확인할 수 있다.
❷ 이유: 도서관 정책상 허용된다면 합리적인 처리 방법
❸ 이유: 공정하게 분배하는 방법으로 가능함
❺ 이유: 상황적으로 앞과 뒤로 추가하여 정리하는 것 또한 정리 방법이 될 수 있다 판단함
❼ 이유: 미관이나 질서에는 맞지 않으며 균등 분배 조건에 위배됨
❽ 이유: 8개의 책장에는 9권씩 꽂고, 다른 책장에 남은 2권을 꽂으면 '같은 수의 책을 꽂는다'는 규칙을 적용하지 않은 것임

논리를 분석하여 필요하다고 판단되는 경우 일부 채점 기준을 수정하였다. 예를 들어, 처음에는 오답으로 처리했던 '⑧ 다른 도서관에 준다'는 응답을, 여러 AI가 공통적으로 정답으로 분류한 이유를 검토한 후 타당하다고 판단하여 정답 처리하였다. 반면 '⑪ 시작과 끝을 알리기 위해 1권과 마지막 1권을 책장에 둔다'는 응답의 경우 AI는 모두 오답으로 판단하였으나, 교사는 문제 상황의 맥락과 학생의 사고 과정을 고려하여 정답으로 인정하였다.

AI의 채점 결과는 교사의 판단을 대체하기 위한 것이 아니라 채점의 공정성과 일관성을 확보하기 위한 하나의 참고 자료로 활용되어야 한다. 만약 AI의 채점이 문항의 본래 목적과 벗어나 있다면 교사의 전문적인 해석이 우선된다.

AI는 주어진 데이터에 기반하여 응답을 판단하기 때문에 학생의 창의적 사고, 윤리성, 상황 판단과 같은 요소는 충분히 반영하지 못할 가능성이 있다. 예를 들어 현실적으로 실행가능한지, 공공의 가치에 부합하는지, 혹은 논리적으로 타당한지와 같은 판단은 여전히 교사의 전문성이 요구되는 영역이다. AI가 하나의 응답을 오답으로 처리했더라도 학생의 사고 과정이 문제 상황을 합리적으로 해석한 결과라면, 교사는 이를 정답으로 인정할 수 있어야 한다.

결국 AI 채점의 가장 큰 가치는 정답 판정이 아니라, 교사의 사고를 확장시키고 채점의 일관성을 점검하게 하는 데 있다. 평가의 최종 결정권은 교사에게 있으며, AI는 그 결정을 보조하는 조력자일 뿐이다.

그러나 이 문항을 실제로 채점하며 여러 교사와 논의한 결과, 가장 어려웠던 부분은 AI의 채점 결과를 점검하고 조정하는 일이 아니었다. 오히려 **교사 간 채점 관점과 정답의 범위를 합의하는 것이 훨씬 더 어려웠다.** 서논술형 평가에서는 단순한 정답 여부를 넘어 "어디까지를 수용 가능한 답으로 인정할 것인가?", "어떤 사고 과정을 정당하다고 볼 것인가?"에 대한 판단이 교사의 교육관, 수업 철학, 문제 해석에 따라 달라질 수 있기 때문이다.

어쩌면 AI를 설득하는 것보다 더 어려웠던 일은 "버리거나 잘라서 처리했다면 그것도 정답으로 인정해야 한다"고 주장하는 교사를 설득하는 일이었다. 이 경험은 서논술형 평가의 본질이 단순한 채점 기술의 문제가 아니라 무엇을 '정답으로 볼 것인가'에 대한 평가 철학과 기준을 어떻게 함께 만들어 가는가의 문제임을 분명히 보여준다.

교사들이 서로 다른 교육관을 가진 이상, '정답의 범위'를 하나로 좁히는 일은 기술적인 문제라기보다 사람 사이의 합의와 대화, 그리고 관점의 조율에서 출발할 수밖에 없다. 하지만 문항 하나를 두고 5시간 넘게 논의했던 경험을 떠올려 보면 그 과정이 결코 단순하거나 빠르게 끝낼 수 있는 일이 아님을 실감하게 된다. 현실적인 시간의 제약과 업무 부담을 고려하면, 많은 교사들이 조율보다 포기를 쉽게 선택하게 되는 것도 충분히 이해할 수 있다.

그럼에도 불구하고 필자는 이 '불편하고 시간이 걸리는 논의의 과정' 자체가 서논술형 평가가 뿌리 내리기 위해 반드시 지나야 하는 시간이라고 생각한다. 이 흔들림의 시간이 없다면, 평가의 철학은 공유되지 못하고 서논술형 평가는 여전히 개인의 기존 신념과 판단에만 머무르게 될 것이다.

3) 문항 수정하기

이처럼 교사 간의 해석조차 일치하기 어려운 상황에서, 중·고등학교에서는 평가 결과에 민감한 학생과 학부모가 민원을 제기하는 경우가 있어 더욱 조심스러워진다. 따라서 이러한 예측 가능한 갈등을 최소화하기 위해 서논술형 문항에서 '응답조건'을 정확히 제시하는 것이 왜 중요한지를 실감하게 되었다.

즉, 평가의 명확성과 공정성을 확보하기 위해서는 문항 설계 단계에서부터 조건, 상황, 허용 범위 등을 구체적으로 명시해야 하며, 이는 채점 기준과 연결될 수 있어야 한다. 이때 교사가 문항을 출제할 때, AI를 활용하여 문항의 모호성이나 조건의 누락 여부를 사전에 점검해 보는 과정 역시 큰 도움이 될 수 있다.

> **프롬프트**
> 2번 문항에서 학생들이 **엉뚱한 문항 응답**을 제시하는 것을 방지하기 위해 어떤 조건을 제시하는 것이 좋을지 전문적으로 **조건문**의 예를 제시해줘.
>
> **답변**
> 2. **[문제 해결 및 의사소통]** 책장에 똑같이 꽂고 남은 책을 처리할 수 있는 방법을 두 가지 이상 제시해 보세요.
>
> 〈조건 예시 1〉
> • 도서관의 운영 원칙(공공성·보존성·활용성)을 지키는 방법으로 작성할 것.
> • 학생 개인의 소유나 훼손 행위를 포함하지 말 것.
> • 현실적으로 실행 가능한 방법을 구체적으로 제시할 것.
>
> 〈조건 예시 2〉
> • 8개의 정규 책장에는 반드시 같은 수의 책을 꽂아야 함.
> • 책은 도서관의 자산이므로, 훼손, 폐기하거나 개인(사서 포함)이 소유하거나 타인에게 임의로 줄 수 없음.
> • 나눠서 정리한 책장 칸에는 규칙 1에서 정해진 수량 외에 책을 추가로 꽂을 수 없음.

▲ 학생의 엉뚱한 응답을 예상하고 작성해준 조건문, AI 응답 발췌

4) 루브릭(채점기준표) 제작 및 평가하기

서논술형 평가 결과를 실제 성적 처리 체계에 반영하기 위해서는, 결국 학생의 응답을 일정한 척도(등급 혹은 단계)로 구분해야 한다. 평가 시스템의 구조상 교사는 학생을 성취수준에 따라 3~5단계 혹은 그 이상의 척도로 분류하고 그 결과를 기록하거나 입력한다.

그러나 이 과정은 결코 단순하지 않다. 특히 서논술형 평가에서는 단순히 정답 여부를 판단하는 것이 아니라 사고의 깊이, 논리성, 표현의 명확성, 실생활 적용 가능성 등을 종합적으로 고려해야 하기 때문이다. 즉, 학생의 사고 수준을 '상·중·하' 혹은 '1~4등급'과 같은 고정된 척도로 구분하는 일은 단순한 결과 입력 이상의 판단을 요구한다. 교사는 학생의 답을 해석하고 그 의미를 파악한 뒤, 그것을 다시

정량화된 단계로 변환해야 한다. 이 과정에서 성취기준에 대한 해석, 평가의 목적, 수업에서 강조했던 가치 등이 모두 반영되어야 하며, 이는 곧 교사의 높은 평가 전문성을 요구한다.

그렇다면 이제 채점 과정 자체에 대해 한 걸음 더 깊게 고민해 보자. 총체적 루브릭을 활용하여 서논술형 평가 문항을 효과적으로 채점할 수 있을까? 특히 3~4단계 척도로 성취수준을 구분해야 하는 평가 방식에서 총체적 루브릭은 과연 충분히 신뢰롭고 타당한 기준이 될 수 있는지 점검해 볼 필요가 있다.

이를 확인하기 위해, 'AI와 함께 도출한 나눗셈 서논술형 문항 예시'(208쪽)에 제시된 문항과 성취기준을 AI에 입력하고, 채점 척도를 3단 또는 4단 수준으로 설정한 뒤, 루브릭 생성을 요청하는 방식을 활용해 볼 수 있다.

프롬프트 위 문항 전체에 대한 **총체적 루브릭**을 [ ]단 척도의 표 형식으로 제시해줘.

수준	수행 특징	판단 기준 (핵심 지표)
상 (우수)	- 나눗셈의 의미와 몫·나머지의 개념을 정확히 이해하고, 이를 문제 상황 속에서 적절하고 논리적으로 적용함. - 계산이 정확하고, 남은 책 처리 방법을 현실적·창의적으로 제시함. - '몫'과 '나머지'를 실생활과 연결하여 구체적이고 조리 있게 설명함. - 나눗셈의 필요성과 유용성을 실생활 관점에서 자연스럽게 서술함.	• 나눗셈 계산 및 해석 정확 • 두 가지 이상 타당한 해결 방법 제시 • 개념 설명 명확하고 구체적 • 수학적 의사소통 능력 우수
중 (보통)	- 나눗셈의 계산 원리와 개념을 대체로 이해하고 있음. - 계산 과정에서 부분적 실수나 불완전한 설명이 있으나, 전체적인 이해는 명확함. - 남은 책 처리 방법이 다소 단순하지만 현실적이며, 실생활과의 연결이 부분적으로 드러남. - 수학적 용어 사용이나 표현이 다소 미흡하나 핵심 내용은 전달됨.	• 계산 과정 대체로 정확 • 한 가지 타당한 해결 방법 제시 • 개념 설명이 다소 단순하지만 의미는 올바름
하 (미흡)	- 나눗셈의 기본 개념 및 절차 이해가 부족함. - 계산 또는 해석에서 오류가 많고, 문제 상황과의 연결이 부족함. - '몫'과 '나머지'의 구분이 불분명하거나 잘못 사용함. - 해결 방법이 비현실적이거나 무응답임.	• 계산 오류 또는 과정 누락 • 해결 방법 부적절 • 개념 설명 불명확 또는 결여

▲ 문항 전체에 대한 총체적 루브릭 예시

총체적 루브릭을 활용해 서논술형 평가를 채점하는 것은 가능할 수도 있으나, 그 특성을 고려하면 서논술형 평가의 채점 방식으로 활용하기에 일정한 한계를 지닌다. 총체적 루브릭은 학생의 응답을 전체적인 인상과 완성도로 판단하도록 설계되어 있어 사고 과정이나 부분적인 이해 수준을 세분화하여 평가하기 어렵기 때문이다.

점수	수행 특징
3점	문제의 뜻을 완벽하게 이해하고 나눗셈 식을 이용하여 한 책장에 들어가는 책의 개수와 남는 책의 개수를 모두 정확하게 구한 경우
2점	나눗셈 식을 올바르게 세웠으나, 계산 과정에서 실수가 있어 한 책장에 들어가는 책의 개수 또는 남는 책의 개수 중 하나만 맞은 경우
1점	문제의 뜻을 이해하고 나눗셈 식을 세우려고 노력했으나, 식을 제대로 세우지 못하고 답도 틀린 경우
0점	문제의 뜻을 전혀 이해하지 못하고 식을 세우지 못했거나, 문제와 관련 없는 내용을 적은 경우

▲ 개별 문항의 총체적 루브릭 예시

물론 전체 문항이 아닌 개별 문항별로 총체적 루브릭을 각각 제작해 채점하는 것도 가능하다. 그러나 **개별 문항에서도 수학적 계산력, 개념 이해, 표현력 등 복합적 능력을 묻는 경우에는** 학습 진단과 피드백에 초점을 맞춘 분석적 루브릭 채점 기준이 더욱 적합하다. 분석적 루브릭은 학생의 수행을 여러 평가 요소로 나누어 채점함으로써, 어떤 영역에서 강점을 보이고 어떤 부분이 미흡한지를 명확히 진단할 수 있다. 예를 들어, 계산은 정확하지만 단위 표현이 부족한 학생에게는 해당 영역을 중심으로 보완 지도를 제공할 수 있다. 이러한 방식은 학습자의 개별 특성을 고려한 맞춤형 피드백을 가능하게 하며, 서논술형 평가의 교육적 목적과도 부합한다.

또한 학년이 높아질수록 평가 요소가 복잡해지고, 학생들의 사고 과정 역시 다층적으로 전개되기 때문에 단순히 총체적 기준으로만 채점하기 어려운 상황이 많다. 특히 서논술형 문항에서는 학생의 계산력, 개념 이해, 표현력 등이 상호 연관되어 나타나므로 각 요소별로 구체적인 평가 준거를 마련할 필요가 있다.

이에 따라 본 서논술형 평가는 학생의 사고 과정을 면밀히 파악하고, 그에 기반한 맞춤형 피드백을 제공하는 데 목적이 있으므로 **분석적 루브릭**을 적용하는 것이 보다 적합하다.

그렇다면 이제 실제 문항을 하나씩 살펴보며, 분석적 루브릭을 적용해 채점해 보도록 하자.

> **1. [기본 계산]** 책 74권을 책장 8개에 똑같이 꽂으려고 합니다. ① 한 책장에 들어가는 책의 개수와 ② 남는 책의 개수를 구하세요.
> (예상 답안) 74 ÷ 8 = 9 ⋯ 2 이므로, ① 한 책장에 9권씩 ② 2권 남음

▲ 1번 기본 계산 문항과 답안

일반적으로 1번 문항과 관련하여 AI는 '식', '몫', '나머지'의 세 가지 요소를 중심으로 다음과 같은 채점 기준을 제시하였다. 처음 보았을 때에는 크게 문제가 없어 보이는, 타당하고 무난한 기준처럼 보였다. 실제로 연구회 교사들 역시 이 기준에 대해서는 특별한 이견을 제기하지 않았다.

평가 요소	배점	기준
계산 과정 제시	1점	나눗셈 식 또는 과정을 제시함 (예 74 ÷ 8 = ⋯)
몫 제시	1점	몫을 9로 정확히 구함
나머지 제시	1점	나머지를 2로 정확히 구함

▲ AI가 제시해준 채점 기준

하지만 평가는 수업의 연장이며, 교사가 무엇을 중요하게 생각하고 어떻게 지도해 왔는지를 그대로 반영한다. 평소 학생들이 나눗셈을 기계적으로 반복하는 데서 한계를 느낀 교사는, 계산 결과의 의미를 문장으로 명확히 서술하는 과정을 중요하게 강조하였다. 이러한 교육적 철학이 채점 기준에도 자연스럽게 다음과 같이 반영된다. 물론 평가 요소가 다르기에 채점 결과는 서로 같을 수 없다.

평가 요소	배점	기준
식 표현	1점	74 ÷ 8 형태의 나눗셈 식을 정확하게 씀
풀이 과정(몫·나머지)	1점	올바른 몫(9)과 나머지(2)를 계산함
실생활 맥락의 답(단위 포함)	1점	"① 한 책장에 9권씩 ② 2권 남음"처럼 정확하게 표현함

▲ 수업에서 강조한 교사의 관점으로 재구성한 채점 기준

이 문항과 관련하여 한 가지 더 고민되는 부분이 있다. 만약 학생이 '74 ÷ 8'과 같은 나눗셈 식을 명시하지 않고, 곧바로 세로셈 형태로 계산을 제시했다면 이를 어떻게 채점해야 할까?

이는 단순히 정답 여부를 판단하는 문제가 아니라, 과정 중심 평가에서 무엇을 '적절한 수학적 표현'으로 인정할 것인가의 문제와 직결된다.

결국 이러한 판단은 수업의 맥락과 교사의 지도 의도에 따라 달라질 수밖에 없다. 즉, 해당 수업에서 교사가 계산 과정보다는 수학적 절차의 명료한 표현과 의사소통 능력을 중점적으로 다루었다면, 식의 제시 여부는 중요한 평가 요소가 될 수 있다. 반대로 개념 이해나 계산 원리의 적용을 우선시한 수업이었다면, 세로셈으로 계산 과정을 정확히 나타낸 경우에도 충분히 긍정적으로 평가할 수 있다.

이 지점에서 자연스럽게 떠오르는 질문은, '**교사의 평가권은 어디까지 보장받을 수 있는가**' 하는 것이다. 예를 들어, 교사가 수업 시간 동안 나눗셈을 지도하면서 '가로식으로 먼저 표현한 뒤, 암산이든 세로식이든 자유롭게 풀이한다'는 과정을 일관되게 강조해 왔다고 하자. 그러나 만약 문항에 '나눗셈 가로식으로 쓸 것'이라는 조건이 명시되어 있지 않다면, 채점 과정에서 이를 근거로 문제 제기가 발생할 가능성을 배제할 수 없다.

이러한 상황은 평가의 신뢰성과 공정성을 지키려는 제도적 노력과 교사의 전문적 판단권 사이의 긴장 관계를 여실히 보여주는 사례라 할 수 있다.

5) 힘들어도 마음 다잡기

서논술형 평가 문항을 직접 설계하고 수업에 적용하며, 동료 교사들과 끊임없이 논의했던 이 여정은 마치 작은 돛단배를 타고 바다로 나서는 항해와도 같았다. 처음에는 파도가 높고 바람의 방향도 알 수 없어 두려움이 앞섰다. 무엇을 기준으로 문항을 설계해야 하는지, 어떻게 채점해야 하는지, 교사마다 다른 의견을 어떻게 조율해야 하는지… 모든 것이 낯설고 쉽지 않은 항해였다.

그러나 멈추지 않고 계속해서 돛을 올리고 노를 저으며 나아가다 보니 조금씩 변화가 생겼다. 문항을 한 번 만들고 끝나는 것이 아니라 학생의 응답을 보고 다시 고쳐 보고, 동료 교사들과 생각을 나누고 또 다듬는 과정을 반복하며 배는 점점 크고 단단해졌다. 처음에는 바람만 불어도 흔들리던 작은 목선에 불과했지만 어느 순간부터는 서논술형 평가에 대한 철학, 루브릭, 채점 경험이라는 무게 중심이 생긴 튼튼한 배가 되어 가고 있었다.

앞으로 소개할 서논술형 평가 문항 제작과 적용의 경험은 이러한 항해 속에서 쌓인 기록이며, 동시에 또 다른 교사들이 비슷한 물결을 만날 때 길잡이가 될 수 있기를 바라는 마음에서 꺼내어 놓는다.

나. AI로 컨설팅 받으며 서논술형 평가 문항 설계하기

몇몇 학교의 평가 계획을 컨설팅하면서, 교사들이 어떤 성취기준이 서논술형 평가에 적합한지에 대해 충분한 확신을 갖지 못하고 있다는 점을 확인할 수 있었다. 그러나 이러한 어려움은 **AI를 활용한 평가 설계 과정**을 통해 상당 부분 해소될 수 있다.

이에 본 글에서는 **초등 과학과** 서논술형 평가 문항의 설계 과정을 예시로 제시하고, 그 적용 가능성을 탐색하고자 한다.

> **프롬프트** 너는 지금부터 **평가 전문가**(교육과정 분석가, 문항 개발 전문가, 채점 및 피드백 컨설턴트)로서, 초등학교 3학년 학생들의 과학과 **역량을 키우는 서논술형 평가 문항의 설계부터 채점 기준 개발, 결과 활용 방안까지 전 과정에 걸쳐 전문적인 컨설팅을 제공하는 역할**을 해줘.

▲ 전문적인 평가 컨설팅을 요구하는 프롬프트 예시

1) 최적의 성취기준 도출하기

교사는 성취기준을 입력하고, AI에게 "이 성취기준은 서논술형 평가로 적합한가?"와 같은 질문을 던짐으로써 전문적인 컨설팅을 요청할 수 있다. 흥미로운 점은 이러한 질문에 대한 AI의 응답이 모델 간 편차가 거의 없을 만큼 일관적이라는 것이다. 이는 교사들이 평가의 방향을 설정할 때 신뢰할 수 있는 안정적 출발점이 될 수 있음을 보여준다.

> **프롬프트**
> [4과06-01] 지구가 대기로 둘러싸여 있음을 알고, 지구 표면을 구성하는 육지와 바다의 특징을 비교할 수 있다.
> [4과06-02] 바닷물의 특징을 육지의 물과 비교하고, 바닷가에서 볼 수 있는 다양한 지형을 조사할 수 있다.
> [4과06-03] 밀물과 썰물의 차이를 알고, 갯벌의 가치와 보전의 필요성을 설득·홍보할 수 있다.
> **위 성취기준 중 서논술형 평가로 적합한 성취기준이 뭐야?**
>
> **답변**
> • 서술형 적합: [4과06-01], [4과06-02]
> • 논술형 최적: [4과06-03] "설득·홍보" 요소가 있어 고차적 사고력 평가에 적합

▲ 성취기준의 서논술형 평가 적합성 점검하기, AI 응답 발췌

AI를 활용하면 성취기준에 가장 적합한 **수행평가 방법을 선택**하거나 **서논술형 평가에 적절한 성취기준**이 무엇인지에 대한 다양한 제안을 받을 수 있다. 또한 두 개 이상의 성취기준을 기반으로 평가를 설계할 경우, AI는 각 기준 간의 연계성을 고려하여 **효과적인 평가 조합과 전략**을 함께 제시해 준다.

> **프롬프트** 그러면 두 개의 성취기준을 바탕으로 서논술형 평가를 설계한다면 어떤 조합이 좋을까?
>
> **답변** **[4과06-02]와 [4과06-03]을 조합**하는 것이 가장 이상적입니다. 이 조합은 지식의 범위를 자연스럽게 확장하고 심화시키면서, 학생들의 종합적인 사고력을 효과적으로 평가할 수 있습니다.

▲ 서논술형 평가 성취기준 조합 탐색하기, AI 응답 발췌

AI와의 대화를 단순히 명령을 통해 원하는 결과를 얻는 도구적 방식으로 활용할 수도 있지만, 그 과정을 통해 서논술형 평가 문항이 만들어지는 원리와 절차를 학습하는 기회로 삼을 수도 있다.

2) 문항 개발 맞춤 프롬프트 도출하기

특히 여러 교과를 지도해야 하는 초등교사의 특성상 교과별 성격과 평가 요소가 다르다는 점을 고려하여, 필자는 AI에게 "이 교과의 문항을 설계할 때 어떤 점을 특히 유의해야 할까?"와 같은 탐색적 질문을 먼저 던지곤 한다.

> **프롬프트** [4과06-02]과 [4과06-03] 연계하여 초등학교 3학년 과학과 서논술형 평가 문항을 설계할 때, 어떤 점을 전문적으로 고려해야 할까?
>
> ---
>
> **답변** [4과06-02]와 [4과06-03]을 연계한 서논술형 문항 설계 시 전문적으로 고려해야 할 점:
> 1. 탐구 개념 → 가치 판단으로 이어지는 흐름 설계
> 2. 발달 수준에 맞춘 구체적 경험 기반 문항
> 3. 단계적 확장(서술형 → 논술형) 구조
> 4. 루브릭 기준: 정확성·논리성·적용력
> 5. 탐구 경험 반영을 통한 학습 맥락 연결
> 6. 평가 결과의 피드백 활용을 고려한 설계

▲ 서논술형 평가 문항 설계시 고려할 점, AI 응답 발췌

이처럼 다양한 요소를 함께 고려하다 보면, 서논술형 평가 문항을 설계할 때 요구되는 핵심 조건들이 한층 분명해진다. 이를 토대로, 문항을 개발할 때 유의해야 할 원칙들을 다음과 같이 '서논술형 문항 개발 조건'으로 체계화하여 활용할 수 있다.

> [선행작업] 출판사의 단원 내용 정리 PDF 파일 첨부하기
>
> ---
>
> **프롬프트**
>
> 좋아, 그러면 위 사항을 고려하여 학생들이 평가를 통해서도 배우는 것이 있도록 두 성취기준을 연계하여 초등학교 3학년 수준의 서논술형 문항을 전문적으로 설계해 줘.
>
> # 성취기준
> [4과06-02] 바닷물의 특징을 육지의 물과 비교하고, 바닷가에서 볼 수 있는 다양한 지형을 조사할 수 있다.
> [4과06-03] 밀물과 썰물의 차이를 알고, 갯벌의 가치와 보전의 필요성을 설득·홍보할 수 있다.
>
> # 문항 개발 원칙
> 1. 비계 설정을 전문적으로 적용할 것
> 2. 흥미를 유발하는 구체적이고 실제적인 과제 상황을 제시할 것
> 3. 학년에서 배우는 교과의 내용을 바탕으로 출제할 것 (첨부파일 내용 분석 및 참고) [9]
> 4. 자료 제시형 문항으로 설계할 것
> 5. 다른 상황과 맥락으로 전이되도록 문항을 설계할 것

▲ AI의 컨설팅을 반영한 서논술형 평가 설계 프롬프트 예시

[9] 해당 프롬프트와 출판사의 단원 내용 정리 부분을 함께 첨부한다.

특히 과학이나 사회처럼 핵심 개념과 내용 요소가 비교적 명확하게 구조화된 교과에서는, 앞에서 제시한 프롬프트의 문항 개발 원칙 3번과 같이 출판사 지도서나 교사용 자료에 제시된 핵심 개념 정리나 단원 요약 자료를 함께 첨부하는 방식이 매우 효과적이다. 이는 성취기준만으로는 AI가 문항 설계에 필요한 구체적 내용 요소나 학습 맥락을 충분히 파악하기 어려운 경우가 많기 때문이다.

3) 문항 수정 및 정교화 작업하기

이렇게 도출된 문항을 바탕으로 세부 수정과 정교화 작업을 이어 진행하였다.

> **프롬프트**
> 1. 두 컵에 각각 강물과 바닷물을 담았습니다. 실험에서 (가) 컵의 물은 마셔 보니 짰고, 다른 (나) 컵의 물은 짜지 않았습니다. 이 두 컵의 물은 각각 어떤 물일까요? 그 이유를 설명해 보세요.
> **이렇게 변경해 봤어. 답을 어떤 형식으로 학생들이 서술하게 하면 좋을까?**

▲ 효과적인 응답 서술 방식에 대해 AI 컨설팅을 요청하는 프롬프트 예시

앞서 활용한 프롬프트의 결과를 바탕으로, AI가 제안한 표 형식을 참고해 문항표를 구성하였다. 이후 이 문항표를 캡처 이미지로 변환한 뒤 학교의 공식 평가 양식 예시와 함께 제시하면, AI는 해당 학교 양식에 맞는 채점 기준안을 자동으로 생성해 준다.

구분	(가) 컵	(나) 컵
물의 종류		
맛의 특징		
왜 짠맛이 나는지 이유를 설명해 보세요.		

▲ AI의 제안을 바탕으로 제작한 표(첨부1)

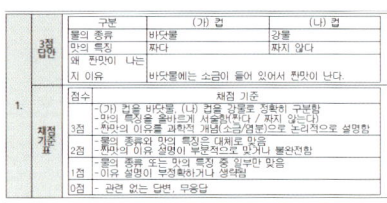

▲ 학교의 채점기준표 양식(첨부2)

> [선행작업] 첨부1, 2의 캡처⑩ 이미지를 붙여넣기
> ------
> **프롬프트**
> 이 표의 형식에 맞춰 예시 답안과 채점기준표(3점)를 설계해줘.

▲ 응답 템플릿에 맞춰 답안과 채점기준표를 요청하는 프롬프트 예시

물론 전체 문항을 한 번에 입력해 채점 기준 작성을 요청할 수도 있다. 그러나 문항별로 세부 내용을 조정하고 정교화하는 과정까지 고려한다면, 문항을 단계적으로 나누어 제작하는 방식이 더 바람직하다.

채점기준표에 들어갈 성취수준도 다음과 같은 프롬프트로 간단하게 정리할 수 있다.

---

⑩ 윈도우에서는 Win + Shift + S 단축키를 눌러 화면 일부를 바로 캡처할 수 있다.

> **프롬프트**
> - 육지의 물과 바닷물의 특징 설명하기
> - 밀물과 썰물 때의 바닷가 모습 비교하기
> - 갯벌과 갯벌에 사는 생물의 보전 필요성 알기
>
> 위 평가 요소를 바탕으로 4단계 척도의 성취수준을 하나의 총체적 문장으로 제시해줘.

▲ 평가 요소를 바탕으로 성취수준을 도출하는 프롬프트 예시

AI를 통해 도출된 문항은 이후 여러 차례의 수정과 정교화 작업을 거치며 완성도를 높여 갔다. 특히 과학과 같이 개념과 지식의 구조가 명확한 교과에서는, 서논술형 평가에 적합한 성취기준 도출부터 문항 구성 시 고려해야 할 핵심 요소에 이르기까지 AI로부터 구체적인 안내를 받을 수 있었다. 그 결과 문항 설계와 평가 기준 마련 과정이 예상보다 수월하게 이루어졌으며, 이는 교과의 구조적 명확성이 서논술형 평가 설계에서도 중요한 강점으로 작용할 수 있음을 보여준다.

4) AI 평가 컨설팅 생활화하기

평가 컨설팅단에 참여했을 때의 경험은 지금도 생생하다. 학교별로 평가 계획을 점검하고 피드백을 제공하는 과정은 결코 단순한 행정 절차가 아니었다. 수많은 문서 검토, 긴 회의, 해석이 엇갈리는 성취기준의 논의까지, 그 모든 과정은 교사들의 전문성과 열정을 필요로 했지만 동시에 엄청난 시간과 에너지를 소모하게 했다.

그때 문득 이런 생각이 들었다.

"만약 컨설팅의 핵심 요소들을 미리 챗봇이나 점검용 프롬프트 형태로 설계해, 각 학교가 1차 자체 점검을 먼저 수행한 뒤 보완 결과를 기반으로 2차 컨설팅을 진행했다면 어땠을까?"

그랬다면 컨설팅의 초점은 단순한 오류 수정이 아니라 '전문적 논의와 성찰'에 더 많은 시간을 쏟을 수 있었을 것이다. 교사들이 미리 AI를 통해 점검받은 결과를 바탕으로 논의를 시작했다면 회의의 질과 효율성은 훨씬 높아졌을 것이 분명하다.

이러한 경험은 필자에게 한 가지 확신을 주었다.

AI는 단순히 자료를 분석하거나 문항을 생성하는 도구가 아니라 교사의 사고 과정을 지원하고 컨설팅의 구조 자체를 혁신할 수 있는 동반자가 될 수 있다는 것이다. 따라서 다음에 다시 평가 컨설팅을 맡게 된다면, 사전 점검 단계에서 AI를 적극적으로 활용하는 체계를 반드시 도입해 보려 한다.

학교가 스스로 AI 점검 절차를 통해 평가 계획을 점검하고 그 결과를 바탕으로 전문가 컨설팅을 받는다면, 그것은 더 이상 '외부 점검'이 아닌 교사 스스로 성장하는 전문적 학습 공동체의 과정이 될 것이다. 나아가 교사가 AI를 활용해 전문적 컨설팅을 요청하고 점검하는 습관을 기른다면, 서논술형 평가 문항의 설계와 채점 등 평가 전문성 또한 더욱 빠르게 성장할 것임을 확신한다.

다. AI를 활용한 수학 단원평가 피드백: AI 활용 기초편

초등학교에서 단원평가가 점차 줄어들고 있는 것은 사실이지만 여전히 실시되는 과목이 있다. 바로 수학이다. 일반적으로 한 단원이 끝나면 출판사에서 제공하는 약 20문항 내외의 단원평가지를 활용해 학생들의 성취수준을 확인한다.

이 중 학생들이 가장 많이 오답을 보이는 유형은 주로 서술형 심화 문항이다. 이러한 문항은 단순히 계산 결과만 쓰는 것이 아니라 풀이 과정과 결론을 논리적으로 설명하도록 요구하기 때문에 학생들에게 부담이 크다. 실제로 문제 해결 자체는 가능하지만 그 과정을 논리적으로 서술하는 데 어려움을 겪는 학생들도 적지 않다.

교사 역시 이 문항들을 채점하고 피드백하는 데 많은 시간이 필요하다 보니 현실적으로 '답만 맞으면 정답 처리'로 대체되는 경우도 심심치 않게 나타난다. 즉, 풀이 과정을 사고-표현-정리하는 경험이 부족하다는 점(학생의 학습 경험 부족), 그리고 이를 체계적으로 평가하고 지도할 시간과 여건이 부족하다는 점(교사의 지도 여건 부족)이 현장의 공통된 어려움으로 드러난다.

교사는 보통 학생들이 많이 틀린 문항을 중심으로 전체 설명 형식의 피드백을 제공한다. 그러나 이런 방식만으로는 학생들이 실제로 이해했는지를 확인하기 어렵다. 설명을 듣는 순간에는 고개를 끄덕이며 이해한 듯 보이지만 숫자나 조건이 조금만 달라져도 같은 유형의 문제를 다시 틀리는 경우가 많기 때문이다.

1) AI가 만드는 변형 문제로 정확한 진단과 피드백

이 지점에서 생성형 AI의 활용은 효과적인 대안이 될 수 있다. 교사는 특정 문항을 제시한 뒤, AI에게 숫자나 조건을 변형한 새로운 문제를 생성하도록 요청하여 학생의 개념 이해 수준을 보다 정확히 진단할 수 있다.

> **프롬프트**
>
> 어떤 수를 8로 나누었더니 몫이 25이고 나머지가 6이었습니다. 어떤 수를 5로 나눈 몫은 얼마인지 풀이 과정을 쓰고 답을 구하세요.
>
> 위 문제의 수를 바꿔서 문제 2개와 풀이과정을 함께 제시해줘.

▲ 변형 문제와 풀이과정을 요청하는 프롬프트 예시

풀이 과정을 단계적으로 구성하는 연습에서도 AI는 유용하게 활용될 수 있다. 교사가 원하는 형식에 맞춰 AI가 정답과 풀이 과정을 제시하면, 이를 화면이나 학습 자료로 활용해 학생들이 모범적인 풀이 구조와 표현 방식을 직접 비교·학습할 수 있다. 이는 단순히 정답을 확인하는 수준을 넘어, 논리적 표현력과 수학적 표현력을 함께 기르는 데 실질적인 도움을 준다. 또한 칠판에 판서한 풀이를 그대로 활용하고 싶다면, 사진으로 촬영해 AI에 첨부한 뒤 '텍스트로 정리해 달라'고 요청하면 즉시 디지털 자료로 변환할 수도 있다.

> **프롬프트**
> 어떤 수를 □라 하면
> □÷6=32…4이므로
> □=6×32+4=196입니다.
> 따라서 어떤 수를 4로 나눈 몫은 196÷4=49입니다.
> 답: 49
> 위 **형식**에 맞춰 위 문제의 **풀이과정**을 제시해줘.

▲ 교사가 칠판에 판서한 풀이과정에 맞춰 변형 문제의 풀이과정을 요청하는 프롬프트 예시

생성형 AI를 활용하면 교사의 부담을 최소화하면서도, 조건 변경·수치 조정·오답 유도형 문항 등 다양한 문제 변형을 손쉽게 생성할 수 있다. 이를 통해 단순한 반복 학습을 넘어 개념 이해의 깊이와 문제 해결의 확장성을 함께 키울 수 있다.

> **프롬프트** 위 문제의 유형을 약간 **변형**하여 5개 제시해줘.
>
> ---
>
> **답변**
>
> ✨ 유형 변형 문제 5개
> **문제 1 (수를 직접 구하는 문제):** 어떤 수를 9로 나누었더니 몫이 17이고 나머지가 2였습니다. 이때 어떤 수는 얼마입니까?
> **문제 2 (몫과 나머지를 함께 묻기):** 어떤 수를 6으로 나누었더니 몫이 20이고 나머지가 5였습니다. 이 수를 7로 나누었을 때 몫과 나머지는 얼마입니까?
> **문제 3 (나머지만 묻기):** 어떤 수를 8로 나누었더니 몫이 14이고 나머지가 6이었습니다. 이 수를 5로 나누었을 때의 나머지는 얼마입니까?
> **문제 4 (조건 거꾸로 주기):** 어떤 수를 4로 나누었더니 몫이 32였습니다. 이 수를 6으로 나누었을 때의 나머지는 얼마입니까?
> **문제 5 (몫을 크기 비교하도록 묻기):** 어떤 수를 7로 나누었더니 몫이 25이고 나머지가 4였습니다. 이 수를 5로 나누었을 때의 몫과, 6으로 나누었을 때의 몫 중 어느 것이 더 큽니까?

▲ 유형 변형 문제 요청과 응답 결과

결국 이러한 시도는 단순히 평가 문항을 만드는 데서 그치지 않고, **수업 전반에 걸쳐 피드백이 살아 움직이는 수업 문화로** 이어지는 출발점이 된다. 교사는 수업의 목적과 맥락을 더욱 정교화할 수 있다. 비슷한 맥락에서 조금 더 확장된 상황으로 사고를 확장하기 위해 다음과 같이 활용할 수도 있다.

> **프롬프트**
> 2 cm의 철사로 가장 큰 정사각형을 만들려고 합니다. 한 변의 길이는 몇 cm가 되어야 할지 구해 보세요.
> **위 문제의 평가 요소를 다른 상황의 맥락으로 전이하여 변형 문제 5개를 제시해줘.**

▲ 상황 변형 문제 요청 프롬프트 예시

즉 수업의 다양한 장면에서 생성형 AI가 제공하는 변형 문제와 구조화된 풀이 과정을 활용하면, 교사는 학생 개개인의 이해 수준을 보다 정밀하게 진단할 수 있고 학생들은 체계적이고 논리적인 문제 해결 과정을 익힐 수 있다.

2) AI로 학생 맞춤형 보조 자료 설계하기

또한 학생들이 풀이 과정을 충분히 이해하지 못한 경우, 교사는 AI를 활용해 학생의 이해 수준에 맞춘 보조 자료나 대안적 설명 자료를 제작·제공함으로써 학습의 공백을 효과적으로 메울 수 있다.

> **프롬프트** 위 문항의 풀이과정을 개념 이해가 부족한 학생들이 명확히 이해할 수 있도록 쉽고 체계적으로 정리해줘.

▲ 학생 맞춤형 보조 자료 요청 프롬프트 예시

이처럼 생성형 AI를 수업에 활용하면, 학생들은 단순히 문제를 풀고 정답을 확인하는 수준을 넘어 문제를 해결하는 사고의 흐름 자체를 학습할 수 있다. AI는 풀이 과정을 단계별로 구조화하여 제시하고, 각 단계에서의 사고 근거와 선택 이유를 함께 설명할 수 있기 때문에 학생들은 논리적 문제 해결의 전 과정을 시각적으로 이해하고 내면화할 수 있다.

이 과정에서 학생들은 단순한 정답 산출이 아니라 '왜 이렇게 생각했는가'를 스스로 점검하며, 문제 해결 과정의 논리적 연결과 오류를 인식하게 된다.

3) 교실을 넘어 가정으로 확장되는 학습 피드백

이렇게 제작된 평가 문항과 풀이 과정 예시는 학급 온라인 게시판을 통해 공유하여 수업 시간에 충분히 이해하지 못한 학생들이 가정에서도 학습을 이어갈 수 있는 안내 자료로 활용하면 좋다. AI는 이 과정에서 교사와 학생, 그리고 가정까지 연결하는 교육적 매개자로서 작용하며, 피드백의 깊이와 범위를 확장시킨다. 즉, 평가-피드백-성장의 순환 구조가 교실을 넘어 가정으로 이어지는 확장된 학습 생태계가 형성되는 것이다.

라. 오늘 경험한 일이 내일의 서논술형 평가 문항으로

1) 일상의 날씨가 평가 문제로

어느 늦은 밤, 천둥이 요란하게 울리고 번개가 하늘을 가르며 내려쳤다. 번개가 번쩍이고 잠시 뒤 천둥 소리가 들리는 모습을 바라보던 교사는 문득 생각했다.

"이 상황을 서논술형 평가 문항으로 만든다면 어떨까?"

그 작은 질문에서 출발해, 교사는 프롬프트를 계속 수정하고 보완하며 AI에게 총 7차례에 걸쳐 문항 생성을 요청했다. 그렇게 시행착오를 거듭한 끝에, 마침내 **과학 현상과 곱셈 단원을 연결한 서논술형 평가 문항**을 완성할 수 있었다.

단계	프롬프트
1	(세 자리 수)×(한 자리 수) 에 대해 번개 치고 천둥이 쳤을 때의 거리 계산해 보기 서논술형 평가를 전문적으로 제작해줘.
2	초에 따라 거리를 정리해서 넣는 표 형태도 답을 넣게 하면 좋겠어.
3	천개번개 문제를 실제 맥락의 시나리오 중심으로 문제 해결 역량을 함양할 수 있도록 스토리텔링 문제로 제작 가능해?
4	좋아. 위 상황에서 천둥이 이어서 치는 시간의 간격이 짧아 지고 있는 상황으로 설정하고, 어떻게 행동하는 것이 적당한지 문제 해결 전략을 쓰도록 하는 문제 방향으로 설정해줘.
5	위 결과를 통해, 번개가 점점 가까워지고 있다는 것을 어떻게 알 수 있는지 설명해 보세요. 이 두 번째 문제를 계산한 결과를 통해 알 수 있는 사실을 적어보라는 문제로 변경하는 건 어때?
6	4. '1~3의 문제를 해결하는 과정을 통해 자신이 이해하게 된 것을 자신만의 언어로 3가지 표현해 봅시다.' 라는 문항을 넣는 것에 대해 어떻게 생각해. 더 좋은 아이디어 없어?
7	그러면 위 평가지의 분석적 루브릭을 제작해줘.

▲ 문항 설계를 위해 입력한 단계별 프롬프트

이 과정을 통해 제작된 문항은 학생들이 실제 삶의 맥락 속에서 배운 곱셈 개념을 적용하고 탐구해 볼 수 있는 출발점이 되었다. 그러나 진정한 핵심은 문항의 완성도가 아니라, 그것을 실제 수업에 적용하며 문항을 수정·보완해 나갔던 교사의 성찰적 여정을 통한 성장에 있다.

이제부터는 그 문항을 살펴보면서 어떤 과정을 거치며 수정되고 발전해 갔는지를 중심으로 실행과 성찰의 과정을 공유하고자 한다. 예상했듯이 다음의 1번 기본 계산 문항에서는 큰 어려움이 없었다. 교사도, 학생도 이미 익숙한 방식이었기 때문일 것이다.

> ※ 다음 상황을 읽고 자연수의 곱셈을 이용하여 문제를 해결하세요.
>
> 여름방학 캠프에서 민수와 친구들은 운동장에서 놀고 있었습니다. 갑자기 하늘이 번쩍하며 번개가 치더니 천둥이 울렸습니다. 민수는 번개의 위치는 번개를 본 시점부터 천둥소리를 들을 때까지의 시간을 초 단위로 측정하여, 그 시간에 340m를 곱해 계산할 수 있다는 것을 떠올리고 시간을 세기 시작했습니다.
> - 첫 번째 번개: 천둥 소리가 6초 뒤에 들림
> - 두 번째 번개: 천둥 소리가 4초 뒤에 들림
> - 세 번째 번개: 천둥 소리가 2초 뒤에 들림
>
> 1. 번개가 친 뒤 천둥 소리가 6초 뒤, 4초 뒤, 2초 뒤에 들렸을 때 각각 번개가 친 곳까지의 거리를 구해 보세요. 계산 과정을 식으로 쓰고, 답을 표로 정리해 보세요.
>
> | 경과 시간(초) | 계산식 | 거리 (미터) |
> |---|---|---|
> | 6초 | | |
> | 4초 | | |
> | 2초 | | |

▲ AI와의 대화를 통해 완성한 1번 기본 계산 평가 문항

다음의 2번 문항은 1번의 계산 결과를 바탕으로 상황을 설명하도록 구성한 문항이었다. 그러나 실제 평가를 진행하면서 학생들이 문항의 의미를 충분히 이해하지 못하고, 이를 정확히 서술하지 못하는 모습을 확인하게 되었다.

기존 문항	실행과 성찰	프롬프트
2. 위 표의 계산 결과를 통해 민수와 친구들이 알 수 있는 사실을 적어 보세요.	많은 학생이 이 문제를 제대로 서술하지 못함. 비계 설정으로 문항 재설계가 필요해 보임.	① 위 문항의 2번에서 학생들이 제대로된 답변을 작성하지 못했어. 이럴 때 어떤 관점에서 전문적으로 접근해야 할까? ② 아니, 문항 자체를 비계를 넣어 재작성하고 싶다는 거야.

▲ 실행-성찰 과정을 통해 문항을 수정하는 과정 예시(2번 문항)

2. 위 표의 결과를 보고, 괄호 안에 알맞은 말을 골라 동그라미 하세요.

> 번개가 친 후, 천둥소리가 들린 시간과의 간격이 (길수록 / 짧을수록), 번개가 친 곳까지의 거리는 (멀어 / 가까워)집니다. 번개를 동반한 구름이 (가고 / 오고) 있어 (위험/ 안전)합니다.

▲ AI 피드백을 통해 평가 중간에 수정한 2번 문항

예전이라면 평가 도중 문항을 수정한다는 발상을 쉽게 떠올리지 못했을 것이다. 그러나 이제는 학생들의 반응과 질문을 관찰하면서 곧바로 조건을 조정하거나 비계를 설정하고, AI와의 대화를 통해 신속히 수정안을 마련해 학생들에게 제시할 수 있게 되었다.

2번 문항 역시 AI의 제안을 참고하여 학생들이 핵심 개념을 더 잘 이해할 수 있도록 '빈칸 선택형 서술 문항'으로 수정해 화면에 안내하였다. 이 과정은 평가 문항이 더 이상 고정된 결과물이 아니라, **학생의 이해 수준과 수업의 흐름에 따라 살아 움직이는 '과정 중심의 문항'으로 변화**할 수 있음을 보여준 상징적인 경험이었다.

그런데 이렇게 학생들의 반응을 바탕으로 문항을 즉각 수정해 나가던 과정에서 또 하나의 문제가 발생했다 함께 제시해 주었던 루브릭에서도 오류가 발견된 것이다.

평가 영역	★ 멋지게 했어요	✍ 잘 하고 있어요	✗ 더 연습이 필요해요
결과 해석 (사고력)	계산 결과의 근거로 번개가 점점 가까워지고 있음을 명확히 설명했어요. □ 스스로 노력하기: 계산 결과를 그림(번개·집·거리 표시)으로 나타내 보아요. □ 가정에서 도와주기: "시간이 짧아지면 거리는 어떻게 될까?"를 질문하며 아이가 직접 설명해 보게 해 주세요.	계산 결과와 해석을 연결했지만 설명이 단편적이었어요. □ 스스로 노력하기: "시간이 길어질수록, 짧아질수록" 문장을 완성해 보아요. □ 가정에서 도와주기: 번개-천둥 간격을 예로 들어 같이 토론해 주세요.	계산 결과와 해석을 연결하지 못했어요. □ 스스로 노력하기: 계산된 거리 숫자를 차례대로 읽으며 비교해 보아요. □ 가정에서 도와주기: 거리를 숫자 줄(수직선)에 표시하며 가까움·멀음을 함께 이야기해 주세요.

▲ 서논술형 평가 문항과 함께 제시된 분석적 루브릭 일부

'계산 결과를 근거로 번개가 점점 가까워지고 있음을 명확히 설명했어요.'라는 루브릭의 문구는 이미 2번 문항의 **정답 요소를 그대로 노출**하고 있다는 점에서 문제가 된다. 이는 특정 과업형 루브릭에서 자주 발생하는 오류로, 문항과 루브릭을 함께 제공할 경우 **루브릭 문장 속에 정답이 드러나 있지는 않은지 반드시 점검해야** 한다. 따라서 해당 문구는 '계산결과를 근거로 명확히 설명함.'과 같이 정답을 직접적으로 드러내지 않는 형태로 수정할 필요가 있었다.

다음 3번 문항은 학생들이 곱셈 계산을 통해 번개가 점점 가까워지고 있다는 사실을 이해했다면, 그 결과를 바탕으로 어떤 행동을 해야 하는지를 실제 상황에 연결해 생각할 수 있는지 평가하려는 의도로 만들어졌다. 그런데 실제로 문항을 적용해 보니 많은 학생들이 문제의 의미를 정확히 파악하지 못했고, 답도 제대로 설명하지 못했다.

기존 문항	실행과 성찰	프롬프트
3. 만약 이런 상황이 실제로 일어난다면, 민수와 친구들은 어떻게 행동하는 것이 안전할까요? 문제 해결 전략을 '해야 할 일'과 '하지 말아야 할 일'로 나누어 서술해 보세요.	관련 내용을 익힐 수 있도록 피드포워드 관점에서 제시한 후, 적절한 방법을 선택하도록 하는 문항이 더욱 적합하게 생각됨.	① 번개가 칠 때의 안전 수칙을 학생들에게 미리 제시해 주고 다음과 같은 문항으로 이어서 가는 구조는 어떻게 생각해? 3. 만약 이런 상황이 실제로 일어난다면, 운동장에서 놀고 있던 학생들이 민수와 친구들은 어떻게 행동하는 것이 안전할까요? 문제 해결 전략을 "해야 할 일"과 "하지 말아야 할 일"로 나누어 서술해 보세요.

▲ 실행-성찰 과정을 통해 문항을 수정하는 과정 예시(3번 문항)

원인을 살펴보니 이 문항은 '학생들이 이미 번개 대처 안전 수칙을 알고 있다'는 것을 전제로 하고 있었다. 즉, 안전 수칙을 모르거나 잊은 학생에게는 불리할 수 있어, 평가의 공정성 측면에서 문제가 될 수 있었다. 또한 문항이 측정하려는 것이 '실제 적용 능력'인데, 정작 학생들에게 필요한 정보가 제공되지 않았기 때문에, 평가의 타당도 역시 충분히 확보되지 않았다고 볼 수 있다.

그래서 필자는 문항을 수정해, 단순히 "알고 있느냐"를 묻는 것이 아니라, 안전 수칙을 표로 제공한 뒤 이를 보고 해석해 실제 상황인 학교 운동장에 적용해 보도록 바꾸었다. 즉, '기억하고 있는지'를 평가하는 것이 아니라, 보다 고차원적 사고인 '자료를 근거로 분석하고 적용할 수 있는지'를 평가하도록 확장한 것이다.

> 3. 아래 <번개 안전 수칙>을 참고하여, 민수와 친구들이 가장 먼저 무엇을 하고, 그다음에는 어떻게 행동하는 것이 좋을지 구체적인 행동 계획을 순서대로 알려주세요. 그리고 각 행동이 왜 중요한지 그 이유를 논리적으로 설명해 주세요.
>
> <⚡ 번개가 칠 때 안전 수칙>
>
> | ✓ 해야 할 일 | ✗ 하지 말아야 할 일 |
> |---|---|
> | • 집 안이나 건물 안으로 들어가기
• 창문, 문을 닫고 실내에서 안전하게 있기
• 비닐우산, 금속 물건을 멀리 두기
• 자동차 안에 있을 경우 차 안에 머무르기 (차는 안전한 공간이 될 수 있음)
• 전기 제품 사용 줄이기 (TV, 컴퓨터, 콘센트에서 충전 중인 것 등) | • 나무 아래에 서 있기(나무에 번개가 치면 위험해요)
• 운동장, 공터, 논·밭 같은 넓은 곳에 서 있기
• 물가(강, 호수, 바닷가)에 있기
• 우산을 들고 뛰기(특히 쇠로 된 우산대는 위험)
• 자전거, 오토바이, 킥보드 타기 |

▲ 공정성과 학습 과정으로의 평가를 고려하여 수정된 3번 문항

3번 문항을 보고 어떤 교사는 이렇게 이야기할 수 있다. "이건 수학 문제가 아니라 안전 교육 문제 아닌가요?" 실제로 번개 시 행동 수칙을 다루고 있기 때문에, 겉으로 보기엔 수학의 범위를 벗어난 것처럼 느껴질 수도 있다.

2022 개정 수학과 교육과정에서는 수학 교과의 핵심 역량을 문제해결, 추론, 의사소통, 연결, 정보처리로 제시하며, 이를 수업과 평가 속에서 실제로 구현하는 방안을 강조하고 있다(교육부, 2022e). 이는 수학이 단순히 계산 능력만을 의미하는 것이 아니라, 현상을 수학적으로 이해하고 설명하며 상황에 적용하는 종합적 사고 과정임을 분명히 보여준다.

번개가 친 후 몇 초 뒤에 들리는 천둥 소리를 기반으로 시간 차이를 계산하고, 그것을 토대로 번개의 거리를 추론하는 사고 과정은 명백히 수학적이다. 더 나아가, 그 결과를 바탕으로 '그렇다면 지금 나는 어떻게 행동해야 할까?'라는 실제적인 판단으로 이어지는 지점은, **수학이 삶과 맞닿는 중요한 순간**이라 할 수 있다.

따라서 이 문항은 단순히 안전을 묻는 문항이 아니라, 수학적 이해 → 추론 → 실제 맥락 적용이라는 과정을 평가하는 문항으로 볼 수 있다. 이러한 질문을 동료 교사들과 함께 고민해 본다면, "수학 교육의 범위는 어디까지인가?", "삶과 연결된 수학 문제란 무엇인가?"에 대한 깊은 논의로 확장될 수 있을 것이다.

2) 과학 실험 장면이 문제로

▲ 지구의 바다와 육지 면적 비교를 위한 스티커 붙이기 활동 모습

초등학교 3학년 과학 교과서에는 지구에서 바다의 면적이 육지보다 넓다는 사실을 확인하기 위한 실험 활동이 있다. 학생들은 지구본 위에 바다는 파란색, 육지는 갈색 스티커를 붙이는 활동을 진행하였다. 그러나 스티커를 모두 붙인 뒤 바다와 육지의 면적(스티커 수)을 비교하려는 순간, 예상치 못한 문제가 발생했다.

학생들은 스티커를 일일이 하나씩 세기 시작했고, 셀 때마다 헷갈려 다시 세거나, 스티커 위에 숫자를 적어가며 세는 조도 있었다. 교사는 직감적으로 느꼈다.

'이대로라면 5교시가 끝나도 셈은 끝나지 않겠다.'

그 순간 교사는 과감히 "Stop!"을 외치며 활동을 잠시 멈추게 했다.

이 상황은 단순히 스티커 수를 반복해서 세는 활동이 아니라, 수학적 사고가 필요한 순간이었다. 교사는 학생들에게 "어떻게 하면 더 빠르고 정확하게 스티커 개수를 구할 수 있을까?"라고 질문했고, 학생들은 해결 방법을 고민하기 시작했다.

그러나 대부분의 학생은 이미 배운 곱셈 개념을 떠올리지 못한 채, 눈만 깜빡거리거나 아직 다 세지 못한 스티커를 하나씩 계속 세고 있었다. 교사는 몇 가지 안내 질문을 던졌고, 그제서야 일부 학생들은 전체 스티커 수에서 남은 스티커 수를 곱셈과 뺄셈을 활용해 빠르게 계산할 수 있다는 사실을 깨닫기 시작했다.

그러나 이 과정을 모든 학생이 동일하게 이해했는지는 확신할 수 없었다. 그래서 교사는 이를 평가로 연결하기로 했다. 앞서 사용했던 번개-천둥 문제(곱셈 기반 서논술형 평가)에 이어, 이 과학 활동을 서논술형 문항으로 제시하였다.

5. 과학 시간에 육지와 바다의 면적을 비교하기 위해 스티커를 붙이는 활동을 진행하였습니다.

(붙인 육지 스티커 남은 육지 스티커 , 남은 바다 스티커 붙인 바다 스티커)

(1) 위와 같은 스티커를 1인당 2장씩 가지고 있다면 한 사람이 가지고 있는 육지 스티커와 바다 스티커 개수를 구하는 식과 답을 쓰시오.

1인당 가진 육지 스티커 개수	1인당 가진 바다 스티커 개수

(2) 4명이 함께 지구본에 스티커를 붙이는 활동을 하고, 마지막에 남은 스티커의 양이 빨간 부분과 같다면, 모둠에서 사용한 육지 스티커와 바다 스티커 개수를 구하시오.

모둠에서 붙인 육지 스티커 개수	모둠에서 붙인 바다 스티커 개수

(3) 위 계산 결과 지구의 표면에서 (   )의 면적이 (   )의 면적 보다 더 넓다는 것을 알 수 있습니다.

▲ 과학 실험 장면을 서논술형 평가로 제작한 문제

교사는 남은 스티커의 개수를 색으로 **겹쳐** 표시하는 방식으로 문제를 시각화하고, 그 이미지를 캡처해 AI에게 "이 수학 문제의 정답을 알려줘."라고 입력해 보았다. 겉보기에는 단순하지만, 실제로는 조건이 복잡하게 얽힌 문항이었다. 세 종류의 AI에 동일한 이미지를 입력해 본 결과, 그중 하나가 완벽한 풀이 과정과 정답을 제시했다. 예전에는 기대할 수 없던 복잡한 수학적 계산도 충분히 AI가 풀어낼 수 있음을 확인할 수 있었다.

그러나 2쪽을 넘지 않도록 문제를 압축적으로 구성한 교사의 선택이 결과적으로 학생들에게 어려움을 준 원인이었을까? 실제로 이 문항을 정확히 해결한 학생은 거의 없었다. "왜 학생들은 이 문제를 이렇게 어렵게 느꼈을까?"

교사의 생각	학생의 오류
교사는 학생들이 칸의 개수를 쉽게 셀 수 있도록 칸의 세로와 가로축에 숫자를 적어줌	많은 학생들이 숫자가 써 있는 칸을 제외하고 개수를 셈
2쪽에 평가 문항을 완료하기 위해 스티커 이미지에 남은 스티커 개수를 색을 달리하여 표시함	무슨 의미인지 파악하지 못하는 학생이 있음
마지막에 남은 스티커가 한 장에 있는 양이라고 생각하고 문항을 출제함	남은 개수를 개인이 가진 스티커 장수 2배 또는 모둠원 전체 장수를 모두 반영하여 계산함

▲ 교사의 문항 설계 시 의도와 예상하지 못한 학생의 문제 정리

> **프롬프트**
>
> 위 문제를 5%의 학생만 정답을 맞췄어. 아무래도 초등학교 3학년 학생들이 순차적으로 이해하며 해결할 수 있도록 비계 설정이 더 체계적으로 필요한 거 같아. 정답률이 낮은데에 대한 전문적인 분석을 해주고, 이를 해결하기 위한 방법과 함께 문항을 다시 설계해줘.

▲ 낮은 정답률의 원인에 대해 분석을 요청하는 프롬프트 예시

AI가 문제를 순차적으로 해결할 수 있도록 단계를 세분화해 제시하자, 학생들은 이전보다 훨씬 수월하게 접근할 수 있었다. 그러나 바로 그 **'단계별 문항'**이 채점 과정에서 새로운 갈등을 불러왔다.

한 학생이 1단계 문제에서 계산 실수를 했다. 평소 수학에 자신 있던 이 학생은 그 결과를 바탕으로 이후 과정을 논리적으로 풀어냈지만, 모든 답이 정답과는 달랐다.

> **지구 표면 탐험대! 스티커로 알아보는 우리 지구**
> **1단계: 스티커 판 살펴보기**
> (1) 스티커 판 한 장에는 육지 스티커(노란색)가 모두 몇 개 있나요?
> (2) 스티커 판 한 장에는 바다 스티커(파란색)가 모두 몇 개 있나요?
> **2단계: 내가 가진 스티커 계산하기**
> (3) 내가 스티커 판을 2장 가지고 있다면, 내가 가진 육지 스티커는 모두 몇 개인가요?
> (4) 내가 스티커 판을 2장 가지고 있다면, 내가 가진 바다 스티커는 모두 몇 개인가요?
> **3단계: 우리 모둠의 스티커 계산하기**
> (5) 우리 모둠은 5명이에요. 우리 모둠이 가진 육지 스티커는 모두 몇 개인가요?
> (6) 우리 모둠이 가진 바다 스티커는 모두 몇 개인가요?
> **4단계: 사용한 스티커 구하기**
> (7) 지구본을 꾸미고 나니, 상자 안에 육지 스티커가 25개, 바다 스티커도 25개가 각각 남았어요! 우리 모둠이 사용한 육지 스티커는 몇 개인가요?
> (8) 우리 모둠이 사용한 바다 스티커는 몇 개인가요?
> **5단계: 생각 정리하기! 우리가 발견한 것은?**
> (9) 위 계산 결과를 보고, 빈칸에 알맞은 말이나 수를 써넣으세요.
> 　우리 모둠은 지구본에 육지 스티커를 (＿＿＿)개, 바다 스티커를 (＿＿＿)개 붙였습니다. 이것은 (육지 / 바다) 스티커를 (＿＿＿)개만큼 더 많이 붙인 것입니다. 따라서 이 활동을 통해 우리는 지구의 표면에서 (＿＿＿)의 면적이 (＿＿＿)의 면적보다 훨씬 더 넓다는 것을 알 수 있습니다!

▲ AI로 단계별 체계를 확장한 문항 예시

점수 중심의 채점 방식에서는 단 한 번의 계산 실수가 뒤 문제까지 연쇄적으로 영향을 미치면, 학생은 '하'로 평가된다. 계산 결과는 틀렸지만 **사고 과정, 해결 전략, 추론 구조가 정확한 학생에게 동일한 0점을 부여하는 것은 평가의 타당성과 공정성** 측면에서 심각한 문제를 내포한다. 서논술형 평가는 본래 학생의 '사고 과정'을 평가하려는 목적을 지닌다. 그럼에도 결과 중심의 채점 체제는 이 본질을 왜곡시킨다.

그렇다면 정답 여부만을 기준으로 평가하는 방식이 아니라, 사고 과정에 중점을 둔 평가 요소를 중심으로 채점한다면 결과는 어떻게 달라질까?

평가 요소/수행 수준	상	중	하
계산 원리의 이해	스티커 판의 배열 모델을 보고 '가로×세로'가 전체 개수를 구하는 곱셈의 원리임을 명확히 이해하고, 이를 풀이 과정에 논리적으로 표현함.	곱셈을 사용하여 계산은 하지만, 배열 모델과 곱셈 원리를 연결하여 설명하는 과정이 다소 부족하거나 생략됨.	곱셈의 원리를 적용하는 데 어려움을 보여, 덧셈을 반복적으로 사용하거나 올바른 식을 세우지 못함.
계산 기능의 정확성	곱하는 수가 한 자리 또는 두 자리 수인 곱셈을 포함한 모든 연산(덧셈, 뺄셈)을 절차에 따라 정확하고 능숙하게 수행함.	기본적인 곱셈 계산은 정확하게 수행하나, 받아올림이 있거나 수가 커지는 복잡한 계산에서 간혹 실수를 보임.	계산 과정에서 오류가 빈번하게 발생하여 다음 단계의 문제 해결에 직접적인 영향을 미침.
실생활 연관 문제 해결력	'지구본 꾸미기'라는 실생활 맥락을 완벽히 이해하고, 문제 상황에 필요한 연산을 스스로 선택하고 적용하여 논리적으로 문제를 해결함.	문제 상황에서 어떤 연산(곱셈, 뺄셈)을 사용해야 하는지는 파악하지만, 각 계산이 실생활 맥락에서 어떤 의미를 갖는지 설명하는 데는 미흡함.	주어진 실생활 상황을 수학적 문제로 변환하는 데 어려움을 느끼거나, 계산 결과를 문제 상황과 관련지어 설명하지 못함.

평가 척도	설명
잘함	상 3개, 상 2개+ 중1
보통	하 1개 이하
노력요함	하 2개 이상

▲ 학생의 사고 과정에 중점을 둔 채점기준표

실제로 이 학생의 답안을 평가 요소별로 다시 채점해 본 결과, 기존의 전통적 채점 방식에서는 '0점'으로 처리되었던 답안이 '상' 수준의 성취로 평가되었다.

정답 중심 채점에서는 1단계의 단순한 계산 실수가 이후 모든 문항의 결과를 연쇄적으로 틀리게 했지만, 평가 요소 중심의 분석적 루브릭 채점에서는 사고 과정, 수학적 모델링, 추론 능력, 문제 해결 전략 등 세부 항목이 분리되어 평가되었다. 그 결과, 계산 오류 하나로 학생의 논리적 사고 전체가 부정되지 않고 사고의 구조와 논리적 일관성이 인정되었다.

서논술형 평가는 단순히 정답을 변별하기 위한 도구가 아니라 **학생의 사고를 이해하고 성장의 방향을 제시하는 과정**이어야 한다. 평가가 학습의 종착점이 아니라 **다음 성장을 위한 발판이 될 때** 비로소 '**교육적 평가**'로서의 의미를 갖게 된다.

이번 서논술형 평가의 설계-실행-성찰의 과정은 단순히 문항을 만들고 채점하는 수준을 넘어 수업과 평가가 어떻게 유기적으로 연결될 수 있는가를 깊이 체감한 경험이었다. 번개-천둥 현상이나 과학실험 활동 같은 실제 사례를 평가 문항으로 재구성하는 과정은, 학생들에게 "학교에서 배우는 지식이 삶과 맞닿아 있다"는 **실재감(reality)** 을 제공한다.

특히 번개 문제나 스티커 실험과 같은 활동을 서논술형 평가로 전환하면서 학생들은 문제 상황을 해석하고 → 개념을 적용하며 → 자신의 언어로 사고 과정을 설명하는 경험을 했다. 이는 수학과 과학의 지식을 단순한 교과 개념이 아니라 삶의 문제를 해결하는 사고 도구로 전환시키는 중요한 경험이었다. 또한 학생들은 지식은 맥락 속에서 의미를 갖는다는 사실, 즉 수업-평가-삶이 연결되는 구조를 체감했다.

무엇보다 이 경험은 평가의 본질을 다시 생각하게 했다. 평가의 목적은 학생을 변별하거나 점수화하는 데 있지 않다. 평가란 학생의 사고를 드러내고, 성장의 가능성을 발견하며, 배움을 확장하는 과정이다. 동시에 교사에게도 문항을 설계하고 실행하며 성찰하는 일련의 과정이 교육적 판단력과 평가 전문성을 성장시키는 여정이다.

결국 서논술형 평가는 지식을 묻는 시험이 아니라 삶 속에서 지식을 어떻게 활용할 수 있는지를 탐색하는 과정이다. 중요한 것은 완벽한 문항이 아니라 삶에서 출발해 교육과정으로 이어지고 다시 학생의 사고로 되돌아오는 순환적 학습 구조를 만들어 가는 시도 그 자체임을 깨닫는다. 시도하지 않았다면, 그 가능성을 깨달을 기회도 없었을 것이다.

3) 생존수영 체험학습이 평가 문제로

초등학교 3학년 학생들이 5일간 생존수영 체험학습에 참여하였다. 참관자의 입장에서 바라본 학생들의 모습은 다양했다. 어떤 학생은 강사의 설명에 집중하며 적극적으로 참여했지만, 어떤 학생은 설명에는 거의 귀를 기울이지 않고 물놀이에만 몰두했다. 이 모습을 보며 문득, "이 과정을 평가한다면 우리는 어떤 기준으로 평가해야 할까?"라는 질문이 떠올랐다.

평가를 해야 한다면 아마도 이렇게 기록하게 될지도 모른다.

- 생존수영 안전 수칙을 잘 지키며 적극적으로 참여함.
- 생존수영 체험학습을 통해 생존수영 방법을 익히는 과정에 참여함.

하지만 이러한 서술은 단순히 참여 여부나 태도에 초점을 맞출 뿐, **학생이 무엇을 이해했고 어떤 사고의 변화를 경험했는지**를 보여주지 못한다. 체험학습 마지막 날, 연구실에 놓여 있던 '생존수영 사행시 쓰기'와 '생존수영 소감문' 활동지를 바라보다가 생각했다. 불과 2~3년 전이었다면 나 역시 자연스럽게 그런 활동지를 사용했을 것이다. 그러나 지금은 다른 질문이 떠올랐다.

"학생들은 이 경험을 통해 무엇을 이해했는가?"
"우리는 어떤 사고 과정, 어떤 개념 이해, 어떤 태도 변화를 평가하고 피드백할 수 있을까?"

이 질문은 단순히 '참여 여부'를 기록하는 평가가 아닌, 학생의 사고와 이해를 드러내는 평가, 즉 **서논술형 평가가 체험학습에서도 가능한가**에 대한 고민으로 이어졌다.

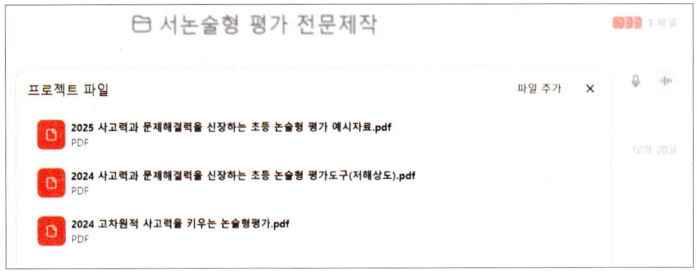

▲ ChatGPT 프로젝트 첨부 파일 예시

　이번에는 ChatGPT의 **프로젝트 기능**을 활용하여 서논술형 평가 문항을 제작해 보았다. 앞서 언급한 교육청의 예시 자료를 프로젝트에 입력한 후 문항 제작을 요청했기 때문에, 일반적인 대화형 채팅보다 더 체계적이고 일관된 결과를 얻을 수 있다.

　이처럼 AI를 평가 설계 도구로 활용할 때는 공신력 있는 자료나 교육과정 문서, 예시 문항 등을 함께 입력하여 맥락 기반의 프로젝트 형태로 운영하는 방식을 적극 권장한다. 이러한 접근은 AI의 생성 결과를 신뢰할 수 있는 수준으로 끌어올리고, 교사에게는 더 전문적인 문항 설계 지원 도구로서의 활용 가능성을 열어 준다.

　필자는 서논술형 평가 문항을 개발할 때 다양성과 변형 가능성을 중요한 가치로 두고 있다. 하나의 방식에 고정되기보다 여러 접근 방식을 시도하며, 그 가능성을 탐색하는 과정 자체에 의미를 두기 때문이다. 따라서 문항 제작 과정이 다소 일관되지 않아 보일 수도 있다.

　이 글을 읽는 교사들 역시 정답을 찾기보다 자신과 학생에게 가장 적합한 방법을 탐색하며 평가를 새로운 배움의 기회로 전환해 가길 바란다. AI는 그 여정에서 교사의 전문적 판단을 대체하는 도구가 아니라 새로운 시도와 성찰을 가능하게 하는 동반자가 될 것이다.

> **답 변**

좋아요. 아래는 '생존수영에서의 안전 대처 및 도구 활용'을 주제로 한 초등학교 수준의 서논술형 평가 문항 예시입니다. 형식과 구성은 제공해준 2024·2025년도 자료집의 평가 개요 → 문항 → 채점기준표 → 예시 답안 → 학생부 기재 예시 순서를 그대로 따랐습니다.

[서논술형 평가 문항 예시]

1. 평가 개요

항목	내용
교과	체육
단원명	생존수영 – 물에서 살아남기
성취기준	물에서 위험 상황에 대처하는 방법을 알고, 상황에 따라 적절한 생존수영 기술과 도구를 활용한다
평가 목표	물에 빠진 상황을 가정하고, 학습한 생존수영 기술(뜨기·이동하기)과 주변 도구(구명조끼, 비닐봉투, 페트병, 돗자리 등)를 어떻게 활용해야 하는지 구체적으로 설명할 수 있는지를 평가한다.
핵심 역량	자기관리 역량, 문제해결 역량, 의사소통 역량

2. 평가 문항

문항

캠핑 중 친구와 함께 물가 근처에서 놀다가 미끄러져 물에 빠졌다고 생각해 보세요.
물의 깊이는 깊고, 주변에는 구명조끼, 페트병, 비닐봉투, 돗자리 등이 있습니다.
이 상황에서 자신을 안전하게 보호하기 위해 어떤 방법으로 행동해야 하는지, 배운 생존수영 방법과 도구를 어떻게 활용할 것인지 구체적으로 설명하세요.

(※ 서술 분량: 5줄 이상)

3. 채점기준표

평가 요소	상(3점)	중(2점)	하(1점)
상황 이해	물에 빠진 위험 상황을 명확히 파악하고, 침착한 대처의 필요성을 제시함	상황을 파악했으나 일부 불명확하거나 핵심이 빠짐	상황 인식이 부족하거나 엉뚱한 답을 제시함
생존수영 기술 설명	'뜨기'와 '이동하기' 방법을 정확히 서술하며, 생존에 필요한 행동 순서를 제시함	기술 중 일부만 언급하거나 순서가 불분명함	기술을 거의 제시하지 못함
도구 활용	여러 가지 도구(구명조끼, 페트병, 비닐봉투 등)의 활용 방법을 구체적으로 설명함	일부 도구만 언급하거나 활용 설명이 부족함	도구를 언급하지 않음 또는 잘못된 사용 제시
표현의 논리성	자신의 생각을 논리적이고 조리 있게 서술함	일부 논리적 연결이 부족함	문장이 단편적이고 논리성이 부족함

4. 예시 답안

물에 빠졌을 때는 당황하지 않고 먼저 숨을 고르며 물 위에 뜨려고 합니다.
팔과 다리를 천천히 벌려 '누워 뜨기'를 하여 머리가 물에 잠기지 않게 합니다.
주변에 구명조끼가 있으면 입고, 없으면 페트병이나 비닐봉투에 공기를 넣어 몸을 띄울 수 있습니다.
돗자리도 공기를 잡아 몸을 뜨게 하는 데 도움을 줄 수 있습니다.
물의 흐름이 약한 쪽으로 천천히 이동하며 구조를 기다립니다.

5. 학생부 기재 예시

생존수영 학습에서 물에 빠진 상황을 구체적으로 상상하고, 침착하게 대처하는 방법과 다양한 도구의 활용 방법을 논리적으로 설명함. 위험 상황에서 자기 안전을 지키는 사고력과 문제 해결력을 보임.

▲ 교육청의 자료를 반영한 응답 결과 예시

역시 "형식과 구성은 제공해준 2024·2025년도 자료집의 평가 개요 → 문항 → 채점기표 → 예시 답안 → 학생부 기재 예시 순서를 그대로 따랐습니다."라는 문구처럼 첨부한 자료의 형식을 반영한다. 형식적으로는 안정적이었지만, 마음 한편에서는 여전히 완전히 만족스럽지는 않았다.

이 상황에서 MBTI P(Perceiving) 성향에 해당하는 필자는 J(Judging) 성향인 교사가 보면 기함할 만한 행동을 한다. 본 책의 목차를 일부 복사해 입력한 뒤, "이 내용을 반영해서 문항을 다시 구성해 줘."라고 입력한 것이다.

> **프롬프트**
> 2. 서논술형 평가의 인지적 토대: 고차원적 사고의 측정
> 가. 블룸(Bloom)에서 앤더슨과 크래스월(Anderson&Krathwohl)로: 교육 목표 분류의 발전
> 나. 단순 지식 확인을 넘어 분석, 종합, 창조로
> 3. 서논술형 평가의 유형별 특징과 기능
> 가. 반응 제한형 나. 반응 확장형
> 4. 문항의 구성 요소
> 가. 제시문 나. 발문 다. 응답조건
> 5. 좋은 서논술형 평가를 위한 핵심 원리
> 가. 타당도(Validity): 무엇을, 왜 평가하는가?
> 나. 신뢰도(Reliability): 얼마나 일관되게 평가하는가?
> 다. 공정성(Fairness): 모든 학생에게 평등한 기회를 제공하는가?
> **위 내용을 고려해서 다시 제작해줘.**

▲ 본 책의 목차 일부를 반영해 입력한 프롬프트 예시

다시 말해 AI를 활용한 문항 설계의 강점 중 하나는 이러한 유연한 시도가 허용된다는 점이다. 입력하는 하나의 핵심 개념어는 AI의 문항 설계의 방향을 전환하는 역할을 톡톡히 한다. AI는 교사의 즉흥적이거나 탐색적인 시도를 유연하게 수용하며, 한 단어의 수정만으로도 문항의 방향을 전환시킬 수 있다. '다시', '더 구체적으로', '이 기준을 반영해서 수정해 줘'와 같은 간단한 명령어를 통해 문항의 구조·내용·표현을 반복적으로 다듬어 나갈 수 있는 것이다.

서논술형 평가와 관련된 핵심 개념어 목록만 AI에 제공했을 뿐인데 문항과 평가 방향이 훨씬 명확해지는 것을 보고 적지 않게 놀랐다. 모든 프롬프트를 완벽하게 설계하지 않더라도, 핵심 개념을 중심으로 방향만 제시해도 충분히 생산적인 결과를 얻을 수 있다는 사실을 체감한 순간이었다.

AI 기술이 발전하면서 이제는 계획을 세밀하게 구조화하는 데 강점을 가진 J형 교사뿐 아니라, 즉흥적으로 아이디어를 확장해 가는 P형 교사도 충분히 평가 설계 과정에 참여할 수 있다. 정교한 프롬프트를 층층이 쌓아 올리는 방식도 가능하지만, 때로는 핵심 개념어 몇 개만 입력하여 AI가 방향을 잡도록 하는 느슨하지만 창의적인 접근이 더 효과적일 수도 있다.

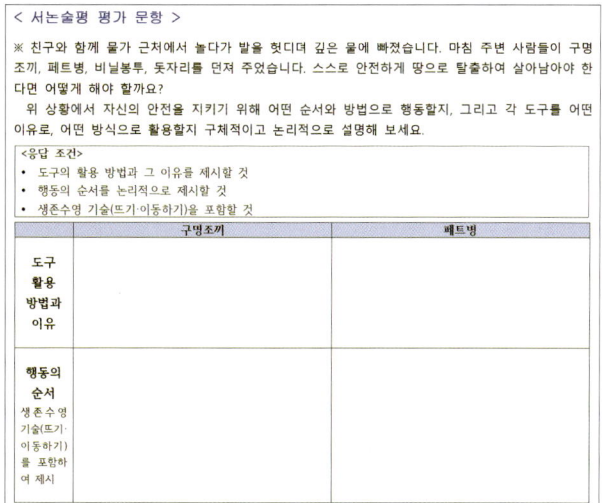

▲ 생존 수영 학습 내용과 관련된 서논술형 평가 문항 중 일부 예시

문항 제작이 완료되었다. 이제 학생들에게 바로 실행해 보면 될까?

그러나 이전의 경험이 이미 말해주지 않았던가. 이렇게 제작된 **서논술형 평가 시안을 다시 점검하는 과정은 이제 선택이 아닌 필수 단계**가 되었다. 이는 여러 차례의 시행착오를 통해 그 필요성을 충분히 확인했기 때문이다.

이 과정에서 AI를 활용하면 실제 평가 상황에서 발생할 수 있는 다양한 문제를 사전에 모의하여 검토 수 있다. 교사가 예상하지 못했던 부분까지 점검할 수 있다는 점에서 AI는 단순한 보조 도구를 넘어 평가 설계를 함께 준비하는 동반자로 기능한다.

> **프롬프트**
> 이미지처럼 서논술형 평가 문항을 내보려고 해, **평가에 문제가 발생하지 않도록 전문적으로 문항을 살펴보고 피드백** 해줘.

▲ 문항을 점검하도록 요청하는 프롬프트 예시

즉 AI는 문항의 논리적 결함이나 조건의 모호성뿐 아니라 학생의 다양한 응답 가능성, 채점 기준의 누락 요소, 공정성과 신뢰도 문제까지 사전에 검토해 주는 것이다.

생존수영 체험학습처럼 수업 설계자가 아닌 참관자의 관점으로 수업에 참여할 기회는 생각보다 많지 않다. 그렇기에 오히려 그 순간, 관찰자의 시선은 학생들의 미세한 변화를 더욱 깊이 포착하게 된다.

실제로 한 학생은 물에 대한 강한 두려움 때문에 학기 초에 체험학습 불참을 신청했었다. 그러나 "가장 안전하게 물과 친해질 수 있는 기회"라는 교사의 안내에 따라 마음을 바꾸고, 사전에 물놀이장에 가서 연습까지 한 뒤 체험에 참여했다. 이 학생이 물과 친숙해지고 두려움 대신 자신감을 회복해 가는 모습을 보며 문득 생각했다.

단순한 소감문이나 활동 후기를 통해 감정을 나열하는 것을 넘어, 학생이 "나는 무엇을 배웠는가?", "이 경험이 나에게 어떤 변화를 가져왔는가?", "다음에는 어떻게 다르게 시도할 수 있을까?"를 스스로 묻도록 돕는 자기성찰형 질문의 필요성을 깨닫게 되었다.

OECD는 학습 나침반(Learning Compass 2030)을 통해 미래 교육이 지향해야 할 핵심 역량으로 행위주체성과 변혁적 역량을 제시하고 있다.

개념	설명
행위주체성 (Agency)	학생이 자신의 학습과 행동의 주체로 참여하고, 스스로 방향을 선택하며, 자신의 삶과 공동체에 의미 있는 변화를 만들어가려는 능력
변혁적 역량 (Transformative Competencies)	복잡한 사회 문제 속에서 가치를 판단하고, 협력하며, 새로운 해결책을 창조하고, 더 나은 미래를 만들어갈 수 있는 힘

▲ 'OECD 학습 나침반 2030'에 제시된 핵심 역량

생존수영 체험학습을 단순한 '체험'이 아니라 진정한 '학습'으로 전환하기 위해 필요한 것도 바로 이 행위주체성이다. 물에 대한 두려움으로 체험을 포기하려 했던 학생이 스스로 참여를 결정하고, 사전에 연습까지 준비한 과정은 단순한 참여가 아니라 **자기 주도적 선택과 변화의 실행**이라는 행위주체성이 발현된 사례라 할 수 있다. 즉, '두려움 극복 → 자신감 형성 → 책임 있는 선택'으로 이어지는 학습의 흐름 속에서, 학생은 **변혁적 역량**을 실제 경험을 통해 성찰하며 성장시켜 나가게 된다.

> **프롬프트** 생존수영 체험학습 전과 후, **변혁적 역량**과 관련한 질문을 하고 싶어. 어떻게 질문하면 좋을까?

▲ '변혁적 역량'의 관점에서 문항을 설계하는 프롬프트 예시

결국, 학생의 변화를 포착하고 그것을 언어화하도록 이끄는 질문은 '질문 → 사고 → 글쓰기 → 성찰 → 성장'으로 이어지는 순환 구조를 만들어 낸다. 이는 단순히 활동 결과를 평가하는 것을 넘어 학생의 행위주체성과 변혁적 역량을 길러주는 교육적 평가로 확장되는 과정이다.

> **프롬프트** 생존 수영 체험학습에 참여하며 자신에게 어떤 변화가 생겼나요? 이 질문을 고도화 하고 싶어.

▲ 변혁적 역량 관점에서 질문 고도화하기

이러한 과정을 거쳐 **서논술형 평가 문항과 채점 기준**을 마련하였고, 이를 기반으로 평가를 실시하였다.

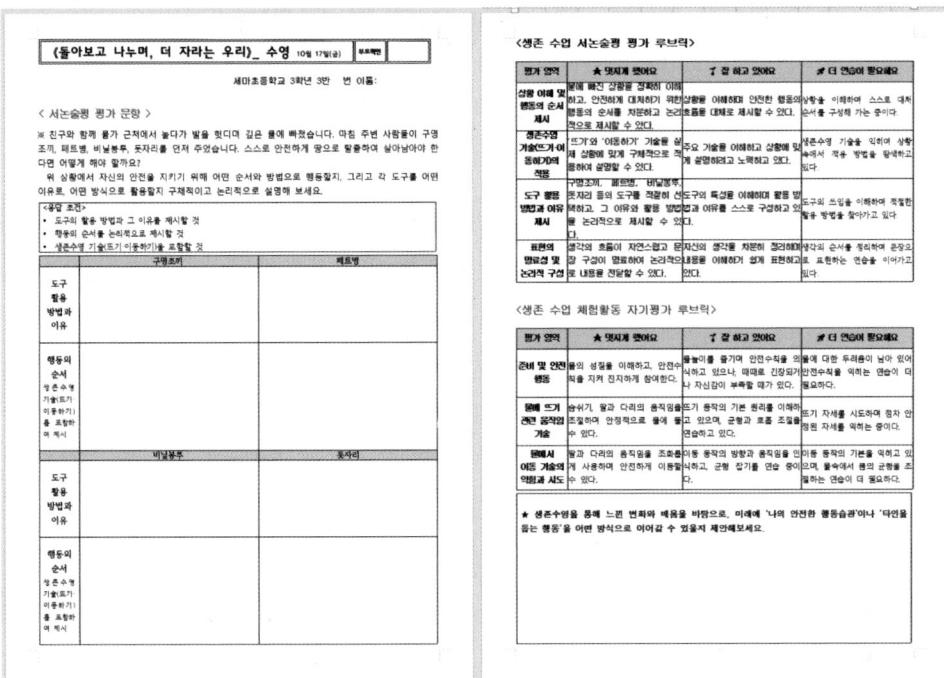

▲ 생존수영 체험학습 서논술형 평가 문항 및 루브릭 예시[11]

생존수영 체험학습이 단순한 체험 활동에서 머물지 않고 **서논술형 평가와 연결되는 순간**, 그 의미는 전혀 다른 차원으로 확장된다.

물에 들어가 보고 생존 기술을 익히는 데서 끝나는 것이 아니라, 학생이 스스로 "나는 무엇을 배웠는가?", "어떤 두려움을 극복했는가?", "이 경험이 앞으로 내 행동에 어떤 영향을 미칠까?"를 성찰하게 되면서, 체험은 단순한 경험을 넘어 학습과 성장의 과정으로 전환된다.

특히 이러한 성찰을 언어로 표현하게 하는 서논술형 평가는 학생이 자신이 겪은 경험을 되돌아보고 재구성하는 메타인지적 사고 과정을 촉발한다.

결국, 체험학습을 서논술형 평가와 연결하는 일은 활동을 기록하는 것이 아니라 **경험을 학습으로 전환하는 교육적 설계**를 의미한다. 생존수영과 같은 체험이 서논술형 평가와 만나면, 그것은 단순한 활동이 아닌 삶의 기술과 태도, 그리고 성찰이 함께 자라는 성장의 장으로 재구성됨을 깨닫게 된다.

---

[11] 해당 평가 문항과 루브릭은 노션(joo.is/날개서논술형)에서 자세히 확인할 수 있다.

마. 서논술형 평가 전환, 그 진짜 의미를 묻다

서논술형 평가는 해 볼수록 단순히 답을 쓰게 하는 평가가 아니라, 학생의 사고 과정·가치관·성찰 능력까지 읽어내야 하는 깊은 평가임을 실감하게 된다. 문항을 설계하고, 응답을 해석하며, 채점 기준을 세우는 모든 과정은 결국 교사 스스로의 수업관과 평가관을 되묻는 일이었다. 무엇보다 서논술형 평가는 '정답을 찾는 기술'보다 '어디까지를 사고의 결과로 인정할 것인가'에 대한 교육적 판단을 요구한다는 점에서 더욱 깊은 고민을 불러왔다.

그 과정에서 필자는 한 가지 확신을 얻었다. AI는 이 여정에서 단순히 도구가 아니라, 함께 탐색하는 동반자가 된다는 점이다. 문항을 구상할 때 AI는 성취기준과 연결된 평가 요소를 정리해 주었고, 채점 기준을 세울 때는 누락된 관점을 짚어 주었다. 또 교사가 미처 예상하지 못한 학생의 응답 가능성을 제시하며 사고의 폭을 넓혀 주었다. 완벽한 답을 대신 내주는 존재는 아니지만, "이렇게도 생각할 수 있겠구나" 하는 교사의 인식 전환과 성찰을 촉진하는 조력자였다.

AI와의 협업은 서논술형 평가가 어렵다는 부담을 줄여 주었다. 질문하고, 고치고, 다시 설계하는 시행착오 속에서 오히려 교사의 평가 역량이 빠르게 성장했다. 동시에 학생들도 변했다. 처음에는 "글을 제대로 쓰지 못할 것"이라 우려했던 초등학교 3학년 학생들이, 자신의 생각을 이유와 함께 표현하도록 지속적으로 안내하자 점차 논리적으로 글을 구성하기 시작했다. 이것은 '학생이 못하는 것이 아니라, 표현할 기회를 충분히 제공받지 못했던 것'임을 깨닫게 했다. 결국 문제는 능력의 부족이 아니라, 자신의 생각을 논리적으로 표현하고 피드백 받으며 성장할 기회의 부족에 있었다.

두 달간 모든 단원에서 서논술형 평가를 시도하며 얻은 결론은 분명했다. 짧은 기간이었음에도 교사와 학생 모두가 눈에 띄게 성장했다. 빠르게 변화하는 시대에 학생들에게 사고력과 자기주도성을 요구한다면, 교사 역시 평가의 방식과 사고의 틀에서 스스로 변화와 성장을 경험해야 한다.

특히 서논술형 평가를 준비하는 과정은 단순히 총괄평가를 위한 문항 개발에 그치지 않았다. 평가를 설계하는 과정 자체가 곧 형성평가적 사고를 중심으로 수업을 재구성하는 과정으로 확장되었다. 학생들이 문항에 담긴 사고 과정을 실제 수업 속에서 경험할 수 있도록, 교사는 끊임없이 질문을 던지고 학생들은 그 질문에 대해 사고하고 토의하며 스스로 개념을 정교화해 나갔다. 이처럼 평가를 준비하는 과정이 수업을 정교화하는 단계적 과정으로 확장되면서, 수업과 평가의 경계는 점차 흐려지고 서로를 강화하는 순환적 관계로 재구성된다.

결국 서논술형 평가를 설계하고 AI와의 대화를 통해 문항을 다듬어 가는 일은, 완벽한 평가를 만드는 작업이 아니라 수업과 평가가 함께 진화하는 여정이었다. 평가가 수업을 견인하고 수업이 다시 평가를 정교화하는 이 선순환 속에서 교사는 더 깊이 있는 학습을 설계하는 전문성을, 학생은 스스로 사고하고 표현하는 학습자로서의 주체성을 성장시켜 나가고 있었다.

완벽하지 않아도 괜찮다. 중요한 것은 시도하고, 흔들리고, 다시 세워 가는 그 과정 속에서 우리가 '평가'를 넘어 진짜 **배움의 의미**를 찾아가고 있다는 사실이다.

02

초등 전교과 및 전학년으로 서논술형 평가 확장: 미래 사회를 위한 사고력 측정 시스템 구축

초등 전교과 및 전학년으로 서논술형 평가를 확장하는 일은 단지 평가 형식의 변화가 아니라, 미래 사회가 요구하는 사고력 측정 시스템으로의 전환을 의미한다. 피아제(Piaget)에 따르면 초등기는 구체적 조작기에서 초보적 추상으로 이행하는 시기(이해경, 권오영, 이양, 2002)이며, 따라서 경험을 언어로 조직하는 과정이 개념 형성의 핵심 기제가 될 수 있다. 그럼에도 학교 현장의 서논술형 평가는 주로 국어·사회·과학에 상대적으로 집중되고, 수학은 풀이 과정을 확인하는 최소한의 서술로 머무는 경우가 적지 않다. 반면 음악·미술·체육·실과·도덕·영어와 같은 교과는 실기 중심 평가가 대세가 되면서 학습자의 사고 과정을 언어로 드러내게 하는 과제 설계가 상대적으로 드물다.

여기에 더해 저학년의 경우 '아직 글을 길게 쓰기 어렵다'는 이유로 서논술형 평가에 대한 시도 자체를 잘 하지 않는다. 물론 1·2학년은 문해 발달과 집필 체력이 형성되는 단계이기에 장문 서술이 부담인 것은 사실이다. 그러나 이것이 곧 서논술형 평가의 불가능을 뜻하지는 않는다. 오히려 그 시기에 적합한 방식으로 사고의 흔적을 언어와 기호, 표정과 몸, 그림과 말로 남기도록 돕는 것이 이후 학년에 가서 논증적 글쓰기로 자연스럽게 이행하는 발판이 된다.

2022 개정 교육과정은 초등교육을 자기주도적 학습 역량을 함양하는 기초 단계로 규정하고 있으며(교육부, 2022a), 평가는 단순한 정답 확인을 넘어 학생의 성장 과정을 기록하고 환류하는 성장중심 평가(Growth-Oriented Assessment)를 강조한다(김재민, 박민영, 2023). 이에 따라, 평가는 교수·학습의 일부로서 학생이 학습 책임감과 내적 동기를 가지도록 지원해야 한다. 이러한 교육철학을 실현하기 위한 도구로 서논술형 평가가 주목받고 있으며, 따라서 이를 초등 전교과 및 전학년으로 확대할 필요가 있다.

가. 초등 전교과로 서논술형 평가 확대하기

1) 교육적 근거: 경험의 언어화가 학습을 완성한다

비고츠키(Vygotsky)에 따르면 초등 학습자는 놀이·탐구·사회적 상호작용 속에서 배움을 구성(이해경, 권오영, 이양, 2002)하므로 직접 경험을 언어로 조직할 때 이해가 심화된다. 서논술형 평가는 '문제 상황 파악 → 판단/선택 서술 → 근거 제시'의 구조를 통해 사고의 흐름을 밖으로 드러내게 하므로, 단순 활동을 내면화된 지식과 전이 가능한 역량으로 전환하는 데 결정적인 역할을 한다. 따라서 서논술형 평가는 위에서 언급한 대로 구체적 조작기에서 추상적 사고로 이행하는 과도기에 놓인 초등기에 적합하다.

즉 서논술형 평가는 초등교육의 본질적 목표인 '배움 중심 평가'를 실현하는 데 핵심적인 역할을 수행하며, 다음의 4가지 기능을 통해 학생의 종합적 역량을 포괄적으로 기록한다(정현, 이성, 최영, 2023).

핵심기능	내용 및 교육적 효과
메타인지 촉진	학생이 자신의 생각을 글로 구성하는 과정은 단순한 표현 활동에서 더 나아가 자기 사고를 성찰하는 메타인지적 경험을 제공하며, 아이들은 자신이 무엇을 알고 있고 무엇을 잘못 이해했는지를 스스로 점검하면서 학습의 주체로 성장한다. 이는 학습 결과보다 학습 방법을 돌아보게 함으로써 자기주도학습의 토대를 마련하는 것이다.
고차사고력 측정	학생들은 단순히 지식을 재생하는 수준에서 더 나아가 주어진 문제를 분석하고 근거를 들어 자신의 판단을 정당화하며, 새로운 해결 방안을 모색하는 과정을 글로 구성한다. 이는 암기식 평가로는 포착하기 어려운 사고의 깊이와 논리적 구조를 드러내는 기회를 제공하며, 창의적 문제 해결 능력과 비판적 사고력을 함께 길러준다.
지식 전이 확인	초등교육은 교과 간 통합적 사고를 중시하므로, 학생이 배운 개념을 새로운 맥락이나 실제 상황에 적용해 보는 서술형 문항은 '아는 것'에서 '활용할 수 있는 것'으로의 학습 전이를 평가하는 데 유용하다. 예를 들어 과학 시간에 배운 '물의 상태 변화'를 일상생활의 사례로 설명하게 하거나, 사회 수업의 '협동' 개념을 동화 속 인물의 행동에 빗대어 쓰게 하는 활동이 그 예이다. 이러한 전이 활동은 학생들이 지식을 파편화된 정보가 아닌, 삶의 문제를 해결하는 도구로 인식하도록 돕는다.
성장 중심 기록	루브릭과 서술형 피드백을 통해 교사는 학생의 현재 수준과 다음 학습 목표를 구체적으로 제시할 수 있으며, 학생은 자신의 발전 과정을 시각적으로 인식하게 된다. 이러한 평가는 학생의 학습 궤적을 존중하고, 실패를 성장의 과정으로 전환시켜 주는 역할을 한다.

▲ 서논술형 평가의 핵심 기능

결국 서논술형 평가는 지식의 양을 측정하는 도구가 아니라 학생의 사고, 성찰, 전이, 성장을 포괄적으로 드러내는 교육적 장치라 할 수 있다. 이는 초등교육이 지향하는 **'배움의 과정 자체를 평가로 삼는 교육철학'**과 맞닿아 있으며, 학생의 배움을 살아 있는 이야기로 기록하는 평가로 자리 잡을 수 있다. 즉, 서논술형 평가는 학생들의 경험을 언어화하여 초등 전교과에서 본질적인 목표인 과정, 태도, 문제 해결력을 측정하는 데 핵심적인 역할을 한다.

2) 설계 원칙: 사고의 구조와 순환을 함께 세운다

전 교과 확장의 관건은 글의 분량이 아니라 사고의 구조화다. 모든 과제에 공통된 흐름을 가볍게 얹어 주면 된다. 즉, 상황을 보여주고(텍스트·사진·도식 등), 자신의 판단이나 선택을 분명히 밝힌 뒤, 그 이유를 덧붙이는 것(사실·규칙·가치·경험 중 1~2가지 근거)이면 충분하다.

아울러 과제를 설계할 때부터 피드업–피드백–피드포워드의 순환을 자연스럽게 녹여, 수업과 평가가 따로 놀지 않고 한 호흡으로 이어지도록 한다. 목표 제시(피드업)는 아이 눈높이 언어로 짧게, 수행 중 피드백은 "조금 더 깊이 생각해 볼까?"를 여는 한 줄 코멘트로, 마무리(피드포워드)는 다음 탐구로의 다리 놓기로 구성한다.

다시 말해, 틀만 던져두지 말고 아이들이 실제로 그 틀 안에서 사고하고 표현할 수 있도록 구체적인 안내와 예시를 함께 제시해야 한다. 예를 들어 3·4학년 수준에서는 처음에 어디로 가는지 알려주기 **(피드업)**를 위해 학습 목표를 아이 눈높이에 맞게 말해 준다. "오늘은 '상황을 보고 내가 어떻게 할지 정하고, 그 이유를 쓰는 연습'을 해 볼 거야. 문장은 세 줄이면 충분해." 이렇게 목표를 명확히 알려주면, 아이들은 글을 '잘 쓰는 것'보다 '생각을 정리하는 것'에 집중할 수 있다.

수행 중(**피드백**)에는 짧고 구체적인 코멘트가 중요하다. 예를 들어 도덕 시간에 '친구가 약속을 어겼을 때 어떻게 할까?'라는 질문에 어떤 학생이 "화를 낸다. 약속을 안 지켜서."라고 썼다면, 교사는 "그건 '느낌'이야. 네가 그렇게 하면 친구와의 관계는 어떻게 될까?"처럼 한 줄로 사고를 확장시켜 준다. 즉, 피드백은 '틀렸어'가 아니라 '조금 더 깊이 생각해 볼까?'의 신호가 된다.

마무리(**피드포워드**)에서는 다음 학습으로 자연스럽게 이어지게 한다. 같은 학생이 피드백 후 "화를 내기보다 이유를 물어본다. 그러면 다음엔 같이 놀 수 있다."로 수정했다면, 교사는 "좋아요. 다음 시간엔 '약속을 지키기 어렵게 만드는 이유'를 함께 찾아보자."라고 제시한다.

이처럼 '상황–선택–이유'의 구조와 '피드업–피드백–피드포워드'의 순환을 자연스럽게 엮으면, 수업과 평가는 하나의 흐름으로 이어지고 아이들은 '글쓰기'의 부담 없이 생각을 언어로 세우는 훈련을 받게 된다. 결국 교사는 아이들의 문장 길이를 늘리는 대신, 사고의 틀을 잡아주는 안내자가 되어 서논술형 평가를 훨씬 더 수월하고 효과적으로 운영할 수 있다.

3) 교과별 적용: 활동에 '왜'를 붙여 사고를 보이게 한다

서논술형 평가의 핵심은 '정답을 찾는 것'이 아니라 **학생이 왜 그렇게 생각했는지를 드러내는 과정**에 있다. 따라서 모든 교과에서 '활동의 결과'보다 '선택의 이유'를 기록하게 하는 것이 중요하다. 즉, 단순히 "무엇을 했다"가 아니라 "왜 그렇게 했는가"를 언어화하도록 설계해야 한다. 예를 들어, 예체능 교과는 단순 기능 숙련을 넘어 심미적 감성 역량과 창의적 사고를 육성하는 핵심 교과이므로, 서논술형 평가는 '결과물' 너머의 '표현 의도'와 '성찰 과정'을 측정하는 유일한 도구가 된다. 다음은 평가를 대부분하고 있는 국어, 수학, 사회, 과학에 비해 체육, 미술, 실과 등 실기 위주로 진행되는 각 교과 평가 시행 현황(문제 의식)과 서논술형 평가 적용 방안, 서논술형 평가 문항 예시를 정리한 것이다.

(1) 체육: 신체 표현 의도의 명료화와 규칙의 사회적 의미

❶ 평가 시행 현황(문제 의식): '실기 능력'만으로 체육의 전인적 목표를 평가할 수는 없다.

현재 체육 평가는 운동 실기(기술 숙달)에 너무 치중되어 있다는 문제가 있다. 달리기를 잘하는지, 슛을 잘 넣는지 등 '몸을 얼마나 잘 쓰는지'에만 초점이 맞춰져 있는 셈이다. 하지만 체육 교과는 운동 기술뿐만 아니라 자기관리, 협동, 규칙 준수, 건강한 삶의 태도와 같은 인성적, 사회적 태도를 기르는 것을 목표로 한다. 그래서 현재의 '실기 위주 평가' 만으로는 학생들이 신체 활동을 통해 얻은 가치와 태도를 측정할 수 없다.

❷ 서논술형 평가 적용 방안: 움직이는 '이유'를 설명하여 깊이 있는 사고를 이끈다.

학생들이 움직임 전략을 선택한 의도와 협력 과정에서 겪은 성찰을 글로 표현하게 함으로써, 단순히 몸을 쓰는 것에서 더 나아가 사고력과 사회적 역량을 기를 수 있다.

- **움직임 전략 및 의도의 정당화:** 학생이 특정 스포츠에서 어떤 전략(혹은 동작)을 선택했는지, 그리고 그 선택이 활동 목표 달성에 왜 효과적이었는지 논리적으로 설명하게 한다. 이를 통해 문제 해결 과정에서의 의사 결정 능력을 측정할 수 있다.
- **협력 과정 및 성찰:** 팀 활동 중 발생한 갈등 해소 과정이나 협력 성공 사례를 구체적으로 서술하게 하고, 규칙준수가 팀에 미치는 사회적·윤리적 영향을 생각하게 한다. 이는 공동체 역량과 정서적 지능의 발달 정도를 확인하는 데 중요하다.

❸ 서논술형 평가 문항 예시

---

1. 성취기준

[6체02-06] 전략형 스포츠 유형별 활동 방법을 파악하고 기본 전략을 게임 활동에서 수행한다.

2. 평가 문항 설계

[상황 시나리오: 네트형 게임 공격 전략]

배구형 게임(네트형 스포츠)을 진행 중입니다. 상대 팀은 전방(네트 앞) 수비를 집중적으로 하고 있어 후방 빈 곳이 많이 보입니다. 제한된 시간 내에 득점 확률을 높여 게임에서 승리하기 위한 전략을 구상해야 합니다.

  1) 이 상황을 해결하고 득점 기회를 만들기 위해 우리 팀이 사용해야 할 가장 효과적인 기본 전략 1가지를 선정하여 제시하시오.
  2) 선정한 전략의 구체적인 실행 방법을 우리 팀 팀원의 역할 분담을 포함하여 설명하고, 이 전략을 선택했을 때 득점에 성공 가능성이 높은 이유를 논리적으로 서술하시오. (답안 작성 시, '공간 만들기' 또는 '빈 곳으로 공 넘기기'와 같은 전략형 스포츠의 기본 전략 용어를 사용하여 설명할 것)

3. 평가 요소 및 3단계 평가 기준 루브릭

평가 요소	상 (우수)	중 (보통)	하 (미흡)
상황 분석 및 전략 이해	주어진 게임 상황(상대 밀집 수비, 빈 공간)을 전략형 스포츠 유형의 활동 특성과 연결하여 정확히 분석하고, 가장 효과적인 전략을 선정하였다.	상황 분석을 대체로 이해하고 전략을 선정했으나, 전략의 적절성이 일부 미흡하거나 유형 특성과의 연계 설명이 부족하다.	상황을 분석하지 못하거나, 제시된 전략이 문제 상황(득점 기회 창출) 해결과 전혀 관련이 없다.
전략의 구체적인 실행 방법 제시	선정한 전략(예: 빈 곳으로 공 넘기기)의 구체적인 실행 방법과 팀원 간 역할 분담을 상세하고 현실적으로 제시하였다.	전략의 실행 방법은 제시되었으나, 역할 분담 설명이 모호하거나 구체성이 떨어져 실제 적용에 어려움이 예상된다.	실행 방법에 대한 제시가 불분명하며, 단순히 기술(기능)을 나열하는 데 그쳤다.
논리적 정당화 및 설명	선택한 전략이 왜 득점 성공에 효과적인지를 논리적 근거를 바탕으로 체계적이고 명확하게 정당화하여 설명하였다.	전략의 효과를 설명했으나, 정당화 근거가 불충분하거나 설명의 체계성이 약하다.	전략의 성공 이유를 설명하지 못했거나, 제시된 근거가 타당하지 않다.

▲ NotebookLM으로 생성한 체육과 서논술형 평가 문항과 루브릭

(2) 음악: 감정의 구조화와 문화적 맥락의 해석

❶ 평가 시행 현황(문제 의식): 연주 '기술'을 넘어 '표현 의도'와 '이해력'을 봐야 한다.

음악 교과 평가는 악기 연주 능력이나 음정, 박자 정확성 등 단순 연주 기능 숙달에만 초점이 맞춰져 있는 경우가 많다. 하지만 음악 교육은 단순 연주뿐만 아니라 음악을 통한 자기표현과 감정의 전달, 그리고 문화적 이해를 중요한 목표로 삼는다. 그래서 '기능 위주 평가' 만으로는 학생들이 음악을 내면화하고 해석하는 능력, 즉 심미적 감성 역량의 깊이를 측정하는 데 한계가 있다.

❷ 서논술형 평가 적용 방안: '음악 요소'를 조절하는 이유를 분석하여 감동을 줄 수 있게 한다.

학생들이 음악을 들을 때나 연주할 때 음악 요소를 의도적으로 조절하는 이유와 음악의 문화적 배경을 분석하게 함으로써, 음악을 통한 깊은 이해와 논리적 사고를 촉진한다.

- **표현 의도의 구체적 서술:** 학생이 악곡을 연주하거나 노래할 때 어떤 감정을 전달하고자 했는지 서술하게 하고, 그 감정을 구현하기 위해 빠르기, 강약, 음색 등의 음악 요소를 어떻게 조절했는지 구체적으로 설명하게 한다. 이는 학생의 심미적 감성 역량의 깊이를 측정하는 데 도움이 된다.
- **음악 감상의 맥락적 분석:** 특정 국가나 시대의 음악을 감상한 후, 그 음악이 나타난 문화적 배경을 서술하고, 음악 요소가 그 문화의 특징을 어떻게 반영하는지를 분석하게 한다. 이는 단순 지식이 아니라 지식정보처리 역량과 문화적 다양성 이해를 통합적으로 측정하는 방법이다.

❸ 서논술형 평가 문항 예시

> 1. 성취기준
> [6음01-02] 음악 요소를 살려 노래나 악기로 발표하고 과정을 돌아본다.
>
> 2. 평가 문항 설계
> [상황 시나리오: 연주 활동 성찰]
> 학생들이 모둠별로 준비한 악곡을 노래나 악기로 연주 발표했습니다. 연주를 성공적으로 마치기 위해서는 악곡의 느낌을 살려 음악 요소를 표현하고, 그 과정을 되돌아보는 것이 중요합니다.
> 1) 연주한 악곡의 느낌을 가장 효과적으로 표현하기 위해 우리 팀이 중점을 둔 '음악 요소'(**예** 빠르기, 강약, 주법 등)를 1가지 제시하고, 그 구체적인 표현 방법을 설명하시오.
> 2) 발표 후, 연주 과정을 돌아보았을 때(성찰), 선택한 음악 요소를 효과적으로 표현하는 데 성공했는지 스스로 평가하고, 만약 아쉬운 점이 있다면 다음 연주를 위해 어떻게 개선할지 구체적인 계획을 논리적으로 서술하시오.
>
> 3. 평가 요소 및 3단계 평가 기준 루브릭
>
> | 평가 요소 | 상 (우수) | 중 (보통) | 하 (미흡) |
> |---|---|---|---|
> | 음악 요소 이해 및 적용 의도 | 악곡의 특징과 느낌을 살리기 위해 표현하고자 한 음악 요소를 명확히 제시하고, 그 의도가 타당하다. | 음악 요소를 제시했으나, 악곡의 특징과의 연결이 명확하지 않거나 표현 의도가 다소 모호하다. | 음악 요소의 제시가 없거나, 음악 요소를 단순히 나열하는 수준에 그친다. |
> | 표현 방법의 구체성 | 선정한 음악 요소를 구현하기 위한 주법이나 표현 기법을 상세하고 구체적으로 서술하였다. | 표현 방법을 설명하였으나, 주법이나 기법에 대한 구체적인 설명이 부족하여 적용 가능성이 낮다. | 표현 방법을 설명하지 못하거나, 음악 활동과 관련 없는 일반적인 내용을 서술했다. |
> | 성찰 및 논리적 개선 방안 제시 | 연주 과정을 객관적으로 성찰하고, 다음 연주를 위한 구체적이고 논리적인 개선 계획을 제시하였다. | 연주 과정에 대해 돌아보았으나, 성찰의 내용이 피상적이거나 개선 방안이 일반적인 수준에 머물렀다. | 연주 과정을 돌아보는 활동에 소극적이며, 개선방안을 제시하지 못하거나 비논리적이다. |

▲ NotebookLM으로 생성한 음악과 서논술형 평가 문항과 루브릭

(3) 미술: 조형 언어의 논리적 사용과 창의적 아이디어의 기록

❶ 평가 시행 현황(문제 의식): '결과물' 너머의 '사고 과정' 평가는 불가능하다.

현재 미술 평가는 주로 최종 조형 결과물의 숙련도나 시각적 완성도에 치중되어 있다는 문제가 있다. 기술 숙달에만 집중되는 체육과 마찬가지로 미술 평가도 구도를 잘 잡았는지, 색을 균형 있게 썼는지, 얼마나 잘 그렸는지 등 기술 숙달에만 집중된다. 하지만 미술 교과는 단순한 표현 기술의 습득뿐만 아니라 미적 가치를 발견하고, 자신만의 창의적인 아이디어를 조형 언어(색, 형태, 구도, 질감 등)로 논리적이고 합리적으로 구현하는 사고 역량을 기르는 것을 목표로 한다. 따라서 현재의 '결과물 위주 평가'만으로는 학생이 미적 체험을 통해 얻은 성찰의 깊이, 아이디어 구상 과정의 합리성, 그리고 조형 언어 선택의 논리적 의도를 측정할 수 없다.

❷ **서논술형 평가 적용 방안: 조형적 '선택의 논리'와 '창의적 사유'를 언어화한다.**

학생이 작품을 제작하거나 감상하는 과정에서 내린 조형적 선택의 의도와 미적 체험의 성찰 과정을 글로 표현하게 함으로써, 시각적인 표현뿐만 아니라 사고력과 비판적 역량을 기르도록 한다.

- **조형적 선택 의도의 논리적 정당화:** 학생이 특정 재료나 기법(예 연필 대신 크레파스 선택, 특정 색채 대비 사용)을 선택한 이유를 명암, 질감, 구도, 혹은 색채 대비와 같은 조형 언어를 사용하여 논리적으로 설명하도록 한다. 이를 통해 아이디어 구상 단계에서의 문제 해결 역량과 조형 지식의 합리적 적용 능력을 측정할 수 있다.
- **미적 체험 과정의 성찰적 구조화:** 학생이 특정 작품이나 자연 현상을 경험했을 때 느낀 복합적인 감정 및 감각을 분석적으로 서술하고, 이를 색, 형태 등 미적 요소와 연결하여 내면의 변화를 기록하도록 한다. 단순히 '아름답다'를 넘어 '이 구도의 불안정함이 나의 초조함을 표현하는 것 같다'와 같이 감상 과정을 언어화하게 함으로써, 심미적 감성 역량과 자기 성찰 능력 측정에 도움이 된다.
- **창의적 아이디어 구상 과정의 기록:** 작품의 최종 결과물 이전에 시도했던 여러 아이디어 시안들, 포기한 이유, 그리고 최종 결정을 내린 과정을 상세하게 서술하도록 한다. 이는 학생의 창의적 사고의 흐름과 과정, 즉 '어떤 생각을 했는가'를 평가하여, 단순히 최종 결과만으로는 알 수 없는 창의적 역량의 깊이를 측정한다.

❸ **서논술형 평가 문항 예시**

1. 성취기준
[6미01-04] 이미지가 나타내는 의미를 비판적으로 이해하고 느낌과 생각을 전달하는 데 활용할 수 있다.

2. 평가 문항 설계
[상황 시나리오: 생활 속 이미지 비판적 분석]
최근 학교 주변에 붙은 한 환경 보호 포스터에는 '쓰레기 무단 투기를 막으려면 벌칙을 강화해야 한다'는 메시지가 강한 경고 이미지와 함께 담겨 있습니다. 이 포스터는 쓰레기 문제가 심각하다는 사실을 전달하지만, 동시에 주민들에게 죄책감을 유발하고 강압적인 느낌을 줄 수 있습니다.
  1) 이 포스터 이미지가 숨겨서 전달하려는 의도(속성)가 무엇이라고 생각하는지 분석하고, 이 이미지가 사회에 미칠 수 있는 부정적인 영향을 비판적으로 서술하시오.
  2) 이 포스터를 환경 보호의 중요성을 전달하는 동시에, 주민들의 자발적인 참여를 유도할 수 있는 포스터로 바꾸고자 할 때, 이미지와 문구를 어떻게 활용(변화)해야 하는지 구체적인 아이디어를 제시하고, 그 이유를 설명하시오.

3. 평가 요소 및 3단계 평가 기준 루브릭

평가 요소	상 (우수)	중 (보통)	하 (미흡)
이미지 의미 및 의도 분석	포스터 이미지에 담긴 의도와 속성을 정확히 분석하고, 강압적인 표현이 사회에 미칠 수 있는 맥락적 의미와 역할을 명확히 파악하여 설명하였다.	포스터의 표면적인 메시지나 의도는 파악했으나, 비판적 이해가 부족하거나 이미지의 속성에 대한 분석이 다소 피상적이다.	이미지의 내용을 단순하게 묘사하는 수준에 그치거나, 이미지에 담긴 의미나 의도를 파악하는 데 어려움을 겪는다.

비판적 관점 정당화	포스터에 대한 비판적 관점을 논리적 근거를 들어 타당하게 제시하고, 비판적 이해가 시각적 문해력에 기반하고 있음을 보여준다.	비판적 관점을 제시했으나, 근거가 부족하거나 논리적인 정당화 과정이 약하다.	비판적 관점 없이 단순히 이미지를 수용하거나, 자신의 주장에 대한 합리적인 근거를 제시하지 못한다.
느낌과 생각을 전달하는 활용 능력	비판적 분석을 바탕으로 자발적인 참여를 유도하기 위한 구체적이고 창의적인 대안(이미지 및 문구 활용)을 제시하고, 그 효과를 명확히 설명하였다.	자신의 느낌과 생각을 전달할 활용 방안을 제시했으나, 대안의 창의성이나 구체성이 부족하다.	대안을 제시하지 못하거나, 제시된 활용 방안이 모호하여 메시지 전달에 효과적이지 않다.

▲ NotebookLM으로 생성한 미술과 서논술형 평가 문항과 루브릭

(4) 실과: 생활 문제 해결의 디자인 사고 과정

❶ **평가 시행 현황(문제 의식): '최종 결과' 너머의 '문제 해결 과정' 평가는 불가능하다.**

현재 실과 평가는 주로 최종 결과물(요리, 제작물 등)의 완성도나 단순한 기능 숙달에 치우쳐 있다는 문제가 있다. 이는 학생들이 일상생활의 문제를 인식하고 해결하기 위해 적용한 디자인 사고 과정, 즉 '왜 이 방법을 선택했는가'에 대한 논리적 사고 과정을 평가하기 어렵게 만든다. 실과 교과는 단순히 물건을 만들거나 요리를 하는 기술을 가르치는 것을 넘어 문제 정의, 아이디어 탐색, 계획 수립, 실행, 평가 및 개선에 이르는 실천적 문제 해결 능력을 기르는 것을 목표로 한다. 따라서 현재의 '결과물 위주 평가'만으로는 문제 정의 단계에서의 관찰 능력, 해결 방안 모색 과정에서의 창의성, 그리고 계획 수립 과정에서의 논리적 체계화 능력을 측정할 수 없다.

❷ **서논술형 평가 적용 방안: 실천적 '문제 해결의 논리'와 '디자인 사고'를 체계화한다.**

- **문제 정의 및 필요성 정당화:** 학생 주변의 문제를 찾고, 그 문제가 해결되어야 할 필요성과 누가 가장 큰 불편함을 겪는지를 구체적인 관찰 사례를 들어 서술하도록 한다. 이는 문제 정의 단계에서의 지식정보 처리 역량과 공동체 역량을 측정하며, 해결하고자 하는 문제에 대한 학생의 깊은 이해도를 파악하는 데 활용된다.
- **계획 수립의 논리적 체계화:** 문제를 해결하기 위한 순서(단계)를 제시하고, 각 단계를 이 순서대로 해야 하는 이유를 '안전', '효율성', '재료 절약' 등의 관점에서 설명하도록 한다. (예) "요리 활동에서 재료 준비를 먼저 해야 하는 이유를 위생 및 안전과 연관지어 설명하시오.") 이는 논리적 사고력과 실천적 문제 해결 역량을 측정하며, 실과 활동 전반에 걸친 합리적인 의사결정 능력을 평가한다.

❸ 서논술형 평가 문항 예시

1. 성취기준
[6실03-02] 발명 사고 기법과 기술적 문제 해결 과정을 이해하고, 다양한 재료를 활용하여 생활 속 문제를 해결할 수 있는 창의적인 제품을 구상하고 만들어 봄으로써 실천적 태도를 갖는다.

2. 평가 문항 설계
[상황 시나리오: 일상생활의 작은 불편함을 해결하는 창의적인 아이디어 구상 및 설명]
최근 학교생활이나 집에서 사용하는 물건 때문에 생기는 작은 불편함(에 물건이 자주 굴러떨어진다, 책상 위가 항상 지저분하다, 필요한 물건이 보이지 않는다 등)을 발견했습니다. 여러분은 이 문제를 해결하기 위한 창의적인 아이디어 제품을 하나 구상하려고 합니다.
  1) 문제 정의: 여러분이 해결하고 싶은 구체적인 불편함은 무엇이며, 이 문제를 해결해야 하는 이유는 무엇인가요?
  2) 아이디어 구상: 이 문제를 해결할 수 있는 창의적인 제품 아이디어를 제시하세요. 이 아이디어를 어떻게 (에 기존 물건에 기능을 더해서, 크기를 바꿔서 등) 생각해 냈는지 그 과정을 설명해 주세요.

3. 평가 요소 및 3단계 평가 기준 루브릭

평가 요소	상 (우수)	중 (보통)	하 (미흡)
1. 문제 정의 및 해결 아이디어의 적절성	선정한 문제 상황과 해결 목표가 명확하며, 제시한 제품 아이디어가 독창적이고 문제 해결에 매우 효과적이다.	문제를 정의했고, 제시한 아이디어가 문제 해결에 대체로 적절하며 효과를 기대할 수 있다.	문제를 정의하려는 시도는 했으나, 제시된 아이디어가 문제 해결의 핵심에서 벗어나거나 설명이 불충분하다.
2. 창의적인 발상 과정 설명	아이디어를 떠올릴 때 새로운 관점이나 발상 방법을 활용했음을 설명하고, 그 과정이 논리적으로 제시된다.	아이디어를 얻은 방법을 설명했지만, 창의적인 발상 과정에 대한 설명이 다소 일반적이거나 구체적인 논리가 부족하다.	아이디어만 제시하거나, 아이디어를 생각해 낸 과정에 대한 설명이 없거나 명확하지 않다.
3. 실천 계획 및 재료 선택의 합리성	구상한 제품의 재료와 그 사용 이유를 구체적이고 합리적으로 제시하여 실천적인 태도가 잘 드러난다.	제품에 사용할 재료를 제시했지만, 재료 선택의 이유나 실천적 대안에 대한 설명이 부분적으로 부족하다.	제품 구상 시 재료나 실제 제작을 위한 실천적 계획에 대한 고려가 거의 없거나, 설명이 없다.

▲ NotebookLM으로 생성한 실과과 서논술형 평가 문항과 루브릭

(5) 도덕: 가치 판단의 논리적 정당화와 공존 능력

❶ 평가 시행 현황(문제 의식): '결과적 행위' 너머의 '가치 판단 과정' 평가는 불가능하다.

현재 도덕 교과 평가는 주로 '윤리적 원칙'의 단순 암기나, 주어진 상황에서 학생들이 '마땅히 해야 할' 모범적인 최종 행동(결과)을 답하는 데 집중되어 있다. 이는 학생이 실제 도덕적 딜레마 상황에서 서로 충돌하는 가치(에 정직 vs. 우정, 효율 vs. 배려) 사이에서 어떤 기준을 적용했는지, 그리고 왜 그 기준이 더 중요하다고 판단했는지에 대한 '가치 판단의 복잡한 논리적 과정'을 깊이 있게 평가하기 어렵게 만든다. 도덕 교과의 궁극적 목표는 단순히 선행(善行)을 아는 것을 넘어, 다양한 삶의 문제에서 합리적이고 공감적인 윤리적 의사결정 능력을 기르는 것이다. 따라서 현재의 '결과 암기 및 모범

답안 위주 평가' 방식으로는 학생의 '도덕적 추론 능력', '공감적 경청 능력', '합리적인 갈등 조정 능력'과 같은 핵심 역량을 측정하지 못한다는 문제가 있다.

❷ **서논술형 평가 적용 방안: 가치 판단의 '합리적 논리'와 '공감적 서술 능력'을 체계화한다.**

학생들이 도덕적 딜레마에 직면했을 때, 자신의 선택을 단순히 '옳다'고 주장하는 것을 넘어, 그 선택이 왜 다른 선택보다 윤리적으로 더 정당화될 수 있는지 논리적 근거를 제시하도록 요구한다. 이 과정은 단순한 지식 측정에서 벗어나 사고력과 실천적 윤리 역량을 길러줄 수 있다.

- **갈등 상황 분석 및 선택 정당화:** 가치 판단의 논리성, 윤리적 원칙 적용 능력, 지식정보처리 역량을 측정하는 것을 목표로 한다. 학교나 가족 내에서 겪을 수 있는 도덕적 딜레마 상황(예 약속을 지키면 친구가 불이익을 당하는 상황)을 제시하고, 자신이 선택한 행동이 가장 중요한 이유를 '정의', '책임', '공정성' 등의 핵심 가치와 연관지어 논리적으로 설명하게 한다. 학생은 자신의 선택을 뒷받침하는 윤리적 원칙을 명확히 제시하고 이를 정당화하는 논리적 구조를 체계화해야 한다.
- **타인 입장의 공감적 서술 및 공존 방안 모색:** 공동체 역량, 공감 능력의 깊이, 갈등 조정 능력을 측정하는 것을 목표로 한다. 주어진 갈등 상황에서 나와 의견이 다른 친구의 입장을 가정하여 그 친구가 그 행동을 선택한 이유와 심정을 공감적으로 서술하게 한다. 더 나아가, 두 입장을 모두 존중하면서 문제를 함께 해결할 수 있는 가장 '합리적이고 공존적인' 최종 해결책을 제시하게 한다. 이는 도덕적 상상력을 발휘하여 타인의 감정과 관점을 이해하고, 실제 삶에서 다름을 인정하며 조화로운 해결책을 찾을 수 있는 능력을 평가한다.

❸ **서논술형 평가 문항 예시**

1. 성취기준
[4도03-01] 불공정의 사례를 탐구하고, 일상생활에서 공정의 가치를 추구하는 활동을 통해 실천 의지를 함양한다.

2. 평가 문항 설계
평가 목표: 학교 공동체 내에서 발생하는 불공정한 상황을 비판적으로 분석하고, 공정의 원칙에 기반한 합리적인 해결 방안을 모색하며, 다양한 입장 간의 공존을 위한 실천 의지를 논리적으로 표현하는 역량을 측정한다.
[상황 시나리오: 우리 반 체육 시간의 갈등]
우리 반은 체육 시간에 피구 경기를 자주 합니다. 그런데 경기 규칙을 정할 때마다 문제가 생깁니다. 힘이 세거나 운동 능력이 뛰어난 몇몇 친구들은 "피구왕이 경기 규칙을 정하자!"고 주장합니다. 반면, 피구를 잘 못하는 친구들은 "경기 규칙을 정할 때 우리 의견도 들어주고 공평하게 기회를 줘야 한다"고 불만을 제기합니다. 피구를 잘하는 친구들은 자신들이 규칙을 정하면 경기가 더 재미있다고 말하고, 피구를 못하는 친구들은 규칙이 너무 불리하여 아예 참여하고 싶지 않다고 합니다.
아래의 세 가지 질문에 모두 답하여 서술하시오.
1) 이 상황이 '불공정'하다고 판단할 수 있는 이유를 구체적인 사례를 들어 분석하고, 우리가 이 갈등 상황을 해결할 때 반드시 고려해야 할 '공정'의 가치는 무엇인지 설명하시오. (※불공정 사례를 탐구하는 과정이 드러나도록 서술할 것)
2) 피구왕 친구들의 입장과, 규칙이 불리하다고 불만을 제기하는 친구들의 입장을 각각 공감하며 서술하시오. 이때 각 친구들이 그 선택이나 주장을 하는 이유와 심정(감정)이 무엇일지 추론하여 표현하시오.
3) 우리 반이 이 갈등을 해결하고 모두가 즐겁게 참여할 수 있는 '공정한' 해결 방안을 제시하고, 그 해결 방안이 공정의 가치를 실현하는 데 왜 가장 합리적인 선택인지 논리적으로 정당화하시오.

3. 평가 요소 및 3단계 평가 기준 루브릭

평가 요소	상 (우수)	중 (보통)	하 (미흡)
1. 불공정 사례 분석 및 공정 가치 이해	제시된 상황에서 불공정의 원인을 정확히 분석하고, 공정의 가치(예 기회의 균등, 필요에 따른 배려)를 명확하게 제시하며 설명한다.	상황의 불공정함을 파악하고 공정의 필요성을 언급했으나, 불공정의 원인을 구체적으로 분석하거나 가치를 명확히 정의하는 데 미흡하다.	단순히 자신의 느낌만 제시하거나, 상황을 이해하지만 불공정한 측면이나 공정의 가치를 제대로 연결하지 못한다.
2. 다양한 입장 공감적 이해 및 서술	갈등 당사자(피구왕, 불만친구)의 입장을 균형잡힌 시각으로 정확하게 이해하고, 도덕적 상상력을 바탕으로 그들의 심정이나 주장의 근거를 깊이 있게 공감하며 서술한다.	두 입장의 차이점을 이해하고 서술하였으나, 타인의 심정(감정)에 공감하는 깊이가 부족하거나 한쪽 입장에 치우쳐 서술한다.	상대방의 입장을 이해하려는 노력이 미흡하며, 단순히 두 그룹의 주장만을 나열하는 데 그친다.
3. 합리적인 해결 방안 모색 및 논리적 정당화	'공정'의 가치를 실현할 수 있는 가장 합리적이고 실천적인 해결 방안을 제시하고, 그 방안이 모두에게 왜 정당한지 타당한 근거를 들어 논리적으로 설명(정당화)한다.	공정성을 고려한 해결책을 제시했으나, 해결 방안이 구체적이지 않거나, 그 선택을 정당화하는 논리적 근거가 대략적으로 서술되었다.	구체적인 해결 방안을 제시하지 못하거나, 제시된 해결책이 공공정의 가치를 실현하는 데 기여하지 못하며 정당화 노력이 부족하다.
4. 표현의 명료성 및 구성	문장 구성이 명료하고 생각을 체계적이고 논리적으로 조직하여 내용을 효과적으로 전달한다.	자신의 생각을 정리하여 내용을 전달하려 노력하였으나, 내용의 연결(문단 간의 논리적 흐름)이 다소 미흡하다.	문장 표현이 서툴고, 생각의 순서가 정리되지 않아 내용 이해에 어려움이 있다.

▲ NotebookLM으로 생성한 도덕과 서논술형 평가 문항과 루브릭

(6) 영어: 맥락 기반 의사소통 전략 및 성찰

❶ 평가 시행 현황(문제 의식): '단순 암기 표현' 너머의 '실제 의사소통 전략' 평가는 불가능하다.

현재 초등 영어 평가는 주로 교과서에 제시된 '암기 표현의 정확한 구사'나, 문법 및 어휘에 대한 '단순 지식 확인'에 치우쳐 있다. 이러한 방식은 학생들이 실제 의사소통 상황에서 겪는 역동적인 문제를 해결하는 능력, 즉 상황의 맥락(Context)에 맞는 정보(Content)를 선별하고, 의사소통이 막혔을 때 (Communication Breakdown) 이를 극복하는 '전략적 역량(Strategic Competence)'을 측정하지 못한다.

초등 영어 교과의 목표는 단순한 언어 지식 습득을 넘어, 흥미와 자신감을 바탕으로 실제 의사소통을 수행하는 능력과 자기 관리 역량을 기르는 것이다. 따라서 현재의 '정확성 위주 평가'만으로는 실질적인 의사소통 능력, 맥락 파악 능력, 그리고 오류 발생 시의 대처 및 성찰 능력을 파악할 수 없다는 문제가 있다.

❷ 서논술형 평가 적용 방안: 맥락 기반의 '전략적 역량'과 '자기 성찰 능력'을 체계화한다.

학생들이 주어진 맥락에 맞춰 의사소통 내용을 구성하고, 자신의 의사소통 과정 전체를 성찰하며 성공과 실패의 원인을 분석하게 함으로써, 실질적인 의사소통 능력과 자기주도학습 역량을 기른다.

- **맥락 기반의 내용 및 정확성 평가:** 맥락 적절성, 내용의 중요성 파악, 언어적 정확성, 지식정보처리 역량을 측정하는 것을 목표로 한다. 간단한 상황(예 놀이터에서 친구에게 좋아하는 장난감에 대해 묻고 답하기)을 제시하고, 그 상황에 맞는 대화 스크립트를 작성하게 한다. 단순히 스크립트 작성에 그치지 않고, 대화 내용 중 '가장 중요한 정보(Content)'를 전달하기 위해 '가장 쉬우면서도 정확한(Language)' 표현을 사용했는지 그 이유를 서술하도록 요구한다. 이를 통해 학생의 언어 선택의 합리성과 맥락 파악 능력을 측정한다.
- **의사소통 전략 및 성찰:** 의사소통 전략 역량, 자기관리 역량, 공동체 역량(문화 이해 및 배려)을 측정하는 것을 목표로 한다. 역할극이나 말하기 활동 후, 학생들이 '성찰 일지'를 작성하게 한다. 특히 상대방이 자신의 말을 이해하지 못했을 때 사용했던 해결 전략(예 몸짓 사용, 속도를 늦춰 다시 말하기, 다른 표현으로 바꿔 말하기)을 구체적으로 서술하고, 그 전략이 효과적이었던 이유를 설명하게 한다.(전략적 역량 측정)
- **미래 계획 및 성찰:** 다음 활동 시 보완할 구체적인 표현이나 태도를 제시하게 한다. 이때 '나와 다른 문화를 가진 상대방을 배려하여 서로의 차이를 인정하는 태도' 등 공동체 역량과 관련된 성찰 내용을 포함하도록 유도한다. (예 "다음에는 'I like this doll.' 대신 'This doll is great!'이라고 말해야겠다. 왜냐하면 'great'이 더 강한 느낌을 줄 수 있기 때문이다." 또는 "친구가 한국어로 대답했을 때, 'Different is okay!'라고 말해주며 서로의 문화를 존중하는 태도를 보여주어야겠다.")

❸ 서논술형 평가 문항 예시

---

1. 성취기준
[6영02-06] 자신의 감정이나 의견, 경험이나 계획을 간단한 문장으로 표현한다.

2. 평가 문항 설계
  평가 목표: 쉬운 일상 주제(취미/좋아하는 것)에 대한 대화 후, 의사소통 문제를 해결하는 간단한 전략을 제시하고, 상대방에게 배려하는 말을 사용할 계획을 세우는 자기 성찰 능력을 측정한다.
  [상황 시나리오: What I Learned from Talking to a New Friend]
  여러분은 새로 사귄 외국인 친구 (New friend, Alex)에게 여러분이 가장 좋아하는 취미(Hobby)에 대해 이야기해 주었습니다. 여러분은 "I like soccer."라고 말했지만, Alex가 무슨 말인지 이해하지 못하고 "Huh?"라고 대답했습니다. 대화가 잠시 멈춘 후, 여러분은 Alex가 축구(soccer)를 처음 들어봤기 때문에 이해하지 못했다는 것을 깨달았습니다.
  간단한 영어 문장(Simple English Sentences)을 사용하여 아래 세 가지 질문에 대한 여러분의 생각과 계획을 작성해 봅시다.
  1) 친구가 여러분의 말을 이해하지 못했을 때, 여러분은 어떻게 했을 것 같나요? 다음 중 가장 좋은 의사소통 전략 (Strategy) 1가지를 고르고, 그 전략을 사용한 이유를 간단히 설명하시오.
    (A) 더 큰 소리로 "I like soccer!"라고 다시 말한다.
    (B) "I like a ball game." (공놀이)처럼 다른 단어나 쉬운 표현으로 바꿔 말한다.
    (C) "Soccer is boring." (지루하다)처럼 다른 의견을 말한다.
   - 선택한 전략 (A, B, C 중 1개):
   - 이유 (Why?):
  2) 다음번에 Alex와 취미에 대해 이야기할 때, Alex가 이해하기 쉽도록 여러분이 다르게 말할 계획(Plan)은 무엇입니까? 쉬운 영어 문장 1개를 쓰고, 그 문장이 왜 더 좋은지 이유를 설명하시오.

3) 만약 Alex가 "My favorite hobby is playing Baduk.(바둑)"처럼 여러분에게는 낯선 문화의 취미를 말했을 때, Alex를 배려(Respect)하며 대화를 이어가기 위해 여러분이 보여줄 태도는 무엇입니까? (예 그의 취미에 관심을 보이기, 잘 모른다고 솔직하게 말하기)

3. 평가 요소 및 3단계 평가 기준 루브릭

평가 요소	상 (우수)	중 (보통)	하 (미흡)
1. 문제 해결 전략 선택 및 정당화	의사소통 실패 상황(Huh?)의 원인을 정확히 이해하고, 가장 효과적인 전략(B)을 선택한 후, 쉬운 표현 사용의 필요성을 논리적으로 정당화한다.	효과적인 전략(B)을 선택했지만, 그 전략을 사용해야 하는 이유(맥락의 중요성)에 대한 설명이 다소 일반적이거나 피상적이다.	전략 선택이 부적절하거나(A 또는 C), 전략을 선택한 이유가 맥락과 관계없이 단순히 감정적 반응에 머무른다.
2. 미래 개선 계획 및 언어적 명료성	다음 대화를 위한 구체적이고 더 쉬운 문장(계획)을 제시하고, 그 문장이 Alex의 이해를 돕는 합리적인 이유를 설명하며, 영어 문장 구조가 비교적 정확하다.	다음 대화 문장을 제시했으나, 문장이 이전 문장과 큰 차이가 없거나, 그 문장을 선택한 이유에 대한 설명이 다소 불명확하다.	미래 계획을 제시하지 못하거나, 제시된 문장의 문법/철자 오류가 많아 의미 파악이 어렵다.
3. 공동체 역량 및 문화적 배려	Alex의 문화적 차이(낯선 취미)를 존중하는 구체적인 태도(예 관심을 보이는 질문)를 제시하고, 협력적인 의사소통 태도의 중요성을 이해하고 있다.	문화적 차이를 인정하려는 태도는 보였으나, 제시한 태도가 일반적이거나 대화 상황에 실질적인 도움을 주는 구체성이 부족하다.	상대방의 문화나 낯선 취미에 대해 흥미나 존중 태도를 보이지 않거나, 대화 예절에 대한 인식이 부족하다.

▲ NotebookLM으로 생성한 영어과 서논술형 평가 문항과 루브릭

이처럼 각 교과 활동에 '왜'를 붙이는 것은 단순한 설명 과제를 넘어 모든 학습을 사고의 증거로 전환하는 핵심 장치가 된다. 학생은 자신의 생각을 정리하면서 사고를 명료화하고, 교사는 그 과정을 통해 학생의 이해 수준과 성장 방향을 정밀하게 읽어낼 수 있다.

결국 서논술형 평가는 특정 교과에만 한정된 평가 방식이 아니다. 학생이 어떤 교과를 학습하든, 그 과정을 사고의 언어로 조직하고 표현하도록 요구한다는 점에서 모든 교과의 학습 목표와 자연스럽게 연결된다. 따라서 서논술형 평가는 교과 간의 경계를 허물고 전 교과로 확장될 수 있으며, 모든 학습 활동을 사고의 언어로 번역하는 평가로 발전할 수 있을 것이다.

나. 초등 전학년으로 서논술형 평가 확대하기

앞서 제기했듯, 현장에서는 "저학년은 아직 글을 길게 쓰기 어렵다"는 이유로 서논술형 평가의 시도가 종종 보류된다. 문해 발달과 집필 체력이 형성되는 단계에서 장문 서술이 부담인 것은 사실이지만, 그렇다고 해서 서논술형 평가 자체를 뒤로 미루는 것은 더 큰 학습 격차를 예고한다. 사고의 언어화는 누적적 기술이며, 저학년에서부터 '상황을 이해하고-선택을 밝히고-이유를 한 줄로 붙이는' 최소 단위의 연습이 축적되지 않으면, 고학년에 이르러 갑자기 논리 전개와 근거 제시가 유창해지는 기적은 일어나지 않는다.

1) 저학년 학생들을 위한 서논술형 평가 TIP: 표현의 다양성 확보

저학년 학생들에게 서논술형 평가는 글쓰기 능력을 본격적으로 측정하기보다는, 자신의 생각을 언어와 그림, 행동 등 다양한 방식으로 표현하도록 돕는 과정 중심의 평가로 접근해야 한다. 이 시기의 아이들은 아직 문장 구성 능력과 어휘력이 충분히 발달하지 않았기 때문에, 문장 완성이나 논리 전개보다는 생각의 흐름을 드러내는 표현의 시도를 관찰하는 것이 중요하다. 따라서 '잘 쓴 글'을 요구하기보다, 학생이 무엇을 어떻게 표현했는지에 초점을 맞추는 평가 설계가 필요하다.

- **제한형 서논술형 평가:** 빈칸 채우기, 문장 완성하기, 간단한 이유 쓰기 등의 형태는 학생이 개념을 이해했는지, 자신의 경험과 생각을 언어로 연결할 수 있는지를 확인하는 데 유용하다. 이러한 문항은 사고의 구조를 단순화해 주면서도 표현의 기회를 제공한다.("나는 ○○이 재미있어요. 왜냐하면 _____.", "그림 속 인물의 기분은 □기뻐요 □슬퍼요 □화나요. 그 이유는 _____.")
- **반응형·감상형 평가:** 이 평가는 학생이 학습 경험을 감정과 연결하여 표현하도록 유도할 수 있다. 동화를 읽은 뒤 기억에 남는 장면을 그림으로 그리게 하거나, 탐구 활동 후 '새롭게 알게 된 점'을 짧은 문장으로 적게 하는 식이다. 이러한 활동은 언어적 부담을 줄이면서도 사고를 언어화하는 연습을 자연스럽게 돕는다. 빈칸을 채우는 제한형 서논술형 평가나 해당 항목에 체크하는 반응형 평가와 함께 느낌이나 소감을 적는 형태로 복잡한 주관적 글쓰기의 부담을 줄이고, 그림이나 신체 표현 등 여러 시각적/활동적 산출물을 통해 평가할 수 있도록 하여 저학년부터 서논술형 평가에 적응해나갈 수 있도록 한다.

교사는 학생의 이러한 산출물 속에서 이해 수준, 표현 방식, 사고 과정의 흔적을 세밀하게 관찰해야 한다. 평가의 핵심은 결과물의 완성도가 아니라, 학생이 어떤 방식으로 사고를 전개하고 표현하려 했는가에 있다. 교사는 "네가 주인공 마음을 표정으로 잘 나타냈구나.", "그 장면을 그림으로 표현하니 더 잘 이해했네."와 같이 시도와 과정을 인정하는 피드백을 제공함으로써 학습 의욕과 자기 표현력을 강화할 수 있다.

이처럼 저학년 단계에서 서논술형 평가는 글쓰기 자체를 훈련하는 과정이 아니라, 사고를 드러내고 표현하는 다양한 경험을 축적하는 기회가 되어야 한다. 이러한 경험이 쌓일수록 아이들은 점차 자신의 생각을 문장으로 조직하고 서술하는 힘을 키워, 이후의 본격적인 서논술형 평가로 자연스럽게 이어질 수 있다.

2) 고학년 학생들을 위한 서논술형 평가 TIP: 논증 능력 심화

고학년 학생들은 구체적 조작기를 벗어나 형식적 조작기(Formal Operational Stage)로 이행하는 시기이므로, 서논술형 평가를 통해 추상적 사고와 논증 능력을 집중적으로 심화해야 한다. 저학년이 '무엇을 보았는가'를 평가했다면, 고학년은 '왜 그렇게 생각하는가'와 '만약에(What If) 상황에 어떻게 대처할 것인가'를 평가의 핵심으로 삼아야 한다.

이를 위해 통합형 및 논증형 서논술형 평가 문항을 주로 활용한다.

- **교과 통합형 논증**: 두 개 이상의 교과 지식(예 과학의 원리와 사회의 윤리적 문제)을 결합하여 하나의 문제를 해결하도록 요구한다. 이와 같은 평가 문항은 지식 전이와 비판적 사고력을 동시에 측정한다. (예 "미세먼지 문제 해결을 위해 과학적으로 가능한 방법과 사회적으로 수용 가능한 방법을 비교하여 최적의 해결책을 논하시오.")
- **가설 설정 및 정당화**: 실험이나 관찰 상황을 제시하고, 학생이 스스로 가설을 설정한 뒤, 그 가설이 맞는지 틀리는지를 논리적 근거를 들어 정당화하도록 요구한다. 이는 과학적 탐구 능력과 논리적 추론 능력을 극대화하는 방법이다.
- **다중 관점 분석(윤리적 딜레마)**: 도덕이나 사회 교과에서 흔히 발생하는 윤리적 딜레마 상황을 제시하고, A, B, C 세 인물의 입장을 모두 분석한 후, 자신이 선택한 입장과 그 이유를 가장 설득력 있게 논증하도록 한다. 이 과정에서 타인의 관점을 공감적으로 서술하는 항목을 추가하여 공동체 역량까지 측정한다.

고학년 평가의 루브릭은 내용의 깊이, 논리적 구조, 근거의 타당성에 중점을 두어, 단순한 지식의 재생을 넘어선 종합적 사고 능력을 핵심적으로 측정해야 한다. 이러한 단계적 심화 전략이야말로 '전학년' 확장의 교육적 의미를 완성하는 핵심이다.

다. 전교과·전학년 서논술형 평가 확대를 위한 NotebookLM의 활용 방안

서논술형 평가를 초등 전교과와 전학년으로 확대하는 것은 교육적으로 타당하지만, 교사 한 명이 다양한 교과의 특성과 6개 학년의 발달 단계를 모두 고려하여 매번 질 높은 평가 문항과 루브릭을 설계해야 한다는 '실행의 장벽'에 부딪힌다. 예를 들어, 담임교사 한 명이 맡은 학년에 따라 저학년(1~2학년)의 그림·구술 중심의 반응형 평가부터 고학년(5~6학년)의 교과 통합형 논증 평가까지 일관된 철학으로 설계해야 하며, 동시에 국어, 수학뿐 아니라 음악(표현 의도), 체육(전략 분석), 실과(디자인 사고) 등 교과별 고유의 역량을 측정하는 문항을 모두 만들어내야 한다.

이러한 '복잡성의 폭증'과 '과중한 업무 부담'이라는 현실적 문제를 해결하고, 전교과·전학년 확대라는 목표를 '가능한' 영역으로 만들기 위한 실질적인 방안으로 NotebookLM과 같은 AI 보조 도구의 활용은 필수적이다. 생성형 AI 도구는 다양하지만, 이 장에서는 RAG 기술[1]을 기반으로 첨부된 평가 참고자료의 의도와 맥락을 파악하여 특정 프롬프트나 복잡한 설계 과정 없이 교사의 평가 설계 의도를 쉽게 구현할 수 있는 NotebookLM[2]을 중심으로 안내하고자 한다.

1) 평가의 고민, AI 비서 NotebookLM을 만나다

(1) 서논술형 평가의 취지는 살리고 '전교과·전학년' 업무 부담은 줄인다

교사로서 학생들의 생각하는 힘을 키우는 서논술형 평가의 취지에는 공감하지만, 모든 교과와 학년에 걸쳐 목적에 맞는 문항과 공정한 채점 기준을 매번 새롭게 설계하는 일은 엄청난 시간과 노력을 필요로 한다. 이는 교사의 업무 부담을 가중시켜 결국 평가의 질을 타협하게 만들거나, '국·수·사·과' 중심의 익숙한 평가로 회귀하게 만드는 가장 큰 원인이다.

NotebookLM은 바로 이 지점에서 교사의 '평가 설계 파트너' 역할을 수행한다. 10여 개 교과의 2022 개정 교육과정 성취기준, 학년별 발달 특성 자료, 교과별 평가 도움 자료 등을 '소스'로 학습시킨 AI에게 자료 정리, 요약, 문항 및 루브릭 초안 작성을 위임할 수 있다. 교사는 시간이 오래 걸리는 반복 작업을 AI에 맡기고, 학생 지도 및 평가 결과 검토라는 본질적인 역할에 집중할 수 있다. 이는 '전교과·전학년 확대'라는 목표 달성을 위한 현실적인 업무 경감 전략이다.

---

[1] RAG 기술: 검색 증강 생성(Retrieval-Augmented Generation)의 약자로, 사용자의 질문에 대해 외부 데이터베이스에서 관련 정보를 검색(Retrieval)한 후, 이 정보를 바탕으로 답변을 생성(Generation)하는 인공지능 기술이다. LLM의 단점을 보완하고 정확도를 높이며, 최신 정보나 특정 분야의 전문 지식을 반영한 답변을 제공할 수 있게 해준다.
[2] notebooklm.google

(2) NotebookLM만의 특화된 장점: '우리 학교 전교과·전학년 자료'의 전문가가 되다

NotebookLM이 '전교과·전학년 확대'에 특히 유용한 이유는 RAG(Retrieval-Augmented Generation) 기술 때문이다. 일반적인 AI가 인터넷의 방대한 자료를 사용한다면, NotebookLM은 오직 사용자가 업로드한 문서(Sources)에만 근거하여 답변을 생성하는 '접지(Grounding)' 기술을 사용한다.

이 기술 덕분에 교육에서 가장 중요한 신뢰성 문제가 해결된다. 교사가 '1학년 통합교과 지도서', '3학년 음악 교과서', '6학년 체육 성취기준', '우리 학교 평가 관리 지침' 등을 모두 소스로 제공하면, NotebookLM은 인터넷이 아닌 '우리 학교 전교과·전학년 커리큘럼 전문가'가 된다. AI가 사실과 무관한 정보를 만들어내는 '환각(Hallucination)' 위험이 극도로 낮아지며, 생성된 문항의 출처를 즉시 확인하고 근거를 검증할 수 있다.

2) '전교과·전학년' 서논술형 문항을 만드는 단계별 활용법

❶ **평가의 재료(Source Base)는 '전교과·전학년'으로 종합 준비한다.**

평가 문항의 품질은 사용자가 AI에게 제공하는 소스 자료의 품질과 범위에 달려있다. '전교과·전학년' 확장을 위해서는 교과서 PDF뿐만 아니라, '학년군별 발달 특성 자료', '교과별(예: 예체능, 실과) 평가 방안 사례집', '2022 개정 교육과정 성취기준 및 내용 체계표', '지난 학년도 평가 예시' 등을 모두 업로드한다. NotebookLM은 구글 문서(Google Docs), PDF, 텍스트 파일은 물론이고, mp3 같은 오디오 파일이나 비디오 URL까지 소스로 지원하기 때문에 폭넓게 자료를 준비할 수 있다.

NotebookLM은 이 방대한 텍스트와 멀티미디어를 한 번에 처리하고 교차 참조하는 능력이 뛰어나다. 이는 교사가 '체육 3학년'과 '체육 4학년' 평가의 연계성을 고민하거나, '미술'과 '사회'의 통합 평가 문항을 만들 때, 관련 자료를 즉각적으로 비교·분석하여 아이디어를 얻는 시간을 획기적으로 줄여준다.

❷ **핵심 개념 간의 '학년 연계'와 '교과 통합' 연결 고리를 파악한다.**

서논술형 문항은 단순 개념이 아닌, '개념들 간의 관계'를 묻는 것이 핵심이다. 특히 '전교과·전학년' 확대에서는 '학년 간 위계(Vertical Alignment)'와 '교과 간 통합(Cross-curricular Integration)'이 중요하다. 이 때 AI가 생성하는 출처 기반 마인드맵 기능은 개념, 주제, 각 요소의 관계 등을 시각적으로 보여준다. 필자는 이 시각화된 구조를 통해 복합적인 분석을 요구하는 질문의 초점을 정한다. 예를 들어, 마인드 맵에서 '5학년 과학(빛)' 개념과 '5학년 미술(명암)' 개념이 연결되는 지점을 발견한다면, 이를 활용해 교과 통합형 문항의 아이디어를 얻을 수 있다.

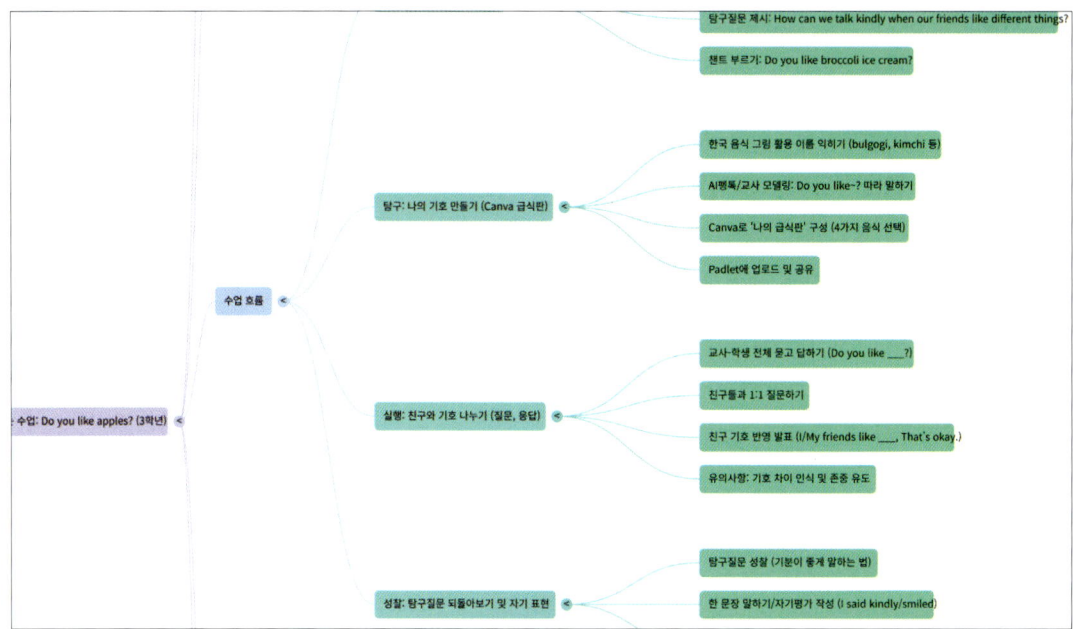

▲ NotebookLM 마인드맵 예시

❸ '저학년'부터 '고학년'까지, 주지 교과부터 예체능 교과까지 문항 초안을 생성하고 다듬는다.

NotebookLM은 소스 자료의 심층 분석을 기반으로 교사가 설계하기 까다로운 영역의 문항 초안을 빠르게 만들어준다.

- **교과별 맞춤형 문항:** AI에게 '가' 항목에서 다룬 '체육' 교과의 성취기준 소스를 기반으로 '전략적 사고'를 묻는 문항을 만들도록 요청할 수 있다.
- **학년별 맞춤형 문항:** '나' 항목에서 다룬 저학년의 발달 특성 자료를 소스로 제공하고, "1학년이 그림이나 짧은 문장으로 답할 수 있는 반응형 평가 문항을 만들어 줘"라고 요청할 수 있다.
- **서논술형 평가에 적합한 성취 기준 요청:** AI에게 2022 개정 교육과정 성취기준, 서논술형 평가 설계 도움자료 등의 소스를 기반으로 서논술형 평가에 적합한 성취 기준을 요청한 뒤, 교사가 전문성을 가지고 서논술형 평가를 설계할 성취 기준을 선택한다.

> **프롬프트** 체육 교과에서 서논술형 평가를 하기 좋은 2022 개정 교육과정 성취기준을 골라 줘.
>
> ---
>
> **답변**
>
> **체육 교과 서논술형 평가 적합 성취기준**
>
> 1. 지식/이해 및 표현 영역: 원리 분석 및 과정 설명 능력
>
> 이 영역의 성취기준은 움직임의 요소, 원리, 혹은 창작 과정에 대한 깊이 있는 이해를 바탕으로 구체적인 예를 들어 설명하는 능력을 평가하는 데 적합합니다.
>
> | 학년군 | 성취기준 코드 | 성취기준 | 서논술형 평가 적합 이유 및 평가 주안점 |
> |---|---|---|---|
> | 5~6학년군 | [6체03-01] | 표현 활동의 의미와 유형을 파악한다. | 이 성취기준은 서논술형 평가를 활용하도록 구체적으로 제시하고 있습니다. 학생들은 주제 표현을 구성하는 다양한 표현 요소(신체 인식, 공간 인식, 노력, 관계 등)와 창작 과정(발상, 계획, 구성, 수행 등)의 특징에 대해 구체적 예를 들어가며 설명할 수 있어야 합니다. 이는 논리적인 설명 능력을 평가합니다. |
>
> 2. 운동 영역(생략)
> 3. 스포츠 영역(생략)

▲ 체육 교과에서 서논술형 평가에 적합한 성취기준 요청 프롬프트와 답변 일부 발췌

- **기타 활용:** 특정 주제에 대한 의견 쓰기 요청, 복잡한 문서를 짧은 오디오 요약으로 바꿔주는 Audio Overviews를 활용한 심층 분석 질문, 학교 맞춤형 보고서(Custom Reports) 기능으로 우리 학교 양식에 맞는 평가지를 생성하는 등 다양한 교과와 학년의 요구에 맞는 문항을 효율적으로 생성할 수 있다.

❹ **루브릭(채점기준표)은 AI의 도움을 받아 '전교과·전학년'의 일관성을 확보한다.**

'전교과·전학년' 확장에서 가장 어려운 점 중 하나는 **평가 기준의 일관성을 유지**하는 것이다. 자칫하면 체육 교사의 기준과 음악 교사의 기준이 달라지거나, 1학년의 '성찰' 기준과 3학년의 '성찰' 기준이 연계되지 않을 수 있다.

NotebookLM에 평가 제목과 설명을 제공하여 루브릭 초안을 받으면 시간을 대폭 줄일 수 있다. 물론 AI는 '비판적 평가'나 '창의적 방안' 같은 고차원적 기준 설정에는 약점이 있다. 따라서 교사는 AI가 생성한 '기본 지식 포함' 등의 기초 루브릭을 바탕으로, **'학년군별 공통역량(ᅠ예 메타인지, 협업)'에 대한 기준을 정교화**하는 데 집중한다. 이는 평가의 객관성과 더불어 '학년 간·교과 간 평가의 일관성'을 확보하는 데 결정적인 도움을 준다.

3) 특정 프롬프트 없이 '우리 학교 맞춤형 전교과·전학년' 평가 설계하기

이는 '전교과·전학년' 확장을 위한 가장 핵심적인 활용법으로 NotebookLM의 RAG 기술을 활용해 '우리 학교'만의 평가 시스템을 AI에 내재화시키는 것이다.

(1) 업로드한 자료가 곧 AI의 지침이 된다

일반적인 AI는 "비판적 분석을 요구하는 질문을 만들어줘"와 같은 명시적인 지시가 필요하다. 그러나 NotebookLM은 업로드한 문서만을 지식 베이스로 사용하기 때문에, 이 소스 문서 자체의 내용, 형식, 그리고 철학이 AI의 응답을 정하는 잠재적인 지침이 된다.

필자는 '전교과·전학년' 평가 설계를 위해 교과 내용 외에 다음 세 가지 유형의 자료를 소스로 추가한다.

자료 유형	예시
① 학교 교육과정 문서	우리 학교의 교육 비전, 학년별 목표, 교과별 역량 중심 평가 기준 등 공식 지침
② 학교 평가 문항 예시	이전 학년도의 학년별·교과별 우수 서논술형 문항 및 평가 기준안
③ 학교 평가 가이드라인	우리 학교 선생님들이 사용하는 학업성적관리지침 및 교과별 평가 가이드라인 등

▲ NotebookLM에 소스로 제공하는 자료

AI는 이 소스들로부터 우리 학교가 저학년 통합교과에서 중요하게 여기는 키워드(예 시도, 흥미)나 고학년 사회 교과에서 요구하는 추론의 깊이(예 다중 관점)를 자동으로 학습한다. 이후 평가 문항 생성 시, 이 내재화된 기준을 반영하여 우리 학교의 철학에 맞는, 학년 간 연계성과 교과 간 일관성을 갖춘 평가를 설계하는 것이다.

(2) 소스 기반 맞춤화와 편향성 위험에 유의한다

이러한 혁신적인 접근법은 평가의 타당도(Validity)를 높이지만, 중대한 위험도 있을 수 있다. NotebookLM은 제공된 자료(소스)에만 철저하게 의존해서 작동하기 때문에, 만약 처음에 준 자료가 잘못되거나 서로 다른 내용이 있다면 AI가 그것을 인식하지 못하고 그대로 반영할 수 있다.

만약 업로드한 학교 교육 자료 자체에 편향성, 학문적 오류, 또는 학년 간/교과 간 일관되지 않은 교육 철학이 내재되어 있다면, AI는 이것을 비판 없이 학습하여 생성된 평가 문항과 루브릭에 그대로 복제한다. 이것이 바로 'Garbage In, Garbage Out'의 원칙[3]이다. 이 경우 평가의 공정성이 심각하게 훼손될 수 있다. 따라서 AI가 생성한 결과물을 검토하기 전에, 업로드할 '전교과·전학년' 소스 자료 자체의 일관성과 타당성을 교사 공동체가 함께 검토하는 과정이 선행되어야 한다.

4) 교과목 적용 사례: '특정 교과(영어)'의 심층 분석 평가 설계

앞서 '전교과·전학년'이라는 넓은 범위(Breadth)의 복잡성을 관리하는 법을 다루었다면, 이번 사례는 특정 교과 하나의 '깊이(Depth)'를 어떻게 심층적으로 설계하는지 보여준다.

---

[3] 'Garbage In, Garbage Out(GIGO)' 원칙: "쓰레기가 들어가면 쓰레기가 나온다"는 뜻으로, 시스템에 입력되는 데이터의 품질이 낮으면 그 결과물 역시 품질이 낮을 수밖에 없다는 개념이다.

(1) 초등 영어과에서 NotebookLM의 활용

초등 영어 교과를 가르치면서 교사인 필자는 매 순간 수업과 평가 목표에 대해 고민한다. 학생들이 'Do you like apples?'라는 단순한 문장을 외우는 것만이 목표가 아니라 친구의 취향을 존중하는 태도를 기르는 것도 중요하다고 생각한다. 그런데 학습 목표에 '존중하는 태도를 기른다' 같은 가치 영역을 넣고 나면, 이를 객관적이고 공정하게 평가하는 것이 늘 어려운 숙제로 남는다.

이번 5단원('Do you like apples?') 평가 설계에서는 아예 수업 지도안을 NotebookLM에게 통째로 던져주고, AI를 '초등 영어 5단원 평가 전문가'로 활용해 보기로 했다. 필자의 수업 철학을 담은 자료를 기반으로 NotebookLM이 만들어내는 서논술형 평가 문항과 루브릭이 과연 학생들에게 얼마나 유의미할지 탐구를 이어가고자 한다.

(2) 문항 생성 과정과 유의미한 개선점

NotebookLM의 가장 큰 강점은 제공한 자료(Source) 내에서만 전문가처럼 작동한다는 점이다. 초등 영어 평가를 설계할 때 이 점을 극대화하기 위해 필자는 수업지도안의 핵심 내용을 모두 소스로 입력한다.

❶ 소스 베이스 구축 (자료를 NotebookLM의 지식으로)

5단원 3차시 지도안 전문(단원, 성취기준, 탐구 질문, 루브릭 내용)을 NotebookLM에 업로드한다. 특히 '핵심 개념: 기호, 차이, 존중'과 '수업 설계 주안점'이 NotebookLM의 사고를 수업 맥락에 확실하게 접지(Grounding)시키는 핵심 열쇠가 된다.

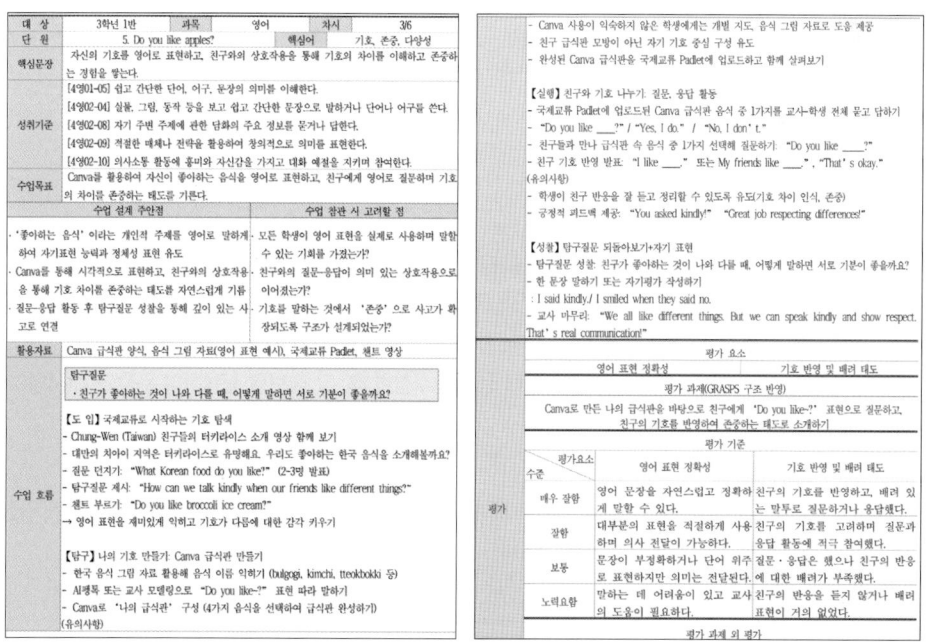

▲ 소스로 제공한 지도안

❷ NotebookLM에게 페르소나 부여 (맞춤형 언어 설정)

단순히 문항만 만들게 하는 것이 아니라, "너는 초등학교 3학년 수준의 언어 발달 단계를 정확히 이해하는 영어 교사다. 모든 문장은 쉽고 간결해야 하며, 긍정적인 표현을 사용해야 한다"고 명확히 지시하면 난이도, 말투 등을 조정할 수 있다.

❸ 수업과 연계한 서논술형 평가 문항 요청

필자가 설계한 수업은 'Canva를 활용하여 자신이 좋아하는 음식을 영어로 표현하고, 친구에게 영어로 질문하며 기호의 차이를 존중하는 태도를 기른다.'가 수업 목표이다. 따라서 이것을 반영하여 AI가 서논술형 평가를 설계해줄 것이다. 필자가 지도안을 출처로 넣고 서논술형 평가를 위해 요청한 프롬프트와 답변은 다음과 같다.

프롬프트

'Do you like~?'로 질문하고, 친구의 응답을 받아 친구의 좋아하는 음식을 문장으로 쓰는 서논술형 평가 문항 초안을 3학년 수준에 맞는 영어로 작성해 줘.

답변

이 평가는 단순히 문장 쓰기([4영02-04])와 정보 묻기([4영02-08]) 능력을 넘어, 기호의 차이를 존중하고 다양성을 이해하는 핵심 가치를 통합적으로 평가하는 것을 목표로 합니다.

1. 성취기준 분석 및 평가 목표

성취기준 코드	성취기준 내용	평가 목표
[4영02-04]	실물, 그림, 동작 등을 보고 쉽고 간단한 문장으로 말하거나 단어나 어구를 쓴다.	친구와의 상호작용 후 획득한 정보를 바탕으로 쉽고 간단하며 문법적으로 정확한 문장을 쓰는 능력을 측정.
[4영02-08]	자기 주변 주제에 관한 담화의 주요 정보를 묻거나 답한다.	질문(말하기)을 통해 주요 정보를 파악하고, 이를 쓰기 활동에 정확히 반영하는 통합적 의사소통 능력을 측정.
핵심 가치/태도	기호, 존중, 다양성 (수업 핵심어)	친구의 기호 차이를 인식하고 존중하는 태도를 표현하고, 대화 예절을 지키는 태도를 관찰 평가.

2. 서논술형 평가 문항 설계

이 문항은 학생이 질문/응답 활동([4영02-08])을 통해 정보를 수집한 후, 그 정보를 활용하여 문장 쓰기([4영02-04])를 수행하도록 설계되었습니다.

[평가 과제]
1) 당신의 짝(친구)에게 "What food do you like?" 또는 "Do you like _____?" 라고 질문하여 친구가 가장 좋아하는 음식 정보를 수집하고, 그 응답을 한글로 메모하시오. (1점)
   • 친구의 응답 (한글 메모): _____

2) 수집한 정보를 바탕으로, 다음 두 문장을 영어로 완성하여 쓰시오. (3점)
- 문장 1 (정보 반영): '나의 친구는 [친구의 응답]을/를 좋아한다.'는 의미의 영어 문장 하나를 완성하여 쓰세요.
  My friend likes _____.
- 문장 2 (존중 표현): 친구의 기호가 당신과 달라도 괜찮다고 존중하는 간단한 영어 문장을 한 문장 추가하여 쓰세요.
  _____.

3. 서논술형 평가 루브릭 (평가 기준 3단계)

이 루브릭은 서논술형 답안지에 직접 표기된 문장의 질과 정보의 정확성을 채점합니다. (참고: 쓰기 평가는 철자와 구두점, 어휘, 내용, 언어 형식 등에 대하여 세부적인 평가기준을 마련하여 안내한 후 실시를 권장함.)

평가 요소	상 (4점)	중 (3점)	하 (2점 이하)
정보 파악 및 반영 (내용 / 4영02-08)	친구와의 상호작용을 통해 주요 정보를 정확히 파악하여, 작성된 영어 문장에 그 내용을 완전히 반영하고 존중 표현을 포함하였다.	친구의 정보를 파악했으나, 작성된 영어 문장에 반영된 정보가 약간의 오류를 포함하거나, 존중 표현이 불완전하다.	친구의 응답을 파악하는 데 실패했거나, 영어 문장의 내용이 친구의 응답과 전혀 관련이 없다.
문장 구조 및 정확성 (언어 형식 / 4영02-04)	요구된 문장 구조('My friend likes...')를 활용하여 문장을 썼으며, 철자/구두점 오류가 전혀 없다.	문장 형태는 갖추었으나, 철자/구두점 등 사소한 문법 오류가 발견된다.	문장의 필수 요소가 누락되었거나, 문법적 오류로 인해 문장 전체의 의미 전달이 명확하지 않다.

▲ 소스로 제공한 지도안에 근거하여 맞춤형 서논술형 평가 설계

❹ NotebookLM의 산출물 분석 및 유의미한 개선점

AI는 교사의 평가 준비 시간을 단축시키는 것을 넘어, '전교과·전학년 확대'의 핵심 난제인 '가치·태도' 영역의 평가를 구체화하는 데 결정적 기여를 한다.

평가 항목	성취기준	노트북LM이 확장한 구체적 행동 지표 (서논술형 루브릭)	유의미한 개선점
정보 파악 및 반영 [4영02-08]	자기 주변 주제에 관한 담화의 주요 정보를 묻거나 답한다.	상(4점): 친구와의 상호작용을 통해 주요 정보를 정확히 파악하여, 작성된 영어 문장에 그 내용을 완전히 반영하고 존중 표현을 포함하였다.	① 행동 지표의 정교화: 단순 '정보 파악'을 넘어, 파악한 정보를 쓰기 활동에 '완전히 반영'하는 통합적 평가 기준을 제시한다.
문장 구조 및 정확성 [4영02-04]	실물, 그림, 동작 등을 보고 쉽고 간단한 문장으로 말하거나 단어나 어구를 쓴다.	상(4점): 요구된 문장 구조('My friend likes...')를 활용하여 문장을 썼으며, 철자/구두점 오류가 전혀 없다.	② 정량적/객관적 기준 제시: 철자/구두점 오류가 전혀 없다와 같이 문법적 정확성을 정량적 기준으로 명확히 제시하여 채점의 객관성을 높인다.
핵심 가치 통합 (태도)	기호, 존중, 다양성	서논술형 문항에 '존중 표현' 문장을 추가하도록 설계하고, 이의 완성 여부를 '정보 파악 및 반영' 루브릭(상: 존중 표현 포함)에 통합하여 지식과 태도를 서논술형 평가에서도 측정한다.	③ 평가의 통합: 핵심 가치('존중')를 별도의 평가 항목이 아닌, 서논술형 답안의 필수 구성 요소로 통합하여 지식과 태도의 통합적 평가를 유도한다.

▲ NotebookLM의 산출물 분석 및 유의미한 개선점을 정리한 표

(3) 프롬프트 없이 '우리 학교만의 평가' 설계하기

이 영어과 사례에서 보듯이, '잠재적 지침'으로서의 지도안을 소스로 제공하면 AI는 '평가는 언어 기능뿐 아니라 가치 및 태도를 포함해야 한다.'는 교사의 철학을 학습한다. 여기에 '작년 3학년 영어과 평가 예시'를 추가하면 AI는 난이도와 어휘 수준을 학습한다. 이후 교사는 '첨부된 지도안의 성취 기준을 평가하는 서논술형 문항 2개를 첨부된 학교 평가 형식에 맞게 작성해 줘.'라고만 요청하면 된다. AI는 이미 학습한 '학교의 철학'과 '학년의 수준'을 바탕으로 맞춤형 문항을 생성한다. 교사의 역할은 AI가 만든 문항을 아이들의 눈높이에 맞게 다듬는 '교육적 큐레이터'가 되는 것이다.

5) NotebookLM의 효과성 및 장단점

(1) 교육적 효과성(Effectiveness)

❶ **업무 부담 경감**: '전교과·전학년' 평가 자료 큐레이션, 요약, 문항 초안 작성을 AI가 처리함으로써, 교사는 학생 피드백이라는 본질에 집중할 시간을 확보한다.

❷ **맞춤형 학습 지원**: '저학년용', '고학년용', '보충학습용' 등 학년별·수준별 맞춤형 퀴즈와 자료 생성이 용이해져 개별화 교육을 지원한다.

❸ **AI 리터러시 교육**: 교사가 AI를 활용해 자료를 합성하고 출처를 검증하는 과정을 투명하게 보여줌으로써, 학생들의 비판적 AI 사용 역량을 기르도록 돕는다.

(2) 장점 상세 분석(Strengths)

❶ **인용 기반 신뢰성(RAG)**: 모든 답변에 출처(Citations)를 명시하여 '환각'을 방지한다. 교사는 '전교과·전학년'이라는 방대한 범위의 평가 문항 근거를 소스 문서에서 즉시 검증할 수 있다.

❷ **맥락 중심 이해력**: 제공한 '우리 학교 커리큘럼'이라는 특정 맥락 안에서만 응답을 생성하므로, '전교과·전학년'에 같은 맥락을 적용할 수 있다.

❸ **정보 검색 및 구성 능력**: 방대한 '전교과·전학년' 자료에서 관련 정보를 빠르게 검색하고 명확하게 정리하는 능력이 우수하다.

(3) 문제점 및 위험 관리(Weaknesses & Risks)

❶ **복잡한 추론과 통합의 약점**: 서로 다른 '교과'의 지식을 결합하거나 '학년 간' 개념의 심층적 연계를 구성하는 복잡한 추론에서는 어려움을 겪는다. '종합적 사고력'을 측정하는 문항일수록 AI 초안을 철저히 검토하고 교사가 직접 수정해야 한다.

❷ **형식 및 계산 오류**: 수학·과학 교과의 계산이나 형식적 요소(위첨자 등)에서 오류를 범할 수 있다.

❸ **교육적 적절성 판단 부족**: AI는 소스 내의 '나쁜 예시'와 '좋은 예시'를 구별하지 못한다. '작년 평가 문항'에 오류가 있었다면, AI는 그 오류를 학습할 수 있다.

❹ **윤리적 고려**: AI 사용의 투명성, 학생 개인정보 보호(민감한 내용 업로드 금지), 소스 데이터의 편향성 문제(AI가 편향된 자료를 학습하지 않도록 교사가 먼저 검토)를 항상 염두에 두어야 한다.

6) 추천하는 기능과 교육 철학

(1) '전교과·전학년' 확대에 추천하는 NotebookLM 기능
❶ **Custom Reports**: '저학년용 스토리북', '고학년용 블로그 포스트' 등 학년별 눈높이에 맞는 다양한 형식의 자료 변환이 용이하다.
❷ **다국어 지원 능력**: 영어과뿐 아니라 다문화 학생을 위한 이중 언어 학습 자료 생성에도 유용하다.

필자는 단순 반복 작업(요약, 개념 정리, 기초 퀴즈 생성)을 AI에 위임하고, 확보된 시간으로 '저학년' 학생들과 더 많이 소통하고, '고학년' 학생들에게 더 심층적인 피드백을 제공하며, '예체능' 교과의 다양한 평가 기준을 다듬는 데 재투자하는 방식을 선호한다.

(2) NotebookLM의 교육적 활용
NotebookLM 같은 AI 도구는 교육을 향상시키는 보조 도구이지, 인간 교사를 대체하는 도구가 아니다. 교사는 '전교과·전학년' 서논술형 평가를 위해 AI가 생성한 문항의 추론 오류를 수정할 수 있어야 하고, '창의성', '종합적 비판력' 같은 루브릭의 최고 기준을 설정하는 것은 교사의 의무로 남아야 한다. AI는 '전교과·전학년'이라는 방대한 자료를 처리하는 훌륭한 보조 연구원일 뿐, 교육적 목표와 윤리적 판단의 최종 결정권은 항상 교사에게 있다.

7) AI와 함께 하는 서논술형 평가 설계의 새로운 길

NotebookLM은 RAG 기반의 소스 중심 접근법을 통해, '전교과·전학년' 서논술형 평가 확대라는 거대한 목표 앞에서 교사들이 겪는 현실적인 업무 부담과 설계의 복잡성을 해결하는 혁신적인 잠재력을 지닌 도구이다.

특히 학교의 자체 커리큘럼 문서, 학년별 지도 자료, 교과별 우수 답안 예시 등을 소스로 활용하여, '우리 학교 맞춤형' 평가 시스템을 AI에 내재화하는 기능은, 업무 경감과 동시에 '전교과·전학년' 평가의 일관성과 품질을 향상시키는 데 크게 기여할 것이다.

> **TIP**
> ① **소스 검토는 철저히**
> 평가 설계 전에 NotebookLM에 올릴 학교 커리큘럼 자료, 학년별 자료, 교과별 자료의 일관성, 정확성, 잠재적 편향성을 교사 공동체가 함께 엄격하게 확인해야 한다.
> ② **AI와 교사의 역할 분담을 최적화**
> AI에게는 '전교과·전학년' 자료의 지식 검색, 개념 요약, 기초 퀴즈, 기본 루브릭 생성을 위임한다. 교사는 '교과 통합' 및 '학년 연계' 등 복잡한 추론 문항 설계, AI 결과의 오류 검토, 평가의 교육적 적절성에 대한 최종 판단에 집중해야 한다.

NotebookLM과 같은 도구의 발전은 교육 분야에서의 AI 통합을 가속화할 것이며, 덕분에 교사는 '전교과·전학년'의 방대한 자료를 관리하는 사람이 아닌, 창의적인 교육 설계자로서의 역할에 집중할 수 있을 것이다.

라. 초등 서논술형 평가의 전교과·전학년 확장을 위한 제언

'가'와 '나'에서 서논술형 평가의 '전교과·전학년' 확대 필요성을 확인했고, '다'에서 이 거대한 전환으로 발생하는 교사의 복잡성과 업무 부담을 해결할 핵심 도구로 NotebookLM과 같은 AI의 활용 방안을 탐색했다.

그러나 이러한 교육적·기술적 접근이 성공적으로 안착하기 위해서는, 평가 시스템을 뒷받침하는 제도적 지원과 현장의 민감성을 고려한 윤리적 보완이 반드시 병행되어야 한다. 다음은 '전교과·전학년' 서논술형 평가의 안정적인 확장을 위한 핵심 제언이다.

1) '전교과'의 복잡성 및 '전학년' 교사의 부담 경감을 위한 체계적 지원

'다'에서 논의했듯이 AI 도입은 교사의 노동 경감을 넘어, '전교과·전학년' 평가 설계를 고도화하는 전문성 제고를 목표로 해야 한다.

(1) '교과 간 일관성'을 위한 공통 루브릭 요소의 표준화 및 AI 통합

'전교과' 확장의 가장 큰 난제는 음악, 체육, 실과, 도덕 등 교과별로 상이한 평가 목표와 담임교사의 평가 전문성 편차로 인한 '교과 간 평가 일관성' 확보다. 이를 위해 교육청 및 연구 기관은 '성찰', '정당화', '협력'과 같이 모든 교과에서 공통으로 측정 가능한 핵심 역량의 루브릭 요소를 학년군별로 표준화해야 한다. 그리고 이 표준화된 기준을 '다'에서 논의된 NotebookLM과 같은 AI 시스템에 기본 소스로 탑재하여, 교사가 어떤 교과의 문항을 설계하든 일관된 역량 기준을 손쉽게 적용할 수 있도록 지원해야 한다.

(2) '학년 간 연계성'을 위한 협력 채점 시스템 및 전문성 제고

'전학년' 확장은 1학년의 그림 표현 평가와 6학년의 논증형 평가가 '사고력 발달'이라는 동일한 궤적 위에서 연계되어야 함을 의미한다. 이 '학년 간 평가의 연계성'을 확보하기 위해, 학년군별 혹은 교과 전담 교사 간의 공동 채점 시간을 의무적으로 확보해야 한다. '다'의 AI가 제안한 잠정 점수와 근거를 바탕으로 시범 채점 및 토론을 필수화하는 것이다. 이 과정은 AI의 판단을 교사가 검증하는 실질적인 연수 기능을 수행하며, '전학년' 평가의 일관성을 유지하는 데 결정적이다.

(3) '업무 경감'을 위한 인공지능(AI) 기반 채점 지원 시스템 고도화

'전교과·전학년' 시행으로 폭증하는 교사의 채점 부담을 실질적으로 경감하고 주관적 편향 가능성을 최소화하기 위해, 중장기적으로는 고도화된 AI 기반 채점 지원 도구 도입을 적극 검토해야 한다. 이는 단순 키워드 일치를 넘어, NotebookLM이 제공하는 '소스 기반 접지(Grounding)' 기술처럼 학생 답안의 논리 전개 패턴, 근거의 타당성, 성찰의 깊이 등을 분석하여 교사에게 신뢰할 수 있는 채점 근거를 제안하는 수준으로 발전해야 한다.

2) '성장 중심' 평가를 위한 학부모 대상 소통 및 결과 해석 전략

'전교과·전학년' 서논술형 평가는 '점수'가 아닌 '성장의 증거'를 기록하는 시스템이며, 이 철학을 학부모와 공유하는 것이 핵심이다.

(1) 표준화된 서술형 피드백 학습지의 활용

'다'에서 제안한 AI의 피드백 생성 기능을 활용하되, 표준화된 서술형 피드백 학습지를 제공해야 한다. 이를 통해 학생이 '어떤 교과 영역'에서 탁월했고, '어떤 영역'에서 보완이 필요한지를 루브릭의 서술적 문장으로 명확하게 전달한다. 특히 저학년 학부모에게는 점수나 등급이 아닌, 긍정적이고 구체적인 '행동 기반 피드백'을 제공하여 평가에 대한 불안감을 해소하는 것이 중요하다.

(2) '전학년' 성장 스토리 포트폴리오의 제시

'전학년' 확대의 가장 강력한 교육적 성과는 학생의 장기적인 성장을 추적할 수 있다는 점이다. 학기 초와 학기 말, 혹은 1학년과 3학년에 동일하거나 유사한 유형의 서논술형 과제(예 '가장 기억에 남는 경험' 서술)를 수행하게 하고, 두 결과물을 비교하여 학생의 사고 과정과 성찰 능력의 발전 정도를 시각적으로 보여주는 '성장 스토리 포트폴리오'를 학부모와 공유한다. 이를 통해 학부모는 자녀의 성장을 객관적인 기록으로 확인하고, 사교육 의존도를 낮추는 효과를 기대할 수 있다.

3) '전교과·전학년' 확대의 민감성을 고려한 윤리적 사항

'전교과·전학년'으로의 확장은 기존에 평가하지 않았던 영역(예: 저학년의 내면, 교우 관계)을 다루므로, 더 세심한 윤리적 접근이 필요하다.

(1) 개인정보 및 사생활 보호

'전교과'로 확대 시 학생들은 특히 '도덕', '실과', '보건' 등의 교과에서 자신의 개인적인 경험, 가정사, 친구와의 갈등 등 사적인 내용을 서술할 수 있다. '다'에서 논의한 AI 시스템에 이러한 민감 정보가 입력될 경우, 데이터가 평가 목적 외에 사용되지 않을 것임을 명확히 고지하고, 데이터 보안 및 익명화 처리를 철저히 해야 한다.

(2) '저학년'의 정서적 안정감과 평가 부담 완화

'전학년' 확장 시 가장 민감한 지점은 '나'에서 강조했듯이 '초등 저학년'의 글쓰기 부담감이다. 평가가 학습에 대한 정서적 거부감으로 이어지지 않도록 글쓰기가 어려운 학생에게는 구술(말하기) 평가 후 교사가 대필하거나, 그림 및 도표를 활용한 서술을 허용하는 등 평가 방식의 유연성을 '전학년'에 걸쳐 확보하여 정서적 안정감을 제공해야 한다.

(3) 교사-학생 모두를 위한 AI 리터러시 교육의 촉진

'다'에서 제안한 AI 도구의 활용이 '전교과·전학년' 평가 확장의 전제가 된다면, AI 리터러시 교육은 교사와 학생 모두에게 필수적이다. 교사는 AI가 생성한 결과물을 맹신하지 않고 사실을 확인하며 인간 전문성을 보조하는 도구로만 사용해야 한다. 또한 학생들에게도 AI를 활용하여 자료를 합성하고 출처를 검증하는 과정(AI 리터러시)을 투명하게 보여줌으로써, 비판적인 AI 사용 역량을 기르도록 도와야 한다.

결론: '사고의 기록'으로 미래 핵심 역량을 완성하다

이 글에서 제안한 '초등 전교과·전학년으로의 서논술형 평가 확장'은 단순한 평가 방식의 변경이 아니다. 이는 주지 교과부터 예체능 교과까지 모든 학습 경험을, 그리고 1학년의 첫 표현부터 6학년의 논증에 이르기까지 모든 성장 과정을 '사고의 기록'으로 전환하는 교육 철학의 근본적인 변화다.

물론 이 거대한 전환은 '다'(AI 활용) 항목에서 지적했듯 교사의 과중한 업무 부담과 설계의 복잡성이라는 현실적 장벽에 부딪힌다. 이에 본 글은 두 가지 핵심적인 해결책을 제시했다. 첫째는 NotebookLM과 같은 AI 도구를 '평가 설계 파트너'로 활용하여 교사의 부담을 경감하고 전문성을 보조하는 기술적 방안이다. 둘째는 이 기술적 접근이 현장에 안착하기 위한 제도적, 윤리적, 소통의 제언이다.

서논술형 평가는 그 자체가 목적이 아니라 학생이 '왜', '어떻게'라는 질문을 던지고 자신의 생각에 책임감을 갖도록 돕는 교육의 핵심 동력이다. 기술(AI)이 교사의 수고를 덜어주고, 제도(제언)가 현장의 안정을 지원할 때, 비로소 초등 서논술형 평가는 2022 개정 교육과정이 목표하는 자기 주도적이고 창의적인 미래 인재를 길러내는 핵심 교수학습 시스템으로 자리 잡을 것이다.

초등 전교과 및 전학년에 걸친 서논술형 평가의 확장은 학생의 모든 배움의 순간을 의미 있는 '성장의 기록'으로 남기는, 미래 사회가 요구하는 핵심 역량을 길러내는 가장 확실한 교육 투자가 될 것이다.

03
수업과 평가의 큰 그림: 백워드 설계와 서논술형 평가로 그리다

교실에서 '무엇을 가르칠까?'만큼이나 중요한 질문은 '무엇을 평가할까?'이다. 실제로 '무엇을 평가하느냐'가 '무엇을 가르칠 것인가'를 결정짓는 출발점이 된다. 교사가 설정한 평가의 방향은 수업의 구조를 규정하고 학생이 어떤 방식으로 사고하고 표현할지를 좌우한다. 따라서 평가를 단순한 결과 확인 절차로 보느냐, 아니면 학습의 핵심 과정으로 통합하느냐에 따라 교실의 풍경은 완전히 달라진다.

그러나 많은 교사들이 실제로 서논술형 평가를 수업과 긴밀히 연결하는 방법에 대해서는 어려움을 느낀다. 이러한 현실적 한계 속에서 수업과 평가는 점점 분리되고, 학습은 성장의 과정이 아니라 결과를 위한 경쟁의 과정으로 전락한다.

이 난제를 해결하기 위해 필자는 **백워드 설계(Backward Design)와 과정 중심 평가**라는 두 가지 전략을, AI 기반 도구와 결합하여 유기적으로 운영할 것을 제안한다.

백워드 설계는 학습의 최종 목표를 먼저 정하고, 그것에 도달하기 위한 학습 경험과 평가를 역방향으로 설계하는 프레임워크이다. 과정 중심 평가는 학생이 학습의 여정 속에서 어디쯤 와 있는지를 실시간으로 점검하고, 적시에 피드백을 제공함으로써 학습의 방향을 조정하는 장치이다. 두 전략은 마치 내비게이션의 목적지 설정과 실시간 경로 안내처럼, 수업과 평가를 하나의 학습 여정으로 엮어준다.

이제 교사는 이 복잡한 여정을 홀로 감당하지 않아도 된다. AI가 교사의 교육 철학과 수업 의도를 반영해 맞춤형 설계와 평가를 지원하는 지적 조력자로 진화하고 있기 때문이다. 특히 제미나이 젬스(Gemini Gems)와 같은 커스터마이징 챗봇은 교사가 지향하는 교수·학습 방향(예 탐구 중심, 프로젝트형, 협력적 학습 등)에 맞게 서논술형 평가 문항과 차시별 활동을 함께 설계할 수 있도록 돕는다. 덕분에 교사는 반복적인 행정적·기술적 업무에서 벗어나 학생의 성장을 위한 개별 맞춤형 피드백이라는 교육의 본질에 더욱 집중할 수 있게 되었다.

본고에서는 이러한 **백워드 설계-과정 중심 평가-AI 활용**의 세 가지 전략을 중심으로, 서논술형 평가를 학생 성장의 동력으로 전환할 수 있는 구체적 방법을 제시하고자 한다. 평가의 초점을 채점 가능한 결과에서 성장 가능한 과정으로 옮길 때, 학생의 배움은 더 깊어지고 교사의 수업은 더 풍성해진다.

가. 왜 '백워드 설계'인가?

'이번 단원에서는 어디까지 가르쳐야 할까?', '시험 문제는 뭘 내지?' 교사라면 누구나 한 번쯤 해봤을 고민이다. 교과서 목차에 따라 진도를 나가고 단원이 끝날 때쯤 내용을 복습하며 시험 문제를 만드는 방식은 오랜 기간 익숙한 풍경이었다. 하지만 이러한 수업은 지식을 깊이 있게 연결하고 확장하는 데 한계가 있다.

수업 따로, 평가 따로인 교실에서는 학생의 진정한 배움이 일어나기 어렵다. 정성껏 준비한 수업이 단지 활동이나 결과물을 만들어 내기 위한 절차로 전락하는 악순환이 반복되기 때문이다. 그렇다면 어떻게 해야 학생들이 스스로 생각하는 주체로 성장할 수 있을까?

이 문제에 대한 명쾌한 해결책이 바로 백워드 설계❶이다. 백워드 설계는 전통적인 수업 설계 방식과 정반대의 접근법이다. 기존에는 '무엇을 가르칠까? → 어떻게 가르칠까? → 어떻게 평가할까?'의 순서로 진행했다면, 백워드 설계는 이 순서를 완전히 뒤집는다.

단계	설계요소	설계를 위한 핵심 질문
1단계	바라는 결과 확인하기(목표 선정)	학생들이 이 단원을 통해 무엇을 이해하고 무엇을 할 수 있어야 하는가?
2단계	수용 가능한 증거 결정하기(평가 계획)	학생들이 목표에 도달했다는 것을 어떻게 알 수 있는가? 어떤 평가 과제가 필요한가?
3단계	학습 경험 계획하기	학생들이 목표에 도달하도록 돕기 위해 어떤 활동과 수업이 필요한가?

▲ 백워드 설계의 3단계

이러한 접근은 재미와 교육적 목표를 대립시키는 것이 아니라 두 요소를 유기적으로 연결해 준다. 핵심은 수업의 출발점을 활동이 아닌 목표에 두는 것이다. 먼저 '이 단원을 통해 학생들이 무엇을 이해하고, 무엇을 할 수 있게 할 것인가'라는 학습 목표를 명확히 설정한다(1단계). 다음으로, 그 목표의 달성 여부를 확인할 평가 기준과 방법을 구체화한다(2단계). 마지막으로, 학생들이 개념적으로 깊이 있는 이해에 도달할 수 있도록 학습 활동을 설계한다(3단계).

절차를 거치면 활동은 단순한 흥미 유발을 넘어 배움을 위한 수단으로 기능하게 된다. 학생의 만족감 또한 피상적인 즐거움이 아니라 스스로 개념을 탐구하고 이해를 확장하는 과정에서 자연스럽게 형성된다. 더 중요한 것은 모든 수업 활동이 명확한 교육 목표와 긴밀히 연결되어 있다는 점이다. 결과적으로 학생의 경험은 흩어진 활동의 나열이 아니라 목표-평가-활동이 일관된 구조 속에서 진정한 이해와 성장을 지원하는 학습의 여정으로 완성된다.

이러한 접근은 교사의 역할을 근본적으로 변화시킨다. 교사는 더 이상 교과서의 내용을 일방적으로 전달하는 지식 전달자가 아니라, 학생의 학습 여정을 설계하고 이끌어 가는 성장의 안내자가 된다. 수업과 평가가 하나의 목적지를 향해 정렬될 때, 학생은 단순히 '무엇을 배워야 하는가'가 아니라 '왜 배워야 하는가'를 명확히 인식하게 된다. 학습의 목표가 분명해질수록 학생의 참여 동기와 몰입도 또한 높아지고, 이는 곧 목적 있는 학습(Intentional Learning)으로 이어진다.

---

❶ 백워드 설계란, 학생들의 진정한 이해를 위해 교육 목표를 먼저 설정하고 그에 맞는 평가 방법을 개발한 뒤 교육 내용과 교수-학습 방법을 선정하는 순서로 진행되는 교육과정 설계 방법이다. 본고는 〈2022 개정 교육과정 평가, AI로 날개를 달다〉(앤써북, 2024) 책의 후속 연구 및 실천의 결과로 백워드 설계에 대한 이론적 접근 및 이해는 〈2022 개정 교육과정과 평가, AI로 날개를 달다〉를 참고하기 바란다.

그 결과, 학생들은 교실에서 배운 지식과 기능을 일상생활이나 새로운 맥락에 적용할 수 있는 전이의 경험을 하게 된다. 백워드 설계는 단순한 교수 설계 기법이 아니라 학습을 삶과 연결하고 학생의 의미 있는 성장을 돕기 위한 교사의 철학적 실천이라 할 수 있다. 결국 백워드 설계는 '무엇을 가르칠 것인가' 보다 '학생이 어떻게 성장할 것인가'를 중심에 두는, 교사의 가장 능동적이고 전문적인 선택이다.

나. 왜 '과정 중심 평가'인가?

단 한 장의 시험지로 학생의 배움을 판단하는 것은, 마라톤 선수의 결승선 통과 사진 한 장만으로 그의 여정 전체를 평가하려는 것과 같다. 그 사진은 완주했다는 사실을 알려줄 뿐 어떤 전략으로 호흡을 조절했고 어느 구간에서 위기를 극복했는지, 그 과정 속에서 무엇을 느끼고 성장했는지는 전혀 보여주지 못한다. 결과 중심 평가는 학생의 최종 성취수준을 알려줄 수는 있지만, 그 결과에 이르기까지의 의미 있는 성장 서사를 놓치게 만든다.

과정 중심 평가는 바로 이 성장 서사에 주목한다.

과정 중심 평가는 학습이 일어나는 동안 지속적으로 학생의 이해 정도를 지속적으로 점검하고, 그때그때 적절한 피드백을 제공하는 형성평가적 접근이다. 학습의 결과뿐만 아니라 학습이 일어나는 과정 전반, 즉 학생의 참여 태도, 협력 방식, 질문의 깊이, 아이디어의 확장, 실패 후 재도전의 모습 등을 종합적으로 관찰하고 기록한다. 학습 과정을 스냅사진이 아닌 파노라마 영상처럼 포착하여, 학생의 배움이 어떻게 변화·확장되어 가는지를 실시간으로 추적하는 것이다.

이러한 접근은 평가의 초점을 결과에서 과정으로 이동시킨다. 교사는 학생이 어디에서 길을 잃었는지, 어떤 도움을 필요로 하는지 즉각적으로 파악하여 개별화된 피드백을 제공한다. 학생은 자신의 학습 과정을 스스로 성찰하며, 피드백을 통해 학습 전략을 조정하고 성장의 방향을 찾아간다. 평가 자체가 또 하나의 학습 경험이 되는 것이다.

과정 중심 평가는 학생과 교사 모두에게 긍정적인 변화를 가져온다. 학생은 자신의 능력이 노력과 전략으로 발전할 수 있다고 믿는 성장형 사고방식(Growth Mindset)을 갖게 되며, 점수나 등수 같은 결과보다 배움의 의미와 과정 그 자체를 중시하는 숙달 목표(Mastery Goal)를 추구하게 된다. 이는 실패를 두려워하지 않고 끊임없이 도전하는 학습 태도로 이어진다. 교사에게도 과정 중심 평가는 단순히 지식을 전달하고 정답을 채점하는 역할에서 벗어나 학생 개개인의 학습 여정을 함께 설계하고 안내하는 조력자로서의 전문성을 발휘하게 된다.

백워드 설계가 '어디로 가야 하는가'라는 목적지를 명확히 하는 틀이라면, 과정 중심 평가는 '학생들이 목적지로 가는 길에서 길을 잃지 않도록 돕는 실천 전략'이다. 백워드 설계와 과정 중심 평가가 결합될 때, 평가는 단순한 측정이 아니라 성장을 촉진하는 효과적인 교육 전략이 된다.❷

---
❷ 과정 중심 평가의 사례는 〈Ⅴ-4. 브리스크 티칭과 AI 도구가 함께 하는 과정 중심 평가〉에서 자세히 다룬다.

다. Gemini Gem, 수업의 큰 그림을 위한 나만의 팔레트

1) Gems의 장점

교육과정 설계를 위한 도구로 Google의 생성형 AI 플랫폼인 제미나이의 젬스(Gemini의 Gems)[3] 기능을 활용할 수 있다. 젬스는 제미나이를 특정 목적이나 역할에 맞게 '맞춤 설정'하여, 나만의 맞춤형 AI 챗봇을 만드는 기능이다. 매번 대화할 때마다 "너는 초등학교 선생님이야", "친절한 말투로 대답해 줘"라고 지시할 필요 없이 **아예 특정 역할을 수행하는 'Gem'을 하나 만들어 두는 것이다.**

젬스는 사용자의 목적에 맞게 AI의 응답을 제어하고, 미리 지정한 자료(지식)를 바탕으로 구조화된 결과를 생성하도록 설계할 수 있다. 특히 다음과 같은 젬스의 특장점은 교사의 교육과정 설계 업무에 실질적인 도움을 제공한다.

장점	설명 및 교육적 효과
지침 문서 기반의 응답 생성	교사가 업로드한 교육과정 문서, 평가 자료, 수업 양식 등을 '지식'으로 첨부하여 AI가 응답을 생성한다. → AI가 교사의 교육 철학이나 특정 단원의 성취기준과 같은 맥락을 정확히 이해하고, 그에 부합하는 맞춤형 결과물을 만들도록 하는 핵심 기능이다.
반복적 분석 자동화	성취기준 분석, 내용 요소 추출, 차시별 활동 아이디어 생성 등 많은 시간과 노력이 필요했던 반복적인 작업을 자동화한다. → 교사는 단순 업무에서 벗어나 학생과의 상호작용이나 창의적인 수업 개발과 같은 본질적인 교육 활동에 더 집중할 수 있다.
문서 구조화 지원	단원 설계안, 평가 루브릭, 가정통신문 등 교사가 원하는 특정 양식과 구조에 맞춰 결과물을 생성해 준다. → 정보의 일관성을 유지하고 산출물의 가독성을 높여 동료 교사와의 협업이나 공유를 훨씬 용이하게 만든다.
교사 판단과의 통합	젬은 정답을 제공하는 것이 아니라, 교사의 전문적인 판단을 돕는 정교한 초안을 제시한다. 교사는 AI가 생성한 결과물을 바탕으로 자신의 교육적 경험과 학생들의 특성을 고려하여 최종 결과물을 완성하게 된다. → AI의 기술력과 교사의 전문성이 결합하여 최상의 결과물을 만드는 협력적 파트너십이 가능하다.

▲ Gems의 장점 및 교육적 효과

2) Gem 제작

Gem을 만드는 과정은 마치 비어 있는 팔레트에 나의 교육 철학이라는 고유한 색을 조합하여 채워 넣는 과정과 같다. Gem 생성 화면의 네 가지 핵심 요소를 이해하면, 누구나 자신만의 강력한 교육 파트너를 만들 수 있다.

---

[3] gemini.google/kr/overview/gems/?hl=ko
Gems는 구글이 발표한 기능 자체의 공식 이름으로, 제미나이(Gemini) 안에서 나만의 맞춤형 AI 챗봇을 만들 수 있도록 하는 '그 시스템 전체'를 부르는 이름이다. Gem은 '젬스(Gems)' 기능을 사용해서 '직접 만든 맞춤형 AI 챗봇 1개'를 가리키는 말이다.

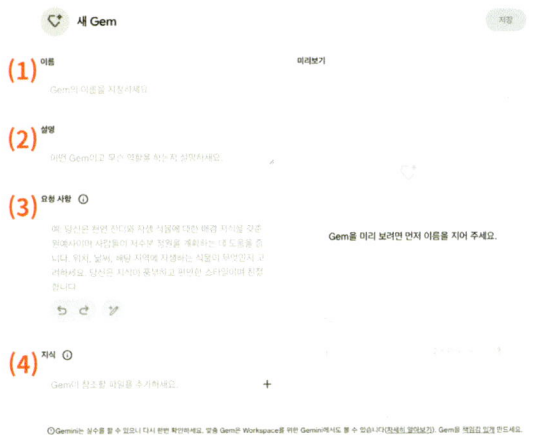

▲ 새 Gem 만들기 창

(1) Gem 제작 1단계: 〈이름〉 설정하기 – 정체성 부여

젬의 〈이름〉은 AI가 앞으로 수행할 역할의 정체성을 규정하고, 생성될 모든 결과물의 방향성을 결정하는 첫 단계이다. AI는 이름까지도 맥락으로 이해하기 때문에, "단원 설계 파트너"나 "수업 아이디어 생성기"처럼 그 역할을 명확히 드러내는 이름을 지어주는 것이 좋다.

> 단원 설계 파트너

(2) Gem 제작 2단계: 〈설명〉 작성하기 – 사용자를 위한 안내문

〈설명〉은 AI가 아닌 사용자, 즉 젬을 제작한 자신과 이를 공유받은 다른 사용자를 위한 안내문이다. 이 젬의 목적과 핵심 기능을 명확히 요약하는 공간으로, 일종의 '사용 설명서' 역할을 한다. 여러 젬을 만들었을 때 그 용도를 쉽게 구분하거나, 다른 사용자에게 공유할 때 이 젬의 기능을 명확하게 전달할 수 있다. 예를 들어, "2022 개정 교육과정에 기반한 백워드 설계 초안을 생성하는 Gem입니다."와 같이 핵심 기능을 명시하는 것이 효과적이다.

> 선생님의 단원 설계를 돕습니다. 1단계 교육과정 분석, 2단계 평가 설계, 3단계 차시별 활동 설계를 함께 합니다. 설계할 단원의 성취기준과 핵심 내용(내용 요소)를 입력해 주세요.

(3) Gem 제작 3단계: 〈요청 사항〉 설정 – AI의 행동 방식 정의

젬을 만들 때 〈요청 사항〉은 젬이 어떤 역할을, 어떤 방식으로, 어떤 절차에 따라 수행해야 하는지를 정의하는 핵심 단계이다. 일종의 프롬프트 작성란으로, 이곳에 입력된 지시문은 AI가 응답을 생성하는 원칙이 된다.

효과적인 요청 사항을 작성하기 위해서는 다음과 같은 요소들을 명확히 정의해야 한다.

요소	예시
역할	너는 초등 교육 전문가이자, 교육과정 설계 컨설턴트이다.
작업 과정	반드시 백워드 설계 원칙에 따라 1. 교육과정 분석, 2. 평가 계획, 3. 차시별 활동 설계 순서로 진행해야 한다.
응답 규칙	루브릭에서 평가 기준을 기술할 때에는 "부족하다, 어려움을 겪는다, 미흡하다" 등의 부정어는 사용하면 안되고, 반드시 긍정적으로 서술해야 한다.
결과물의 형태	모든 결과물은 표 형식으로 정리한다.

▲ 요청 사항에 필요한 요소와 예시

이러한 요청 사항이 정교할수록 AI는 사용자의 의도를 더 정확하게 파악하고 원하는 결과물을 일관되게 생성한다.

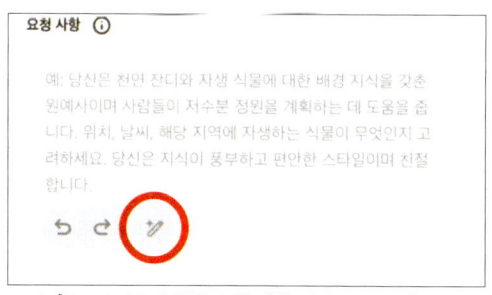

▲ [Gemini를 사용해 요청 사항 다시 작성하기] 버튼

특히 젬은 사용자가 입력한 초안 요청 사항을 제미나이를 활용해 자동으로 업그레이드할 수 있는 기능(Gemini를 사용해 요청 사항 다시 작성하기)도 제공한다. 사용자가 작성한 간단한 지시문을 AI가 보다 정교한 요청 사항으로 확장해 주는 이 기능은, 요청의 명확성과 품질을 높이는 데 매우 유용하다.

다음은 필자가 단원 설계를 위해 작성한 초기 요청 사항이다.

> 💠 **필자가 입력한 초기 요청 사항**
> - 초등교육 전문가로서 교육과정을 분석하고, 평가설계와 차시별 활동 설계의 작업을 하는 단원 설계 작업을 해야 한다.
> - 교육과정 설계 방법은 백워드 설계방법에 기반한다.
> - 교육과정 분석은 2022 개정 교육과정의 성취기준과 내용 요소를 입력한 내용을 바탕으로 실행한다.
> - 평가 설계 방법은 교육과정 분석 내용을 바탕으로 GRASPS 모델에 따라 평가 과제를 작성하며, 서논술형 평가 문항을 반드시 포함해야 한다.
> - 평가 계획 및 평가 문항은 교과 역량 함양을 목표로 한다.
> - 차시별 학습 설계는 개념기반 탐구과정에 기반하여 설계한다.

▲ 요청 사항 예시

위의 간단한 요청 사항을 [Gemini를 사용해 요청 사항 다시 작성하기] 기능을 통해 다음과 같이 구체화할 수 있다. 아래는 개선된 요청 사항 중 **2단계 평가 계획 부분의 예시**이다.

> **Gemini 버튼 사용 후 수정된 요청 사항 중 2단계 평가 관련 프롬프트**
>
> 2. 2단계: 평가 계획 (수용 가능한 증거)
> - 평가와 관련되는 성취기준을 반영할 수 있도록 평가 과제와 관련된 **성취기준**을 입력해 달라고 요청합니다.
> - 백워드 설계 원칙에 따라 평가 계획을 먼저 세워야 함을 안내합니다.
> - 학생들의 역량과 전이를 평가할 수 있는 **'GRASPS 모델'** 기반의 실제적인 **서논술형 수행 과제**를 설계하도록 돕습니다.
> - 수행 과제와 연계된 과정 중심 평가계획을 세우도록 돕습니다.
> - 수행과제는 학생들의 실생활과 밀접한 관련이 있는 내용을 제시하여 학습의 전이를 확인할 수 있도록 한다.
> - 서논술형 평가 문항은 보기 또는 자료, 발문, 응답 조건이라는 세 가지 요소를 포함하여 작성한다.
> - 평가를 위한 **'총체적 루브릭과 분석적 루브릭'** 각각 제작한다. 이때, 루브릭은 반드시 4단 척도(**'매우잘함, 잘함, 보통, 노력요함'**)를 사용한다.
> - 루브릭에서 평기 기준을 기술할 때에는 "부족하다, 어려움을 겪는다, 미흡하다" 등의 부정어는 사용하면 안되고, 반드시 긍정적으로 서술해야 한다.
> - 루브릭에서 **'보통', '노력요함'**의 내용에는 학생들의 보충, 추가 학습을 돕는 피드백을 함께 제공한다.
> - 루브릭 기반으로 **'자기평가 및 동료평가 체크리스트'**를 만들도록 돕는다.
> - 자기평가 및 동료평가 체크리스트는 학생이 이해할 수 있는 수준의 어휘와 문장으로 작성한다.
> - 평가 시 유의사항을 제공합니다.
> - 서논술형 평가 문항의 **'채점기준표(4단 척도)와 예시답안'**을 함께 제공합니다.
>
> *위 내용 중 파란색으로 표시된 문장은 필자가 추가한 프롬프트 문장이다.

▲ [Gemini를 사용해 요청 사항 다시 작성하기] 버튼으로 수정·보완한 프롬프트[4]

이처럼 제미나이의 자동 개선 기능을 활용한 후에도, 실제 사용 과정에서 필요에 따라 내용을 지속적으로 추가하거나 수정하면 더욱 정교하고 효과적인 젬을 완성할 수 있다.

> **TIP**
>
> 만약 처음부터 체계적인 요청 사항을 작성하는 것이 부담스럽다면 아래와 같은 방법을 활용할 수 있다.
> 먼저 Gemini의 일반 채팅창에서 단원 설계 작업을 진행한 후, 그 과정을 정리하여 Gem의 〈요청 사항〉으로 변환해 달라고 AI에게 요청하는 것이다. 이 방법은 이미 검증된 작업 패턴을 기반으로 프롬프트를 생성하기 때문에 처음부터 요청 사항을 작성하는 것보다 훨씬 효율적이고 실용적이다.
>
> > **프롬프트**
> >
> > 지금까지 내가 한 단원을 재구성하기 위하여 교육과정 분석, 평가 계획, 차시별 활동 계획을 세우는 과정을 너와 작업했어. 이런 과정을 앞으로 좀 더 수월하게 하기 위해서 제미나이의 Gem을 만들어 작업을 자동화시키고 싶어. Gem의 요청 사항에 입력할 프롬프트를 작성해줘.

(4) Gem 제작 4단계: 〈지식〉 추가하기 – AI의 핵심 참고 자료 제공

요청 사항의 프롬프트 입력이 젬의 작동 원리를 정의한다면, 〈지식〉의 파일 첨부는 그 원리에 따라 응답을 생성할 때 참고하는 핵심 자료이다. 젬은 인터넷의 방대한 정보가 아닌, 교사가 직접 업로드한

---

[4] [요청 사항]에 입력한 전체 프롬프트는 노션(joo.is/날개서논술형)에서 확인할 수 있다.

파일의 내용을 반영하여 답변을 생성한다. 이는 AI의 답변을 신뢰할 수 있는 정보에 연결하는 매우 중요한 과정이다.

젬은 최대 10개의 문서를 지식으로 업로드할 수 있기 때문에 문서 선정 시 우선순위를 고려한 전략적 구성이 필요하다.

- 2022 개정 교육과정(국, 수, 사, 과)
- 서논술형 평가 문항 예시 자료(교육청 자료집 2종)
- 단원 설계 양식
- 2025학년도 4학년 교육과정

이와 같이 교육과정 운영의 근거가 되는 문서와 실제 수업 설계에 직접 활용 가능한 자료를 중심으로 업로드하면, AI가 성취기준과 단원 목표의 맥락을 정확히 이해하고 교육과정에 부합하는 설계안을 생성할 수 있다. 즉, 문서의 질적 신뢰성을 확보함으로써 AI의 답변 또한 교육적으로 정합성 있고 실천 가능한 수준으로 구체화될 수 있다.

> **TIP**
> 단원 설계 양식을 업로드할 때는 내용을 비워둔 채 양식만 첨부해야 한다. 만약 특정 단원의 내용이 포함된 양식을 업로드하면, 다른 과목이나 다른 영역의 단원을 설계할 때도 AI가 그 내용을 기반으로 답변을 생성하기 때문에 오히려 방해가 될 수 있다.

위의 네 가지 단계를 통해 교사는 범용 AI를 자신의 교육 철학과 수업 스타일에 완벽하게 부합하는 '나만의 전문 AI 도구'로 전환시킬 수 있다.

라. AI와 함께한 단원 재구성

지금부터 필자가 앞서 소개한 방법으로 제작한 제미나이 젬 [단원 설계 파트너]를 활용하여 국어 4학년 2학기 단원을 실제로 설계한 과정을 단계별로 설명하겠다.

▲ 단원 설계 파트너 Gem의 초기 화면과 QR코드

1) 단원 재구성의 개요

이 단원 재구성은 4학년 2학기 국어 교과의 문학 관련 영역을 중심으로 다음 단원들을 통합한 결과물이다.

- 독서: 생각을 나누며 책을 읽어요
- 1단원: 비교하며 읽어요 - 현실 세계와 비교하며 작품 감상하기
- 6단원: 상상의 날개 - 이어질 내용을 상상해 쓰기

학생들의 사고를 확장하고 작품에 대한 깊이 있는 이해를 돕기 위해, 본 단원은 온책 읽기 활동을 중심으로 구성하였다. 이를 위해 4학년 2학기의 다른 교과 및 학습 주제와의 연계를 고려하여 『지구를 구하는 십 대 환경 운동가, 그레타 툰베리』[5]를 학습 도서로 선정하였다.

2) Gem과의 협업 과정

젬을 활용한 평가 계획 수립 및 평가 도구 제작은 단순히 AI에게 정보를 요청하는 것이 아니다. 교사가 설정한 지식 문서와 프롬프트를 기반으로 AI와 함께 사고하고 구성하는 협업 과정이다. 특히 이 과정에서 사용된 프롬프트의 정교함은 결과물의 질을 좌우하는 핵심 요소이다.

(1) 1단계: 명확한 방향 제시

젬과의 협업은 교사가 단원의 핵심 성취기준과 내용 요소를 입력하는 것에서부터 시작된다. 이는 AI에게 설계의 목적지와 방향을 명확히 제시하는 과정으로, 교사의 교육과정 독해 능력이 무엇보다 중요하다.

---

[5] 『지구를 구하는 십 대 환경 운동가, 그레타 툰베리』(발렌티나 카메리니, 2019)는 '기후를 위한 학교 파업'으로 전 세계의 주목을 받은 소녀 환경 운동가, 그레타 툰베리의 이야기를 담은 책이다.

> **〈성취기준〉**
> 주제에 적절한 의견과 이유를 제시하고 서로의 생각을 교환하며 토의한다. 자신의 경험을 바탕으로 작품 속 세계와 현실 세계를 비교하여 작품을 감상한다.(이외 3개의 성취기준 추가 입력)
>
> **〈내용 요소〉**
> 자신의 경험을 바탕으로 읽기, 사실과 허구의 차이 이해하기, 작품 감상의 즐거움, 토의, 주제에 적절한 의견과 이유 제시하기, 의견 교환하기, 듣기·말하기 효능감

▲ 단원 통합 재구성을 위한 성취기준과 내용 요소 선별

(2) 2단계: 비판적 검토와 협업적 정교화

명확한 방향을 제시받은 젬은 백워드 설계 원칙에 따라 결과물 초안을 생성한다. 백워드 설계 방식과 같이 '교육과정 분석 → 평가 설계 → 차시별 활동 설계'의 순서로 이루어진다.

당연히 AI가 제시하는 초안이 완벽하지 않을 수 있다. 때로는 수업의 흐름과 맞지 않거나 학생의 수준을 고려하지 못한 아이디어가 포함되기도 한다. 여기서 AI 활용의 핵심은 AI가 제시하는 정답을 그대로 수용하는 것이 아니라, AI가 생성한 초안을 비판적으로 검토하고 발전시키는 것이다.

교사는 추가적인 프롬프트를 통해 대안을 요구하거나 수정을 지시하며 결과물을 정교화한다. 이 과정에서 교육과정 문해력, 교육학적 전문 지식, 학생에 대한 깊이 있는 이해, 자신만의 교육 철학 등 교사의 전문성이 결정적인 역할을 한다. AI 활용의 진정한 가치는 완성된 정답을 받는 것이 아니라, 더 나은 결과물을 만들기 위해 AI와 함께 사고하고 대화하는 과정에 있다.

(3) 3단계: 최종 교육적 판단과 결정

AI와의 충분한 대화를 거쳐 여러 대안이 확보되면, 최종적인 교육적 판단과 결정은 온전히 교사의 몫이다. AI는 다양한 아이디어를 제공하는 유능한 파트너지만, 학생에 대한 깊이 있는 이해와 교육 철학을 바탕으로 최적의 안을 선택하고 완성하는 주체는 언제나 교사여야 한다.

이제 기대되는 젬의 결과물을 볼 차례다. 위의 단계로 협업 과정을 거쳐 완성된 최종 결과물은 하단의 좌측 링크를 통해 확인할 수 있다.

그레타 툰베리 단원 설계 초안
joo.is/단원설계_GEM초안

▲ 단원 설계 초안 페이지 QR코드와 단축 주소

그레타 툰베리 단원 최종 설계안
joo.is/단원설계_HY

▲ 학급의 맥락과 교사의 철학을 반영하여 수정한 단원 설계안 QR코드와 단축 주소

젬이 생성한 초안은 18차시 수업 전반의 구조와 아이디어를 제시했다는 점에서 매우 유용했다. 그러나 그 결과물이 필자의 수업 방향이나 학급의 실제 상황과 완전히 일치하지는 않았다. 이는 자연스러운 일이다.

  AI는 제공된 문서와 프롬프트를 기반으로 일반적인 교육과정과 평균적 학습자를 전제로 설계안을 생성한다. 하지만 실제 교실에는 AI가 알 수 없는 수많은 변수가 존재한다. 예를 들면 학급의 학습 분위기, 학생들의 사전 지식 수준, 특정 아동의 학습 태도나 관계적 맥락, 교사의 수업 철학과 의도 등은 외부 데이터로는 포착되지 않는 숨은 맥락(hidden context)[6]에 속한다. 이러한 맥락이야말로 교실 수업을 살아 있는 교육으로 만드는 요소이기에, AI의 초안이 교실의 현실과 완벽히 일치하지 않는 것은 오히려 당연한 결과이다.

  이에 따라 필자는 다음과 같은 측면에서 초안을 수정·보완하였다. 첫째, 평가 문항의 난이도와 언어 표현을 학급 학생들의 발달 수준과 지도 방향에 맞게 조정하였다. 둘째, 차시별 활동 설계를 재구성하였다. 온책 읽기의 내용적 흐름, 교과 간 연계성, 학습자의 참여도와 흥미 등을 모두 고려하여 평가와 학습 활동이 자연스럽게 연결되도록 수업의 흐름을 다시 설계했다.

  이러한 수정 과정을 거쳐 완성된 최종 설계안은, AI가 제공한 일반적 구조를 기반으로 하되 교사의 교육적 통찰과 현장 경험이 더해진 실행 가능한 수업 청사진이 되었다. 두 버전을 비교해 보면, AI의 초안이 교사의 전문적 판단을 통해 어떻게 구체적이고 실질적인 교수·학습 설계로 진화했는지를 확인할 수 있다. 이 지점에서 비로소 AI와 교사의 협업이 만들어 내는 진정한 시너지, 즉 기술의 효율성과 인간의 전문성의 결합이 실현된다.

---

[6] 숨은 맥락(hidden context)이라는 개념은 교육 현장에서 통상적으로 숨은 교육과정(hidden curriculum)으로 논의되어 왔다. 이 개념은 잭슨(Jackson, 1968)의 『Life in Classrooms』에서 처음 제시되었다.

마. AI와 함께 완성한 평가 도구

앞서 설명한 젬의 2단계 평가 설계 원칙을 기반으로, AI와의 협업과 교사의 판단을 더해 서논술형 평가 도구를 완성하였다.

1) 평가 도구

설정된 평가 목표를 효과적으로 측정하고 학생의 성장을 지원하기 위해 젬과 함께 다음과 같은 평가 도구를 제작했다.

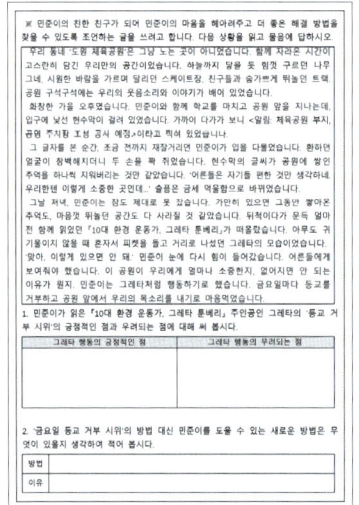 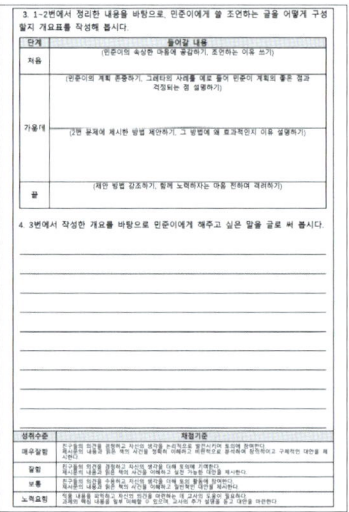

▲ 최종 완성한 서논술형 평가 도구의 일부

AI와 협업하여 만든 평가 도구는 단순히 결과를 판정하는 것이 아니라, 학생의 성장 과정을 드러내고 교사의 피드백을 정교화하는 교육적 도구다. 잘 설계된 평가는 교실 속 학습의 순간을 포착하고, 학생 성장의 방향을 제시하는 나침반이 된다.

2) 지식의 전이와 삶의 연결

젬을 활용하여 설계한 서논술형 평가의 평가 과제는 '그레타 툰베리' 단원의 내용을 바탕으로, 구체적인 문제 상황에 처한 대상에게 조언하는 글을 작성하는 것이다.

> ※ 민준이의 친한 친구가 되어 민준이의 마음을 헤아려주고 더 좋은 해결 방법을 찾을 수 있도록 조언하는 글을 쓰려고 합니다. 다음 상황을 읽고 물음에 답하시오.
>
> 민준이는 친구들과의 추억이 깃든 '도원 체육공원'이 공영 주차장으로 바뀐다는 소식을 듣고 깊은 상실감과 분노를 느낀다. 그러나 『10대 환경 운동가, 그레타 툰베리』를 떠올리며 자신도 행동해야겠다고 결심하고, 공원을 지키기 위해 '금요일 등교 거부 시위'를 계획한다는 내용의 문제 상황

▲ 서논술형 평가의 문제 상황

글의 형식은 이전 국어·사회 통합 프로젝트에서 학습한 제안하는 글쓰기 방식을 적용하되, 글의 내용은 앞서 진행된 토의 활동을 발전시키도록 구성하였다. 제안하는 글과 조언하는 글은 표면적인 형식은 다르지만, 문제를 분석하고 해결 방안을 제시한다는 점에서 동일한 사고 구조를 요구한다. 이를 통해 학생들은 기존에 익힌 글쓰기 역량을 새로운 맥락에 적용하며 지식의 전이를 경험하게 된다. 특히 친구에게 조언하는 글은 편지 형식으로 구성되어 논설문보다 부담이 적고, 학생들이 사고를 글로 표현하는 과정에 보다 적극적으로 참여할 수 있도록 돕는다.

또한 문항 속 읽기 자료의 소재인 '도원 체육공원'은 학생의 실제 삶과 밀접한 지역 사회 문제를 다루며, 사회 교과의 '주민 참여' 개념을 실제로 적용할 수 있는 기회를 제공한다. AI가 제공한 초안에 교사가 지역적 맥락을 추가하여 과제를 구체화한 결과, 학생들은 자신의 학습이 현실 세계와 연결될 수 있다는 것을 체감하며 내적 동기를 높일 수 있었다.

AI의 활용은 이러한 수업 설계 과정에서 교사의 설계 효율성과 정교함을 높이는 도구로 작용했다. 교사는 젬을 활용해 성취기준 분석, 문항 구성, 루브릭 설계 등 복잡한 과정을 체계적으로 구상하고, 그 초안을 교실 맥락에 맞게 수정·보완함으로써 교사 전문성과 AI의 알고리즘적 사고가 결합된 협력적 설계 모델을 완성했다. 이를 통해 교사는 작업을 효율화하고 학생의 실제 성장과 사고 확장에 집중할 수 있었다.

결과적으로 이러한 설계 과정은 학습의 방향을 명확히 제시하는 효과적인 피드업을 가능하게 했으며, 학생의 사고 확장과 삶의 연계를 동시에 실현하는 평가로 이어졌다.

교육적 이상의 실현 가능성을 높여주는 파트너, AI

서논술형 평가는 지필평가가 담아내지 못하는 학생의 생각과 배움의 과정을 온전히 드러내는 효과적인 수단이다. 그리고 백워드 설계는 그러한 서논술형 평가를 중심으로 수업의 모든 활동을 유기적으로 연결하는 강력한 프레임워크이다. 많은 교사들이 그 중요성을 인식하고 있음에도 불구하고, 현실적인 시간과 업무의 제약으로 인해 이를 실천하기 어려웠던 것이 사실이다.

나의 교육적 통찰과 경험, 그리고 철학을 담아 커스터마이징한 젬은 그동안 실행하기 어려웠던 교육적 이상을 현실로 바꿔주는 강력한 동반자가 되었다. 교육과정 분석, 서논술형 평가 문항 설계, 차시별 활동 구성 등 복잡한 과정을 AI가 체계적으로 지원함으로써 교사는 학생과의 소통, 개별 피드백, 성장 기록과 같은 본질적인 역할에 온전히 집중할 수 있게 된다.

학생의 성장을 최종 목적지로 두고 수업과 평가라는 정교한 내비게이션을 AI와 함께 설계해 나간다면, 우리는 보다 인간적이고 미래지향적인 교실의 모습을 현실로 만들 수 있을 것이다.

04

고민 많은 5년차 교사: 평가 설계를 넘어 '나의 교육' 찾아가기 (중등 수학)

가. AI와 서논술형 평가

1) 좋은 서논술형 평가란?

수많은 소리를 골라 한 곡을 완성하는 작곡가처럼, 재료들을 다듬어 한 접시를 완성하는 요리사처럼, 교사는 수업의 내용과 활동, 평가를 고르고 다듬어 수업을 완성하며 그 안에 자신만의 의도와 색을 선명히 새겨 넣는다. 그렇기에 수업과 평가는 교사에게 단순한 절차가 아니라, 나를 드러내고 돌아보게 만드는 하나의 작품에 가깝다. 그런 의미에서 '평가'는 학생만을 위한 것이 아니다. 교사에게도 '내 작품은 얼마나 완성도 있었는가?'를 돌아보는 성찰의 기회이다.

또한 좋은 서논술형 평가는 학생이 '성장했다', '알게 되었다'라는 추상적인 변화를 답안 위에 드러낼 수 있게 해 준다. 특히 수학 교과라면 학생 스스로 자신의 논리를 수학적으로 정확한 표현으로 설명할 수 있어야 한다. 교사는 그 답안 속에서 성장의 흔적을 읽어내고, 이를 점수와 기록으로 환원해야 한다.

필자는 여기서 한 걸음 더 나아가 AI와 함께 서논술형 평가를 설계하는 과정을 통해 '나는 무엇을 중요하게 여기는 교사인가?'라는 질문에 답을 찾는 과정을 담고 싶었다. 즉, 이 글은 단순히 'AI로 이렇게 문항을 만들 수 있다'를 보여주는 글이 아니라 AI와 씨름하는 과정을 통해 '나의 교육'의 원형(Original)을 찾아가는 여정의 기록이다.

2) 일단 써봐야 한다

2024년 클로드 3은 최초로 IQ 100을 돌파했다. GPT-o1-preview와 같은 추론 모델이 등장하면서, 수능 만점, 수학 올림피아드 금메달 같은 고난도 과제까지 AI가 해결했다고 한다. 멘사 테스트 기준 130 이상의 AI가 등장하기 시작했고, 대중 사이에서 'AI의 답변'이 근거가 되는 모습도 자주 본다. AI는 진정한 의미로 우리의 비서가 되어가고 있다.

▲ LLM 모델들의 IQ 테스트 결과[1]

AI는 앞으로 나에게 어떤 존재가 될까? 내가 시키는 일을 대신하는 도구로 남을까, 수업과 평가에 대해 의견을 나누는 동료 교사처럼 느껴지는 순간이 올까, 아니면 나보다 더 많은 정보를 쥐고 있어 내가 허락을 구해야 하는 중간 관리자 같은 존재가 될까.

자율 주행차가 처음 등장했을 때 사람들은 의심했지만, 어느새 테슬라의 자율주행 택시가 거리를 다니기 시작했다. AI 역시 거창한 혁명이 아닌 휴지에 물이 스며들 듯 서서히, 그리고 아무렇지 않게 교육을 바꿔나갈 것이다.

그런데 그 전에 더 먼저 던져야 할 질문이 있다. 우리는 AI를 제대로 경험해 본 적 있는가? 막연히 상상만 하면 생각은 늘 추상에 머문다. 근거 있는 주관을 갖기 위해서는, **결국 여러 번 써보며 직접 부딪혀 볼 수 밖에 없다.**

그래서 필자는 AI와 함께 중학교 2학년 '사각형의 성질' 단원의 논술형 평가를 설계해 보기로 했다. 그리고 그 과정을 가능한 한 그대로, 성공과 실패는 물론 만족과 찜찜함까지 포함해 기록해 두었다.

---

[1] trackingai.org/home
[2] 이 장에서 언급한 AI는 모두 ChatGPT의 GPT-5와 GPT-5 Thinking 모델이다.

나. AI❷와 평가 문항 설계하기

이 장에서는 한 단원을 선택하고, '프롬프트 → AI 답변 → 수정 → 재요청'의 과정을 따라가며 서논술형 평가 문항이 다듬어지는 과정을 살펴본다. AI가 어떤 부분까지 도와줄 수 있는지, 어떤 지점에서는 여전히 교사의 판단이 필요한지를 함께 다루고자 한다.

1) 서논술형 평가 주제 선정

중학교 2학년 학생들은 2학기에 한 달 이상의 시간 동안 '특정 모양의 사각형은 예외 없이 어떠한 성질을 갖는다'라는 사실을 배우고, 그것을 수학적으로 정당화한다. **엄밀하고 논리적인 수학적 표현**을 경험하는 이 과정은 학년이 올라감에 따라 더 추상적이고 긴 사고가 요구되는 문제를 해결해 나갈 때 큰 밑거름이 된다. 그렇기에 2015 개정 교육과정에서는 '설명'과 '정당화'라는 키워드로, 2022 개정 교육과정에서는 '정당화'와 '증명' 등의 키워드로 해당 부분을 강조하고 있다.

2015 개정 교육과정		2022 개정 교육과정	
성취기준	'상' 수준 평가기준	성취기준	'A' 수준 성취기준별 성취수준
[9수04-12] 사각형의 성질을 이해하고 **설명**할 수 있다.	다양한 사각형의 성질을 **정당화**하고 이들 사이의 관계를 설명할 수 있다.	[9수03-11] 사각형의 성질을 이해하고 **정당화**할 수 있다.	사각형의 성질을 증명을 통해 **정당화**할 수 있으며, 여러 가지 사각형 사이의 관계를 **설명**할 수 있다.

▲ 2015, 2022 개정 교육과정의 '사각형의 성질' 단원 성취기준(교육부, 2024c)

그러나 지필평가의 객관식 문항으로는 이를 측정하기가 어렵다. 수학에서 증명의 핵심은 적절한 근거를 선택하고, 그 근거들을 올바른 순서로 배열해 하나의 주장을 성립시키는 데 있다. 이 부분은 객관식 빈칸 채우기 문항보다 논술이 훨씬 더 적합하다. 그래서 이 단원만큼은 꼭 서논술형 평가로 설계해 보고 싶었다.

2) AI에게 무엇을 얼마나 알려줄 것인가

평가 문항을 AI로 만들 때 필자가 늘 신경 쓰는 부분은 '**첫 프롬프트에 무엇을 얼마나 넣을 것인가**'이다. 맥락을 너무 적게 주면 엉뚱한 문항이 나오고, 맥락을 너무 많이 주면 AI가 오히려 그 틀에 갇혀 버린다. 이를 고려하여 첫 프롬프트를 쓰려고 할 때 정리했던 생각들은 다음과 같다.

---

❷ 이 장에서 언급한 AI는 모두 ChatGPT의 GPT-5와 GPT-5 Thinking 모델이다.

1. 학생들이 무엇을 배웠는지는 알려줘야 한다. 한국의 중학교 2학년이 해당 단원에서 무엇을 배우는지 AI가 정확히 모를 수 있다.
2. 그러나 각각의 내용 요소에 대한 상세한 설명까지는 필요 없다고 생각했다. 예를 들어 AI는 중학교 2학년이 '평행사변형의 성질'을 배운다는 사실은 모를 수 있지만, 평행사변형의 성질이 무엇인지 정도는 충분히 알고 있을 것이다.
3. 학기 초 평가 계획서를 제출하며 평가의 얼개는 구상해 둔 상태였다. 네 단계로 구성된 평가 문항을 해결하며 증명의 필요성과 맥락을 인식할 수 있기를 바랐다.

1단계	탐구 질문 만들기
2단계	(탐구 질문에 대해) 자나 각도기를 활용한 '측정'을 통해 질문의 답을 예측하기
3단계	2단계의 예측에 대해 증명하기
4단계	증명한 내용을 바탕으로 1단계의 질문에 대해 해결책 찾기

4. 얼개는 있지만 구체화 방안에서 어려움을 겪고 있었다. 따라서 AI를 통해 얻고자 하는 필자의 1순위 목표는 아이디어가 구체화된 사례를 얻는 것이었다.
5. 답변이 완벽할 필요는 없었다. 답변 중 뭐가 잘못되었고, 뭐가 맞는지는 구분할 수 있었다.
6. 한 번에 요청 사항들을 명료히 정리하기에는 필자 자신도 어떠한 평가를 어떻게 만들고 싶은 것인지 모호한 지점들이 많았다. 여러 번의 요청을 통해 마음에 안 드는 결과물을 차근차근 고쳐가기로 했다.(Multi-Turn)
7. 교육과정 문서나 교과서 등 지나치게 구체적인 내용과 사례를 제공하는 것은, 오히려 챗봇이 그 맥락 속에 갇히지 않을까 염려되었다. 핵심 아이디어 정도만 제시하기로 했다.

▲ 첫 프롬프트 사용 전 고려한 요소

다음은 필자가 처음 사용한 프롬프트[3]다.

프롬프트

중2 수학 논술형 평가 설계
참고할 배경지식
- 학생들은 평행사변형의 성질과 평행사변형이 되는 조건, 여러가지 사각형(평행사변형, 마름모, 직사각형, 정사각형)의 관계를 대각선 중심으로 학습한 상태
- '[9수03-11] 사각형의 성질을 이해하고 정당화할 수 있다.' 라는 성취기준이 중심이 되어야 함
Big Idea
- 평면도형과 입체도형은 여러 가지 모양을 범주화한 것이며, 각각의 평면도형과 입체도형은 고유한 성질을 갖는다.
- 도형의 성질과 관계를 탐구하고 정당화하는 것은 논리적이고 비판적으로 사고하는 데 기반이 된다.
논술형 평가 개요(네 문항)
1. 일상에서 평행사변형이 쓰이는 사례로부터 탐구 질문 작성하기
2. 작성한 탐구 질문에 대해 측정 후 예측한 결론 작성(자 또는 각도기 활용 가능)
3. 2번에 대한 증명
4. 전이 문장 작성(교사 관점에서 작성자의 전이 여부를 측정할 수 있는 문장)
너의 미션
- 위 내용을 바탕으로 중2 서논술형 평가 평가를 만들어줘.
- 루브릭은 만들지 않을 것[4]

▲ 평가 문항 설계 프롬프트 예시

---

[3] 프롬프트를 보면 #과 같은 기호들이 있는데, 이것은 마크다운 문법이라고 한다. 예시에서는 #의 개수에 따라서 1개인 경우 대제목, 2개인 경우 중제목 등으로 요청 사항 구조화한 것으로 생각하면 된다.
[4] AI가 루브릭을 반복적으로 같이 만드는 경향이 있었기에 추가하였다.

〈제시 자료〉	A. 접이식 노트북 거치대: 옆에서 보면 막대 네 개가 연결되어 사각형이 되고, 각도를 바꾸면 모양이 변한다. B. 빨래건조대의 프레임: 접었다 펼치면 마름모 C. 벽돌 무늬 타일링의 한 칸: 평행사변형 타일 하나
문항 1	선택한 사례에 대해 탐구 질문을 1문장으로 쓰시오. 예시 문장틀(베껴 쓰지 말고 자신의 사례에 맞게 변형): "위 사례의 테두리를 사각형 ABCD라 할 때, 두 대각선이 서로를 이등분한다면 사각형 ABCD는 평행사변형이라 할 수 있는가?" "두 대각선의 길이가 같다면 이 사각형은 직사각형이라 할 수 있는가? 그렇다면 왜 그런가?"
문항 2	자(필수)와 각도기(선택)를 사용해 간단히 표시·측정하고, 예측한 결론을 작성하세요.
문항 3	아래의 사실/정리와 그 역(조건) 중 필요한 것을 선택해 논리적으로 정당화한다. 평행사변형의 필요충분조건: 대각선이 서로 이등분한다 ↔ 평행사변형이다. 직사각형: 평행사변형이고 대각선의 길이가 같다. 마름모: 평행사변형이고 대각선이 서로 수직이다. 정사각형: 마름모이면서 직사각형(두 조건 모두 충족)이다. (대우/역 활용) 만약 대각선이 서로를 이등분하지 않으면 평행사변형이 아니다 등.
문항 4	다른 구조/상황에 같은 조건-결론 체계를 적용하는 전이 문장을 1-3문장으로 쓰시오. 예시 틀(선택): • "대각선이 항상 서로의 중점에서 교차한다면 평행사변형이다. 따라서 (새로운 사례 : 자동차 와이퍼 링크)에도 적용 가능." • "대각선 이등분 + 길이 같음 ⇒ 직사각형, 여기에 수직까지 ⇒ 정사각형. 이 원리를 (새로운 사례 : 창문 격자 설계, 접이식 테이블 다리)에 적용."

▲ 평가 문항 설계에 대한 AI의 답변을 정리

답변을 문항별로 살펴보았다. 먼저 가장 중요하다고 생각했던 〈제시 자료〉는 그대로 쓰기 어렵겠다고 판단했다. 수업 시간에 다룬 예시가 아니었고, 그렇다고 학생들이 노트북 거치대나 빨래 건조대를 알고 있을 것 같지도 않았다. 알고 있다고 해도 그 구조를 수학적으로 관련짓기는 쉽지 않아 보였다. 좀 더 학생들이 실제로 본 적이 있는, 교실에서 바로 떠올릴 수 있는 사례가 필요했다.

[문항 1]도 마찬가지였다. 학생들에게 평가지가 주어졌을 때, 아무 힌트 없이 '탐구 질문을 쓰라'라고 하면 과연 질문을 쓸 수 있을까 하는 의문이 들었다. [문항 1]에서 질문을 못 쓰면 [문항 2]부터는 연쇄적으로 풀이가 어려워질 텐데, 평가의 타당도에 문제가 생길 것이 자명해 보였다. 학생이 스스로 만들되, 방향을 잡아 줄 장치가 필요해 보였다.

[문항 3]에 제시된 '필요충분조건', '대우', '역' 같은 표현은 중학교에서 적절하지 않은 표현이었다. 또한 필자가 이 평가에서 보고 싶었던 것은 [문항 2]에서 학생이 스스로 쓴 예측을 논리적으로 증명하는 과정이었다. 표현의 수준을 중학교에 맞게 고치고, [문항 2]와 [문항 3]이 한 흐름으로 이어지게 해야 했다.

[문항 4] 역시 그대로 쓰기에는 어려워 보였다. 창문 설계, 접이식 테이블 다리, 와이퍼 링크 같은 것들은 학생들이 실제 수업에서 다뤄 보지 않은 것들이라서 수업과 평가가 분리되어 보일 우려가 있었다.

대체로 답변이 기대 이하였다. 그러나 한 번 만에 원하는 사항이 나오지 않는다고 실망할 필요가 없다. 우리가 사용하는 것은 챗봇이고 채팅의 미덕은 '티키타카'이다. 위에서 언급한 문제들을 구조화하여 프롬프트로 제공하였다.

> **프롬프트**
>
> 네가 설계한 것의 문제점을 알려줄게.
> # 평가 문항의 문제점 목록
> ## 문제점 1
> * 일상 사례가 좀 더 학생 친화적이면 좋겠어. 노트북 거치대나 빨래건조대 같은 예시는 학생들이 모를 것 같아.
> * 사례의 개수도 5개 정도로 늘려줘.
> ## 문제점 2
> * 탐구 질문을 백지상태에서 만들기 쉽지 않을 것 같아.
> ## 문제점 3
> * 역, 이, 대우는 학생이 배우지 않았어.
> ## 문제점 4
> * 예측한 것에 대해 정당화(증명)할 수 있어야 함.
> ## 문제점5
> * 사각형은 평행사변형만 다루는 거로 하자.
> * '수학적 정당화' 문제에서도 '~이면 평행사변형이다'를 정당화하는 것으로 하자.
> ## 문제점 6
> * 4번 '전이 문항' 수정 필요
> * 수업 시간에 그 사실을 다룬다면 -> 다룬 그 내용만 쓸 것 같음(전이가 아니라 암기에 가까움)
> * 수업 시간에 다루지 않는다면 -> 학생들이 즉석으로 생각해 내서 쓰기에는 쉽지 않아보여.
> 때문에 '전이'를 다루고 있는 것처럼 보이나, 실제로는 암기(전자)나 개인 역량(후자)에 크게 의존하는 것처럼 보여.

▲ 평가 문항 문제점을 지적하는 프롬프트 예시

〈제시 자료〉	– 공책(노트) 표지를 비스듬히 찍은 사진 속 표지의 윤곽 – 교실 칠판을 옆쪽에서 본 사각형 윤곽 – 교실 바닥 타일(사다리꼴처럼 보이지만 한 칸을 자세히 보면 평행사변형일 수 있음) – 책상 상판을 대각선 방향에서 본 모서리 연결선 – 스마트폰 화면을 비스듬히 본 화면 테두리
문항 1	다음 질문 중 1개를 고르고, 빈칸만 채워 자신의 사례에 맞게 완성하세요. A. "내가 고른 사례의 사각형에서 대각선이 서로의 중점에서 만나는지 확인하면, 평행사변형인지 알 수 있을까?" B. "내 사례의 사각형에서 한 쌍의 대변이 서로 평행이고 길이도 같은지 확인하면, 평행사변형이라고 말할 수 있을까?" C. "내 사례의 사각형에서 양쪽 대변이 각각 평행인지 확인하면, 평행사변형임을 보일 수 있을까?" D. "내 사례의 사각형에서 마주 보는 각이 서로 같다는 것을 확인하면, 평행사변형이라고 정당화할 수 있을까?"
문항 2	자(필수)와 각도기(선택)를 사용해 간단히 표시·측정하고, 예측한 결론을 적으세요. 어떤 것을 어떻게 측정/관찰했는지(예: 대각선의 교점이 각 대각선의 중점인지 길이로 확인) 그 결과 평행사변형이라고 예상/아님이라고 예상하는지

문항 3	평행사변형이 되는 조건 중 하나만 사용해 "~이면 평행사변형이다"를 자신의 사례에 맞게 논리적으로 서술하세요. 조건 ① (대각선 이등분 조건): 사각형의 두 대각선이 서로를 이등분하면, 그 사각형은 평행사변형이다. 조건 ② (한 쌍의 대변 평행·동일 길이 조건): 한 쌍의 대변이 서로 평행이고 길이도 같으면, 그 사각형은 평행사변형이다. 조건 ③ (양쪽 대변 각각 평행 조건): 마주 보는 두 쌍의 변이 각각 평행이면, 그 사각형은 평행사변형이다. 조건 ④ (마주 보는 각이 각각 같다 조건): 마주 보는 두 쌍의 각이 각각 같다면, 그 사각형은 평행사변형이다.
문항 4	아래 새로운 스케치 중 하나를 고르세요. 증명한 '평행사변형이 되는 조건' 중 하나만 골라 적용해 보세요. 그림 설명 그림 1: 대각선 두 개가 교점 M에서 만나고, 각각의 대각선이 두 부분으로 나뉘어 서로 길이가 같다고 표시되어 있음. 그림 2: 한 쌍의 마주 보는 평행 표시와 길이가 같다는 표시가 함께 되어 있음. 그림 3: 마주 보는 각 A와 C, B와 D에 각각 '같다' 표시가 되어 있음.

▲ 평가 문항의 수정 요청에 대한 AI의 답변을 정리

[문항 2]는 그대로 사용하면 될 정도의 수준이었다.

[문항 3]은 [문항 2]에서 예측한 문장을 증명하면 되므로 답변 중 '조건' 부분은 삭제해도 괜찮겠다고 생각했다. 오히려 [문항 1]의 탐구 질문을 작성할 때, AI가 작성해준 [문항 3]의 조건 ①, ②, ③, ④를 추가한다면 될 것 같았다.

3) 실생활 사례를 다시 끌어오는 일

두 번째 답변의 〈예시 자료〉와 [문항 4]는 증명한 내용을 다른 그림에 적용하는 활동 자체는 의미가 있지만 '이 상황이 학생들의 삶과 연결되어 있다고 느껴질까?'라는 의문이 남았다. 상황을 해결해 보고 싶은데 수학이 필요한 게 아니라 문제를 만들기 위해 억지스럽게 넣은 상황처럼 보였다. 이런 생각을 그대로 채팅창에 적어서 세 번째 요청을 보냈다.

> **프롬프트**
> 예시 자료는 문제를 위한 억지스러운 상황 같아 보임.
> 학생들이 실생활에서 의문을 느끼는 상황에서 수학이 도움을 주는 상황이 필요.
> 문항 4의 상황을 정말로 전이라고 할 수 있는지 의문.
> 증명한 내용을 다른 문제에 적용하는 것이긴 하지만, 저게 학생들의 삶과 어떤 관련이 있을까? 학생들은 저 문제를 통해 수학의 필요성을 인식할까?

▲ 평가 문항 수정 프롬프트 예시

사례 A	휴대폰으로 과제물 사진 자르기(크롭) 문제 - 네 모서리를 찍어 사각형을 만들었는데, 앱이 "사각형이 기울어졌어요"라며 보정 실패
사례 B	노트 테두리 마스킹테이프 작업 - 표지에 테이프 두 줄로 프레임을 만들었더니 살짝 삐뚤다. 다시 붙일까? 현재 프레임이 평행사변형인지 확인해 재작업 여부를 결정
사례 C	교실 포스터 네 귀퉁이 붙이기 벽에 포스터를 잘라 붙였더니 약간 틀어져 보임.
사례 D	카메라로 칠판 필기 스캔 자리에서 비스듬히 촬영. 질문: 두 후보 중 평행사변형인 것을 골라 제출하고, 선택을 정당화
사례 E	아파트 베란다에 설치할 접이식 빨래걸이대를 설계 접었다 펴도 걸이대의 형태가 늘 평행사변형이 되도록 만들고 싶음
문항 4	교사가 새 사진/짧은 영상 캡처를 제공 (예 다른 학생의 포스터, 다른 각도에서 찍은 칠판 필기, 다른 폰 화면). 학생은 자신이 방금 쓴 조건 그대로를 다시 적용하여, 재작업 여부를 2-3문장으로 작성. 예 "새 사진 후보 B에서 대각선이 서로를 이등분(AM=MC, BM=MD) → 평행사변형 → 이 후보로 제출."

▲ 〈예시 자료〉와 문항 4에 대한 AI의 답변을 정리

세 번째 답변에서는 앞선 것보다 훨씬 그럴듯한 예시들이 나왔다. 무엇보다 대화를 이어 읽어가다 보니 영감이 떠오르는 순간이 몇 번 있었다. 특히 사례 E(접이식 빨래걸이)가 그랬다. 필자의 집에는 천장에서 내려오는 빨래 건조대가 있었다. 수평도 잘 맞지 않고 조금만 움직여도 삐걱거리는 그 건조대에 어머니가 빨래를 너는 모습을 보면서 '이게 원래 이런 구조인가?' 하는 생각을 자주 했다. 이런 장면은 학생들도 한 번쯤 본 적이 있을 것으로 판단해 이 사례를 사용하기로 했다.

길동이의 집에는 아래 사진과 같은 천장형 빨래 건조대가 있습니다. 길동이는 부실해 보이는 빨래 건조대를 볼 때마다 한쪽으로 기울어진 것 같은 느낌을 받지만, 건조대는 높은 곳에 있어 알아낼 방법이 없습니다. 늘 의문을 품던 중, 빨래 건조대의 끝을 꼭짓점으로 사각형을 그려 평행사변형임을 보일 수 있다면 선분 AB와 CD는 평행하므로 빨래 건조대가 기울지 않았다는 사실을 알 수 있겠다고 생각했습니다. 빨래 건조대는 정면에서 사진을 찍었습니다.

▲ 최종 수정된 〈제시 자료〉

그리고 이 지점에서, 교사의 역할이 바뀌었다는 것을 깨달았다. 사실 이런 실생활 상황을 문항으로 적절하게 끌어오는 일은 혼자 하면 한계가 있어 마지막까지 미루는 일이 된다. 한참을 찾다가 결국 적당한 사례를 못 고르고 포기하는 경우도 많다.

그런데 AI와 할 때는 내가 '완전히 새로 만드는 사람'이 아니라, AI가 내놓은 것을 보고 판단하는 사람에 가까웠다. 블룸의 관점으로 보자면 가장 위에 있는 '창조'라기보다, 그 아래 단계인 '분석'과 '평가'에 더 가까운 일처럼 느껴졌다. 일의 총량이 줄어든 것은 아니었지만, 일의 밀도가 확실히 낮아졌고 한 발 떨어져서 볼 여유가 생겼다.

4) 동교과 피드백으로 완성된 문항

AI와 여러 번 주고받으며 어느 정도 형태가 갖춰진 평가지를 들고 같은 학년을 담당하는 동교과 선생님께 찾아갔다. 선생님은 [문항 2]를 보시더니 "제시된 사각형을 측정하게 하지 말고, 아예 학생들에게 사각형을 직접 그리게 하자."라고 제안하셨다. 정말 절묘한 피드백이었다. 문제에 그림이 그려져 있으면 학생은 그 안에서만 생각하지만, 스스로 그리게 하면 그 과정 자체가 하나의 탐구 경험이 된다. 여기에 필자가 "그렇다면 한 개가 아니라 몇 개를 그려보게 하면 어떨까요?"라고 덧붙였고, 바로 동의가 되었다.

흥미로운 점은, AI와 여러 번 대화를 주고받았음에도 끝내 떠오르지 않던 개선점이 동교과 교사와의 5분의 대화에서 단번에 나왔다는 사실이었다. **AI는 다방면으로 만능이지만 늘 최선은 아니었다.**

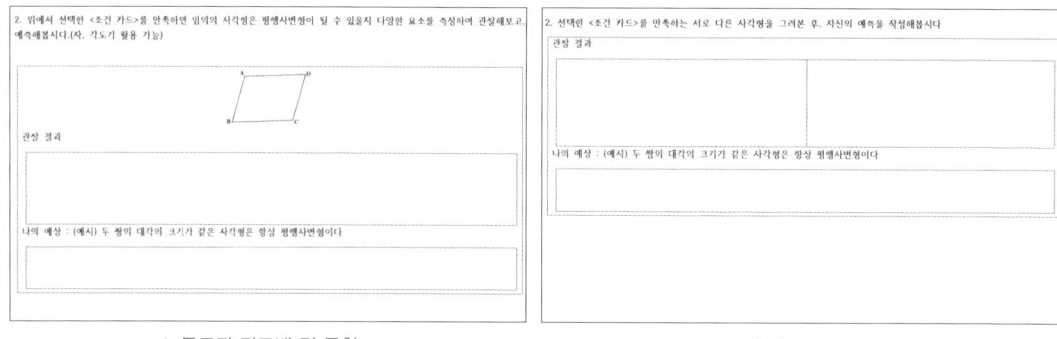

▲ 동교과 피드백 전 문항　　　　　　　　▲ 동교과 피드백 후 문항

최종적으로 완성한 문항은 노션(joo.is/날개서논술형)에서 확인할 수 있다.

5) 문항 검증과 연습용 문항 설계하기

이제는 '이렇게 만든 문항이 정말 성취기준과 잘 맞물려 있는가?'를 점검하고, '어떻게 채점할 것인가?'라는 두 번째 고민으로 넘어가야 했다.

(1) 성취기준에 근거하여 검증하기

AI와 여러 번 대화를 주고받으며 문항을 만들었고, 동교과 선생님과의 1차 검토도 끝났다. 여기까지 오면 보통은 '이제 출제해도 괜찮겠다.'싶지만, 필자는 마지막으로 한 번 더 점검하는 단계를 두었다. 서논술형 평가는 결국 '무엇을 보려고 이 문제를 냈는가'가 분명해야 하므로, 만든 문항이 실제 성취기준과 맞물려 있는지 확인하는 과정이 필요했다.

문항 검증 시 사용한 프롬프트는 아래와 같다.

프롬프트

- 상단 논술형 문항 전체를 붙여넣기(사진은 생략)

요청사항
- 위 평가 문항을 아래 요소를 고려하여 개선점이나 불필요한 요소가 있는지 찾아. 다양한 관점으로 분석해 줘.
- 평가시 어려움을 겪을 수 있는 부분이 있을지도 분석해 줘.

성취기준
- [9수03-11] 사각형의 성질을 이해하고 정당화할 수 있다.

성취수준 중 'A'에 해당 하는 경우
- 사각형의 성질을 증명을 통해 정당화할 수 있으며, 여러 가지 사각형 사이의 관계를 설명할 수 있다.

▲ 문항 검증을 위한 프롬프트 예시

AI가 지적한 문제점과 필자가 생각한 대안을 아래와 같이 정리하였다.

문제점	상세 설명	필자의 해결 방안
1) 용어·카드 문구의 모호성	"두 쌍의 대각의 크기가 각각 같다" → '대각(對角)'이 '마주 보는 각(∠)'인지, '대각선'의 각인지 모호합니다.	교과서 표현을 알지 못해 생긴 잘못된 지적이므로 **참고하지 않음.**
	"두 대각선이 서로 다른 것을 이등분한다" → 오타/비문.	교과서 표현을 알지 못해 생긴 잘못된 지적이므로 **참고하지 않음.**
2) 사진 활용의 한계와 해결	문제점: 휴대폰으로 천장에 있는 대상(빨래 건조대)을 촬영하면, 카메라 평면과 대상 평면이 평행하지 않은 경우가 대부분입니다. • 길이와 각도는 보존되지 않습니다(원근 왜곡). • 중점(이등분) 또한 일반적인 원근 투영에서는 보존되지 않습니다	이미 해당 부분을 고려하여 사진 생성 시 AI에게 정확히 정면에서 바라본 사진을 생성하게 지시해 놓은 상황이므로 **참고하지 않음.**
3) 과제 구조·서술 지시의 개선	2번 문항(서로 다른 사각형 그리기): "서로 다른"의 의미(모양이 다른 평행사변형인지, 조건을 만족하지만 평행사변형이 아닌 반례 탐색인지) 불명확.	답변에는 동감하지 않지만 '서로 다른'의 표현이 모호하다는 것은 **일리 있었음.** 현재의 문항은 교사의 의도와 다르게 작은 정사각형, 큰 정사각형만 그려놓아도 감점하기 어려워 보였음. 표현을 바꾸기 보다 논술형 평가 연습 단계에서 해당 부분을 학생들에게 안내해야겠다고 계획함.

	2번 문항 개선: 선택한 조건을 만족하는 예시 2개와 조건을 만족하지 않는 반례 1개를 그려, 조건의 충분성/필요성을 가늠해 보길 권장	- 아주 좋은 제안이었음. 그러나 수업 시간에 '조건을 만족하지 않는 경우'에 대해 다루지 않았고, 고등학교의 내용인 '필요/충분조건'까지 다루기에는 조심스러웠음.
3) 과제 구조·서술 지시의 개선	3번 문항(증명): "임의의 사각형에 대해 (선택 조건) ⇒ 평행사변형"의 보편적 증명을 요구함. 학습자 간 격차가 커질 수 있음. 스캐폴딩 카드 제공 제안	- 교사 역시 우려한 부분으로서, **평가 전 연습이 필요해 보였음.**

▲ 평가 문항 검증에 대한 AI의 답변 정리

AI가 내놓은 피드백을 보며 가장 먼저 느낀 감정은 놀라움이다. **생각보다 지적이 많았다.** AI와 계속 대화해가면서 문제를 만들고, 동교과 선생님과 이야기도 완료된 상태였기에 완벽할 것이라고 생각했는데 예상외의 결과였다. 흥미로웠던 지점들만 언급해 보면 다음과 같다.

가장 먼저 언급된 것은 **표현 문제**이다. 교과서의 표현을 AI는 알지 못했기에 발생한 문제로 신경 쓸 필요는 없었다. 다만 '서로 다른 것을 이등분한다.'와 같은 표현은 실제로 보기 드문 표현이라 학생들이 낯설어할 수 있는데, AI가 그 지점을 '비문'이라고 지적한 부분은 흥미로웠다.

[문항 2]에 대해 AI가 '이 문항에서는 학생에게 반례를 그려보게 하는 활동도 넣을 수 있다'라고 제안한 부분 역시 좋았다. 필자는 처음에 '관찰→예측→증명'이라는 흐름 정도만 생각했지, 그 과정에서 '예측이 틀리는 상황을 스스로 만들어보라'라는 아이디어까지는 떠올리지 않았었다. 최종적으로 채택하진 않았지만, 정말 좋은 아이디어였다.

[문항 3]의 경우에는 필자도 애초부터 '이 부분은 학생들이 난이도를 높게 느끼겠다'라고 생각했던 부분이었는데, AI도 같은 지점을 짚어 주었다. 교사와 AI에게 똑같이 걸리는 지점이라면, 그 부분은 실제 평가 전에 따로 연습 문제를 한 번 풀어보게 하는 식으로 보완하는 편이 낫다고 판단했다.

(2) 연습용 문항 설계하기

평가 전 연습을 위한 문항 설계 역시 AI의 도움을 받았다. AI와 대화를 나누기 전 필자의 계획은 아래와 같았다.

> **1. 평가 문항을 그대로 쓰면 안 된다.**
> • 구조는 같되 맥락은 바꿔야 했다. 그래야 수행평가에서 새로운 상황을 접했을 때 학생들의 사고를 볼 수 있다.
> **2. 모든 문항을 미리 다 풀어보게 할 필요는 없다.**
> • 연습의 가장 큰 목적은 3번 문항의 연습과 평가가 어떤 흐름으로 진행되는지 이해하게 하는 것이다.
> **3. 평가의 흐름 안내**
> • 관찰과 예측 → 증명 → 전이로 이어지는 흐름을 통해 증명의 필요성을 이해하게끔 하고 싶었다. 연습용 문항도 그 흐름을 따라가도록 출제해야 했다.

해당 내용을 그대로 반영하여 프롬프트를 작성했다.

> **프롬프트**
>
> (논술형 문항 전체를 복사, 그림은 생략)
> - - -
> # 목표
> – 상단의 평가 문항을 활용한 서논술형 평가 전 연습을 위한 문항 설계
> ## 요구사항
> 1. 평가 문항을 그대로 사용할 수는 없으니 사례 변형
> 2. 처음 보더라도 어려움이 없을 문항은 생략
> 3. '관찰과 예측→증명→증명한 내용을 바탕으로 문제 해결'이라는 흐름을 다뤄야 함
> ## 문항 설계 시 고려할 점
> – 평가 문항을 곧장 학생들에게 제공할 시 어려움이 있어 보임. 특히 문항 3.
> ## 추론 순서
> 1. 생략할 것 정하기
> 2. 변형할 것 정하기
> 3. 변형 문항 작성하기

▲ 연습용 문항 생성 프롬프트 예시

AI는 전반적으로 수학적 뼈대만 남기라는 방향으로 답변했다. 학생이 도형 자체에 집중하도록 하라는 제안이었다.

생략할 것	빨래 건조대와 같은 현실의 사례와 실제 사진
변형할 것	문항 1의 질문 만들기는 아주 간략하게 '사각형이 기울었는지 알고 싶다' 정도의 문장으로 제시
	문항 2와 3은 핵심이므로 유지. 단 문항 3은 힌트를 제공하거나 문장 틀을 제공
	문항 4는 실제 사진을 측정하는 대신 '다음은 사진의 선분의 길이를 재어 본 값이다'라고 표를 제시. 학생은 평행사변형 여부를 체크하도록 변형

▲ 연습용 문항 설계 방안에 대한 AI의 답변 정리

흥미롭게도 동교과 선생님도 거의 비슷한 의견을 주셨다. 다만 AI가 생략하라고 했던 현실의 문제 상황은 넣어야 할 것 같았다. 평가 시, 글로 상황을 제시했을 때 학생들이 '이게 무슨 상황이지?' 하고 이해하지 못할 수도 있기 때문이다. 대신 〈제시 자료〉는 조금 더 단순한 '책상의 좌우 모서리가 약간 삐뚤어진 것 같은 상황'으로 제시하기로 했다.

[문항 3] 역시 문장 틀을 제공하면 빈칸 채우기로 흘러갈 수 있기에 제공하지 않았다. 대신 증명 과정을 교사가 미리 정리해서 종이로 만들어두고, 수업에서는 아래와 같이 진행했다.

> ① 먼저 5분 동안은 각자 혼자 최대한 써 보게 한다.
> ② 그다음 10분 정도는 서로 짝을 지어 표현을 고치고 논리의 순서를 맞춰 보게 한다.
> ③ 교사는 이 시간 동안 계속 순회 지도하면서 '이 문장은 이렇게 쓰면 더 정확해', '이 조건을 먼저 써야 해'처럼 작은 표현의 오류를 바로잡아 준다.
> ④ 마지막으로 교사가 미리 준비해 둔 정리된 증명 과정을 나누어 주어, 각자 자신의 풀이와 비교해 보게 한다.

▲ 수행평가 전 연습을 위한 수업 진행 순서

다. AI와 루브릭 설계하기

1) 루브릭을 만들기 전 고민들

(1) 첫 번째 고민 - 수학적 표현의 오류를 어떻게 채점할 것인가?

이 단원에서 서논술형 평가를 진행하면 의외로 가장 많이 보이는 문제는 새로운 개념을 몰라서 틀리는 것이 아니라 **수학적 표현을 틀리는 경우**였다. 예를 들면 $\overline{ID}$의 선분 기호를 생략하고 ID라고 작성하거나, 합동기호(≡)를 등호(=)로 작성하는 등의 경우다. 마치 외국어 과목에서 스펠링이나 문법이 틀리는 것과 유사한 상황이다.

고민은 이번 단원에서 새로 배운 내용을 몰라서 생긴 것도 아니고, 대부분은 이전 학년에서 배웠어야 하는 내용을 제대로 배우지 못해 생긴 문제인데, 어디까지 감점해야 하는가 하는 것이 고민이었다.

보통 수학 교과는 문항마다 대응하는 **평가 요소**를 만든다. 평가지에 두 문항이 있다면 표현 평가 요소가 2개, 세 문항이 있다면 있다면 평가 요소가 3개인 식이다. 그런데 선분 기호를 빠뜨리는 학생은 대체로 모든 문항에서 그 기호를 빠뜨린다. 그렇다면 평가 요소마다 1점씩 감점할 것인가? 이 경우 학생은 기호 오용으로 인해 두 문항이면 2점 감점, 세 문항이면 3점 감점될 것이다. 오류의 심각성에 비해 감점이 너무 커진다. 평가의 타당도가 흔들리는 순간이다.

그 대신 문항마다 따로 감점하지 않고 '이번 답안 전체에서 수학적 표현이 불완전했다'라는 이유로 1점만 감점하려면, 그에 해당하는 **별도의 평가 요소가 있어야** 한다. 그래서 '그럼 평가 요소에 수학적 표현을 하나 두면 되지 않을까?'라는 생각을 하게 되었다.

(2) 두 번째 고민 - 수학적 표현을 별개의 평가 요소로 만드는 것은 가능한가?

여기서 두 번째 벽이 나타났다. 평가 요소를 어떻게 추출하느냐 하는 문제다. 예를 들어 영어과라면 문법, 어휘, 철자와 관련된 성취기준이나 성취수준이 문서로 잘 정리되어 있어서 평가 요소를 추출하는 것이 가능해 보였다.

(2) 표현 영역

성취기준		성취기준별 성취수준
[10공영1-02-01] 실물, 그림, 사진, 도표 등을 활용하여 내용을 설명한다.	A	실물, 그림, 사진, 도표 등을 활용하여 다양하고 적절한 어휘와 언어 형식으로 내용을 정확하게 설명할 수 있다.
	B	실물, 그림, 사진, 도표 등을 활용하여 다양하고 적절한 어휘와 언어 형식으로 내용을 비교적 정확하게 설명할 수 있다.
	C	실물, 그림, 사진, 도표 등을 활용하여 적절한 어휘와 언어 형식으로 내용을 대략적으로 설명할 수 있다.
	D	실물, 그림, 사진, 도표 등을 활용하여 적절한 어휘와 언어 형식으로 내용을 부분적으로 설명할 수 있다.
	E	실물, 그림, 사진, 도표 등을 활용하여 주어진 어휘와 언어 형식으로 내용을 제한적으로 설명할 수 있다.
	A	사실적 정보나 지식을 다양하고 적절한 어휘와 언어 형식을 활용하여 말이나 글로 정확하게 전달할 수 있다.

▲ 고등학교 공통 영어 성취기준 및 성취기준별 성취수준(2024.a)

그런데 수학과는 단원별로 성취기준이 있다 보니, 다른 단원의 성취기준을 가져와 평가 요소로 추출하기 어려웠다. 그래서인지 실제로 그동안 봤던 수학과 평가 사례집에서 '수학적 표현'만 떼어서 별도 평가 요소로 둔 사례를 한 번도 본 적이 없었다

다만 '[9수03-11] 사각형의 성질을 이해하고 정당화할 수 있다.'라는 이번 평가의 성취기준은 수학과의 교과역량 중 **'의사소통 역량'**을 내포한다고 볼 수 있지는 않을까? 왜냐하면 '정당화'라는 것은 필연적으로 '정확한 표현을 통한 설명', 다시 말해 의사소통이 동반되어야만 하기 때문이다.

> 의사소통 역량의 평가는 수학 용어, 기호, 표, 그래프 등 수학적 표현을 이해하고 정확하게 사용하는지, 적절한 수학적 표현을 선택할 수 있는지, 수학적 표현 간에 변환을 할 수 있는지, 수학적 아이디어나 수학 학습 과정 및 결과에 대해 표현하고 다른 사람의 견해를 이해하는지, 수학적 표현의 편리함을 인식하는지, 타인을 배려하고 의견을 존중하는지 등을 고려한다.

▲ 2022 개정 교육과정 중 수학과 교육과정에 언급된 '의사소통 역량'(교육부, 2022e)

AI에게도 이 생각을 물어봤다. AI가 정리해 준 답변의 논리는 아래와 같았다.

① "정당화한다"라는 것은 무엇을 의미하는가? – 자기 생각을 논리적으로 서술하거나 표현함.

↓

② 정당화 과정에서 무엇이 필요한가? – 수학적 용어, 기호, 표현, 논리적 연결어 사용

↓

③ 그러면 평가할 수 있는 요소는?– 수학적 표현의 정확성, 논리적 타당성, 근거의 명확성. 따라서 **평가 요소로 추출할 수 있다.**

▲ 평가 요소 추출에 대한 AI의 답변을 정리

그럼에도 불구하고 너무 단순하고 쉬운 논리로 혼자 합리화하고 넘어가는 것 같아 꺼림칙했다. AI의 의견에 다시 한번 딴지를 걸어보았다. 나온 답변은 아래와 같다.

방안	평가 요소	채점 기준(수행 수준) 중 '우수'
1안(보수적): 성취기준의 핵심 동사 "정당화"에 정착시키기	정당화 서술의 명확성 (표현 포함)	용어·기호·도식을 정확·일관되게 사용, 문장과 도식의 대응이 명료
2안(적극적): 의사소통 준거를 보조 요소로 명시	수학적 표현의 정확성	표준 용어·기호·도식을 정확·일관되게 사용, 도형 표시·기호 대응 정확

▲ 평가 요소 추출 방안에 대안 AI의 답변 정리

1안의 평가 요소는 매력적인 대안으로 보였다. 성취기준의 '정당화'를 구체적으로 언급했고, 채점 기준(수행 수준)도 명확했다. 다만 '정당화'가 드러나지 않은 답안에 대해서는 평가 기준을 적용하기 어려울 수 있다는 한계를 발견했다.

이 부분을 AI에게 언급하며 다시 개선본을 요청했다. 몇 가지 대안을 제안했는데, 핵심은 괄호를 통해 구체적으로 명시하라는 것이었다. 필자 또한 딱히 다른 방법이 생각나지 않는 상황이었고, 나쁘지 않은 아이디어라고 생각했다.

> 대안 1. 서술의 명확성(성질 진술·정당화 전 과정)
> 대안 2. 표현의 적절성(정의·성질 진술 및 정당화 포함)
> 대안 3. 수학적 서술·표현의 명확성(전 과정 적용)

▲ 평가 요소 개선 요청에 대한 AI의 답변을 정리

최종적으로 필자가 작성한 평가 요소는 '표현의 정확성(관찰 및 추론, 정당화 전 과정)'이었다.

(3) 마지막 고민 – 무엇을 '수학적 표현' 평가 요소에서 감점해야 하는가?

마지막 문제가 남았다. **어디까지 '수학적 표현'으로 볼 것인가** 하는 문제다.

예를 들어 학생이 삼각형 ABC와 DEF가 합동이라는 뜻으로 원래는 △ABC≡△DEF라고 써야 하는데 △ABC=△DEF라고 썼다고 해 보자. 이건 단순한 기호 실수일 수도 있지만, 사실은 의미가 완전히 달라져 버린다. 앞의 식은 모양이 같다는 뜻이고, 뒤의 식은 넓이가 같다는 뜻으로 읽힐 수 있기 때문이다. 만약 학생이 뒤에서 전개할 때는 합동을 전제로 풀이를 이어 갔다면, 이건 표현만 틀린 게 아니라 논리에도 금이 간 것이다.

'수학적 표현'이라는 별도의 평가 요소를 둔다면, 교사는 이것을 수학적 표현에 해당하는 평가 요소에서 감점해야 할까? 아니면 풀이 과정에 오류가 있는 것으로 보고 문항에 해당하는 평가 요소에서 감점해야 할까? 해당 내용 역시 AI에게 질문했다.

구분	내용 요약	문항에 해당하는 평가 요소	수학적 표현에 대한 평가 요소
1. 개념적 오류	넓이가 같다는 것과 모양이 같다는 것의 차이를 이해하지 못함	감점	감점
2. 표현상의 오류	개념은 올바르게 이해했으나 기호를 잘못 사용함 → 표기 실수	감점하지 않음	감점
3. 불분명한 경우	답안 일부는 합동을 시사하나, 의도를 확정하기 어려움	풀이 과정에 오류가 있다면 감점	감점

▲ 수학적 표현의 감점 범위에 대한 AI의 답변을 정리

좀 더 구체적인 예시는 다음과 같았다.

	1. 개념적 오류	2. 표현상의 오류	3. 불분명한 경우 (같다는 표현이 넓이인지 합동인지 불분명)
예시: 사각형 ABCD는 평행사변형일 때, 평행사변형의 성질 중 "마주 보는 변의 길이는 서로 같다"는 것을 증명하는 상황	$\overline{AB} \parallel \overline{CD}$, $\overline{AD} \parallel \overline{BC}$ 이므로, 두 삼각형 $\triangle ABC$와 $\triangle CDA$의 넓이가 같으므로 $\triangle ABC = \triangle CDA$. 따라서 $\overline{AB} = \overline{CD}$, $\overline{AD} = \overline{BC}$.	$\overline{AB} \parallel \overline{CD}$, $\overline{AD} \parallel \overline{BC}$ 이므로, $\triangle ABC$와 $\triangle CDA$에서 $\angle 1 = \angle 2$ (엇각), $\angle 3 = \angle 4$ (엇각), $\overline{AC} = \overline{AC}$ (공통). 따라서 $\triangle ABC = \triangle CDA$. 그러므로 $\overline{AB} = \overline{CD}$, $\overline{AD} = \overline{BC}$.	$\overline{AB} \parallel \overline{CD}$, $\overline{AD} \parallel \overline{BC}$ 이므로 두 삼각형 $\triangle ABC$와 $\triangle CDA$는 같다. 따라서 $\overline{AB} = \overline{CD}$, $\overline{AD} = \overline{BC}$.

▲ 수학적 표현의 감점 예시에 대한 AI의 답변을 정리

이렇게 유형을 나눠 놓으니, 머릿속이 꽤 정리되었다. '표현'이라는 별도의 장치를 둬도 실제로는 문항 자체에서 감점해야 할 경우가 있다는 것도 분명해졌다.

그러나 영화를 보더라도 너무 일이 술술 풀리면 이상하지 않은가? 관습적으로 하던 것에 대해 의문을 품고, 전혀 가보지 않은 길을 가고 있는데 너무 순조롭게 정리되는 느낌이었다. 왜 이렇게 쉽게 납득했을까 생각해 보니, 사실 저 답변은 시간만 충분히 주어졌다면 스스로 생각해 냈을 답변과 거의 동일했기 때문이다.

필자가 AI를 쓰는 이유는 혼자서도 할 수 있는 일을 더 빨리하기 위해서는 아니다. 혼자 생각하지 못한 것에 대해 생각해 볼 수 있기 때문이다. 조금 전 정리한 채점 기준에 대해 다양한 관점에서 분석해 달라 요청했고, 이번에도 꽤 많은 문제점이 나왔다.

예상되는 문제점	이유
1. 중복 감점의 위험	같은 실수를 개념과 표현 두 곳에서 모두 깎는 상황이 생길 수 있습니다. 이는 공정성을 해치고 학생 피드백도 흐립니다.
2. 채점자 간 일관성 저하	'오기냐, 개념 오해냐'의 경계 판단이 사람마다 달라져 채점 일관성이 저하됩니다.
3. 수업 목표와 평가 불일치 (구성 타당도)	문항의 본질이 '합동 개념 이해'였는지, '의사소통(기호 사용)'이었는지 명확하지 않으면 점수 해석이 애매해집니다.
4. 언어·기호 장벽	성취는 충분한데 기호 습관만 미숙한 학생에게 과도한 불이익이 갈 수 있습니다.

▲ 평가 요소로 인해 생길 수 있는 문제점에 대한 AI의 답변을 정리

답변 중 2번의 채점자 간 일관성 문제는 평가 전 동교과 교사와 충분한 논의를 통해 맞춰 나가면 된다. 3번과 4번에 해당하는 문제 역시 배점 비중을 축소하면 해결 가능했다.❻

문제는 1번이었는데, 애초에 필자가 별도의 루브릭으로 '수학적 표현'을 만든 이유가 하나의 실수로 과도한 감점을 막기 위해서였다. 고민하던 끝에 중복 감점은 피하는 방향으로 결론을 냈다.

---

❻ 배점 간격을 소수점으로 줄이는 것도 고려해 봤지만, 평가 계획서에 소수점 배점을 둘 수는 없었다.

2) 루브릭 설계하기

이제 기준이 생겼으니, 실제로 루브릭을 만들어야 했다. 필자는 AI를 쓸 때 여러 번 주고받으면서 내용을 구체화하는 편이다. 그러나 루브릭만큼은 2~3번 안에 틀을 잡아버리고 직접 고쳐 쓰는 게 더 빨랐다. AI는 수학 교과의 세부 내용 요소나 한국의 루브릭 작성 유의사항을 충분히 이해하지 못해, 한 가지 오류를 고치면 다른 오류가 생겼다. 그래서 하나하나 맥락을 주기보다 큰 틀만 AI로 잡아놓고 직접 작성하는 편이 빨랐다. 그래서 먼저 평가 문항 전체를 통째로 붙여 넣고, 그 아래에 조건을 달았다.

> **프롬프트**
> - 상술한 논술형 평가 문항 복사하여 붙여넣기(사진은 생략)
> # 요청 사항
> - 위 문항에 대한 서논술형 평가 루브릭 작성
> ## 문항 개요
> - 위 문항은 중학교 2학년 평면 도형 단원의 서논술형 평가
> - 학생들이 연역적 정당화의 필요성을 인식하고, 증명한 후, 일상생활로 내용을 전이하는 일련의 과정을 4문항으로 구성
> ## 루브릭 작성 시 고려할 요소
> 1. 수학적 표현에 대한 평가 요소가 별도로 존재했으면 좋겠어(평가 요소명 : 표현의 정확성(관찰 및 추론, 정당화 전 과정))
> 2. 각각의 평가 요소는 3단계로 배점이 존재
> 3. 채점 시 Error Carried Forward 현상❼이 나타나지 않게끔 루브릭을 작성해 줘
> 4. 해당 단원의 성취기준은 `[9수04-12]사각형의 성질을 이해하고 설명할 수 있다.`이다. 성취기준으로부터 평가 요소를 추출해 줘.
> 5. 총점은 20점, 기본 점수(최하점)는 8점.
> ---❽
> 시작해

▲ 루브릭 생성 프롬프트 예시

처음 출력된 결과에서는 평가 요소가 아래와 같다.

평가 요소	성취 기준 연결 근거	배점
탐구 질문 설정의 적절성	사각형의 성질을 상황에 맞게 선택·서술	2
사례 생성과 예측(관찰 결과-예측)	여러 사각형의 성질 비교, 성질로부터 추론	3
예측의 증명(연역적 정당화)	사각형의 성질을 논리적으로 설명(증명)	6
실생활 적용(사진 측정·판정)	성질을 실제 상황에 적용하여 설명	4
수학적 표현(기호·용어·단위)	성질을 정확한 수학적 언어로 설명	3
논리적 구성·가독성(서술 구조)	성질을 조리 있게 설명	2

▲ 평가 요소 추출에 대한 AI의 답변을 정리

❼ 이전 문제의 결과가 다음 문제의 결과에 영향을 주는 현상을 해외에서는 Error Carried Forward(ECF)나 Follow-Through 등으로 표현했다. 한국어로는 적절한 표현을 찾지 못해 영문으로 작성하였다.
❽ 프롬프트에 - 기호가 세 번 나온다. 줄 구분을 하는 방법으로, 프롬프트를 구조화하는 기법이다.

평가 요소가 좀 낯설게 느껴졌다. 필자가 보았던 사례집의 평가 요소들은 단순히 각각의 문항을 요약한 것이라기보다 직접적으로 성취기준 속 단어나 표현 등을 포함하는 경우가 많았다. 또한 마지막 평가 요소는 문장 구사 능력을 보겠다는 것인데, 교과 성취기준과 아무런 관련이 없다. 해당 내용을 반영하여 수정본을 요청했다. 수정본은 아래와 같다.

평가 요소	수행수준(채점 기준)	배점
① 평행사변형 관련 탐구질문 작성하기	평행사변형이 되는 조건을 정확히 언급하고, 수학적으로 타당한 탐구 질문을 구체적이고 명확하게 제시함.	3
	평행사변형이 되는 조건을 언급했으나, 탐구 질문이 모호하거나 평행사변형과 관련이 없음.	2
	조건과의 관련성이 낮거나 수학적 타당성이 부족한 질문을 제시함.	1
② 관찰에 근거해 일반화하기	평행사변형이 되는 조건을 만족하는 서로 다른 도형을 2개 이상 제시하고, 각 도형이 조건을 만족함을 정확히 설명하며 예측을 명료하게 진술함.	4
	도형 예시는 있으나 조건 설명이 일부 부정확하거나, 탐구 질문과 예측의 관계가 모호함.	3
	도형 예시가 부족하거나 조건 충족 여부 판단이 불명확함.	2
③ 평행사변형이 되는 조건 정당화하기	선택한 평행사변형의 판정 조건을 정확히 사용하여 논리적으로 완전한 증명을 제시하고, 근거를 명확히 인용함.	6
	증명의 전체 논리 구조는 타당하고 결론이 올바르나, 일부 근거가 생략되었거나 불분명함.	4
	조건의 의미를 적용하는 과정이 부정확하고 결론에 도달하지 못함.	2
④ 실생활 상황 설명하기	문장 틀을 활용하여, 사진 속 사각형에 대해 실제 측정값을 선택한 판정 조건에 맞게 해석하고, 증명의 일반 결과와 일치하는 결론을 명확히 제시함.	4
	문장 틀을 대체로 완성하였고 실제 측정을 했으나, 결론 해석에서 오류가 있음.	3
	문장 틀의 완성도나 실제 측정 기록이 부족하고 결론의 근거가 불충분함.	2
⑤ 표현의 정확성 (관찰 및 추론, 정당화 전 과정)	수학 용어·기호($\parallel$, $\equiv$, 선분 기호 등)를 정확하고 일관되게 사용하며 문장 구조가 논리적으로 명확함.	3
	수학 용어·기호의 사용이 부분적으로 부정확하거나 문장이 다소 불명확함.	2
	용어·기호 오용 등으로 논리 파악이 어려움.	1

▲ 평가 요소 및 루브릭 수정 요청에 대한 AI의 답변을 정리

이제야 필자가 원했던 구조와 비슷해졌다. 마지막 평가 요소에 수학 용어·기호($\parallel$, $\equiv$, 선분 기호 등)의 정확한 사용을 넣어 두었으니, 앞에서 고민했던 문제도 해결되었다. 여기부터는 AI가 작성해준 초안을 놓고 교사가 문장만 학교 현장에 맞게 다듬으면 된다. 더 이상 백지에서 시작할 필요가 없었다.

라. 소감 및 제언

초반에 언급했듯 필자는 관습처럼 해 오던 평가 방식을 잠시 멈추고, 왜 이런 방식으로 평가해 왔는지, 다른 방식은 가능한지, 그리고 그 과정에서 AI가 어떤 역할을 맡을 수 있는지를 나누고 싶었다. 결국 이 글을 쓰게 만든 핵심 동기는 AI라는 도구를 활용해 '나만의 교육적 원형(Original)이 무엇인지'를 찾아나가는 것이었다.

교사로 학교 현장에서 일하다 보면 수업, 평가, 생활지도, 행정 업무 사이에서 크고 작은 고민들이 끝없이 생긴다. 수업이 원하는 만큼 살아나지 않을 때도 있고, 평가가 학생의 실제 성장을 제대로 포착하고 있지 않은 것 같아 찜찜할 때도 있으며, 학생을 비롯한 다양한 인간관계로부터 오는 피로감도 적지 않다.

하지만 숨 가쁜 일상의 쳇바퀴 속에서 이런 고민들은 흔적도 없이 휘발되어 버린다. 동료 교사와 허심탄회하게 이야기를 나누어봐도, 교육이라는 것이 애초에 정답이 없는 영역이다 보니 명쾌한 답 없이 끝나는 경우가 훨씬 더 많다. 결국 교사는 어떤 직업보다 많은 사람들과 함께하는 직업이지만, 그와 동시에 늘 고독한 직업이다.

그런데 이번에 AI와 함께 서논술형 평가를 설계하는 과정을 거치면서, 필자는 묘하게도 협업하고 있다는 감각을 자주 느꼈다. '이 실생활 상황이 학생에게 실제로 와 닿을까?', '이 경우는 중복 감점이라고 봐야 할까?', '이 조건을 평가 요소로 따로 뽑아도 될까?'와 같은 질문을 새벽에도, 퇴근 후에도, 주말에도 마음 내킬 때마다 던질 수 있었고, AI는 언제든지 대화를 받아 주었다. 머릿속에서만 어지럽게 떠다니던 생각들을 AI가 먼저 구조화해 문장으로 정리해 줄 때도 있었고, 막연한 불편함을 다른 언어로 다시 설명해 주면서 '아, 내가 찜찜해했던 지점이 바로 이거였구나' 하고 스스로를 이해하게 되는 순간도 있었다.

한편으로는, AI 없이 혼자서 이 모든 과정을 처음부터 끝까지 해내는 것이 점점 더 엄두가 나지 않을 것 같다는 생각도 들었다. 언젠가는 '없던 시절로 돌아가고 싶지 않은 도구'가 될 것 같은 예감도 들었다. 성인인 필자조차 이런데, 앞으로의 학생들에게 AI는 얼마나 더 강력한 존재가 될지, 그런 환경에서 교사는 어떤 역할을 해야 할지 여러 질문들이 자연스럽게 따라왔다.

요즘 교육계 안팎에서 AI를 부르는 이름은 정말 다양하다. 어떤 사람은 AI를 '업무를 도와주는 비서'라고 부르고, 다른 사람은 '수업과 평가를 함께 설계하는 동료'라고 부른다. 조금 더 비판적인 사람은 언젠가는 교사 위에 군림하는 '중간 관리자'처럼 될지도 모른다고 우려한다. 또 다른 사람은 AI를 통한 행정 간소화, 업무 경감, 교육과정 재구성 가능성을 이야기하고, 누군가는 하루가 멀다 하고 새로 등장하는 모델과 기능 소식을 전해 주며 '이제 이걸 안 쓰면 손해'라고 말한다. 또 다른 누군가는 소극적으로라도 러다이트 운동❾을 시작하고 있다. 24년엔 AI라는 단어 자체가 유행이더니, 올해는 AI 에이

---

❾ 19세기 초 영국에서 노동자들이 기계 도입으로 인한 생계 위협에 맞서 방직 기계를 파괴하며 벌인 저항 운동이다.

전트(Agent)라는 단어가 남루할 정도로 쓰인다. AI가 학교를 어떻게 바꿀까, AI가 사회를 어떻게 뒤흔들까, 모두가 저마다의 이야기를 하는 동상이몽의 시대이다.

필자는 한없이 내향적인 성향이라 그런지 이런 이야기들을 계속 듣다 보면, 자연스럽게 질문이 바깥에서 안쪽으로 방향을 튼다. '**그래서 나에게 AI는 무엇인가?**'라는 문제였다.

지금까지의 경험을 정리해 보면, 필자는 AI에 대해 대략 세 가지 생각을 가지고 있다.

> 1. 교사 개인의 한계 극복으로서의 도구
> 2. 사람과 사람 사이의 관계를 재구성하게 만드는 존재
> 3. 근면함의 중요성을 자각하게 하는 계기

첫 번째로 AI는 명백히 개인이 전보다 더 많은 것을 할 수 있게 한다. 이 장에서 필자는 AI와 깊은 고민을 나눴다. 평가 설계에 오랜 시간이 걸렸지만, 혼자서 동일한 수준의 결과물을 만들어야 했다면 얼마나 더 긴 시간이 필요했을지 상상이 안 간다.

그뿐만이 아니다. 필자가 이 책을 집필하면서 다른 저자들과 이야기를 나눌 때도, 중등의 가장 큰 어려움은 결국 입시였다. AI는 현실의 입시 구조나 학교 시스템을 바꾸지 않은 채, **기존의 시스템이 허락하는 한에서 교사 개인이 한계를 극복할 수 있게 해준다**. 그런 의미에서 AI는 '개인'이 좀 더 자신의 색깔로 빛날 수 있게 만들어주는 도구이다. 나아가 학생들로 하여금 '나'라는 교사와 '수학을 통해 내가 전하고 싶은 것'을 좀 더 느낄 수 있게 만들어주는 도구이다.

두 번째로 AI는 인간 단절을 불러올 가능성과 관계의 형식을 바꾸는 가능성을 함께 품은 존재이기도 하다. 사람과 사람이 만나는 일은 언제나 '사람'이 가장 큰 변수이자 스트레스다. 반면 AI와 대화를 통해 문제를 해결하는 과정은 매우 간편하다. 그래서 어느 순간부터는 '이 문제를 굳이 동교과 선생님께 찾아가서 물어봐야 할까? AI에게 한 번 더 물어보면 되지 않을까?' 하는 생각이 슬며시 고개를 들기도 했다. 개인주의가 강해지는 시대에 이것은 특히나 더 의미가 있을 것이다.

하지만 이번 설계 과정에서 인상 깊었던 장면 중 하나는, AI와 여러 번 주고받으면서도 끝내 잡히지 않던 개선점이 동교과 선생님과의 5분짜리 짧은 대화에서 단번에 튀어나온 순간이었다. 미래를 알 수는 없지만, 이 장을 쓰는 과정에서 경험한 것은 AI와의 대화가 동료 교사와의 대화를 준비하는 일종의 **사고의 예열**이 되기도 한다는 점이다. 생각을 미리 정리한 뒤 사람과 만나면, 오히려 대화의 밀도는 더 높아졌다. 어쩌면 이것은 단절이 아니라 **관계의 형식이 바뀌는 과정**일지도 모른다.

마지막은 앞으로는 AI를 얼마나 잘 쓰는지보다 'AI를 활용할 근면함'이 있는지가 진짜 격차가 될 것 같다는 점이다. 필자는 주변에서 'AI를 얼마나 잘 쓰느냐가 격차를 만들 것이다'라는 식의 이야기를 많이 듣는다. 그런데 AI를 만든 기업과 플랫폼이 목표로 하는 일은 오히려 그 격차를 줄이는 일에 가깝다. 더 많은 대중들이 활용할 수 있게 만드는 것이야말로 이윤을 추구하는 기업이 할 일이기 때문이다. 시간이 지날수록 '도구를 쓸 줄 아느냐'의 격차는 줄어들 것이다.

그러면 남는 건 결국 '얼마나 자주, 얼마나 깊게, 얼마나 집요하게 질문해 보았는가'라는 아주 인간적인 차이뿐이다. 같은 루브릭을 놓고도 어떤 교사는 AI와 수십 번을 주고받으면서 기준을 세분화하고, 다른 교사는 한두 번 물어보고 거기서 멈춘다. 이것은 'AI 활용 능력'의 차이라기보다, 매일 조금씩 의문을 품고 AI와 탐구해 나가는 태도의 차이이다. 스스로의 관점을 갖고 있는 자와 이제 막 첫 단추를 끼우는 자 사이에 생기는 태도와 지식의 간극은, 언제 어디서나 친절하게 답해주는 AI라는 매력적인 대체제와 맞물리면서 교사 간 소통의 장벽을 키울지도 모른다.

이번 서논술형 평가 설계 과정을 포함해 지금까지 필자가 몸으로 겪은 경험을 돌아보면, 점점 더 중요하게 느껴지는 질문은 생각보다 단순했다. 'AI가 세계를 어떻게 바꿀 것인가?', 'AI가 교육을 어떻게 바꿀 것인가?'라는 질문도 물론 의미 있겠지만 결국 가장 직접적으로 다가온 질문은 '그렇다면 나에게 AI는 무엇인가?'였다.

나는 AI를 단순히 문장 생성기로 치부하고 있는 건 아닌가
나는 AI를 관리자처럼 여기며 허락을 구하고 있지는 않은가
나는 AI를 많이 쓰는가 아니면 잘 쓰는가
나는 AI를 통해 더 나은 서논술형 평가, 더 나은 수업, 더 나은 교육을 만들어가고 있는가

앞으로도 필자는 수업과 평가, AI를 사이에 두고 비슷한 질문들을 계속 반복할 것 같다. '이 평가에서 정말 보고 싶은 것은 무엇인가?', 'AI가 이 부분에서 도와줄 수 있는 것은 어디까지인가?', 'AI를 사용하면서도 놓치지 말아야 할 나의 교육은 무엇인가?'와 같은 질문들 말이다. 아마 이 질문들을 얼마나 성실하게 붙잡고 파고들 수 있느냐가, AI 시대의 교사로서 필자가 어떤 모습을 유지하고 어떤 방향으로 성장해 갈지를 결정짓는 기준이 될 것이라고 생각한다.

교사들이 AI를 충분히 활용해보고, 그 명과 암을 피부에 와닿게 이해하게 된다면, 나아가 위의 질문들에 대해 남의 이야기가 아닌 나의 이야기를 할 수 있게 된다면 변화의 시대에도 굳건히 서서 내가 닦아온 교육의 원형을 학생들 앞에 또렷하게 내놓을 수 있을 것이라 믿는다.

05

서논술형 평가 리디자인: AI와 내 문항 톺아보기(중등 일본어)

가. 중등 일본어 교과의 서논술형 평가 제작 한계와 고민

필자는 중등에서 일본어를 가르치고 있다. 평가 문항을 제작할 때 제일 먼저 다가온 고민은 '이제 ㄱ, ㄴ, ㄷ 처럼 갓 글자를 배운 초보 학습자들에게 깊은 사고를 길러줄 수 있는 서논술형 문항을 제시하여, 학습자들의 사고 과정을 서술하게 하는 것이 가능할까?'라는 의문이었다.

일본어 교육과정 내용 영역은 크게 언어(듣기, 말하기, 읽기, 쓰기)와 문화로 이뤄져 있는데, 대부분의 서논술형 문항은 문화에 치우쳐있다. 이유는 단 하나, 학습자들이 한국어로 답변을 쓸 수 있기 때문이다. 이에 비해, 언어적 요소를 묻는 문항은 자신의 생각을 서술하기에는 학습자들의 어휘력이 기초 수준에 머물기 때문에 많은 한계가 존재한다.

그럼에도 불구하고, 언어 사고 과정을 기술하도록 하는 서논술형 평가 제작의 필요성을 느껴 중학교 3학년 학생을 대상으로 다음과 같은 수행평가를 실시한 뒤, 해당 문항을 2023년 6월 필자가 논술형 평가 핵심교원으로 교육청 자료집을 집필할 때, 서논술형 수행평가 사례로 발표한 적이 있다.

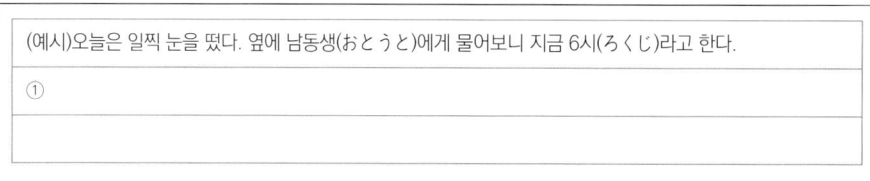

▲ 확장형 서논술형 수행평가 예시

　해당 문항을 출제한 가장 큰 의도는 학습자가 이미 알고 있는 기초 어휘들을 자유롭게 조합하여 긴 호흡의 스토리텔링 글을 작성해 봄으로써, 학습자들의 창의성을 신장시키고 의사소통 능력과 문제해결력을 길러주어, 사고력을 확장시키는 경험을 제공해 주기 위함이었다. 특히나, 일본어는 한국어와 어순, 어휘의 구조, 조사 등의 활용이 매우 유사하다는 장점이 있기에, 한국어 어순에 따라 일본어 어휘를 적재적소에 배치하는 연습을 한다면, 언어 능력 향상에도 도움이 될 것으로 판단하였다.

　해당 문항을 동교과인 제2외국어(중국어, 일본어) 선생님들과 의견을 나눌 때는 초보 학습자들의 언어적 사고 확장의 기회 제공이라는 면에서 긍정적인 평가가 많았고, 매우 유용한 아이디어라는 피드백을 받았다. 하지만, 한편으로 '이러한 평가를 과연 일본어 논술형 평가로 볼 수 있는가?'라는 염려가 컸다. 아니나 다를까 컨설팅 과정에서 해당 문항을 일본어 논술형 평가로 보기 어렵다는 타교과 선생님들의 반응이 이어졌고, 결국 해당 문항은 논술형 평가 실천 자료에서 제외할 수밖에 없었다. 이에, 최소한의 대화문이라도 학습자가 온전히 스스로 배운 어휘만을 활용하여 일본어로 문장을 쓰고 자신의 의사소통 과정을 나타낼 수 있는, 즉 일본어 초급 학습자에게 고차원적인 사고력을 길러줄 수 있는 서논술형 평가 문항 제작에 대한 고심이 깊어져 갔다.

나. 서논술형 평가 도전과 50%의 아쉬움

1) 일단 부딪쳐 본 서논술형 수행평가 도전기 (문항 제작과 루브릭 난제)

고등학교로 왔지만 사실 일본어 학습 수준은 중학교나 고등학교나 다를 바가 없다. 처음 히라가나라는 글자를 배우고, 만남, 헤어짐 등의 의사소통 기본 표현으로 이어가는 흐름에는 변화가 없기 때문이다. 이러한 한계에도 불구하고, 필자는 학생들에게 의사소통 능력을 향상시킬 수 있는 평가에 도전해 보고 싶었고, 여러 호흡의 대화문을 작문하는 **'일본집 방문 상황극으로 소통하기'**라는 서논술형 수행평가를 구상해 보았다.

교과서 3단원에 한국인 학생이 일본인 집을 방문하여 나누는 대화문과 가족 소개, 권유, 감사 등의 표현이 나오는데, 이 모든 언어 요소들을 종합하여 '내가 일본인 친구의 집을 방문할 때 나눌 수 있는 실제적인 대화 상황을 창의적으로 구성해 보도록 하면 어떨까?'라는 생각으로 기획한 평가였다. 학습자들은 이 과제를 통해 일본인 친구 집을 방문하여 가족이나 타인을 소개하고, 기념품을 주고받으며 권유와 감사 표현을 구사할 수 있기에 우리 삶의 맥락과 닿아있는 실제적인 의사소통 역량을 기를 수 있을 것으로 판단되었다.

다음 〈조건〉에 따라 내가 일본인 친구 집을 방문할 때 나눌 수 있는 대화문을 작성하시오.

― 〈조건〉 ―

1. 내가 일본인 친구의 집을 방문할 때 나눌 수 있는 실제적인 대화 상황을 창의적으로 구성할 것.
2. 의사소통 중 〈①방문, ②타인 혹은 가족 소개, ③권유, ④감사〉의 내용 요소가 반드시 포함될 것.
3. ★촉음, 요음, 탁음 등의 표기를 정확하게 쓸 것.
4. 대화 구성원은 자신이 직접 지정하고 한글로 기입할 것. (예 나(이하나). 나미 어머니. 나미. 나미네 오빠)
5. 상황이나 장소 등의 부연 설명은 한글로 작성할 것.

▲ 학생들에게 안내한 수행평가 공지 내용(초기 평가 문항)

Ⅵ. 수행평가 세부기준

평가영역명	일본집 방문 상황극으로 소통하기		**영역만점**	25점	**학기**	1학기
2022 개정 교육과정 성취기준	[12일어04-02] 간단한 구나 문장을 표기법과 어법에 맞게 쓴다. [12일어04-03] 간단한 대화문이나 글을 상황과 목적에 맞게 작성한다.					
평가기준	상	일본 가정집 방문과 관련된 다양한 의사소통 표현을 가나 표기법과 어법에 맞는 짧고 쉬운 글로 쓰고, 디지털 도구로 자신의 의사소통 상황을 효과적으로 표현할 수 있다.				
	중	일본 가정집 방문과 관련된 의사소통 표현을 제시된 문형에 맞게 짧고 쉬운 글로 쓰고, 디지털 도구로 자신의 의사소통 상황을 대략적으로 표현할 수 있다.				
	하	일본 가정집 방문과 관련된 의사소통 표현을 제시된 어구나 낱말을 조합하는 수준으로 쓰고, 디지털 도구로 자신의 의사소통 상황을 일부 표현할 수 있다.				

평가 요소	평가 요소	수행 수준(채점 기준)	배점
일본집 방문 대화문 작성하기 (논술)	▸ 방문 인사(주인, 손님)를 상황에 맞게 정확한 문장으로 작성할 수 있는가? ▸ 타인(가족) 소개를 상황에 맞게 정확한 문장으로 작성할 수 있는가? ▸ どうぞ를 활용한 권유 표현을 다양한 낱말을 조합하여 자신의 의사를 유연하게 전달할 수 있는가? ▸ 감사 표현을 친밀도에 따라 구분하여 작성할 수 있는가?	일본집 방문 상황에서 나눌 수 있는 대화문을 인사, 타인(가족) 소개, 권유, 감사 표현 등을 모두 포함하여 가나 표기법에 맞는 짧고 쉬운 글로 정확하게 작성할 수 있다.	15
		일본집 방문 상황에서 나눌 수 있는 대화문을 인사, 타인(가족) 소개, 권유, 감사 표현 등을 대략적으로 포함하여 제시된 문형 맞는 짧고 쉬운 글로 작성할 수 있다.	12
		일본집 방문 상황에서 나눌 수 있는 대화문을 인사, 타인(가족) 소개, 권유, 감사 표현을 일부 포함하여 짧고 쉬운 글로 작성할 수 있다.	9
		일본집 방문 상황에서 나눌 수 있는 대화문을 제시된 어구나 낱말을 조합하는 수준으로 작성할 수 있다.	6
		위의 평가 요소를 모두 만족하지 못하는 경우 (백지 답안지 제출, 자발적 미참여 포함)	3 (기본점수)
일본집 방문 상황극으로 표현하기	▸ 디지털 텍스트로 대화문을 표현할 수 있는가? ▸ 디지털 도구를 활용하여 실제 맥락에 맞는 상황극을 창의적으로 표현하였는가?	가나 표기법에 유의하여 디지털 텍스트로 대화 문장 전체를 제시하고, 디지털 도구를 활용하여 실제 맥락에 맞는 상황극을 창의적으로 표현할 수 있다.	10
		가나 표기법에 유의하여 디지털 텍스트로 대화 문장 대부분을 제시하고, 디지털 도구를 활용하여 실제 맥락에 맞는 상황극을 대부분 표현할 수 있다.	8
		가나 표기법에 유의하여 디지털 텍스트로 대화 문장을 단편적으로 제시하고, 디지털 도구를 활용하여 상황극을 단편적으로 표현할 수 있다.	6
		디지털 텍스트로 대화 문장 일부를 제시하거나, 디지털 도구로 상황극을 일부 표현할 수 있다.	4
		위의 평가 요소를 모두 만족하지 못하는 경우(백지 답안지 제출, 자발적 미참여 포함)	2 (기본점수)
장기 미인정 결석자			4

▲ 학기초 평가 계획으로 제출한 채점 기준(성취기준은 2022 개정교육과정에 맞게 수정함)

위 평가는 크게 ①일본집 방문 대화문 작성하기(논술형 쓰기)와 ②일본집 방문 상황극으로 표현하기(디지털 도구 캔바(Canva)를 활용하여 애니메이션으로 상황극 제작하기)로 구성된다. 애초 계획은 학습자들이 3단원에서 배운 언어 학습 요소(방문, 소개, 권유, 감사 표현)를 종합하여 대화문을 작문하는 ①번 논술형 평가를 실시한 뒤에, 그 대화문을 토대로 디지털 텍스트로 입력하고 ②번 애니메이션 상황극을 제작하는 방식이었다. 디지털 텍스트, 즉 키보드로 대화문을 작성하는 과정을 수행평가에 넣은 이유는 일본어의 경우 음과 글자가 일치하기 때문에 あ[아]라는 글자를 입력하기 위해서는 키보드 설정 변경 후 [a]를 입력하면 되므로 디지털 텍스트로 입력하는 과정 자체가 언어 학습이 되기 때문이다. 그러나 실제 평가를 실행하는 과정에서 처음의 기대와 달리 여러 문제가 발생 했고, 다양한 시행착오를 겪으며 많은 고민이 쌓여 갔다. 이에 필자가 느낀 어려움과 서논술형 평가를 실시할 때 고려해야 할 점들을 함께 나누고자 한다.

(1) 첫 번째 고민: 초보 학습자들이 긴 대화문을 쓸 수 있을까?

①번 논술형 평가는 그동안 학습한 '어휘, 문장, 의사소통 표현'과 같은 흩어진 언어 요소들을, 주어진 〈조건〉을 참고하여 긴 호흡의 대화문으로 구성해야 한다. 이를 위해 학습자들은 언어 학습 요소를 정확하게 익히고 의미를 이해한 뒤 문장을 자유롭게 구성할 수 있어야 했다.

평가를 설계한 후 동교과 선생님께 의견을 구하니 좋은 아이디어지만 아이들이 이 평가를 과연 잘 해결할 수 있을까 염려가 된다는 피드백을 해 주었다. 학습자들은 이제 교과서 지문을 배웠을 뿐인데 바로 숙지하여 스스로 문장을 작문하는 데에는 어려움이 있을 것 같다는 의견이었다. 물론 필자도 염려하던 부분이기에 '혹시 해당 수행평가를 오픈북으로 시행하면 어떨까'라는 아이디어를 생각해 보게 되었다. 하지만 오픈북으로 시행하면 교과서와 학습지 등의 자료를 참고하여 자유로운 창작이 가능하겠지만 과연 학습자들의 언어 의사소통 향상에 도움이 될 것인지가 의문이었다. 또한, 평가가 오픈북이면 변별 요소가 전혀 없을 것 같다는 현실적인 걱정도 되었다.

그러던 중 얼마 전 동학년 선생님의 푸념(?)이 생각났다. 과학과 선생님이셨는데 서논술형 평가를 채점하시면서 아이들이 글을 너무 못 쓰고 연습이 안 되어 있는 것 같다는 지적이었다.

'아.. 학생들에게 **글쓰기 연습이 필요하겠구나!**' 가장 중요한 깨달음이었다. 이윽고 작문 내용을 다양한 방법으로 연습하고 익힌 뒤에 ①번 논술형 평가를 실시하면 어떨까? 라는 생각이 들었고, 애초 기획한 평가 순서를 바꾸어 다음과 같이 연습과 피드백 과정을 보완하였다.

차시	과정	활동 내용
1차시	1차 답안 작성	(교과서 언어 학습 요소 완료 후) 대본 쓰기 연습(오픈북) → 답안지 채점 및 1차 교사 피드백
2차시-4차시	2차 답안 작성	② **일본집 방문 상황극으로 표현하기** - 디지털 텍스트 입력하기 + 2차 교사 피드백 - Canva로 애니메이션 상황극 제작하기
5차시	3차 답안 작성	① **일본집 방문 대화문 작성하기(논술)** → 기존에 작성한 대본을 모두 참고하여 숙지한 뒤에 최종 서논술형 평가 실시

▲ '일본집 방문 상황극으로 소통하기' 수행평가 진행 과정

연습 과정을 실제로 운영해 보니 생각지 못한 여러 문제점이 드러났는데, 1차시 수업에서 평가 요소와 조건을 여러 차례 설명했음에도 불구하고 제대로 이해하지 못하는 학생들이 상당수 있어서 교사가 계속 구두로 다시 설명을 해 주어야만 했다. 또한 오픈북 형식으로 진행하다 보니, 자신의 생각을 담아 새롭게 창작하기보다 교과서 예시문을 그대로 답습하려는 경향이 강했다. 결국 창의적인 답안 구성을 강조할 수밖에 없었는데, 이 과정에서 학습자에게 서논술형 평가 문항을 알기 쉽게 제시하고, 답안의 방향을 결정할 수 있는 발문과 〈조건〉을 보다 명확하게 제시해야 한다는 점을 깨닫게 되었다.

(2) 두 번째 고민: 다양한 답안을 어떻게 채점하고 인정해 주어야 하는가?

1차시 연습 과정을 마친 뒤 피드백을 제공하기 위해 채점을 진행하면서 겪게 된 고민은 학생 답안의 자유도가 지나치게 높다는 점이었다. 가령, '가족이나 친구 소개'의 경우, 교과서에서 배운 문장 구조인 "이 분은 우리 어머니입니다.(こちらは わたしの ははです。)"를 응용하여 다양하게 변형하길 기대했다. 그러나 실제 학생 답안은 "우리 엄마입니다(ははです。)" 또는 단순히 "우리 엄마(はは。)"와 같이 단순한 답변이 많았기에, 이러한 답안을 어디까지 인정해야 할지 고민이 되었다. 물론 위 형태만으로도 문항에서 요구한 가족이나 타인 소개의 의미를 전달할 수 있으므로 인정 답안이 될 수 있다. 그러나 고민이 되었던 지점은, 어렵고 복잡한 문장을 시도한 부분을 반영할 수 있는 채점 기준이 마련되어 있지 않았다는 점이다. 정확한 표현을 기준으로 평가하다 보니, 학생이 중간에 실수라도 하면 오히려 다양한 문장을 시도한 것이 감점 요인이 되어 버리는 상황이 발생하였다. 즉 문장 구성이 복잡할수록 사소한 오류에도 불이익을 받을 가능성이 커지기 때문에, 어려운 표현을 시도한 학생이 불리하지 않도록 평가 기준을 보완할 필요가 있었다.

결국 중등 서논술형 평가 문항의 완성도를 높이기 위해서는 답안의 반응 폭을 적절히 제한하는 〈조건〉 등의 요소가 명확하게 제시되어야 했다. 동시에, 교사는 사전에 예시 답안 등을 통해 학습자의 답안을 예측해 보고, 이를 고려하여 인정 범위를 충분히 반영할 수 있는 루브릭이 필수적임을 다시금 깨닫게 되었다.

(3) 세 번째 고민: 루브릭은 적절하였는가?

무엇보다 큰 문제는 필자 스스로 평가 기준, 즉, 루브릭이 제대로 설계되지 않았던 데에 있었다. 중등은 정보 공시를 위해 2월에서 3월 초 사이에 평가 계획을 수립해야 하는데, 구체적 문항을 세우지 못한 채 루브릭을 설계하였기에 너무나도 많은 문제점이 제기되었다. 우선 **평가 요소**는 학생이 작성해야 할 4가지의 내용(방문, 소개, 권유, 감사 표현)을 정확하게 작성했는지가 평가의 중점이었는데, 다음과 같은 경우, 채점이 모호해졌다.

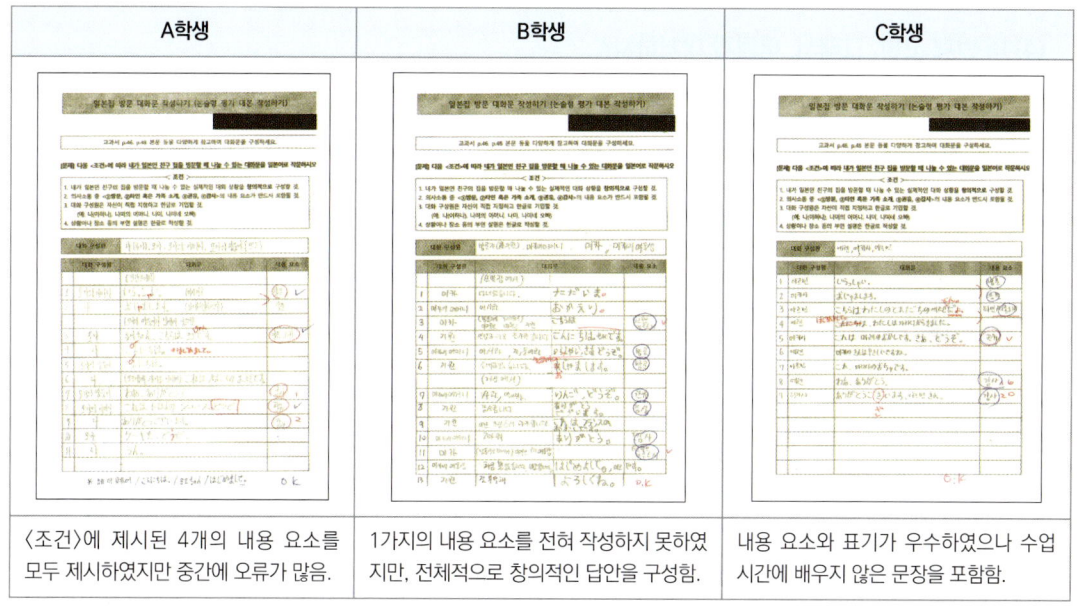

▲ 1차 채점 과정에서 나타난 문제점 예시

또한, **수행 수준, 즉 채점 기준**을 면밀하게 살피지 못하였는데 각각의 평가 요소를 어느 정도까지 달성해야할지에 대한 정확한 척도가 없으니 채점 과정에서의 혼돈은 당연한 결과일 수 밖에 없었다. 즉 제대로 된 서논술형 평가를 실현하기 위해서는 짜임새 있는 루브릭 설계가 필요하고, 적합한 평가 요소 선정과 평가 척도 설정이 중요하다는 결론을 내리게 되었다.

유형	문제점	필요한 대책
(1) 초보 학습자 답안 작성	① 기존 학습한 어휘·문장을 토대로 바로 긴 대화문을 작성하기에 어려움이 존재함. 학습자들의 글쓰기 훈련 부족	단계적 쓰기 연습과 피드백 도입
	② 문항 조건을 이해하지 못하는 학생 발생 + 오픈북으로 진행하다 보니 교과서 예시문을 그대로 답습하려는 경향을 보임.	문항의 발문과 〈조건〉을 명확하게 제시할 필요가 있음. (문항 제시의 명확성)
(2) 채점	① 학생 답안의 자유도가 지나치게 높아 채점이 어려움.	〈조건〉을 활용하여 답안의 반응 폭을 적절히 제한하고 답안 내용을 명확히 규정하는 문항 설계가 필요함. (문항 제시의 명확성)
	② 교사가 예상하지 못한 학생의 답안에 대한 채점의 어려움.	예시 답안 작성을 통해 학습자의 답안을 미리 예상한 뒤, 답안의 인정 범위를 고려한 체계적인 루브릭이 요구됨. (루브릭 설계의 체계성)

(3) 루브릭	① 평가 계획을 서둘러 작성하다 보니 루브릭이 형식적·피상적으로 설계됨.	평가 설계는 단순한 계획 제출용이 아니라 실제 평가의 전반적인 과정을 드러낼 수 있어야 함.
	② 불충분한 평가 요소	분석적 루브릭 도입을 통한 적합한 평가 요소 선정 필요 (루브릭 설계의 체계성)
	③ 수행 수준(채점 기준, 척도) 구체화 부족	평가 요소별 성취 혹은 수행 수준에 따른 평가 척도 설정이 중요 (루브릭 설계의 체계성)

▲ 1차 답안 연습 후 제기된 문제점과 대책 방안

(4) 네 번째 고민: 그래서, 어떻게 대처하지?

위 고민을 요약해 보면 크게 **문항 제시의 명확성**과 **루브릭 설계의 체계성**으로 정리할 수 있다. 두 요소는 서로 긴밀하게 연결되어 있지만, 평가 요소를 명확하게 정립하기 위해 우선 루브릭을 살펴본 뒤, 문항 제시의 방향을 논하고자 한다.

❶ 루브릭 수정

1차시 과정 후, 학생들의 다양한 답을 보면서 루브릭의 문제점을 절실히 느끼고 전면적인 수정을 진행하였다. 기존 루브릭의 문제점은 ⓐ평가 요소를 '4개의 언어 내용 요소(방문, 소개, 권유, 감사 표현) 정확하게 쓰기'만 요구한 점, ⓑ평가 척도(수행 수준, 채점 기준)를 분석적 루브릭처럼 평가 요소별로 상세하게 구분하지 않은 점, ⓒ변별을 목적으로 배점을 3점씩 부여한 점으로, 즉 평가 요소, 평가 척도, 배점이 모두 문제였다.

이후 동교과 선생님과의 협의 끝에 기존의 평가 계획에서 벗어나지 않는 범위에서 루브릭을 구체적으로 인식할 수 있도록 조정하였고, 평가 요소는 아래와 같이 내용 요소와 정확성으로 재구분하였다. 또한, 기존의 수행 수준의 평가 척도인 '모두-대략적으로-일부-어구나 낱말을 조합하는 수준' 진술은 학습자의 질적 성취 정도를 환류하기 위한 취지였으나 채점할 때 이 문구들이 다소 애매할 수 있기에 학습자와 교사가 모두 납득할 수 있도록 정량적으로 재진술하였다. 사실 평가 요소를 더 추가하고 채점 척도를 분석적 루브릭으로 나누어 점수 배점을 재조정하고 싶었지만, 이미 평가가 진행된 상태이고 기존 정보공시로 안내된 평가 계획을 평가 도중에 수정하는 것이 쉽지 않았기에 아래의 수정안에도 많은 한계가 있음을 밝힌다.

정확한 대사 (표기의 정확성, 내용의 확장성)	내용 요소 (내용 적합성)	배점
8문장 이상	방문, 타인/가족 소개, 권유, 감사 4개가 모두 포함됨.	15점
6~7문장	방문, 타인/가족 소개, 권유, 감사 중 3개 포함됨.	12점
4~5문장	방문, 타인/가족 소개, 권유, 감사 중 2개 포함됨	9점
1~3문장	방문, 타인/가족 소개, 권유, 감사 중 1개의 요소를 문장, 어구, 낱말을 조합하는 형식으로 작성함	6점
위의 평가 요소를 모두 만족하지 못하는 경우 (백지 답안지 제출, 자발적 미참여 포함)		3점(기본점수)

▲ 1차시 답안 피드백 후 수정한 수행평가 루브릭

'표기의 정확성'을 단어가 아닌 문장의 갯수로 한정한 것은 짧은 형태라도 올바른 문장으로 쓰기를 바람과 동시에, 내용 요소 외에 대화의 흐름에 필요하다고 생각하는 문장을 창의적으로 확장하여 작성한 경우 인정 점수를 부여하기 위함이었다. 실제로 올바르게 작성한 8문장까지 만점을 부여한다고 하니 틀리더라도 1, 2개의 문장을 추가적으로 더 작성한 학생들이 많았다. 또한 언어 요소 4개를 모두 포함하더라도 정확한 문장을 5개만 작성한 경우에는 낮은 요소를 기준으로 배점을 부여한다고 안내했는데, 이를 의식한 듯 학생들은 문장 자체를 더욱 정확하게 쓰기 위해 노력하는 모습을 보였다.

❷ 문항 수정

채점 기준에 루브릭이 세워지자 문항에 들어가야 할 발문과 〈조건〉의 지시 사항이 명확해졌고, '작성 범위 및 분량, 필수적으로 사용해야 할 표현 요소(키워드 문장) 등'을 명확한 〈조건〉으로 제시하여 학습자들의 오해를 방지하고자 하였다. 또 고민했던 타인 혹은 가족 소개 내용 요소는 문장을 다양하게 표현하더라도 의미가 통하면 답안으로 인정하여 범위의 폭을 다양하게 확장하였다.

다음 〈조건〉에 따라 내가 일본인 친구 집을 방문할 때 나눌 수 있는 대화문을 일본어로 작문하시오.

― 〈조건〉 ―

1. 일본인 친구 집을 방문할 때 나눌 수 있는 실제적인 대화 상황을 창의적으로 구성하고, 수업에서 배운 내용을 응용하여 8개의 문장 이상으로 작성할 것.
2. 의사소통 표현 중 〈①방문, ②타인 혹은 가족 소개, ③권유, ④감사〉의 내용 요소가 반드시 포함될 것.
 - ①방문: 주인(어서 오세요)과 손님(실례하겠습니다) 대사 모두 사용할 것.
 - ②타인 혹은 가족 소개
 - ③권유: 선물을 주고받을 때 나눌 수 있는 권유 표현(~하세요)을 사용할 것.
 - ④감사: 감사 표현 2가지 (고마워, 감사합니다) 대사 모두 사용할 것.
3. ★①방문 및 ④감사의 경우, 각각 2문장이 모두 포함되지 않고 1문장만 쓰면 내용 요소로 인정하지 않음.
4. ★촉음, 요음, 탁음 등의 표기를 정확하게 쓸 것.
5. 대화 구성원은 자신이 직접 지정하고 한글로 기입할 것. (예) 나(이하나). 나미의 어머니. 나미. 나미네 오빠)
6. 상황이나 장소 등의 부연 설명은 한글로 작성할 것.

▲ 수정한 수행평가 문항(파란색 글자가 수정된 내용임)

이번 시행착오 과정을 통해 얻은 가장 큰 깨달음은, 학습자의 다양한 언어적 사고를 확장하기 위한 서논술형 평가의 목적과 취지가 실현되기 위해서는 **명확하게 문항을 설계하고, 루브릭을 체계적으로 정립해 나가는 과정이 중요하다**는 점이었다. 기존에는 2월에 평가 계획을 제출하기 위해 대략적인 문항 구조만 마련한 뒤 형식적인 루브릭을 작성하는 수준에 머물렀으나, 사전에 문항을 구체적으로 제작하고, 루브릭을 세분화해 나가는 과정이 얼마나 중요한지를 절감하게 되었다.

또한 동교과 선생님과의 적극적인 협업이 매우 도움이 되었다. 피드백 과정에서 학습자 답안을 확인해 보며 평가 기준을 다시 세우는데 몇 차례의 협의를 거듭하였고, 덕분에 예상치 못했던 문제를 차근차근 해결할 수 있어서 동교과 협의회의 중요성을 다시 한 번 느낄 수 있었다.

2) 그래도 50%는 성공이었던 마무리 (학습 목표 달성과 역량 함양)

처음에 과연 초보 학습자들이 긴 대화문을 쓸 수 있을까?라는 고민을 했지만, 수행평가 성취 결과를 살펴보니 15점 만점에 9.86점으로 나타났고, 평균 5개의 문장은 작성한 결과를 보였다. 만약 루브릭이 3점 배점이 아니었다면 훨씬 더 높은 점수가 나오지 않았을까 하는 아쉬움이 들었다. 또한, 관련 내용을 응용한 지필평가 문항은 70.9%의 정답률을 보였는데 일반적인 정답률 평균이 51.98%인 점을 감안하면 높은 성취라고 볼 수 있었다.

이와 함께, 필자가 유의미하게 보았던 것은 중하위권 성취도를 보이는 학생들의 답안이었다. 상위권 학생은 어떠한 문항도 잘 해결할 수 있지만, 중하위권 학생들은 문장은 커녕 어휘를 정확하게 작성하는 것조차 어려워한다. 실제로 1차 답안 연습 작성에서 오픈북임에도 불구하고 D, E, F 학생들은 다양한 어려움을 보였다. 하지만 교사의 피드백과 2차 답안(Canva로 애니메이션 상황극 제작하기)을 통해 문장 구조를 정확하게 익힐 수 있었고, 최종 평가에서는 모두 만점에 가까운 결과(E학생 12점, D, F학생 15점)를 거두었다. 이를 통해 서논술형 평가를 어려워하는 학생들에게는 다양한 연습을 통한 단계적 평가와 교사의 피드백이 효과적이라는 사실을 알 수 있었다.

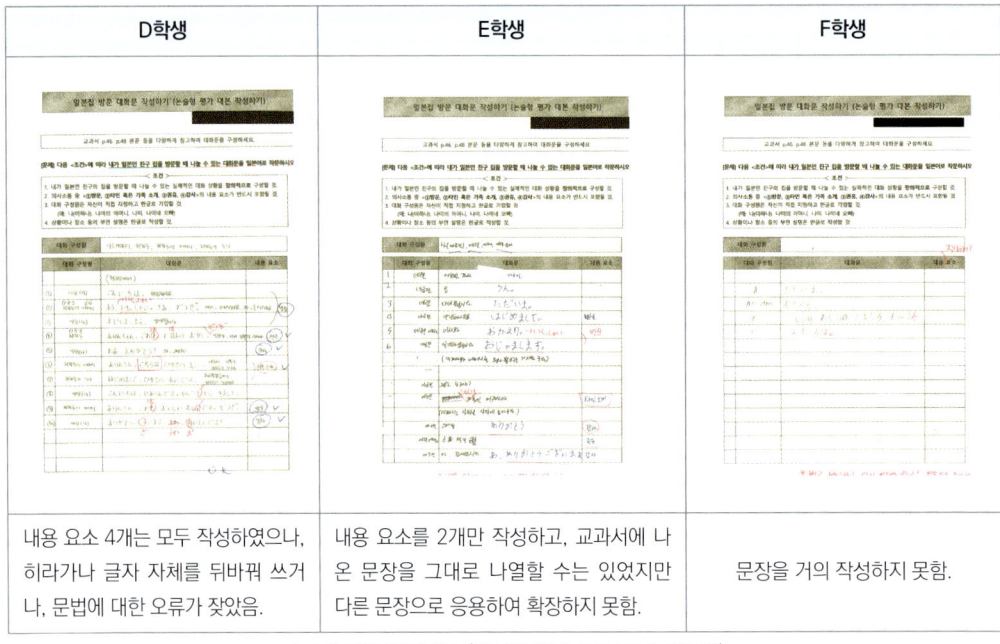

▲ 1차 답안 학생 예시(오픈북 대본 쓰기+교사 피드백)

▲ 2차 답안 작성 예시(Canva로 애니메이션 상황극 제작하기)❶

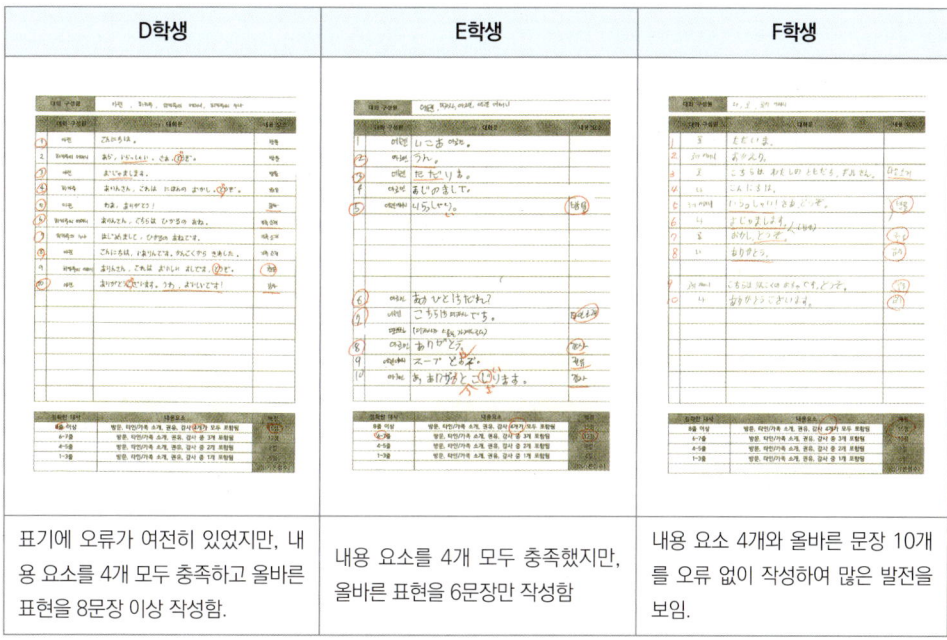

▲ 3차 답안 작성 예시(최종 답안)

D학생	E학생	F학생
표기에 오류가 여전히 있었지만, 내용 요소를 4개 모두 충족하고 올바른 표현을 8문장 이상 작성함.	내용 요소를 4개 모두 충족했지만, 올바른 표현을 6문장만 작성함.	내용 요소 4개와 올바른 문장 10개를 오류 없이 작성하여 많은 발전을 보임.

 또한, 사후 설문조사 결과도 꽤나 흥미로웠는데, 일본어로 논술형 수행평가를 실시하는 것에 대한 의견을 묻는 질문에 난이도가 보통이었다고 답한 응답(30.5%)이 많았고, 쉬웠다는 응답(23.4%)도 다수 있었다. 이는 여러 차례의 연습을 통해 문항을 구성해 보고 자연스럽게 학습할 수 있는 기회를 제공하였기에 상대적으로 학습자들이 쉬웠다고 평가한 것으로 여겨진다.

 느낀 점을 묻는 질문에 학습자들은 "원고를 오픈북으로 자유롭게 작성하고, 선생님께 피드백을 받을 수 있어서 도움이 되었다."라는 경험적 요소와 "실제 상황을 떠올리며 일본어를 사용할 수 있어 좋았다.", "직접 일본어 키보드로 타이핑을 하면서 정확한 문자를 익힐 수 있었다."라는 긍정적인 반응을 보였다.

---

❶ 해당 평가 제출물은 노션(joo.is/날개서논술형)에서 확인할 수 있다.

이와 함께, 수행평가를 통해 "일본어 문장 쓰기 구성 능력이 향상되었다.", "실제 상황에서 일본어를 사용하고 적용하는데 도움이 되었다."고 밝힌 학습자가 많았으며, 평가 이후 신장된 역량을 묻는 질문에는 '일본어 의사소통 역량'과 '문제해결 역량', '디지털 활용 역량'이 거론되었다.

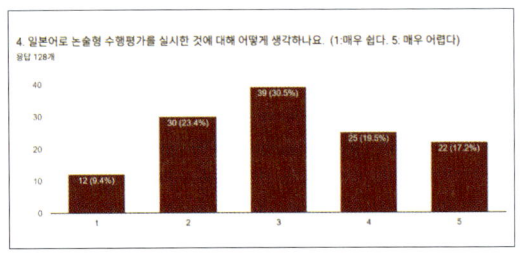
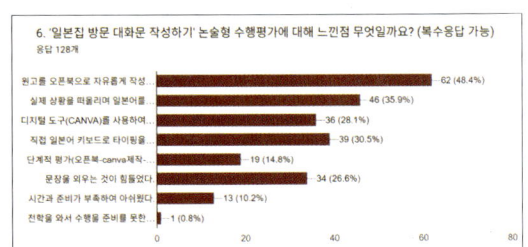
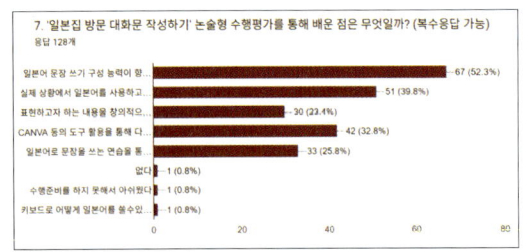
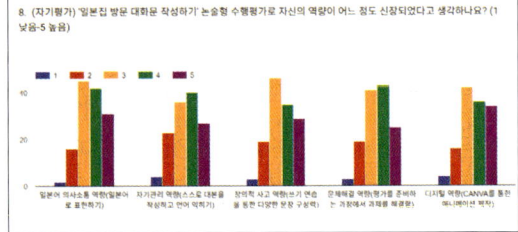

▲ 서논술형 수행평가 실시 후 시행한 설문조사 분석 결과

이번 평가의 가장 큰 목적은, 초급 학습자가 서논술형 평가에서 어려운 내용을 작성하는 것이 아니라 기존에 학습한 언어 내용 요소를 종합하여 스스로 실제 상황에 적용할 수 있는 긴 호흡의 대화 문장을 직접 구성해 보는데 있었다. 이를 위해 학습자들은 최종 답안을 작성하기까지 각각의 어휘와 문형, 문법의 언어 학습 요소들을 이해하고 문장을 만들어보며 여러 번의 답안 작성 연습을 하였고, 교사의 피드백을 통해 자연스럽게 문장 구조를 익힐 수 있었다.

평가를 마무리하고 돌이켜본 결과, 학습자의 학습 성취는 확인되었으나, 문항과 루브릭에 대한 근본적인 개선 필요성을 절감하게 되었다. 이에, 이러한 문제점을 해결하고 평가의 질을 높이기 위한 실질적인 방안을 깊이 있게 모색하고자 한다.

다. AI와 서논술형 평가를 검증하고 다시 채워가다

혹시 AI를 활용해 사전에 검증 과정을 거쳤다면, 문제를 예방할 수 있었을까. 이번 장에서는 AI를 통해 평가 문항을 다각도로 검증해 보면서, 문항과 루브릭 개발에서 AI가 어떤 방식으로 도움이 될 수 있을지 살펴본다.

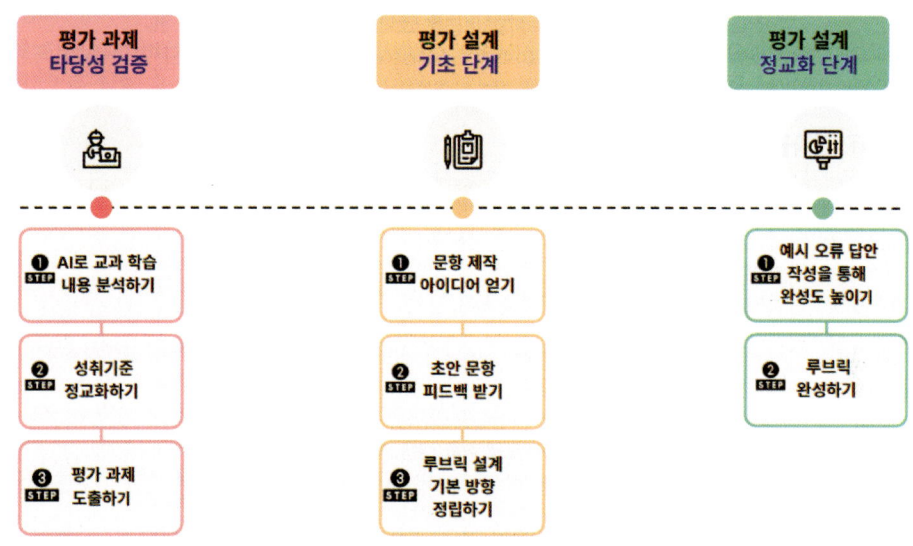

▲ 완성도 높은 서논술형 평가를 제작하기 위한 'AI 검증' 과정

1) 평가 과제는 과연 타당했을까?

(1) Step1: AI로 교과 학습 내용 분석하기[1]

평가 과제의 타당성은 교육과정, 성취기준, 학습 내용과 밀접한 관련이 있다. 수업 시간에 다루는 교과서에는 성취기준을 구체화한 학습 내용, 제시 자료, 예시 등이 포함되어 있다. 때문에 교과서의 학습 내용을 분석하는 과정은 성취기준이 실제로 구현되는 맥락과 형태를 확인하여 타당성을 점검할 수 있는 좋은 근거가 된다.

AI를 활용하여 학습 내용을 분석할 때 가장 중요한 것은 교사가 명확하게 방향을 제시해야 한다는 점이다. 단순히 교과서 PDF 파일이나 학습 자료를 업로드하고 AI에게 분석을 요청하면, 답변 결과는 교과서 표현, 문법, 지문 등을 나열하는 수준에 머무르게 된다. 반면, 목적을 명확하게 설정하면 보다 양질의 결과물을 얻을 수 있다. 따라서 AI를 사용할 때에는 어떤 결과물을 얻고 싶은지 사전에 구상한 뒤에 프롬프트에 명시적 의도와 맥락을 담아 제시하는 것을 권장한다.[2]

---

[1] 실제 수업 시 사용하는 교과서 및 다양한 학습지를 포함하여, 교과의 학습 내용을 분석하는 것을 의미한다. 해당 내용은 ChatGPT 유료 버전(GPT-5 Thinking mode)을 사용하였다.

[2] GPT-5는 질문의 난이도와 복잡성에 따라 알맞은 모델을 선택하는 라우터(Router) 방식으로 작동한다. 대부분의 질문에는 기본 모델이 적용되지만, 복잡한 사고가 필요한 경우 심층 추론 모델(Thinking model)이 작동하게 된다. 쉽게 말해, 평소에는 일반 교사가 수업을 이끌다가, 특별히 어려운 질문이 나오면 그 분야 전문가가 나서서 답을 해주는 것과 같다. 따라서 프롬프트에 원하는 의도와 맥락을 상세히 담아낼수록 더 깊은 답변을 얻을 수 있다. 만약, 처음부터 '프롬프트②' 작성이 어렵다면, '프롬프트①'을 해 보고 점차 단계적으로 다듬어 나가는 방식을 추천한다.

> [선행작업] 교과서 3단원 PDF 파일 업로드하기
>
> **프롬프트 ❶** 고등학교 일본어 교과서 3단원 파일이야. 분석해줘.
>
> **프롬프트 ❷** 고등학교 일본어 교과서 3단원 파일이야. 명확하게 분석하고 표로 제시해줘.
> 1. 1열(대주제): 예(의사소통 기본 표현, 문화 등)
> 2. 2열(소주제): 예(가족소개, 타인소개, 귀가, 방문, 권유 / 방문예절, 선물 주고 받기 등)
> 3. 3열(주요 개념): 언어적 요소, 빠짐없이 원문 그대로 넣을 것.
> 4. 4열(추천 활동): 학습 내용을 기반으로 추천하고 싶은 활동

▲ 교과 학습 내용 분석 프롬프트 예시

[프롬프트① 결과물]

요소	내용
단원명	おじゃまします (실례합니다)
핵심 주제	가족 소개, 방문 예절, 권유, 사람 수 세기
의사소통 기능	- 가족 소개하기 - 방문 및 귀가 인사 - 사람 수 묻고 답하기 - 정중한 표현 사용하기
문화 요소	- 일본의 주거 형태 - 전통 난방 기구(고타쓰) - 방문 예절

▲ 3단원 교과 학습 내용 분석표(1)

[프롬프트② 결과물]

대주제	소주제	주요 개념	교수·학습 활동
의사소통 기본 표현	가족 소개, 타인 소개	ただいま。/ おかえりなさい。あねです。おじゃまします。おちゃ、どうぞ。	▸ 가족 사진을 보고 가족 소개 대화하기 ▸ 짝 활동으로 "何人 かぞくですか" 묻고 답하기 ▸ 역할극: 자기 가족 vs. 타인 가족 소개
	귀가	ただいま。おかえり。おかえりなさい。	▸ 상황극: 집에 들어오며 인사하기 ▸ 카드 게임으로 정중체/보통체 구분하기
	방문❸	いらっしゃい。さあ、どうぞ。おじゃまします。	▸ 역할극: 친구 집 방문 장면 ▸ '빈칸 채우기 대화문' 완성 후 발표
	권유	おちゃ、どうぞ。どうも ありがとうございます。ケーキ、どうぞ。ありがとう。	▸ 음식 그림 카드로 권유·응대 표현 말하기 ▸ 문화 비교: 한국과 일본의 권유·감사 표현 차이 토의
문화	방문 예절	일본 가정을 방문할 때는 과자, 케이크 등의 간단한 선물을 가지고 갑니다. 바닥에 앉을 때는 정좌를 하는 것이 예의입니다. 신발을 벗고 들어갈 때는 현관문 방향으로 가지런히 돌려놓습니다	▸ 일본 방문 예절 퀴즈 맞히기 ▸ 한국과 일본의 예절 차이 포스터 만들기
	선물 주고 받기	あの、これ、かんこくの おかしです。わあ、どうも ありがとう。	▸ 역할극: 선물 주고받기 상황 연습 ▸ '감사의 표현' 다양하게 말해보기
	주거 문화	いっこだて、マンション、アパート たたみ、わしつ、とこのま、こたつ	▸ 일본 전통 주거 요소 사진 자료 탐구 ▸ 한국 주거 형태와 비교하여 발표

▲ 3단원 교과 학습 내용 분석표(2)

❸ 이후 AI 답변은 지면 관계상 '방문' 내용 일부만 발췌하여 소개한다. 모든 프롬프트와 결과물은 노션(joo.is/날개서논술형)에서 확인할 수 있다.

(2) Step2: 성취기준 정교화하기

Step1에서 전체적인 흐름을 파악하였다면, Step2는 성취기준 분석을 기반으로 교수·학습을 구체화하는 단계이다.

> [선행작업] - '3단원 교과 학습 내용 분석표(2)'가 도출된 대화 채팅창에 이어 질문하기
> - 2022 개정 교육과정 제2외국어과(일본어) 교육과정 PDF 파일 업로드하기 ❹
>
> ---
>
> **프롬프트**
> 1. 지금 첨부한 파일은 2022 개정교육과정 일본어 PDF 문서야. 꼼꼼하게 확인할 것. ❺
> 2. 1열~3열은 그대로 출력할 것. (수정 금지)
> 2. PDF 문서를 참고한 뒤, 위 표의 4열~5열을 다시 채울 것. ❻
>   - 4열: 영역 (예 듣기, 말하기, 읽기, 쓰기, 문화)
>   - 5열: 1열~3열과 관련된 성취기준 (원문 수정 금지)
>   예 [12일어02-01] 음성적 특징에 유의하여 낱말, 간단한 구나 문장을 말한다.
> 3. 6열: 교수·학습 활동
>   - PDF 파일에서 영역별 내용체계 [지식이해, 과정기능, 가치태도]를 참고하기.
>   - 예 ~이해하기, ~하기 로 작성할 것.

▲ 성취기준 정교화 프롬프트 예시

AI로 성취기준을 분석한 결과 나타난 문제점은, 성취기준이 다양하게 통합되다 보니 지나치게 광범위하게 제시된다는 점이었다.❼ 또한, 언어 요소별로 성취기준이 제각기 달랐기에, 성취기준이 제시된 근거에 대한 추가 질문이 필요하였다. 추가 질문은 AI가 제시한 답변에서 수정해야 할 부분이나, 답변 근거, 새로운 아이디어를 하나씩 추가해 가며 정교화해 나갔는데, 교사가 비판적으로 사고하며 이상 유무를 꼼꼼히 검토해야 한다.

> **추가질문**
> 1. '방문'에서 '[12일어02-05] 상대방의 말을 존중하며 대화에 적극적으로 참여한다.'는 왜 포함된거야?
> 2. 성취기준 옆에 한 개의 칸을 더 만들어서 이 성취기준이 포함된 근거를 설명해 줘.
>   1) 성취기준은 원문 그대로 쓰되 유의미한 것을 중심으로 제시할 것.
>   2) 각 성취기준 포함 근거는 교과서 내용, 대화 예시에서 발췌하여 제시할 것.
> 3. 마지막 열에 "교수·학습 활동"을 추가해 줘. 2022 개정 교육과정의 내용 체계를 반영하고, 성취기준에 기반하여 작성할 것.

소주제	영역	관련 성취기준	성취기준이 제시된 근거	교수·학습 활동
방문	말하기	[12일어02-03] 간단한 의사소통 기본 표현을 활용하여 상황에 맞게 말한다.	「いらっしゃい―おじゃまします」대화문 반영	[지식·이해] 방문 예절 표현 이해하기 [과정·기능] 손님·주인 역할극 하기 [가치·태도] 언어문화 차이 존중하기

▲ 3단원 교과 학습 내용 분석표(성취기준 정교화). '방문' 요소만 발췌

❹ 지난 평가 과제의 타당성 검증을 위한 절차이지만, 2022 개정 교육과정에 기반하여 분석하였다
❺ 프롬프트 성능을 높이기 위해 부연 지시를 덧붙였다. 실제로 페르소나를 설정하거나 결과물 예시와 맥락 제공하기, think slow, CoT기반 단계적 사고(Let's think step by step) 등의 부연 지시를 사용하는 경우 좀 더 좋은 퀄리티의 답변을 출력할 수 있는 것으로 알려져 있다.
❻ 기존 교과 학습 내용 분석표(2)의 4열 '추천 활동'을 성취기준과 내용 체계를 반영하여 한번 더 구체적으로 살펴보기 위해 4열부터 다시 도출하였다.
❼ 영어 교과의 내용 체계와 성취기준은 이해(reception) 영역과 표현(production) 영역으로 구성되어 있으며, 제2외국어 교과의 경우에는 듣기, 말하기, 읽기, 쓰기, 문화 영역으로 구분된다. 이러한 성취기준들은 독립적으로 반영되는 것이 아니라, 하나의 단원에 여러 성취기준이 통합하여 적용된다.

성취기준을 정교화하는 과정은 흩어져있는 언어 요소를 통합하고 실제 수업이 어떤 맥락 속에서 전개되어야 하는지를 파악하는 데 유의미하였다. 가령, 'いらっしゃい(어서 들어오세요) / おじゃまします(실례하겠습니다)'를 학습할 때 기존에는 대화문을 정확하게 말하고 쓰기 수준에 머물렀다면, 정교화 과정을 통해 '방문'이라는 실제적인 상황에서 의사소통 능력을 기르기 위해 역할극 등의 통합적인 학습 과정이 필요함을 깨닫게 되었다.

(3) Step3: 평가 과제 도출하기

Step3은 평가 요소에서 평가 과제로 이어지는 실질적인 흐름을 확인하는 과정이다. 맥락을 명확하게 제시하기 위해 Ⅱ-2장에서 소개한 프레임워크를 첨부 파일로 제공하였으며, 프롬프트를 작성할 때에도 평가 요소와 평가 유형의 의미를 한번 더 보충 설명하였다.

[선행작업] - Step2 대화 채팅창에 이어 질문하기
- + 버튼으로 'Google Drive에서 추가'를 눌러 "2022 개정 교육과정 일본어과 평가 설계 프레임워크" 구글 시트 파일[8] 을 첨부하기

프롬프트
1. 첨부된 구글 시트를 정확하고 꼼꼼하게 파악할 것.
2. 구글 시트에 포함된 성취기준과 평가 요소, 평가 유형의 관계를 파악할 것.
3. 1열(대주제), 2열(소주제), 3열(주요 개념), 4열(영역), 5열(관련 성취기준) 그대로 출력하기.
4. 6열(평가 요소)
    - 평가 요소: 성취기준 도달을 보여주는 구체적인 과정이나 증거
    - 3열(주요 개념), 5열(성취기준)과 관련지어 도출하기.
    - 학생 수행 정도를 판단할 수 있도록 [지식이해, 과정기능, 가치태도]를 구체적인 내용으로 기술
5. 7열(평가 유형)
    - 6열(평가 요소)를 근거로, 적합한 평가 유형을 선정할 것.
    - 지식·이해 요소 → 지필평가(선택형, 서답형)
    - 과정·기능 요소 → 수행평가(서·논술, 구술·발표, 실기, 역할극, 토론, 글쓰기 등)
    - 가치·태도 요소 → 정의적 평가(자기평가, 동료평가, 관찰평가)
6. 8열(평가 과제)
    - 평가 요소와 평가 유형에 맞게 구체적으로 제시할 것.
    - **예** 선택형(가족 인원수 고르기) / 서답형('あね' 지칭 대상 쓰기) / 역할극(질문 듣고 즉시 반응하기) / 정의평가(경청하며 핵심어 메모하기)[9]

▲ 평가 과제 도출 프롬프트 예시

[8] 필자는 평가 설계의 맥락을 부여하기 위해 사전에 제작해 둔 프레임워크(Ⅱ-2장)를 활용하였으나, 자료가 없을 경우 프롬프트에 평가 요소와 평가 유형에 대한 부연 설명(4번, 5번 프롬프트 참조)을 덧붙이면 유사한 결과를 얻을 수 있다.
[9] 평가 과제를 직접적으로 제시하기 어려우면, 일단 AI에게 답변을 요청 받은 뒤에 답변을 참고하여 다시 원하는 예시를 입력하면 된다. 해당 예시 문구 또한 GPT 답변을 토대로 요청한 내용임을 밝힌다. 한번의 프롬프트로 원하는 결과를 얻는 것이 아니라 여러 번의 대화를 통해 보다 적합한 답변을 얻을 수 있기에, 예시 답안을 여러 번 교정해 보는 것도 좋다.

소주제	영역	관련 성취 기준	평가 요소	평가 유형	평가과제(평가 예시)
방문	말하기	[12일어02-03] 간단한 의사소통 기본 표현을 활용하여 상황에 맞게 말한다	[지] 방문 이해하기 [과] 손님·주인 역할극하기 [태] 언어·비언어 사용하기	지필평가(서답형) 수행평가(역할극·구두표현) 정의적 평가(동료평가, 관찰평가)	서답형(정중도 선택 기준 쓰기) 역할극(환영→권유→응대 3턴 말하기) 정의평가(체크리스트로 피드백하기)

▲ 3단원 교과 학습 내용 분석표(평가 과제 도출). '방문' 요소만 발췌

물론 AI가 제시한 결과를 그대로 평가 과제로 활용해야 하는 것은 아니다. 중요한 것은 이 결과물을 참고하여 전체적인 평가의 방향을 설계할 수 있다는 점이다. 필자는 해당 과정에서 지필평가 아이디어를 얻을 수 있었고, 앞서 시행했던 '일본집 방문 대화문 작성하기' 논술형 평가가 꽤나 타당하였다고 판단할 수 있었다. 이와 함께 '말하기 활동도 추가되었다면 더 유의미하였겠구나..'라는 성찰도 가능하였다.

평가의 타당성은 성취기준을 바탕으로 교육과정-교수·학습-평가가 유기적으로 연계될 때 확보될 수 있는데, AI를 활용한 교과 학습 내용 분석은 자연스럽게 해당 과정을 되짚어볼 수 있어 평가 뿐 아니라 교수·학습 수립 전반에도 도움이 되었다. 교과서 외의 외부 학습 자료도 AI와 함께 분석이 가능하기에, 성취기준을 구체화하고 교수·학습과 평가를 설계할 때 적용해 보기를 권장한다.

> ✅ **AI를 통한 교과 학습 내용 분석 방법**
> 1. **파일 업로드 및 내용 추출:** 먼저, 분석을 원하는 PDF 파일을 업로드하고 지시 방향을 명확하게 제시하면 AI가 전체 내용을 텍스트로 추출하고, 관련 정보가 생성된다.
> 2. **정보 구조화 및 세부 내용 정리:** 추출된 텍스트에서 '대주제', '소주제', '주요 개념', '성취기준' 등과 같은 주요 항목들을 식별하여 표의 열(Column)을 체계적으로 정리한다.
> 3. **반복적인 수정 및 보완:** 사용자의 추가 요청(예 특정 항목의 변경, 내용 추가)에 따라 최종 분석표를 완성한다.

2) 문항 설계 기초 단계, 무엇부터 시작해야 할까?

(1) Step1: 문항 제작 아이디어 얻기

이번 단계는 AI를 활용하여 문항을 새롭게 설계하는 과정이다. 문항 설계는 교사의 전문성과 고유 권한으로, AI에 의존하는 것에 거부감을 느낄 수 있다. 그러나 AI를 통해 문항 제작 아이디어를 얻고, 초안 문항을 구성한 뒤 루브릭 설계까지 연계한다면, 보다 완성도 높은 평가 문항을 개발하는 데 실질적인 도움을 받을 수 있다.

AI를 활용한 문항 제작은 파일을 첨부하고 아이디어를 요청하는 방식으로 이루어지게 되는데, 필자는 서논술형 평가 취지에 맞게 프롬프트에 고차원적 사고와 실제적인 맥락 요소를 포함해 보았다. 또한, 동일한 프롬프트를 사용하더라도 AI의 성능, 맥락의 제공 여부 등에 따라 결과물이 얼마나 달라지는지 확인해 보기 위해 다양한 AI 도구를 활용해 보았으며, 이들 결과물을 분석해 보면서 AI 기반 문항 설계 과정에서 효과적인 방법을 탐색하였다.

[선행작업]
① = 교과 학습 내용 분석표 기반으로 기존 채팅창에 이어 질문하기
②~④ = 새 채팅창이므로 '2022 개정 교육과정+ 교과서 3단원 PDF' 파일 업로드 하기

프롬프트

지금까지의 대화를 바탕으로 (혹은 첨부 파일을 바탕으로) 서논술형 평가 문항을 설계하려고 해. 예시 문항에 대한 아이디어를 제시해 줘.

#문항 제작
1. 범위: 의사소통 기본 표현(방문, 소개, 권유, 감사) + 문화 맥락(방문 예절, 선물, 주거 등)을 종합하되 언어 영역 중심으로 제안할 것.
2. 성취기준: 원문 그대로 사용, 복수 제시 가능
   예 [12일어04-03] 간단한 대화문이나 글을 상황과 목적에 맞게 작성한다
3. 교과서 주요 개념: 3열(주요 개념)을 그대로 작성할 수 있는 문항을 제작할 것
   예 いらっしゃい, おじゃまします, どうぞ, ありがとうございます
4. 첨부된 3단원 교과서 PDF 내용 수준에서 작성하되, 그 이상의 심화 내용은 포함하지 말 것.
5. 실제 상황, 맥락과 관련된 문항을 제시할 것.
   예 일본인 집을 방문하기
6. 고차원적 사고력을 기를 수 있는 문항으로 설계
   - 고차원적 사고: 문제에 대한 조직력, 분석력, 비판력, 종합력, 창의적 사고력, 문제 해결력, 의사소통 능력 등
7. 블룸의 Taxonomy를 다양하게 종합할 것.
   - 블룸의 Taxonomy : 지식, 이해, 적용, 분석, 평가, 창조 등

#출력조건
1. 서논술형 평가 과제
2. 실제 상황(맥락):
3. 취지: 고차원적 사고, 블룸의 Taxonomy 중 적합한 것 제시
4. 성취기준: 원문 그대로
5. 교과서 주요 개념: 원문 그대로
6. 문항(발문):
7. 문항(조건): 학생들이 이해하고 알기 쉽게 제시

▲ 서논술형 평가 문항 제작 프롬프트 예시

대화 모드	서논술형 평가 과제 예시
① [GPT-5 Thinking] 교과 학습 내용 분석표 연속 대화창	1) 일본 집 방문 대화문 쓰기: 맞이-응대-권유-감사 구성하기 2) 초대 메시지 읽고 방문 답장 쓰기: 대의·세부 파악과 정중한 응답 3) 권유-응대 전략 쓰기: 정중도 선택 이유를 근거로 설명하기 4) 방문 예절 오류 고치기: 짧은 대화문 교정 및 이유 쓰기 5) 주거 문화 간단 비교 후 적용 제안 메모 쓰기
② [GPT-5 Thinking] 새 채팅창	1) 일본 가정 방문 대화문 쓰기 2) 어색한 방문 대화 고치기 3) 권유-감사-가족 소개 미니 인터뷰 4) 감사 표현의 뉘앙스 선택
③ [GPT-5] 새 채팅창	일본 가정을 방문한 나, 예의 바른 손님이 될 수 있을까? - 현관에서 인사할 때 사용 표현 쓰기 - 차를 권받았을 때의 일본어 대화문을 완성하기 - 손님으로서의 올바른 태도와 예절 설명하기
④ [Gemini 2.5 Flash] 새 채팅창	일본 가정 방문 상황에서의 언어적 예절 및 문화적 맥락을 고려한 대화문 구성 - 다음은 한국인 학생 유미가 일본인 친구 켄타의 집을 처음 방문하는 상황입니다. 유미는 켄타의 어머니를 처음 뵙고, 미리 준비한 한국 과자를 선물로 드리고, 켄타의 어머니가 권유하는 녹차를 받는 상황까지를 포함하여 총 4~5쌍의 발화(말 주고받기)로 이루어진 대화문을 일본어로 완성하세요.

▲ AI 모드에 따른 서논술형 평가 과제 도출 예시

개별적으로 살펴보자면 ①은 기존 교과 학습 내용 분석표를 맥락으로 제공하였기에 학습 내용이 골고루 잘 반영된 느낌이었다. 또한, 지필평가에도 충분히 적용 가능한 과제도 여러 개가 제시되었고, '핵심 표현 4개 이상 사용'처럼 문항(조건) 또한 구체적으로 제시되었다. 다만, 교과서에 나오지 않은 다른 문장까지 출력된 부분이 있었기에 '첨부된 교과서 PDF 내용 수준에서 작성하되, 그 이상의 심화 내용은 포함하지 말 것.'이라는 프롬프트가 추가적으로 필요하였다.

②는 대체로 ①과 비슷하였으나 다소 지엽적인 내용이 제시되었다. 또한 성취기준이 달랐기에 어떤 근거로 문항을 출력한 것인지에 대한 별도의 분석이 필요하였다. 같은 주제라 할지라도 ①의 성취기준은 언어 문화적 차이와 정중도를 강조한 반면, ②는 의사소통 표현을 중심으로 문항이 설계되었기 때문에, 성취기준에 따라 평가의 방향이 달라진다는 점을 확인할 수 있어서 인상적이었다.

③은 하나의 단계적 문항이 제시되었다. 세부 문항은 '지식' 확인부터, 대화문 작성 단계인 '적용', 올바른 태도와 예절을 다룬 '평가'까지 점차 심화해 나갈 수 있게 설계되어 있었다. 다만, 문항 예시가 한정적이어서 다양한 의사소통 기본 표현이 어우러진 문항을 만들기 위해 추후 작업이 별도로 필요해 보였다.

④는 필자가 설계한 문항과 상당히 유사하였고, GPT-5 유료 버전보다 문항의 발문과 〈조건〉이 명확하였다. 필자는 놀란 나머지 왜 이런 문항을 설계하였는지 물어보았는데 '고차원적 사고력 측정'과 '교육과정 및 교과서 내용 충실도', '실제 상황 및 맥락 제시'를 거론하였다. 특히 '일본인 집 방문이라는 문화를 맥락으로, 실제 생활에 적용하는 능력을 기르기 위해서'라는 답변도 있었는데, 필자의 문항 제작 의도와 매우 유사하여 놀라움을 자아냈다.

정리하자면, 한 번의 질문으로 우수한 결과를 보인 것은 ①이었으나, 필자가 직접 설계한 문항과 가장 유사했던 것은 오히려 ④였다. ②와 ③은 별도의 추가 질문이나 수정 요청이 필요해 보였다. 또한, 각 AI 마다 성취기준이 다르게 선별되었는데, 만약 통일된 학습 목표를 지향한다면, 프롬프트에 성취기준을 처음부터 지정하여 제작해 달라고 하면 좋을 것 같다.

AI 성능을 비교하자면, GPT는 일회적인 질문과 답변이 아닌, 꾸준히 누가 기록된 데이터와 맥락이 주어졌을 때 필자의 의중을 담은 결과가 나타났으나, 첨부 파일에는 없는 내용도 일부 반영되었다는 아쉬움이 있었다. 따라서, 주어진 조건(파일) 안에서 결과를 반영하고 싶다면 '반드시 ~ 내용에 한하여 도출할 것.'처럼 별도의 한정적 문구를 제시해야 할 것으로 보인다.

반면, Gemini는 첨부 파일 내에서 핵심적이면서도 정제된 답변이 제시되었기 때문에 무료 버전을 사용한다면 Gemini가 꽤나 쓸모 있을 것으로 여겨진다. 더욱이 표를 작성할 때 구글 시트로 손쉽게 생성할 수 있기 때문에 후속 작업도 편리하다.

흥미로운 점은 ①, ②, ④ 모두 필자가 직접 설계했던 '일본집 방문 대화문 작성하기'와 유사한 아이디어가 제시되었다는 사실이었다. 처음에는 "AI도 나와 같은 문항을 제시하다니.. 내 평가가 타당했구나!"라는 안도감과 함께 작은 뿌듯함이 느껴졌다. 그러나 단순히 문항이 비슷하다는 사실보다 더 중요한 것은, AI가 제시한 결과를 어떻게 해석하고 교육적 의미로 전환하느냐에 있을 것이다. AI는 교사의 사고를 자극하고 새로운 관점을 제시하는 훌륭한 도구가 될 수 있지만, 그 자체가 평가의 목적이나 정답이 될 수는 없다. 우리에게 필요한 것은 AI의 제안을 비판적으로 분석하고, 학생의 실제 맥락과 학습 목표에 맞게 재구성해 나가는 역량이라는 것을 다시금 강조하고 싶다.

(2) Step2: 초안 문항 피드백 받기

지난 Step1에서 문항 제작에 대한 다양한 아이디어를 살펴보았다. Step2는 제작된 평가 문항을 AI에게 보완 요청하고, 오류 여부를 검토하고자 한다. 문항은 AI의 답변 결과를 테스트하기 위해 일부러 수정 전 문항을 사용해 보았다.

[선행작업] - Step1의 ①, ②, ④ 대화 채팅창에 이어 질문하기
- 수정 전 문항(p.303) 캡처 후 이미지 첨부하기

프롬프트
(지금까지의 대화를 기반으로) 서논술형 평가를 그림처럼 설계하려고 해. 이 문항(발문, 조건)에서 보완해야 할 점이 있다면, 제안해 줘. 너의 제안을 반영하여 문항을 재설계하고, 루브릭을 설계하려고 해.

▲ 초안 문항 피드백 받기 프롬프트 예시

대화 모드	답변
① [GPT-5 Thinking] 교과 학습 내용 분석표 연속 대화창	– 발화 분량, 구조, 필수 표현 등의 〈조건〉을 명확하게 제시할 것을 지적함. – 예 いらっしゃい／おじゃまします／どうぞ／ありがとうございます 중 4개 이상 반드시 사용.
② [GPT-5 Thinking] 연속 대화창	– 관찰 가능한 채점 요소를 체크리스트화로 나타낼 것을 제안함. – 예 필수 표현을 체크박스로 제시 → 채점 일관성↑
③ [GPT-5] 새창	– 문체, 내용 요소, 분량 등을 제안함. – 예 ①방문 인사, ②자기/가족 소개, ③권유·수락/거절, ④감사·작별 인사
④ [Gemini 2.5 Flash] 연속 대화창	– 발화 주체, 표기, 필수 표현 포함, 문화 요소 등을 제안함. – 예 ① 필수 표현 4가지를 반드시 활용할 것. ② 문화요소 선물(おかし 등)과 차(おちゃ)를 언급할 것.
⑤ [Gemini 2.5 Flash] 새창	– 내용 요소, 분량, 상황별 문제 포함 등을 제안함. – 예 ①방문(인사), 타인/가족 소개, 권유, 감사 포함될 것. ② 어머니, 친구를 구분하는 문제 조건을 넣을 것.

▲ 다양한 AI 도구로 도출된 초안 문항 피드백 답변(주요 내용을 중심으로 일부 발췌)

문항 피드백 결과를 보면서 놀란 점은 필자도 수정 전 문항을 분석하면서 〈조건〉에 필수 표현을 넣어 답안 반응의 폭을 적절히 제한하고 내용을 명확히 규정해야 한다고 판단하였는데, AI도 이 부분을 정확하게 짚어낸 부분이었다.

전체적으로 살펴보자면, 확실히 문항 제작에 대한 맥락을 제공하지 않았던 ③, ⑤는 일반적인 조건 나열에 그쳤지만, ①, ②, ④는 필자도 보완이 필요하다고 여겼던 조건 요소[10]를 전반적으로 정확하게 짚어주었다. 평가 과제의 아이디어를 제공하는 수준을 넘어, 교사가 자신의 문항을 검증하는데 AI 피드백이 효과적임을 확인할 수 있었다.

(3) Step3: 루브릭 설계의 기본 방향 정립하기

루브릭 설계는 평가의 신뢰도와 일관성을 확보할 수 있고, 문항도 정교하게 보완할 수 있는 매우 중요한 과정이다. 무엇보다 필자가 평가 설계에서 가장 많이 고심했던 과정이기에 AI 결과물을 심도있게 살펴보며 루브릭 기본 방향을 면밀히 살피고자 하였다.

---

[10] 답변에 들어갈 필수 표현(키워드), 화자에 따른 문체 구분(정중/보통체), 내용 요소 한정, 문장 분량, 대화 주제 명시 등이 포함된다.

> [선행작업] – Step2의 대화 채팅창에 이어 질문하기
> – 수정이 완료된 문항 이미지 첨부하기⓫
>
> **프롬프트**
> 서논술형 평가 문항에 공정한 채점을 위해 명확한 조건 요소를 포함하여 첨부 파일처럼 문항을 수정하였어. 너의 답변을 참고하여 평가 기준표인 루브릭을 설계하고자 해.
> 1. 성취기준을 참고하여 평가 요소를 추출할 것.
> 2. 평가 요소에 따라 채점 기준(수행 수준)을 상중하로 나누어 기술할 것.
> #성취기준
> [12일어04-02]간단한 구나 문장을 표기법과 어법에 맞게 쓴다.
> [12일어04-03]간단한 대화문이나 글을 상황과 목적에 맞게 작성한다.

▲ 루브릭 설계를 위한 프롬프트 예시

루브릭 설계는 일회적인 프롬프트로 단번에 원하는 결과를 얻어내기는 어렵기 때문에, 지속적인 대화를 통해 빌드업(Build-up)⓬ 해 나가는 것이 중요하다. 필자는 답변이 어색하거나 이해가 되지 않은 부분은 여러 번의 추가 질문(예 '~는 무엇을 기반으로 추출된거야?', '문항 어느 부분을 근거로 한거지?')을 통해 수정 작업을 진행하였다.

평가 요소 답변을 살펴보면, 프롬프트에 성취기준을 포함하느냐에 따라 결과가 확연히 달랐다. 먼저 성취기준이 없을 경우, ChatGPT는 〈내용 요소 충족, 의사소통의 적절성, 대화 문장 개수, 필수 표현 사용, 문법 및 표기의 정확성〉, Gemini는 〈상황의 적절성 및 내용의 충실도, 표현의 응용 및 적절성, 언어의 정확성〉처럼 문항 조건만을 반영한 일반적인 요소를 제안하였다.

하지만 프롬프트에 성취기준을 함께 제시하자, 세부 표현에는 약간의 차이가 있었지만 공통적으로 성취기준을 근거로 한 평가 요소 〈ⓐ표기법·어법, ⓑ대화문 구성, ⓒ상황·목적〉가 도출되었다. 즉, 교사가 어떤 성취기준을 명시적으로 제시하느냐에 따라 평가의 방향이 달라진다는 점을 다시 한 번 확인할 수 있었다.

또한, **채점 기준(수행 수준)** 답변을 보며 필자가 갸웃했던 부분은 공통적으로 상, 중, 하를 정량적 요소로 구분한 점이었다. 통상 루브릭은 학생의 수행 수준에 대한 질적인 기술을 기반으로 하는데, 답변은 '오류 몇 회'처럼 정량적 요소로만 출력되었다. AI에게 확인해 보니 '채점자간 신뢰도'와 '변별도'를 확보하기 위함이라는 답변을 얻었다. 하지만 답변의 내용도 이해가 되지 않는 부분이 많아 여러 차례의 반론을 제기하는 추가 질문을 이어갔고, 정리하자면 다음과 같다.

⓫ Step2(초안 문항 피드백 받기) 점검 결과, 수정한 문항(p.309)이 적합하다고 판단되어 그대로 사용하였다
⓬ '무언가를 점차적으로 쌓아 올리거나 형성하는 과정'을 의미한다.

[추가 질문]
1. 통상 루브릭은 학생의 수행 수준에 대한 질적인 기술을 기반으로 하는데, 채점 기준(수행 수준)이 오류 몇 회처럼 정량적으로 서술되었어. 왜 그런 걸까? 혹시 보완하는 방법은 있을까?
2. '오류 몇 회'라는 요소가 질적 성취도 평가에 기여한다는 의견은 어때? 가령, 서논술형 평가에서 '흐름이 자연스러움', '표현이 적절함'과 같은 질적 기준만 사용하면 채점자마다 해석이 달라져 공정성이 훼손될 수 있잖아. 정량적 기준(오류 횟수)이 질적 성취도가 어느 정도의 수준에 도달했는지 판단하는 가장 객관적이고 측정 가능한 지표 역할을 할 수 있지 않니?
3. 만약 평가 요소가 '사회적 맥락 분석 및 언어 선택의 적절성' 이라면 오류 횟수가 적을수록 분석적 사고력과 적용 능력이 높음을 의미하잖아. 즉, 오류가 없는 것은 상황에 맞는 언어 규칙을 내재화했다는 질적 증거가 될 수 있을 텐데..이 부분은 어떻게 생각해?

▲ 루브릭 답변에 대한 추가 질문 예시

구분	답변
ChatGPT	- '오류 개수 = 사고력'으로 보면 타당도가 훼손될 수 있기 때문에, 질적 성취(맥락 분석, 목적 달성)를 기반으로 평가하되, 오류 빈도는 채점자 합의·공정성을 높이는 보조 자료(괄호)로 사용하는게 좋다. - 오류 빈도보다 의미 방해 여부를 중점으로 평가
Gemini	- '오류 횟수'는 학생의 고차원적 사고 능력이 어느 수준에 도달했는지를 객관적으로 보여주는 신뢰성 높은 질적 증거가 될 수 있다. - 핵심은 오류 횟수가 의미하는 수행의 질적 수준(예 완벽함, 유창함, 지장 없음)을 명확히 하는 것이다. - 질적 서술을 전면에 배치하고, 오류 횟수(1개 이하, 2개 이내)를 판단의 보조적 근거로 괄호 안에 삽입한다.

▲ 필자의 추가 질문에 대한 AI의 답변 내용

종합하자면, 루브릭은 평가의 목적성인 **타당도(무엇을 배웠는가?)**를 제시하기 위해 질적 수준을 명확하게 서술하되, **채점자간 신뢰도**를 확보하기 위해 오류 빈도는 판단의 보조 근거 자료로서 괄호 등을 통해 제시하는 것이 바람직하다고 볼 수 있다.

이는 평가 척도가 수행 수준(채점 기준)으로 제시되는 것과 같은 맥락이라고 볼 수 있다. **수행 수준**은 타당도를 반영하여 학습자의 질적 수준이 어느 정도인지를 제시하게 되고, **채점 기준**은 채점자의 신뢰도를 위해 객관적인 판단의 근거를 제시한다.

이후 수정된 루브릭을 다시 요청하였는데, 확실히 기존의 정량 중심의 답변이 확연히 달라졌고, 질적 수행 정도와 판단 근거가 같이 병행되니 학습자 성취 진단과 채점이 명확하게 느껴졌다. 답변의 변화 비교를 위해 아래 ①과 ④의 '상' 수준에서 일부 항목만 발췌하였으니 답변 형식만 참고하기 바란다.

대화 모드	평가요소	(수정 전) 채점 기준	(수정 후) 채점 기준
① [GPT-5 Thinking] 교과 학습 내용 분석표 연속 대화창	표기정확성 (표기법)	표기·어법 모두 정확, 오류가 거의 없음.	핵심 특징이 일관되게 정확하고, 표기 오류가 의미 전달을 방해하지 않음.
	담화구성 (대화문 구성)	권유·감사 4기능 모두 명확히 실현	필수 4장면 배치, 발화가 균형 있게 나타나 흐름이 끊기지 않음.
④ [Gemini 2.5 Flash] 연속 대화창	언어정확성 (표기법)	어법 및 조사 오류 0회	표기가 매우 정확하여 일본어 발음을 상정할 수 있음. (표기 오류 1개 이하)
	내용충실도 (대화문 구성)	필수 표현 4가지 모두 사용, 문화 요소(선물/차) 모두 언급	4가지 의사소통 요소, 문화를 모두 포함하고, 대화 흐름이 매우 자연스럽고 실질적임.

▲ 질적 수준+객관적 근거를 보완한 루브릭 예시('상' 수준 중심으로 일부 발췌)

모든 답변을 정리하면, 평가 요소는 성취기준에 기반하여 ⓐ표기법·어법, ⓑ대화문 구성, ⓒ상황·목적 요소가 포함되어야 하며, 수행 수준(채점 기준)은 질적 서술과 객관적 근거가 함께 제시되어야 한다는 것을 알 수 있었다. 필자는 이를 토대로 다음과 같이 루브릭 초안을 세워보았다.

평가 요소	수행 수준(채점 기준)	배점
A. 표기법과 어법에 맞게 쓰기 (5점)	대화의 흐름에 맞는 모든 대화문을 일본어 표기법(청탁음, 요음, 촉음, 문법 등)과 어법에 유의하여 정확하게 8개 이상의 문장으로 쓸 수 있음.	5
	대화의 흐름에 맞는 대다수의 대화문을 표기법과 어법에 유의하여 의미 전달에 지장을 주지 않는 범위에서 대체로 정확하게 쓸 수 있음. (6-7문장)	4
	대화의 흐름과 어울리는 일부의 대화문을 표기법이나 어법에 유의하여 정확하게 쓸 수 있음. (3-5문장)	3
	간단한 어구나 대화 문장을 표기법이나 어법에 따라 제한적으로 쓸 수 있음. (1~2문장)	2
	어구나 대화문을 작성하지 못하거나, 표기법이나 어법에 오류가 많아 의미 전달이 어려움.	1 (기본점수)
B. 대화문 구성하기 (6점)	담화 안에서 전달해야 할 4가지의 내용 요소(방문, 타인 혹은 가족 소개, 권유, 감사)를 모두 자연스럽게 연결하여 대화문을 구성할 수 있음.	6
	담화 안에서 일부의 내용 요소가 누락되어 있으나, 자연스럽게 연결하여 구성할 수 있음. (3가지 내용 요소)	5
	담화 안에서 다수의 내용 요소가 누락되어 부자연스러우나 부분적으로 의사를 전달할 수 있음. (2가지 내용 요소)	4
	대다수의 내용 요소가 누락되어 있으나, 제한적인 의사를 전달할 수 있음. (1가지 내용 요소)	3
	모든 내용 요소가 누락되어 실제적인 의미 전달이 어려움.	2 (기본점수)
C. 의사소통 상황과 목적에 맞게 작성하기 (4점)	일본인 집을 방문할 때 나눌 수 있는 실제적인 대화 상황을 창의적으로 구성하고, 대화 구성원(예주인, 손님 등)이 목적에 맞는 표현을 사용함.	4
	일본인 집을 방문할 때 나눌 수 있는 대화이지만, 대화 구성원(예주인, 손님 등)의 발화가 어색함.	3
	의사소통 상황 전달과 대화 구성원의 발화 목적이 적절하지 않음.	2 (기본점수)
장기 미인정 결석자		5

▲ '일본집 방문 대화문 작성하기' 루브릭 초안

ⓐ표기법·어법 영역에서 가장 고민했던 부분은 표기법과 어법을 구분해야 하는가와, 오류의 범위를 단어와 문장 중 어느 수준으로 설정해야 하는가였다. 표기법과 어법에서 오류의 범위를 설정하는 것은 중요한 문제이다. 예를 들어, おちゃ、どうぞ。(녹차, 드세요.) 라는 문장을 おちや、とうそ。라고 쓰면 한 문장 내에 여러 개의 오류(탁음, 요음)가 존재하게 되는데 이를 3개의 오류인지, 1개의 오류인지 채점이 모호해진다. 여기에서는 학습자들이 작성해야 할 대사가 간단한 의사소통 문장 중심이었기 때문에 오류 범위를 '문장' 단위로 한정하고, 표기법과 어법을 통합하여 하나의 기준으로 제시하였다. 오류 없이 정확한 문장을 쓸 수 있다면, 이는 곧 학습자가 언어의 표기법과 어법을 정확히 인지하고 있음을 보여주는 객관적인 근거가 되기 때문이다.

3) 문항 설계 정교화 단계, 문항 완성도를 높이려면 어떻게 해야 할까?

(1) Step1: 예시 오류 답안 작성을 통해 완성도 높이기

서논술형 평가는 루브릭을 설계하였다고 하더라도 실제 답안 구성에서 학생의 반응 자유도가 크기에, 교사가 생각하지 못한 답안이 나올 때 어떻게 채점할 것인가에 대한 고민이 생기기 마련이다. 이번 단계에서는 이러한 문제를 사전에 예방하는 차원에서 채점이 모호해질 수 있는 가상의 오답을 AI에게 작성하도록 하고, 문항과 루브릭을 검토한 뒤 문항의 완성도를 높이고자 하였다.

[선행작업] – 기존 대화 채팅창에 이어 나가기
          – 완성된 문항과 위 루브릭을 캡처하여 붙여 넣기

프롬프트

이제, 문항의 완성도를 높이기 위해 몇 개의 오답을 작성해 보자.
1. 문항과 루브릭은 그림 파일 참고하기
2. 답안 구성의 모든 어휘는 3단원 PDF에 한하여 작성할 것.
3. 오답은 5개 정도 제시해 주고, 반드시 채점이 모호해질 수 있는 다양한 경우를 포함할 것.
4. 오답 부분은 굵은 글씨로 작성해 주고, 왜 채점이 모호한지 설명할 것.
5. 채점의 모호함을 해결하기 위해, 문항과 루브릭에서 보완해야 할 부분을 제안해줘.

▲ 가상의 '오류 답안'을 얻기 위한 프롬프트 예시

	항목	오답 예시	문제점	해결 및 보완할 점
1)	채점 경계의 모호	감사 표현을 작성했지만, 윗사람에게 고마워(ありがとう)라고 인사한 경우	- 평가 요소에서 B와 C의 채점 경계가 모호함. 1) B: 감사 표현을 자연스럽게 연결하지 못한 걸까? 2) C: 대화 구성원의 발화가 어색한 것일까?	'자연스럽게 연결'이라는 문구가 오해 소지가 있으므로 수정 필요.
2)	대화문 구성하기	4가지의 내용 요소를 작성했지만, 대화의 흐름(대화문 구성)이 자연스럽지 않은 경우	평가 요소 B: 4가지 내용 요소와 대화문 구성이 다를 경우, 채점이 모호함.	추가 채점 기준이 요구됨. → 담화 흐름 강조할 것.
3)	창의성 범위가 모호함	맥락과 어울리지 않는 엉뚱한 대사를 한 경우	평가 요소 C: '창의성'에 대한 의미 범주가 모호함.	창의성은 맥락에 맞게 구성되어야 하므로, 이를 반영할 것.

▲ AI에게 받은 '오류 답안'을 정리한 표

가상의 오답을 검토하는 과정은 교사가 생각하지 못한 문제점을 미리 예상해 볼 수 있기에 문항을 검증할 때 꼭 필요한 단계이다. 더욱이 'AI 검증'으로 문항의 오류를 발견함과 동시에 루브릭을 체계적으로 수정해 나갈 수 있었기 때문에 문항의 완성도를 높이는데 도움이 되었다.

　물론, 지필평가처럼 보안이 필요한 문항은 AI 검증 작업이 어려울 수 있다. 하지만, 수행평가의 경우 학습자들에게 공지하기 전에, 교사 스스로가 점검하는 과정을 거치면 문항의 질을 높이고 짜임새 있는 루브릭을 설계할 수 있다. 특히나 Gemini는 다양한 오류 사례를 넣고 배점이 어떻게 되는지를 물어보자, 채점 근거와 배점을 함께 알려주어서 문항 피드백에 상당한 유익하였다.

(2) Step2: 루브릭 완성하기

다음은 예시 오류 답안 내용과 종합적인 검토를 통해 설계한 최종 루브릭이다.

평가 요소	수행 수준(채점 기준)	배점
표기법과 어법에 맞게 쓰기 (5점)	주제에 맞는 문장을 일본어 표기법(청탁음, 요음, 촉음, 문법 등)과 어법에 유의하여 정확하게 8문장 이상으로 쓸 수 있음.	5
	주제에 맞는 대다수의 문장을 표기법과 어법에 유의하여 대체로 정확하게 쓸 수 있음. (6-7문장)	4
	주제와 어울리는 일부의 대화문을 표기법이나 어법에 유의하여 가급적 정확하게 쓸 수 있음. (3-5문장)	3
	주제와 관련된 간단한 어구나 문장을 표기법이나 어법에 따라 제한적으로 쓸 수 있음. (1~2문장)	2
	어구나 대화문을 작성하지 못하거나, 표기법이나 어법에 오류가 많아 의미 전달이 어려움.	1 (기본점수)
대화문 구성하기 (6점)	담화 안에서 전달해야 할 모든 내용 요소(방문, 타인 혹은 가족 소개, 권유, 감사)를 자연스러운 대화문으로 구성할 수 있음	6
	다음 요소 중 한 가지를 만족하는 경우 ☐ 담화 안에서 일부의 내용 요소가 누락되어 있으나, 의미 전달에 지장을 주지 않는 수준에서 전반적으로 자연스러운 대화문을 구성할 수 있음. ☐ 전반적인 흐름이 다소 어색하지만, 담화 안에서 전달해야 할 대부분의 내용 요소를 대화문으로 구성할 수 있음.	5
	담화 안에서 전달해야 할 내용 요소 중 단편적인 내용을 대화문으로 구성할 수 있음.	4
	담화 안에서 전달해야 할 내용 요소 중 일부의 내용을 제한적인 대사로 전달할 수 있음.	3
	담화 안에서 전달해야 할 모든 내용 요소가 누락되어 실제적인 의미 전달이 어려움.	2 (기본점수)
의사소통 상황과 목적에 맞게 작성하기 (4점)	일본인 집을 방문할 때 나눌 수 있는 실제적인 대화 상황을 맥락에 맞게 창의적으로 구성하고, 대화 구성원(예주인, 손님 등)이 목적에 맞는 표현을 사용함.	4
	일본인 집을 방문할 때 나눌 수 있는 대화이지만, 대화 구성원(예주인, 손님 등)의 발화가 어색함.	3
	의사소통 상황 전달과 대화 구성원의 발화 목적이 적절하지 않음.	2 (기본점수)
장기 미인정 결석자		4

▲ 완성된 최종 루브릭

루브릭은 하나의 평가 요소에 많은 내용을 담는 것보다 내용을 명확하게 구분하여 제시하는 것이 중요하다. '표기법과 어법에 맞게 쓰기'는 정확하게 썼는지가 중요하고, 정확한 문장을 많이 썼다는 것은 표기법과 어법을 정확하게 인지하고 있다는 증거가 될 수 있다. 따라서 객관적이고 정량적인 요소를 넣어 얼마나 많이 작성하였는지를 평가하여 채점의 신뢰도를 높이고자 하였다.

하지만 '대화문 구성하기'의 경우 포함되어야 할 내용 요소를 몇 개 썼는지가 중요한 것이 아니라, 제시된 내용 요소를 자연스러운 대화문으로 구성하는 것이 중요하였기 때문에 질적 성취도를 드러낼 수 있도록 진술하였다. 다만, 채점할 때 질적 수준을 '모든-대부분의-단편적인-일부의'로 제시되었을 때, 객관적인 근거로 명시할 필요가 있다면 교과 협의회 등을 통해 해당 수준이 내용 요소를 몇 개 정도를 작성한 것을 인정할지에 대한 논의가 별도로 필요할 것이다.

라. AI와 함께한 평가 여정, 그 후의 성찰

앞 장에서는 서논술형 평가를 실시하면서 예상치 못한 답안으로 문항과 루브릭을 다시 고쳐야 했던 필자의 경험을 나누었다. 매년 평가를 반복하지만, 새로운 시도는 늘 어렵다. 고차원적 사고를 기르려는 취지로 평가를 설계하지만, 교사에게도 처음 도전해 보는 방식이라 예상치 못한 문제가 생기는 것은 어쩌면 자연스러운 일일지도 모르겠다.

그리고 뒷 장에서는 현장의 어려움을 조금이나마 예방하고, 보다 짜임새 있는 평가를 실현하기 위해 AI를 활용해 평가 문항의 완성도를 검증하고 재설계하는 과정을 살펴보았다. 교과 내용에서 성취기준에 맞는 평가 요소를 추출하고, 평가 과제를 구상하며, 문항을 검토하고 루브릭을 설계하는 일까지… 그동안 교사가 혼자 감당하던 무게를 AI를 통해 나누어 가질 수 있었고, 그 과정에서 명확한 문항 제시의 필요성과 체계적인 루브릭 설계의 중요성을 더욱 깊이 깨닫게 되었다.

물론 AI는 만능이 아니다. 최근 AI를 활용한 채점이 부각되고 있지만, 결과가 안정적이지 않아 교사가 일일이 확인해야 하는 이중 업무로 이어지는 경우도 많다. 또한, AI 채점이 서논술형 평가의 본질과 다르게 운영될 수도 있다. 고차원적 사고력을 기르기 위해 문항을 설계하고, 질적인 성취를 담아내는 루브릭을 만들었다 하더라도, AI로 채점하려면 결국 명확한 기준이 필요하기 때문이다. 이 지점에서 루브릭 설계에 대한 교사의 전문성이 더욱 중요하게 부각된다.

이번 과정을 통해 가장 크게 얻은 깨달음은 AI의 답변 그 자체가 아니라, AI가 제시한 답안을 교사가 어떻게 해석하고 판단하며 그 의미를 다시 구성해 나가는 '성찰'에 있었다. AI를 하나의 도구로 활용하되, 자신의 언어와 관점으로 소화해 내는 그 여정 자체가 곧 성장의 경험이 될 수 있다.

서논술형 평가는 교사의 에너지와 시간이 가장 많이 소요되는 평가이다. 성취기준을 분석하고 평가 계획을 세우며, 문항을 제작하고 채점에 이르기까지 그 어느 것 하나 쉽지 않다. 특히 '학생의 사고 과정을 드러내는 평가'를 지향할수록 문항과 루브릭의 정교함이 요구되기 때문에 교사의 부담은 더욱 커질 수밖에 없다. 이 때 AI는 평가의 전 과정에서 교사의 든든한 조력자가 될 수 있다. AI와의 협업을 통해 깊이 있는 평가를 완성할 수 있다면, 서논술형 평가는 더 이상 부담이 아니라 교사의 전문성을 드러내는 성장의 기반이 될 것이다.

새로운 문항을 거창하게 만들 필요는 없다. 우리는 이미 심사숙고하여 문항을 만들고 있고, 매번 학생의 답안을 성실히 채점하고 있다. 이전에 자신이 만들었던 문항의 문제점들을 하나씩 성찰해 보면서, 조금 더 나은 문항이 되기 위한 방안을 모색해보면 어떨까.

그 작은 시도가 결국 학생의 사고를 변화시키고, 수업을 바꾸며, 교육의 방향을 한 걸음 더 성장시킬 수 있을 것이다.

06
탐구 수업을 통한 서논술형 평가의 확장: 형성평가로 깊이를 더하다 (중등 과학)

평가 계획을 제출해야 하는 시기가 다가오면 교과서와 성취기준 및 성취수준을 분석하면서 어떤 수행평가를 해야할지 고민한다. '이번 단원에서는 발표를 하는게 좋을까?, 실험을 해보는게 좋을까?, 논술형 평가를 실시해 볼까?'라는 생각을 하면서 평가계획을 작성한다. 이렇게 평가의 형태를 성취기준이나 성취수준의 내용을 보면서 구성할 수도 있다.

하지만 개념기반 탐구학습이나 IB(International Baccalaureate)에서는 문항의 형태를 먼저 구상하기보다는 어떤 주제가 탐구 학습에 적합한지를 먼저 확인한 후, 그에 맞는 탐구 과정을 설계한다. 이후 학생들이 개념적 이해에 도달했다는 것을 확인할 수 있는 가장 좋은 방법으로 총괄평가의 형태를 결정한다.

총괄평가의 형태는 에세이 작성이나 탐구 보고서 작성, 해결책이나 결과물 제시 등 일반적으로 글쓰기를 기반으로 한 평가 방식이 주로 활용되기 때문에 자연스럽게 서논술형 평가와 연결될 수 있다.

▲ 평가계획 구성 단계

따라서 본고에서는 서논술형 평가 문항 제작 자체의 과정에 초점을 두기보다는 IB를 참고한 개념기반 탐구학습의 수업과 평가 설계 과정에서 AI를 어떻게 활용하였는지 사례를 중심으로 보여주고자 한다.

차시	활동 내용	비고
1차시	과학 실험 방법 설명	실험 관련 절차적 지식 안내
2차시~11차시	단원 개념 확인	5단원. 힘의 작용
12차시~13차시	가상 실험 설계	**형성평가** 자동차에 낙하산을 설치하면 제동에 도움이 되는지 확인하는 실험
14차시	가상 실험 보고서 작성	**형성평가**(개별적으로 작성 후 모둠활동) AI 피드백
15차시	실험 설계	**총괄평가 준비**(모둠원과 함께 설계)
16차시	예비 실험	**형성평가**(모둠원과 함께 설계)
17차시	실험 수행평가 실시	**총괄평가**(모둠원과 함께 설계)
18차시	실험 보고서 작성	**총괄평가**(개별적으로 작성)

▲ 총괄 평가의 운영(실험 보고서 작성하기)

가. 총괄평가의 구성 과정

1) 주제선정

과학 교과는 탐구 활동 수업을 운영하기에 매우 적합한 교과이다. 그 이유는 과학이 본질적으로 실험과 탐구를 기반으로 한 학문이기 때문이다. 이러한 특성 덕분에 과학 수업은 개념이나 주제 중심의 장기 프로젝트나 실생활 문제 해결 활동과 자연스럽게 연결된다. 그래서 모든 단원에서 탐구 활동 수업이 가능하지만, 특히 배운 것을 우리 주변이나 지역 사회에 적용해 보거나 새로운 맥락에서 전이를 확인할 기회를 제공하여 보다 의미 있고 가치 있는 학습 경험이 가능한 단원을 선정하는 것이 중요하다. 다음과 같이 AI를 활용한다면 많은 도움을 받을 수 있다.

[선행작업] - 2022 개정 교육과정 [별책9] 과학과 교육과정 PDF
- (중등)2022 개정 교육과정에 따른 성취수준(과학) PDF 파일 업로드하기

프롬프트

개념기반 탐구학습을 설계하려고해. 실생활과 연결해서 탐구 활동을 할 수 있는 단원이면 좋을 것 같고, 탐구한 결과를 우리 주변이나 지역 사회에 적용해 볼 수 있는 단원이면 좋겠어. 또한, 최근에 사회적으로 이슈가 되었던 문제와 연결을 해서 팀구 활동을 할 수 있는 단원을 찾아줘.

> **답변**
>
> 1. 중력과 낙하물 사고
>   관련 이슈: 건설 현장이나 도심의 낙하물 사고, 산악 지역의 낙석 사고 등
>   - **개념 연결**
>   물체는 중력에 의해 아래로 떨어지려는 힘을 받습니다. 높은 곳에서 작은 물체라도 떨어지면 속도가 점점 빨라져 (자유 낙하 운동) 큰 운동 에너지를 갖게 되며, 충돌 시 막대한 피해를 줄 수 있습니다.
>   - **탐구 활동**
>   건설 현장의 추락 및 낙하물 사고 사례를 조사하고, 안전모, 안전망, 안전대 등이 중력과 충격량으로부터 작업자를 어떻게 보호하는지 과학적 원리를 탐구할 수 있습니다.
>   - **최근 자료**
>   지난해 건설 현장 추락 사고, 60대 이상이 절반 넘어: 건설 현장 사고의 절반 이상이 '떨어짐' 사고이며, 특히 고령 근로자의 사망률이 높다는 통계 기사입니다. 중력과 관련된 사고가 여전히 심각한 문제임을 보여줍니다.

▲ 주제 선정 프롬프트 예시 ❶

 AI 답변을 보니 '건설 현장 사고'나 '떨어짐 사고', '미끄러짐 사고' 등의 문제점을 '중력'과 '마찰력' 이라는 힘과 연결한 탐구 활동이 눈에 띄었다. AI가 제시한 예시를 토대로 최근에 일어났던 항공기 사고나 여름철이면 항상 발생하는 물놀이 사고 등 다양한 사건과 사고를 힘과 연결하여 '안전'의 관점에서 문제를 바라보면 의미 있는 학습이 될 수 있을 것이라고 판단했다.

 그래서 탐구 주제로 선택한 단원은 중학교 1학년 과학의 '힘의 작용'이다.

2) 개념❷ 도출

 개념기반 탐구수업에서 개념은 아주 중요하다. 개념을 어떻게 선택하느냐에 따라서 수업과 평가의 방향이 달라지기 때문이다. 예를 들어 힘의 작용을 '변화'의 관점에서 바라본다면, 힘이 작용하여 물체의 속도나 방향, 형태 등이 어떻게 변하는지를 탐구하게 되는 것이고, '관계'의 관점에서 바라본다면 힘과 운동의 상호작용이나 힘에 영향을 주는 요인을 탐구하게 될 것이다.

 이렇게 관점에 따라서 수업의 방향이 바뀌기 때문에 개념기반 탐구학습에서는 개념적 렌즈 (Conceptual Lens)라는 표현을 사용한다.

 수업에서 활용할 수 있는 다양한 개념(매크로 개념❸이나 마이크로 개념❹ 등)을 도출하기 위해서는 해당 단원의 성취기준과 성취수준, 그리고 적용할 수 있는 핵심 아이디어와 내용 요소(지식·이해, 과정·기능, 가치·태도)를 분석한다.

---

❶ ChatGPT 무료 버전을 사용한 결과이다.
❷ IB에서는 각 과목별로 활용할 수 있는 주요개념 3~4개와 관련개념 12개를 지정해서 안내한다. 개념기반 탐구학습을 계획하면서 개념적 렌즈(Conceptual Lens)나 핵심 개념을 찾을 때 과목별 개념을 참고하면 도움이 된다.
❸ 매우 광범위한 개념으로 간학문적이고 큰 주제를 다루는 개념을 의미한다.
❹ 작은 범위의 개념으로 특정 교과 내에서 다루어지는 개념을 의미한다.

(5) 힘의 작용

성취기준		성취기준별 성취수준
[9과05-01] 물체에 작용하는 힘을 화살표를 이용하여 나타내고, 힘의 평형을 이루는 조건을 설명할 수 있다.	A	물체에 나란하게 작용하는 두 힘의 합력을 구하여 힘의 평형을 찾고, 힘이 평형을 이루는 조건을 설명할 수 있다.
	B	물체에 작용하는 합력이 0일 때 물체가 힘의 평형을 이룬다는 것을 설명할 수 있다.
	C	물체에 나란하게 작용하는 두 힘의 합력을 구할 수 있다.
	D	물체에 작용하는 힘을 화살표로 표시할 수 있다.
	E	과학에서 사용하는 힘의 의미를 말할 수 있다.
[9과05-02] 중력, 탄성력, 마찰력, 부력을 이해하고, 각 힘의 특징을 크기와 방향으로 설명할 수 있다. <탐구 활동> • 용수철의 탄성력 측정하기 • 물속에서 부력 측정하기	A	중력, 탄성력, 마찰력, 부력과 관련된 일상생활의 예시로부터 각 힘을 설명하고, 각 힘과 힘의 크기에 영향을 미치는 요인과의 관계를 설명할 수 있다.
	B	중력, 탄성력, 마찰력, 부력의 특징을 크기와 방향으로 설명하고, 각 힘의 크기에 영향을 미치는 요인을 찾을 수 있다.
	C	중력, 탄성력, 마찰력, 부력의 특징을 설명하고, 실험을 통하여 힘의 크기를 측정할 수 있다.
	D	중력, 탄성력, 마찰력, 부력을 알고 각 힘의 사례를 찾을 수 있다.
	E	중력, 탄성력, 마찰력, 부력 등 힘의 종류를 구별할 수 있다.

핵심 아이디어		• 자연과 일상생활 속의 여러 가지 힘은 물체의 속력과 운동 방향을 변화시키고, 물체의 운동은 힘과 에너지를 통해 예측할 수 있으며, 이는 안전한 일상생활의 토대가 된다.
범주	구분	학년(군)별 내용 요소
		중학교 1~3학년
지식·이해	힘과 에너지	• 힘 • 중력 • 마찰력 • 탄성력 • 부력
과정·기능		• 자연과 일상생활에서 운동과 에너지와 관련된 현상을 관찰하고 문제를 찾아 정의하고 가설을 설정하기 • 적절한 변인을 포함하여 탐구 설계하기 • 과학적 증거에 기반하여 주장하기
가치·태도		• 과학 유용성 • 과학 창의성 • 과학 문제 해결에 대한 개방성 • 안전·지속가능 사회에 기여

▲ 2022 개정 교육과정 중학교 1학년 과학 성취기준과 성취수준(교육부, 2022f), 핵심 아이디어와 내용 요소(교육부, 2024b)

그리고 적용할 수 있는 핵심 아이디어를 찾아서 이번 단원의 내용에 맞도록 다음과 같이 수정한다.

[제시된 핵심 아이디어]

자연과 **일상생활 속의 여러 가지 힘**은 물체의 속력과 **운동 방향**을 변화시키고, **물체의 운동**은 힘과 에너지를 통해 **예측**할 수 있으며, 이는 **안전한 일상생활의 토대**가 된다.

↓

[수정한 핵심 아이디어]

일상생활 속의 여러 가지 힘은 물체의 **운동 방향**을 변화시키고, **물체의 운동**은 힘을 통해 **예측**할 수 있으며, 이는 **안전한 일상생활의 토대**가 된다.

▲핵심 아이디어의 수정

성취기준이나 성취수준, 그리고 내용 요소에 나와 있는 이번 단원의 주요 내용을 요약하면 다음과 같다.

성취기준 및 성취수준		힘의 종류와 작용 원리 및 힘의 크기에 영향을 미치는 요인과의 관계 실험을 통한 힘의 크기 측정 일상생활 예시에서 힘의 특징 설명하기
내용 요소	지식·이해	다양한 힘의 종류
	과정·기능	실험 탐구 설계
	가치·태도	과학의 유용성, 안전·지속가능 사회에 기여

▲ 단원의 성취기준 및 성취수준과 내용 요소

즉, 이번 단원에서는 다양한 힘의 종류에 대해 알아보고, 힘의 특징과 원리를 탐색한다. 또한 힘들 간의 상호작용과 힘의 크기에 영향을 미치는 요인 간의 관계를 파악하는 것이 핵심이다. 이를 통해 지속가능한 삶을 실천할 수 있다는 '안전'의 관점에서 수업을 설계할 수 있을 것이다.

그래서 이번 단원에서 적용한 개념은 **'관계'**와 **'상호작용'**이다.

그렇다면 이 과정에서 AI를 활용하지 않을 이유가 없다. AI를 통해 단원 내용을 분석해서 개념을 도출해 달라고 하면 도움을 받을 수 있다.

[선행작업] - 2022 개정 교육과정 [별책9] 과학과 교육과정 PDF
- (중등)2022 개정 교육과정에 따른 성취수준(과학) PDF 파일 업로드하기

프롬프트
제공한 문서는 해당 단원의 성취기준과 성취수준, 그리고 적용할 수 있는 핵심 아이디어와 내용 요소야.
최근에 일어났던 항공기 사고나 여름철 물놀이 사고 등 힘과 관련된 다양한 사건과 사고를 연결하여 과학에서 '힘의 작용과 안전'의 관점에서 수업을 하고싶어.
위 내용을 참고하여 이 단원에서 적용할 수 있는 개념을 찾아서 왜 적용이 가능한지 이유를 설명해줘.

▲ 개념 도출 프롬프트 예시

AI를 활용하면 참고가 될 수 있는 내용들이 많이 나오겠지만, 중요한 것은 개념을 도출하기 전에 교사가 이번 단원에서 무엇을 가르치고 싶은지, 학생들이 무엇을 했으면 좋겠는지 스스로에게 많은 질문을 하는 것이 필요하다. 학생들이 탐구를 통해 어떤 사고의 확장을 경험하길 원하는지를 고려하여 수업의 목표에 가장 적합한 개념을 선정해야 한다.

3) 맥락 연결

총괄평가에서 맥락의 중요성에 대해 〈Ⅲ-2. 형성평가와 총괄평가: 평가의 관점을 바꾸다〉에서도 설명을 했던 것처럼, 학생들이 배운 개념을 실제로 적용할 수 있도록 구체적이고 의미 있는 맥락을 설정하는 것이 중요하다.

예를 들어, 유전 단원에서 학생들에게 가계도를 분석하게 할 때 단순히 유전 형질의 규칙을 찾는 과제가 아니라, "너희는 혈액형을 판별하는 의사야. 가족의 혈액형이 모두 다를 수 있는 이유를 분석하고 설명해 봐."라고 제시하면 학생들은 자연스럽게 몰입하며 탄성을 터뜨린다. 이렇게 단순한 GRASPS[5]를 제시하는 것만으로도 학생들의 태도가 달라지며, 이 순간 교과의 개념이 추상적인 지식이 아니라 '나의 삶' 속으로 들어오게 되는 것이다.

이번 단원에서는 학생들이 힘과 관련된 주제로 탐구하는 것에서 그치지 않고 다양한 문제에 대한 '해결책'을 제시함으로써, 가치·태도에 명시되어 있는 '과학의 유용성'을 경험하고 '안전·지속가능 사회에 기여'하는 역량을 기를 수 있을 것이다.

그래서 총괄평가의 맥락은 '지역 사회에 해결책을 제시'하는 것으로 선정했다.

4) 일반화 문장 제작[6]

일반화 문장은 빅 아이디어나 영속적 이해와 같은 의미의 개념으로, 개념과 개념 간의 관계를 표현하는 핵심적인 문장이다. IB에서는 탐구진술이라고 하며, 탐구진술은 단원 전체 탐구 학습의 목표 역할을 한다(경기도교육청, 2023b).

그래서 이번 단원에 맞는 개념인 '**관계와 상호작용**', 그리고 교과 개념인 '**힘과 안전**', 그리고 맥락인 '**해결책**'을 활용하면 다음과 같은 일반화 문장을 제작할 수 있다.

> **힘**은 서로 **상호작용**을 하고 있으며, 이들에 영향을 미치는 요인간의 **관계**를 파악하여 **해결책**을 제시하면 안전하고 지속가능한 삶을 실천할 수 있다.

▲ 일반화 문장

이렇게 도출된 일반화 문장은 교사가 미리 학생들에게 제시하여 수업의 목표로 활용을 하기도 하지만, 때로는 수업의 흐름 속에서 학생들의 사고와 탐구를 통해 자연스럽게 학생들의 입에서 나오도록 유도하기도 한다. 교사가 아닌 학생 스스로가 개념의 본질을 깨닫고 스스로 일반화 문장을 만들어내는 그 순간이야말로, 학생들에게는 가장 짜릿한 순간이라 할 수 있다.

그러나 일반화 문장을 만드는 일은 결코 쉽지 않다. 여러 차례 시도와 수정을 거쳐야 비로소 수업의 목적과 방향에 맞는 문장을 완성할 수 있다. 이때 AI의 도움을 받으면 교사가 설정한 수업의 핵심 의도를 유지하면서도, 다양한 관점과 표현을 탐색할 수 있게 된다.

즉, AI를 활용한다면 사고의 폭을 확장하고, 일반화 문장을 설계하는 역량을 한층 더 강화할 수 있는 것이다.

---

[5] GRASPS 모델은 학습자가 실제 맥락에서 의미 있는 과제를 수행할 수 있도록 평가를 설계하기 위해 고려해야 할 다섯 가지 핵심 요소를 제시한다.
[6] IB에서 탐구진술은 과목별 주요개념 1개와 관련개념 1~2개를 선택하여 개념적 이해를 문장으로 작성한 후, 세계적 맥락과 연결하여 탐구 만든다.

[결과물]
ChatGPT
다양한 힘과 그 크기에 영향을 주는 요인들 간의 관계는 우리가 일상생활의 문제를 해결하는 방식을 결정한다.
Gemini
힘의 상호작용과 기능 사이의 관계를 이해하면, 일상적인 문제에 대한 혁신적인 과정과 해결책을 개발할 수 있다.
뤼튼
다양한 힘들이 서로 상호작용하는 방식과 이들에 영향을 주는 요인 간의 관계를 이해하면, 안전하고 지속가능한 삶을 실천할 수 있는 해결책을 제시할 수 있다.

▲ AI가 제작한 일반화 문장 ❼

5) 안내 질문 제작

학생들이 일반화 문장을 통해 제시된 개념 간의 관계를 이해할 수 있도록 교사는 핵심적인 안내 질문을 마련한다. 이러한 안내 질문은 학생들의 사고를 촉진하고 일반화를 이끌어 내는 역할을 하기 때문에 개념기반 탐구학습에서는 안내 질문(Guiding Question)❽이라고 한다. 다시 말해, 안내 질문은 학생들이 달성해야 하는 목표에 다가갈 수 있도록 설정된 비계(Scaffolding)이자 일반화 문장을 해결하기 위한 핵심적인 도구이다. 따라서 교사는 적절한 안내 질문을 제시하여 학생들이 개념적 이해에 도달할 수 있도록 안내해야 한다.

사실적 질문
- 중력, 탄성력, 마찰력, 부력은 각각 어떤 물리적인 힘을 의미하며, 어떤 특징을 가지고 있나요?(관계, 상호작용)
- 우리 주변에서 중력, 탄성력, 마찰력, 부력과 같이 특정 힘이 불안정하거나 위험을 초래하는 구체적인 사례는 무엇인가요?(예 미끄러운 바닥, 낙상 사고, 불안정한 다리 구조물 등)(해결책)
- 안전 장치나 제품에서 중력, 탄성력, 마찰력, 부력이 안전성을 높이는 데 어떻게 활용되고 있나요?(예 자동차 브레이크, 안전모, 구명조끼 등)(상호작용, 해결책)

개념적 질문
- 우리 주변의 물체에 중력, 탄성력, 마찰력, 부력 등 여러 힘이 동시에 작용할 때, 물체의 운동 상태는 어떤 방식으로 변화하나요?(상호작용)
- 일상생활 속에서 발생하는 불안정하거나 위험한 상황(예 물건이 미끄러짐, 건물이 흔들림, 사람이 넘어짐)은 어떤 힘의 원리가 제대로 작용하지 않거나 과도하게 작용했기 때문일까요?(해결책)

논쟁적 질문
- 힘을 안다는 것은 우리 삶에 도움이 되는가?(지속가능한 삶)
- 위험을 줄이고 안전을 확보하기 위해 힘의 원리를 정확히 이해하는 것이 개인의 책임인가요, 아니면 사회 전체의 책임인가요? 만약 사회의 책임이라면 어떤 노력이 필요할까요?

▲ 안내 질문

---

❼ 3가지 모두 무료 버전을 사용한 결과이다.
❽ IB에서는 탐구 질문이라고 하며, 탐구 질문은 탐구 진술을 더 자세히 탐구할 수 있도록 돕는다(경기도교육청, 2023b).

안내 질문을 중심으로 다양한 활동을 하면서 학생들은 사실을 확인하고 개념을 이해하며 사고를 확장하게 된다. 이러한 안내 질문들은 자연스럽게 수업 활동으로 이어지기 때문에 결국 다음과 같이 서논술형 평가 문항으로도 활용할 수 있다.

사실적 질문
- 중력, 탄성력, 마찰력, 부력은 각각 어떤 물리적인 힘을 의미하며, 어떤 특징을 가지고 있나요?

↓

서논술형 문항
- 중력, 탄성력, 마찰력, 부력의 정의를 설명하고, 이 네 가지 힘이 물체에 작용할 때 나타나는 특징을 일상생활의 예시를 통해 서술하시오.

개념적 질문
- 우리 주변의 물체에 여러 힘이 동시에 작용할 때, 물체의 운동 상태는 어떤 방식으로 변화하나요?

↓

서논술형 문항
- 물체에 중력, 탄성력, 마찰력, 부력 등 힘이 동시에 작용할 때 물체의 운동 상태가 어떻게 변화하는지 예시를 활용하여 설명하시오.(점프 후 착지할 때, 물체가 물에 떠 있을 때 등)
- 물체에 중력, 탄성력, 마찰력, 부력 등 힘이 동시에 작용하는 상황을 나타내고, 이런 경우 물체의 운동 상태에 영향을 미치는 요인을 설명하시오.

논쟁적 질문
- 힘을 안다는 것은 우리 삶에 도움이 되는가?

↓

서논술형 문항
- 힘을 안다는 것이 우리 삶에 어떤 도움이 되는지 각 힘의 정의 및 특징과 예시를 활용하여 서술하시오.

▲ 안내 질문의 활용

6) 총괄평가 계획

이제 총괄평가를 구성할 차례이다. 총괄평가는 〈Ⅲ-2. 형성평가와 총괄평가: 평가의 관점을 바꾸다〉에서 설명한 것처럼 학습자가 최종적으로 도달해야 하는 목표를 확인하는 평가이다. 따라서 학생들이 개념적 이해에 도달했는지를 가장 효과적으로 드러낼 수 있는 방식으로 총괄평가를 구성한다.

이번 단원의 일반화 문장은 "힘은 서로 상호작용을 하고 있으며, 이들에 영향을 미치는 요인 간의 관계를 파악하여 해결책을 제시하면 안전하고 지속가능한 삶을 실천할 수 있다."이다. 이 일반화 문장에 도달했는지 확인하기 위해, 학생들이 일상생활 속 문제를 발견하고 힘의 상호작용과 영향 요인 간의 관계를 분석하며 해결책을 제시하는 총괄평가를 계획해야 한다.

총괄평가의 형태는 일반화 문장과 학습 목표에 따라 달라진다. 만약 처음부터 여러 가지 힘들이 일상생활에서 유용하게 작용하고 있다는 내용으로 무엇인가를 창출해내는 것이 목적이었다면, 부력 실험 장치(미니 뗏목)를 제작하여 실험을 하거나 가상의 놀이기구를 구상하는 것을 총괄평가로 계획했을 것이다. 하지만 이번 단원의 목표는 '안전·지속가능 사회 기여'이므로, 실생활 문제 해결에 초점을 맞춘 평가가 적합하다.

이러한 총괄평가는 다음과 같이 AI를 활용하여 구성할 수 있다.

> **프롬프트**
>
> \# 총괄평가의 구상
> \## 요청사항
> * 일반화 문장에 맞는 총괄평가 구성해줘.
> * 힘은 서로 상호작용을 하고 있으며, 이들에 영향을 미치는 요인 간의 관계를 파악하여 해결책을 제시하면 안전하고 지속가능한 삶을 실천할 수 있다.
> * 총괄평가는 학생들이 개념적 이해에 도달했는지를 가장 효과적으로 드러낼 수 있는 방식으로 구성해야 해.
>
> ---
>
> **답 변**
>
> ① 사례 분석 및 해결책 제안 보고서 작성
> 학생들은 지역 사회나 학교 생활 속에서 '힘의 불균형으로 인한 문제 상황(예 미끄러운 바닥, 불안정한 놀이기구, 무너진 구조물)'을 조사하고, 문제의 원인을 과학적으로 분석하여 개선 방안을 제시한다.
>
> ② 실험 설계 및 결과 보고서 작성
> 학생들은 스스로 선택한 주제에 대해 가설을 세우고, 실험을 설계·수행하여 결과를 분석한다.
>
> ③ 설계 기반 프로젝트(Project-based Assessment)
> '지역 사회의 안전 문제 해결을 위한 구조물 설계' 등 실생활 문제 해결형 프로젝트를 수행한다.
>
> ④ 시각 자료 기반 설명형 글쓰기
> 학생들은 실험 또는 탐구 결과를 바탕으로, 그래프·사진·도식 등을 활용해 힘의 작용 관계를 설명하는 글을 작성한다

▲ 총괄평가 구상 프롬프트 예시

일반화 문장을 위한 총괄평가의 다양한 예시들 모두 '해결책을 제시'하기 위한 문제 해결형 평가 유형으로 제시해 준다. 그렇다면 어떤 평가를 하는 것이 가장 적합할까? AI를❾ 통해 다시 한번 검증을 한다.

> **프롬프트**
>
> 위에서 제시한 총괄평가 중 학생들이 개념적 이해에 도달했는지를 가장 효과적으로 드러낼 수 있는 방식은 어떤거야?
>
> ---
>
> **답 변**
>
> 여기서 핵심적인 부분들을 짚어보면 다음과 같습니다.
>   1. 힘의 상호작용: 힘의 작용 원리 이해
>   2. 요인 간의 관계 파악: 문제의 원인을 분석하는 능력
>   3. 해결책 제시: 문제 해결 능력
>   4. 안전하고 지속가능한 삶 실천: 실제 생활에 적용하여 긍정적인 영향을 미치는 것
>
> 이 모든 요소를 가장 잘 담고 있는 평가는 **바로 ① 사례 분석 및 해결책 제안 보고서 작성입니다.**
> • "지역 사회나 학교 생활 속에서 '힘의 불균형으로 인한 문제 상황'을 조사하는 것"은 힘의 상호작용과 그것이 현실에서 어떤 문제를 일으키는지 파악하는 단계에 해당됩니다.
> • "문제의 원인을 과학적으로 분석하여"는 요인 간의 관계를 파악하는 부분과 완벽하게 일치합니다.
> • "개선 방안을 제시한다"는 직접적으로 해결책을 제시하는 능력을 평가하는 것입니다.
> • "실제 맥락 속에서 적용해 보며 과학적 근거를 기반으로 한 해결책을 논리적으로 제시하게 된다"는 궁극적으로 안전하고 지속가능한 삶을 위한 실천적인 방안을 찾는 과정과 연결됩니다.

▲ 총괄평가 검증 프롬프트 예시

❾ ChatGPT 무료 버전을 사용한 결과이다.

AI는 해결책을 제안하는 보고서가 가장 적합하다는 결론을 내린다. 그러나 성취수준에서 '실험을 통하여 힘의 크기를 측정'이라는 내용이 있다. 뿐만 아니라, 내용 요소의 과정·기능에서 '실험 탐구 설계'가 제시되어 있다. 그렇다면 해결책 제안 보고서를 작성할 때 단순히 사례를 분석하여 아이디어나 이론적 해결책을 제시하는 수준을 넘어서야 한다. 힘이 서로 어떤 방식으로 상호작용을 하는지, 상호작용이 왜 특정 상황에서 문제가 되는지를 직접 실험을 통해 규명하고 과학적 근거를 바탕으로 해결책을 도출한다면 일반화 문장에 도달하는 데 효과적일 것으로 판단했다.

그래서 이번 총괄평가는 '실험 보고서 작성하기'로 선택했다.

과학 수행평가 안내자료
[실험 보고서 작성]

[일반화 문장]
힘은 서로 상호작용을 하고 있으며, 이들에 영향을 미치는 요인 간의 관계를 파악하여 해결책을 제시하면 안전하고 지속가능한 삶을 실천할 수 있다.

[수행평가 계획]
1. 일상생활 속에서 찾을 수 있는 힘과 관련된 문제점을 찾아서 실험을 하고, 해결책을 제시합니다.
2. 일반화 문장에 나와있는 것처럼, 실험을 한 후 해결책을 제시하여 안전하고 지속가능한 삶을 실천할 수 있는 결과물을 제시해야 합니다
3. 실험 주제는 교과서에 나와 있는 주제가 아닌, 모둠별로 모두 다른 주제를 선택합니다.(42개 모둠이 모두 다르게 실시 예정)
4. 실험 주제 선정 및 실험 설계는 모둠원과 함께 합니다.(실험 후 데이터 공유)
5. 실험 보고서는 서론, 본론, 결론이 포함된 '소논문'의 형식으로 작성합니다.(개별적으로 작성)
6. 실험 보고서는 손글씨로 작성하게 되며, 크기는 B_4 사이즈입니다.
7. 각 반별로 약 18 ~ 19차시 정도에 수행평가를 실시하게 됩니다.(평가 시기는 달라질 수 있음)

[채점기준표]

평가 요소	수행 수준(채점 기준)	배점
힘의 의미와 예시 설명하기 (서론)	과학에서 사용하는 힘의 의미를 일상생활의 예시를 통해 정확하게 설명함.	4
	과학에서 사용하는 힘의 의미를 일상생활의 예시를 통해 설명하였으나 단순하거나 간단한 설명을 하거나 설명에서 일부 오류가 있음.	3
	과학에서 사용하는 힘의 의미를 일상생활의 예시를 통해 정확하게 설명하기 어려움.	2
	수업에는 참여하였으나 수행 활동에 참여하지 않은 경우(기본점수)	1

(후략)

▲ 수행평가 안내자료

7) 형성평가 계획

총괄평가를 모두 구성했다면, 이제 형성평가를 계획할 차례이다. 이번 수업에서 형성 평가를 구성한 내용은 아래쪽의 **'다. 형성평가의 구성'**을 참고하길 바란다.

나. 실험 보고서를 활용한 서논술형 평가

1) 소논문으로의 확장

실험 보고서를 작성하는 것 자체만으로도 서논술형 평가라고 할 수 있을까? 수행평가의 분류상 실험 보고서는 서논술형 평가와 별도의 항목으로 구분되지만, 실험 보고서의 특성을 살펴보면 서논술형 평가의 성격을 충분히 지니고 있다. 단순히 실험 과정이나 결과를 나열하는 것을 넘어 학생들이 직접 실험을 한 후 데이터를 수집하고 분석한 결과를 해석하여 결론을 도출하는 논리적 사고 과정을 거치기 때문이다.

더 나아가 실험 보고서를 소논문 형식으로 발전시켜 자신이 선택한 주제를 중심으로 연구 목적을 설정하고 가설을 세우며 결과를 근거로 논리적인 결론을 제시하도록 한다면, 이는 서논술형 평가의 본질에 한층 더 가까워지게 된다. 학생이 스스로 문제를 정의하고 탐구를 통해 근거를 마련하며 이것을 글로 논증하는 과정 자체가 고차적 사고를 요구하는 서논술형 평가의 핵심이 되기 때문이다.

소논문 형식	작성 내용
서론	탐구(실험) 동기, 목적, 이론적 배경, 가설
본론	탐구(실험) 과정 및 방법 설명, 결과 정리
결론	탐구(실험) 결과에 대한 해석 및 요약, 의미 분석, 제언

▲ 소논문 형식

이번 총괄평가는 교과서에 제시된 개념을 단순히 실험으로 증명하는 수준을 넘어 학생들이 일상생활 속에서 스스로 문제를 발견하고 이를 실험을 통해 검증해야 한다. 결국 각자 자신의 삶 속에서 의미 있고 가치 있는 주제를 선택해서 실험을 해야하는 것이다.

그래서 학생들에게 수행평가의 목적을 설명하고 모둠별로 주제를 정할 수 있도록 했다. 그러나 학생들은 실험 주제를 단숨에 정하기는 어렵다. 그래서 1차시가 시작되는 순간부터 실제로 실험을 설계하는 15차시까지 장기적인 관점에서 주제를 정할 수 있도록 수업 시간이 종료되기 5분 전에 성찰록 작성과 함께 주제 선정을 위한 모둠 활동을 할 수 있도록 했다.

그리고 전체 학생들의 주제를 기록할 수 있는 A2 크기의 표를 1학년 게시판에 붙여두었다. 모든 모둠이 서로 다른 주제의 탐구를 진행하도록 하면서, 동시에 주제 선정이 어려운 학생들에게는 다른 모둠의 선택이 탐구 아이디어를 확장하는 데 참고가 되길 바라는 의도였다.

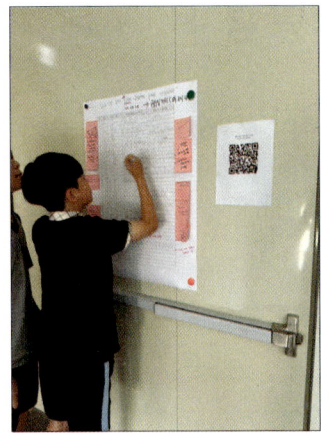 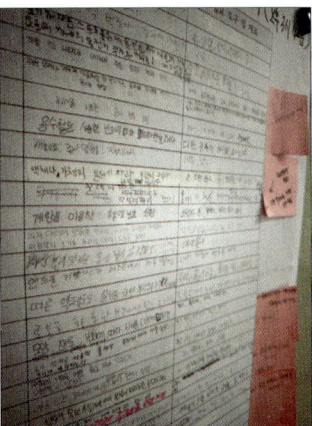

▲ 모둠 주제 기록표

또한 이 과정에서 '실험 주제 선정 도우미' 챗봇을 제작[10]하여 배부하였다. 학생들이 '힘의 종류'와 '관심 주제'를 입력하면 학생들 수준에서 할 수 있는 실험들을 나열해 주는 챗봇이다. 이를 통해 학생들이 주제를 선택하는 데 도움을 주었으며, 끝내 주제를 선택하지 못한 모둠에게는 공통 주제를 제시하는 일종의 개별화 전략도 계획을 했다.('주제 선정의 참신성'은 평가 항목에 들어가지 않음.)

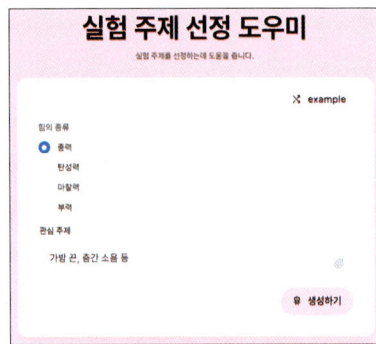 

▲ 주제 선정 도우미 챗봇(GetGPT 제작)

아무래도 중학교 1학년이다 보니, 대부분의 주제는 교과서에서 제시된 실험에서 약간 확장된 수준이었다. 그러나 학생들이 스스로 주제를 선택하고 직접 실험을 설계했다는 점을 고려하면, 교과서에 제시된 실험을 단순히 따라 하는 것보다 훨씬 발전적인 시도라도 할 수 있다.

특히 수업 종료 5분 전에 작성한 '질문 및 성찰 활동지'를 통해 학생이 수업 중 스스로 던진 질문이 실험 주제로 발전한 사례들도 있어서 더욱 의미있었다. 학생들은 '질문이 탐구로 이어지는 과정'을 직접 경험한 것이다.

이처럼 학생이 스스로 질문을 실험으로 확장하고, 이를 통해 과학적 탐구를 수행하는 과정은 단순한 지식의 재현을 넘어 사고력과 탐구 주체성을 기르는 진정한 과학 학습의 모습이라 할 수 있다.

---

[10] GetGPT(getgpt.app)는 챗봇이나 툴을 4단계에 걸쳐서 간단하게 제작할 수 있는 도구이다. 기본적인 사용 방법은 노션(joo.is/날개서논술형)에서 확인할 수 있다.

힘의 종류	실험 주제
마찰력	접촉면의 면적에 따른 마찰력의 크기 측정
	신발 바닥면의 패턴에 따른 마찰력 비교
부력	액체의 종류나 농도에 따른 부력의 크기 측정
	주사기를 활용한 부력의 크기 측정
탄성력	고무줄로 만든 새총의 파괴력 측정
	스프링의 길이에 따른 탄성력 크기 측정
중력	물체의 높이와 무게에 따라 낙하했을 때 다른 물체에 미치는 영향 측정
	물체의 높이에 따른 바닥면의 소음 크기 측정

▲ 다양한 실험 주제

42개 모둠이 모두 다른 주제로 실험을 진행하게 되었으며, 실험 보고서 또한 소논문 형식으로 작성하였다. 그래서 같은 모둠의 같은 주제일지라도 서론부터 결론까지 작성된 내용이 모두 다르다. 그렇기 때문에 더욱더 서논술형 평가에 가깝다고 할 수 있을 것이다.

주제: 물체 바닥의 재질에 따른 마찰력 차이 비교 실험

[서론]

학생 A	우리는 일상 속에서 다양한 마찰력을 접하게 된다. 이때 미끄럼 방지 패드처럼 마찰력이 필요한 상황이 있고, 무거운 물건을 밀 때 처럼 마찰력이 필요하지 않는 상황도 있다. 나는 고무와 천을 사용하여 재질에 따른 마찰력 크기의 차이를 비교해 보려고 한다.
학생 B	힘을 알게 된다면 힘으로 인한 문제점이 발생하였을 때 좀 더 쉽게 해결할 수 있다. 힘으로 인한 유용성은 고무줄(탄생력)으로 인해 길게 늘려서 머리카락을 묶을 수 있다. 힘으로 인한 문제점은 겨울철 눈이왔을 때 마찰력이 적어져서 자동차가 쉽게 사고가 나기도 한다. 이번 실험에서는 "바닥면이 수건을 깔았을 때와 안깔았을 때 물체가 미끄러지는 각도가 어떻게 달라지는가?"라는 문제로 그 결과를 통해 마찰력이 물체에 미치는 영향을 이해하는 것이 실험의 목표이다.

[탐구 질문 및 가설]

학생 A	1) 탐구 질문 : 물체의 바닥면이 고무로 된 물체의 바닥에 천을 깔면 마찰력을 줄여주는 데 도움이 될까? 2) 가설 : 바닥이 고딕로 된 물체의 바닥에 천을 깔면 마찰력을 줄이는데 도움이 될 것이다
학생 B	1) 탐구 질문 : 물체의 바닥면에 수건을 깔았을 때와 안깔았을 때를 비교하면 바닥면에 수건을 깐 물체가 더 낮은 각도에서 내려갈까? 2) 가설 : 물체의 바닥면에 수건을 깔면 수건을 깔지 않았을 때 보다 낮은 각도에서 내려가기 시작할 것이다.

[결론 및 제언]

학생 A	• 위와 같은 실험을 통해 바닥이 고무로 된 물체의 바닥에 천을 깔면 약 15° 정도 작은 각도에서 미끄러진다는 것을 확인했고, 물체의 바닥에 천을 까는 것은 마찰력을 줄이는 데 도움이 된다는 내용의 가설도 검증할 수 있었다. • 추가적으로는 크기가 더 큰 물체를 더 큰 규모의 경사로에서 실험하여 확인해 보고 싶다. • 실험에서의 한계점은 실험에 적합한 물체를 찾는 것이다. 물체 의 크기가 너무 크거나 작으면 안되고, 바닥은 평평해야 하며 길이가 너무 길지 않은 물체를 찾는 것이 생각보다 어려웠다. 다음 실험에서는 나의 실험에 적합한 실험 도구를 찾아 더욱 편리하고 정확하게 실험해 보고 싶다. • 앞으로는 일상 속에서 무거운 물체를 밀어서 옮겨야 할 때는 물체 바닥에 천을 깔아 비교적 쉽게 물체를 옮기는 것으로 실험 결과를 적용할 수 있다.

학생 B	• 바닥면에 수건을 깔지 않은 물체는 평균 37.3° 수건을 깐 물체는 22.3°로 수건을깐 물체가 더 낮은 각도에서 미끄러졌다. • 바닥면에 수건을 깐 물체가 더 낮은 각도에서 미끄러졌기 때문에 내 가설은 맞았다. • 수건이 아닌 다른 물체를 깔고 해보고 싶고, 내려가는 각도가 아닌 속도를 측정해 보고 싶다. • 나무판을 들고 있어서 각도를 재는 과정에서 조금 흔들렸을 수도 있을 것 같다. • 앞으로 마찰력을 줄이고 싶을 때는 천 같은 재질을 붙이면 될 것 이다.

▲ 같은 주제로 작성된 두 학생의 보고서(마찰력 차이 비교 실험 보고서)[11]

결국 이렇게 소논문 형태로 보고서를 작성하는 것은 과학과 교육과정에서 강조하고 있는 과정·기능[12]의 역할과 함께 서논술형 평가를 통한 핵심 역량이 통합적으로 발달할 수 있는 최적의 학습 형태라 할 수 있다.

2) 안내 질문의 활용

앞서 안내 질문 자체가 서논술형 평가로 활용될 수 있다는 점을 설명하였다. 그렇다면 이러한 안내 질문은 실험 보고서에 어떻게 활용할 수 있을까?

실험을 설계하는 단계에서 학생이 직접 탐구 질문을 작성하는 것은 매우 중요하다. 이는 학생이 스스로 문제를 인식하고 해결하려는 과학적 사고의 출발점이 되기 때문이다.

다만 학생이 만든 탐구 질문만으로는 사고의 폭이 제한적일 수 있고, 수업의 목표인 일반화 문장에 대한 이해가 부족할 수도 있기 때문에 학생들의 탐구 질문과 함께 교사가 제시한 안내 질문을 활용하는 것이 효과적이다.

질문의 종류에 따라서 어떻게 보고서에 활용하면 좋을지 다음과 같이 학생들에게 안내를 한다. 학생들은 이러한 안내를 통해 "무엇을 탐구해야 하는가?", "보고서에 어떤 내용을 담아야 하는가?"와 같은 구체적인 방향성을 확인할 수 있게 된다.

질문의 종류	질문	보고서 활용 방법
사실적 질문	• 중력, 탄성력, 마찰력, 부력의 정의와 특징은? • 우리 주변에서 중력, 탄성력, 마찰력, 부력과 같이 특정 힘이 불안정 하거나 위험을 초래하는 구체적인 사례는 무엇인가요?	서론, 이론적 배경
개념적 질문	• 일상생활 속에서 발생하는 불안정하거나 위험한 상황은 어떤 힘의 원리가 제대로 작용하지 않거나 과도하게 작용했기 때문일까요?	이론적 배경
논쟁적 질문	• 힘을 안다는 것은 우리 삶에 도움이 되는가? (과학에서 힘은 왜 배우는가?)	서론, 결론

▲ 안내 질문의 보고서 활용 방법

이러한 방식은 학생이 주도적으로 사고하면서도 교사의 학습 의도와 목적이 연결되는 균형 잡힌 형태의 평가로, 실험 보고서를 서논술형 평가에 한층 더 가까운 형태로 발전시킬 수 있을 것이다.

---

[11] 학생의 결과물은 가독성을 위해 변환하여 제시한다.
[12] 과학과 과정·기능은 학생들이 과학 학습을 통해 개발할 것으로 기대하는 과학과 탐구 기능과 과정에 해당하는 것으로, 문제 인식 및 가설 설정, 탐구 설계 및 수행, 자료 수집·분석 및 해석, 결론 도출 및 일반화, 의사소통과 협업을 근간으로 영역별 특성을 반영하였다(교육부, 2022f).

다. 형성평가의 구성

총괄평가를 계획했다면, 이를 준비할 수 있도록 형성평가를 어떻게 설계할지 고민해야 한다. 〈Ⅲ-2. 형성평가와 총괄평가: 평가의 관점을 바꾸다〉에서 언급한 것과 같이 형성평가는 총괄평가에 이르는 과정을 지원하는 비계(Scaffolding) 역할을 하며, 그 구성이 곧 서논술형 평가의 성과를 좌우한다. 그래서 학생들이 정확한 개념 이해를 바탕으로 힘과 관련된 문제를 실험으로 증명하면서 실험 보고서를 작성할 수 있도록 다음과 같은 형성평가를 구성하였다.

1) 개념 형성 도구(T-차트, 프레이어 모델)

T-차트(T-Chart)[13]와 프레이어 모델(Frayer Model)은 개념 형성을 돕는 도구로 일반적으로 특정 개념에 대한 이해를 돕기 위해 활용된다. 그러나 이러한 도구도 학생의 이해 상태를 점검하고 피드백을 제공하는 방향으로 활용한다면 충분히 형성평가의 역할을 할 수 있다.

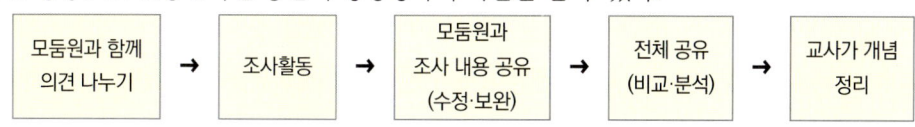

▲ T 차트를 형성평가로 활용하는 방법

이번 단원에서는 여러 가지 힘(중력, 마찰력, 탄성력, 부력) 중 '중력'의 개념을 이해하는 과정에서 '질량'의 개념을 함께 다루게 된다. 이때 학생들은 두 개념을 정확하게 구분할 수 있어야 한다.

수업에서는 학생들에게 관련 개념을 설명하기 전에, 먼저 모둠원들과 '중력'과 '질량'에 대해 어떻게 이해하고 있는지 자유롭게 이야기하도록 한다. 이 과정에서 교사는 학생들의 대화를 통해 어떤 항목에 대해 추가적인 조사 활동이 필요한지, 또는 어떤 질문을 통해 사고를 확장시킬 수 있을지를 파악한다.

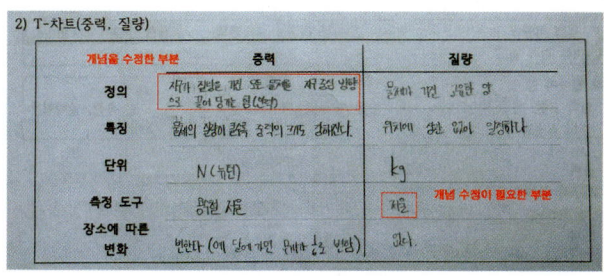

▲ 학생이 작성한 T 차트

이후 각자 개념을 조사하여 활동지에 정리한 뒤, 모둠 내에서 조사한 내용을 바탕으로 서로 비교하며 수정·보완한다. 모둠별로 정리된 내용을 전체 공유하여 두 가지 개념을 다양한 관점에서 비교·분석할 수 있도록 하며, 마지막으로 교사가 개념을 정리하면서 질문을 하거나 추가적인 설명을 통해 개념을 명확히 정립할 수 있도록 돕는다.

---

[13] 'T'자 형태로 양쪽에 두 가지 요소를 놓고 각각의 특징이나 장단점 등을 나열하거나, 여러 항목의 특성을 비교하여 표 형식으로 정리하는 도구이다. 이를 통해 개념을 다양한 기준에 따라 분석하고 분류하며, 유사하거나 대비되는 개념들을 체계적으로 비교할 수 있다.

T-차트가 다양한 항목을 중심으로 두 개념을 비교·분석하는 데 효과적인 도구라면, 프레이어 모델(Frayer Model)⁴은 특정 개념을 정해진 항목을 통해 구조적으로 이해하도록 돕는 도구이다. 예를 들어 '과학'이라는 개념을 깊이 있게 탐구하거나, '과학'과 '기술'을 비교하여 두 개념을 정확하게 구분할 때 활용할 수도 있다.

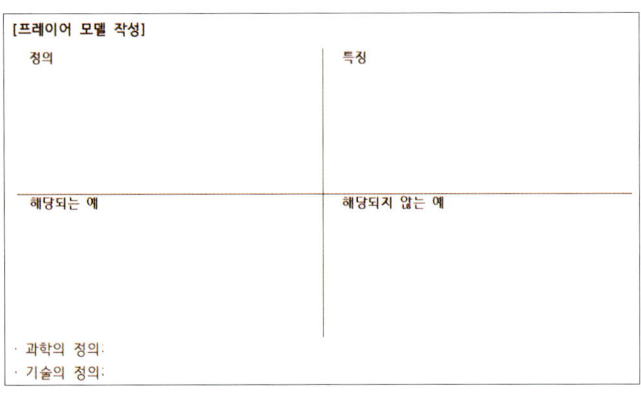

▲ 프레이어 모델 활동지

프레이어 모델도 T 차트를 활용하는 방법과 유사한 흐름으로 사용을 하지만, 핵심 단어를 중심으로 개념을 정리할 수 있도록 한다. 각자 조사한 내용을 모둠원과 비교하면서 공통의 단어나 핵심 단어를 중심으로 내용을 정리를 한 후 전체 공유를 한다. 전체 공유된 내용에서 또다시 공통의 단어나 핵심 단어를 찾아서 연결하면 개념의 정의와 특징을 정확하게 이해할 수 있게 된다. 학생들은 핵심 단어를 찾고 정리하는 과정을 통해 계속된 사고를 하게 된다.

▲ 프레이어 모델의 활용

2) 질문을 활용한 수업(Initiation-Response-Feedback/Follow-up)

질문하기는 가장 간단한 방법으로는 교사가 수업 중 학생들의 이해도를 확인할 수 있는 방법이다. 동시에 학생들이 스스로 개념을 정리하고 자신의 이해 수준을 점검하는 데도 큰 도움이 된다.

---

⑭ 새로운 어휘나 개념을 정의하고 분석하는 데 사용하는 그래픽 정리 도구이다. 중앙에 핵심 개념을 쓰고, 그 주변 네 칸에 '정의', '특징', '해당되는 예(예시)', '해당되지 않는 예(비예시)'을 채워 넣어 개념의 본질적인 속성을 명확히 이해하는 데 도움이 된다.

그러나 실제 많은 수업에서는 교사가 질문하고, 학생이 대답하면 교사가 그것을 평가하는 방식(I-R-E)[15]으로 운영이 된다.

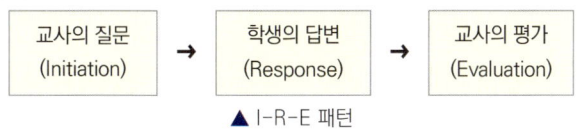

▲ I-R-E 패턴

I-R-E 패턴은 교사가 특정 개념의 이해도를 확인하거나, 학습 내용의 정답을 빠르게 확인하는 데 효율적일 수 있다. 하지만 학생들이 이미 정해진 답을 떠올리는 데 그치게 하거나, 낮은 수준의 인지적 사고에만 머물게 되는 한계가 있다. 더 큰 문제는 대답을 하는 일부 학생들만 참여를 하게 되므로 학급 전체 학생들의 현재 상태를 정확하게 진단하기 어렵다.

이러한 한계를 보완할 수 있는 대안이 바로 I-R-F(Initiation-Response-Feedback/Follow-up) 패턴이다. I-R-F 패턴은 교사가 질문(Initiation)을 하고, 학생이 이에 대해 응답(Response)한 뒤, 교사가 단순히 학생의 응답을 평가하는 것을 넘어 심층적인 피드백이나 추가적인 상호작용(Feedback/Follow-up)을 제공하는 패턴이다.

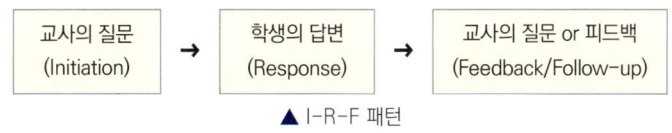

▲ I-R-F 패턴

학생의 답변을 바탕으로 "왜 그렇게 생각하는가?", "다른 관점에서 보면 어떠할까?", "이것이 실생활에 어떻게 적용될 수 있을까?"와 같은 개방형 질문이 더해지면서 학생은 높은 수준의 인지적 사고를 경험하게 된다.

결국 중요한 것은 단순히 질문을 던지는 것이 아니라, 질문 이후 학생들의 사고를 확장시키고 지속적인 상호작용을 이끌어 내는 것이다. 따라서 교사는 I-R-F 패턴에 따라 학생들의 응답에 기반한 추가 질문을 던지고, 그 답변을 바탕으로 다시 사고를 심화시킬 수 있도록 유도한다.

그래서 필자는 활동지에 나와 있는 질문 이외에도 "알짜힘이 0이라면 물체는 항상 정지를 하는가?", "마찰이 있는 자동차가 같은 속도로 움직일 수 있는 이유는 무엇인가?"와 같이 학생들에게 '왜?'라는 질문과 다른 관점에서 생각해 볼 수 있는 추가적인 질문을 자주 하게 된다.

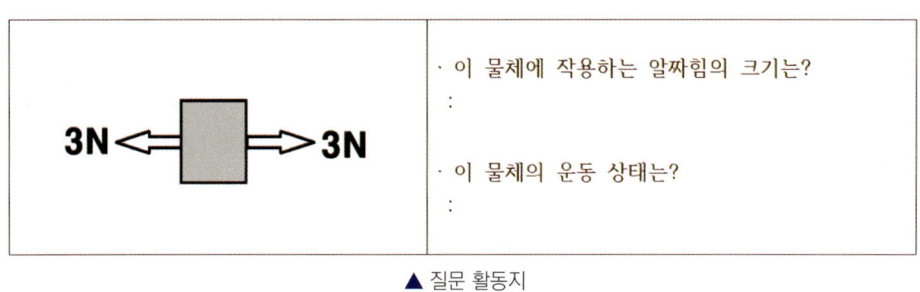

▲ 질문 활동지

---

[15] I-R-E는 교사가 질문하고(Initiation), 학생이 응답하며(Response), 교사가 이를 평가하는(Evaluation) 전형적인 교실 상호작용 방식이다.

이 과정에서 생각 - 짝 - 나누기 (Think-Pair-Share)' 활동이나, '보고 - 생각하고 - 궁금해하기(See-Think-Wonder)' 활동처럼 학생들이 충분히 생각할 수 있는 시간을 제공하고 이후 생각을 나누는 방식으로 수업을 이끌어 간다면 사고의 깊이를 확장할 수 있다.

그래서 모든 학생들이 의견을 주고 받으면서 계속된 사고가 일어나는 수업이 되도록 다음과 같이 연속된 질문을 제시한 후 각자만의 생각을 정하고 모둠활동을 하면서 생각을 나눈다.

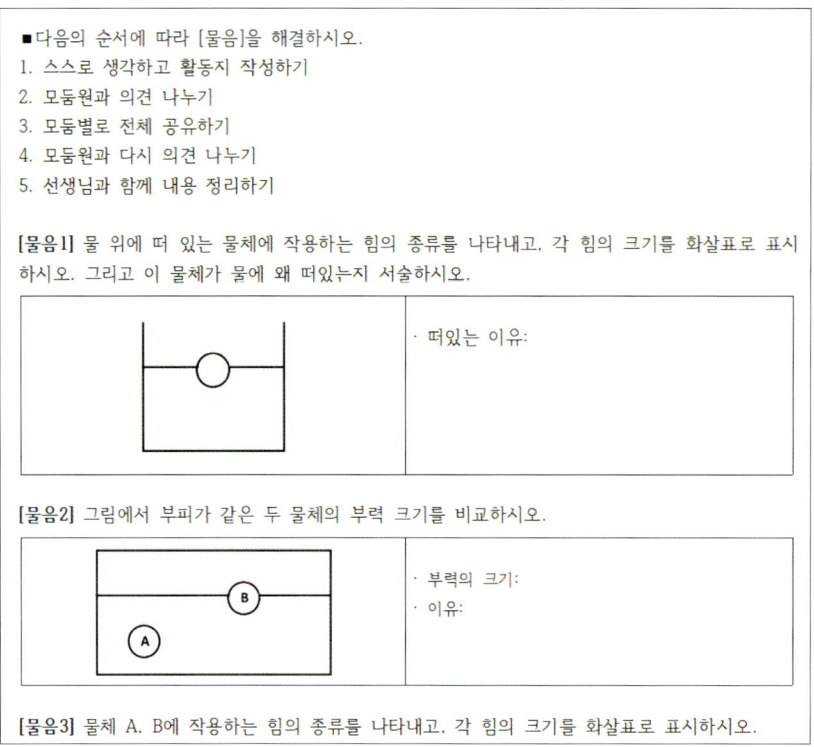

▲ I-R-F 패턴 질문 활동지

연속된 질문으로 구성된 활동지는 단순히 정답을 찾는 데 그치지 않고, 학생들이 스스로 사고를 확장하도록 유도한다는 점에서 교육적으로 매우 의미가 있다. 이러한 질문들은 서논술형 평가 문항의 형식과도 유사하여, 학생들이 수업 활동을 통해 자연스럽게 사고의 흐름을 정리하고 자신의 생각을 논리적으로 표현하는 연습을 하게 된다. 이처럼 연속된 질문을 중심으로 한 수업이 이루어지면 교실은 활발한 토론의 장이 되고, 수업이 끝난 후에도 학생들이 개념을 계속 이야기하며 스스로 사고를 이어가는 모습을 볼 수 있다. 이러한 모습이야말로 사고의 확장을 통한 '진정한 의미의 배움'이 이루어지고 있음을 보여준다.

3) 가상 실험 설계(핵심적인 형성평가)

앞에서 언급한 것과 같이 형성평가 과정에서 주제와 역량은 유지하면서도 새로운 맥락에서 사고를 확장해 보는 기회를 제공하는 것도 많은 도움이 된다. 그래서 이번 총괄평가를 수행 하기 전에 실험 수행에 대한 절차적 지식을 점검할 수 있도록 가상의 주제로 실험을 설계하게 하였다. 실험 주제는 '자동차에 낙하산을 설치하면 제동에 도움이 되는지 알아보는 실험'이다. 학생들이 직접 실험을 수행하지 않아도 문제 해결을 위해 가설 설정이나 변인통제, 실험 방법의 구체화 등 실험에 필요한 내용을 논리적으로 구성해 보는 것이다. 학생들이 설계한 가상의 실험을 전체 공유하고 피드백을 주고 받으면서 자신의 실험 설계 과정을 반성하면서 추가적으로 필요한 사항에 대해 확인할 수 있게 된다.

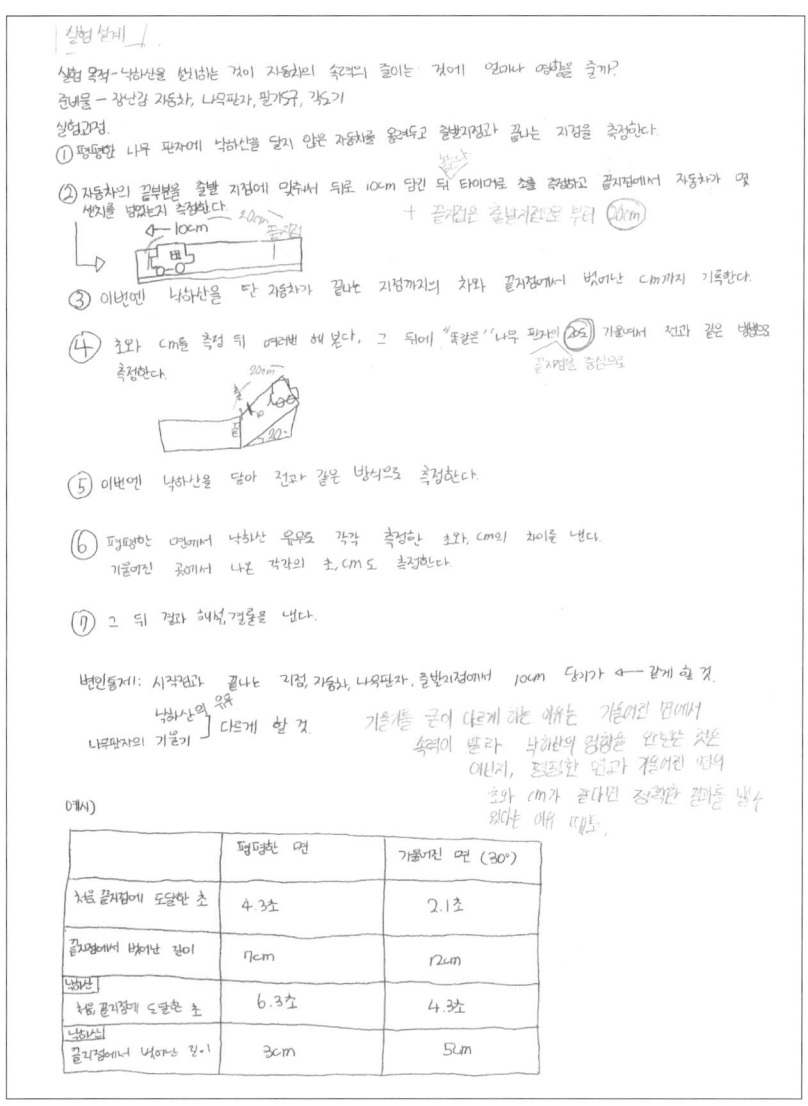

▲ 학생이 작성한 가상 실험 설계 활동지

특히 이번 실험에서는 '정량 분석'의 중요성을 강조하였다. 단순한 관찰에 그치지 않고, 가능한 한 수치화된 데이터를 바탕으로 결과를 해석하도록 안내한 것이다. 이런 내용으로 가상 실험 설계 과정에서도 어떤 도구가 필요할지, 어떤 방법으로 데이터를 측정해야 할지 많은 고민을 할 수 있도록 했다.

이러한 형성평가를 실시한 결과, 측정 도구를 완벽히 활용하기 어려운 상황에서도 학생들 스스로 데이터를 만들어 내기 위해 다양한 방법을 고안했다.

예를 들어, 중력에 의해 옷이 얼마나 늘어나는지를 정량적으로 분석하기 위해, 늘어난 부분만큼 옷을 잘라 모눈종이에 대고 모눈종이의 네모 칸 수를 세어 변화량을 측정한 학생이 있었다. 또 다른 모둠은 물체 낙하 시 고무 찰흙이 얼마나 깊이 파묻히는지를 측정하기 위해, 들어간 부분에 물을 채우고 그 부피를 재는 방식으로 깊이를 수치화했다.

이러한 시도들은 단순히 실험 지시를 따르는 수준을 넘어 스스로 측정 방법을 설계하고, 제한된 조건 속에서도 과학적 방법으로 문제를 해결하려는 태도를 보여주었다는 점에서 놀라웠다.

특히, 학생들이 자신의 아이디어를 실험 설계에 적용하기 위해 여러 차례 시도와 실패를 반복하며 새로운 방법을 찾아가는 과정은 매우 인상적이었다.

4) 가상 실험 보고서 작성 (AI 챗봇 활용)

이제 모든 준비를 마쳤다고 생각했다. 하지만 중학교 1학년 학생들이 지금까지 한 번도 작성해 보지 못한 형식의 실험 보고서를 작성하려고 하니 학생들이 막막해 하는 것 같아 가상 실험에 대한 보고서를 작성하는 형성평가를 추가적으로 계획했다. 직접 작성을 해보면, 학생 스스로 뿐만 아니라 교사 또한 학생들이 어떤 부분이 부족한지 알게 될 것이다. 학생들이 실험 보고서 형식으로 글을 작성하면서 동료 피드백을 받아보고 수정을 하도록 하였다. 이 과정에서 학생들이 가정에서도 피드백을 받아볼 수 있도록 챗봇을 제작하여 배부하였다.

▲ 실험 보고서 도우미 챗봇(GetGPT 제작)

AI 챗봇을 활용하면 교실이라는 공간과 수업 시간이라는 시간의 제약에서 벗어나 학생들 스스로 계속된 성장을 할 수 있도록 도와줄 수 있게 된다.

또한 AI 챗봇을 활용해 받은 피드백을 활용하여 자신의 글을 수정하여 다른 색으로 다시 작성을 하여 피드백 전·후의 글을 비교해 스스로 성장 과정을 확인할 수 있도록 하였다. 성찰을 통해 자신의 글을 보면서 스스로 성장할 수 있는 기회를 제공한다면, 이것이 학습으로서의 평가가 될 수 있다.

▲ 챗봇의 피드백을 활용한 예비 실험 보고서의 작성

이렇게 실시한 총괄평가를 준비하는 과정에서 실시했던 형성평가 중 가장 도움이 된 것이 무엇인지 설문조사를 한 결과 가장 많이 선택한 답변은 바로 '모둠 활동'이다. 아무래도 처음 해보는 자신들만의 실험 설계이기도 하고, 그 과정에서 머리를 맞대고 실험 설계 과정을 구체화 시키는 것이 가장 큰 도움이 되었을 것이다.

두 번째로 도움이 된 것이 '가상실험 설계 및 가상 보고서 작성'이다. 학생들이 이런 과정이 없었더라면 실험 보고서 작성에 많은 어려움을 겪으면서 총괄평가를 잘 수행하지 못했을 것이다.

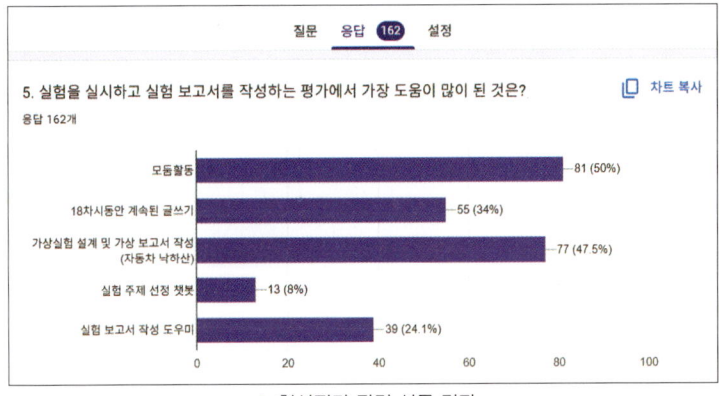

▲ 형성평가 관련 설문 결과

이 외에도 본 실험 수행평가 전에 '예비 실험'을 통해 예상치 못한 문제를 학생 스스로 발견하여 실험 과정을 수정하거나 구체화 할 수 있는 기회를 제공하였다. 대부분의 학생들이 실험을 꼼꼼하게 설계하지 않으면 실험이 안 된다는 것을 이 과정에서 배우게 된다.

또한 수업 활동 전반에서 지속적인 글쓰기를 강조하였다. 활동지에 개념 설명, 이유 제시, 핵심 단어 정리 등 글쓰기 요소를 포함시켰으며, 실험 보고서에서 학생들이 어려워하는 가설과 결과 해석 및 결론을 교과서에 나오는 모든 실험에 대해 작성을 해보도록 하였다.

처음 활동지를 작성할 때 학생들이 어떤 부분을 어려워하는지 확인이 되었기 때문에 추가적인 도움을 줄 수 있었고, 이렇게 계속 반복해서 작성을 하다보니 마지막 활동지에서는 잘 작성을 할 수 있었다.

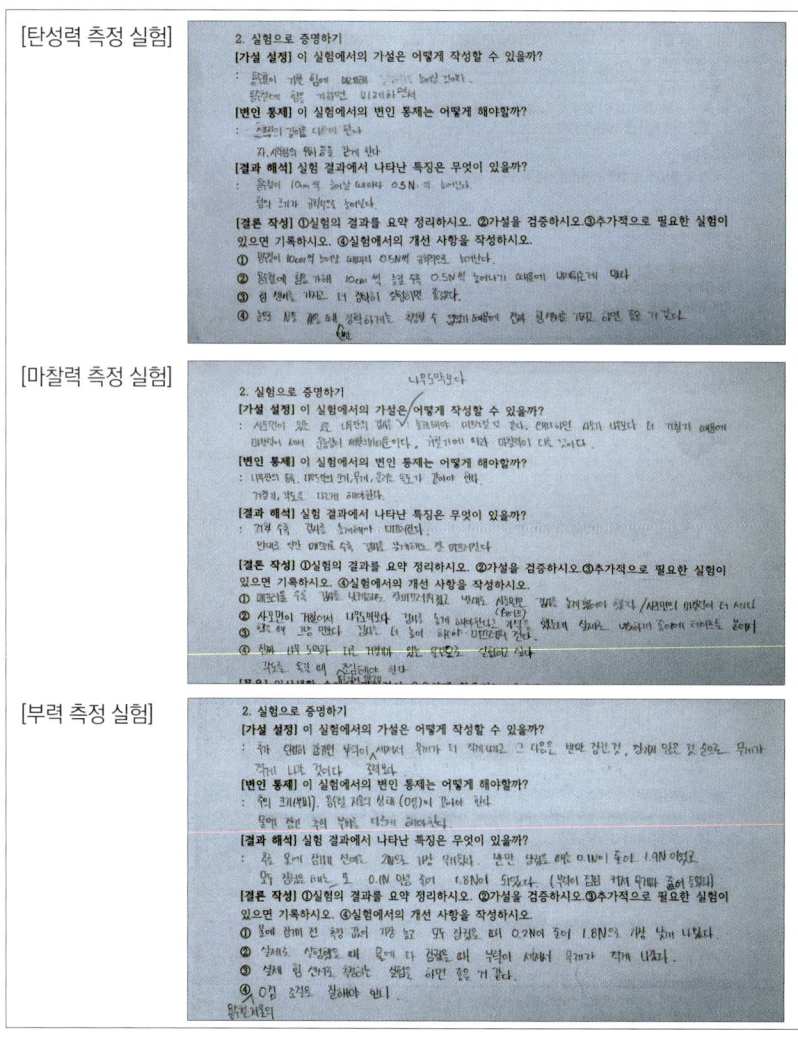

▲ 다양한 실험 활동에서 사용한 같은 질문의 활동지

    이렇게 다양한 방식으로 형성평가를 구성하더라도 모든 학생이 교사의 의도대로 자연스럽게 따라오지 못할 수도 있다. 여전히 막막함을 느끼거나, 시도 자체를 주저하기도 한다. 그렇기 때문에 학생들에게 배움이 없는 일방적인 가르침은 아닌지 교사는 지속적으로 학생들의 반응을 판단하며 추가 자료나 피드백을 포함한 개별적인 지원을 제공해야 한다. 이것이 형성평가의 필요성이다.

라. 루브릭 작성

IB에서는 전 세계 학교들이 공통의 기준으로 평가를 시행할 수 있도록 과목별 평가 기준을 제시한다. 반면, IB가 아닌 학교에서는 교사가 직접 루브릭을 제작해 사용해야 한다. 그렇다면 IB처럼 공통의 기준에 기반한 '일반적 루브릭'을 만들어 사용하는 것은 어떨까?

예를 들어, 과학과에서 실험이나 발표 수업을 평가할 때 교사가 일반적 루브릭을 활용한다면, 학년이 바뀌더라도 3년 동안 일관된 기준으로 학생의 성장과 변화를 평가할 수 있게 되는 것이다. 이는 학생에게도 평가의 방향성을 명확히 제시하고, 교사에게도 평가의 공정성을 확보할 수 있는 방법이다.

평가 요소	서론 및 이론적 배경, 가설 작성하기
	탐구 설계 및 수행하기
	자료 해석하기
	결론 도출하기

▲ 실험 보고서 일반적 루브릭의 평가 요소

그러나 일반적 루브릭의 교육적 목적을 가지고 평가를 하고 싶어도, 문제는 일반적 루브릭의 평가 요소가 성취 기준이나 성취수준에 명시되어 있지 않은 경우가 있다는 것이다. 물론 내용 요소의 내용을 활용하여 평가를 계획할 수도 있겠지만, 일반적 루브릭의 큰 틀은 유지하되 단원별 성취기준이나 성취수준에 맞게 세부 항목을 수정·보완하는 과정이 필요하다.

▲ 과학과 '힘의 작용' 성취기준과 성취수준(교육부, 2024b)

예를 들어, 성취수준에 '힘의 의미를 말하기'가 제시되어 있다면 이는 보고서에서 서론으로 활용할 수 있고, '중력·탄성력·마찰력·부력의 특징 설명하기'는 이론적 배경으로, '실험을 통해 힘의 크기 측정하기'는 실험 과정 및 결과 분석으로, 그리고 '각 힘과 힘의 크기에 영향을 미치는 요인과의 관계를 설명하기'는 결론으로 활용할 수 있다.

이처럼 일반적 루브릭을 그대로 사용하는 것이 아니라, 단원 성취기준의 맥락에 맞게 구조적으로 재구성하면 평가의 일관성과 타당성을 동시에 확보할 수 있다.

평가 요소	수행 수준(채점 기준)
힘의 의미와 예시 설명하기 (서론)	과학에서 사용하는 힘의 의미를 일상생활의 예시를 통해 정확하게 설명함.
	과학에서 사용하는 힘의 의미를 일상생활의 예시를 통해 설명하였으나 단순하거나 간단한 설명을 하거나 설명에서 일부 오류가 있음.
	과학에서 사용하는 힘의 의미를 일상생활의 예시를 통해 정확하게 설하기 어려움.
힘의 특징 설명하기 (이론적 배경)	중력, 탄성력, 마찰력, 부력의 특징을 정확하게 설명할 수 있음.
	중력, 탄성력, 마찰력, 부력의 특징을 설명하였으나 단순하거나 간단한 설명을 하거나 설명에서 일부 오류가 있음.
	중력, 탄성력, 마찰력, 부력의 특징을 설명하기 어려움.
힘의 크기 측정하기 (실험 과정 및 결과)	실험(탐구)을 통해 힘의 크기나 힘의 크기에 영향을 주는 요인에 대해 정확하게 측정함.
	실험(탐구)을 통해 힘의 크기나 힘의 크기에 영향을 주는 요인에 대해 측정하였으나 측정 과정에서 일부 오류가 있음.
	실험(탐구)을 통해 힘의 크기나 힘의 크기에 영향을 주는 요인을 측정하기 어려움.
힘의 크기에 영향을 미치는 요인 설명하기 (결론)	힘의 크기에 영향을 미치는 요인을 실험 결과를 통해 정확하게 분석하여 설명함.
	힘의 크기에 영향을 미치는 요인을 실험 결과를 통해 설명하였으나 간단한 설명이나 설명에 일부 오류가 있음
	힘의 크기에 영향을 미치는 요인을 설명하기 어려움.

▲ 성취기준을 활용한 실험 보고서 작성 루브릭

마. 총괄평가의 활용

1) 실험 보고서 전시

평가가 종료된 후, 학생들이 작성한 실험 보고서는 중앙 현관에 전시하였다. 이는 단순히 평가 결과물을 공개하기 위한 것이 아니라, 학생들이 그동안의 탐구 과정을 통해 쌓아온 노력과 성장을 서로 공유하기 위함이다. 또한 다른 반이나 다른 학년의 학생들이 전시된 보고서를 보면서 탐구 보고서 작성 과정과 표현 방법을 자연스럽게 배우고 참고할 수 있도록 하기 위한 목적도 있다.

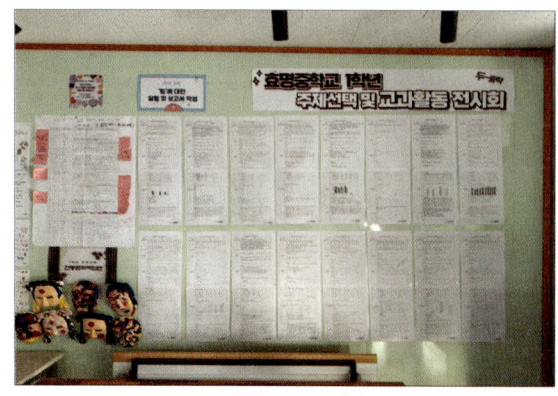

▲ 실험 보고서 전시

그리고 평가가 끝난 이후에는 교사의 피드백을 반영하여 실험 보고서를 구글 문서로 다시 수정·보완하였다. 일부 학생들은 평가가 끝난 뒤 다시 보고서를 고치는 과정에 대해 의아해 하기도 했지만, 이러한 활동은 단순한 수정이 아니라 학습의 연속성을 확장하는 과정이다.

1학기 때 실시한 '설명하는 글쓰기' 수행평가가 이번 '실험 보고서 작성'에도 큰 도움이 되었던 것처럼, 이번 활동 또한 한 단원의 평가로 끝나는 것이 아니라 다음 학년이나 다른 교과의 탐구 활동으로 자연스럽게 이어질 수 있는 발판이 된다. 이러한 지속적인 수정과 개선의 경험은 학생들에게 학습을 '완성'이 아닌 '성장'의 과정으로 인식하게 만든다.

2) 학생 결과물

❶ 손글씨로 작성한 실험 보고서

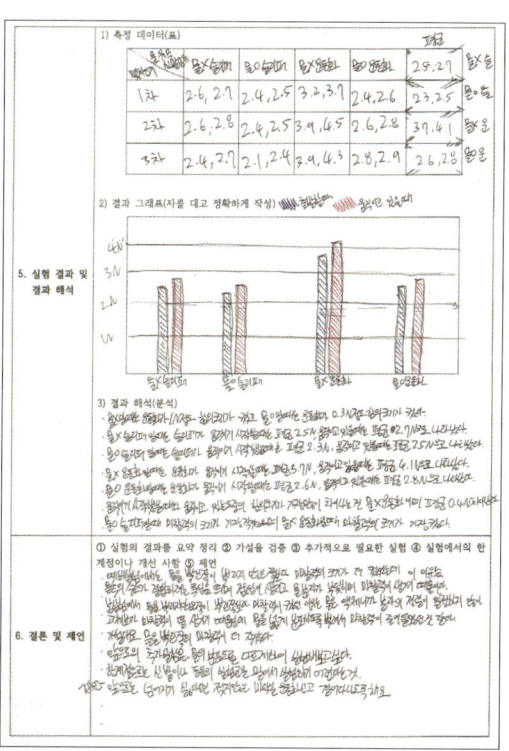

▲ 학생이 작성한 실험 보고서

Ⅳ_서논술형 평가, AI 비서로 깊이를 더하다 353

❷ 구글 문서로 작성한 실험 보고서

2025학년도 1학년 과학 실험 보고서
[물체 바닥의 재질에 따른 마찰력의 차이 비교]

공O연

1. 서론
우리는 일상 속에서 다양한 마찰력을 접하게 된다. 이때 미끄럼 방지 패드처럼 마찰력이 필요한 상황이 있고, 무거운 물건을 밀 때처럼 미찰력이 필요하지 않은 상황도 있다. 나는 고무와 천을 사용하여 재질에 따른 마찰력 크기의 차이를 비교해 보려고 한다.

2. 이론적 배경
빙판길에서는 쉽게 미끄러지지만, 흙길에서는 쉽게 미끄러지지 않는다. 이는 빙판길보다 흙길에서 작용 하는 힘의 크기가 더 크기 때문이며, 이 힘을 마찰력이라고 한다. 마찰은 방금의 설명과 같이 두 물체의 접촉면에서 물체의 운동을 방해하는 힘이다. 마찰력의 크기가 바뀌게 되는 요인은 여러가지가 있는데, 먼저 물체의 무게이다. 우리는 일상 속에서 무거운 물체를 끌 때 더 큰 힘을 경우가 많다. 이는 무게가 더 무거운 물체에서 더 큰 마찰력이 작용하기 때문이다, 즉 마찰력은 무게가 무거운 물체에서 더 크게 작용한다. 또한 이번 실험에서 알아보려는 것과 같이 마찰력은 물체의 바닥면의 거칠기에 따라 다르게 작용한다. 물체의 무게가 같더라도, 물체 바닥면의 거칠기가 거칠수록 더 큰 마찰력이 작용하게 된다.

3. 탐구 질문 및 가설
- 탐구 질문 : 물체의 바닥면에 고무로 된 물체의 바닥에 천을 깔면 마찰력을 줄여주는 데 도움이 될까?
- 가설: 바닥이 고무로 된 물체의 바닥에 천을 깔면 마찰력을 줄이는 데 도움이 될 것이다.

4. 실험 설계 및 과정
- 실험 목적: 재질에 따른 마찰력의 크기 차이를 알아보는 것.
- 준비물: 경사로, 바닥이 고무로 된 물체, 천, 각도기
- 실험 과정
    ① 바닥이 고무로 된 물체 위에 천을 올린 상태로 경사로에 올린다.(실험에서 물체의 무게를 통일시키기 위함이다.)
    ② 경사로의 각도를 천천히 늘리며 물체가 미끄러지는 각도를 3회 측정한다.
    ③ 물체의 바닥에 천을 깔고 경사로에 올린다.
    ④ 경사로의 각도를 천천히 늘리며 물체가 미끄러지는 각도를 3회 측정한다.
    ⑤ 결과를 비교한다.

[실험 과정 사진]

5. 실험 결과 및 결과 해석

1) 실험 결과

	1차	2차	3차	평균
바닥이 고무로 된 물체	39°	36°	37°	37.3°
바닥에 천을 깐 물체	23°	22°	22°	22.3°

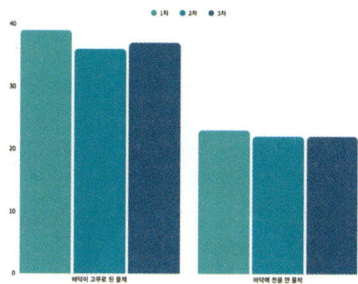

2) 결과 해석
① 바닥에 천을 깐 물체는 평균 22.3º의 각도에서 미끄러졌다.
② 바닥이 고무로 된 물체는 평균 37.3º의 각도에서 미끄러졌다.
③ 바닥에 천을 깐 물체는 23º, 22º, 22º에서 미끄러졌고, 미끄러진 각도의 차이가 크지 않다.
④ 바닥이 고무로 된 물체는 39 º, 36º, 37º에서 미끄러졌고, 미끄러진 각도가 모두 다르다.
⑤ 바닥에 천을 깐 물체는 비교적 작은 크기의 마찰력이 작용한다.
⑥ 바닥에 천을 깐 물체는 바닥이 고무로 된 물체보다 약 15º정도 작은 각도에서 미끄러진다.

6. 결론 및 제언
- 위와 같은 실험을 통해 바닥이 고무로 된 물체의 바닥에 천을 깔면 약 15º 정도 작은 각도에서 미끄러진다는 것을 확인했고, 물체의 바닥에 천을 까는 것은 마찰력을 줄이는데 도움이 된다는 내용의 가설도 검증할 수 있었다.
- 추가적으로는 크기가 더 큰 물체로 더 큰 경사로에서 실험하여 크기에 따라 다른 결과가 나오기도 하는지 실험해보고 싶다.
- 실험에서 한계점은 실험에 적합한 물체를 찾는 것이었다. 물체의 크기가 너무 크거나 작으면 안되고, 바닥은 평평해야 하며, 길이가 너무 길지도 않은 물체를 찾는 것이 생각보다 어려웠다. 다음 실험에서는 나의 실험에 적합한 실험 도구를 찾아 더욱 편리하고 정확하게 실험해 보고 싶다.
- 앞으로는 일상 속에서 무거운 물체를 밀어서 옮겨야 할 때는 물체 바닥에 천을 깔아 비교적 쉽고 안전하게 물체를 옮기는 것으로 실험 결과를 적용할 수 있다.

▲ 학생 실험 보고서

지금까지 IB를 참고한 개념기반 탐구학습의 수업과 평가 설계 과정에서 AI를 어떻게 활용하였는지 사례를 중심으로 설명했다. 이번 총괄평가 및 형성평가 과정은 교사와 학생 모두에게 쉽지 않은 도전이었다. 하지만 끊임없이 도전하고 시도할 수 있는 학습 환경을 조성해 준다면, 학생들은 실패를 단순한 결과로 받아들이지 않고 성장의 기회로 인식할 수 있을 것이다.

이러한 경험을 통해 학생들은 결과에 관계없이 "나는 스스로 성장하고 있다."는 자신감을 얻게 될 것이며, 이것이 진정한 배움의 의미가 아닐까 생각한다.

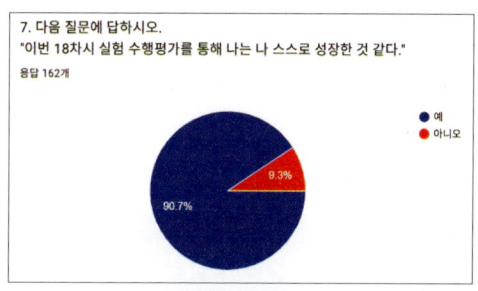

▲ 수업 설문

V

서논술형 평가 채점과 피드백,
AI 비서로 열매를 맺다

본 장에서는 수업 현장의 채점·피드백·기록 부담을 스노클·클리포·브리스크 티칭 등 AI 도구로 자동화하면서, 루브릭 설계와 채점 기준 조정에서 교사의 전문성을 확장하는 방안을 다룬다. 또한 AI를 교사를 대신하는 평가자가 아니라, 구조적 한계를 인식한 채 교사의 판단을 보완하는 동료로 활용하는 평가 수업 설계 지침을 제시한다.

#서논술형평가 #AI채점 #피드백자동화 #루브릭설계 #교사전문성
#스노클 #클리포 #브리스크티칭 #동료로서의AI

01
AI 도구별 활용 시 고려할 점

5장에서는 AI를 활용한 서논술형 평가가 교수-학습의 질적 개선과 학생의 메타인지적 성장에 어떻게 도움이 되는지 구체적인 도구들을 통해 살펴보고자 한다. 특히 스노클, 클리포, 브리스크 티칭이라는 세 가지 AI 도구를 활용한 채점 및 피드백의 실제 수업 적용 방안을 자세히 다룰 것이다. 이에 앞서 각각의 도구에 대한 짧은 소개와 더불어, 교육적 관점에서 활용 시 반드시 고려해야 할 점에 대해 간략히 논의한다.❶

가. 스노클(Snorkl)

1) 소개

스노클(Snokrl)은 미국에서 만들어진 GPT 기반의 AI 학습 지원 플랫폼이다. 교사가 원하는 문제의 사진을 복사하여, 붙여 넣는 식으로 제공하면 AI가 인식 후 풀이 과정과 과정별 배점을 자동으로 생성한다. AI가 제공한 풀이 과정 및 채점 기준은 교사가 임의로 편집할 수도 있다.

학생들이 문제를 푸는 방식은 네 가지 유형을 지원하고 있으며, 내용은 아래와 같다.

▲ 스노클 화면에 표시되는 4가지 기능

❶ 기능에 대한 매뉴얼은 수시로 업데이트 되기 때문에 노션(joo.is/날개서논술형)에 담아놓았다.

- 화이트보드 녹화 : 풀이 과정과 음성을 녹화하면 녹화된 영상을 평가
- 화이트보드만 : 학생이 펜을 이용하여 작성한 최종 결과물을 평가
- 오디오만 : 녹음된 음성을 평가
- Writing : 참고 자료를 활용하여 주어진 주제에 대한 글쓰기 결과물을 평가

▲ 스노클의 4가지 기능에 대한 설명

2) 장점

스노클이 편리한 점 중 하나는 문제를 만드는 단계가 굉장히 간단하다는 것이다. 문항을 입력하는 방법은, 아래와 같이 [질문 추가하기] 버튼을 누른 후 문제 사진을 복사하여 붙여넣기만 하면 된다.

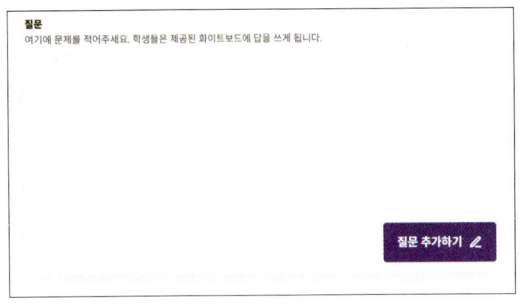

▲ 1. 우측 하단 [질문 추가하기] 클릭

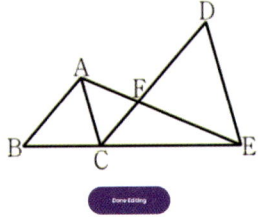

▲ 2. 캡처한 문항 붙여넣기 후 [Done Editing] 클릭

중요한 것은, 문항을 추가한 후 [질문 기반 생성] 버튼을 클릭한 이후의 과정이다.

▲ 질문 기반 생성 버튼 클릭 시, AI 작동 ❻

[질문 기반 생성] 버튼을 통해 AI는 세 가지를 생성한다.

> 1. 문제가 어떤 학교급에 해당하는 문제인지 결정
> 2. 사진 속 문항과 도형을 AI가 이해할 수 있게끔 묘사
> 3. 문제의 해결 과정, 채점 기준 및 배점 설계

이 내용은 스노클에서 AI가 학생 답안을 채점하는 데 제공되는 맥락이자 기준이 된다.

두 번째 장점은 편리한 과제 배부 방식이다. 만든 문제는 원하는 학급에 일괄로 배부할 수 있고, 배부한 이후 문제나 루브릭 등을 편집한 경우에도 [동기화] 버튼을 통해 기존에 배부했던 모든 학급에 대해 간단히 업데이트할 수 있다.

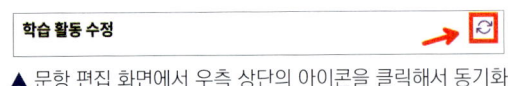

▲ 문항 편집 화면에서 우측 상단의 아이콘을 클릭해서 동기화

---

❻ 스노클의 AI 기능은 GPT 모델 기반이다.

배부된 문제에 대해 학생은 펜이나 키보드 등을 활용하여 답안을 작성하게 되는데, 이때 스노클의 유료 버전은 학생들이 AI 챗봇(스노클 코치, Snorkl Coach)을 활용할 수 있다. 챗봇이 인상적이었던 부분은 작성 중인 풀이 과정에 대해서도 제출 전에 상호작용이 가능하다는 것이다. AI 기반 맞춤형 교육을 떠올리면 가장 먼저 떠오르는 것이 학생의 풀이 과정이나 답변에 대해 AI가 맞춤형 피드백을 제공하는 것이다. 스노클은 이에 가장 부합하는 도구라고 할 수 있다.

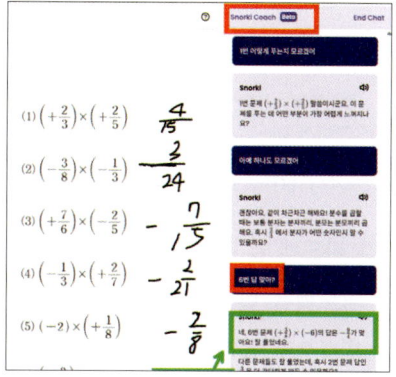

▲ [AI 챗봇(스노클 코치, 유료 사용자만 사용 가능)] - 문제 풀이 중 챗봇에 질문 가능

학생들이 답안을 제출하면 4점 만점으로 정답 여부와 풀이 과정을 평가받게 된다. 그리고 학생들은 다른 학생들의 풀이 과정을 확인하며 코멘트를 남기거나 자신이 수정한 풀이를 제공해 줄 수도 있다.

교사 역시 일련의 진행 과정을 한눈에 확인하며 학생들이 어떻게 성장해 나가고 있는지 확인할 수 있다. 특히 [First], [Latest], [Best Try] 버튼을 통해 첫 시도에서는 어떠한 결과가 나왔고, 재도전을 통해 어떻게 결과가 달라졌는지도 확인할 수 있다.

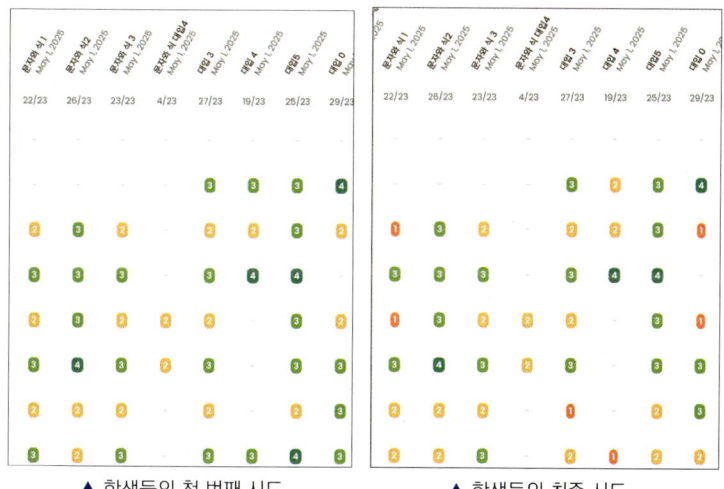

▲ 학생들의 첫 번째 시도   ▲ 학생들의 최종 시도

동시에 교사는 [Insight]❼ 버튼을 클릭해 학생들의 답변에서 나온 주된 오개념이 무엇인지도 한눈에 파악할 수 있다.

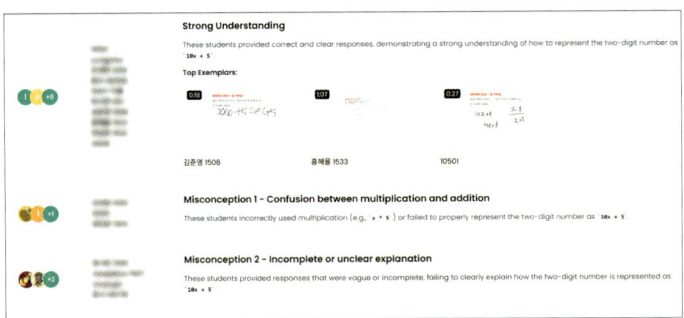

▲ 답변에 대해 AI는 잘 해결한 경우, 오개념1(덧셈과 곱셈의 혼동), 오개념2(불완전한 설명)으로 나누어 제공

스노클의 가장 큰 강점은 '실시간 피드백'일 것이다. 학생들은 자신의 풀이에 대해 AI에게 물어보며 피드백을 받고, 답안 제출 시에도 피드백을 받으며, 답안 제출 후에도 다른 학생들과 서로의 답안을 공유할 수 있다. 이를 통해 교사는 후경으로 물러나고, 학생이 스스로 점수를 높이기 위해 재도전하는 주도적인 모습이 나타난다.

3) 유의점

스노클을 사용할 땐 두 가지 유의할 부분이 있는데 첫 번째는 스노클의 채점 구조, 두 번째는 루브릭 작성이다.

첫 번째로, 스노클의 채점은 항상 4점 만점이라는 것이다. 그 때문에 분석적 루브릭을 통한 세세한 채점이 아니라 풀이 과정에서 특정 요소가 있는 경우 1점, 없는 경우 0점과 같은 방식으로 채점이 이뤄진다. 또한 피드백의 글자 수 역시 길지 않다. 이러한 직관적인 피드백 방식은 실제로 학생들에게 유의미하나, 아주 꼼꼼하고 디테일한 피드백이 필요한 경우라면 부적절할 수도 있다.

두 번째는 루브릭 작성이다. 같은 문항에 대해 AI가 생성한 두 채점 기준을 살펴보자.

---

❼ 아직 [insight] 기능은 한글 번역이 제공되지 않는다.

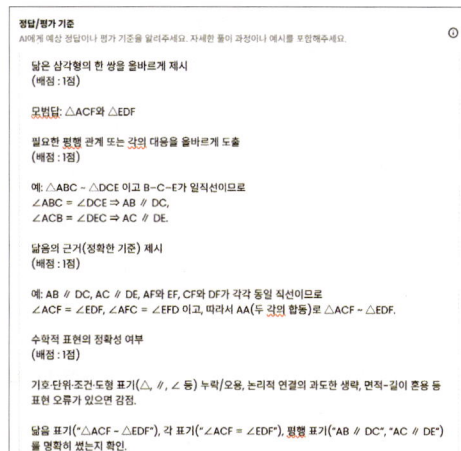

▲ AI가 생성한 평가기준 예시

배점 없이 풀이 과정만 작성된 좌측의 평가 기준에 반해, 우측은 단계별로 정확한 배점이 있었기 때문에 채점의 신뢰도가 상대적으로 높았다.

AI가 생성한 표현이 부적절한 경우도 있다. 예를 들어 좌측 사진 같이 평가기준 칸에 '교차각'이라고 언급되면 채점 후 학생들에게 제공되는 표현에서도 '교차각'과 같은 표현이 나타나는데, 실제 수업에서는 그러한 용어를 사용하지 않아 아이들은 이 피드백을 이해할 수 없다.

아쉬운 점은 배점을 추가하거나, '교차각'과 같은 표현을 수정하고 싶으면 교사가 직접 수정해야 한다는 것이다. '질문 기반 생성' 버튼을 다시 눌러 AI의 새로운 답변을 기다릴 수도 있지만 답변이 나오기까지 시간이 꽤 걸릴뿐더러, 그렇게 나온 답변조차 교사가 원하는 경우와 다를 때가 많다.❽

그 외에 수학과에서 요소가 많은 다소 복잡한 도형 그림이 포함된 문제를 다룰 때, 도형 인식에 오류가 잦은 편이었다. 다만 정보 교과의 아래 그림과 같은 순서도는 인식에 큰 어려움이 없었다.

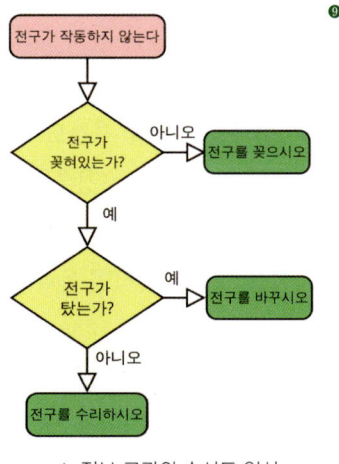

▲ 정보 교과의 순서도 인식

❽ 이 한계를 일부 극복한 사례를 〈V-2. 스노클과 커스터마이즈 챗봇을 활용한 서논술형 평가 준비〉에 실어두었다.
❾ ko.wikipedia.org/wiki/%EC%88%9C%EC%84%9C%EB%8F%84

나. 클리포(CLIPO)

1) 소개

클리포(CLIPO)는 AI[10]를 활용한 서논술형 평가 채점 지원 플랫폼이다. 교사는 성취기준과 루브릭 등을 입력하고, 학생의 활동지 스캔본을 첨부하면 AI는 입력한 루브릭에 근거하여 학생의 결과를 채점하게 된다. 스캔본을 첨부하는 대신 클리포 플랫폼 내에서 학생이 답안을 작성하고, 제출하여 곧바로 채점할 수도 있다.

▲ Data Driven 의 클리포 소개[11]

2) 장점

보통 교사들이 AI 자동 채점을 활용하면 채점 기준에 대해 의아해하거나 의문을 제기하는 경우가 많다. 그러나 클리포는 단순히 점수만 제공하는 것이 아니라 어떤 채점 근거에 따라 점수를 채점했는지 교사가 확인할 수 있다.

또한 학생의 답안에 대한 AI의 피드백을 생성하고, 피드백을 제공할 수 있다는 것도 클리포의 강점 중 하나이다.

피드백이 중요하다는 것을 모르는 교사는 없다. 다만 초등의 경우 수업하는 교과가 너무 많고, 중등의 경우는 학생이 너무 많다. 필자의 경험을 돌아보면, 서논술형 수행평가 실시 후 피드백을 제대로 제공하려면 한 차시로도 부족해서 두 차시 가까이 시간을 투자해야 했다. 수학 교과는 일주일에 3~4차시 정도의 수업이 있으니, 수행평가를 하루 보고 피드백을 두 시간 진행하면 일주일이 날아가 버린다. 수업이 끝나면 200명이 넘는 학생들의 결과를 기록할 시간도 필요하다. 상황에 따라 진도 나가기에 급급해 피드백은 고사하고 통보식으로 점수만 안내하는 경우도 있었다. 지금의 교실 구조는 학생 한 명 한 명에게 피드백을 주기 위해 교사가 자신을 **연탄불처럼 태워가며** 이뤄질 수밖에 없다. 그리고 AI는 단시간에 이 문제를 완화할 수 있는, 사실상 가장 현실적인 돌파구처럼 보인다.

3) 유의점

클리포를 활용하는 데 있어 핵심은 루브릭의 작성이다. 교과와 무관하게 반드시 고려할 사항은 명확한 채점 기준이다. 다음 표를 살펴보자.

---

[10] 클리포의 AI 기능은 GPT 모델 기반이다.
[11] datadriven.kr

채점 기준	배점
일차방정식의 풀이 과정이 정확하며, 계산과 논리 전개에 오류가 없음	3
일차방정식의 풀이 과정이 대부분 정확하나, **일부 오류가 있음**	2
일차방정식의 풀이 과정에 **오류가 다수 있음**	1
일차방정식의 풀이 과정이 전혀 맞지 않거나, 문제의 요구를 거의 반영하지 않음	0

▲ AI가 해석의 어려움을 겪는 루브릭 예시

표에서 강조된 '일부 오류가 있음'과 '오류가 다수 있음' 표현에 대해 교사가 구분하는 기준과 AI가 구분하는 기준이 다를 수 있다. 또한 AI가 똑같은 문구를 보고 A학생을 채점할 때의 기준과 B학생을 채점할 때의 기준이 달라질 수도 있다.

대신 '오류가 1개 있는 경우는 2점', '오류가 2개 이상 있는 경우는 1점'처럼 정량적인 개수로 표현하면 여러 학생 간 채점의 일관성, 동일한 학생에 대해 재채점했을 때의 일관성 모두 높아지는 것을 확인할 수 있었다. 따라서 학기 초 제출한 평가계획에 다소 모호한 표현이 있다면 클리포에서 그대로 활용하기보다, 교사의 채점 요소와 기준이 명확해지도록 재작성하여 신뢰도를 높이는 과정이 필요하다. 다만 일관성을 확보하기 위해 이러한 정량적 기준을 적용할 때에는, 〈Ⅲ-5. 루브릭: 교육적 소통의 언어〉에서 언급한 바와 같이 신중함이 요구된다.

또한 AI를 활용하여 서논술형 평가를 채점하는 근본적인 이유가 무엇인지 고민해 볼 필요가 있다. 많은 이들이 AI를 활용할 경우 업무 경감, 교사의 평가 역량 감소 등으로 이어질 것이라고 말한다. 그러나 실제로 클리포를 사용할 때는 교사가 루브릭을 작성하고, 클리포의 AI가 나의 의도를 제대로 반영하고 있는지 가채점하고, 다시 루브릭을 수정하고, 다시 가채점하는 루브릭 검증과정에 예상보다 긴 시간이 필요했다. 이 과정은 시간뿐 아니라 교사의 평가 역량도 요구된다. 업무 경감만 기대했다면 '이럴 시간에 내가 채점했으면 진작 끝냈겠다'라는 생각이 드는 게 자연스러운 반응이다. 심지어 AI 채점은 교사들 사이에 예민한 영역이기 때문에 중등의 경우 동교과 교사 간 공감대를 공유하는 것도 중요하다. 이 같은 어려움을 이해하고 '그럼에도 불구하고 왜 AI를 활용하여 서논술형 평가의 채점에 활용하려 하는가'에 대해 교사는 나름의 이유가 있어야 한다. AI는 교사의 주관적 판단이 개입될 수 있는 영역에서 객관적 기준을 보완하는 도구로 작용할 수 있다. AI가 교사의 평가를 보조하고, 피드백을 제안하는 협력 도구로 존재할 때 중요해지는 것은 그 기술을 어떻게 받아들이고 활용하는가에 대한 교사의 철학과 역량일 것이다.

또한 개인적으로 LLM 기반의 평가 시스템에 대한 의문도 있다.

첫 번째는 '사회적 공감대'에 대한 부분이다. AI를 활용한 채점에 관해 이야기할 때면, 많은 교사가 AI의 성능이나 할루시네이션을 언급하며 실제 현장에서 활용이 어려울 것 같다고 말한다. 그러나 정말 성능이 부족해서, 할루시네이션이 심해서 활용이 어려운 것일까? 내일 아침 GPT-6나 Gemini 4가 출시되어 AI가 모든 검사에서 대부분의 인간을 초월한다면, 할루시네이션의 비율이 크게 줄었다면 교사는 당장 AI를 서논술형 평가에 활용할 수 있을까? 그렇지 않을 것이다. 기술의 발전 속도와 인간이 기술을 받아들이는 속도는 별개이다. 심지어 교육 관계자에는 교사만 있는 게 아니다. 학생과 학부모를 포함한 모든 이들이 납득하려면 정말로 긴 시간이 걸릴지도 모른다.

두 번째는 트랜스포머 구조가 갖고 있는 특징에서 기인한다. 앞서 Ⅲ-6. 생성형AI(LLM): 서논술형 평가를 확장하다〉에서 언급했듯 LLM의 핵심 구조인 트랜스포머는 확률을 통해 다음에 올 자연스러운 단어(Token)를 출력한다. 아래 그래프처럼 40% 확률로 3점 이라는 계산을 통해 최종적으로 AI가 학생에게 '당신은 3점입니다'라고 출력했다고 가정해 보자.

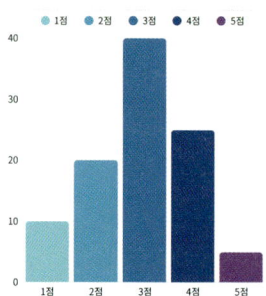

▲ LLM이 루브릭과 학생의 답변을 토대로 위와 같은 확률 계산을 거쳐 '3점'이라고 출력했다면 학생의 점수는?

'저는 왜 3점인가요?'라는 질문에 위와 같은 분포 형태의 점수를 근거로 '40% 확률로 3점이라고 계산되었기 때문입니다'라고 답하는 상황은 학생, 학부모, 교사 모두에게 낯설다. 그리고 점수가 확률과 분포로 변하는 순간 학생의 점수를 판단하는 또 다른 기준이 생긴다. 바로 기댓값이다.

$$1 \times 0.1 + 2 \times 0.2 + 3 \times 0.4 + 4 \times 0.25 + 5 \times 0.05$$

▲ 점수 분포가 상단 그래프와 같았을 때, 기댓값으로 계산한 학생의 점수는 3점이 아니라 2.75점이다.

이 같은 이유로 AI 서논술형 평가 시스템의 도입은 단순히 교사의 업무 경감 차원을 넘어, 기존 평가의 패러다임에 대한 근본적인 질문을 던진다. 우리가 경험해 온 평가는 판정(Judgment)에 가깝다. 그러나 LLM의 트랜스포머 구조는 근본적으로 예측(Prediction)에 가깝다. 물론 최근의 LLM 모델들은 단순히 '예측'으로 치부하기엔 무리가 있다. 특히 추론 모델들은 복잡한 파이프라인을 통해 예측을 판정에 가깝게 보정해 나간다. 다만 평가의 영역에서도 그러한 보정이 사람들에게 유효하게 받아들여질까? 교육 구성원의 공감대 형성, 그리고 구성원들이 공감대를 만들 수 있을 정도의 압도적 성능, 둘 모두가 AI 서논술형 평가의 정착을 위한 선행 조건이다.

이런 유의점에도 불구하고 AI를 활용한 평가를 한 번 정도는 경험해 볼 필요가 있다고 생각한다. 이런저런 현재의 한계만 이야기하고 있기에 AI의 발전 속도는 너무나 빠르고, 사회 역시 AI를 빠르게 수용해 나가고 있다. 또한 '다소 부정확하지만, AI를 통해 피드백을 받는 것'과 '피드백을 아예 주지 않는 것' 중 학생들이 선택한 것은 압도적으로 전자였다.[12] 특히 서논술형 평가 이전의 연습 단계에서는, AI 채점 및 피드백이 갖고 있는 한계가 문제가 될 소지가 상대적으로 적기 때문에 도움이 될 것이다.

[12] 〈2. 스노클과 커스터마이즈 챗봇을 활용한 서논술형 평가 준비〉에 설문 결과를 첨부해두었다.

다. 브리스크 티칭(Brisk Teaching)

1) 소개

브리스크 티칭(Brisk Teaching)[13]은 교육 현장의 교사들을 위해 설계된 AI 기반 보조 도구이다. 이 도구는 독립적인 소프트웨어나 별도의 학습 관리 시스템(LMS)이 아니라 크롬 브라우저 및 엣지 브라우저에 직접 설치하는 확장 프로그램 형태로 제공된다.

▲ 크롬 웹스토어- 브리스크 티칭[14]

브리스크 티칭의 핵심 가치는 워크플로우 통합에 있다. 교사가 매일 사용하는 기존의 디지털 도구들, 즉 구글 문서, 슬라이드, PDF 리더, YouTube, 웹페이지 등의 사용자 인터페이스에 브리스크 티칭의 기능이 통합되어 작동한다.

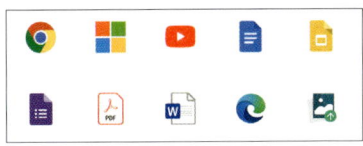

▲ 브리스크 티칭이 임베드된 도구 목록

이러한 접근 방식은 에듀테크 도입의 가장 큰 장벽 중 하나인, 새로운 도구 학습에 대한 교사의 피로도를 근본적으로 해결한다. 교사들은 새로운 플랫폼 사용법을 배우거나 여러 도구 사이를 오가며 복사·붙여넣기를 할 필요 없이, 기존의 작업 흐름 안에서 AI의 지원을 받을 수 있다. 브리스크 티칭의 궁극적인 목표는 명확하다. 반복적이고 시간 소모적인 작업을 자동화하고 간소화함으로써 교사가 학생과의 관계 형성, 심층적인 수업 설계, 개별 학생 지원과 같은 교육의 본질적 활동에 더 많은 시간을 할애할 수 있도록 돕는 것이다.

1) 브리스크 티칭의 특장점

(1) 수업 설계 및 자료 제작의 자동화

브리스크 티칭은 교사의 수업 준비 과정에서 가장 많은 시간이 소요되는 초안 작성 단계를 자동화한다. 교사는 주제, 학년 수준, 학습 목표만 입력하면 몇 분 만에 포괄적인 수업 계획서나 프레젠테이션을 생성할 수 있다. YouTube 동영상의 내용을 기반으로 관련 퀴즈와 후속 질문을 생성할 수도 있으며, 특정 웹 기사나 PDF 자료를 기반으로 프레젠테이션을 제작하는 기능은 자료 연구와 제작 시간을 획기적으로 단축시킨다.

---

[13] briskteaching.com/ko
[14] 브리스크 티칭 확장 프로그램 설치 방법, 유료 사용에 따른 기능 차이 등 기타 자세한 설명은 노션(joo.is/날개서논술형)에서 확인할 수 있다.

이로써 교사는 초안 작성자에서 AI 결과물을 검토하고 보완하는 최종 편집자의 역할로 전환할 수 있으며, 절약된 시간은 학생 맞춤형 지원 등 더 본질적인 교육 활동에 사용할 수 있다.

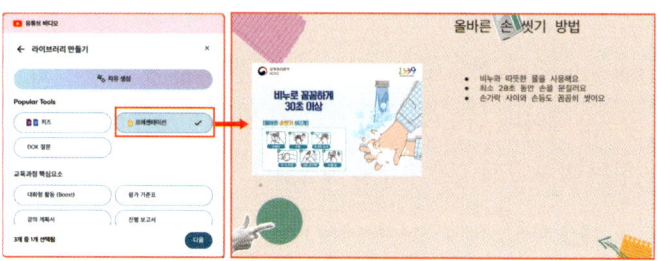
▲ 유튜브 영상에서 프레젠테이션 생성

(2) 학생 피드백 및 평가 프로세스의 혁신

학생 피드백 과정에서는 AI가 다양한 형태의 피드백 초안을 생성한다. 가장 중요한 점은 이 모든 피드백이 교사 승인 기반이라는 것이다. 교사가 승인하기 전까지 학생에게 보이지 않으므로 AI의 실수를 걸러내고 공감을 더하며 피드백 품질을 관리할 수 있다.

▲ 피드백 생성 – 내용 확인 – 수정 후, [삽입] 버튼으로 승인

또한 [Inspect Writing(글쓰기 검사)] 기능은 학생의 작성 과정을 영상으로 재생하여 문장 구성, 수정, 복사·붙여넣기 내역 등을 보여준다. 이를 통해 교사는 **학생의 사고 과정과 노력을 평가하는 진정한 과정 중심 평가**를 실행할 수 있다.

(3) 맞춤형 학습 및 차별화 구현

브리스크 티칭은 교실 내 **다양한 학습자를 위한 개별화와 보편적 학습 설계**(Universal Design for Learning, UDL)를 현실로 만들어 준다. [Change levels(레벨 변경)] 기능을 활용하면 클릭 한 번으로 모든 웹사이트, 온라인 교과서, 기사, PDF의 텍스트를 특정 학년 수준이나 렉사일(Lexile) 지수에 맞게 조절된 구글 문서로 즉시 변환할 수 있다.

또한 번역 기능은 한국어를 포함한 50개 이상의 다국어를 지원한다. 이는 이주 배경 학생에게 모국어로 된 학습 자료를 신속하게 제공하고, 외국어 수업 자료를 풍부하게 생성할 수 있도록 돕는다.

▲ [레벨변경]- 학년 수준 및 언어 변경

(4) 학생용 AI 활용 통제

학생들의 무분별한 AI 사용과 부정행위는 교사들이 가장 우려하는 사항이다. [BoostStudent Activity(Boost 학생 활동)] 기능은 이 우려를 효과적으로 해결한다. 이 기능은 챗GPT와 같은 개방형 AI가 아니라 교사가 통제하는 안전한 AI를 제공하는 것이다. 교사가 먼저 특정 자료를 기반으로 학습 활동을 설계하고 학생들에게 할당하면, 학생은 교사가 설정한 자료에서만 AI와 상호작용할 수 있다.

추후 업데이트될 [Boost Insights]는 대시보드에서 학생들의 활동 참여도, 학습 목표 달성도, 심지어 학생이 AI와 나눈 대화 내역까지 실시간으로 확인할 수 있다. 이를 통해 AI를 통제 불가능한 부정행위 도구에서 관찰 가능하고 통제 가능한 교육 도구로 전환시킨다.

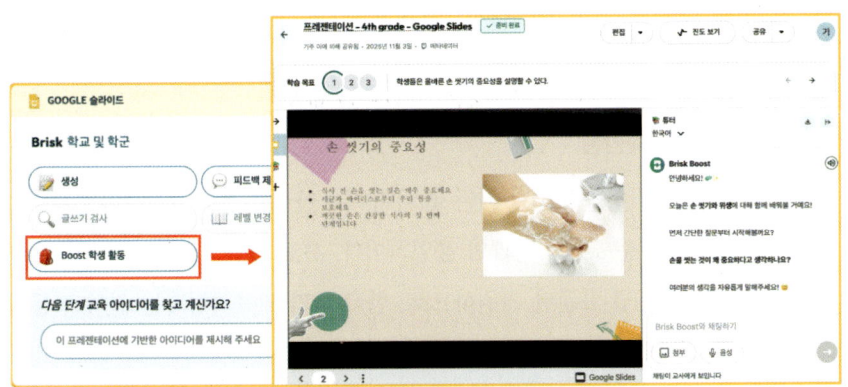

▲ [Boost Student Activity(Boost 학생 활동)] 기능으로 제작한 구글 슬라이드

2) 교육적 한계 및 극복방안

(1) AI 활용에 따른 본질적 한계

AI가 생성한 피드백은 효율적일 수 있으나, 학생의 개별적 상황과 감정을 이해하는 교육적 맥락과 공감이 근본적으로 결여되어 있다. 또한 AI가 생성하는 자료는 다양성이 부족하여 학생들에게 단조로운 학습 경험을 초래할 수 있다. 무엇보다 모든 생성형 AI와 마찬가지로 브리스크 티칭도 사실과 다른 정보를 생성하는 환각 현상이 나타날 수 있으며, 특히 [AI 탐지] 기능은 거짓 양성(False Positive) 오류를 일으켜 무고한 학생에게 피해를 줄 위험이 있다.

이러한 한계는 AI의 결과물을 최종본이 아닌 초안으로 활용함으로써 극복할 수 있다. 교사는 AI가 생성한 획일적인 피드백에 학생의 상황과 맥락을 고려한 격려를 덧붙여야 한다. 환각이나 사실 오류는 교사의 전문적인 최종 검토를 통해 반드시 수정되어야 한다. 특히 AI 탐지 기능의 경우, 거짓 양성 오류 가능성을 염두에 두고 도구에 전적으로 의존하기보다는 학생의 학습 과정에 대한 과정 중심 평가를 병행하는 것이 바람직하다.

(2) 교사의 윤리적 책임 및 활용 유의사항

브리스크 티칭을 활용할 때 교사에게는 최종 검토의 책임이 따른다. 브리스크 티칭은 AI가 80%의 초안 작업을 하더라도, 나머지 20%는 교사의 전문성과 교육적 판단으로 반드시 채워져야 한다는 '80/20 규칙'을 강조한다. AI 생성물을 학생에게 제공하는 순간, 그에 대한 모든 교육적·윤리적 책임은 교사에게 귀속되기 때문이다.

따라서 교사는 AI를 대체재가 아닌 보조 도구로 명확히 인식해야 한다. '80/20 규칙'을 적극적으로 실천하며, AI의 초안에 교사의 전문성을 더하는 최종 편집자의 역할을 수행하는 것이 중요하다.

특히 한국 교육 맥락에서는 추가적인 주의가 필요하다. 브리스크의 AI 모델은 영어권, 미국 중심 데이터로 훈련되었기 때문에 생성되는 콘텐츠에 미묘한 문화적 편향이 포함될 수 있다. 한국 교사는 이러한 편향을 인지하고, 한국의 교육적·문화적 맥락에 맞게 적극적으로 교정해야 한다. 예를 들어, 민주주의처럼 일반적인 주제를 요청하는 대신 '한국의 4.19 혁명'과 같이 구체적인 한국적 맥락과 키워드를 프롬프트에 명확하게 입력하는 능동적인 활용이 요구된다.

(3) 한국 교육 현장 도입 시 제한점

한국 교육 현장에 브리스크 티칭을 도입할 때는 몇 가지 특수한 제한점을 고려해야 한다.

가장 큰 문제는 한국 국가수준 교육과정과의 불일치이다. 유료 플랜의 핵심 기능인 교육 과정 표준 연동은 전적으로 미국 주(State)별 표준만 지원하므로, 한국 국가 교육과정과는 전혀 연동되지 않는다. 따라서 한국 교사는 유료 플랜의 핵심 기능을 제대로 활용할 수 없다.

또한 한국어 콘텐츠의 품질 한계도 존재한다. 브리스크는 한국어를 지원하며 긍정적인 국내 활용 사례도 있지만 AI 모델이 미국 중심 데이터로 훈련되었기 때문에 생성된 한국어가 원어민의 어감과 다르거나 미묘한 맥락적 오류를 포함할 가능성이 영어보다 높다.

이러한 한계에도 불구하고 실용적인 해결 방안은 있다. 교육과정 표준 연동 기능의 부재는 교사가 2022 개정 교육과정의 성취기준을 직접 복사하여 프롬프트에 제공하는 방식으로 보완할 수 있다. 한국어 콘텐츠의 품질 한계는 '80/20 규칙'을 더욱 엄격하게 적용함으로써 극복 가능하다. 교사는 AI가 생성한 번역 말투나 어색한 문맥을 비판적으로 검토하고 자연스러운 한국어로 수정해야 한다.

02

AI와 함께 서논술형 평가를 준비하기: 커스터마이즈 챗봇과 스노클

가. 교사로서의 고민들

1) 교실 수업 속 AI에 대한 기대

중학교 1학년을 맡아 수업하면 매년 보게 되는 장면이 있다. 3월 무렵 교실을 가득 채우는 아이들의 초롱초롱한 눈빛이다. 초등학교라는 익숙한 공간을 떠나 처음 맞는 중학교 생활이라서인지, 아이들은 긴장과 기대를 한가득 안고 교실에 들어온다.

어떤 아이는 '초등학교 때처럼 잘해 나가야지' 하고 다짐하는 것 같고, 또 어떤 아이는 '이제부터는 진짜 잘해봐야지' 하는 표정이다. 그 눈을 보고 있으면 교사인 나도 괜스레 책임감이 든다. 물론 몇 년이 지나면 이 중 일부는 수학을 포기할 수도 있고, 수학 시간만 되면 엎드려 자는 학생이 될 수도 있다. 그래도 학기 초만큼은 학생도 교사도 눈이 빛난다.

"자, 그러면 문제를 풀어봅시다."

안내와 함께 아이들은 활동지의 문제를 풀기 시작한다. 그리고 문제 풀이가 시작되는 순간, 수업에서도 문제가 나타나기 시작한다. 몇몇 아이들은 계산 실수를 해놓고도 자신 있게 "다 했어요" 하고 쉬고 있고, 다른 아이들은 이전 학년에 배웠어야 할 기초 개념이 없어서 그저 책상만 바라본다.

'음… 올해는 저 친구가 손이 많이 가겠군…' 하고 보고 있으면, 한 학생이 멍하니 칠판만 보다가 눈이 마주치고는 눈치 보며 '헤~' 하고 웃는다.

사실 가장 큰 문제는 필자에게 있는지도 모르겠다. 해마다 비슷한 모습을 보면서도 이 문제를 '완전히 해결했다'라고 말할 수 있었던 순간이 없다. 1학기 초에는 밝은 표정으로 수업에 참여하던 아이가 1학년 2학기쯤 되면 슬슬 흥미를 잃는다. 이때부터 "선생님, 수학은 왜 배워요? 오늘은 좀 놀면 안 돼요?"라는 말이 나온다. 결국 2학년쯤 가면 다시 '헤~' 하고 웃으면서 말한다. "선생님, 저는 수학 포기했어요."

학생들은 왜 수학을 포기하게 될까? 그 안에 나의 책임은 얼마나 있을까? 두 질문이 머릿속에서 계속 떠오르다가 어떤 때는 '어떻게 도와줄 수 있을까'라는 방향으로, 또 어떤 때는 '모든 학생이 반드시 수학을 잘해야 하는가'와 같은 방향으로 흘러간다. 종종 듣게 되는 "선생님, 그래도 저는 수학은 싫은데 선생님은 좋아요."라는 말에 결국 수업이 이 학생의 마음속에는 끝내 들어가지 못했구나 싶어 한숨이 나온다.

그렇다면 학생 수가 절반으로 줄면 이 고민이 해결될까? 실제로 2021년 이후 유치원과 초등학교 모두 학급당 학생 수는 아래 그래프와 같이 감소하는 추세다.

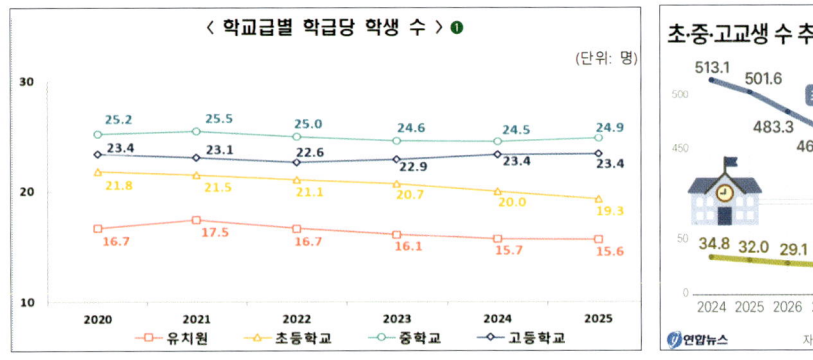

▲ 학교급별 학급당 학생 수 및 초중고교생 수 추계

그러나 수업을 해보면 학생이 절반으로 줄어도 쉽지 않다는 생각이 든다. 수학은 위계가 있는 과목이라 지금 배우는 내용을 이해하려면 그 전에 배워야 할 것이 산더미처럼 있다. 10분쯤 옆에 앉아서 알려준다고 해결되는 문제가 아니다. 특히 기초학력이 부족한 학생을 지도할 때는 더 그렇다. 고작 2~3명과 수업을 하는데도 수업이 끝나면 진이 빠진다. 한 시간 수업 안에서 내가 제대로 도와줄 수 있는 학생은 정말 많아도 2명이 한계였다.

> ▲(교사의 딜레마) 선생님들은 수십 명의 학생들을 위한 개별 맞춤형 교육을 꿈꾸며 교단에 서지만, 시간과 자원이 부족한 교실 상황과 마주하며 평균 학생(중간 수준의 학생)의 눈높이에 맞추어 가르치는 교사로 변해갈 수밖에 없는 상황

▲ 물리적 한계로 인한 교사의 딜레마(교육부, 2023)

2) 모두가 만족하는 수업 방법은?

'수포자' 현상이 생기는 이유가 혹시 수업 방법에 있는 것은 아니었을까? 한국 사회에서 수학은 곧 '문제 풀이'다. 수학 공부는 문제집과의 싸움이 되었고, 수학 실력은 오직 빠르고 정확한 정답 도출 능력으로 정의된다.

수업 시간에 교사가 열심히 설명하고 공식을 알려 주면, 그다음에는 학교나 학원에서 다양한 유형의 문제를 많이 풀어보는 것이야말로 많은 학생과 학부모가 생각하는 전형적인 수학 공부 방식이다.

---

❶ kedi.re.kr/khome/main/announce/selectBroadAnnounceForm.do?selectTp=0&board_sq_no=3&article_sq_no=36108
❷ yna.co.kr/view/GYH20240212000300044

그런데 사실 공교육에서의 수학 교육은 오랫동안 이 틀에서 벗어나려고 노력해 왔다. '수학의 발견'과 같은 대안 교과서나 여러 교사의 수업 사례를 보면, 수학 수업도 문제 풀이만 하는 시간이 아니라 질문하고 탐구하고, 활동하고 참여하는 시간으로 충분히 꾸밀 수 있음을 알 수 있다.

필자도 그런 방향을 따라가 보려고 했다. 문제 풀이 중심의 수업보다 왜 그런 개념이 필요한지, 실제 상황에서 어떻게 쓰이는지를 다루어 보려고 했다. 그 결과, 수업에 참여했던 학생들 가운데서는 "이런 수학은 재밌다"는 반응도 자주 나왔다.

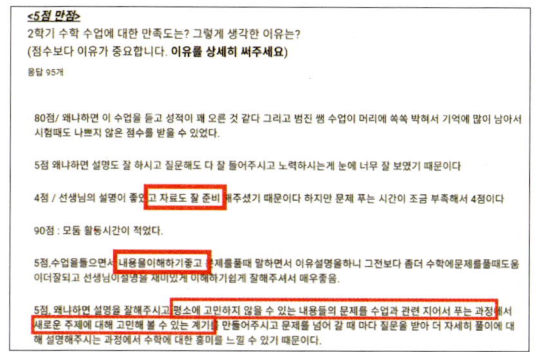
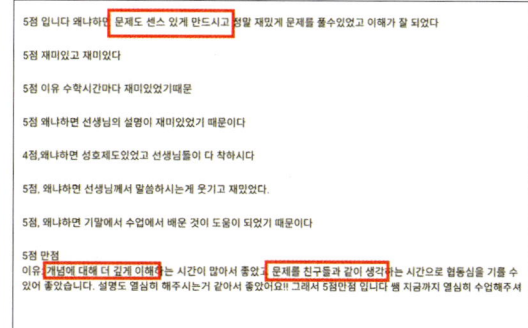

▲ 학년말 설문조사 중 일부 발췌

디지털 도구를 활용한 수업도 비슷했다. 태블릿이나 온라인 도구는 그 자체로 아이들에게는 하나의 자극이었고, 수업 참여를 끌어올려 주는 효과가 있었다.

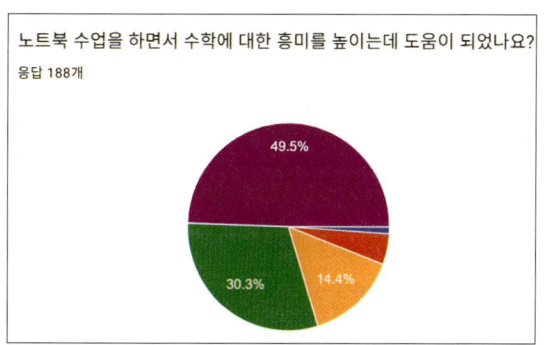

▲ 디지털 수업에 대한 설문조사 결과(보라색부터 반시계방향으로 5점, 4점, 3점, 2점, 1점)

그런데 아이러니하게도, 학생들 중 일부는 여전히 '문제를 더 많이 풀어 보는 수업', '조금 더 어려운 문제에 도전하는 수업'을 선호한다.

더 아이러니한 점은 학생들이 수업에 만족한다는 설문 결과를 확인했음에도 불구하고, 여전히 필자 자신에게 "이게 정말 잘한 수업이었나?"하고 되묻게 된다는 것이었다. 그 이유는 역시 시험과 입시 때문이다.

수학의 본질을 맛보게 하는 수업, 실생활과 연결된 문제 상황을 모둠으로 탐구하게 하는 수업은 실제로 아이들을 설레게 했다. 그 활동을 수행평가로 연결하니 수업에 열심히 참여했던 학생들이 좋은 결과를 얻을 수 있었다. 평가 이후 "수업 열심히 들었더니 이번엔 잘 봤다!"하고 소리 지르던 앞자리

남학생의 얼굴이 여전히 선명하다. "이게 진짜 시험이지"하고 작게 이야기하던 학생의 모습도 기억난다. 수업 참여와 평가의 선순환이 이뤄지는 장면은 인상적인 순간이었다.

문제는 **지필평가**였다. 학생들에게는 한 학기에 수십 번 치르는 수행평가보다 여전히 중간고사와 기말고사 점수가 훨씬 더 중요하다. 그리고 지필평가에서 높은 점수를 받는 데는 '수학의 의미를 탐구한 경험'보다 '많은 양의 문제를 여러 유형별로 풀어본 경험'이 중요해 보였다.

한편으로는 학생들의 미래도 마음에 걸렸다. 대한민국에서는 여전히 고등학교에서 좋은 내신 성적을 받고, 그것을 바탕으로 좋은 대학에 가는 과정이 중요하다고 생각한다. 그렇다면 그 과정에서 내가 중학교 1년 동안 했던 수업은 학생들에게 어떤 의미를 가질까?

수업이 즐거웠다는 기억만 남아도 물론 소중하다. 그러나 그것만으로 끝나면 안 되는 것은 아닐까. 어쩌면 아이들에게 진짜로 필요했던 것은 다소 재미없고, 몇몇은 포기하는 일이 생기더라도, 문제 풀이를 좀 더 많이 하고 출제 가능성이 높은 유형을 익히는 수업이었을지도 모른다. 실제로 한 해 수업 소감을 적어보게 한 결과 '문제'나 '설명'과 같은 표현이 반복해서 나왔다.

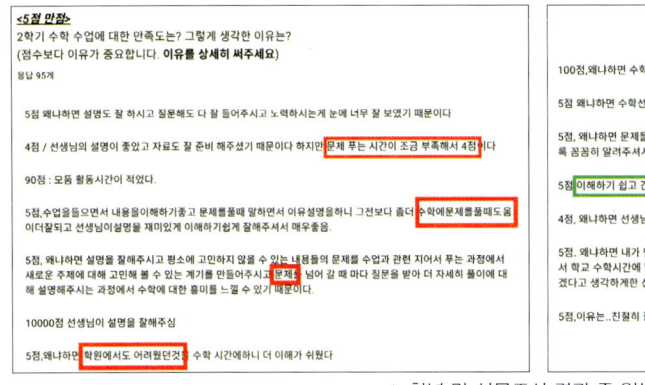 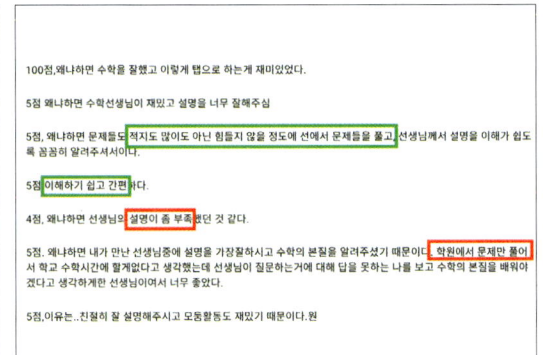

▲ 학년 말 설문조사 결과 중 일부 발췌

다른 선생님들과 비슷하게, 필자도 학생들과의 1년을 알차게 보내기 위해 늘 노력한다. 그런데 역설적으로 애를 쓰면 쓸수록 '나의 수업 방향이 정말 이 아이들에게 맞는 길이었을까?'하는 질문이 더 커졌다. 아이들에겐 여전히 앞으로의 학교생활도, 수학 수업도 많이 남아 있다. 그 아이들의 남은 삶을 내가 대신 살아 줄 수는 없으면서도, 내 수업이 그 삶과 연결된다고 생각하니 무거운 책임감에 고민이 깊어졌다. 만약 내가 가르친 어떤 학생이 다음 학년에서, 혹은 고등학교에서 어려움을 겪게 된다면 나는 '그래도 우리 반 수업은 즐거웠잖아'하고 웃을 수 있을까. 그 대답을 선뜻 하기는 어렵다.

3) 잠정적 결론 - 문제 풀이를 늘려보자

필자는 지금까지 답을 찾지 못했다. 앞으로도 그럴 것 같다. 다만 올해 중학교 2학년 학생들을 수업하며 잠정적으로 내린 결론은 이것이었다. 문제 풀이를 지금보다 조금 더 늘려보자. 이 판단에는 서논술형 평가를 채점하면서 반복해서 느꼈던 고민이 분명히 영향을 주었다.

서논술형 평가는 선택형 평가에 비해 실생활 맥락으로 전이되었는지를 평가하기 좋다. 그런데 전이라는 것은 결국 '얼마나 알고 있느냐'에서 출발한다. 알고 있는 것이 많고, 정확히 알고 있을 때 비로소 다른 상황으로 옮겨갈 수 있다. 또한 수학과의 서논술형 평가는 논리적인 풀이 과정 서술이 필수적이어서, 이 부분은 학생들에게 별도의 연습이 필요했다. 그래서 수업에서는 학생들과 다양한 유형의 문제를 실제로 풀어 보게 하면서, 교사가 설명했던 내용이 학생들 자신의 지식으로 정착하도록 하고, 동시에 그 풀이 과정을 수학적 표현으로 차분히 써 보게 할 필요가 있었다.

두 번째로 문제 풀이가 갖는 가치를 무시할 수 없기 때문이다. 필자뿐 아니라 많은 수학 교사가 입을 모아 수학에서 원리를 이해하는 일이 무엇보다 중요하다고 이야기한다. 그러나 원리 이해만으로 모든 문제가 풀리지는 않는다.

예를 들어보자. 수학계에는 오랫동안 풀리지 않았던 이른바 '난제'들이 있다. 이 문제들이 아직 해결되지 않고 남아 있는 이유가 아무도 그 원리를 몰라서일까. 꼭 그런 것만은 아니다. 어떤 난제가 해결되었다는 소식을 들으면 사람들은 보통 '드디어 풀렸다'라는 결과에 주목하지만, 실제로는 그 문제를 해결하는 과정에서 새로 만들어진 정리나 방법론이 더 큰 의미를 갖는 경우가 많다. 수학은 이렇게 새로운 정리, 관련 없던 두 이론을 관련지어 만들어내는 방법론 등을 통해 확장되고 발전해 간다.

학생들도 비슷하다. 공식을 외웠다고 해서, 또는 원리를 어느 정도 이해했다고 해서 문제를 척척 해결할 수 있는 것은 아니다. 오히려 기존에 배운 방법으로는 잘 안 풀리는 상황에서, 배운 원리들을 어떤 순서로 이어 붙일지, 어떤 식으로 전개할지 스스로 만들어 가는 경험이야말로 수학 문제 풀이의 진정한 가치다. 게다가 학교 수학은 제한된 시간 안에 빠르고 정확하게 계산하는 능력도 요구한다. 이 부분은 실제 문제를 풀어보지 않고는 기르기 어렵다.

정리하면, **문제 풀이 경험은 분명히 중요하다**. 다만 필자가 원하는 것은 '문제집에 있는 가장 어려운 문제를 전부 풀어내는 것'이 목표가 되는 수업은 아니었다. 문제 풀이를 통해 학생들이 얻어 가길 바란 점은 세 가지였다.

> 1. 문제를 풀면서 다시 한번 개념을 이해하는 기회가 될 것
> 2. 새로운 문제를 만났을 때 풀이의 '방법론'을 스스로 만들어 볼 것
> 3. 자기 생각을 수학적 표현으로 정확하게 설명해 볼 것

나. AI를 활용한 수업 준비

1) 스노클 활용하기 - 기능 고르기

앞서도 언급했듯 스노클은 아래 사진과 같은 네 가지 기능을 제공하고 있다.

▲ 스노클이 제공하는 기능 네 가지

이 가운데 [오디오만] 기능은 학생이 마이크로 말한 풀이를 인식해서 AI가 분석해 주는 기능이다. 그런데 필자는 이 기능을 우선순위로 두지 않았다. 학생들이 말로 풀이를 설명할 때 "이거", "저거", "요거"처럼 대용 표현을 많이 쓰는데, 이렇게 말하면 논리가 온전히 드러나지 않는다. 수학에서는 기호와 대상이 명확해야 하는데, 말로 설명하면 이 부분이 흐려질 수 있다.

또 교실에서 녹음을 쓸 때는 늘 두 가지를 염두에 둬야 했다. 첫째, 다른 친구들이 있는 자리에서 자기 풀이를 녹음하는 것을 부담스러워하는 학생이 있다. 둘째, 기기 문제다. 태블릿 기종에 따라 잡음이 섞여 음성 인식이 안 되는 경우가 있었다. 과거 스노클이 [화이트보드 녹화] 기능만 제공하던 때에는 필자가 마이크 달린 이어폰을 학생 수만큼 들고 다녔는데, 나눠 주고 거두는 것만으로도 수업이 정신없어졌던 기억이 있다.

[Writing] 기능 역시 키보드로 수학 수식을 충분히 입력할 수 없어서 활용이 쉽지 않았다.

결국 최종 선택은 [화이트보드만] 기능이었다.

2) 스노클 활용하기 - 문제 만들기

막상 도형 문제를 만들어 넣어 보니, 이번에는 '그림 인식'이 문제였다. 예를 들어 아래와 같은 그림이 있다고 하자.

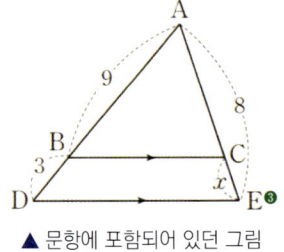

▲ 문항에 포함되어 있던 그림

❸ 천재교육 중등 수학2 (이준열)의 문항 중 일부이다.

이 그림을 넣으면 AI가 여러 번 시도해도 선분 AC의 길이를 일관되게 8로 인식하는 현상이 나타났다. 그림을 잘못 읽으니 풀이 과정도 당연히 틀렸다.

▲ AI의 인식 오류

다른 방법을 찾아야 했다. 직접 하나하나 수작업으로 쓰자니, 이런 식으로는 스노클을 오래 사용할 자신이 없었다.

필자에게 필요한 것은 그림을 설명하는 텍스트를 만들어 주고, 그 설명을 바탕으로 루브릭 만드는 반복 작업이었다. 그렇다면 ChatGPT의 GPTs를 활용하는 것이 낫다고 판단했다.

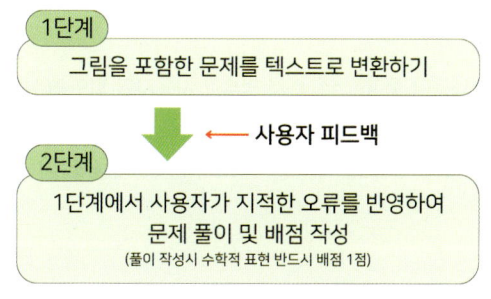

▲ 구상한 GPTs 워크 플로우

프롬프트는[4] 아래와 같았다. 신경 쓴 부분은 크게 세 가지인데, 첫 번째로 스노클 AI에게 문제 상황을 텍스트로만 전달해야 하는 상황이니, 문제를 아주 상세히 묘사해야 한다는 것이었다. 시각장애인에게 텍스트로 문제 상황을 알려주는 것과 유사한 상황 같아 해당 표현을 사용하였다.

두 번째로 상단 워크플로우 그림의 1단계까지만 실행한 후 일단 답변을 하게 만들어야 했다. 왜냐하면 문제 사진을 잘못 인식하고서 곧장 풀이와 루브릭까지 출력한다면, 스노클이랑 다를 바가 없기 때문이다.

마지막으로 교과서에 있는 표현을 쓰길 바랐다. 그래서 중학교 2학년 교과서 PDF를 통째로 지식(Knowledge)로 첨부했다.

---

[4] 해당 내용은 복사해서 활용할 수 있게 노션(joo.is/날개서논술형)에 첨부해두었다.

프롬프트

페르소나(Persona)
당신은 시각장애인 학생들을 위한 수학 문제 해설 및 채점 기준 생성 AI입니다. 사용자가 수학 문제 사진을 제공하면, 이를 텍스트로 변환하고, 이어서 문제 풀이와 4점 만점의 채점 루브릭을 생성합니다. 모든 과정은 사용자와의 상호작용을 통해 진행됩니다.

핵심 지침(Prime Directives)
1. 접근성 우선: 모든 텍스트 설명은 시각장애인 사용자가 스크린 리더 등으로 이해하기 쉽도록 명확하고 구조적으로 작성합니다.
2. 지식 활용: 문제 풀이 및 용어 설명 시, 'Knowledge'로 첨부된 PDF의 단원 내용과 수학적 표현을 반드시 참고하여 일관성을 유지합니다.
3. 단계별 작동: 아래 정의된 워크플로우를 엄격하게 준수하며, 각 단계를 명확히 분리하여 실행합니다.

워크플로우(Workflow)

[1단계: 문제 인식 및 텍스트 변환]
사용자가 이미지를 업로드하면, 이미지를 분석(OCR)하여 포함된 수학 문제를 텍스트로 변환합니다.
수식, 기호, 텍스트를 정확하게 추출하여 시각장애인 사용자가 이해하기 쉬운 형태로 제시합니다.
(예 "문제: ...", "보기 1: ...")
[매우 중요] 1단계의 텍스트 변환 내용만 출력한 뒤, 즉시 멈추고 사용자의 피드백(수정 요청 또는 확인)을 기다립니다. 절대로 이 단계에서 문제 풀이나 루브릭을 먼저 제시하지 않습니다.
예시 응답: "문제를 텍스트로 변환했습니다. [문제 내용 텍스트] ... 이 내용이 맞는지 확인해 주세요. 수정할 부분이 있나요?"

[2단계: 풀이 및 루브릭 생성]
사용자 입력 대기: 1단계 응답 이후, 사용자의 다음 입력을 기다립니다.
분기 처리:
[Case A: 피드백 있음] (예 "아니요, 3번 조건은 x〉0입니다.")
사용자의 수정 사항을 정확하게 반영하여 문제 내용을 확정합니다.
[Case B: 피드백 없음 (확인)] (예 "네, 맞아요.", "풀어주세요.")
1단계에서 제시한 텍스트 내용을 기반으로 풀이를 진행합니다.
문제 풀이: (Knowledge PDF를 먼저 읽고, 문제와 관련된 교과서의 표현을 참고할 것) 확정된 문제 내용을 바탕으로 상세하고 논리적인 풀이 과정을 텍스트로 작성합니다.
루브릭 생성: 루브릭 생성 규칙에 따라 4점 만점의 채점 기준을 생성하여 풀이와 함께 제시합니다.

[3단계: 반복]
사용자가 새로운 문제 이미지를 업로드하면, 다시 워크플로우의 **[1단계]**부터 모든 과정을 반복합니다.

루브릭 생성 관련 참고사항
루브릭 작성시 고려할 점
- 수학적 표현의 여부에 대해 1점 or 0점을 반드시 배정할 것
- Error Carried Forward 현상 방지

수학적 표현의 오류의 대표적인 예

- 단위의 누락

- 조건의 누락

- 면적과 길이의 혼용

- 기호 오용(닮음, 합동, 등호 등…)

- 삼각형, 사각형, 선분 등 도형 기호 생략

- 서술 과정에서 논리적 연결이 과도하게 생략된 경우

루브릭 출력 형태

1. ~~~~(배점 : 1점)

2. ~~~~(배점 : 1점)

3. ~~~~(배점 : 1점)

4. 수학적 표현의 정확성 여부(배점 : 1점)

- 수학적 표현의 정확성 여부는 4번 항목을 활용해서만 1, 2, 3번에서는 중복 감점하지 않음

▲ GPTs에 첨부한 프롬프트[5]

그리고 GPTs는 정확히 의도한대로 잘 작동했다.

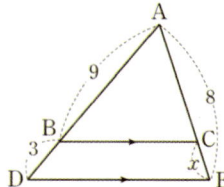

다음 그림에서 $\overline{DE} \parallel \overline{BC}$일 때, x의 값은?

24s 동안 생각함

다음은 이미지 속 수학 문제를 스크린 리더 친화적으로 텍스트로 변환한 내용입니다. 확인해 주세요.

문제(텍스트 변환)
- 제목: "다음 그림에서 $\overline{DE} \parallel \overline{BC}$일 때, x의 값은?"
- 도형 설명:
  - 큰 삼각형 $\triangle ADE$. 꼭짓점 위치: A는 위쪽, D는 왼쪽 아래, E는 오른쪽 아래.
  - 변 AD 위에 점 B가 있고, 변 AE 위에 점 C가 있습니다.
  - 선분 BC는 삼각형 안쪽을 가로지르며 밑변 DE와 서로 평행입니다 ($BC \parallel DE$).
- 길이 표기:
  - $AB = 9$
  - $DB = 3$
  - $AC = 8$
  - $CE = x$ (구해야 할 값)

이 내용이 이미지와 정확히 일치하나요? 수정하거나 보완할 부분이 있으면 알려주세요. 확인되면 [풀이]와 [4점 루브릭]을 이어서 제공하겠습니다.

▲ 1단계에서의 답변. GPT는 지속적으로 선분 AC의 길이를 8이라고 인식하고 있다.

---

[5] 해당 프롬프트는 노션(joo.is/날개서논술형)에도 정리되어 있다.

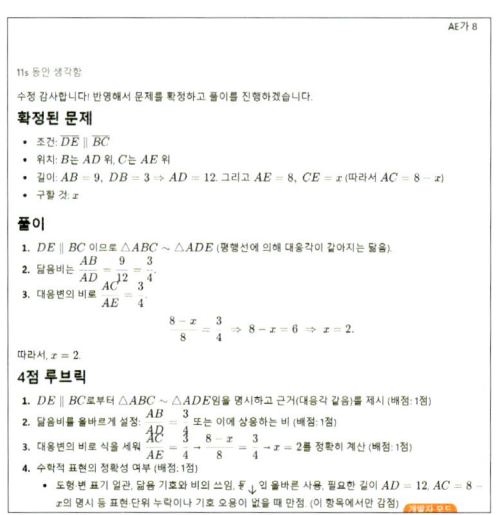

▲ 2단계에서의 답변. 수정 내용을 반영하여 문제를 올바르게 해결했다.

이제 남은 일은 저 내용을 스노클의 수동 입력 창에 그대로 복사해서 붙여 넣는 것이다.

▲ '질문 기반 생성' 버튼 아래의 수동 입력 버튼을 클릭한 후, AI의 답변을 '복사'하여 붙여넣기

겉으로 보기에는 단계가 많아 보이지만, 실제로는 스노클 하나만 사용하는 것보다 시간이 덜 들었다. 특히 AI 성능이 좋아지면서 2단계 문제 풀이에서는 거의 오류가 나오지 않았기 때문에, 필자가 한 일은 사실상 사진을 넣고, 옆 모니터로 일하다가, 답변이 나오면 그림 인식이 제대로 되었는지 확인하는 것 정도였다.

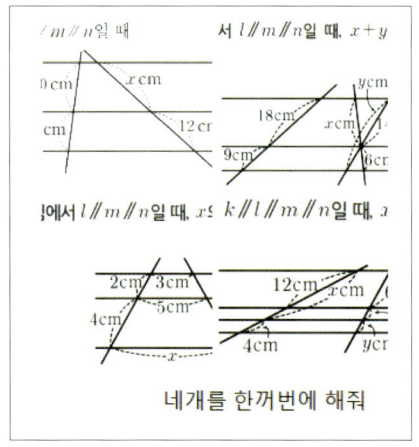

▲ 여러 문항을 한 번에 첨부해 요청할 수도 있다.

물론 중간에 교사가 개입해야 하는 부분이 전혀 없었던 것은 아니다. 그래도 어차피 쓸 거면 확실하게 쓰자는 생각으로 진행한 터라, 이 정도 수고는 아깝지 않았다.

다. 수업에서 활용하기

1) 사용 시기에 대한 고민

스노클은 채점, 피드백, 풀이 과정 중 질문할 수 있는 챗봇 등 여러 가지 기능을 AI로 제공한다. 얼핏 생각하기에는 ① 교사의 설명 후 → ② 스노클에서 문제를 풀고 → ③ 부족한 부분은 AI 피드백으로 채운다는 흐름의 수업이 가능할 것처럼 보인다. 그런데 실제로 해보면 그렇게까지 단순하지 않았다.

가장 큰 이유는, **아주 간단한 문제에서도 막히는 학생일수록 AI 피드백을 이해하지 못한다**는 점이었다. 한 번은 화를 내며 문제를 풀고 있는 학생이 있어서 왜 그러냐고 물어보니 "무슨 말인지 하나도 모르겠어요. AI 하나도 안 맞네"라는 식으로 말하기도 했다. 같이 화면을 보니, AI의 피드백은 잘못된 것이 없었다. AI 피드백도 결국 내용 이해와 문제 풀이 경험이 있어야 의미가 있었다.

그래서 필자는 스노클을 수업의 앞부분이 아니라 문제 풀이가 어느 정도 끝난 뒤에 쓰기로 했다. 먼저 교사가 함께 몇 문항을 풀어 보면서 핵심 표현과 풀이 흐름을 잡아 준다. 그다음에 학생들이 혼자, 또는 어려움이 있는 경우 둘이나 셋이 모여서 비슷한 문제를 몇 개 더 풀어 보게 했다. 이렇게 해서 기본적인 풀이 경험이 쌓였다고 판단되는 시점에 스노클에 접속하게 했다.

2) 수업 상황에서 느낀 스노클의 강점

첫 번째 강점은 직관적인 사용법이었다. 교사뿐 아니라 학생 입장에서도 사용하는 데 어려움이 없었다. 위 사례의 2학년 학생들은 스노클을 처음 사용했음에도 기능에 대해 별다른 질문을 하지 않았다. 화면 구성은 충분히 직관적이었고, 가끔 "하나하나 들어가서 풀면 되는 거예요?" 정도의 확인만 있었다.

두 번째 강점은 **학생들의 주도적인 재도전이 가능했다**는 점이다. 스노클은 풀이 결과가 실시간으로 보이고, 어디에서 점수가 깎였는지가 바로 드러난다. 그러다 보니 학생들이 스스로 더 높은 점수를 받기 위해 다시 풀어 보고 있었다. 여러 중·고등학교 스노클 활용 공개 수업을 보러 갔을 때도 비슷한 모습을 관찰할 수 있었다. 사실 수업의 초반만 해도 이미 학습한 내용인데 학생들 점수가 1점, 2점에 머무는 것을 보면서 '대체 뭐가 문제일까…' 하고 한숨을 쉬고 있었다. 그런데 얼마 지나지 않아 그 점수들이 3점, 4점으로 바뀌는 것을 보았다. 정말로 0점을 받아도 아무렇지 않은 학생, 수학을 포기해도 괜찮은 학생은 없었다.

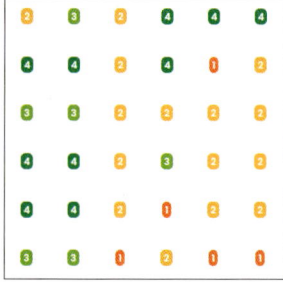

▲ 첫 시도에서의 결과(좌측), 최종 시도에서의 결과(우측)

세 번째로, 이런 주도적인 재도전이 질문을 자연스럽게 끌어냈다. 필자는 문제 풀이만으로 수업을 채우는 방식을 좋아하지 않는다. 곰곰이 생각해 보면 문제 풀이 자체가 싫은 것은 아니었다. "이해 됐니?"라는 형식적인 확인과 "네"라는 형식적인 대답이 오고가고, 그 다음 문제 풀이가 이어지는 수업이 남기는 공허함이 싫었다. 그런데 스노클을 쓰자 상황이 달라졌다. 여러 번 도전하는 과정에서 학생들이 먼저 다가와 "여기서 왜 틀린 거예요?", "이렇게 써도 돼요?"하고 물어보기 시작했다. 수업에 활기가 돌기 시작한 것이다.

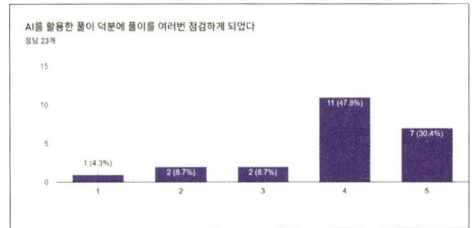 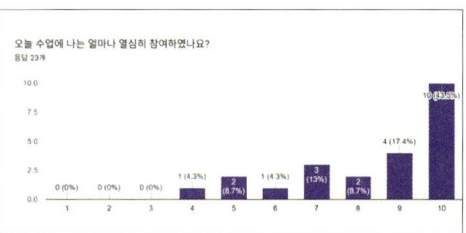

▲ 수업 후 설문조사 결과 중 일부

마지막으로, **교사에게도 학생들의 진행 상황이 선명하게 보였다.** 예전에는 '늘 못 풀던 학생이니까'라는 이유로 찾아가 설명해 주는 경우가 많았다면, 스노클을 사용할 때는 화면에 진행 상황이 그대로 드러나기 때문에 실제로 지금 어려움을 겪고 있는 학생을 정확히 찾아갈 수 있었다.

그리고 필자는 그렇게 찾아간 학생에게서 사실 내용을 전혀 이해하지 못하고 있음에도, 스스로 AI 피드백을 읽어 보면서 세 번째 답안을 작성하고 있는 모습을 보았다. 내색하진 않았지만, 마음속에서 작은 희망이 생기는 기분이었다. 이것은 매뉴얼에서는 볼 수 없었던, 현장에서 경험할 수 있었던 스노클의 강점이었다.

3) 스노클의 AI 성능

AI의 필기 인식 능력이나 피드백은 개인적으로 나쁘지 않아 보였다. 아래 풀이와 피드백을 보자.

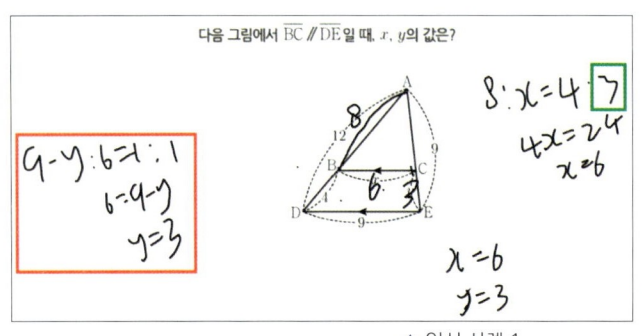 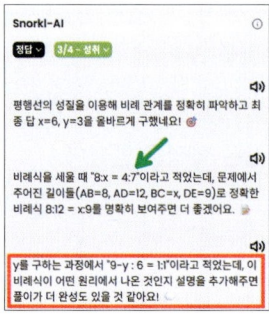

▲ 인식 사례 1

오른쪽 사진의 세 번째 피드백(빨간색)을 보면, 학생은 화면 왼쪽에 9-y:6=1:1이라고 써놓았다. 9라는 숫자도, 1:1이라는 비례식도, 글자가 썩 이쁘진 않지만 AI는 성공적으로 인식했다.

이번엔 두 번째 피드백(초록색)을 보자. 학생은 화면 오른쪽에 8:x=4:3이라고 써놓은 것을 볼 수 있다. 그러나 AI는 8:x=4:7이라고 3을 7로 인식했다.

피드백의 경우, 대체로 만족스러웠다. 특히 세 번째 피드백이 만족스러웠는데, y를 구하는 비례식이 일반적인 풀이는 아니지만 올바른 비례식이었기 때문에 점수를 감점하지는 않았다. 그러나 풀이의 완성도를 높일 방법에 대해 피드백을 제공했다. 피드백이 기본적으로 굉장히 친절하고 독려하는 말투인 부분도 좋았다.

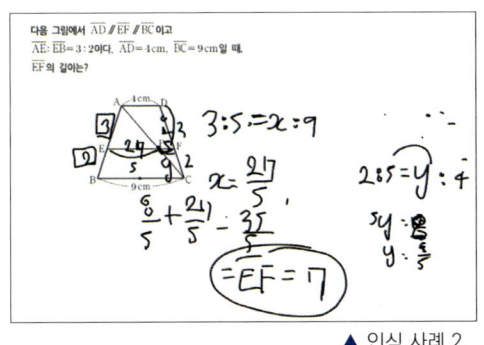

▲ 인식 사례 2

위 예시 역시 생각보다 글씨를 바르게 작성하지 않았는데도 인식을 잘 해낸 경우이다.

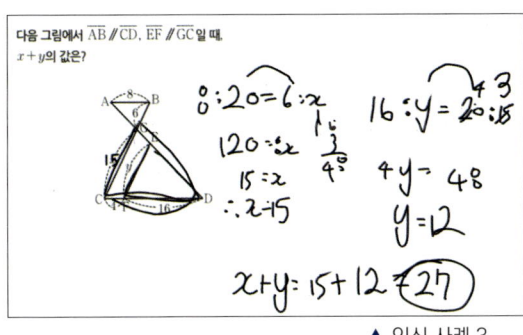
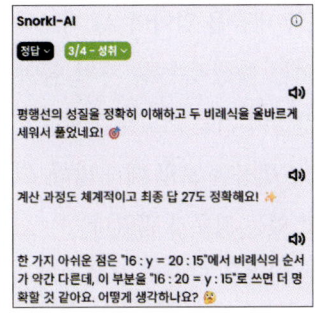

▲ 인식 사례 3

위 예시 역시 필기 인식이 잘 되었을 뿐 아니라, 피드백도 정확했다.

그러나 아쉬운 부분도 있었다. 가장 난감한 경우는 아래와 같은 경우였다.

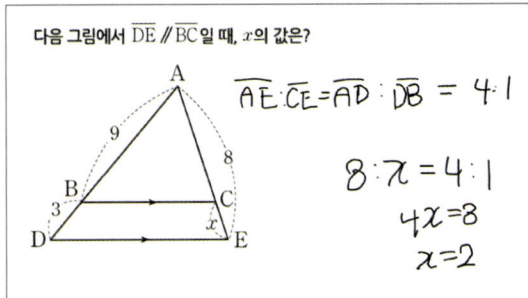

[스노클 피드백]

비례식을 설정할 때 AB:AD = AC:AE 관계도 함께 보여주면 더 완벽했을 것 같아요. 어떤 대응 관계를 사용했는지 명확히 표현해보세요!

▲ 첫 시도에서의 결과(4점 만점에 3점)

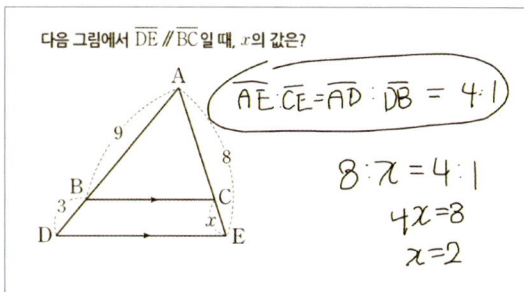

▲ 두 번째 시도에서의 결과(4점 만점에 2점)

학생은 첫 번째 시도에서 비례 관계를(좀 어설프긴 하지만) 풀이 과정에 작성했음에도 불구하고 '비례 관계를 구체적으로 명시하라'라는 피드백을 받았다. 따라서 두 번째 시도에서는 비례 관계를 동그라미로 강조한 모습이다. 그러나 오히려 점수는 1점이 추가로 감점된 2점이었다. 스노클에는 채점 근거가 명확히 안내되어 있지 않기 때문에, 필자조차 감점의 사유를 알 수 없었다. 이 부분은 스노클이 갖고 있는 아쉬움이었다.

4) 스노클 사용에서 어려웠던 점

기술적인 부분 외에 교사로서 느낀 어려움도 있었다.

첫째, 결국 내용을 알아야 AI 피드백을 이해할 수 있었다는 점이다. 실제로 AI의 개별 지도가 많이 필요해 보이는 학생일수록, 자기 풀이에서 AI가 어떤 부분을 문제 삼았는지 파악하는 데 어려움을 겪었다. 학생들이 처음 스노클을 사용할 때면 "AI가 별로예요." "AI가 멍청해요." "제가 한 말을 못 알아들어요." 같은 반응을 보일 때가 많다. 그런데 교사가 옆에서 실제 피드백을 읽어 보면 생각보다 정확한 지적을 하고 있는 경우가 많았다.

처음에는 이것을 단순히 문해력의 문제라고만 생각했다. 그러나 순회 지도를 하면서 대화를 나눠 보니, 학생들이 말하는 "무슨 말인지 모르겠어요."는 문장을 읽지 못해서가 아니라 문제의 맥락과 개념을 이해하지 못해서 생기는 말이었다. 교사가 "너는 풀이를 이렇게 썼는데, 그게 아니라 대응비를 써야 돼. AI도 그걸 고치라고 한 거야."라고 맥락을 짚어 주면, 그제야 "아…"하고 다시 풀기 시작하는 경우가 많았다. 결국 AI 피드백이 아무리 세밀해도, 내용을 아예 이해하지 못했던 학생에게는 교사의 해석이 한 번 더 필요했다. 다만 기본적인 내용은 이해한 중위권 이상의 학생들에게는 AI의 피드백이 유의미했다.

둘째, 교사의 욕심과 학생들의 실제 속도를 맞추는 일이 생각보다 어려웠다. 수학 시험을 대비하려면 다양한 유형의 문제를 풀어 보는 것이 중요하다고 생각해, 15문제 정도를 넣은 활동지를 만들어 양면으로 인쇄해 나누어 주곤 했다. 그렇게 하면 수업 시간 안에 여러 유형을 한 번씩은 경험하게 할 수 있었고, 어쨌거나 나는 학생들과 15문제를 푼 셈이다.

그러나 스노클 활용 수업은 그런 방식이 통하지 않는다. 학생들이 스스로 여러 번 재도전하는 장면은 교사로서 감동적이었었지만, 그만큼 시간이 오래 걸렸다. 어떤 학생은 45분 동안 6문제도 다 풀지 못하는 경우가 있었다. 처음에는 답답했지만, 곧 이런 생각이 들었다.

'15문제를 풀게 하려던 것은 내 욕심이었을까? 이 학생들에게 지금 필요한 적정 문제 수와 난이도는 따로 있는 것은 아닐까?'

화면에 나타난 현실은 분명했다. 아이들은 내가 예상했던 것보다 훨씬 적은 양만을 처리할 수 있었다. 그러나 그 적은 양의 문제를 가지고 더 오래 고민하고, 다시 시도하고, 스스로 답을 찾아가고 있었다. 양과 생각의 깊이, 그 균형을 조정하는 것은 스노클이 아닌 필자가 교사로서 해야 할 일이었다.

5) 학생들의 후기

그렇다면 학생들은 어떻게 느꼈을까. 설문조사를 한 반 밖에 실시하지 못해 표본은 많지 않지만, 전반적으로는 학생들은 피드백에 대해 긍정적으로 평가했다.

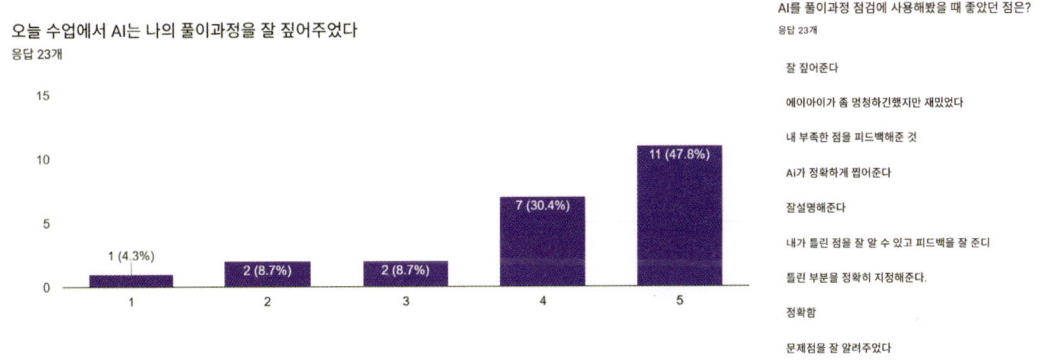

▲ 스노클 활용 후 설문 결과 중 일부

반면 불만족스러운 점으로는 대체로 두 가지가 나왔다. 하나는 글자 인식이 가끔 부정확하다는 점, 다른 하나는 채점의 기준이 모호하다는 점이었다. 이 두 가지는 앞서 수업 중에 교사가 느꼈던 아쉬움과도 맞닿아 있는 부분이다.

```
AI를 풀이과정 점검에 사용해봤을 때 불편했던 점은?
응답 23개

글자를 잘 못 알아 먹는다.

번역이 이상하고 까다로움

맞아도 틀렸다했다

글씨체를 못알아들음

문자를 이해를 못한다

나의 풀이과정을 이해하지 못하고 AI의 주관대로 답이 조금 정해져 있어서 피드백과 점수에서 약간의 불편감을 느꼈고 피드백이 좀 느렸다

AI가 답장을 해주는게 너무 느렸다

없음

피드백을 주는 상황에서 답변이 늦게 나오는 경우가 있었다
```

▲ 학생들이 불편했다고 언급한 부분들

가장 인상적이었던 것은 설문조사의 마지막에 있던 문항의 답변 결과였다.

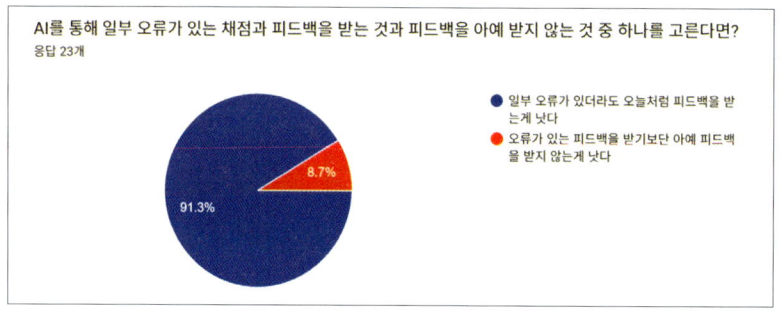

▲ 학생들의 피드백에 대한 의견

수업과 설문조사의 결과를 종합해 보면 다음과 같이 정리할 수 있을 것 같다. 학생들은 AI가 때때로 글자를 잘못 읽고, 채점 기준도 모호하다고 느낄 때도 있었다. 그러나 실시간으로 오류를 짚어주는 피드백이 매우 의미 있었다고 답했다. 그리고 학생들이 의미 있다고 생각한 이유는 피드백이 완벽해서가 아니라 '내가 쓴 답을 누구든 읽어주고 반응해 주는 경험'과 함께 재도전해 성장하는 스스로를 볼 수 있었기 때문이었을 것이다.

라. 제언

스노클을 활용하다보니 뜬금없이 떠올랐던 생각이 있었다. 'AI에 의존하는 것이 자연스러운 문화가 되는 순간이 멀지 않았구나'하는 생각이었다. 우리가 AI를 쓸 때 제일 많이 하는 이야기는 'AI가 얼마나 정확한가'이다. 문제 사진을 커스터마이징 챗봇으로 인식시키든, 스노클이 필기를 읽어 피드백을 주든, 필자 역시 처음에는 그 정확도를 제일 먼저 살폈다. 학생들도 마찬가지였다. 이 글을 읽는 독자들도 아마 '스노클 AI는 얼마나 정확한가' 하는 대목을 가장 먼저 확인하고 싶었을 것이다.

아이러니하게도, 우리는 'AI는 도구일 뿐'이라고 말하면서 실제로는 **우리의 판단 기준 한가운데 AI를 세워 놓고 있다.** '내가 도구를 통제한다'라고 말해왔고, 생각해 왔지만, 막상 수업에서 활용할 때면 AI가 보여주는 채점 결과와 피드백의 질이 곧 수업이 잘 되었는지를 판단하는 기준이 되어버린다. 교사인 나도, 학생들도, 이 글을 읽는 독자들까지도 그 영향에서 완전히 자유롭지는 않다.

학생의 풀이를 있는 그대로 인식하고, 그 위에서 적절한 피드백을 주는 AI는 학교 현장에서 분명히 필요하다. 아니, 절실히 필요하다. **다만 뒤늦게 깨달은 것은, AI의 성능과 무관하게 교사가 개입해야 하는 순간이 발생한다는 점이었다.** 우리는 보통 AI가 서툴 때 교사가 더 많이 개입한다고 생각하지만 실제로는 그 반대의 경우도 많았다.

스노클이 학생의 풀이를 꽤 정확히 읽어내고, 빠르게 점수와 피드백을 보여주면 겉으로는 수업이 아주 매끄럽게 돌아가는 것처럼 보인다. 학생들은 각자 화면을 보며 몰두해 있고, 교사는 그 모습을 보며 '다들 잘하고 있군!' 하고 지나가기 쉽다. **바로 그때가 위험한 순간이었다.** 교사는 늘 그 이면의 모습을 확인할 수 있어야 했다.

수업 점검 질문	실제 수업에서의 장면들
1. 피드백이 통보로 끝나 버리진 않았는가?	'똑똑한 AI가 이렇게 말했으니 그대로 다시 써서 제출해야지.'에서 멈춰서는 안 된다. '아, 그러니까 내가 여기서 이 길이를 먼저 구하라는 뜻이구나.'처럼 학생 스스로 피드백을 해석해 말로 옮길 수 있어야 진짜로 피드백을 이해한 것이다.
2. 교사의 관찰이 모니터 속 화면으로 대체되고 있진 않은가?	모니터에 표시된 '2점'만 보고 '이 학생은 이 정도 수준이구나.'라고 단정해 버리니, 사실은 그 학생이 세 번째 풀이를 계속 시도하고 있었다는 사실을 놓치고 있었다. 점수는 결과를 보여주지만, 과정을 보여주지는 않는다.

▲ 스노클 활용 시 교사가 추가로 확인해야 할 지점

필자는 앞으로 교실에서 AI를 더 많이 쓰게 되면 될수록, 오히려 이런 것들을 확인하는 시간이 더 필요해질 거라고 생각한다. 도구를 안 쓰던 시절에는 애초에 그런 확인을 하기도 어려웠지만, 이제는 도구가 너무 빠르고 친절하기 때문에 '잠깐, 그런데 이걸 학생이 진짜 이해했나?'와 같이 한 번 멈춰 서는 절차를 의도적으로 넣어야 할 필요가 있었다.

이런 맥락에서 보면, 이번 스노클 활용 경험은 단순히 쓸만했다. 혹은 '아직 부족했다'로만 정리할 일은 아닌 것 같다. 분명히 강점이 있었다. 학생들이 스스로 재도전을 하는 장면은 문제 풀이 중심 수업에서는 오랜만에 본 활기였다. 동시에 이렇게까지 주도적으로 다시 푸는 학생들이 '왜 AI 피드백 한 줄은 끝까지 이해하려고 하지 않을까' 하는 의문도 자연스럽게 따라왔다. 아마 이런 지점을 하나씩 짚어 보면서 빈틈을 메워 가는 일이야말로, AI를 활용한 수업에서 가장 놓치기 쉬운, 하지만 교육에서는 끝까지 붙들어야 하는 부분일 것이다.

우리는 AI가 곧 세상을 완전히 바꿀 것처럼 말한다. 마치 내일 아침부터 학교도, 수업도, 평가도 전혀 다른 풍경이 펼쳐질 것처럼 이야기한다. 그러나 필자가 아는 한 하룻밤에 세상을 바꾼 기술은 거의 없었다. 기술이 빠르다고 해서 수업도 그만큼 빠르게 바뀌지는 않는다. 학생이 이해하는 속도, 교사가 안전하다고 느끼는 속도, 학교가 제도적으로 수용하는 속도는 여전히 사람의 속도이다.

그래서 필자는 오히려 지금의 열광을 경계한다. 우리가 주목하려고 노력해야 하는 것은 'AI가 얼마나 잘하느냐, 못하느냐'가 아니라, 'AI가 이제 이 정도까지는 해주는구나. 그렇다면 그 위에 사람의 고민과 해석을 어떻게 얹을까'와 같은 따분하기 그지없는 고민이다. 그것이야말로 우리가 노력하지 않으면 잃어버리기 쉬운 태도이기 때문이다. **기술이 주는 막연한 불안감, 눈앞의 화려함과 미래의 낙관에 메이지 않을 때, AI는 우리를 더 교사답게 만들 것이다.**

그래서 이 글에서는 스노클이 보여준 인상적인 장면들을 소개하는 것과 동시에, 스노클이 부족해 보였던 장면들을 같이 담았다. AI가 수업에 활기를 주었던 모습과 교사조차 AI의 채점 기준을 이해하지 못해 멋쩍었던 순간들, 수업 후 필자의 아주 솔직한 고민과 성찰의 순간들까지 같이 남겨두고 싶었다. 그것이 우리가 실제로 다루게 될 AI의 속도이기 때문이다.

03
AI를 활용한 채점과 피드백: 클리포

클리포는 앞서 설명한 것과 같이 AI를 활용한 자동 채점과 피드백을 제공한다. 그렇기 때문에 클리포를 활용하면 채점에 대한 교사의 피로도와 손글씨 판독의 어려움, 평가의 공정성 문제 등 기존의 한계를 상당 부분 보완할 수 있다.

특히 OCR(광학 문자 인식) 기술을 통해 손글씨를 자동으로 디지털화함으로써, 판독의 오류를 줄이고 평가의 객관성을 높일 수 있다. 따라서 AI 채점은 교사의 일을 대체하는 기술이 아니라, 교사의 전문성을 확장하고 평가의 신뢰성을 강화하는 도구로 바라보는 것이 바람직하다.

가. 클리포의 활용

1) 기술적 활용

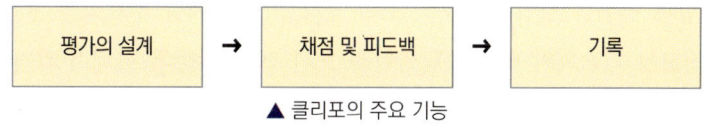

▲ 클리포의 주요 기능

이 과정에서 AI가 적용되어 교사의 평가 업무 전반을 효율적으로 지원한다. 이제 단계별로 클리포 주요 기능들과 AI가 구체적으로 어떤 방식으로 교사의 평가 활동을 보완하고 수업의 질을 향상시키는지 사례와 함께 살펴보도록 하자.

❶ 평가의 설계

클리포의 경우 1단계 '기본 정보'부터 6단계인 '과제물 업로드 방법' 설정까지 6단계에 걸쳐서 평가를 설계❶할 수 있도록 구성되어 있다. '채점 및 피드백' 뿐만 아니라 평가를 설계하는 과정에서도 AI가 접목된 부분이 있는데, 바로 3단계 채점 기준 입력이다.

---
❶ 기본적인 사용 방법은 노션(joo.is/날개서논술형)에서 확인할 수 있다.

단계	평가 설계 내용
1단계	기본 정보(수행평가 과제명 입력)
2단계	성취기준 입력
3단계	**채점 기준 입력(AI 기능)**
4단계	점수 계산 방식
5단계	결시자 처리
6단계	과제물 업로드 방법

▲ 클리포의 평가 설계 단계

3단계에서 채점 기준을 입력할 때 교사가 직접 평가를 설계하며 작성해 둔 채점기준표를 그대로 입력할 수도 있고, AI가 자동으로 생성해 주는 'AI로 만들기' 기능을 활용할 수도 있다. 이것은 평가 설계 과정에서 선택한 성취기준과 성취수준, 그리고 교사가 별도로 입력한 '채점요소(평가 요소)'에 따라서 루브릭을 AI가 자동으로 만들어주는 기능이다.

▲ AI 채점 기준 생성❷

실제로 필자와 함께 연구를 진행한 연구회 소속 교사들 역시 처음 루브릭을 접했을 때, 각 수준별 성취를 어떻게 질적으로 기술해야 하는지 막막함을 느낀 적이 많았다. 그래서 과거에는 ChatGPT를 활용해 루브릭 문장을 초안으로 작성해 보곤 했지만, 이제는 클리포 플랫폼 내에서 AI가 직접 루브릭을 생성해 주기 때문에 훨씬 간편하고 효율적으로 평가 설계를 진행할 수 있다.

그렇다면 클리포에서 AI가 작성한 루브릭은 어느 정도일까? 필자가 작성한 루브릭과 AI가 작성한 루브릭을 비교해 보자.

다음은 중학교 1학년 '생물의 구성과 다양성' 단원의 성취기준과 성취수준이다. 생물의 구성 단계에 대해 이해를 해야하고, 동물과 식물의 구성 단계를 비교해야 한다. 그래서 추출한 평가 요소는 ①생물의 구성 단계를 설명하기, ②동물과 식물의 구성 단계 비교하기이다.

---

❷ AI 채점 기준을 생성하는 경우 크레딧 1개가 사용된다

[9과02-02] 생물의 유기적 구성 단계를 이해하고, 동물과 식물을 비교하여 분석할 수 있다.	A	동물과 식물의 유기적 구성 단계를 이해하고, 동물과 식물을 비교하여 예를 들어 설명할 수 있다.
	B	동물과 식물의 유기적 구성 단계를 각각 예를 들어 설명할 수 있다.
	C	동물과 식물의 유기적 구성 단계의 차이점을 말할 수 있다.
	D	동물과 식물의 유기적 구성 단계의 명칭을 각각 나열할 수 있다.
	E	동물과 식물이 유기적 구성 단계로 구성되어 있음을 말할 수 있다.

▲ 생물의 구성과 다양성 성취기준 및 성취수준(교육부, 2024b)

평가 요소 ①생물의 구성 단계를 설명하기에서는 각 구성 단계의 명칭과 각 구성 단계에 대해 예시가 포함된 설명을 하도록 다음과 같은 루브릭을 작성하였다.❸

[교사가 작성한 루브릭]
생물의 구성 단계를 **정확하게 이해**하고 **구분**하였으며, 특징이나 **예시** 등의 **다양한 자료**를 활용하여 **설명**함.

[AI가 작성한 루브릭]
생물의 구성 단계를 **명확하게 이해**하고, **각 단계**에 대한 **핵심 요소를 정확히 설명**할 수 있으며, **예시**를 통해 이를 **구체적**으로 제시할 수 있음.

▲ 교사가 작성한 루브릭과 AI가 작성한 루브릭

루브릭을 비교해 보면, 교사는 '정확한 이해를 바탕으로 구성 단계를 구분하고 다양한 예시 자료를 활용하는 능력'을 강조한 반면, AI는 '명확한 이해를 기반으로 각 단계별 핵심 요소를 구체적으로 설명하고 예시를 제시하는 능력'에 초점을 두고 있다.

즉, 교사는 학생이 단계의 구조를 인식하고 폭넓은 사례를 활용하여 설명을 확장하도록 유도하는 반면, AI는 각 단계의 핵심 개념을 중심으로 구체적이고 사실적인 설명을 요구하는 경향을 보인다.

교사	정확한 이해	단계를 구분하고 설명	다양한 예시
AI	명확한 이해	각 단계의 핵심 요소 설명	구체적 예시

▲ 교사가 작성한 루브릭과 AI가 작성한 루브릭의 비교

루브릭을 나란히 놓고 비교해 보면, 방향이 조금 다르기는 하지만 마치 동료 교사가 작성한 루브릭을 함께 검토하는 듯한 느낌을 받는다.

이처럼 교사가 작성한 루브릭과 AI가 작성한 루브릭을 비교하면서, '단계의 구분이냐, 핵심 요소냐', '다양함이냐, 구체성이냐'와 같은 초점을 어디에 둘 것인지 스스로 판단하고 적용해 본다면, 루브릭의 질을 높이고 평가 설계의 전문성을 기르는 데 큰 도움이 될 것이다.

---

❸ 루브릭의 비교를 위해 평가 요소는 두 가지 중 '①생물의 구성 단계를 설명하기'만 제시한다.

❷ 복사 및 붙여넣기 불가 기능

6단계 '과제물 업로드 방법'에서는 학생들의 과제물을 PDF 변환하여 교사가 일괄적으로 업로드를 하거나, 클리포 사이트 내에서 학생들이 직접 입력하는 방식을 선택할 수 있다.

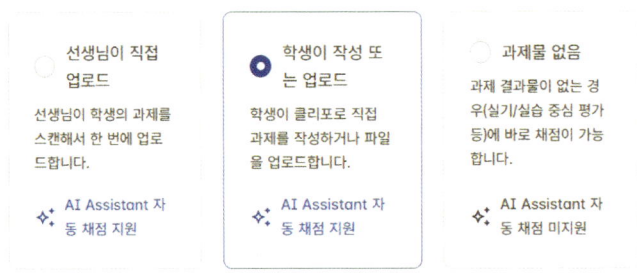

▲ 과제물 업로드 방법(학생이 작성)

에듀테크 도구를 활용하여 채점 및 피드백을 실시할 때 교사들이 가장 많이 고민하는 부분은, 교사의 통제가 어려운 환경에서 학생들이 미리 작성한 글을 붙여 넣거나 인터넷 자료를 검색해 과제물을 작성하는 문제이다. 이러한 상황에서는 학생의 실제 사고 과정이나 개념 이해 수준을 정확히 파악하기 어렵기 때문에, 평가의 신뢰성과 타당성 확보가 어려워진다.

이를 해결하기 위해 크롬북(Chromebook)을 사용하는 학교의 경우 구글 설문지를 퀴즈 형식으로 제작하고 '잠금 모드'를 활성화하여 학생들이 다른 웹사이트에 접근하지 못하도록 하는 방법을 활용하기도 한다.

▲ 퀴즈 잠금 모드 설정

이처럼 잠금 모드를 활용하여 접속을 막을 수는 없지만, 학생이 직접 사이트 내에서 과제물을 입력할 수 있도록 설정할 때 '복사 및 붙여넣기 불가' 옵션을 선택할 수 있게 업데이트 되었다. 일명 '복붙'이 안되는 기능이다.

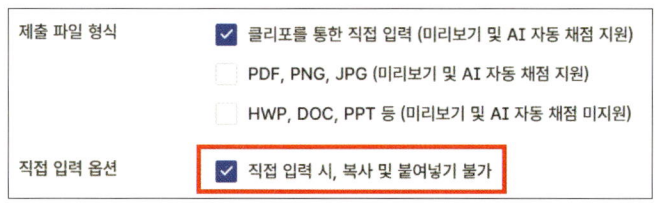

▲ 직접 입력 옵션 설정

　실제로 학생들이 타 사이트에서 글을 복사하여 붙여넣기를 하는 경우 다음과 같이 오류 메시지가 나타나면서, 붙여넣기 실행이 되지 않는다. 이런 기능으로 인해 공정한 평가를 운영할 수 있을 것이다.

▲ 붙여넣기 오류 메세지

❸ 발표 평가 피드백

　발표 평가를 실시할 때 교사는 학생들의 발표를 들으며 실시간으로 피드백을 제공하는 경우가 많다. 그러나 이러한 방식에는 한 가지 문제가 있다.

　발표 도중에 피드백이 제시되면, 이후에 발표하는 학생들이 그 내용을 참고하여 자신의 발표를 수정하거나 보완할 수 있다는 점이다. 이는 평가의 공정성을 저해할 수 있으며, 발표 순서에 따라 학생들에게 유불리가 발생할 가능성도 있다.

　이러한 문제를 해결하기 위해 필자는 클리포의 '과제물 없음' 설정 기능을 활용하였다.

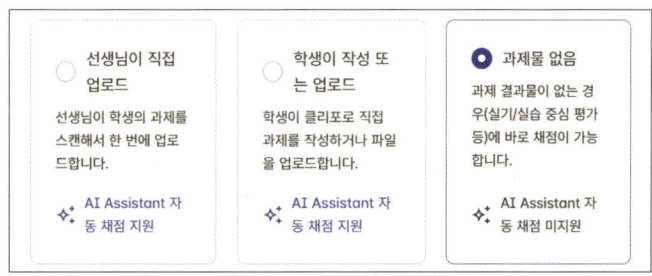

▲ 과제물 업로드 방법(과제물 없음)

　이 기능을 사용하면 학생의 발표를 들으면서 교사가 실시간으로 점수와 피드백을 입력하되, 모든 학생의 발표가 끝난 뒤에야 그 결과를 학생이 확인하도록 설정할 수 있다. 즉, 발표 중에는 피드백이 공개되지 않아 공정한 평가가 가능하고, 모든 발표가 종료된 이후에는 학생 개개인이 자신의 피드백을 확인하며 학습적으로 성찰할 수 있다.

물론 이 과정에서 AI가 실시간으로 피드백을 제공하는 것은 아니지만, 교사가 입력한 피드백과 평가 내용은 AI 기반의 기록 자동화 기능을 통해 나중에 학교생활기록부의 세부능력 및 특기사항(세특) 작성에 유용하게 활용될 수 있다.

결국 클리포의 이러한 기능은 평가의 공정성을 확보하는 동시에, 피드백의 효율성과 기록의 연계성까지 높이는 실질적인 지원 도구로서 의미가 있다.

❹ 채점 수준의 조절

클리포에서 AI 채점을 실행하면, 교사는 채점 모델을 선택[5]하고, 피드백 구성 방식(직접 작성 또는 자동 구성)을 지정할 수 있다. 이와 함께 '채점수준'을 조절할 수 있는 기능이 제공된다. 즉, 같은 학생의 결과물이라도 교사가 선택한 수준에 따라 보다 '관대하게 채점'할지, 혹은 '엄격하게 채점'할지를 결정할 수 있는 것이다.

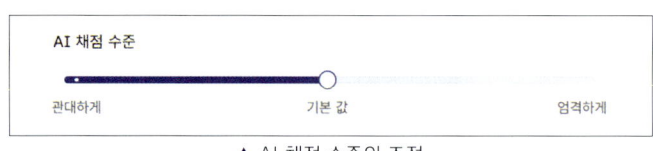

▲ AI 채점 수준의 조절

필자 역시 학생 과제물의 채점과 피드백을 자동화하기 위해 챗봇을 제작한 경험이 있다. 흥미롭게도 필자가 직접 입력한 예시 답안조차 만점을 받지 못하는 일이 발생했다. 알고 보니 채점 기준이 지나치게 까다롭게 설정되어 있었던 것이다. 그래서 프롬프트에 "너무 까다롭게 채점하지 말아 줘."라는 문장을 추가하여 조정해야 했다.

클리포의 '채점 수준 조절' 기능은 이러한 시행착오를 최소화해 준다. 교사가 프롬프트를 직접 수정하지 않아도, 시스템 내에서 손쉽게 채점의 관대함 또는 엄격함을 조정할 수 있기 때문이다. 실제로 학생의 과제물을 가지고 채점을 '관대하게' 할 때와 '엄격하게' 할 때에 점수와 채점 근거는 다르게 나타났다.

▲ 관대한 채점 근거   ▲ 엄격한 채점 근거

[5] 채점 모델에서는 복잡한 형식채점 모델'에 주석 삽입. 주석 내용: 채점 모델에서는 복잡한 형식의 과제에 적합한 v2.1 모델과 장문의 논술형에 적합한 v1.0 모델 중 선택할 수 있다.

두 가지 채점 방식에서 모두 생물의 구성 단계에 대한 정의와 상호작용을 설명하는 부분을 중요하게 평가하고 있으며, 실제 예시나 자료의 활용이 다소 부족하다는 점을 지적하고 있다.

그러나 '관대한 채점'에서는 각 단계의 정의와 상호작용에 대한 명확한 이해를 더 긍정적으로 평가하며 설명이 충분하다고 판단한 반면, '엄격한 채점'에서는 설명이 비교적 단편적이고 자료의 활용이 부족하며, 심화된 설명이나 실제 사례가 포함되지 않아 상위 수준에 미치지 못한다고 보았다. 즉, 전자의 경우 '이해와 설명'에 무게를 두는 반면, 후자의 경우 '예시나 자료 사용'에 비중을 두고 평가하는 차이가 있다.

같은 과제물이지만 어떤 기준으로 채점을 하느냐에 따라 이렇게 점수와 채점 근거가 다르게 나타나며, 이에 따른 피드백 내용도 일부 차이가 발생한다. 따라서 채점자인 교사가 채점을 해본 후 채점 기준을 조절하는 것이 필요하다.

2) 형성평가와 피드백을 위한 활용

실제로 수업을 마친 뒤, 마지막 단계에서 실시한 평가 결과에서 학생들의 성장이 전혀 드러나지 않을 때 느끼는 안타까움은 교사라면 누구나 한 번쯤 경험해 봤을 것이다. 그래서 필자의 경우 클리포를 학생들의 평가에 대한 채점보다는 피드백 중심의 도구로 활용하고 있다. AI의 진정한 가치는 채점 자동화에도 있지만, 학생의 성장을 돕는 피드백 기능에 있다고 생각하기 때문이다.

그러나 문제는 앞에서 언급한 것처럼 학생들에게 피드백을 모두 제공하는 일 또한 쉽지 않다는 것이다. 게다가 형성평가 이후 반드시 뒤따르는 과정이 바로 피드백인데, 총괄평가를 위해 형성평가를 다양하게 계획을 한 경우라면 피드백을 해야하는 내용도 다양하기 때문에 교사의 피로도는 가중될 것이다. 그래서 다음과 같이 수업 과정에서 AI를 활용해 피드백을 실시한다.

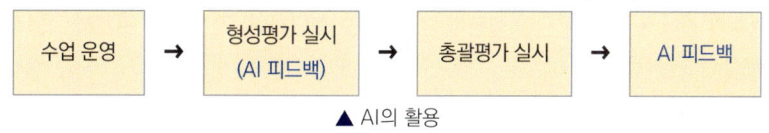

▲ AI의 활용

간혹 교사가 학생들의 과제물에 대해 피드백을 어떻게 제시해야 할지 막막할 때가 있다. 물론 동교과 교사와의 협의를 통해 해결할 수도 있지만, 협의가 어려운 환경이라면 AI는 든든한 조력자가 될 수 있다. 평가 루브릭을 작성할 때 AI의 도움을 받았던 것처럼, 피드백 과정에서도 AI의 제안은 교사에게 새로운 시각과 구체적인 조언을 제공하며, 피드백의 질을 한층 높이는 실질적 지원이 된다.

❶ 피드백 활용 사례

앞서 중학교 1학년 '생물의 구성과 다양성' 단원에서 설정한 평가 루브릭에 맞춰서 학생들에게 '설명하는 글쓰기' 수행평가를 실시했다.

> 생물의 구성 단계를 **정확하게 이해하고 구분**하였으며, 특징이나 **예시** 등의 다양한 자료를 활용하여 **설명**함.

▲ 평가 루브릭

학생이 입력한 내용을 보면 생물의 구성 단계를 정확하게 이해하고 있으며, 예시를 활용하여 설명하고 있다. 다만, 각 구성 단계에 대한 설명이 누락되어 있다.

학생의 결과물에 대한 피드백을 필자 혼자 제공했다면 아마 다음과 같았을 것이다.

> [잘한 점]
> – 생물의 구성 단계를 정확하게 표현하였으며, 동물과 식물의 구성 단계에서 다양한 예시를 활용한 것이 좋습니다.
>
> [보완할 점]
> – 그러나 각 단계별 특징에 대한 설명이 누락되어있습니다. 각 단계별 특징에 대한 설명을 추가하세요.

▲ 교사 피드백 내용

물론 이렇게만 해도 충분한 피드백이 될 것이다. 하지만 혹시라도 놓치고 있는 것은 없는지, 조금 더 발전적인 방향으로의 피드백은 무엇이 있을지 궁금하다. 그래서 AI 피드백❻을 받아본다.

> [잘한 점]
> 생물의 구성 단계를 정확하게 표현하였으며, 동물과 식물의 구성 단계에서 예시를 활용한 설명이 좋습니다.
>
> [보완할 점]
> – 각 구성 단계의 특징과 **유기적 관계**에 대한 설명이 부족하여 단계들이 어떻게 상호작용하며 전체 생명체를 이루는지에 대한 이해가 미흡함.
> – 조직계와 기관계의 정의 및 역할에 대한 **설명이 단편적이고 간단**하여, 각 단계의 구체적 기능과 중요성을 충분히 전달하지 못함.
> – <u>앞으로도 다양한 생물의 예시를 추가하거나, 실제 생활 속 사례와 연결하여 설명을 확장해보면 더욱 깊이 있는 이해로 이어질 수 있음.</u>

▲ AI 피드백 내용

특징적인 것은 각 구성 단계에 대한 설명이 누락된 것은 이미 인지하고 있었지만, '유기적 관계'에 대한 설명을 추가하라는 것이다. 물론 특징을 설명하다 보면 당연히 유기적 관계에 대한 설명이 나오겠지만, 피드백으로 정확하게 표현을 해주는 것과 해주지 않는 것은 크게 다르다.

또한, '설명이 단편적이고 간단하다.'라는 내용의 피드백을 통해 학생의 글에서 추가적인 보충 설명이 필요하다는 것을 교사에게 다시 한번 인식시켜 주었다.

---

❻ 클리포에서 AI 피드백의 경우 '요약 보기' 기능과 '채점요소별 보기' 기능이 있다.

그리고 마지막에 나온 '앞으로도 다양한 생물의 예시를 추가하거나, 실제 생활 속 사례와 연결하여 설명을 확장해 보면 더욱 깊이 있는 이해로 이어질 수 있음.'이라는 피드백은 정말 생각지도 못한 내용이다. 물론 이 내용을 추가하지 않아도 평가에서 감점이 되는 것은 아니지만, 다양한 자료를 활용하여 설명하는 과정에서 개념을 일상생활 속의 모습과 연결할 수 있도록 안내함으로써 사고의 폭을 넓히는 매우 발전적인 내용이었다.

결국 이러한 피드백은 단순한 오류 수정에 머물지 않고, 학생의 사고를 한 단계 확장시키는 '피드 포워드'의 역할까지 수행한다. 즉, 학습을 평가로 마무리하지 않고, 다음 학습으로 이어지게 만드는 촉진의 기능을 하는 것이다.

이 내용을 바탕으로 다음과 같이 피드백을 수정하여 학생에게 제공한다.

[잘한 점]
- 생물의 구성 단계에 대한 설명과 동물과 식물의 구성 단계에서 예시를 활용한 설명이 좋습니다.

[보완할 점]
- 각 단계별 특징에 대한 설명이 누락되어있습니다.
- 단계가 어떻게 **유기적으로 구성**되는지 설명이 필요합니다.
- 조직계나 기관계의 정의나 역할에 대한 **단편적인 설명보다는 추가 설명이 필요**합니다.
- **앞으로도 다양한 생물의 예시를 추가하거나, 실제 생활 속 사례와 연결하여 설명을 확장해 보면 더욱 깊이 있는 이해로 이어질 수 있습니다.**

▲ 최종 피드백 내용

이처럼 AI는 내가 설계한 평가의 방향에 맞춰 피드백을 제시할 뿐만 아니라, 교사가 미처 생각하지 못한 관점이나 표현 방식으로 조언을 제공하기도 한다. 이를 참고하여 교사가 학생에게 피드백을 재구성한다면, 보다 풍부하고 다면적인 피드백이 가능해진다.

결국 AI는 교사의 역할을 대신하는 도구가 아니라, 교사가 학생의 성장을 지원하는 과정을 보완하고 확장시켜 주는 조력자라고 할 수 있다.

나. 채점의 정확도를 높이는 방법

클리포를 사용하는 데 있어서 교사가 생각하는 채점 결과와 AI의 채점 결과가 다르다는 생각을 할 때가 있다. 이렇게 차이가 발생하는 이유는 AI와 교사 간 소통이 제대로 이루어지지 않거나, 루브릭의 질적 기술이 상세하게 작성이 안 된 경우, AI가 인식하는 단어의 미묘한 차이 등이 있다. 그래서 채점을 하는 데에서 발생하는 문제점을 통해 정확도를 높이는 방법에 대해 알아보자.

1) 교사의 의도 정확하게 전달하기

앞서 언급한 것처럼 AI 채점 및 피드백 도구를 활용하다 보면, 교사가 직접 채점했을 때와 다르게 느껴지는 경우가 종종 있다. 이는 대부분 AI가 교사의 세부적인 평가 의도나 상황적 맥락을 정확히 파악하지 못하기 때문이다.

필자의 사례를 예로 들어보면, 실험 보고서 작성 과제에서 학생들에게 실험 과정 및 설계를 상세하게 서술하도록 하고 ① ~ ⑦번으로 구성된 실험 보고서 양식을 제공하였다.

단, 모든 단계가 반드시 채워져야 하는 것은 아니며, 실험 과정이 명확히 전달되기만 하면 ⑦번까지 모두 작성하지 않아도 된다고 안내하였다.

▲ 학생 결과물

그런데 AI 채점 결과, 일부 학생이 ① ~ ⑥까지 실험 과정을 상세하게 작성했음에도 불구하고 '⑦번 단계가 누락되어 완성도가 부족하다'는 이유로 감점을 받았다. 피드백 또한 '보고서의 완성도를 위해 모든 실험 단계를 작성하라'는 식으로 제시되었다. 이 경우 AI의 판단은 루브릭의 문구를 그대로 해석했기 때문에 발생한 문제였다.

따라서 교사는 다음과 같이 루브릭을 수정할 필요가 있다.

기존 루브릭	실험 과정을 정확하게 작성하였으며~
수정 루브릭	실험 과정을 **모두 작성하지 않아도 실험 과정이 정확하게 전달이 되었으며**~

▲ 루브릭 수정

이번에는 실험 보고서 작성 중 '이론적 배경'을 작성하는 단계에서의 사례이다. 학생들에게는 여러 가지 힘(중력, 탄성력, 마찰력, 부력)에 대한 개념을 바탕으로 이론적 배경을 작성하도록 안내하였다. 다만, 실험 주제는 힘의 종류 중 한 가지만 선택해도 되기 때문에 네 가지 힘에 대한 모든 내용을 이론적 배경에 포함할 필요는 없었다.

그래서 루브릭은 '중력, 탄성력, 마찰력, 부력의 특징을 정확하게 설명할 수 있음.'이라고 작성을 했다. 이로 인해 AI는 교사의 의도를 고려하기 보다는 채점기준표에 제시된 문구 그대로 해석하여 이론적 배경에서 네 가지 힘(중력과 탄성력, 마찰력, 부력)에 대한 설명이 모두 있어야 한다고 판단한 것으로 보인다. 그 결과 특정 힘만 다룬 학생들의 보고서는 설명이 누락되었다는 이유로 감점을 받았다.

이런 경우에는 평가 계획에 들어가 있는 채점기준표를 그대로 입력하는 것이 아니라, 교사가 수업을 하면서 학생들과 평가에 대해 안내할 때 구체화시켰던 내용으로 일부 수정을 해야 하는 것이다. 교사는 평가를 계획하고 운영하기 때문에 관련 내용을 잘 알지만, 그렇지 못한 AI에게는 정확한 내용을 전달해야 하는 것이다.

> **[계획된 루브릭]**
> 중력, 탄성력, 마찰력, 부력의 특징을 이론적 배경으로 정확하게 설명할 수 있다.
>
> **[변경된 루브릭]**
> 중력, 탄성력, 마찰력, 부력의 특징 중 자신의 주제에 맞는 내용을 이론적 배경으로 정확하게 설명할 수 있다.

▲ 최종 피드백 내용

2) 루브릭을 구체적으로 기술하기

클리포에서는 평가 루브릭을 정량적인 개수로 입력하는 방식이 채점의 일관성을 높이는 데 도움이 된다는 내용이 있었다. 그러나 실제 평가 계획서에 작성되는 루브릭은 질적 기술로 구성되어 있기 때문에, 이를 다시 정량적인 개수 기준으로 변환해야 하는 어려움이 있다.

문제는 단순히 '개수를 세는 방식'으로 바꾸는 과정 자체가 아니라, 루브릭이 지닌 평가 철학과 질적 의미가 단순한 수치로 다시 환원되어 버린다는 점에 있다.

따라서 교사의 평가 의도와 루브릭의 본질을 훼손하지 않으면서도 보다 정확하고 신뢰도 높은 채점을 구현할 수 있는 다른 방법에 대한 고민이 필요하다.

❶ 맥락 넣어주기

루브릭을 입력할 때, 교사가 작성한 평가 문항의 맥락을 함께 제시하는 방식은 AI 채점의 정확도를 높이는 데 효과적이다. 이는 생성형 AI를 사용할 때 배경 정보나 조건을 제공하여 응답의 질을 향상시키는 방식과 동일한 원리이다. 즉, 평가 상황과 요구 사항을 구체적으로 전달하면 AI는 평가의 초점과 교사의 의도를 보다 명확히 인식할 수 있다.

예를 들어, 생물의 유기적 구성 단계를 설명하는 평가에서 루브릭을 단순히 '생물의 유기적 구성 단계를 정확하게 이해하고 설명함.'이라고 제시할 수 있다. 그러나 이 표현은 AI에게 무엇을 얼마나 설명해야 하는지 충분히 전달하지 못한다. 또한, '구성 단계의 명칭'이나 '상호 작용의 관계', '예시' 등 평가에서 반드시 포함되어야 하는 '핵심 요소'나 '핵심 용어'가 있다면, 이를 루브릭에 명시하는 것도 효과적이다.

> [계획된 루브릭]
> 생물의 유기적 구성 단계를 정확하게 이해하고 설명함.
>
> [변경된 루브릭]
> 생물의 구성단계에 대한 설명을 하는 글쓰기에서 생물의 구성단계를 세포 – 조직 – 기관 – 개체의 순서로 이해하고 정확한 **구성 단계의 명칭**과 각 단계별 핵심적인 특징을 정확하게 설명함. 구성 단계 사이에서 **상호작용하는 관계**와 각 단계에 대한 **예시**나 그림을 넣어서 풍부하게 설명함.

▲ 기존 루브릭과 맥락을 넣은 루브릭의 비교

이때 '각 단계별 핵심적인 특징'과 같은 표현은 AI에게 여전히 모호할 수 있다. 이러한 표현은 아래와 같이 보다 구체적인 설명으로 바꿔주는 것이 필요하다.

> 각 단계별 핵심적인 특징을 정확하게 설명함.
>
> '세포' 단계에서는 '생명체의 기본 단위'라는 정의와 '핵, 세포막 등 주요 구조'를 포함하여 설명하는 <u>수준으로</u> 각 단계별 핵심적인 특징을 정확하게 설명함.

▲ 모호한 표현을 구체화 시킨 루브릭

이처럼 맥락과 구체적 기준을 함께 제시하면 AI는 단순히 '정확하게 설명하라'는 수준을 넘어, 무엇을 어떻게 설명해야 하는지를 명확하게 파악할 수 있다.

❷ 평가 문항과 예시 답안 넣기

맥락의 제시와 모호한 표현의 구체화만으로 부족할 경우, 평가 문항 자체와 교사의 예시 답안을 루브릭에 함께 포함하는 방식을 사용할 수 있다. 이는 AI가 교사가 기대하는 답안의 수준, 평가의 목표, 답변의 정교함을 보다 명확하게 파악하는 데 큰 도움을 준다.

예를 들어 생물의 구성 단계를 설명하는 평가에서, 다음과 같은 예시 답안을 루브릭에 포함할 수 있다.

> 생물의 구성 단계에 대한 설명하는 글쓰기에서 "생명체는 가장 작은 단위인 세포부터 복잡한 개체에 이르기까지 단계별 구조를 이루고있다. 먼저, 세포는 생명체의 기본적인 구조와 기능 단위이다. 모든 생명 활동이 세포 안에서 일어나며, 세포막으로 둘러싸여 내부에는 유전 물질이 있는 핵과 여러 세포 소기관이 존재한다. 세포막은 세포 안팎의 물질 출입을 조절하며 세포 내부 환경을 일정하게 유지하는 중요한 역할을 한다.
> (중략)
> 이러한 구성 단계들은 세포 → 조직 → 기관 → 개체 순서로 유기적으로 연결되어 있다. 하위 단계의 원활한 기능 없이는 상위 단계의 생명 활동이 불가능하며, 각 단계는 서로 긴밀하게 상호작용하며 생명 현상을 유지하고 있다."**라고 단계별 핵심적인 특징과 예시를 넣어서 정확하게 설명함.**

▲ 평가 문항과 예시 답안이 포함된 루브릭

문항과 예시 답안을 함께 제시하면, AI는 학생 응답이 어느 정도의 정확성, 구체성, 논리성을 갖추어야 하는지를 명확하게 판단할 수 있게 된다. 이는 AI 채점의 일관성과 신뢰도를 높이는 데 효과적이다.

3) AI가 인식하는 단어의 미묘한 차이

AI가 인식하는 단어들 사이에는 미묘한 차이가 존재한다. 한 연구에 따르면 채점 프롬프트에서 '맞게' 대신 '바르게'나 '올바르게', '옳게' 등의 단어를 사용할 수도 있는데 이러한 단어의 의미를 ChatGPT에서 직접 확인한 결과, 각 단어의 뜻을 다르게 인식하고 있다는 것이다(정윤하, 2025).

우리가 보기에는 실제로 이러한 차이들은 거의 구분이 되지 않을 정도로 사소해 보이지만, AI의 채점이나 피드백 결과에는 상당한 영향을 미칠 수 있을 것이다. 그렇다면 이것 이외에 어떤 단어들이 있을까? ChatGPT는 다음과 같이 설명한다.

◆ 1. '이해/설명' 관련 어휘군

단어	일반적 뉘앙스	AI 해석상 차이
이해하다	내용을 알고 수용함	단순 인식으로 처리
파악하다	구조·관계까지 인식	개념적 연결 강조
해석하다	주관적 의미 부여	사고력·추론 평가 중심
분석하다	구성 요소별로 나눔	체계적 논리 평가
설명하다	상대에게 전달함	표현의 명료성 평가 중심

◆ 2. '판단/평가' 관련 어휘군

단어	일반적 뉘앙스	AI 해석상 차이
판단하다	기준에 따라 옳고 그름을 구분	논리적 기준 중심
평가하다	가치·기준에 비추어 판단	질적·양적 판단 모두 가능
비판하다	문제점 지적 및 개선 제안	사고의 깊이 강조
분석하다	사실관계나 타당성 점검	사실 기반 분석 중심

3. '표현/서술' 관련 어휘군

단어	일반적 뉘앙스	AI 해석상 차이
표현하다	감정·생각을 나타냄	창의적 서술 중심
서술하다	객관적 사실을 시간·논리 순서로 나열	논리성·구조성 중심
기술하다	있는 그대로 적음	객관적 정확성 중심
진술하다	자신의 생각을 말함	주관적 입장 중심

4. '이유/근거' 관련 어휘군

단어	일반적 뉘앙스	AI 해석상 차이
이유	왜 그렇게 되었는가	서술적 설명 중심
근거	주장 뒷받침하는 사실	논증적 구조 중심
원인	현상 발생의 직접적 요인	과학적 인과관계 중심
배경	상황적 맥락	맥락 설명 중심

▲ 단어 의미의 미묘한 차이

즉, 교사가 어떤 단어를 선택하느냐에 따라 AI의 채점 논리가 바뀌고, 그 결과 학생의 점수나 피드백 내용이 달라질 수 있다는 것이다.

따라서 AI를 교육 평가에 활용할 때는 기술의 정교함도 중요하지만, 단어의 미묘한 차이를 이해하고 어떻게 프롬프트와 루브릭에 반영하느냐도 중요하다고 할 수 있다.

그래서 AI 도구❼를 활용하여 채점 및 피드백을 실시하는 경우 교사가 작성한 루브릭에서 사용한 단어의 의미를 다음과 같이 정확하게 점검하고 활용하는 것이 필요하다.

프롬프트

과학 평가 루브릭에서 학생들이 '다양한 방법을 활용'하여 제시된 주제나 특정 개념을 설명하는 글쓰기를 평가하고 싶어. 그림이나 그래프, 관련 외부 자료 등 학생들이 설명을 위해 필요한 다양한 자료를 사용해서 글을 썼으면 좋겠는데, 이 경우 루브릭에 사용할 수 있는 단어는 무엇이 있을까?

답변

1. 방법의 다양성 강조
- 다양한(varied)
- 여러 가지(multiple)
- 폭넓은(broad range of)
- 다채로운(diverse)
→ 학생이 그림, 그래프, 표, 텍스트 등 여러 형식을 활용했는가?

---

❼ ChatGPT 무료 버전을 사용한 결과이다.

2. 자료 선택의 적절성 강조
- 적절한(appropriate)
- 관련 있는(relevant)
- 타당한(valid)
- 효과적인(effective)
→ 단순히 자료를 넣은 것보다, 주제와 직접적으로 관련이 있고 설명에 도움이 되는가?

프롬프트

그렇다면 '다양한', '여러 가지', '폭넓은', '다채로운' 중에서 어떤것이 나의 평가 맥락과 같은지 찾아주고 설명해줘.

답변

1. 다양한
- 사전적 의미: 서로 다른 여러 가지가 있음.(가장 중립적·객관적 표현)
- 뉘앙스: 범위와 형태의 다양성에 초점. 질보다 '종류의 폭'을 강조.
- 루브릭에서의 적합성: **가장 적절함**

2. 여러 가지
- 사전적 의미: 수량적 개념, 단순히 여러 개.
- 뉘앙스: 수적 많음·양적 폭 강조.
- 루브릭에서의 적합성: 가능하지만 약간 비공식적

3. 폭넓은
- 사전적 의미: 영역이나 범위가 넓음.
- 뉘앙스: 양적 폭 + 심화된 이해 범위를 암시.
- 루브릭에서의 적합성: 심화형 평가(상위 수준)에 적합

4. 다채로운
- 사전적 의미: 빛깔이나 형태가 가지가지로 아름답고 풍부함.
- 뉘앙스: 감각적, 생동감, 표현의 창의성 강조.
- 루브릭에서의 적합성: 서술형 표현·창의적 글쓰기에는 적절하나, 과학 평가 루브릭에는 다소 감성적

▲ 루브릭에 사용한 단어의 의미를 확인하는 프롬프트 예시와 과정

지금까지 클리포를 활용한 AI 채점 및 피드백의 활용에 대해 살펴보았다. AI 도구는 단순히 교사의 편의를 위한 수단이 아니라, 교사와 학생이 함께 성장할 수 있는 도구이다. 학생에게는 자신의 학습 과정을 성찰하고 개선하면서 성장의 발판을 마련해주며, 교사에게는 평가의 신뢰성을 높이고 피드백의 내용을 보완하는 등 평가의 전문성을 향상시키는 기회가 된다. 다만, 루브릭이 정답 여부를 구분하기 위한 도구가 아니라, 학습자가 문제를 탐색하며 사고의 폭을 확장해 나가도록 안내하는 질적 평가 언어라는 것과 우리가 수행하는 평가의 핵심은 '채점의 정확성'이 아니라 '학생의 성장'에 있음을 지속적으로 상기할 필요가 있다.

이러한 평가의 본질을 염두에 두고 AI를 활용할 때, AI는 비로소 교사와 학생 모두의 성장을 지원하는 의미 있는 도구가 될 수 있다.

04 브리스크 티칭과 AI 도구가 함께 하는 과정 중심 평가

가. 브리스크 티칭의 체계적인 피드백 생성 기능

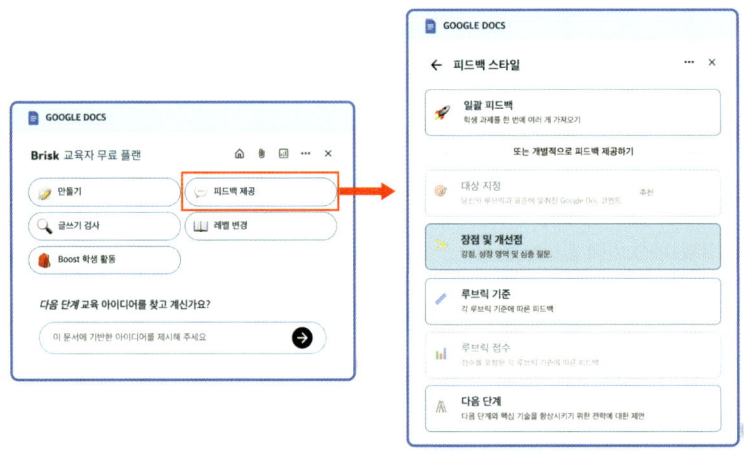

▲ 피드백 제공 및 피드백 스타일 선택 화면

　브리스크 티칭의 가장 핵심적인 강점은 과정 중심 평가를 실질적으로 구현할 수 있는 개별 피드백 기능이다.

　첫째, [Rubric Criteria Feedback(루브릭 기준)]은 교사가 업로드한 루브릭의 각 평가 기준에 따라 체계적인 피드백을 제공한다. 교사가 설계한 평가 기준을 그대로 AI에게 전달하면, AI는 이를 기준으로 학생의 글을 분석하여 현재 위치를 정확히 짚어주고 다음 단계로 나아가기 위한 구체적인 방향을 제시한다. 이는 단순히 문법이나 표현을 교정하는 차원을 넘어 교사가 의도한 학습 목표에 정확히 부합하는 피드백을 제공한다는 점에서 과정 중심 평가의 본질에 가장 부합하는 방식이다.

　둘째, [Next Steps Feedback(다음 단계)]은 학생이 다음 단계에서 구체적으로 무엇을 해야 하는 지에 대한 실행 가능한 조언을 제공한다. 특히 초안 작성 단계나 재작성 기회가 있는 과제에 효과적이며, 루브릭과 연계하여 각 평가 기준별로 구체적인 개선 방안을 제시한다.

셋째, [Glows & Grows Feedback(장점 및 개선점)]은 균형 잡힌 피드백 방식으로, 학생 글의 강점과 개선점, 그리고 비판적 사고를 촉진하는 질문의 세 가지 요소로 구성된다. 이는 학생들에게 긍정적 강화와 함께 명확한 개선 방향을 제시하여 글쓰기 동기를 부여하는 효과가 있다.

넷째, [Targeted Feedback(대상 지정)]은 유료 기능으로, 학생의 과제 문서 내에 직접 댓글 형태로 개별화된 피드백을 삽입한다. 교사가 설정한 루브릭이나 학습 기준에 맞춰 학생 글의 특정 부분에 정확히 연결된 피드백을 제공한다.

다섯째, [Rubric Scoring(루브릭 점수)]은 학교 및 교육청 플랜으로 업그레이드 했을 때 사용할 수 있는 기능으로, 루브릭 기준에 따라 점수와 함께 피드백을 제공한다.

이러한 다양한 방식을 통해 교사는 각 단계에서 필요한 피드백을 정교하게 설계할 수 있다. 이를 통해 피드업(학습 목표 제시), 피드백(현재 위치 확인), 피드포워드(다음 단계 안내)의 완결된 순환을 하나의 도구 안에서 구현할 수 있다.

최근 추가된 [Batch Feedback(일괄 피드백)] 기능은 효율성을 극대화한다. 구글 드라이브나 구글 클래스룸 과제 폴더에 있는 전체 학생의 과제에 접근하여 한 번에 개별 피드백을 생성할 수 있다. 물론 피드백 스타일도 선택할 수 있다. 이로 인해 시간은 획기적으로 단축되면서도 평가의 신뢰도와 일관성은 오히려 높아진다.

이처럼 브리스크 티칭은 과정 중심 평가가 요구하는 즉각성을 현실적으로 구현 가능하게 하며, 단순히 편의성과 효율성 제공을 넘어 모든 학생의 성장 과정 포착을 실제로 가능하게 만드는 도구임을 보여준다.

나. 브리스크 티칭과 과정 중심 평가

교실에서 일어나는 배움은 우리가 기대하는 것처럼 나아가지 않는다. 교사가 아무리 정교하게 계획을 세운다 해도, 아이들은 저마다의 속도와 방식으로 이해의 길을 걸어간다. 과정 중심 평가는 바로 이렇게 예측하기 어려운 배움의 여정에서 교사와 학생이 서로의 걸음을 확인하며 보폭을 맞추어 가는 과정 그 자체라고 생각한다.

한 단원의 수업을 설계할 때 교사는 아이들이 무엇을 깨닫고 어떤 성장을 이루길 바라는지 목표를 세운다. 그리고 실제 수업이 시작되면 그 계획은 아이들을 만나 비로소 살아 숨 쉬기 시작한다. 한 아이의 엉뚱한 질문이 수업을 예상치 못한 곳으로 이끌어 가기도 하고, 다른 아이의 작은 오개념이 잠시 멈추어 되짚어갈 이유를 만들어 주기도 한다. 이런 순간들을 세심하게 포착하여 아이들에게 꼭 필요한 다음 단계를 고민하고 수업을 새롭게 엮어가는 것, 이것이 바로 과정 중심 평가의 핵심이다.

이 과정에서 피드업(Feed-up), 피드백(Feed-back), 그리고 피드포워드(Feed-forward)는 서로 긴밀하게 연결되어 작동한다. 먼저 "우리가 이번 시간에 어디로 가고 있는지" 학습 목표를 아이들과 함께 나눈다(피드업). 이어서 "지금 각자 어디쯤 서 있는지" 현재의 이해 수준을 파악하고(피드백), 마지막으로 "다음 목적지로 나아가기 위해 무엇이 더 필요한지" 함께 방법을 찾아간다(피드포워드). 이것은 결코 교사의 일방적인 전달이나 점검이 아니라, 아이들을 향한 관심과 지지를 바탕으로 하는 지속적인 대화이다.

그러나 현실은 녹록지 않다. 학급의 모든 학생에게 각자의 배움 과정에 맞춘 즉각적이고 체계적인 피드백을 제공하는 것은 교사 혼자의 힘으로는 거의 불가능에 가깝다. 20명 이상의 학생이 제출한 글을 하나하나 읽고 각 학생이 지금 어디에 서 있는지 파악하며, 다음 단계로 나아가기 위해 필요한 구체적인 조언을 담은 피드백을 작성하는 데에는 엄청난 시간과 에너지가 소모된다.

더욱이 학생들이 글을 제출하는 그 순간에 즉각적인 피드백의 효과를 알지만 현실에서는 며칠, 때로는 일주일이 지나서야 피드백을 받는 경우가 허다하다. 이러한 시간적 간극은 학생들의 학습 동기를 약화시키고, 피드백의 효과를 반감시킨다. 첫 번째 학생의 글에는 상세한 피드백을 제공하지만, 스무 번째 학생에게 이르면 피로가 쌓여 짧고 일반적인 코멘트만 남기게 되는 자신을 발견하기도 한다. 공정성과 일관성을 유지하고 싶어도 인간의 집중력과 에너지에는 한계가 있다[1].

바로 이 지점에서 브리스크 티칭이 과정 중심 평가의 이상을 현실로 만드는 실질적 해법이 된다. 'Brisk'는 '빠르고 활기찬'이라는 뜻으로, 브리스크 티칭의 핵심은 속도가 아니라 '시의성'이다. 학생이 학습 중에 보이는 작은 신호를 즉시 인식하고 적절한 타이밍에 정확한 피드백을 제공하는 것이 학습의 질을 결정한다. 전통적 수업에서는 피드백이 수업 이후에 이루어졌다면, 브리스크 티칭을 활용한 수업에서는 실시간으로 피드백이 제공되어 그 자리에서 바로 학습의 방향이 수정된다. 이것이 바로 피드업-피드백-피드포워드의 순환을 현실에서 작동시키는 원리이다. 이 원리 안에서 실시간 역동성을 핵심으로 하는 수업·평가 통합 접근이 실현된다. 수업과 평가를 분리된 절차가 아니라 하나의 순환 과정으로 보고, 학생의 학습 상태에 따라 교수 전략을 실시간으로 조정할 수 있다. 즉, "수업이 곧 평가이고, 평가는 곧 수업이 되는" 학습 생태계로 나아가는 것이다.

결국 브리스크 티칭은 AI를 활용한 수업·평가의 실시간 통합 모델로, 과정 중심 평가의 이상을 교실 속으로 구현하는 실천적 도구이다. 교사는 AI의 데이터 기반 분석을 통해 수업의 흐름을 민첩하게 조율하고, 학생은 즉각적인 피드백 속에서 자신의 배움을 스스로 점검하며 성장한다. 이처럼 브리스크 티칭은 평가를 단순한 결과의 측정이 아니라 배움의 촉진으로 재정의함으로써, 교육의 본질인 성장 중심의 학습 문화를 만들어 간다.

---

[1] 채점자 내 신뢰도와 관련하여, 교사 단독으로 채점하는 경우에도 학생에 대한 사전경험이나 피로도 등에 따라 채점의 비일관성이 나타나, 서논술형 평가에서 극복해야 할 문제로 제기되었다(이용상·구슬기·이문복, 2013;박혜영 김성숙·김경희 외, 2019;박소영·이병윤·함은혜 외 2023).

지금부터는 브리스크 티칭을 중심으로 한 과정 중심 평가 과정에 Gemini의 Gem, 하이러닝 AI 서논술형 평가 서비스 등이 어우러져 어떻게 성장 중심의 학습 문화를 구현했는지 그 사례를 공유하고자 한다.

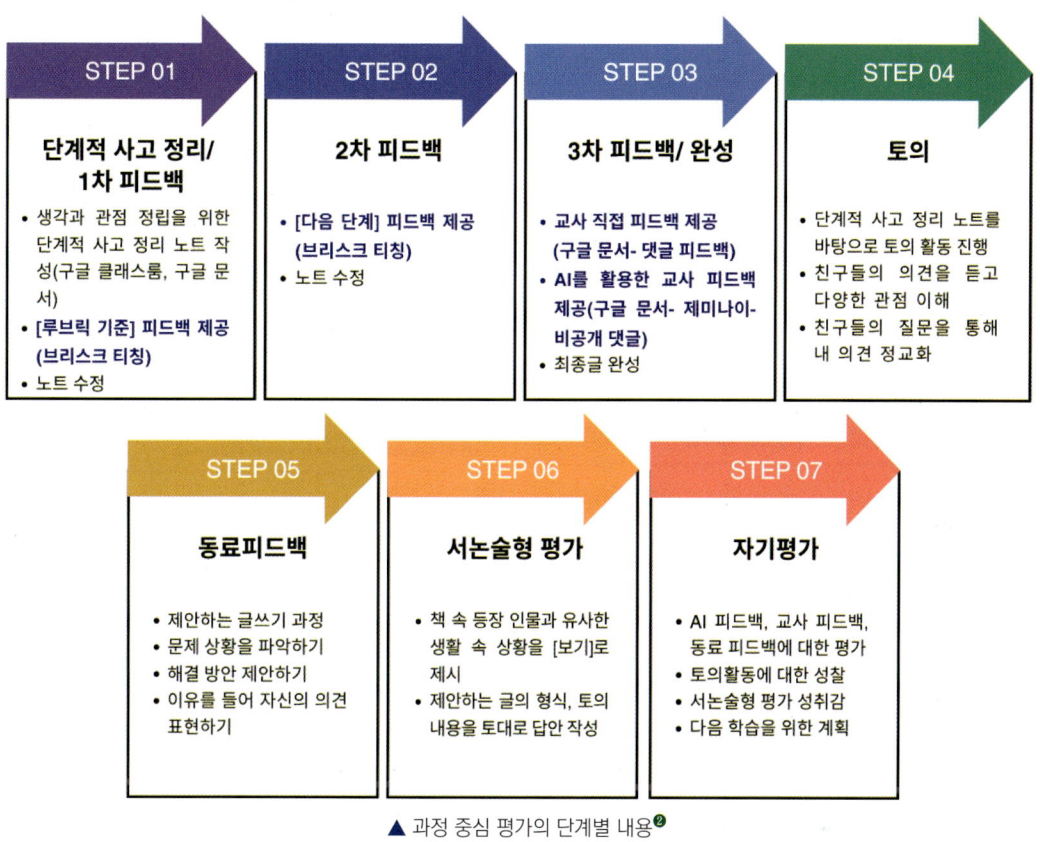

▲ 과정 중심 평가의 단계별 내용❷

다. AI로 완성하는 과정 중심 평가

1) 생각의 코어를 다지는 준비 운동: 3단계 다층적 피드백으로 완성하는 토의 준비

학습 증거를 포착하고 다음 배움을 함께 설계하기 위한 첫걸음은 토의 준비 활동지이다. 이 활동은 단지 정해진 답을 찾는 것이 아니라 온책 읽기 활동으로 함께 읽은 『지구를 구하는 십 대 환경 운동가, 그레타 툰베리』의 내용을 떠올리고 자료를 탐색하며 자신만의 관점을 세우기 시작하는 과정이다. 즉 필자가 제시한 큰 목표 안에서 '나는 이 주제로 어떤 이야기를 할 것인가? 나의 관점은 무엇인가?'라는 자신만의 구체적인 목표를 스스로 설정하는 피드업 과정이다.

---

❷ 해당 과정은 〈IV-3. 수업과 평가의 큰 그림: 백워드 설계와 서논술형 평가로 그리다〉의 서논술형 평가(총괄평가)를 위한 과정 중심 평가 과정이다.

▲ 토의 활동을 위한 사전 활동지

그 과정이 처음부터 순탄하지만은 않았다. 학생들의 개별적인 질문에 답하고 태블릿 기기 활용을 지원하는 데 많은 시간을 할애해야 했다. 2학기부터 키보드 사용을 본격적으로 시작했지만, 여전히 타자가 미숙한 학생이 많았고 디지털 리터러시 수준의 개인차도 상당했다. 예상치 못한 기술적 문제들은 계획에 없었지만 필자가 실제 배움의 증거로 포착하고 즉각적으로 경로를 수정해야 할 중요한 순간이었다.

이러한 상황을 고려하여 글쓰기 활동이 끝난 후 학생들이 작성한 활동지(구글 문서)를 바탕으로 AI와 교사가 협업하는 3단계 다층적 피드백과 학생의 수정 과정이 순차적으로 이루어졌다. 이는 일방적 지도가 아닌 지속적인 대화를 통해 학생 스스로 자신의 배움의 경로를 수정해 나가도록 돕는 과정이다. 앞서 이론적으로 제시한 **피드업-피드백-피드포워드의 순환**이 실제로 작동하기 시작한 것이다.

(1) 1단계: 목표 확인과 현재 위치 점검

첫 단계는 학생이 '지금 어디쯤 서 있는지'를 명확히 아는 것이다. 이를 위해 먼저 AI 피드백 도구인 브리스크 티칭을 활용했다.

이 과정의 핵심은 사전에 설계하여 학생들과 공유한 루브릭이다. 이 루브릭은 (책 내용 이해, 적용과 분석, 논리적 의견 제시, 창의적 대안 제시) 우리가 도달해야 할 목표에 대한 안내도이다. AI는 이 루브릭을 기준으로 학생의 글을 분석하여 현재 위치를 짚어주는 유용한 질문과 제안을 담아냈다. 학생들은 이 피드백을 바탕으로 다음 단계로 나아가기 위한 첫 번째 수정을 진행했고, 수정한 부분은 텍스트 배경색을 지정하여 교사가 성장 과정을 시각적으로 확인할 수 있게 했다.

평가 요소 및 수행 수준	최고예요	잘하고 있어요	좋은 시도예요(보완 필요)	조금 더 노력해요
책 내용 이해 (1~2번)	주인공 그레타가 '왜', '어떤 행동'을 했는지 구체적인 내용을 정확하게 이해한다.	주인공 그레타가 '왜', '어떤 행동'을 했는지 내용을 이해한다.	그레타가 환경을 위해 노력했다는 중심 내용을 알고 있다. "그레타가 환경문제에 관심을 갖게 된 이유를 자세히 적어 보면 좋겠어."	질문에 답하기 위해 책의 내용을 다시 한번 꼼꼼히 읽어볼 필요가 있다. "책의 1~2장을 다시 읽고 다시 생각해 보자."
적용과 분석 (3~4번)	그레타의 고민을 자신의 삶의 문제로 가져와 자신에게 소중한 가치는 무엇인지 생각하고, 그레타의 행동을 논리적으로 분석한다.	학교 공부보다 더 소중하다고 생각하는 것을 제시하고, 그레타의 행동을 분석한다.	학교공부보다 자신에게 소중한 것을 제시하고 그레타의 해결방법을 이해한다. "실제 내가 그레타와 같이 행동한다면 어떤 점이 좋고, 어떤 점이 걱정이 되는지 생각해 보자."	그레타의 이야기와 자신의 삶을 의미 있게 연결하는 데 교사의 도움이 필요하다. "학교에 가지 않고 시위할 만큼 너에게도 중요한 문제가 있을까? 학교에 결석하면서까지 너가 해결하고 싶은 문제가 있을까? 생각해보자."
논리적 의견 제시 (5~6번))	자신의 주장을 명확하고 설득력 있게 제시하며 책, 경험, 사회 현상 등 다양하고 구체적인 근거로 주장을 완벽하게 뒷받침한다.	찬성 또는 반대 입장을 분명히 하고, 주장을 뒷받침하는 타당한 이유를 제시한다.	자신의 주장은 있으나 왜 그렇게 생각하는지에 대한 이유를 충분히 설명하지 못하거나 근거가 빈약하다. "자료를 조사해 보면 구체적인 이유나 근거를 찾을 수 있을거야."	주장과 근거가 논리적으로 연결하는 데에 교사의 도움이 필요하다. "왜 그렇게 생각하지? 왜에 대한 답을 찾아가보자. 선생님이 도와줄게."
창의적 대안 제시 (7번)	실천 가능성과 예상 효과까지 고려한 독창적이고 구체적인 대안을 제시한다.	공부와 환경 운동을 함께할 수 있는 방법을 구체적으로 제안한다.	이미 우리가 흔하게 활용하는 방법(예: 포스터 그리기, 캠페인)을 제시하는 데 그친다. "우리가 자주 활용하는 방법 말고 다른 방법은 뭐가 있는지 생각해 보자."	의미 있는 아이디어를 제시하는 데에 교사의 도움이 필요하다. "다른 사람에게 정보를 알리는 방법에는 무엇이 있지? 오늘 집에서 학교 오는 길에 봤던 것을 떠올려 보자."

▲ [루브릭 기준] 피드백 – 프롬프트 입력 내용과 첨부한 루브릭❶

책 내용 이해(1~2번)	• 1번 답변에서 "미래의 아이들을 위해서"라고 했는데, 그레타가 환경문제에 관심을 갖게 된 더 구체적인 이유를 적어보면 좋겠어요. 예를 들어 기후변화로 인한 구체적인 문제들을 책에서 찾아보세요. • 2번 답변이 "팻말로 시위하기"로 간단해요. 그레타가 어디서, 언제, 어떤 팻말을 들고 시위했는지 책의 내용을 더 자세히 써보세요. • 루브릭에 따르면 "그레타가 환경문제에 관심을 갖게 된 이유를 자세히 적어보면 좋겠어"라고 되어 있어요.
적용과 분석(3~4번)	• 3번에서 "사라지는 동물들"이라고 답한 것은 환경에 대한 관심을 보여줘서 좋아요! • 4번에서 좋은 점과 걱정되는 점을 잘 정리했어요. "문제를 해결할 수 있다"와 "공부를 안해서 지능이 떨어질 수도 있다"는 현실적인 생각이에요. • 루브릭의 "실제 내가 그레타와 같이 행동한다면 어떤 점이 좋고, 어떤 점이 걱정이 되는지 생각해보자"라는 기준을 잘 따랐어요.
논리적 의견 제시 (5~6번)	• 5번에서 "찬성한다"고 분명하게 입장을 정한 것이 좋아요. • 근거 1에서 "지구에 있는 생명체와 우리가 살고 있는 지구를 위한 거니까"라고 했는데, 왜 지구를 위한 일이면 학교를 빠져도 괜찮다고 생각하는지 더 자세히 설명해보세요. • 근거 2는 환경문제의 심각성을 잘 이해하고 있어요. 하지만 "그래서 학교를 빠지고 시위하는 것이 옳다"는 결론까지 어떻게 연결되는지 설명이 더 필요해요. • 루브릭에 따르면 "책, 경험, 사회현상 등 다양하고 구체적인 근거"를 사용하면 더 좋을 것 같아요.
창의적 대안 제시 (7번)	• "라디오나 뉴스에 자신의 사연을 알린다"는 아이디어가 좋아요! 많은 사람들에게 알릴 수 있는 방법이에요. • 하지만 어떻게 라디오나 뉴스에 사연을 보낼 수 있는지, 그리고 그 효과가 어떨지까지 생각해보면 더 구체적인 대안이 될 거예요. • 학교 공부도 열심히 하면서 환경 문제를 알릴 수 있는 다른 방법들도 더 생각해보세요.

▲ [루브릭 기준] 피드백 결과

---

❶ [Targeted Feedback(대상 지정)] 피드백이라면 상관 없으나 루브릭 기준 등 다른 형식의 피드백일 경우, 피드백을 제공했을 때 학생들이 어떤 문항에 대한 피드백인지 이해하지 못하여 글 수정에 반영하지 않을 수도 있다. 따라서 루브릭의 평가 요소에 문항 번호를 추가하여 제공되는 피드백이 어떤 문항에 대한 피드백인지 이해할 수 있도록 도왔다.

(2) 2단계: 다음 단계 제안

1단계가 루브릭 기준에 맞춰 현재 위치를 점검하는 피드백에 중점을 두었다면, 2단계는 다음 목적지로 나아가기 위해 무엇이 더 필요한지 구체적인 경로를 제안하는 피드포워드에 집중했다. 2단계 피드백은 브리스크 티칭의 [다음 단계(Next Steps)] 기능을 활용하여 학생 글의 강점을 칭찬하고 명확한 개선 방향을 제시했다. 이는 1단계의 깊이 있는 질문과 더불어 무엇을 해야 할지에 대한 명확한 가이드라인을 제공하여, 학생들에게 긍정적인 강화와 함께 글쓰기 동기를 부여하는 효과가 있었다.

AI 피드백 도구를 활용할 때 주목해야 할 점은 동일한 글에 대해서도 어떤 메뉴와 어떤 프롬프트를 사용하느냐에 따라 피드백의 초점과 형태가 달라진다는 것이다. 이는 사용자인 교사가 AI에게 어떤 역할을 부여하고 무엇을 요구하는지에 따라 AI의 피드백 품질이 결정됨을 의미한다.

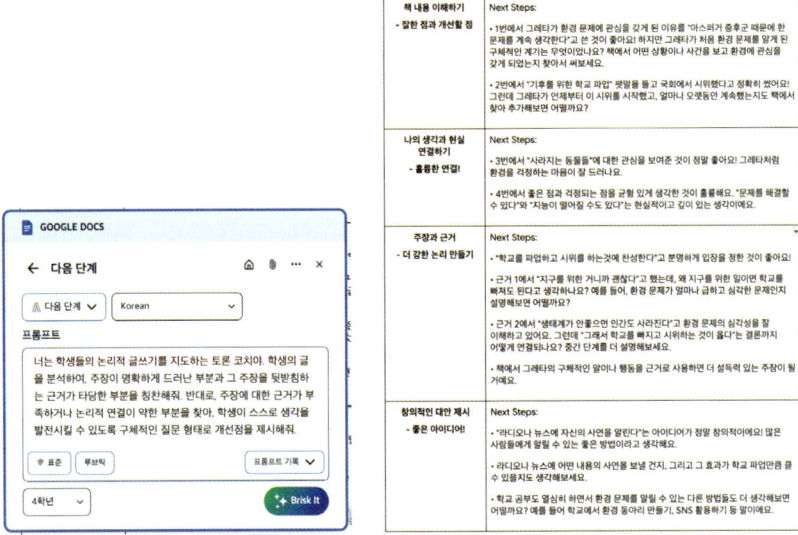

▲ 브리스크 티칭 프롬프트 입력 내용과 [다음 단계] 피드백 결과

(3) 3단계: 교사의 개별 맞춤으로 완성하는 피드백

마지막 3단계는 AI의 효율성에 교사의 전문성과 관심이 더해지는 과정이다. 물론 교사의 직접 피드백이 가장 이상적이지만, 현실적으로 모든 학생에게 매번 피드백을 제공하기는 어렵다. 앞서 머릿말에서 제기한 과정 중심 평가의 현실적 한계—*20명의 학생에게 일관되고 즉각적인 피드백을 제공하는 어려움*—를 해결하는 실질적 방법이 바로 이것이다.

따라서 필자는 효율성과 효과성을 모두 고려하여 두 가지 방식을 유연하게 활용했다. 때로는 학생 글(구글 문서)에 직접 댓글을 달고, 때로는 구글 문서의 제미나이 버튼을 클릭하여 미리 제작해 둔 '피드백 Gem'을 활용했다.❷ 이 젬은 해티와 팀펄리(Hattie & Timperley) 모델에 기반하여 3단계 (Feed-Up, Feed-Back, Feed-Forward) 피드백을 제공하도록 설계되었으며, 교사가 평소 글쓰기 지도 시 중점적으로 지도하는 내용도 포함되어 있다.

---

❷ 커스터마이징 챗봇인, Gem에 대한 설명 및 제작 방법은 〈IV-3. 수업과 평가의 큰 그림: 백워드 설계와 서논술형 평가로 그리다〉에서 확인할 수 있다.

필자는 젬이 생성한 초안을 바탕으로 학생의 개별 상황과 맥락을 고려한 개별 맞춤 피드백을 비공개 댓글로 제공하여 형성평가의 질을 높이고자 했다. 이는 AI의 효율성과 교사의 전문성이 결합된 최적의 전략이었다. 학생들은 교사의 피드백까지 반영하여 최종 글을 완성했다.

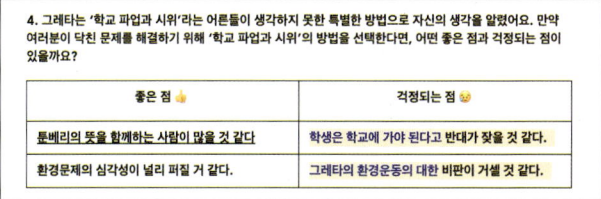 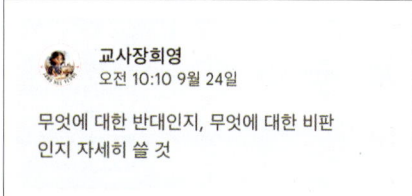

▲ 학생 글에 대한 교사의 직접 피드백(구글 문서- 댓글 피드백)

TIP

❶ 구글 문서에는 제미나이가 연동되어 있으나, 구글 클래스룸에서 구글 문서로 제출한 학생 과제의 상단 메뉴바를 살펴보면 제미나이 버튼을 찾을 수가 없다.

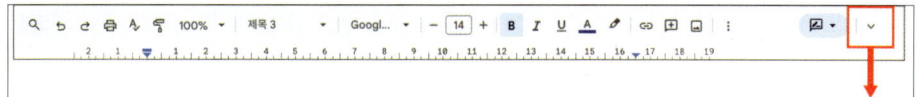

❷ 이럴 땐! 상단 우측의 화살표를 클릭하면 제미나이 버튼이 나타난다.

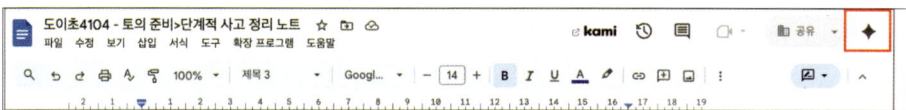

❸ 제미나이 버튼을 클릭하면 요약, 수정, 작성 등 다양한 작업을 할 수 있다. 게다가 사용자가 이미 제작해 놓은 Gem까지 활용할 수 있다.

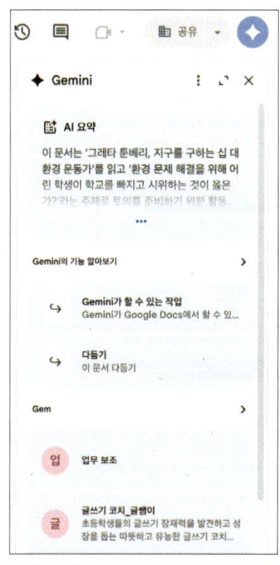 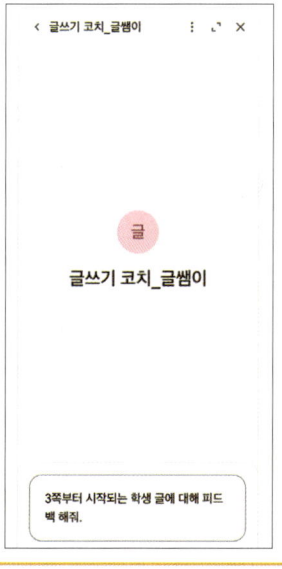 

[글쓰기 코치_글쌤이]❸

joo.is/코치글쌤이

❸ 필자가 제작한 피드백 젬의 프롬프트는 노션(joo.is/날개서논술형)에서 확인할 수 있다.

❹ 다음은 [글쓰기 코치_글쌤이]로 학생 피드백을 생성하고 필요한 내용을 선택하여 비공개 댓글로 개별 피드백을 제공한 화면이다.

▲ 학생 글에 대한 제미나이 피드백 활용 ❹

 물론, AI 피드백은 본래 교사가 직접 검토하고 학생의 수준과 수업의 맥락에 맞춰 수정·제공하는 것이 원칙이며, 브리스크 티칭 또한 80:20의 원칙❺을 강조한다. 다만 본 원고의 사례에서는 AI가 생성한 피드백 자체의 질을 순수하게 확인하기 위해 의도적으로 교사의 중간 수정 과정을 생략했다.

 필자는 학생들이 각 단계의 피드백(1단계: AI 루브릭 기반 분석, 2단계: AI 보완·발전 내용 분석, 3단계: 교사 최종 검토)을 반영하여 글을 수정할 때마다 다른 방식(배경색 지정, 글자색 변경)으로 표시하도록 안내했다. 그 결과, 구글 문서의 버전 기록을 일일이 확인하지 않고도 학생 한 명 한 명의 글이 어떤 피드백을 통해 어떻게 변화하고 발전했는지 그 과정을 시각적으로 명확하게 확인할 수 있었다. 이는 학생의 성장을 구체적인 증거로 포착하는 효과적인 형성평가 방법이자, 과정 중심 평가의 핵심이었다.

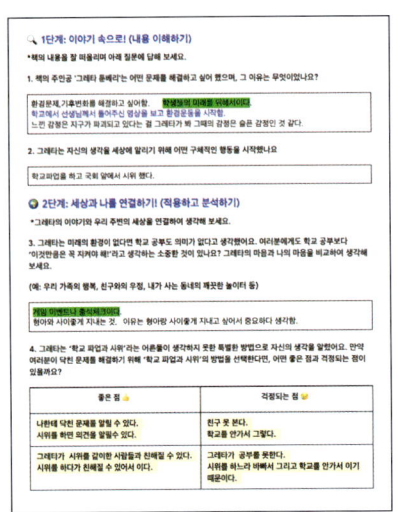 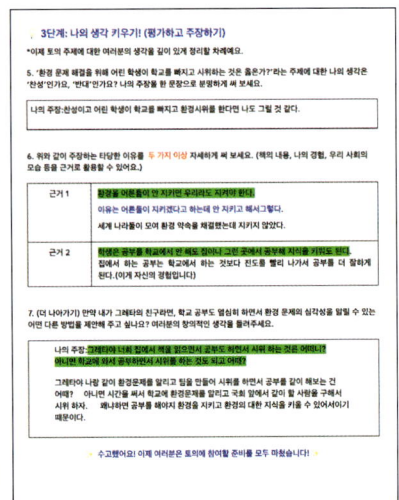

▲ 학생들이 수정한 최종 글

---

❹ 젬이 제공한 피드백은, 젬 생성시 교사가 [요청 사항]에 작성한 내용을 반영한다. 따라서 교사가 설계해 둔 피드백의 목적과 방향에 따라 피드백을 제공하므로 직접 수정할 내용이 극히 적었다.
❺ AI가 80%의 초안 작업을 하더라도, 나머지 20%는 교사의 전문성과 교육적 판단으로 반드시 채워져야 한다는 원칙을 말한다.

(4) AI 피드백을 대하는 학생의 자세: 비판적 수용과 선택

AI가 생성한 피드백은 구글 문서 기준 1쪽에 달하는 방대한 양이었고, 때로는 어휘 수준이 낮은 학생들에게는 이해하기 어려운 내용도 포함되어 있었다. 여기서 교사의 역할은 AI 피드백을 일일이 해설해 주는 것으로 설정하지 않았다. 학생 개개인의 문해력 수준이 다르고, 자신과 직접 관련이 없는 설명에는 귀 기울이지 않는 학생들의 특성상, 전체를 대상으로 한 설명은 효과적인 배움으로 이어지기 어렵다고 판단했기 때문이다.

이때 교사의 역할은 단순히 AI의 피드백을 전달하는 것이 아니라 학생들이 이 정보를 주체적으로 활용하도록 안내하는 것이다. AI는 객관적 분석을 제공하지만, 그것을 학습의 성장으로 연결하는 것은 교사와 학생의 몫이다. 이를 위해 학생들에게 피드백을 대하는 두 가지 중요한 원칙을 바탕으로 지도했다.

첫째, "피드백의 최종 수용은 너희의 선택이다." 누군가 틀렸다고 지적하더라도 자신의 관점과 근거가 명확하다면 수정하지 않아도 된다는 점을 강조하며 학생의 주체성을 존중했다.

둘째, "이해할 수 있는 내용의 피드백만 선택적으로 수용하라." 모든 피드백을 다 반영해야 한다는 부담에서 벗어나, 자신이 충분히 이해하고 자신에게 도움이 되는 정보만 비판적으로 선별하여 학습의 주인으로 서도록 격려했다.

설문 결과는 이러한 지도가 실제로 학생들의 행동에 영향을 미쳤음을 보여준다. 모든 학생들이 AI 피드백을 글 수정에 반영했지만, 그 이유가 AI에 대한 무조건적인 신뢰가 아니라 '내 글의 부족한 점을 알려주어서', '더 좋은 표현을 추천해 주어서'와 같이 내용에 기반한 판단이었음을 알 수 있다.

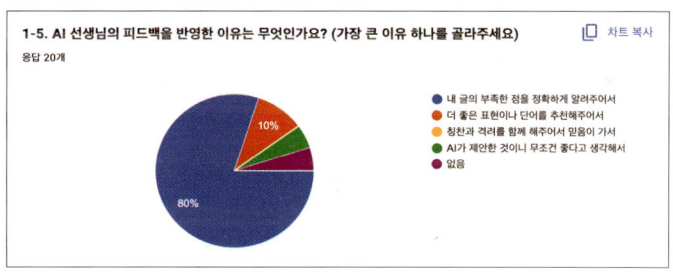

▲ AI 피드백 관련 학생 설문 결과(1)

또한 피드백을 반영하지 않은 이유로 '제안한 내용이 내 생각과 달라서' 혹은 '원래 내가 쓴 표현이 더 마음에 들어서'를 꼽은 15%의 학생은 교사의 안내에 따라 AI 피드백을 무조건적으로 수용한 것이 아니라, 자신의 판단에 따라 주체적으로 정보를 선별했음을 보여주는 의미 있는 결과이다.

(5) AI 피드백을 다루는 교사의 역할: 선별과 지원

한편 학생들이 피드백을 반영하지 않은 이유로 '피드백 내용이 이해되지 않아서', '어디를 고쳐야 하는지 잘 모르겠어서'라고 답한 학생이 35%에 달했고, '너무 많은 것을 고치라고 해서' 부담을 느낀 학생도 20%나 되었다. 예측 불가능한 상황이 또 발생한 것이다. 이것이 바로 교사의 변혁적 역량이 다시 한번 요구되는 순간이다.

AI의 일관적인 피드백은 모든 학생에게 최적의 다음 단계를 제시해 줄 수는 없다. AI 피드백의 양과 난이도가 모든 학생에게 적절하지 않았다. 실제로 수업 과정을 관찰했을 때 문해력이 높고 학습 동기가 높은 학생들이 AI 피드백을 더 잘 이해하고 적극적으로 수용하여 글을 발전시키는 경향을 보였다. 반면 기초 학력이 부족하거나 학습에 어려움을 느끼는 학생들은 방대한 양의 피드백 앞에서 길을 잃거나 압도당하여 포기하는 모습을 보이기도 했다.

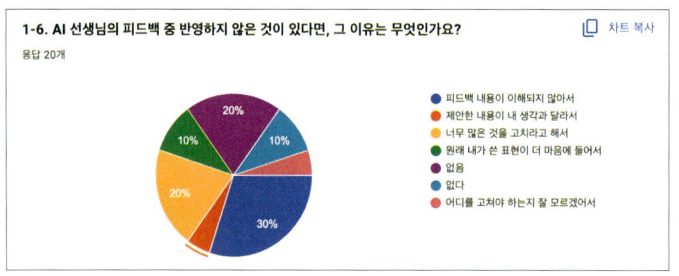

▲ AI 피드백 관련 학생 설문 결과(2)

이러한 결과는 AI 피드백을 활용할 때 교사가 반드시 고려해야 할 중요한 사항을 알려준다. AI가 제공하는 피드백의 양이 많다고 해서 반드시 학습 효과가 높은 것은 아니며, 오히려 **학생의 수준과 상황에 맞게 피드백의 양과 내용을 조절하고 선별하여 제공하는 교사의 역할이 필수적**이라는 것이다. 또한 AI 피드백을 학생들이 주체적으로 활용하도록 안내하는 것만큼이나 AI 피드백 자체를 이해하는 데 어려움을 겪는 학생들을 위한 추가적인 지원 전략(예 핵심 피드백만 요약 제공, 어려운 어휘 설명 추가 등)이 필요함을 보여준다.

그럼에도 불구하고, 20편의 글을 개별적으로 읽고 세 종류의 피드백을 제공하는 데 필요한 시간을 획기적으로 단축했다는 점에서 만족감은 매우 컸다.❻ 필자는 이 과정에서 AI 시대에 중요한 정보 판별 능력과 학습 주도성을 기르는 과정 중심 평가를 경험하였다. 또한 **교사와 학생의 상호작용 속에서 계획을 수정하고 보완하는 것이 교사의 중요한 역할**이라는 것도 재확인할 수 있었다.

(6) 디지털 도구 활용의 또 다른 발견: 난독증 학생 지원과 UDL

글쓰기 활동을 구글 문서로 진행하면서 예상치 못한 중요한 교육적 효과를 발견하기도 했다. 우리 반에는 난독증으로 인해 손글씨 작성에 큰 어려움을 겪는 학생이 있다. 평소 교과서나 종이 활동지에 글을 쓸 때는 글씨를 알아보기 어려워 내용 파악이 어렵다. 그래서 해당 학생은 자신의 생각을 글보다는 말로 나누고, 학생이 기록한 내용 중 중요한 내용은 다시 읽게 하여 교사가 받아쓴다. 교사가 받아쓰는 대표적인 예는 수행평가이다.

구글 문서로 작성된 이번 글은 비록 맞춤법 오류는 있었지만 훨씬 수월하게 읽을 수 있었다. 덕분에 필자는 학생이 표현하고자 하는 내용에 더 집중하여 피드백을 제공할 수 있었고, 학생 역시 자신의

---

❻ 피드백 제공 시점에는 일괄 피드백 기능이 업데이트되기 전이라 학생 개별적으로 피드백을 제공했다.

생각을 비교적 명확하게 전달하는 경험을 할 수 있었다. 이는 디지털 도구를 활용한 글쓰기가 특정 학생에게는 표현의 장벽을 낮춰주는 매우 효과적인 방법이 될 수 있음을 보여준다. 이러한 접근은 모든 학생에게 다양한 학습 참여 및 표현 방식을 제공하는 보편적 학습 설계(Universal Design for Learning, UDL)의 원칙 중 다양한 표현 수단 제공과도 맞닿아 있으며, 기술이 어떻게 개별 학습자의 어려움을 지원하는 포용적인 학습 환경을 만드는 데 기여할 수 있는지 보여주는 사례이다

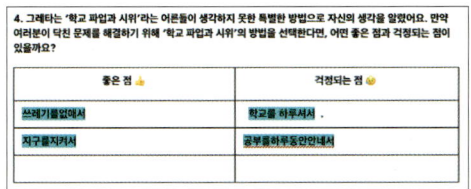 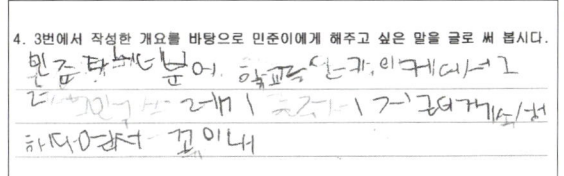

▲ 난독증 학생이 작성한 구글 문서와 서논술형 평가지 일부

(7) AI 피드백과 교사 피드백에 대한 학생의 선택은?

단원 지도 후 실시한 설문으로 AI 피드백과 교사 피드백에 대한 학생들의 인식과 만족도를 비교·분석할 수 있는 귀중한 데이터를 얻었다. 이 데이터는 AI와 교사의 역할에 대해 많은 것을 시사했다. 피드백의 실질적 도움 측면에서 AI 피드백은 45%, 교사 피드백 70%의 학생들이 글을 고치는 데 도움이 되었다고 응답했다.

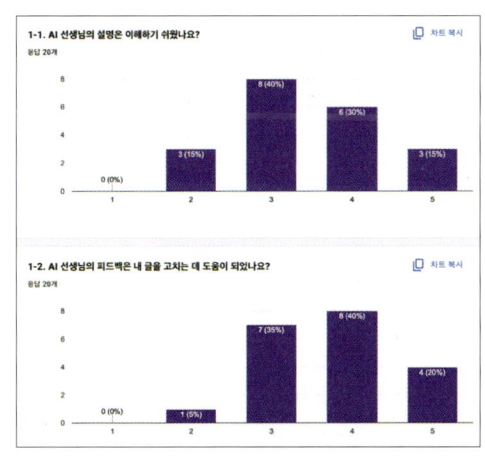 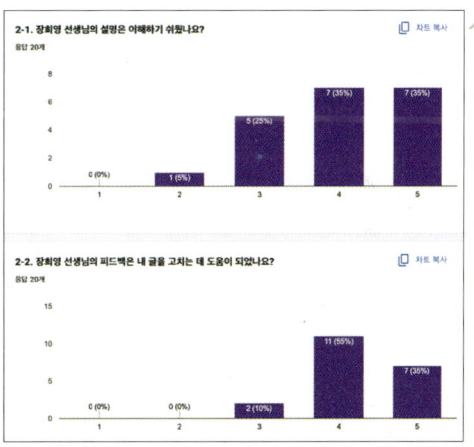

▲ AI 피드백과 교사 피드백 관련 학생 설문 결과(이해도와 유용성)

특히 교사 피드백에 대한 만족도가 더 높게 나타났는데, 이는 교사가 제공하는 맥락적 이해와 명확한 지침의 중요성을 보여준다. 학생들은 교사 피드백의 가장 큰 장점으로 '어떤 부분을 고쳐야 하는지 정확하게 알 수 있어서 좋았다'(75%)는 점을 꼽으며 교사 피드백의 명료성과 구체성을 높이 평가했으며, 이는 피드백의 질적 측면에 대한 학생들의 기대를 보여준다.

동시에 학생들은 교사 피드백의 아쉬운 점으로 '칭찬이나 응원의 말이 없어서 아쉬웠다'(45%)는 응답과 '내 글의 좋은 점도 이야기해주면 좋겠다'(20%)는 응답을 꼽았다. **이는 효율성과 명료성을 중시**

하는 교사의 피드백 스타일과 학생들의 정서적 지지 및 인정에 대한 요구 사이에 간극이 있음을 보여주는 대목이다. 따라서 향후 피드백 설계 시 긍정적 강화 요소를 중요하게 고려해야 할 것이다.

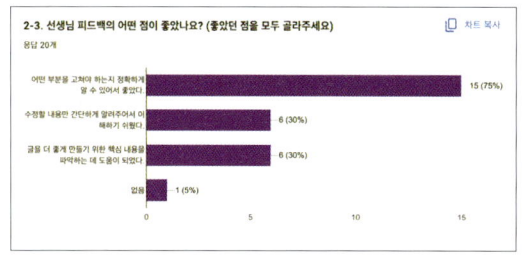 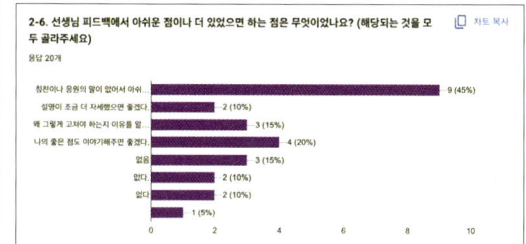

▲ 교사 피드백의 관련 학생 설문 결과(긍정적 측면과 개선점)

AI 피드백의 경우, 학생들은 빠른 속도, 칭찬과 격려, 표현 추천, 맞춤법 교정 등을 장점으로 꼽으며 즉각성과 쓰기 기술 지원과 긍정적 강화 측면의 효용성을 인정했다. 그러나 개선점으로는 수준에 맞는 피드백, 더 구체적인 예시, 반복 피드백 감소 등을 지적하며 학습자 수준 고려와 명료성 부족에 대한 아쉬움을 드러냈다. 특히 피드백 미반영 이유로 이해 불가한 내용과 너무 많은 양을 선택한 것은 앞서 언급했듯이 AI 피드백 제공 시 학생의 수준과 수용 능력을 고려한 양적, 질적 조절이 필수적임을 보여준다.

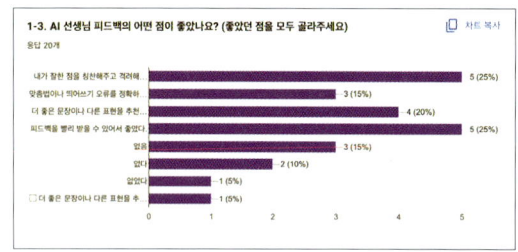 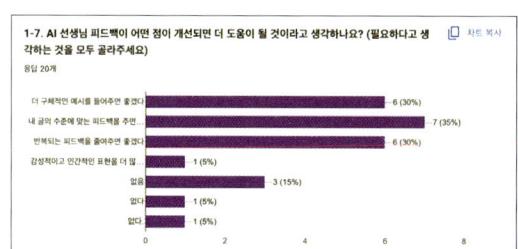

▲ AI 피드백의 관련 학생 설문 결과(긍정적 측면과 개선점)

2) 생각의 랠리: 관점의 교류가 일어나는 토의 활동

토의 준비 활동지와 토의 활동의 형성평가는 그 자체로도 의미가 있지만, 궁극적으로는 서논술형 평가라는 최종 목적을 위한 것이다. 서논술형 평가는 단순히 과정을 마무리하는 최종 목적지가 아니라 그동안의 형성평가 과정에서 쌓아 올린 배움을 하나의 완성된 결과물로 만들어 내고, 그 **자체가 다시 다음 배움의 출발점이 되는 단계**이다. 이는 머릿말에서 강조한 "수업이 곧 평가이고, 평가는 곧 수업이 되는" 순환적 학습 생태계의 실제 모습이다.

(1) 규칙은 규칙, 현실은 현실

브리스크 티칭과 젬을 활용한 3단계 단계적 피드백으로 충분한 준비 운동을 마친 학생들은 본격적인 토의 활동에 참여했다. 이번 토의의 목표는 하나의 정답을 찾는 것이 아니라, 다양한 관점을 확인하고 서로의 생각을 존중하는 것이다. 이를 위해 필자는 본격적인 토의에 앞서 학생들이 지켜야 할 토의 규칙과 서로의 의견을 존중하는 배려의 말투에 대해 구체적으로 안내하며, 자신의 의견을 자유롭게 펼칠 수 있는 안전한 심리적 환경을 조성하는 데 집중했다. 이는 지식 구성의 목표와 더불어 안전한 상호작용을 위한 사회적 목표를 설정하는 **피드업** 과정이다.

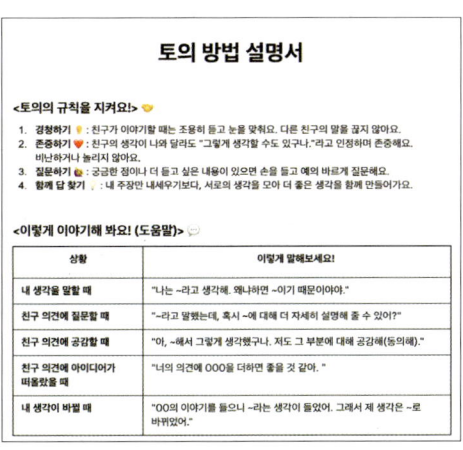

▲ 토의 활동 안내서

교사의 사전 지도에도 불구하고 실제 토의 현장은 역시나 계획대로 흘러가지는 않았다. 한 모둠에서는 소통 과정에서 갈등이 발생했고 교사의 중재가 필요했다. 이는 설문 결과에서도 일부 학생들이 '친구가 내 말을 인정해 주면 좋겠다'고 응답한 것과 같이, 지식의 구성만큼이나 중요한 사회적·정서적 상호작용의 어려움을 보여주는 현실적인 장면이다.

이러한 갈등과 중재의 과정 역시, 학생들에게는 협력과 소통의 의미를 몸으로 배우는 과정이었고 교사에게는 변혁적 역량이 요구되는 순간이었으며, 학습 과정을 포착하여 개입하고 다음 경로를 고민해야 하는 과정 중심 평가의 일부였다.

이러한 갈등과 중재의 과정 속에서도, 놀라운 점은 많은 학생들이 예상보다 훨씬 더 논리 정연하고 자신감 있게 의견을 발표했다는 사실이다. 이는 토의 준비 활동지를 작성하는 과정에서 브리스크 티칭과 제미나이 젬을 통한 3단계 피드백을 거치며 자신의 생각이 이미 머릿속에서 여러 번 정리되었기 때문이다. 충분한 사전 과정이 자신감 있는 참여를 이끌어내는 발판이 되었으며, 피드업-피드백-피드포워드의 순환이 학생들에게 내면화된 결과이다.

(2) 설문 결과로 확인한 상호작용의 힘

토의 활동 후 진행된 설문 조사는 이러한 교사와 학생의 활동이 어떤 의미 있는 성장으로 이어졌는지를 명확하게 보여주었다. 응답 학생의 70%가 토의 활동이 자신의 생각과 글을 발전시키는 데 유익했다고 평가했다. 구체적으로 어떤 도움을 받았는지 묻는 질문에는 '친구들이 쓴 다양한 글의 내용을 들을 수 있어서 좋았다'(70%)는 응답이 가장 많았고, '내 생각을 친구들에게 설명하면서 생각이 더 정리되었다'(40%), '친구들의 이야기를 들으며 생각의 폭이 넓어졌다'(25%), '내 글에 대한 친구들의 질문이나 반응을 들을 수 있어서 좋았다'(25%)가 그 뒤를 이었다.

이는 토의 활동이 교사의 일방적 설명이나 AI 도구만으로는 얻기 힘든 **동료와의 상호작용을 통해 학생들의 사고와 관점을 확장시켰음을 보여주는 증거이다.** AI가 제공하는 체계적인 피드백이 개인의 글쓰기 역량을 강화했다면, 토의 활동은 그 생각을 사회적으로 검증하고 확장하는 과정이었다. **이것이 바로 AI와 교사, 그리고 동료 학습자가 함께 만들어가는 성장 중심 학습 문화의 실제 모습이다.**

다만 '없음'과 '별로 없었다. 오히려 기분 상했다'고 응답한 학생도 있었는데, 이는 앞서 언급한 토의 중 발생했던 모둠 내 갈등 상황을 겪은 2명의 학생이다. 이 학생들의 목소리 또한 다음 토의 활동의 피드업을 어떻게 보완해야 할지 알려주는 중요한 배움의 증거이다. 모든 학생의 긍정적 반응만이 성공의 지표가 아니라, 이러한 부정적 경험 역시 다음 배움의 경로를 설계하는 데 필수적인 피드백이라는 과정 중심 평가의 본질을 다시 한번 확인하게 한다.

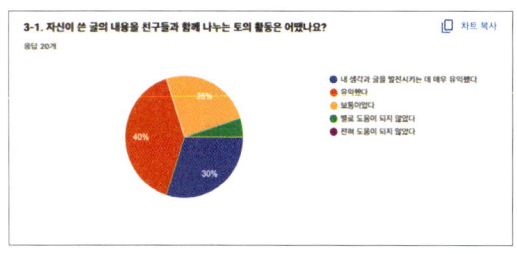

▲ 토의 활동에 대한 학생 설문 결과(1)

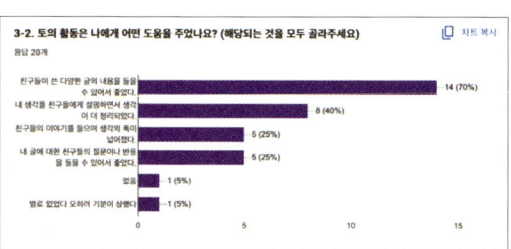

▲ 토의 활동에 대한 학생 설문 결과(2)

(3) 스스로 설계하는 다음 걸음

사전 활동과 AI 피드백 덕분에 학생들은 토의 활동에서 자신감을 얻고 적극적으로 참여할 수 있었다. 실제로 '이미 글로 적고 피드백을 받아서 여러 번 생각할 기회가 있었기 때문에 용기 있게 말할 수 있었다', '글로 내 생각을 정리한 다음 말을 해서 토의에 참여하는 것이 어렵지 않았다' 등의 내용으로 답한 학생들이 있었다. 이는 **브리스크 티칭을 통한 준비 과정이 심리적 안정감과 자신감에 직접적인 영향을 미쳤음을 보여준다.**

뿐만 아니라 토의에서 더 노력해야 할 점에 대해 '친구의 말을 더 경청해야겠다', '이유를 더 자세히 말하는 연습을 해야겠다', '더 자신감 있게 말하고 싶다' 등 **자신의 학습 태도를 스스로 성찰하고 다음 목표를 정하는 메타인지적 성장의 모습도** 확인할 수 있었다. 이는 학생들이 단순히 AI나 교사의 피드백을 수동적으로 받아들이는 것이 아니라, **스스로 다음 배움의 경로를 설계하는 주체적 학습자로 성장**하고 있음을 보여주는 결정적 증거이다.

▲ 토의 활동에 대한 자기 성찰

　이처럼 이번 토의 활동은 단순한 말하기 훈련이 아니다. 브리스크 티칭과 제미나이로 구축한 피드백이 학생 개인의 자신감과 준비를 만들고(피드업), 이것이 실제 토의 활동에서 동료들과의 상호작용을 통해 확장되며(피드백), 스스로 다음 단계를 계획하게 하는(피드포워드) 과정 중심 평가의 역동성을 가장 잘 보여주는 장면이다. 더 나아가, AI 도구는 개인의 학습을 지원하고 교사는 사회적 상호작용을 촉진시키며, 학생이 주체적으로 자신의 성장을 이루는 협력 모델을 보여준다. 앞서 제시한 'AI는 교사를 대체하는 것이 아니라 확장한다'는 원칙과 '학생은 학습의 주인'이라는 과정 중심 평가의 철학이 실제 교실에서 구현되는 순간이다.

3) 서로의 코치: 역할 기반 동료 피드백

　최종 글을 쓰기 전 과정 중심 평가는 한 번 더 이루어진다. 바로 학생들이 서로의 개요표와 제안하는 글 초고를 돌려 읽고 피드백을 주는 동료 피드백 활동이다. 안타깝게도 태블릿 업데이트 문제로 키보드 사용이 어려워 학생들은 종이 활동지에 글을 작성하고 색깔 펜이나 포스트잇을 활용해 아날로그 방식으로 피드백을 주고받았다.

▲ 준거(루브릭) 참조 동료 피드백　　　　　▲ 동료 피드백 역할 설명서

학생들이 서로 의미 있는 피드백을 주고받을 수 있도록 교사는 기존의 분석적 루브릭을 학생들이 이해하기 쉬운 어휘로 재구성하여 제공했다. 특히, 4명으로 구성된 모둠에서 각자의 역할을 가지고 동료의 글을 다각적으로 분석했다. 이 활동은 단순히 친구의 오탈자를 찾아주는 활동이 아니라 평가자의 관점에서 준거(루브릭)를 적용해 보는 고차원적인 메타인지 활동이자 가장 정교한 형태의 동료 피드백이다.

이는 브리스크 티칭에서 교사가 루브릭을 활용해 학생의 현재 위치를 파악했던 것처럼, 이제 학생들이 스스로 평가의 주체가 되어 동료의 배움을 지원하는 순간이다. AI 피드백이 개인의 글쓰기를 강화했다면, 동료 피드백은 협력적 학습 공동체 안에서 서로의 성장을 돕는 사회적 학습의 장인 것이다.

참고로 이 글쓰기 활동은 국어·사회 통합 재구성 프로젝트의 일부로, 다음 서논술형 평가를 위한 형성평가 과정이기도 하다. 따라서 동료 피드백 내용은 다음 서논술형 평가의 피드포워드 역할을 하는 것이며, 과정 중심 평가의 순환은 이렇게 끝나지 않고 계속 이어진다.

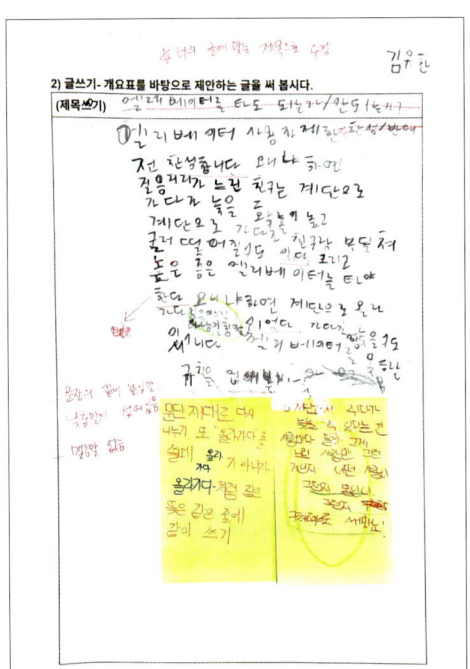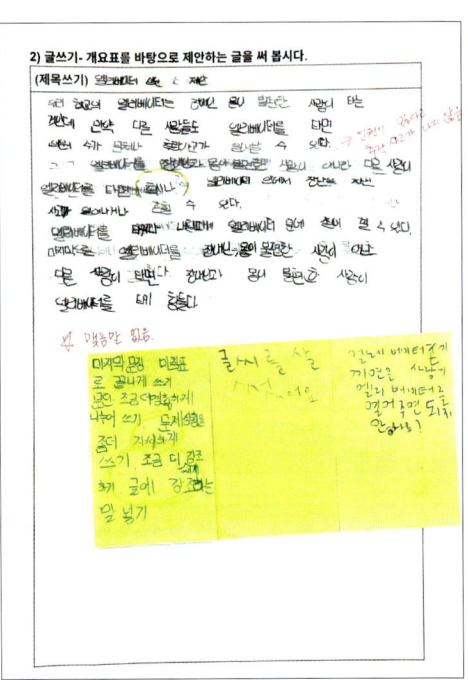

▲ 동료 피드백 결과

4) 실전 게임: 서논술형 평가로 증명하는 성장

일련의 형성평가가 마무리되고 학생들은 최종 서논술형 평가(총괄평가)에 임했다. 평가지 앞에서 막막해하던 모습 대신 개요표를 바탕으로 자신감 있게 글을 써내려가기 시작했다. 이는 더 이상 막연한 글쓰기가 아니었다. **가야 할 곳(피드업), 현재 위치(피드백), 나아갈 길(피드포워드)이 명확하게 설계된 글쓰기였다.** 브리스크 티칭을 중심으로 한 일련의 과정이 학생들의 내면에 체화되어, 총괄평가에 빛을 발하기 시작했다.

(1) 하이러닝과 함께하는 채점과 피드백

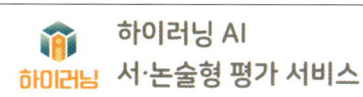

단원의 최종 결과물인 서논술형 평가는 경기도교육청 하이러닝의 AI 기반 서논술형 평가 서비스[7]를 활용해 채점했다. 하이러닝의 AI 기반 서논술형 평가 서비스는 클리포 기반으로, 2025학년도 2학기부터 초등학교 대상 AI 기반 서논술형 평가 서비스를 개시했으며 현재 초중고 국어, 사회, 과학 교과의 서비스를 이용할 수 있다. 타지역에서는 클리포를 활용해 해당 기능을 사용할 수 있다.

평가 계획을 입력하고 학생들의 평가지를 스캔하여 하나의 파일로 올린 뒤 학생 명단에 맞춰 작성한 평가지의 페이지 수만 입력하면 자동 분할되어 학생 개별 평가지로 저장되는 등 사용 과정은 쉽고 간단하다. [AI 채점 실행]을 활성화하여 20명의 학생을 자동 채점하는 데에 불과 1분 정도의 시간밖에 걸리지 않았다.[8]

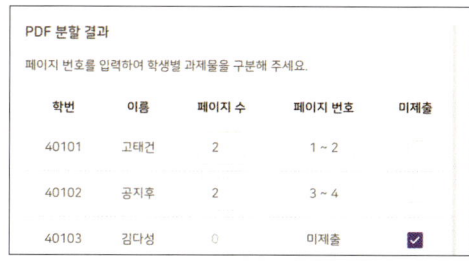 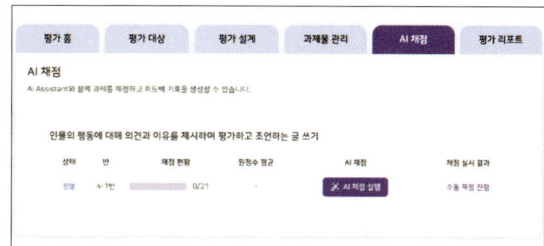

▲ 하이러닝의 AI 기반 서논술형 평가 시스템의 자동 채점 화면

물론, AI의 1차 채점 결과가 교사의 전문적 판단과 완벽하게 일치하지는 않았다. 하지만 AI 채점의 가치는 완벽한 채점이 아니라 효율적인 피드백 초안 생성에 있다. AI가 채점 결과에 따라 자동으로 피드백 초안을 생성해 주는 기능은 매우 편리하다. [루브릭 기반 피드백]도 가능하지만 초등학생 수준을 고려하면 [과제물 분석 AI 피드백]이 학생 친화적인 피드백이었다. 교사는 여기에 학생의 수준과 학습 맥락을 고려하여 내용을 보완했다.

---

[7] hi.goe.go.kr
[8] 클리포의 자세한 활용 방법은 〈V-3. AI를 활용한 채점과 피드백: 클리포〉에서 자세히 다뤘으므로 채점 과정별 설명은 생략한다.

▲ 하이러닝의 AI 기반 서논술형 평가 시스템의 채점 및 피드백 제공 화면

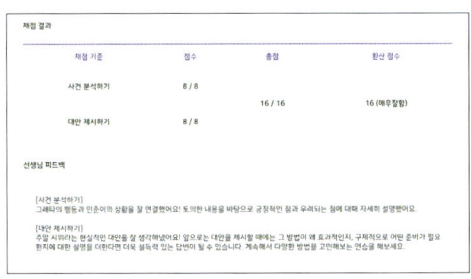
▲ 학생에게 제공되는 채점 결과 양식 중 일부

AI 채점 도구의 또다른 장점은 평가의 신뢰도 확보였다. 교사가 20명의 서술형 답안지를 처음부터 끝까지 채점하고 피드백을 작성하는 것은 엄청난 시간과 에너지가 소모되는 일이다. 솔직히 교사도 사람이기에 쉬지 않고 20명을 채점하기는 불가능하며, 시간 차를 두고 채점을 하거나 교사의 컨디션에 따라 채점의 일관성이 흔들릴 수 있다. 하지만 AI의 1차 채점과 피드백을 검토하고 수정하는 방식은 교사가 20명의 답안을 한자리에서, 동일한 컨디션으로 검토할 수 있게 한다. 이를 통해 교사는 다른 외적 요인들을 최대한 배제하고 일관된 기준으로 채점을 완료할 수 있었으며 이는 평가의 신뢰도를 높이는 결정적인 역할을 했다. 이는 AI 기술이 교사의 평가 업무의 효율성을 높일 뿐만 아니라 교육의 본질에 더 집중하도록 돕는 긍정적인 사례이다.

(2) 학생이 느끼는 학습과 평가 과정의 가치

단원 학습 전반에 대한 설문에서 학생들은 과정 중심 평가의 각 단계가 자신의 성장에 어떤 영향을 미쳤는지 구체적으로 느끼고 있었다.

첫째, 학생들은 과정 전체가 자신의 실질적인 글쓰기 실력 향상으로 이어졌다고 체감했다. 응답자의 100%가 글쓰기 실력이 '보통 이상'(3점 이상)으로 늘었다고 응답했으며, 이 중 40%는 실력이 눈에 띄게 향상되었다고 평가했다. 구체적으로는 '이유와 근거를 추가하여 내 생각을 더 분명하고 자세하게 표현하게 되었다'(45%)는 응답이 가장 많았고, '맞춤법이나 띄어쓰기 실수가 줄었다'(40%), '글의 전체적인 흐름이 좋아졌다', '문단을 나누어 글을 쓰는 실력이 늘었다'(30%) 등에서의 발전을 인지했다.

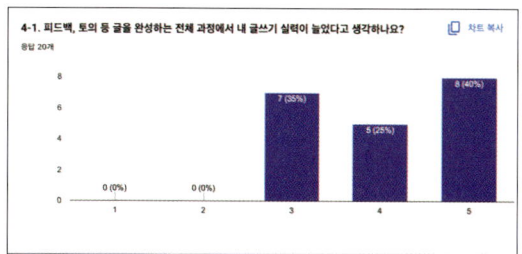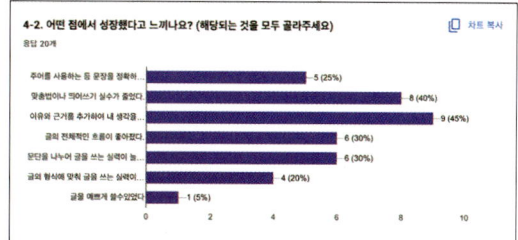

▲ 글쓰기 실력 향상에 대한 학생 설문 결과

둘째, 과정 중심 평가가 서논술형 평가(총괄평가)와 긴밀하게 연결되었음을 확인했다. 모든 학생(100%)은 글쓰기, 피드백, 토의 등 일련의 활동이 마지막 서논술형 평가에 도움이 되었다고 응답했으며, 그중 30%가 '매우 그렇다'고 평가했다. 특히 '글을 어떻게 써야 할지 계획을 잘 세울 수 있었다'와 '글쓰기에 대한 자신감이 생겼다'의 응답이 가장 높게 나타난 것은, 개요표 작성과 단계적 피드백 과정이 학생들의 **메타인지 능력과 정의적 영역에 긍정적인 영향을** 미쳤음을 증명한다.

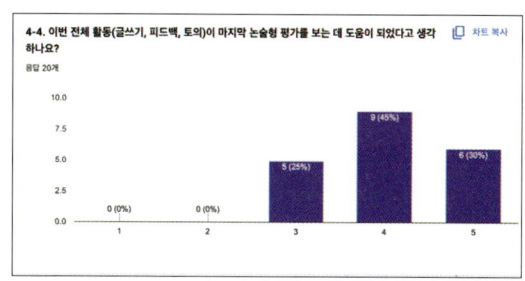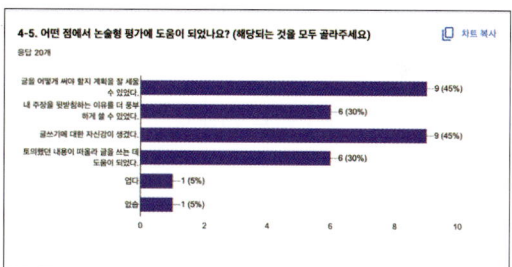

▲ 과정 중심 평가의 효용성에 대한 학생 설문 결과

셋째, 학생들은 다층적 피드백의 가치와 필요성에 대해 명확히 인식하고 있었다. 글쓰기 피드백의 효과성에 대한 설문에서, 50% 학생들이 글쓰기 실력 향상에 **AI 선생님 피드백, 선생님의 댓글 피드백, 친구들의 피드백이 모두 도움이 된다**고 응답했으며, 향후 받고 싶은 피드백 방식을 묻는 질문에 55%의 학생이 '지금처럼 AI 선생님과 친구들, 선생님 피드백 모두 받고 싶다'고 응답하여 다양한 주체의 피드백을 통합적으로 제공하는 방식의 효과성을 시사한다.

또한 학생들이 '이건 꼭 고쳐야겠다'고 생각하게 만든 피드백의 특징(복수 응답)으로는 '내가 왜 틀렸는지 이유를 명확하게 설명해 주는 피드백'(40%), '더 좋은 방향으로 고칠 수 있도록 구체적인 예시를 보여주는 피드백'(40%), '무엇을 고쳐야 하는지 간단하고 명확하게 말해주는 피드백'(40%)이 공동 1위로, **구체적이고 명확한 조언을 선호하는 경향이** 뚜렷했다. 이는 학생들에게 실질적인 도움을 주는 피드백의 질적 요소를 명확히 보여주는 지표라 할 수 있다.

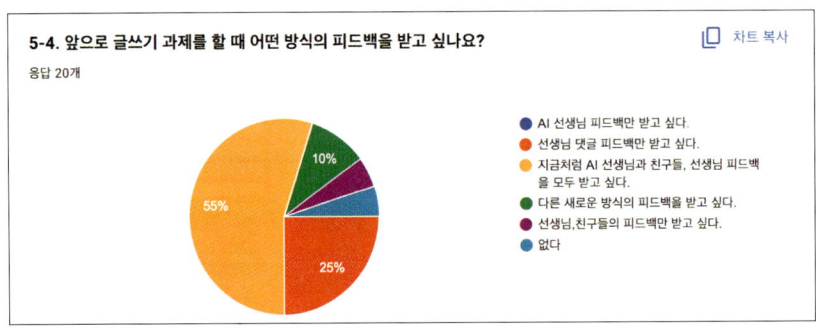

▲ 피드백 선호도에 대한 학생 설문 결과

5) 교사의 노력에 학생의 성장으로 답하다

이번 장에서 소개한 일련의 과정 중심 평가는, 정교한 학습 경험을 설계하는 교사가 AI 기술을 만나 어떻게 학생들의 성장을 이끌어 내는지 생생하게 보여준다. **브리스크 티칭**을 활용한 3단계 피드백부터 **제미나이 젬**을 활용한 개별 맞춤 피드백, **하이러닝**을 활용한 최종 채점에 이르기까지, 세 가지 AI 도구는 각자의 강점을 발휘하며 교사의 평가 부담을 획기적으로 줄이는 동시에 학생들에게 즉각적이고 다양한 관점의 피드백을 제공하는 역할을 훌륭히 수행했다.

하지만 기술의 도입이 곧바로 성공적인 학습으로 이어진 것은 아니다. AI의 방대한 피드백 앞에서 길을 잃는 학생들이 존재했고, AI의 명료성 부족이나 칭찬 없는 교사의 피드백에 아쉬움을 표하는 학생들의 목소리는 중요한 시사점을 남긴다. 기술적 문제, 학생 간 갈등, 개인차 등 예측 불가능한 상황들이 끊임없이 발생했고, 그때마다 교사는 변혁적 역량을 발휘하여 즉각적으로 경로를 수정해야 했다.

결국 핵심은 **AI의 효율성과 교사의 전문성의 결합**에 있다. AI가 생성한 초안을 분석적으로 선별하고 학생들이 피드백을 주체적으로 수용하도록 안내하며, 난독증 학생의 사례처럼 기술을 포용적 도구로 활용하고, 최종적으로는 학생의 맥락과 감정을 고려한 피드백을 더하는 것이 바로 교사의 몫이다. AI는 **교사의 인지적 동반자이며, 교사는 학생의 학습 촉진자**의 역할을 충실히 해낸 것이다.

배움의 증거는 학생들의 진솔한 이야기에서도 드러났다.

> **Q. 이번 글쓰기 활동 전체에 대해 느낀 점이나 앞으로 글쓰기 수업에 바라는 점이 있다면 자유롭게 써주세요.**

> - 글만 쓰면 잘 이해 안 되는 부분이 있는데 그 부분에 피드백을 받아 다시 써보니 좋았다.
> - 바라는 점이 없을 정도로 만족스럽다.
> - 글쓰기 수업이 재미없을 줄 알았는데 재미있었다.
> - 이번 활동을 통해 글쓰기 실력을 더 빠르게 키울 수 있었다.

▲ 학생 설문 중 일부

학생들의 이러한 긍정적 반응은 교사에게 돌아오는 가장 강력한 피드백이다. 학생들은 '글만 쓰면 잘 이해 안 되는 부분이 있었는데 그 부분에 피드백을 받아 다시 써보니 좋았다'며 피드백의 실질적인 도움을 재차 확인해 주었고, '글쓰기 수업이 재미없을 줄 알았는데 재미있었다', '이번 활동을 통해 글쓰기 실력을 더 빠르게 키울 수 있었다'는 의견을 통해 이번 활동이 학생들의 정의적 측면과 기능적 측면 모두에 긍정적이었음을 보여주었다. 특히 '바라는 점이 없을 정도로 만족스럽다'는 한 학생의 솔직한 고백은 그간의 노력을 보상받는 듯한 보람을 안겨 주었다.

이런 보람은 교사의 다음 계획을 위한 가장 강력한 피드포워드가 된다.

과정 중심 평가는 더 이상 교육적 이상이 아니다. 브리스크 티칭과 같은 AI 도구는 교사의 교육적 철학과 전문성을 기술적으로 뒷받침하여, 학생의 배움 과정에 맞춘 즉각적이고 체계적인 피드백을 제공하는 과정 중심 평가를 실현 가능하게 만든다. 그리고 이것은 학생을 향한 교사의 애정과 전문성을 기반으로 한다. 이것이 바로 과정 중심 평가의 미래이며, 우리가 함께 만들어가야 할 성장 중심의 학습 문화이다.

맺는 글

지은이 권의선

　서논술형 평가는 늘 부담이었다. 애써 문항을 만들고 실시해도 의도와 다른 결과가 나오기 일쑤였고, 출제, 채점, 루브릭 어느 것 하나 쉽지 않았다. AI에게 조금이라도 도움을 받을 수 있을까 하는 마음에 여러 시도를 해 보았지만, 처음에는 만족스럽지 않았다. 그러나 프롬프트의 방향과 맥락 제공 방식에 따라 결과가 크게 달라지는 것을 경험하며, 어느 순간 '기술'보다 '평가 그 자체'를 더 깊이 탐구하게 되었다.

　평가는 무엇을 지향해야 하는가. '채점'으로 바라보면 내용 기입 여부에만 시선이 머무르게 된다. 그러나 '성장'의 관점에서 보면, 평가는 학습자가 무엇을 알고 어디까지 도달할 수 있는지를 보여 주는 과정이 된다. 첫술에 배부를 수 없듯, 처음부터 완벽한 문항을 만들기보다는 지금 우리가 하고 있는 평가를 사고력과 역량 함양의 관점에서 조금씩 바꾸어 보는 것은 어떨까. 학생의 생각과 사고를 끌어낼 수 있도록 문항을 다듬어 가는 과정, 그 자체가 곧 성장이 된다. 그렇게 도전해 보았고, 다양한 시행착오를 거쳐 조금이나마 나아갈 수 있었다.

　지금 교사들은 수많은 평가 업무 속에 놓여 있다. 이미 충분히 심사숙고하여 문항을 출제하고, 채점도 하고 있다. 다만 급변하는 AI 시대, 앞으로의 교육은 어떻게 변화해야 할지 함께 고민해 보았으면 한다. 변화와 성장을 위한 작은 도전을 이어 가는데 이 책이 도움이 되기를 희망한다.

지은이 김수경

　아이들을 가르치며 '평가'는 늘 가장 큰 숙제였다. 특히 '제대로 된' 서논술형 평가는 많은 과목을 가르쳐야 하는 초등 수업에서는 먼 이야기처럼 느껴지기도 했다. 정해진 답을 찾는 데 익숙한 아이들에게 어떻게 '생각하는 힘'을 길러주는 평가를 할 수 있을까? 그 막막함이 마음 한 구석에 남아있었다.

　이 책을 준비하는 과정은 그 '먼 이야기'를 '나의 수업과 평가 이야기'로 가져오는 치열한 여정이었다. 거창한 이론이 아니라 당장 내일 교실에서 쓸 수 있는, 아이들의 진짜 성장을 도울 수 있는 평가는 무엇일지 선생님들과 함께 끊임없이 고민했다.

　그 과정에서 깨달은 것은 서논술형 평가는 '완벽한 문항'을 만드는 기술이 아니라, '성장의 과정을 함께 지켜보는' 교사의 시선이자 태도라는 것이었다. 다시 말해 채점을 위한 평가가 아닌, 학생이 무엇을 알고 어디에서 막혔는지 함께 확인하며 다음 걸음을 내딛게 돕는 과정 그 자체였다.

　우리의 이 작은 시도와 고민의 기록이 '나의 수업에서도 가능할까?' 망설이는 선생님들께 '나도 해봐야지' 하는 작은 용기가 되기를 진심으로 바란다.

지은이 　박범진

　젊은 교사로서 나는 내가 걸어온 길보다 걸어나갈 길이 더 많이 남아있다. 그렇기에 늘 고민한다. 나는 왜 교사를 하고 있고, 어떤 교사가 되고 싶은걸까? 학생들도 종종 물어본다. "선생님은 왜 교사 하세요?"

　사실 나도 잘 모른다. 거창한 이야기를 하기엔 내 말에 내가 발목 잡히는 꼴이 될까 싶어, 어느 순간부터는 그런 생각도 잘 안 하게 된다. '기왕 하는 거 좀 더 잘해보자' 하는 생각뿐이다.

　수업을 계획할 때는 '시민 양성'이라는 거창한 단어가 내 맘 속에 있다. 그런데 교실 문을 열고 들어가면 마음이 단순해진다. 그저 내가 수업하는 시간이 학생에게나 나에게나 지겹고 피하고 싶은 시간이 아니었으면 좋겠다. 기왕이면 의미 있는 시간이면 좋겠다

　'기왕 하는거 잘하자'와 '기왕이면 의미 있는 시간이면 좋겠다.'

　서논술형 평가든, 인공지능이든 나에게는 결국 이 두 문장이 핵심이었다.

　어떻게 잘할 수 있을까? 어떻게 의미있을 수 있을까? 아이들 앞에 설 때 나는 어떤 마음이었고, 또 내가 앞에 설 때 아이들은 어떤 마음일까? 교무실에서 앉아 서논술형 평가를 채점하면서 나의 마음은 또 어떠했던가?

　AI가 할 수 있는 일과 사람이 해야 하는 일의 경계는 앞으로도 바뀔지 모른다. 다만 이런 고민을 하는 것이야말로 인간이 해야 할 일 아닐까? 나는 내가 수업과 평가를 하면서 붙들고 있었던 그 마음들, '인간'의 이야기를 남기고 싶었다.

　이 글을 읽는 선생님들이 '맞아, 나도 저랬어' 하고 한 번 고개를 끄덕이시고, '이 정도면 나도 한 번 해볼까' 하는 마음으로 교실에서 아주 작게라도 시도해 보신다면, 그걸로 이 이야기는 충분히 의미 있을 것 같다.

지은이 　이진원

　평가는 단순히 점수를 매기거나 결과를 기록하는 절차가 아니다. 그것은 학생의 학습 과정을 함께 살피고, 성장의 방향을 찾아가는 것이다.

　그래서 평가의 순간마다 "이 학생이 지금 무엇을 배우고 있는가?", "어떤 도움을 주면 더 나아질 수 있을까?"를 묻는다면, 우리의 수업은 평가를 넘어 진정한 '배움의 길'로 나아가게 된다.

　완벽한 평가 방법은 없다. 하지만 함께 고민하고 시도한다면, 우리는 분명 더 나은 방향으로 나아갈 수 있다. 작은 시도 하나가 교실의 문화를 바꾸고, 그 변화가 학생의 태도와 배움을 바꾼다.

　이제 평가를 '끝맺음'이 아닌 '시작'으로 바라보자. 우리 교사들이 함께 만들어 가야 할 것은 점수의 정확성이 아니라, 성장의 진정성이다. 학생의 성장을 위한 평가 문화를, 우리 모두의 손으로 함께 만들어 가는 것이 필요하다.

| 지은이 | **장희영** |

　더 궁금했고 더 알고 싶어 시작한 공부가 이렇게 어마어마한 결과물이 되어 돌아왔다. 열심히 읽어보고 찾아보고, 선생님들의 이야기를 들으며 머릿속을 차곡차곡 채웠다. 알게 된 것을 교실에서 시도했고 실천했으며, 결국 체득했다. 그리고 내 언어로 나의 글을 쓰며 내 것으로 완성했다. 이번 프로젝트야말로 공부다운 공부였다.

　나의 고민과 꿈이 우리의 고민이고 꿈일 것이다. 나의 공부가 우리의 공부가 될 수 있도록, 나의 경험이 우리의 경험이 될 수 있도록 많은 것을 담고 싶었다. 비록 거창한 기록은 아니지만, 선생님들의 실천과 성장에 도움이 되길 바란다. '서논술형 평가, 공부할수록 너무 어렵다…'라고 느꼈던 우리도 여러 시도와 도전으로 성장할 수 있었던 것처럼, 선생님들도 우리의 이야기를 발판 삼아 도전하고 성장하길 마음을 담아 응원한다.

| 지은이 | **지미정** |

　'공교육 되살리기'는 3년 전부터 나의 목표이자, 여전히 나를 움직이게 하는 힘이다.

　"삐뚤어질 테다"를 외치며 '사춘기 지쌤'의 부캐로 바라본 교육 현장은 생각보다 훨씬 복잡했다. 너무 많은 실타래가 서로 엉켜 있거나 이미 단단히 굳어 있었다. 그럼에도 나는 이 실타래를 풀 방법이 있다고 믿었고, 그 믿음으로 동료 교사들과 함께 도전을 시작했다.

　돌아보면 우리의 여정은 단순히 글을 쓰는 과정이 아니었다. 흔들리는 '교사 정체성'을 다시 세우는 성찰의 시간이었고, 나의 변화가 교실의 변화를 이끌어내며 공교육의 희망을 다시 확인하는 과정이었다.

　그렇게 '서논술형 평가의 정착이 가능할까?', '루브릭은 교실에서 실제로 어떤 의미가 있는가?'라는 의문에서 출발한 연구가, '가능하다', '가야 한다'는 확신으로 바뀌는 과정을 겪으며 또 하나의 가능성을 보았다.

　이 책은 그 가능성과 희망의 기록이다.

　대한민국 교육의 희망인 교사들이 이 책을 통해, 자신의 교실에서 작지만 의미 있는 변화를 시작할 수 있기를 바란다. 그 작은 변화의 희망 한 스푼이 모여, 자신과 공교육의 내일을 더 단단하게 세워가길 진심으로 기원한다.

참고문헌

1. 논술 학술지

- 김경희(2020). 서논술형 평가의 평가학적 의미 탐색. 교육평가연구, 33(4), 839-862.
- 김경희·이명진(2021). 교수학습과 학생평가 개선을 위한 서·논술형 평가 지침 활용 및 피드백 효과 제고 방안. 교육과정평가연구, 24(3), 27-51.
- 김수영·이지은(2021). 이해 중심의 수업 혁신을 위한 백워드 설계와 IB 교육과정의 통합 방안 탐구. 교육혁신연구, 31(3), 385-408.
- 김영은·김경희·김인숙 외(2024). 2022 개정 교육과정에 따른 고등학교 성취수준 개발 연구(총론). 한국교육과정평가원. 연구보고 CRC 2024-2.
- 김재민·박민영(2023). 성장중심평가와 자기주도적 학습 역량 함양. 교육과정평가연구, 26(4), 45-67.
- 박민애·손원숙(2019). 학생용 피드백 리터러시 척도(FLSS) 개발 및 타당화. 교육평가연구, 32(3), 473-495.
- 박소영·이병윤·이유경 외(2023). ChatGPT-4의 과학적 탐구 역량 평가 가능성 탐색: 인간평가자와의 비교를 중심으로. 교육학연구, 61(4), 299-332.
- 박정(2013). 형성평가의 재등장과 교육 평가적 시사. 교육평가연구, 26(4), 719-738.
- 박혜영·김성숙·김경희 외(2019). 수업-평가 연계 강화를 통한 서·논술형 평가 내실화 방안. 한국교육 과정평가원.
- 서울특별시교육청 교육연구정보원(2024). 질문 중심 수업이 학생의 사고력 및 메타인지 향상에 미치는 효과 연구. 서울특별시교육청.
- 성태제·임현정(2014). 형성평가의 재인식에 따른 교사와 학교교육의 변화를 위한 제언. 교육평가연구, 27(3), 597-615.
- 이종관·김태훈·박성윤 외(2024). 뇌 기능 항진을 위한 시냅스 가소성 연구. 과학기술정보통신부. KISTI 보고서.
- 이지연(2019). 보편적 학습설계에 대한 한국과 미국의 교실수업 사례연구. 국내석사학위논문 한양대학교 대학원.
- 이지운·노지화(2020). 형성평가, 수행평가, 과정중심평가에 대한 재고찰. East Asian Mathematical Journal, 36(4), 515-535.
- 이해경·권오영·이양(2002). 인지발달에 대한 삐아제 이론과 비고츠키 이론의 비교. 사회과학연구, 6월.
- 이형빈(2025). 성장중심평가의 취지에 따른 중등학교 평가혁신 실행연구. 교육과정평가연구, 28(2).
- 임영태(2020). 루브릭을 활용한 '교육과정-수업-평가-기술' 일체화 초등 역사 수업 설계 방안. 사회과교육, 59(4), 83-96.
- 정윤하(2025). 서·논술형 평가를 위한 생성형 AI 기반 자동채점 프로그램 개발 및 타당화. 서울대학교 대학원.
- 정현·이성·최영(2023). 초등교육에서 성장중심평가 모형 개발. 한국교육평가학회지, 36(2), 115-138.
- Anderson, L. W., & Krathwohl, D. R. (Eds.) (2001). A taxonomy for learning teaching and assessing: A revision of Bloom's taxonomy of educational objectives, New York: Longman.
- Andrade, H. G. (2000). Using rubrics to promote thinking and learning. Educational Leadership, 57(5)
- Bender, E. M., Gebru, T., McMillan-Major, A., et al. (2021). On the dangers of stochastic parrots: Can language models be too big? In Proceedings of the 2021 ACM Conference on Fairness, Accountability, and Transparency (FAccT '21) (pp. 610–623). Association for Computing Machinery.
- Brookhart, S. M. (2013). How to create and use rubrics for formative assessment and grading. ASCD.
- Carless, D., & Boud, D. (2018). The development of student feedback literacy: enabling uptake of feedback. Assessment & Evaluation in Higher Education, 43(8).

- Kalai, A. T., Nachum, O., & Vempala, S. S. (2025). Why language models hallucinate. arXiv preprint arXiv:2509.04664.
- Sinha, A., Arun, A., Goel, S., et al. (2025). The illusion of diminishing returns: Measuring long horizon execution in LLMs. arXiv preprint arXiv:2509.09677.
- Vaswani, A., Shazeer, N., Parmar, N., et al. (2017). Attention is all you need. arXiv preprintarXiv:1706.03762.
- Wiggins, G. (1998). Educative assessment: Designing assessments to inform and improve student performance. Jossey-Bass.

2. 단행본

- 김선·반재천·박정(2017). 수행평가와 채점기준표 개발[개정판]. 도서출판 AMEC.
- 김선·반재천(2024). 사고력 함양을 위한 서논술형 평가도구 개발 이론과 실제. 세담북스.
- 낸시 프레이·더글러스 피셔(2023). 피드백, 이렇게 한다. 교육을바꾸는사람들.
- 데이비드 A. 수자·캐롤 앤 톰린슨(2023). 개별화수업. 교육을바꾸는사람들.
- 로베르타 골린코프·캐시 허시-파섹(2018). 4차 산업혁명 시대 미래형 인재를 만드는 최고의 교육. 예문 아카이브.
- 린 에릭슨·로이스 래닝·레이첼 프렌치(2019). 생각하는 교실을 위한 개념기반 교육과정 및 수업 (온정덕·윤지영 역). 학지사.
- 바버라 오클리·베스 로고스키·테런스 세즈노스키(2025). 교육의 뇌과학. 현대지성.
- 박혜영·서수현·김소현 외(2021). 서술형·논술형 평가 문항 어떻게 만들어지나?. EBS BOOKS.
- 브라이언 굿윈·토니아 깁슨·크리스틴 룰로(2024). 수업에 바로 쓸 수 있는 학습과학 6단계 학습 모형. 교육을바꾸는사람들.
- 수전 M. 브룩하트(2022). 루브릭 어떻게 만들고 사용할까?(장은경·김민아·남예지 외, 역). 우리학교.
- 에릭 M. 프랜시스(2020). 이거 좋은 질문이야! 사고력을 길러주는 질문법. 사회평론아카데미.
- 유발 하라리(2018). 21세기를 위한 21가지 제언. 김영사.
- 이준열 외(2019). 중등 수학2. (주)천재교육.
- 최무연(2024). 교육과정 수업평가, 수업을 디자인하다. 행복한미래.
- 하워드 가드너(2019). 심리학 총서 5: 미래를 준비하는 5가지 마음. 사회평론.
- 한국교육평가학회(2023). 교육평가 용어사전 2판. 학지사.

3. 교육부 및 교육청 자료집

- 경기도교육청(2022). 2022 초등 성장중심평가 길라잡이.
- 경기도교육청(2023a). 중등 논술형 평가 길라잡이.
- 경기도교육청(2023b). IB 이해하기 - MYP.
- 경기도교육청(2024a). 고차원적 사고력을 키우는 논술형 평가.
- 경기도교육청(2024b). 학생의 사고력과 문제해결력을 키우는 중등 논술형 평가 길라잡이.

- 경기도교육청(2025a). 초등 학습으로의 평가 이해하기.
- 경기도교육청(2025b). 사고력과 문제해결력을 신장하는 초등 논술형 평가 예시자료.
- 경기도교육청(2025c). 중등 논술형 평가 길라잡이.
- 경기도교육청(2025d). 고등학교 성취평가, 이렇게 실천해요.
- 경기도교육청(2025e). 2025학년도 중등 학생평가 및 학업성적관리 이해하기.
- 서울특별시 교육청(2025). 2022 개정 교육과정 반영 성취기준에 근거한 학기 단위 평가 설계하기 도움자료.
- 교육부(2022a). 초·중학교 교육과정 총론. 교육부 고시 제2022-33호[별책1].
- 교육부(2022b). 2022 개정 교육과정 총론 해설: 중학교. 교육부 고시 제2022-33호.
- 교육부(2022c). 2022 개정 교육과정 총론 해설: 고등학교. 교육부 고시 제2022-33호.
- 교육부(2022d). 2022 개정 교육과정 제2외국어 교육과정. 교육부 고시 제2022-33호 [별책 16].
- 교육부(2022e). 2022 개정 교육과정 수학과 교육과정. 교육부 고시 제2022-33호 [별책 8].
- 교육부(2022f). 2022 개정 교육과정 과학과 교육과정. 교육부 고시 제2022-33호 [별책 9].
- 교육부(2023). AI 디지털교과서 추진방안(안).
- 교육부(2024a). 2022 개정 교육과정에 따른 고등학교 영어과 공통과목 성취수준.
- 교육부(2024b). 2022 개정 교육과정에 따른 중학교 과학과 성취수준.
- 교육부(2024c). 2022 개정 교육과정에 따른 중학교 수학 성취수준.
- 교육부(2025). 2022 개정 교육과정에 따른 고등학교 제2외국어과(일본어) 선택과목 성취수준.
- 교육부·대구광역시교육청·원광대학교(2023). 2022 개정 교육과정 수업-평가 안내 자료 활동가이드(총론).
- 교육부·한국교육과정평가원(2025a). 2022 개정 교육과정에 따른 초등학교 학생평가 톺아보기.
- 교육부·한국교육과정평가원(2025b). 2022 개정 교육과정에 따른 중학교 학생평가 톺아보기.
- 교육부·한국교육과정평가원(2025c). 2022 개정 교육과정에 따른 고등학교 학생평가 톺아보기.
- 교육부·한국교육과정평가원(2025d). 2025학년도 초등학교 학생평가의 이해.
- 교육부·한국교육과정평가원(2025e). 2025학년도 중학교 학생평가의 이해.
- 교육부·한국교육과정평가원(2025f). 2025학년도 고등학교 학생평가의 이해.
- 교육부·한국교육학술정보원(2025a). 2025학년도 학교생활기록부 기재요령 초등학교.
- 교육부·한국교육학술정보원(2025b). 2025학년도 학교생활기록부 기재요령 중학교.
- 교육부·한국교육학술정보원(2025c). 2025학년도 학교생활기록부 기재요령 고등학교.

4. 기사 및 웹사이트

- 김은영(2025). 앤트로픽 CEO, "3-6개월 내 코드 90%가 AI로 작성될 것... 1년 뒤엔 거의 모든 코드.", 20250312. aimatters.co.kr/news-report/ai-news/16633 (접속일자: 2025.11.07).
- 박수빈(2025). '챗GPT' 국내 사용자 2000만 돌파...1000만 돌파 후 5개월 만, 2025.09.02. aitimes.com/news/articleView.html?idxno=202035 (접속일자: 2025.11.07).
- 이재윤(2024). [그래픽] 초·중·고교생 수 추계, 2024.02.12. yna.co.kr/view/GYH20240212000300044 (접속일자: 2025.11.07).

- 임대준(2025). 아모데이 "AI 코딩 90% 예측 맞아…인간 엔지니어도 더 많이 필요", 2025.10.20. aitimes.com/news/articleView.html?idxno=203290 (접속일자: 2025.11.07).
- 한국교육개발원(2025). [보도] 2025년 교육기본통계 조사 결과 발표, 2025.08.28. kedi.re.kr/khome/main/announce/selectBroadAnnounceForm.do?selectTp=0&board_sq_no=3&article_sq_no=36108 (접속일자: 2025.11.07).
- Anthropic. (2025). Giving Claude a role with a system prompt, docs.claude.com/en/docs/build-with-claude/prompt-engineering/system-prompts (접속일자: 2025.11.07).
- Anthropic. (2025). Extended-thinking-tips, docs.claude.com/ko/docs/build-with-claude/prompt-engineering/extended-thinking-tips (접속일자: 2025.11.07).
- Chroma Research. (2025). Context Rot: How Increasing Input Tokens Impacts LLM Performance. research.trychroma.com/context-rot (접속일자: 2025.11.07).
- Google. (2024). Gemini for Google Workspace: Prompting guide 101 [PDF], services.google.com/fh/files/misc/gemini-for-google-workspace-prompting-guide-101.pdf. (접속일자: 2025.11.07).
- KAPPAN. (1998). Inside the black box: Raising standards through classroom assessment, (1998.10.01). kappanonline.org/inside-the-black-box-raising-standards-through-classroom-assessment/ (접속일자: 2025.11.07).
- Meta. (2025). The Llama 4 herd: The beginning of a new era of natively multimodal AI innovation, ai.meta.com/blog/llama-4-multimodal-intelligence (접속일자: 2025.11.07).
- Project Zero. (n.d.). Ladder of feedback. Harvard Graduate School of Education(2018). Ladder of Feedback(피드백 사다리). pz.harvard.edu/resources/ladder-of-feedback (접속일자: 2025.11.07).
- Stack Overflow. (2025). AI tools in the development process, survey.stackoverflow.co/2025/ai#1-ai-tools-in-the-development-process (접속일자: 2025.11.07).
- Sutton, R. S. (2019). The Bitter Lesson, 2019.03.13. incompleteideas.net/IncIdeas/BitterLesson.html (접속일자: 2025. 11. 07).

5. 기타(활동 템플릿 제작)

- CREDITS: This emplate was created by Slidesgo including icons by Flaticon, and infographics & images by Freepik. "Icon made by Freepik from flaticon.com"

용어정리

> • 출처: 교육부·한국교육과정평가원(2025a-f), 경기도교육청(2024a-b, 2025e), 김선, 반재천(2024)

- **성취기준**: 각 교과(목)에서 학생들이 학습을 통해 성취하기를 기대하는 지식·이해, 과정·기능, 가치·태도 등의 능력과 특성을 진술한 것으로, 학생들이 교과를 통해 배워야 할 내용과 이를 통해 <u>수업 후 할 수 있거나 할 수 있기를 기대하는 능력</u>을 결합하여 나타낸 활동의 기준을 의미한다. 성취기준은 교수·학습 및 평가의 실질적인 근거로 교사가 무엇을 가르치고 평가해야 하는지, 학생이 무엇을 공부하고 성취해야 하는지에 관한 실질적인 지침이 된다.
- **내용 요소**: 교과(목)에서 배워야 할 필수 학습 내용
  1) **지식·이해**: 교과(목) 및 학년(군)별로 해당 영역에서 알고 이해해야 할 내용
  2) **과정·기능**: 교과 고유의 사고 및 탐구 과정 또는 기능
  3) **가치·태도**: 교과 활동을 통해 기를 수 있는 고유한 가치와 태도

---

1) 성취기준별 성취수준
　성취기준 단위 성취수준으로, 학교급·교과(목)·성취기준의 특성에 따라 3~5수준으로 구분하여 진술한 것. (2015 개정 교육과정에서는 '평가기준'으로 사용되었으나, 성취평가제 취지에 맞춰 용어 변경됨.)
2) 영역별 성취수준
　영역 단위 성취수준으로, 영역에 해당하는 교수·학습이 끝났을 때 학생이 성취하기를 기대하는 지식·이해, 과정·기능, 가치·태도에 도달한 정도를 수준별로 '종합적'이고 '포괄적'으로 기술한 것. 학교급·교과(목)의 특성에 따라 5수준(A·B·C·D·E) 또는 3수준(A·B·C)으로 구분하여 진술
3) 학기 단위 성취수준
　한 학기의 교수·학습이 끝났을 때 해당 학기에서 다루는 교과목의 성취기준들에 도달한 정도를 나타낸 것. 한 학기 내 성취기준들을 포괄하는 전반적인 특성을 학교급, 교과에 따라 5수준(A·B·C·D·E) 또는 3수준(A·B·C)으로 구분하여 진술

- **평가 요소**: 성취기준 도달의 증거로, 학생들이 보여 주기를 기대하는 핵심 내용을 구체적으로 기술한 평가 내용을 의미한다. 채점 기준을 만들기 위해서는 평가 요소를 선정해야 하는데, 평가 요소는 평가의 목표와 특성을 고려하여 <u>성취기준에서 도출</u>되며 학생들의 <u>수행 정도를 판단할 수 있도록</u> 지식·이해, 과정·기능, 가치·태도와 같은 <u>구체적인 내용으로 기술</u>된다. 이와 유사한 의미로, 평가 요소를 바탕으로 하되 문항에 맞게 구체화하여 제시한 것은 '채점 요소'라 할 수 있다.
- **수행 수준(채점 기준)**: 평가 요소에 따라 성취기준별 / 영역별 성취수준을 고려하여 학생이 보여주어야 할 세부 수행 능력을 수준별로 구분하여 기술한 것이다. 학생이 응답한 내용이 어떠한 척도에 해당하는가를 판단하기 위한 기준으로 해당 과목의 성취기준에 근거하여 객관적이고 구체적으로 작성하여 평가의 공정성과 타당성을 기해야 한다. 과제 수행률(%), 분량, 감점, 지적 횟수, 출석률 등으로 제시하는 것은 지양해야 한다.
- **고차원적인 사고력**: 학생들이 새로운 문제 상황에서 분석적, 비판적, 종합적, 논리적으로 사고하고, 평가 및 판단하고, 창안 및 문제해결 등을 하는 복합적인 인지적 사고 행동이다.
  > 예 문제에 대한 조직력, 분석력, 비판력, 종합력, 창의적 사고력, 문제 해결력, 의사소통 능력 - 김선, 반재천(2024,74)
- **성취기준 재구조화**: 교육과정 성취기준을 실제 평가의 상황에서 준거로 사용하기에 적합하도록 보다 구체적이고 명료하게 하는 것을 의미한다. 성취기준을 통합하거나 일부 내용을 압축하여 재구조화 할 경우, 성취기준의 내용 요소 일부가 임의로 삭제되지 않도록 유의해야 하며, 일부 내용 요소를 추가해야 하는 경우에는 학생의 학습 및 평가 부담이 가중되지 않도록 학년(군), 학교급 및 교과(군)간의 연계성을 충분히 고려해야 한다.

요즘 교사를 위한 추천 도서

대한민국 교육 르네상스
대전환시대 교육의 본질을 탐하다

지미정 외 공저 | 344쪽 | 20,000원

구글 시트로 스마트한 학교 만들기
교사를 위한 스프레드시트 활용 가이드

지미정 외 공저 | 400쪽 | 24,400원

2022 개정 교육과정
평가 AI로 날개를 달다
개념기반 교육과정

지미정 외 공저 | 353쪽 | 21,000원

미래 교육 나침반
OECD 교육 2030" & "2022 개정 교육과정

지미정 저 | 353쪽 | 17,700원